CHRISTOPHER DE BELLAIGUE

Die islamische Aufklärung

Der Konflikt
zwischen Glaube und Vernunft
1798 bis heute

Aus dem Englischen
von Michael Bischoff

S. FISCHER

Erschienen bei S. FISCHER

Die englische Originalausgabe erschien 2017
unter dem Titel »The Islamic Enlightenment.
The modern struggle between faith and reason«
bei The Bodley Head, an Imprint of Vintage, London

Für die deutschsprachige Ausgabe:
© 2018 S. Fischer Verlag GmbH,
Hedderichstr. 114, D-60596 Frankfurt am Main

Gesamtherstellung: CPI books GmbH, Leck
Printed in Germany
ISBN 978-3-10-397354-9

Für Diana Rodney

Inhalt

Einleitung 9

ERSTES KAPITEL	Kairo 41
ZWEITES KAPITEL	Istanbul 105
DRITTES KAPITEL	Teheran 173
VIERTES KAPITEL	Strudel 231
FÜNFTES KAPITEL	Nation 289
SECHSTES KAPITEL	Gegenaufklärung 397

Schluss 467

Danksagung 473
Anmerkungen 477
Bibliographie 491
Verzeichnis der Abbildungen 501
Register 503

Einleitung

Jane Eyre, Vollwaise und Lehrerin im Mädcheninternat Lowood zur Zeit König Georgs III. von England, liegt wach im Bett und denkt über ihre Zukunft nach.

»Ich habe hier acht Jahre gedient; und jetzt wünsche ich ja nichts weiter, als anderswo dienen zu können. Kann ich meinen eigenen Willen denn nicht wenigstens so weit durchsetzen? Ist die Sache denn nicht tunlich? Ja – ja – das Ende ist nicht so schwer, wenn mein Gehirn nur tätig genug wäre, um die Mittel, es zu erreichen, aufspüren zu können.«
Ich saß aufrecht im Bette, um mein vorerwähntes Hirn zur Tätigkeit anzuspornen; es war eine frostige Nacht; ich bedeckte meine Schultern mit einem Schal, und dann fing ich wieder mit allen Kräften an zu denken.
»Was wünsche ich denn eigentlich? Eine neue Stelle, in einem neuen Hause, unter neuen Gesichtern, unter neuen Verhältnissen. […] Wie machen die Leute es nun, um eine neue Stelle zu bekommen? Sie wenden sich an ihre Freunde, wie ich vermute – ich habe keine Freunde. Es gibt aber noch viele Menschen, die keine Freunde haben und sich selbst umsehen müssen und sich selbst helfen. Welches sind denn nun ihre Hilfsquellen?«
Ja, das wusste ich nicht; niemand konnte mir antworten. Deshalb befahl ich meinem Hirn, eine Antwort zu finden, und zwar so schnell wie möglich. [Dann] kam sie ruhig und natürlich in meinen Sinn: – »Leute, welche Stellungen suchen, kündigen es an; du musst es im – *Shire Herald* ankündigen.«
»Aber wie? Ich weiß nichts von Zeitungsannoncen.«
Schnell und wie von selbst kamen die Antworten jetzt:

»Du musst die Annonce und das Geld für dieselbe an den Herausgeber des *Herald* einschicken; bei der ersten Gelegenheit, die sich dir darbietet, musst du die Sendung in Lowton auf die Post geben; die Antwort muss an J. E. an das dortige Postamt geschickt werden; eine Woche nachdem du deinen Brief abgesandt, kannst du hingehen und dich erkundigen, ob irgend eine Antwort eingetroffen ist; daraufhin hast du zu handeln.«

Diese schlaflos verbrachte Stunde ist die Ecke, um die Jane Eyre biegen muss, um Mr Rochester in die Arme zu laufen, denn ihr Entschluss, in der Lokalzeitung eine Anzeige aufzugeben, führt dazu, dass sie viele Meilen entfernt eine neue Stellung annimmt, als Hauslehrerin des Mündels von Mr Rochester in Thornfield Hall. Der Umzug dorthin bestimmt den Weg, den ein sehr beliebter Roman nehmen wird, und dennoch kann man etwas Größeres und gesellschaftlich Bedeutsameres darin erkennen: den Weg in eine neue Welt.

Janes Verlangen bedarf keiner Einleitung. Sie sucht nach Vielfalt und Bewegung, und die Erziehung, die sie genossen hat, bietet ihr die dazu nötigen Mittel. Denn die Erziehung, die ihr in einer der immer zahlreicheren englischen Mädchenschulen zuteilwurde, hat ihrem ausgezeichneten Verstand Ziel und Richtung verliehen, bewahrt sie zugleich aber auch vor jeglichem Minderwertigkeitsgefühl. Jane ist unabhängig im Geiste, und das erlaubt ihr auch die nötige Unabhängigkeit im Blick auf die Mittel. Jane Eyre ist ein moderner Mensch.

Ihre Modernität erstreckt sich auf ihre Sicht der Welt und der eigenen Stellung darin. Jane ist Christin, aber in der Stunde der Unentschlossenheit lässt sie keinen Rosenkranz durch die Finger gleiten; sie bemüht nicht die Evangelien – und erst recht sucht sie nicht nach Zeichen am Sternenhimmel. Der Glaube schenkt ihr Kraft in den moralischen und emotionalen Krisen ihres Lebens, doch bei ganz praktischen Problemen, etwa als sie nach der »klaren, sachlichen Sprache« sucht, die ihren flattrigen Verstand zur Ruhe bringen kann, fragt sie nicht Gott, sondern sich selbst, Jane.

Zur Verwirklichung ihres Plans benötigt Jane allerdings die Hilfe gewisser Einrichtungen des modernen England. Ohne die Lokalzeitung, ohne das Postamt und – wenn es schließlich darum geht, nach Thornfield Hall zu gelangen – ohne ein Fortbewegungsmittel, mit dem sie über eine der für alleinreisende Frauen hinreichend sicheren Mautstraßen fahren kann, würde sie gar nichts erreichen.

Mehr noch als all diese Dinge braucht Jane indessen eine Gesellschaft, die akzeptiert, dass sie Herrin ihres eigenen Schicksals ist – eine unverheiratete Frau, die die Freiheit besitzt, in eine Postkutsche zu steigen und zu reisen, wohin es ihr beliebt, ohne Gefahr zu laufen, dass ihr Ruf darunter litte.

Dieses Bild aus dem georgianischen England wollen wir nun in eine ganz andere Umgebung versetzen. Stellen wir uns vor, Charlotte Brontës Roman wäre in einem außereuropäischen Milieu angesiedelt. Nach den Maßstäben der im 19. Jahrhundert erreichten Globalisierung liegt diese neue Umgebung gar nicht so fern. Um dorthin zu gelangen, braucht man lediglich das Mittelmeer zu überqueren. Dort stößt man auf eine nahe Verwandte der jüdisch-christlichen Zivilisation, in der Jane lebt, eine Zivilisation, die im dritten und jüngsten der hebräischen Monotheismen gründet und vom griechischen Denken beeinflusst wurde.

Das ist die Zivilisation des Islam. Wie wäre diese Zivilisation mit Jane Eyre und den Vorstellungen von Selbstverwirklichung umgegangen, die ihr des Nachts den Schlaf rauben? Hätte sie das Verhalten dieser Frau gebilligt, oder hätte sie die Nase darüber gerümpft? Hätte sie Jane Eyre »verstanden«?

Könnte ich diese Frage mit ja beantworten, hielten Sie dieses Buch wahrscheinlich jetzt nicht in den Händen – oder es wäre ein ganz anderes Buch geworden. Die islamische Zivilisation hätte Jane Eyre in den ersten Jahrzehnten des 19. Jahrhunderts weder gebilligt noch verstanden, weil die nötigen Voraussetzungen dazu fehlten.

Betrachten wir zunächst einmal das Vehikel, über das ein muslimisches Publikum ihr hätte begegnen können: das gedruckte Buch. Das wäre zu der Zeit, in der *Jane Eyre* spielt, ein völliger Reinfall gewesen, denn auch fast vierhundert Jahre nachdem Gutenberg das geistige und religiöse Leben Europas durch die Erfindung des Drucks mit beweglichen Lettern revolutioniert hatte, war die Druckerpresse für den

Islam immer noch eine unerwünschte, für den allgemeinen Gebrauch nicht zugelassene ausländische Innovation. Dann war da die Frage der Übersetzung der Brontë'schen Prosa in die dortigen Sprachen. Die Zahl der Türkisch-, Arabisch- und Persischsprechenden mit ausreichenden Englischkenntnissen war verschwindend gering, und im Nahen wie auch Mittleren Osten gab es keinen Markt für übersetzte ausländische Werke.

Selbst wenn diese Einschränkungen überwunden worden wären und vertrauenswürdige Schreiber in großen Stückzahlen Kopien einer übersetzten *Jane Eyre* produziert hätten, wäre das Publikum doch aus einem weiteren Grund nur winzig klein geblieben. Nach neuesten Erkenntnissen lag die Alphabetisierungsrate in der Türkei, Ägypten und dem Iran – den drei wichtigsten geistigen und politischen Zentren der Region – um die Wende zum 19. Jahrhundert bei etwa 3 Prozent, gegenüber mehr als 68 Prozent bei den Männern und 43 Prozent bei den Frauen in England. In Amsterdam, damals die Welthauptstadt der Lese- und Schreibfähigkeit, lagen diese Zahlen bei 85 bzw. 64 Prozent. Es kann kein Lesepublikum geben, wenn niemand lesen kann.

Aber lassen wir uns von solchen Überlegungen nicht beirren und stellen uns vor, durch professionelle Geschichtenerzähler hätten zahlreiche Muslime Bekanntschaft mit dem Leben und der Zeit der Jane Eyre gemacht. Wie hätten sie darauf reagiert? Die Vorstellung von Zeitungen und einem Postdienst hätte für Verwirrung gesorgt in Ländern, in denen es so etwas gar nicht gab, und ebenso die Phantasie einer Kutschverbindung zwischen Städten. Und dann erst die moralische Büchse der Pandora, die Janes Verhalten öffnete. Es war skandalös, dass eine Heldin ohne Begleitperson durchs Land zog, sich in einen Mann verliebte, die Aufmerksamkeit eines anderen Mannes erregte – und nach dieser schamlosen Zurschaustellung von der Autorin auch noch als ein Vorbild an Tugend dargestellt wurde.

Schon die gesellschaftlichen Systeme waren in Janes England völlig anders geartet: Wo war der Harem, der geschützte, allein den Frauen vorbehaltene Raum innerhalb der Familie, und warum hatte Mr Rochester keine Sklaven? Ganz zu schweigen von Mr Rochesters zügellosen weiblichen Gästen in Thornfield Hall, die auf dem Pianoforte spielten, auf Pferden ritten und ihren Busen wie auch langes fließendes Haar herzeigten.

Das wohl noch Freundlichste, was man über den Plot des Romans hätte sagen können, war, dass er die Überlegenheit der muslimischen Lehre verdeutliche. Nach muslimischem Recht hätte Mr Rochester Jane zu seiner zweiten Frau (von maximal vier erlaubten) nehmen können, und er wäre in der Lage gewesen, den Rest an Tugend, der ihr verblieben war, ohne den ganzen Unsinn über die Irre auf dem Speicher zu retten.

Kurz gesagt, aus der Sicht eines Muslims zu Beginn des 19. Jahrhunderts war die Figur der Jane Eyre eine krasse, für niemanden verständliche Unmöglichkeit und die Geschichte ihres Lebens derart absurd, dass sie schon an geistige Verwirrung grenzte.

*

Mit der Erfindung des Dampfschiffs vervielfachten sich die möglichen Reiseziele. Das Reisen wurde einfacher. Und mit der Eisenbahn wurde es noch einfacher. Wie das Reisen durch diese Mittel beschleunigt wurde, so wurde auch die Kommunikation beschleunigt, und zwar durch den Telegraphen. Nachrichten aus fernen Ländern, die zuvor ein Jahr gebraucht hätten, brauchten nun nur noch eine Stunde. Die Welt wurde in eine andere Gussform gegossen.

In dieser kurzen Passage aus dem Jahr 1891 beschreibt die türkische Literatin Fatma Aliye die Intensität des technischen Wandels, der das Osmanische Reich in den vorangegangenen Jahrzehnten bewegt und inspiriert hatte. Ihr letzter Satz ist wunderbar unentschieden: Der Sinn des Lebens und die Bürde, ihn zu interpretieren, sickern aus der sicheren Vergangenheit in eine weiche und formbare Zukunft. Alles ist ganz anders als in Aliyes rigider und genau eingeteilter Kindheit in den 1860er Jahren, dieser abgeschlossenen, exklusiven Welt, in der Aliye – Tochter eines angesehenen osmanischen Würdenträgers – lebte und die auf die Bewahrung der Unterschiede ausgerichtet schien.

Mit fünfzehn Jahren begann für Aliye die Zeit der Verschleierung, und vier Jahre später wurde sie verheiratet. Sie lernte heimlich Französisch, um ihre Mutter nicht zu erzürnen, die im Erlernen dieser Sprache der Ungläubigen ein Zeichen für den Abfall vom Glauben erblickte. Aber niemand – nicht einmal der stirnrunzelnde und despotische Sultan Abdülhamid II. – konnte die Moderne aufhalten, und im Gefolge der ins Reich strömenden Erfindungen erweiterte sich die Souveränität und Autonomie des Einzelnen. Die gerade erst übernommene Institution der Presse gab Aliye die Möglichkeit, ihre heimlich geschriebenen Texte in einem rasch wachsenden Publikum lesekundiger Osmanen zu verbreiten, das dank der Ausbreitung der Schulbildung gerade in Entstehung begriffen war. Fatma Aliye war eine herausragende Stimme in der jungen Welt der in türkischer Sprache erscheinenden Zeitungen und Zeitschriften. Sie schrieb über Mädchenbildung und wandte sich entschieden gegen die übliche männliche Herabsetzung der Frauen. Ihre frühe literarische Produktion erschien unter Pseudonymen wie »eine Frau«, und als sie schließlich den Mut fand, Romane unter ihrem eigenen Namen zu veröffentlichen, schrieben Zyniker beiderlei Geschlechts sie ihrem Vater oder ihrem Bruder zu.

Auch die Schwestern Brontë hatten unter – in ihrem Fall männlich klingenden – Pseudonymen veröffentlicht, weil sie bezweifelten, dass jemand die Werke unbekannter junger Frauen aus Yorkshire würde lesen wollen. Es ist schon seltsam, aber ähnliche Fragen hinsichtlich der Fähigkeiten von Frauen sollten wenig später im fernen Istanbul gestellt werden, wo schon 1869 eine Autorin in einer der neuen Frauenzeitschriften, der Wochenzeitung *Terakki-i-Muhadderat* (»Fortschritt muslimischer Frauen«), zornig erklärte: »Männer sind ebenso wenig dafür geschaffen, Frauen zu dienen, wie Frauen, von Männern beherrscht zu werden ... Sind wir nicht in der Lage, Wissen und Fertigkeiten zu erlangen? Was ist der Unterschied zwischen unseren Beinen, Augen und Hirnen – und ihren? Sind wir keine Menschen? Verdammt uns allein unser Geschlecht zu dieser Lage? Niemand, der mit einem gesunden Menschenverstand ausgestattet ist, akzeptiert das.« Als das Osmanische Reich sich im Verlauf des 19. Jahrhunderts modernisierte, entwickelten immer mehr selbstbewusste türkische Frauen ein Weltbild, das dem ihrer Geschlechtsgenossinnen im Westen weitestgehend ähnelte – bis hin zu dem Punkt, an dem die Geschichte einer jungen Frau wie Jane Eyre, die ihre Entscheidungen selbst trifft, sich verliebt, ihren Lebensunterhalt verdient und ihren Weg geht, durchaus nicht mehr so absonderlich erschien.

Zu den Dingen, die Fatma Aliyes Leben so ergreifend machen, gehört ihr produktives Verhältnis zu den Veränderungen in ihrer Umwelt. Sie war eine wahrhaft moderne Frau, von der Modernisierung geprägt und ihrerseits die Modernisierung prägend. Und sie begab sich furchtlos auf die neuen und gefährlichen Felder der Frauenrechte und der öffentlichen Meinung.

Eines ihrer bekanntesten Werke ist ein Briefroman, in dem Frauen aus der Oberschicht über ihr Leben und ihre Liebe sprechen – eine Geschichte, die unsinnig wäre ohne einen osmanischen Postdienst, der in der Tat 1840 geschaffen worden war. Aliye schrieb über Frauen, die mit fremden Männern über Philosophie diskutierten, auf Dampfschiffen bei der Überfahrt über den Bosporus, der das historische Istanbul von Asien trennt – diese Schifffahrtslinie war unter großem Beifall 1854 eröffnet worden.

Fatma Aliye übernahm dieselben philanthropischen Aufgaben wie zahlreiche prominente Frauen im Westen. Sie gründete eine Wohlfahrtsorganisation für die Familien von Soldaten, die im Türkisch-Griechischen Krieg von 1897 gefallen waren. Ihre Werke wurden ins Französische und ins Arabische übersetzt, und 1893 wurde sie mit der Aufnahme in die Frauenbibliothek der Weltausstellung in Chicago geehrt. Ihre späten Jahre verbrachte sie in Sorge um ihre jüngste Tochter Zübeyde, die zum Leidwesen ihrer Mutter zum Katholizismus übergetreten war und ihre Ordensgelübde in Notre-Dame de Paris abgelegt hatte. Bei diesen sorgenvollen Bemühungen reiste Aliye durch Europa – eine muslimische Frau allein (oder zusammen mit einer anderen Tochter) in einem ungläubigen Land. Dass eine Frau ihres Standes solch ein Maß an Autonomie beanspruchte, wäre in ihrer Jugendzeit noch undenkbar gewesen. Nach Frankreich zu reisen und dort mit den Einheimischen zu verkehren hätte schlimme Zweifel an ihrer Sittsamkeit geweckt, und man hätte sie nach ihrer Rückkehr gemieden. Das war nun anders.

Was sollen wir von Zübeydes Bemerkung halten, die Frage der »Gleichheit der Geschlechter in der Gesellschaft und der Kampf darum« seien ihrer Mutter »nachgegangen«? In Fatma Aliyes Kindertagen hatte es in der Türkei keine Frage der »Gleichheit der Geschlechter« gegeben. Und es hatte keinen »Kampf« darum gegeben. Beides war nun anders.

Wir brauchen nicht auf einen Roman wie *Jane Eyre* zurückzugreifen, um uns eine Vorstellung von den Fortschritten zu machen, die Frauen in der westlichen Welt während der ersten Jahrzehnte des 19. Jahrhunderts machten. Es gibt zahlreiche geschichtliche Darstellungen und Biographien über Frauen, die sich selbst bildeten und in die Arbeitswelt eintraten, während rund um sie herum viele Gesetze und Einstellungen sich änderten. Andererseits ist die Geschichte ihrer späteren muslimischen Entsprechungen – Fatma Aliyes Geschichte sozusagen – im Westen weit weniger bekannt, und das lässt sich nicht allein auf die natürliche Neigung der Menschen zurückführen, sich eher für Geschichten aus ihrem näheren Umfeld zu interessieren. Auch betrifft dieser blinde Fleck im westlichen Geschichtsbild nicht allein muslimische Frauen. Der Westen weigert sich von jeher, in irgendeinem Aspekt muslimischer Kultur und muslimischen Lebens die Möglichkeit – oder gar Unvermeidlichkeit – der Erneuerung und der Moderne zu erkennen. Diesen dunklen Fleck gibt es seit Hunderten von Jahren, aber in jüngster Zeit ist er noch größer und dunkler geworden. Er hindert uns, auch nur den Versuch zu unternehmen, die Vergangenheit zu verstehen, und ermuntert uns stattdessen, auf Abstand zu bleiben, in Sackgassen zu geraten und den Behauptungen von Demagogen und Vereinfachern Glauben zu schenken. Er ist ein Hindernis für ein ausgewogenes und kohärentes Bild der Weltgeschichte.

In einer Zeit, da im Namen des Islam zahllose Grausamkeiten begangen werden, leidet das Bild der muslimischen Zivilisation unter einer historischen Fehleinschätzung, die von triumphalistischen westlichen Historikern und von muslimischen Renegaten propagiert wird. Diese Leute sind sich einig in der Forderung, die Religion Mohammeds müsse ihre Stellung in der modernen Welt und ihr Denken überprüfen. Der Islam solle sich denselben geistigen und sozialen Veränderungen unterziehen, die der Westen vom 15. bis zum 19. Jahrhundert erlebte und die das Fundament der heutigen Gesellschaft legten. Der Islam brauche eine Aufklärung. Der Islam brauche eine Reformation, eine Renaissance und einen Sinn für Humor. Die Muslime müssten lernen, Beleidigungen ihres Propheten gelassen hinzunehmen, und dürften ihre Heiligen Schriften nicht mehr buchstäblich als Gottes Wort ansehen – wie viele Anhänger des christlichen und des jüdischen Glaubens dies getan haben.

Hinter solchen Ratschlägen steht ein einfacher Gedanke. Danach haben interne Defizite die islamische Zivilisation daran gehindert, eine Reihe unverzichtbarer Übergangsriten zu absolvieren, ohne die sie ihre Rückständigkeit niemals zu überwinden vermögen wird. Aber diese Kommentare sagen mehr über die Menschen, die sie äußern, als über den Islam.

Wenn Sie glauben, die moderne islamische Zivilisation sei von solchen Reformen unberührt geblieben, liegt es auf der Hand, dass eine ganze Reihe aus Ihrer eigenen Geschichte vertrauter Gestalten in der islamischen Vergangenheit nicht vorkommen, dass die Welt des Islam weiterhin auf seine säkularen Philosophen, seine Feministinnen, seine Wissenschaftler, seine Demokraten und seine Revolutionäre wartet. Und wer könnte da noch bestreiten, dass eine von geistigen und politischen Reformen freie islamische Geschichte die gesellschaftliche und kulturelle Moderne verfehlen muss? Politik, Bildung, Wissenschaft, Medizin, Sexualität – für mehr als 1,5 Milliarden Muslime weltweit ist die Liste der Gebiete, auf denen die Moderne erst noch Einzug halten müsste, buchstäblich endlos.

Auch wer kein Fachwissen über die islamischen Gesellschaften besitzt, dürfte leicht erkennen, dass diese Denkweise in eine Sackgasse führt. Dem aufmerksamen westlichen Besucher, der muslimische Länder bereist, entgeht durchaus nicht, dass die Moderne für die Menschen dort eine überwältigende Tatsache ihres alltäglichen Lebens darstellt. Der zweifache Imperativ, einerseits modern und universell zu sein und andererseits an traditionellen religiösen, kulturellen und nationalen Identitäten festzuhalten, kompliziert und bereichert ihr gesamtes Tun. Es hat etwas wunderbar Aufrichtiges und zugleich Bedeutungsloses, wenn der Westen Modernität einfordert von Menschen, deren Leben davon längst durchtränkt ist.

Auch hier bei uns braucht man nur die Augen aufzumachen, um in der westlichen Welt Millionen von Menschen muslimischen Glaubens oder muslimischer Herkunft ein Leben führen zu sehen, das erfolgreich die modernen Werte der Toleranz, des Empirismus und der Verinnerlichung oder Verdünnung des Glaubens in sich aufgenommen hat. Man schenkt ihnen nicht sonderlich viel Beachtung – und weshalb sollte man das auch tun? Sie enthaupten niemanden, laufen nicht Amok und versuchen auch nicht, ihre nichtmuslimischen Nachbarn zu bekehren. Aber sie sind überall um uns herum, leben in der modernen Welt und verstehen sich als Muslime.

Wie es zu dieser Anpassung kam, möchte ich hier erzählen, und zwar durch Leben und Abenteuer jener muslimischen Pioniere, von denen wir meinten, es hätte sie nie gegeben. Ich möchte zeigen, dass Nichtmuslime und selbst manche Muslime, die dem Islam eine Aufklärung aufdrängen wollen, offene Türen einrennen. Die in diesem Buch beschriebenen Menschen werden uns vor Augen führen, dass der Islam in den letzten zwei Jahrhunderten einen schmerzhaften, aber zugleich auch beglückenden Wandel erfahren hat – der zugleich eine Reformation, eine Aufklärung und eine industrielle Revolution war. Man erlebte dort einen unaufhaltsamen, aber vitalisierenden Umbruch – Reformen, Gegenbewegungen, Innovationen, Entdeckungen und Verrat.

Aber weshalb übersahen wir im Westen all die Veränderungen, zu denen es im Nahen und Mittleren Osten kam, und das zu einer Zeit, als die Region ein immer beliebteres Ziel für Reisende wurde, von Herman Melville, der 1857 Jerusalem besuchte – und »öde Felsen« fand, die ihn »mit kalten, grauen Augen« anstarrten –, bis hin zu Königin Viktorias zwanzigjährigem Sohn Bernie (dem späteren Eduard VII.), der 1862 das Heilige Land bereiste und erst lebendig wurde, als er am Berg Karmel Wachteln jagte? Die Antwort lautet, dass nur wenige aus dem Westen mit offenem Sinn in den Orient kamen, wer immer es sein mochte. Es ist schon erstaunlich, wie selten man im 19. Jahrhundert auf eine überzeugende Wahrnehmung der damals in der gesamten Region entstehenden spannungsreichen, veränderlichen und letztlich äußerst zerbrechlichen Gesellschaften oder auch der Möglichkeit stößt, dass deren Bewohner eine dynamische, ja sogar revolutionäre Kraft darstellen mochten. Leute, deren Vorstellung von Fortschritt so eng war, dass sie nur die eigenen Erfahrungen umfasste, und die dazu neigten, in unbekannten Gesellschaften Stillstand und Verfall zu sehen, bemerkten dort tatsächlich nur Stillstand und Verfall. Ob sie den Orient nun durch die Zugfenster des immer rascheren Fortschritts in ihren eigenen Ländern betrachteten oder (wie der viktorianische Berufsfotograf Francis Bedford, der Bernie 1862 begleitete) in der Hoffnung, den zeitlosen Ölberg zu Geld machen zu können. Die übliche Einstellung westlicher Besucher bestand darin, die Erstarrung des Orients zu beklagen, zu verspotten oder einzufangen – sie also auf jeden Fall zu bemerken.

Dieses Vorurteil hatte beträchtlichen Einfluss auf westliche Geschichtsvorstellungen. Aufgrund des Hangs, die Menschen im Orient auf den Status von Kindern zu reduzieren, setzte sich die Vorstellung fest, sie seien passive Beobachter, während die Ereignisse sich vor ihren verständnislosen Augen entfalteten. Diese weniger bedeutsamen Regionen seien dazu verdammt, schläfrig, passiv und nur in der Verteidigung des Status quo beharrlich zu sein. Trägheit und Sinnlichkeit dienten als Ausgangspunkte für Schriftsteller des 19. Jahrhunderts, von denen wir das Bild der muslimischen Welt als eines von den Strömen der Geschichte unberührten Atolls geerbt haben.

Flaubert schrieb 1850 aus Kairo an einen Freund (sieben Jahre vor der Veröffentlichung seines Romans *Madame Bovary*, der ihm Anklagen wegen Verstoßes gegen die guten Sitten einbrachte) inmitten lebhafter Schilderungen ägyptischer Prostituierter, der »alte Orient« sei dort »immer noch jung …, weil sich da nichts ändert. Die Bibel ist hier ein Gemälde zeitgenössischer Sitten.« Seine Spekulationen über die Zukunft Ägyptens kreisen nicht um die Frage, was das Land tun werde, sondern was andere ihm antun würden. Bei der nächstbesten

Gelegenheit werde »England Ägypten nehmen, Rußland Konstantinopel«, prophezeite er. Und in der Zwischenzeit nahm Flaubert alle, die ihm begegneten.

Die Orientalistin und zukünftige Mitarbeiterin der Kolonialverwaltung Gertrude Bell hätte es eigentlich besser wissen müssen – immerhin beherrschte sie die Sprachen der von ihr besuchten Länder. Aber in den 1890er Jahren schrieb sie, Persien sei »aus der lebendigen Welt herausgefallen ... Die Schlichtheit der Landschaft ist die schlichte Schönheit des Todes.« In der Erinnerung an ihr Empfinden, als sie vor den Toren Teherans stand, schreibt sie: »Du erkennst, welche Kluft da besteht. Der Orient schaut auf sich selbst. Er weiß nichts von der weiteren Welt, deren Bürger du bist. Er fragt dich nicht nach dir und nach deiner Kultur.« Reiseschriftsteller arbeiten anders als Journalisten oder Historiker. Sie interessieren sich weniger für die Fakten als für die eigene Befruchtung dieser Fakten, und deshalb sind sie weniger zuverlässige Zeugen. Das gilt in ganz besonderem Maße für den jungen italienischen Schriftsteller und Journalisten Edmondo De Amicis, der im Herbst 1874 Istanbul besuchte. Er war bereits bekannt für seine kraftvollen Beschreibungen, und seine Arbeitsmethode bestand darin, ausgiebig Notizen zu machen, bevor er seine schriftlichen Skizzen zu Hause überarbeitete und dabei Perspektiven und kompositorische Details für das endgültige Gemälde »verbesserte«. Sein Reisetagbuch *Konstantinopel* enthält brillante Beschreibungen der Menschenmengen auf der Galata-Brücke über das Goldene Horn, des Serail (diese »geheimnisvolle, verheißungsreiche ..., ungeheure Residenz«) und des europäischen Viertels, in dem auch Flauberts *Madame Bovary* verkauft wurde – der türkische Zensor hatte die Ehebruchsszenen wohl übersehen.

Bei De Amicis kommt zu den üblichen Problemen der Reiseschriftstellerei noch hinzu, dass er sich kaum eine Woche in Istanbul aufhielt und sich dennoch nicht des oberflächlichen Charakters seiner Beobachtungen bewusst war. Er war sich seiner selbst so sicher, dass er *Konstantinopel* im Präsens schrieb, dem Tempus der Zeitlosigkeit, als hätte alles, was er gesehen hatte, auch nach seinem Besuch noch Bestand – und das bis heute, da wir ihn lesen.

Ihren Höhepunkt erreicht De Amicis romantische Empfindsamkeit in seiner Beschreibung der Hunde der Stadt. Es ist eine feingesponnene Horrorgeschichte voller grotesker Kopulationen, knurrender Kampfhunde und vergifteter Frikadellen (ausgelegt von einem Arzt, der nachts einmal ungestört schlafen möchte). Trotz aller literarischen Qualitäten lässt der Text uns jedoch im Dunkeln hinsichtlich der Bedeutung der Hunde für die Modernisierung der Stadt.

Ganz anders eine Erörterung derselben Frage durch einen Türken namens Ibrahim Sinasi ein paar Jahre später. Sinasi, 1826 in Istanbul geboren, hatte eine breite Ausbildung genossen und war zum Vater des modernen türkischen Journalismus geworden. Sein Ansatz im Blick auf die flohverseuchten Köter der Stadt, die Abfälle durchwühlten, bellten, knurrten und die Menschen mit ihren ungestümen Kriegen oder Kämpfen um ein Stück Knochen aufhielten, war keineswegs pittoresk, sondern entschieden zweckorientiert. War es richtig, fragte er in seiner Zeitungskolumne, dass ein »aufrechter Mensch« einer »derart irrationalen Bestie« ausgesetzt war, wenn er seinen Geschäften in der Stadt nachging? Er empfahl, die Hunde zu entfernen und notfalls in ländliche Gebiete zu bringen, wo man sie als Wachhunde einsetzen könne, bevor er mit einem Aphorismus schloss, dem auch viktorianische Gesundheitsschützer hätten zustimmen können und der in freier Übersetzung lautete: »Sauberkeit ist etwas nahezu Göttliches.« Der Unterschied zwischen De Amicis' und Sinasis Behandlung derselben Frage – zwischen dem Bewohner, der die Stadt für seine Zwecke nutzt, und dem Besucher, der sie durch sein Opernglas betrachtet – ist eine beredte Warnung davor, die Aussagen der Orientalisten für bare Münze zu nehmen.

In Wirklichkeit war der von diesen europäischen Besuchern beschriebene Orient in wichtigen Aspekten ganz anders, als sie ihn zeichneten. Das Wissen und die Annahmen, die sie übernommen hatten und an ihre Leser im Westen weitergaben, waren bestenfalls unvollständig. Die Länder, über die sie und andere Autoren schrieben, als handelte es sich um versteinerte Schichten, erlebten in Wirklichkeit heftige Erschütterungen.

Dieses Erdbeben war von demselben Westen ausgelöst worden, aus dem die Reiseschriftsteller kamen – Franzosen, Engländer, Iberer, Italiener, die im Verlauf des 18. und 19. Jahrhunderts spürten, dass das Osmanische Reich geschwächt war, und die ausschwärmten, um diese Schwäche auszunutzen. Diese Kaufleute, Gesandten, Glücksritter, Dichter, Missionare und am Ende auch Besatzer machten sich auf nach Nordafrika, in die Levante, in die Türkei und nach Griechenland. Aus symbolischen Gründen datiert man ihr erstes Auftreten oft auf das Jahr 1798, als Napoleon in Ägypten einfiel und eine der modernsten Gesellschaften der Welt mit einer der rückständigsten zusammenstieß.

Dass nun Europäer erstmals seit den Kreuzzügen wieder massenhaft in der muslimischen Welt auftauchten, zwang die Eliten der Region – Herrscher und Geistliche, Verwaltungsbeamte und Militärkommandeure – zu dem Eingeständnis, dass sie nur durch die Übernahme westlicher Praktiken und Technologien verhindern konnten, politisch und wirtschaftlich in Bedeutungslosigkeit zu versinken. Der Historiker Juan Cole hat die folgenden, außerordentlich schnellen Veränderungen sehr gut zusammengefasst.

> Innerhalb von Jahrzehnten ließen Intellektuelle die ptolemäische Astronomie zugunsten der kopernikanischen fallen ..., Geschäftsleute gründeten Kapitalgesellschaften (die nach islamischem Recht ursprünglich nicht zugelassen waren), Generäle ließen ihre Armeen nun anders ausbilden und veranlassten den Bau von Waffenfabriken, der regionale Patriotismus verstärkte sich und bereitete dem Nationalismus den Weg, aufgrund des Aufbaus einer nicht nur auf Selbstversorgung ausgerichteten Landwirtschaft und dank der neuen Medizin begann die Bevölkerung exponentiell zu wachsen, Dampfschiffe durchpflügten plötzlich das Rote Meer und den Persischen Golf, der Agrarkapitalismus und die neuen Fabriken führten zu neuartigen Klassenkonflikten.[1]

Während des gesamten 19. Jahrhunderts beschleunigte sich der Wandel. Er kannte weder Grenzen noch rote Linien. Mitte des Jahrhunderts verkündete das Osmanische Reich die Gleichheit zwischen muslimischen und christlichen Untertanen, verbot den Sklavenhandel, und die vom Harem symbolisierte Trennung der Geschlechter begann ihren Niedergang. Die Scheichs und Mullahs mussten erleben, dass ihre alten Privilegien in Recht und öffentlicher Moral von einer expandierenden staatlichen Bürokratie übernommen wurden. Der Widerstand der Geistlichkeit gegen medizinische Sektionen wurde überwunden, und man richtete anatomische Theater ein. Auch die Kultur veränderte sich mit dem Aufschwung außerreligiöser Schulbildung und einer Reform der arabischen, türkischen und persischen Sprache – damit man die modernen Gedichte, Romane und Zeitungsartikel dem neuen mächtigen Publikum – der »Öffentlichkeit« – besser präsentieren konnte.

Zu den Eigenheiten der Innovation im 19. Jahrhundert gehört auch deren teleskopartig zusammengedrängter Charakter. Diese Komprimierung der Ereignisse zeigte sich etwa in der Tatsache, dass der auf das 15. Jahrhundert zurückgehende Druck mit beweglichen Lettern fast zur selben Zeit eingeführt wurde wie der 1844 erfundene Telegraph.

Trotz mangelnder Bereitschaft, Veränderungen anzuerkennen, wenn er sie sah, bot Edmondo De Amicis in seinem Buch über Istanbul doch eine Schilderung heftigen Wandels. »Stambul ist einer ewigen Verwandlung unterworfen«, schrieb er in einer außergewöhnlichen Passage, »in ihr sind alte Städte, die zerfallen, neue, die gestern geboren wurden, andere im Werden begriffen. Alles ist in Umwälzung, alles in Verwirrung; überall sehen wir die Spuren gigantischer Arbeit: durchbohrte Berge, halb abgetragene Hügel, Weiler, dem Erdboden gleichgemacht.«

Die Geschichte der muslimischen Modernisierung wird gelegentlich als Versuch einiger weniger Potentaten dargestellt, einer widerwilligen Bevölkerung ausländische Neuerungen aufzuzwingen. Muhammad Ali, nahezu die gesamte erste Hälfte des 19. Jahrhunderts Vizekönig von Ägypten, und sein Fast-Zeitgenosse (und nomineller Oberherr), der türkische Sultan Mahmud II., waren in der Tat Modernisierer und Zuchtmeister, und es gab auch häufig Widerstand im Volk gegen angeblich gottlose Innovationen.

Dass Reformen von solcher Tragweite Anlass zu Kontroversen und Widerstand geben, kann nicht verwundern. Die Moderne ist selbst in ihren besten Zeiten voller Spannungen, Verrenkungen und

Unruhen und (wie Nietzsche es mit einer Wendung sagte, die eine kaleidoskopisch verfremdete Perspektive zum Ausdruck bringt) »ein verhängnisvolles Zugleich von Frühling und Herbst«. Aber der Gedanke, die Modernisierung habe im Orient keine natürliche Anhängerschaft besessen, steht im Widerspruch zum Wesen des Fortschritts, der generell von Minderheiten propagiert wird, auf Opposition oder Begeisterung trifft und schließlich Hindernisse überwindet, bevor er Wurzeln schlägt. Und obwohl die Prinzipien der Modernisierung und des Fortschritts aus dem Westen in den Orient kamen, war der Umstand, dass ihre Ursprünge anderswo lagen, doch noch kein Hindernis für ihre Übernahme in dieser neuen Umgebung. Entgegen der These einer absichtlichen muslimischen Rückständigkeit leistete der Islam keinen größeren Widerstand gegen die Modernisierung, als die jüdisch-christliche Kultur dies in früheren Zeiten getan hatte.

Wie die echte Begeisterung vieler der in diesem Buch beschriebenen Menschen zeigt, gelingt der Transfer von Ideen am ehesten, wenn sie als universell wahrgenommen werden und nicht als geschäftliche Ziele einer feindseligen Ideologie. Die Souveränität des Individuums, die Nützlichkeit von Hygiene und die Fehlbarkeit gekrönter Häupter (um nur drei zu nennen) tragen kein Ausschließlichkeit garantierendes Markenzeichen, sondern können von allen verstanden werden. Tatsächlich passte die muslimische Welt sich diesen und vielen anderen Werten sehr viel schneller an, als der Westen sie ersonnen hatte, wenn auch mit unterschiedlichen Schwerpunkten.

Tatsächlich mussten muslimische Konservative in ihrem Kampf gegen die neuen Ideen und Praktiken feststellen, dass sie den Wandel nicht zu unterbinden vermochten, sondern allenfalls hoffen konnten, ihn zu zähmen oder abzuschwächen. So entstand der verführerische Gedanke, man könne die Moderne auf eine Reihe von Ideen (und Techniken) begrenzen, die den Islam stärkten, ohne ihn zu verändern. Danach sollte der Islam einige der Fortschritte übernehmen, die man im Westen ersonnen hatte, wenn man nicht gerade damit beschäftigt war, widerwärtig und gottlos zu sein. Diese Ideen könnten den Dingen oberflächlich aufgepfropft werden, damit sie besser funktionierten, aber darunter bliebe der gute alte Islam erhalten, wie von jeher allem überlegen, was der Westen zu bieten hatte. Aber dieser auf Rosinenpickerei ausgerichtete Ansatz funktionierte nicht wirklich. Wenn Menschen sich erst einmal darauf einlassen, nach neuen Möglichkeiten zu suchen, fällt es ihnen schwer, diese fortschrittliche Weltsicht aufzugeben. Jede praktische Bemühung in diese Richtung scheint sich großzügig auszuzahlen in Gestalt neuer Annehmlichkeiten, erweiterter Horizonte und eines erweiterten Selbstwertgefühls. Der Fortschritt wirbt für sich selbst.

Will man ermessen, wie stark die islamische Gesellschaft sich im 19. Jahrhundert veränderte, reicht ein Blick auf die Entwicklung, die das geistliche Establishment in Ägypten erlebte. Als Napoleon 1798 in Ägypten eindrang, reagierten die Scheichs auf Werte und Wissen der Franzosen mit Abscheu, und der bedeutendste ägyptische Chronist der Invasion, Abdarrahman al-Gabarti, flehte zu Gott, er möge, »ihre Zungen mit Stummheit schlagen ..., ihren Geist verwirren und ihren Atem zum Stillstand bringen«.

Ein Jahrhundert später hatte Gabartis gesegnetes Land sich dermaßen verändert, dass die höchste juristische Autorität, der Geistliche Muhammad Abduh, Darwin bewunderte, mit Tolstoi korrespondierte (der von der russisch-orthodoxen Kirche exkommuniziert worden war) und seine Kenntnis europäischer Sprachen dazu nutzte, möglichst viel vom Wissen der Ungläubigen aufzunehmen.

Bis zum Ersten Weltkrieg hatte sich unter dem Einfluss Abduhs und anderer Gleichgesinnter in den drei geistigen und politischen Zentren des Nahen und Mittleren Ostens, in Ägypten, der Türkei und in Persien, eine starke Modernisierungstendenz entwickelt, die Ideen anzog und von dort aus auch in den umliegenden Regionen verbreitete. Das politische Bewusstsein war gewachsen, und politische wie auch nationale Bestrebungen zielten zunehmend auf die Schaffung jenes universellen Symbols des politischen Liberalismus: der demokratisch gewählten Legislative, ohne die kein Regime Legitimität beanspruchen konnte.

Aber der Ausbruch des Ersten Weltkriegs und seine verheerenden Folgen ermunterten Gegner des Liberalismus und des fortschrittlichen Denkens, die nun zu einem massiven Gegenschlag ausholten. Der

Versailler Vertrag, in dem die siegreichen Alliierten 1919 ihre Beute verteilten und Deutschland zur Strafe gewaltige Reparationszahlungen auferlegten, besiegelte auch formell das Ende des Osmanischen Reiches. Die muslimischen Länder wurden zerstreut und wanderten zum Teil ins imperialistische Inventar westlicher Mächte, während sie nach dem Zweiten Weltkrieg trotz einer starken antikolonialistischen Strömung zu einem Schlachtfeld des Kalten Krieges wurden, auf dem die beiden Blöcke um Einfluss konkurrierten. Angesichts dieser massenhaften Unterjochung und Manipulation kann es nicht verwundern, dass viele Muslime nach politischen Möglichkeiten suchten, ihrem Hass auf den Westen Ausdruck zu verleihen.

Der Erste Weltkrieg war eine Wasserscheide in der Geschichte der islamischen Aufklärung. Vor diesem Konflikt hatte die Region sich in Richtung der Moderne und einer Übernahme liberaler säkularer Werte bewegt. Nun kam diese Entwicklung zum Stillstand, und der Abscheu der Muslime vor der kolonialen Ausbeutung fand seinen Ausdruck in Widerstandsideologien.

Der Aufstieg solcher Ideologien und ihr Umschlag in Gewalt wirft eine wichtige Frage auf, die unmittelbar auf die islamische Aufklärung zielt. Wenn der Islam sich bis zum Ersten Weltkrieg so erfolgreich auf die Moderne einließ, wie war es dann möglich, dass eine reaktionäre Erweckungsbewegung immer weitere Teile der muslimischen Welt erfasste?

Der politische Islam – also der Islamismus – ist eine Ideologie, die als antiimperialistische und später dann antikommunistische Reaktion auf die Zerstückelung des Nahen und Mittleren Ostens entstand und ein Ventil für die bei vielen Muslimen verbreitete Befürchtung bot, die Region könne unwiderruflich einer der beiden allesverschlingenden Ideologien anheimfallen. Daraus ging der radikale Islam hervor, ein unappetitlicher Millenarismus, den die Mehrheit der Muslime nur undeutlich wahrnimmt. Die von einer Minderheit der Muslime heute oft glorifizierte Gewalt und Unwissenheit sollte in Wirklichkeit als eine Art Bumerang der islamischen Aufklärung verstanden werden – als eine wenn auch verabscheuungswürdige Facette der Moderne selbst.

Wir sollten vorsichtig mit Begriffen wie »Moderne« oder »Fortschritt« umgehen, die im Westen entstanden und dort geläufig sind. Der Ausdruck »Aufklärung« stellt hier möglicherweise einen besonders heiklen Maßstab dar, weil er mit einer beträchtlichen Bürde an Eigenlob daherkommt. Sir Isaac Newtons *enlightenment*; Frankreichs *lumières*; Leibniz' »Aufklärung« – in welcher europäischen Sprache man es auch sagen mag, das Wort lässt an eine mutige Herausforderung des Status quo an allen Fronten denken, von der Descartes'schen Behauptung der Individualität bis hin zu den majestätischen Eröffnungsakkorden der Mozart'schen *Zauberflöte*, der Aufklärungsoper *par excellence*. Dies sind glanzvolle Ereignisse innerhalb eines allgemeineren Umfelds der Gärung und des Wandels: Ausbau des Bildungswesens (von dem Jane Eyre profitieren sollte), Aufkommen von Massendruckerzeugnissen und Entstehung der Öffentlichkeit, Verbesserung der hygienischen Verhältnisse und des häuslichen Lebens (im 18. Jahrhundert begann sich die moderne Kernfamilie herauszubilden), Entdeckung neuer Welten (am Himmel und unter dem Mikroskop), Aufstieg der Museen, Abstieg des Feudalismus und Vorbereitungen für die Apotheose der Moderne in der Französischen Revolution.

Die Muslime waren nicht die Urheber der Leistungen, die wir heute mit der Aufklärung assoziieren. Kein Schmied in Istanbul entdeckte die beweglichen Lettern. Kein muslimischer Voltaire attackierte die Geistlichkeit am Nil. Aber es ist ein großer Unterschied, ob man anerkennt, dass die muslimische Zivilisation nicht die Aufklärung hervorbrachte, oder ob man sagt, sie habe deren Ergebnisse nicht akzeptiert oder nicht von ihren Früchten gegessen. Das ist eine weitreichende These. Sie besagt, dass Erfahrungen, die viele für universell halten, für die Muslime entweder konstitutionell unzugänglich wären oder – schlimmer noch – dass die Muslime sich bewusst davon abgeschnitten hätten. Sie besagt, dass die muslimischen Länder sich von Wissenschaft, Demokratie und Gleichheitsgrundsatz ferngehalten hätten. Es ist eine These, die man in der gespaltenen, abweisenden, nervösen Welt von heute häufig hört – und sie ist Unsinn.

In diesem Buch möchte ich darlegen, dass es tatsächlich eine islamische Aufklärung gegeben hat, die unter dem Einfluss des Westens stand, aber zu einer eigenen Form fand. Die Verbindung beider Worte mag seltsam erscheinen, aber wie man von einem Römischen und einem Britischen Reich sprechen und dabei im Auge behalten kann, dass sie sich in der Organisation, im Ethos und in der Ökonomie voneinander unterschieden, so können wir auch von einer modernen »islamischen« Aufklärung sprechen, ohne zu erwarten, dass sie denselben Weg einschlägt wie ihre europäischen oder amerikanischen Entsprechungen. Der Ausdruck verweist auf die Überwindung der Dogmen durch bewiesenes Wissen, auf die Degradierung des Klerus von seiner Stellung als Schiedsrichter der Gesellschaft und die Verbannung der Religion in den Bereich der Privatsphäre. Er verweist auf den Aufstieg demokratischer Prinzipien und die Entstehung des Individuums, das die Kollektive, denen es angehört, in Frage stellt. Diese Ideen lassen sich auf alle Glaubenssysteme übertragen, und sie fanden auch Eingang in das islamische Glaubenssystem. Dort sind sie heute am Werk – auch wenn sie, wie wir noch sehen werden, Rückschläge erlitten.

Das Erwachen des Westens ist mit großer Sorgfalt dargestellt worden, aber dies ist das erste, ursprünglich englischsprachige, für eine breite Leserschaft bestimmte Buch, das die Transformation des Islam dokumentiert. Ich stütze mich auf die Schriften von Wissenschaftlern, Journalisten und Memoirenschreibern. Sie schrieben vielfach mit einer Treffsicherheit, die aus dem Umstand resultiert, dass sie aus eigener Erfahrung berichteten, und sie zeigten auf, wie der Islam seit dem 18. Jahrhundert zu Veränderungen gedrängt wurde – nicht nur unter dem Einfluss des Westens, sondern auch aufgrund drängender innerer Bedürfnisse. Die Welt des Islam wurde in ein neues Zeitalter katapultiert.

»Die Welt des Islam« – und dennoch konzentriere ich mich hier auf das Geschehen in drei Regionen des Nahen und Mittleren Ostens: Ägypten, die Türkei und den Iran. Die Modernisierung fand auch andernorts statt. Die erste konstitutionelle Monarchie der muslimischen Welt entstand 1861 in Tunis. In Indien wurde das 1875 gegründete Mohammedan Anglo-Oriental College die erste höhere Bildungsanstalt für säkulare Bildung in der muslimischen Welt. Doch die einflussreichsten Erscheinungen und Menschen, die wir mit den großen Veränderungen in Denken und Kultur verbinden, fanden sich in den wie Katalysatoren wirkenden Ländern Ägypten, Türkei und Iran. Wie das Herz des Islam nach Mekka blickt, so blickte der Verstand des Islam im 19. und dem größten Teil des 20. Jahrhunderts nach Kairo, Istanbul und Teheran. In diesen drei dynamischen und turbulenten Städten nahmen Modernisierung, sozialer Wandel und Revolution ihren Lauf – anfangs in gleichzeitigen, aber weitgehend voneinander unabhängigen Schritten, dann als eine große, verschränkte Transformation, die die muslimische Welt veränderte.

Diese schrittweise Vereinigung unterschiedlicher Bestrebungen spiegelt sich auch im Aufbau dieses Buches, das mit geographisch abgegrenzten Teilen – Kairo, Istanbul und Teheran – beginnt, bevor es die Entwicklungen zusammenführt im vierten Kapitel, das sich unter dem Titel »Strudel« mit den heftigen sozialen Veränderungen während des 19. Jahrhunderts befasst, und im fünften Kapitel, »Nation«, das den Aufstieg des modernen Staates behandelt. Das Schlusskapitel, »Gegenaufklärung«, beschreibt, in welcher Weise diese Entwicklungen nach dem Ersten Weltkrieg in Frage gestellt wurden.

In den 1980er Jahren, mit denen dieses Buch schließt, begann in der islamischen Geschichte ein neues Zeitalter. Die iranische Revolution von 1979 verband einen militanten Islam mit einem Regimewechsel und veränderte die Bedingungen eines politischen Engagements des Islam. Als 1981 der ägyptische Staatspräsident Sadat von eigenen Soldaten ermordet wurde, war dies ein Sieg für den *Takfiri*-Islamismus, der den Grundgedanken vieler militanter Gruppen unserer Zeit darstellt und behauptet, gottlose oder ungerechte Muslime verdienten den Tod. Auch die Türkei schlug 1980 einen neuen Weg ein, als das Militär die Herrschaft im Land übernahm. Die Militärdiktatur führte indirekt – und unwillentlich – zu einem wählbaren Islamismus, der 2002 Recep Tayyip Erdogans AKP an die Macht brachte.

Diese Entwicklungen bewegten sich im Kontext eines verstärkten internationalistischen Dschihads gegen die Sowjets in Afghanistan, der es wiederum dem Dschihad-Sponsor Saudi-Arabien ermöglichte, sich auf die Weltbühne zu drängen und den Iran, die Türkei und Ägypten als treibende Kräfte in der muslimischen Welt herauszufordern. Die Internationalisierung der weltweiten islamischen Sache, von den

Kriegen in Afghanistan, Algerien und Bosnien bis hin zur Entstehung transnationaler islamischer Akteure wie al-Qaida, verloren etablierte geographische Zentren der Ideologie und der Politik an Boden gegenüber einem globalen virtuellen Markt für religiösen Austausch. In Denken, Politik und Gesellschaft lag die Führung der islamischen Welt nun nicht mehr in Kairo, Istanbul und Teheran. Schon der Gedanke eines physisch-geographischen Zentrums, das die Führung über das islamische Denken ausübte, war bald schon veraltet und abwegig. Die relativ friedliche Koexistenz zwischen Sunniten und Schiiten zerbrach nach der westlichen Invasion Afghanistans und des Irak in den 2000er Jahren, während Saudi-Arabien und der Iran Front gegeneinander machten und eine verwüstete Landschaft spalteten. Der Arabische Frühling versprach 2011 für kurze Zeit eine Wiederbelebung von Werten der Aufklärung, bevor er weiterer Gewalt und totalitären Herrschaftssystemen unterlag, die durch Massenmigration und Umweltkatastrophen noch verschlimmert wurden.

Der Auslöser für die Modernisierung der islamischen Welt war der Zusammenstoß westlicher und islamischer Zivilisationen, der Napoleons Einmarsch in Ägypten 1798 begleitete. Wollen wir verstehen, wie es dazu kam, müssen wir jedoch kurz weiter zurück in die islamische Vergangenheit schauen, die vielen später vorgebrachten Argumenten Nahrung und Inspiration lieferte.

Die frühere Geschichte der islamischen Kernländer lässt sich grob in zwei Zeitalter unterteilen, ein halbes Jahrtausend des Glanzes, des Wohlstands und großer Leistungen im Gefolge der Ausbreitung des Islam außerhalb seiner arabischen Geburtsstätte nach Mohammeds Tod im Jahr 632 und eine spätere Periode der Abschließung und eines verstärkten Konservatismus, welche die Region zutiefst verwundbar für den Westen machte. Der mittelalterliche Pomp der Religion bewies deren Fähigkeit, Ideen hervorzubringen und die allgemeine menschliche Entwicklung voranzubringen; ihr späterer Niedergang bewies das Gegenteil. Wie konnte der Islam seine Lebensgeister zurückgewinnen? Sollte man ihn für die Welt öffnen oder vor ihr schützen? Das waren die Fragen, die Reformer im 19. Jahrhundert immer wieder stellten, während sie nach dem richtigen Weg suchten und sich dabei in der eigenen Vergangenheit nach Anleitung umschauten.

Von zentraler Bedeutung für die ambivalenten Gefühle gegenüber westlichen Innovationen war der Gedanke, dass doch sie und nicht die Europäer oder Amerikaner sich der Gunst Gottes erfreuten. Gott hatte den Islam als letzte der abrahamitischen Religionen geschaffen, und zwar nicht zur Ergänzung des Christentums, sondern um es auszulöschen, und selbstverständlich unterstellte man, dass nach der Einführung des Islam keinerlei Notwendigkeit mehr für den christlichen oder jüdischen Glauben bestand.

Während mehrerer Jahrhunderte nach der Gründung des Islam hatte die *Umma*, die Gemeinschaft der Gläubigen, allen Grund, sich für die Siegerin der Geschichte zu halten. Nur göttliche Parteinahme bei der Befruchtung des menschlichen Geistes vermochte die wundersame Ausbreitung des Islam nach 632 zu erklären, der aus der arabischen Halbinsel hervorbrach, Byzanz riesige Gebiete abrang und dem vierhundert Jahre alten Sassanidenreich im Iran ein Ende setzte. Im Namen des Islam entstanden neue Reiche, zuerst in Damaskus unter der Ummayyaden-Dynastie, dann ab der Mitte des 8. Jahrhunderts in Bagdad unter den Abbasiden. Die Expansion setzte sich fort bis nach Afrika hinein, bis auf die iberische Halbinsel und bis nach China. Aus einem bedrängten Wüstenkult wurde der Islam zur herrschenden Kraft in der bekannten Welt.

Im Jahr 732 war er nahe daran, Europa muslimisch zu machen. Wäre die Schlacht von Tours und Poitiers vom Kalifen statt von den Franken gewonnen worden, dann wäre es, wie der Aufklärungshistoriker Edward Gibbon schrieb, »möglich gewesen, daß der Koran in den Schulen von Oxford gelehrt und von den Kanzeln einem beschnittenen Volke die Offenbarungen Mohammeds verkündet worden wären«. Und der deutsche Historiker Hans Delbrück erklärte, es gebe »keine Schlacht, die wichtiger wäre in der Weltgeschichte als die Schlacht von Tours«.

Nach Tours und Poitiers hatten die muslimischen und die christlichen Reiche sich in ihren jeweiligen Teilen Eurasiens mehr oder weniger etabliert, und nahezu ein Jahrtausend lang stritten sie miteinander im längsten Kampf der Kulturen, seit die alten Griechen und Römer mit den Persern gerungen hatten. Aber auf politischem, militärischem und geistigem Gebiet neigte die Waage sich doch eindeutig zugunsten der Muslime. Nirgendwo sonst strahlte der Glanz des Islam so hell wie im Bagdad der Abbasiden, das gut zweihundert Jahre lang den Anspruch erheben konnte, die Hauptstadt der zivilisierten Welt zu sein. Die am Tigris gelegene, Mitte des 8. Jahrhunderts von dem Kalifen Mansur gegründete Stadt, die nicht nur Araber, sondern auch Perser und aramäisch sprechende Juden und Christen anzog, war das Zentrum eines Reiches, das erstmals seit Alexander dem Großen Ost und West vereinte. Die Abbasidenherrschaft stützte sich auf staatliche Macht, Handel und intellektuelle Handelsstraßen von gewaltiger Länge. Zugleich war der Islam unter den Abbasiden offen für fremde Einflüsse und übernahm Geschmack und Wissen anderer Kulturen.

Im 9. Jahrhundert reisten Emissäre der Abbasiden durch die bekannte Welt und brachten indische Abhandlungen zur Mathematik, persische Theorien zur Staatskunst und Vorbilder für jene umgängliche literarische Promenadenmischung mit nach Hause, die die *Erzählungen aus tausendundeiner Nacht* darstellen. Vor allem aber holten die Männer des Kalifen aus Byzanz nahezu den gesamten Schriftenbestand der griechischen Kultur nach Bagdad.

Auf diesen kulturellen Schätzen aufbauend, begannen die Muslime, ihren eigenen Beitrag zum menschlichen Wissen zu leisten – nicht nur im eigentlichen Herrschaftsgebiet der Abbasiden, sondern auch im Großteil der Fürstentümer in der Umgebung. Zu Beginn des 9. Jahrhunderts popularisierte der Astronom al-Khwarizmi die Verwendung von Zahlzeichen und verblüffte später westliche Gelehrte mit seinen außergewöhnlich hochentwickelten Sterntafeln. Hundert Jahre später verwendete der aus Basra stammende Alhazen in einem Experiment erstmals eine Lochkamera. Im frühen 10. Jahrhundert entdeckte der Arzt al-Razi den Unterschied zwischen Masern und Pocken. Sein persischer Landsmann Omar Khayyam sorgte für Fortschritte in der Algebra – vom arabischen *al-dschabr*: Zusammenfügen von Zerbrochenem – und verfasste eine Manifest für den Hedonismus, seine berühmten Vierzeiler. Am anderen Ende der muslimischen Welt, in

Andalusien, einem abtrünnigen Emirat, das weite Teile des heutigen Spanien und Portugal umfasste, glänzte man auf dem Gebiet der Landwirtschaft und führte die Aubergine, die Wassermelone, den Spinat und den Hartweizen ein, der heute als unverzichtbar für gute Linguine gilt. Und überall in seinen höchst unterschiedlichen Herrschaftsgebieten verschmolz der Islam mit seiner Umwelt und brachte eine Kultur voller Raffinement und Schönheit hervor, mit Glanzleistungen auf dem Gebiet der Architektur, der Textilien, der Keramik und der Metallurgie.

Manche Zentren muslimischer Gelehrsamkeit im Goldenen Zeitalter des Islam waren so dynamisch und so frei in der ungehinderten Ausübung des rationalen Verstandes, dass der Engländer Adelard von Bath, der in den frühen Jahrzenten des 12. Jahrhunderts den Mittelmeerraum bereiste und das arabische Wissen in sich aufnahm, die Nase über seine unwissenden Landsleute rümpfte: »Ich habe von meinen arabischen Lehrern gelernt, die Vernunft zum Führer zu nehmen«, schrieb er; »du hingegen bist zufrieden, als Gefangener einer Kette von fabelnden Autoritäten zu folgen. Welchen anderen Namen kann man der Autorität geben als den einer Kette?«[2]

Die Leistungen der klassischen islamischen Zivilisation – und die Kluft zwischen ihr und der zumeist rückschrittlichen christlichen Welt, in der nach dem Untergang des Römischen Reichs die Gelehrsamkeit stagnierte und Wissen sogar verlorenging – sollten die im 19. Jahrhundert hervortretenden Modernisierer inspirieren, aber auch verstören. Noch komplizierter wurde der Prozess durch die Tatsache, dass Staat, Handel und Kunst sich im islamischen Raum gemeinsam mit den Religionswissenschaften und anderen säkularen Formen des Umgangs mit dem Wissen entwickelt hatten. Es kam zu einer Spaltung zwischen den theologischen und den philosophischen Traditionen, zwischen Glaube und Vernunft, und an dieser Front sollte die islamische Aufklärung ihre Kämpfe ausfechten.

Der Prophet hatte den Muslimen einen Weg aufgezeigt, dem Muslime zu folgen hatten – die Scharia, deren Rohmaterial der Koran, der Hadith oder die Sammlung der Aussprüche des Propheten und die Sunna bildeten, die Aufzeichnung seines Tuns und Beispiels. Die Scharia enthielt Regeln, die Männer und Frauen befolgen sollten, wenn sie ein gottgefälliges Leben führen wollten, aber damit sie zu einem Rechtssystem im eigentlichen Sinne wurde, musste sie von religiösen Autoritäten, der Ulema (wörtlich: »die Wissenden«) ausgearbeitet werden, und zu diesem Zweck wurden Rechtsschulen gegründet.

Die frühen Muslime hatten nicht viel über philosophische Fragen wie ihre Stellung gegenüber Gott oder das Verhältnis Gottes zum Kosmos nachgedacht. Die Abbasiden begannen, diesen Mangel zu beheben. Die von ihnen in Auftrag gegebenen Übersetzungen klassischer griechischer Texte ermöglichten es den Muslimen, gemeinsam mit den antiken Denkern über die Natur und die Mechanik des Universums und die Arbeitsweise Gottes nachzudenken.

Im 8. Jahrhundert wandte sich eine Mutazila genannte Gruppe gegen den Fatalismus und behauptete, dass der Mensch über einen freien Willen verfüge. Zur Begründung verwies sie auf Koranverse, die zeigten, dass Gott keine Freude an einem untätigen Verstand habe. In einem dieser Verse heißt es: »Siehe, schlimmer als das Vieh sind bei Allah die Tauben und Stummen, die nicht begreifen.« Die Mutaziliten wandten sich auch gegen den Anthropomorphismus – den Gedanken, dass Gott menschliche Attribute besitze – und behaupteten, der Koran sei nicht gleichewig mit Gott, sondern erschaffen worden.

Die Argumente waren spekulativen Charakters und luden zu weiterer Spekulation ein. Manche gelehrte *faylasufs* (eine Abwandlung des griechischen »*philosophos*«) stellten sogar die Geltung einzelner religiöser Wahrheiten in Frage, etwa das Wunder des Prophetentums und sogar die Scharia. Sie sahen in den göttlichen Gesetzen ein nützliches, wenngleich unbefriedigendes Mittel, die harten Kanten des Menschen ein wenig abzuschleifen, ein Mittel, das indessen nicht an den elaborierten Tugendbegriff heranreichte, zu dem sie selbst Zugang hatten. Einige der kühnsten Denker der islamischen Welt behaupteten nun, man müsse diese Wege durch Vernunft und Erfahrung finden. So auch Ibn Sina, der im Westen Avicenna genannt wird. Von gutem Aussehen, mit einnehmendem Wesen und ausgesprochen reiselustig, verbrachte er die ersten Jahrzehnte des 11. Jahrhunderts an mehreren persischen Höfen, wo man ihn wie einen jungen Mozart begrüßte. Er heilte einen König, der glaubte, eine Kuh zu sein, und schrieb eine medizinische Abhandlung, seinen *Kanon der Medizin*. Zudem formulierte er einen berühmten »Gottesbeweis«, der auch nach Europa gelangte, wo er bis zur Aufklärung überlebte. Obwohl von der Existenz Gottes überzeugt, nahm er sich selbst von den kleinlicheren göttlichen Verboten aus und trank jeden Tag einen Becher Wein, weil er dadurch besser studieren konnte, und er verrichtete die fünf täglichen Gebete nicht deshalb, weil der Allmächtige dies so wünschte, sondern weil das seine Konzentration verbesserte.

Trotz ihres elitären Charakters schufen die Weisen, Künstler und Verwalter des Goldenen Zeitalters des Islam eine Kultur, die zugleich eins und vielfältig war, weil die zentrifugalen Kräfte der Stammes- und Volkszugehörigkeit ein Gegengewicht in der einen, polaren Wahrheit des höchsten Wunders Gott fanden. Der Zweck aller menschlichen Errungenschaften war der Ruhm Gottes, aber der Fleiß, das Urteilsvermögen und die Innovation, die darin eingingen, gehörten dem Menschen. Auch vertrat die klassisch-islamische Zivilisation nicht die bei späteren »Fundamentalisten« so beliebte Ansicht, nur was schon zu Zeiten des Propheten bestanden habe, könne als wahrhaft islamisch gelten. Im Arabien des Propheten hatte es keine Kuppeln, keine Sanskritweisheit, keine Rosenlauben gegeben – die reife islamische Zivilisation hatte all dem Raum gegeben.

Natürlich waren nicht alle glücklich mit dieser ökumenischen, fortschrittlichen Lebensauffassung, und eine konkurrierende, am Buchstaben klebende und moralistische Strömung behauptete, die Spekulationen der *faylasufs* seien genau das, was der Koran zu verhindern suche. Da die Menschen Gott nicht zu begreifen vermochten, nähere man sich ihm am besten im Geiste des *bila kayf*, nämlich »ohne nach dem Wie zu fragen«. Dieser Ausdruck wurde im 10. Jahrhundert von Abu l-Hasan al-Aschari popularisiert, einem Theologen aus Basra, der anfangs mit den Mutaziliten sympathisiert hatte, später aber zu deren Gegner wurde und erklärte: »Wir glauben, dass Gott alles geschaffen hat, indem er ihm einfach befahl zu sein, wie er sagt: ›Unser Wort zu einem Ding, so wir es wollen, ist nur, daß wir zu ihm sprechen: ›Sei!‹, und so ist's.«

Obwohl die Mutaziliten im späten 9. Jahrhundert verfolgt wurden, hatte ihr Vermächtnis doch Bestand. Sie hatten auf beispiellose Weise zur Spekulation ermuntert, und selbst ihre Gegner mussten *kalam* – die Erörterung des Glaubens auf der Basis rationaler Kriterien – als Fach in ihren Schulen akzeptieren. Im 19. und 20. Jahrhundert sollte gegen Reformer des Islam oft der Vorwurf des Mutazilismus erhoben werden, wie auch ihre Kritiker häufig an den führenden Gegner der Philosophie, den Rechtsgelehrten Ahmad Ibn Hanbal, erinnerten, der überzeugt war, man müsse in den Hadithen nach Gottes Willen suchen, und deshalb 25 000 davon auswendig lernte. Die Spaltung zwischen Fundamentalismus und Philosophie nahm ihren Anfang im 9. Jahrhundert.

Aus der Sicht des 21. Jahrhunderts ist klar, dass der Niedergang seinen Anfang bereits in der Blütezeit der islamischen Zivilisation nahm. Im 10. Jahrhundert begann die muslimische Welt sich zu spalten, wobei Sunniten und Schiiten sich zu rivalisierenden Staaten konsolidierten, die einander bekämpften. Eine Zeitlang schien es, als könnte die schiitische Minderheit die gesamte arabische Welt erobern, doch dank des Sturzes des Fatimidenkalifats in Kairo 1171 durch Saladin etablierten sich die Sunniten als die dominierende Kraft. Mit dem Aufstieg der Safawidendynastie im persischen Hochland zu Beginn des 16. Jahrhunderts trennten die iranischen Muslime sich entschieden von ihren sunnitischen Glaubensbrüdern, und der Iran wurde zu dem schiitischen Staat, der er bis heute geblieben ist.

Auch äußere Bedrohungen hemmten die muslimische Kreativität. Die Ende des 11. Jahrhunderts einsetzenden Kreuzzüge wurden als Zeichen göttlichen Unmuts gedeutet. Das 13. Jahrhundert erlebte die *Reconquista* des muslimischen Spanien am einen, die Invasion der Mongolen am anderen Ende der muslimischen Welt. Wie zu erwarten, führten diese Katastrophen zu Zweifeln, Introspektion und dem Wunsch, die Gunst Gottes zurückzugewinnen. Genau dieses Gefühl einer akuten Bedrohung, die sich nur abwenden ließ, wenn man Gewissheit an die Stelle des Zweifels setzte, hatte die Niederlage der philosophischen islamischen Denker zur Folge, die ihre puristischen Gegner ihnen zufügten.

Schuld war der Rationalismus. Das behauptete jedenfalls ein erzürnter Flüchtling vor den Mongolen, Ahmad Ibn Taymiyya. Er wurde zum herausragenden Rechtsgelehrten der Zeit und bekämpfte die Vernunft in all ihren Formen – selbst als Mittel zur Prüfung der islamischen Lehre. Die Ulema sollte sich allein auf den Koran, die Hadithe und die Sunna der »Ahnen« berufen, womit er nicht allein den Propheten meinte, sondern auch dessen Gefährten und deren unmittelbare Nachfolger. Ziel des Gläubigen sei es nicht, Gott zu erkennen, sondern ihm zu gehorchen. Hinsichtlich der Fähigkeiten des Menschen war Ibn Taymiyyas Sicht erkennbar defensiv und pessimistisch.

Als in Westeuropa die Renaissance ihren Höhepunkt erreichte, hatte die spekulative Tradition im Islam ihre Vorrangstellung an den Schulen eingebüßt, und die siegreichen Strömungen konzentrierten sich entweder auf die buchstäbliche Bedeutung des Wortes Gottes oder auf esoterische Wege zu seiner Erkenntnis. Die buchstabenorientierte Ulema und die Mystiker gingen unterschiedlich vor. Erstere versuchte, die Welt enger zu machen, Letztere, aus ihr zu fliehen. Zusammen hatten sie verheerende Auswirkungen auf die islamische Zivilisation, die das Ergebnis einer freudvollen Auseinandersetzung mit der Mechanik der Welt und der Kanalisierung der Neugier in Denkgebäude, Kunst und Verwaltung gewesen war – mit der Folge, dass die islamische Zivilisation sich in vielen ihrer lebendigsten Formen verlangsamte und schließlich ganz zum Stillstand kam. Das fragile Gleichgewicht zwischen Konservatismus und Innovation, Aufgeschlossenheit und Authentizität, das es Kulturen ermöglicht, sich weiterzuentwickeln und dennoch erkennbar sie selbst zu bleiben, gelangte an ein Ende.

Anfangs wurde diese Verlangsamung noch vom Glanz des Osmanischen Reiches überdeckt. 1453 fiel die byzantinische Hauptstadt Konstantinopel an Sultan Mehmed II. und wurde zu Istanbul. Aus der Hagia Sophia, der größten Basilika der Christenheit, wurde eine Moschee. Anderthalb Jahrhunderte später umfasste das Reich außer den osmanischen Kernlanden in Anatolien und dem Kaukasus auch den Balkan, den östlichen und südlichen Mittelmeerraum sowie die heiligen Stätten in Mekka und Medina. Aber die Osmanen-Dynastie wird heute mehr als jede andere mit dem Verlust jener Originalität und Finesse assoziiert, die Abbasiden und Fatimiden einst besessen hatten, und es war der Blick auf die Osmanen, der Europa zu dem Schluss veranlasste, der Islam sei ein System zur Erstickung menschlichen Potentials. Tatsächlich erinnerte der Zustand der Religionswissenschaft im Osmanischen Reich zunehmend an eine Totenstarre. Generationen von Gelehrten hatten die alten rivalisierenden Hadith-Sammlungen auf einige wenige, angeblich autoritative Kompendien zurückgestutzt. Auch die wichtigsten Differenzen zwischen den vier sunnitischen Rechtsschulen waren längst ausdiskutiert. Der Grundsatz des *taqlid*, der Nachahmung der Inhaber religiöser Autorität, beherrschte die Religionsschulen, und *ijtihad*, der eigenständige Gebrauch des Verstandes, galt nicht mehr als akzeptabler Weg zur Bestimmung des göttlichen Willens. Angesichts der so autoritativ und erschöpfend festgeschriebenen Scharia wirkte der Versuch, mit den Mitteln des schwächlichen menschlichen Verstandes nach der Wahrheit zu suchen, fast schon wie Anmaßung und Torheit. In Klöstern und Moscheen kehrte sich die Stimmung gegen Spekulation, Vernunft und Kreativität.

Der Islam verfiel demselben Aberglauben und derselben Abwehrhaltung, die weite Teile Europas im Mittealter heimgesucht hatten. Nun wurde allseits akzeptiert, dass Mohammed frei von Sünden gewesen sei und diverse Wunder gewirkt habe, etwa die Spaltung des Mondes, so dass ein Stern zwischen den Hälften sichtbar wurde. Prediger lenkten die Aufmerksamkeit auf die Übel des Tabaks, des Kaffees und der Mathematik. Und auch die profanen Traditionen der Musik, des Tanzes und der Heiligenverehrung, die sämtlich mit der Mystik verbunden waren, wurden nun von den Kanzeln herab gebrandmarkt. Als wollte man die Isolation des Glaubens noch hervorheben, wurde Christen und Juden verboten, Mekka und Medina zu betreten. Und besonders berüchtigt vielleicht: 1580 wurde die letzte verbliebene Sternwarte der islamischen Welt, im Istanbuler Stadtteil Galata, geschlossen, weil sie angeblich die Astrologie förderte und Gott erzürnt hatte, so dass er die Pest schickte.

Auch die Bildung außerhalb der Religionsschulen litt unter Ignoranz und begrenzten Horizonten. Im Ägypten des 18. Jahrhunderts besuchte man die Schule, um den Koran auswendig zu lernen. Der

Koran vermittelte alles, was man für dieses und das nächste Leben brauchte, so dass der Dorflehrer zwar eifrigen Gebrauch von seinem Palmstock machte, aber auf Gebieten wie Geschichte, Geographie oder Naturwissenschaften kaum etwas oder gar nichts zu bieten hatte. Den Rechenunterricht überließ man dem öffentlichen Wäger auf dem Marktplatz, zu dem man junge Männer (fast nie aber junge Frauen) schickte, damit sie die elementarsten Grundsätze des Wiegens und Messens erlernten. In der breiten Bevölkerung genoss die Alchemie größeres Vertrauen als die Chemie, der Chirurgie kamen die Barbiere zwischen den Rasuren nach, und die Zeit-Berechner an den großen Moscheen widersetzten sich weiterhin der kopernikanischen Wahrheit eines heliozentrischen Universums.

In dieser engstirnigen Welt war es keineswegs ausgemacht, dass Neugier eine Tugend sein konnte, denn durch Neugier verlor man die Sicherheit der arabischen Welt des 17. Jahrhunderts. Ein moderner Einwohner Kairos schrieb dazu: »Niemand hatte jemals von Birma gehört. Niemand wusste oder fand es sonderlich interessant, wo die Quelle ihres eigenen Nil lag, abgesehen davon, dass sie weit entfernt war, in den Ländern, aus denen die afrikanischen Sklaven kamen. Welchen Nutzen hätte solch ein Wissen gehabt?«[3] Obwohl Teile des Nahen und Mittleren Ostens bereits mit der übrigen Welt verflochten waren – so exportierte man ägyptische Baumwolle über Alexandria nach Europa –, bestand kaum ein Bewusstsein dafür, dass Diplomatie, Handel und Krieg Wirkungen entfalten konnten, die über einen äußerst eng begrenzten Bereich hinausgingen. Im osmanischen Konstantinopel hielt man die Französische Revolution weitgehend für eine ferne Erschütterung ohne sonderliche Bedeutung und die Revolutionäre für eine »bösartige Bande«, die die Religion leugnete und Lügen verbreitete. Man nimmt an, dass das Wort »Amerika« in der persischen Sprache erst in den letzten Jahren des 18. Jahrhunderts auftauchte.

Während die Europäer leidenschaftlich über die neuen Ansichten und Vorschläge debattierten, die in Renaissance, Reformation und Aufklärung aufgekommen waren, fanden die Muslime eine falsche Zuflucht in der Weigerung, die bestehende Ordnung in Frage zu stellen. Einen türkischen Gutenberg sollte es nicht geben. Tatsächlich hatte man die Druckerpresse unverzüglich verboten, als sie in den 1490er Jahren in osmanischen Landen auftauchte, und zwar mit der Begründung, wenn man den Koran allen zugänglich mache, befähige man damit Unwissende, ihn falsch zu interpretieren. Später erklärte man das Drucken zu einem Kapitalverbrechen. Eine oft genutzte Möglichkeit, Zweifel und Skepsis zu diskreditieren, war die Glorifizierung der eigenen Unwissenheit, die Forderung, sich der unerkennbaren Gottheit im Geiste des *bila kayf* zu nähern. Abu l-Hasan al-Ascharis knappe Formulierung wurde nun überstrapaziert, eine segensreiche Verzichtslehre, die Scheichs und andere Autoritäten als Antwort auf alle erdenklichen unwillkommenen Fragen nur allzu gerne bemühten.

So kam es, dass die Zivilisation des Islam verkümmerte und verfiel, wie es mit dem Christentum nach dem Untergang des Römischen Reiches geschehen war. Mit nur wenigen Ausnahmen hatte der Hauptstrom des Islam sich im 18. Jahrhundert auf Scholastik und Buchstabenglauben zurückgezogen, mit einigen eingestreuten Inseln einer zuweilen irrsinnigen Mystik. Vom Forschungsdrang, der das Bagdad des 9. Jahrhunderts, die Ökumeniker des mittelalterlichen Andalusien und die bahnbrechende Astronomie und Mathematik Nordostpersiens beseelt hatte, war kaum noch etwas zu spüren.

ERSTES KAPITEL *Kairo*

Die Welt des Islam war erst bereit, ihren Überlegenheitskomplex abzulegen, als sich zeigte, dass ihre Stützen verfault waren, aber auch dann gab man diese Illusionen nur widerwillig und unter Schmerzen auf. Es war ein Schock für eine Zivilisation, die in ihrer ganzen Geschichte ein lebhaftes Gefühl für den eigenen Genius gepflegt hatte. Über die Jahrhunderte war die entscheidende – und hinreichend schmeichelhafte – Vergleichsgröße der Stand in den geographisch und kulturell so nahen Ländern der Christenheit gewesen, die denselben abrahamitischen Weg ging, sich aber in ein verabscheuungswürdiges Nichts verwandelte aufgrund so unverständlicher Lehren wie die der Dreifaltigkeit, der Transsubstantiation und der göttlichen Natur Jesu Christi.

Den Muslimen erschien es deshalb nur folgerichtig, dass so viele Christen Anstellung und Trost bei ihnen suchten. Von Adelard von Bath, der um die Wende zum 12. Jahrhundert die islamische Wissenschaft pries, bis hin zu dem aus einer griechischen Familie auf Lesbos stammenden osmanischen Admiral Hayreddin Barbarossa, dessen Galeeren im Zeitalter der Entdeckungen das Mittelmeer beherrschten, und Robert Sherley, der die Hopfengärten Kents verließ, um als Diplomat in die Dienste des Schahs von Persien zu treten, wimmelte es im Nahen und Mittleren Osten von Christen, die versuchten, am Erfolg des Islam teilzuhaben.

1798 zerbrach die Fiktion einer christlichen Achtung vor der Überlegenheit des Islam. Napoleons beiläufige Annexion eines der Kronjuwelen des Osmanischen Reiches war mehr als nur eine militärische und politische Herausforderung. Sie war eine schmerzhafte, höchst persönliche Beleidigung, die nun die Muslime vor die Wahl stellte, ob sie die von den Franzosen repräsentierten neuen Formen des Wissens und der Organisation begrüßen oder diese ausländischen Innovationen zurückweisen sollten.

Das Jahr 1798, so schrieb der wichtigste Chronist der Invasion, Abdarrahman al-Gabarti, »war das erste Jahr großen endzeitlichen Gemetzels und schwerwiegenden Wechsels, in dem Ereignisse auf uns niederprasselten, so daß wir erblaßten; Vervielfachung alles Schlimmen, Überstürzung aller Dinge; Aufeinanderfolgen von Unglücken, voll von Mißgeschicken; Umkehrung alles Natürlichen, Revolution alles Gebührlichen; Abfolge von Scheußlichkeiten, entgegen geregelter Häuslichkeit; der Ordnung Ersterben, Beginn von Verderben; allgemeine Zerstörung, Verwirrung und Empörung.«

Das Ägypten, das Napoleons Soldaten im Juli 1798 eroberten, war weit entfernt von dem prosperierenden, geschäftigen Machtzentrum, das Nordafrika auf dem Höhepunkt der Fatimiden-Dynastie im 11. Jahrhundert beherrscht hatte. Ägypten war der Brotkorb des Osmanischen Reiches – dem Sultan Selim I. das Land 1517 hinzugefügt hatte – und ein wichtiger Lieferant von Weizen und Baumwolle für Frankreich. Wegen seiner Lage an der Landroute nach Indien besaß es großen strategischen Wert, auch wenn der Seeweg rund um das Kap der guten Hoffnung immer beliebter wurde. Aber das Land war zersplittert und unproduktiv. Die Bevölkerung war seit dem Mittelalter geschrumpft und zählte Ende des 18. Jahrhunderts nur noch vier Millionen Seelen (verglichen mit 28 Millionen Bürgern der Französischen Republik). Die Provinz stöhnte unter der Last der Mamluken, einer Kaste ehemaliger Sklaven, die der osmanischen Verwaltung, der Hohen Pforte, Tribute zahlte, um freie Hand bei ihrer Unterdrückung und Ausbeutung zu haben. Aufgrund der schlechten Verwaltung und der gewaltigen Steuerlast mussten die Ägypter gelegentlich trotz des landwirtschaftlichen Reichtums hungern. Im legendären Kairo hatte Flechtwerk den Stein als Hauptbaustoff dieses einstigen Wunderwerks der mittelalterlichen Welt abgelöst.

Die Schulbildung befand sich in einem besonders schlimmen Zustand. In ganz Kairo gab es nur zwanzig Schulen, verglichen mit fünfundsiebzig an der Wende des 15. Jahrhunderts, während die Zitadelle des ägyptischen Geistes, die verwahrloste, von Arkaden gesäumte al-Azhar-Schule der Wissenschaft misstraute, die Philosophie verachtete und seit Jahren keinen einzigen originellen Gedanken hervorgebracht hatte. Man boykottierte gleichsam die gesamte Welt außerhalb des Islam – die Welt der Entdeckungen und Amerikas, der Wissenschaft und der Industriellen Revolution.

Nun stieß dieses anachronistische Mittelmeerland mit der selbstbewusstesten Gesellschaft der Erde – und ihrem neuen Dynamo, Napoleon – zusammen. Der ehrgeizige Korse hatte seinen Ruf durch bemerkenswerte Siege über die Habsburger in Italien und Österreich gefestigt, wobei seine brillanten militärischen Fähigkeiten von einem riesigen Ego und der Aufmerksamkeitsspanne eines Heranwachsenden wettgemacht wurden. Außerdem war er beseelt von der intellektuellen Kraft der Aufklärung und dem verändernden Potential der Französischen Revolution. Erst kürzlich war er zum Mitglied des Institut de France gewählt worden – damals wie heute der Kortex des großen furchtlosen Gehirns Frankreichs. Er war ein guter Mathematiker und debattierte voller Eifer über Fragen, die von bewohnten Planeten bis hin zur Traumdeutung reichten. Er setzte sich auch begeistert und mit charakteristischem Eigennutz für die nachrevolutionäre imperiale Doktrin Frankreichs ein, die – mit den Worten seines späteren Verbündeten Charles Maurice de Talleyrand – »alles innerhalb wie außerhalb ihrer selbst im Interesse der Menschheit in Ordnung bringen« werde.

Die Dinge in Ordnung bringen hieß zunächst einmal, den Mamluken zu zeigen, wie man kämpfte. Nachdem Napoleon am 1. Juli bei Alexandria gelandet war und die durch einen schlecht organisierten Nachschub und den Durst der nach Süden marschierenden Soldaten verursachten Probleme behoben hatte, erreichte er mit seinem 25 000 Mann starken Heer am 21. Juli das auf der linken Nilseite gleich gegenüber von Kairo gelegene Imbaba. Dort stellte sich ihnen eine kleinere, aber frischere mamlukische Streitmacht entgegen.

Aufrecht und gebieterisch im Sattel sitzend, die Zügel zwischen den Zähnen, ein Blütenmeer aus seidenen Westen und Kaftanen, boten die heranstürmenden Mamluken einen eindrucksvollen Anblick – aber sie waren keine modern kämpfende Streitmacht. Sie galoppierten über Kleefelder auf die Franzosen zu, schossen zunächst ihre Karabiner, dann ihre Pistolen ab, die sie anschließend fallen ließen, damit ihre Diener sie auflesen konnten. Im Anschluss schwangen sie Krummsäbel und schleuderten ihre Speere ganz in der Nähe. Diesmal blieb ihre Darbietung wirkungslos. Der Vorstoß der Mamluken wurde abrupt gestoppt durch eine Erscheinung, die sie nicht kannten: eng geschlossene militärische Karrees, die Kartätschen- und Musketensalven spuckten.

»Die Soldaten feuerten mit derart kühlem Kopf, dass keine Patrone vergeudet wurde«, berichtete ein französischer Leutnant. »Wir warteten bis zum allerletzten Augenblick, als die Reiter fast schon in unser Karree einbrachen.«[1] Nach kaum einer Stunde war der Feind besiegt in einem Treffen, das Napoleon die »Schlacht bei den Pyramiden« taufte, deren geheimnisvolle Formen sich im Dunst abzeichneten, auch wenn die meisten Franzosen sich nicht vorstellen konnten, was das war. Die Zahl der Gefallenen – tausend tote Mamluken gegenüber neunundzwanzig Franzosen – sprach für ein gewaltiges Ungleichgewicht in Taktik, Ausbildung und Ausrüstung, und Scheich Gabarti verglich die Effizienz der Ungläubigen mit der jämmerlichen Einstellung der Verteidiger: »Alle Soldaten waren zagen Herzens, schwachen Willens, widersprüchlicher Ansichten, voller Begierde, ihr Leben zu retten und sich ihr Wohlleben und ihren Rang zu erhalten.«[2] Das Ergebnis der Schlacht war durchaus nicht nur Ausdruck besonderer Eigenheiten beider Seiten. Eine mittelalterliche Armee war von einer modernen westlichen Streitmacht vernichtet worden, und eine stolze islamische Metropole – al-Qahira, »die Siegreiche« – war an die Ungläubigen gefallen.

In den Wochen nach der Schlacht bei den Pyramiden bauten die Franzosen in Kairo eine Verwaltung auf, und Napoleon nutzte seine übliche Mischung aus Charme und Rücksichtslosigkeit, um die Stadt wieder auf die Beine zu stellen. Er lud die führenden Scheichs und andere Würdenträger ein, einen Diwan oder Rat zu bilden, der Ägypten unter seiner Aufsicht leiten sollte. Jeder Widerstand wurde erstickt, und im Oktober schlug er eine die ganze Stadt erfassende

Rebellion mit exemplarischer Härte nieder. Aber Napoleon reichte es nicht, Verwalter und Friedensbringer zu sein. Er verstand sich als Teil eines großen menschlichen Abenteuers und hegte die Vorstellung, dass Ägypten unter der segensreichen Vormundschaft Frankreichs zu seiner alten Größe zurückfinden könne. Hatten die Franzosen nicht den Amerikanern die Freiheit gebracht, indem sie ihnen in ihrem Unabhängigkeitskrieg halfen? Und hatte er selbst nicht Italien von der Tyrannei der Habsburger befreit?

Zum Nutzen beider Seiten in der neuen Beziehung hatte Napoleon ein Gefolge aus Wissenschaftlern mitgebracht, die auf dem Gebiet des Wissens ebenso agieren sollten wie seine Armee auf dem Schlachtfeld – zukunftsweisend und die Vergangenheit beschämend. Napoleon sah in seinen Wissenschaftlern die Nachfolger jener Weisen, die Alexander den Großen auf seinen Feldzügen Richtung Osten begleitet hatten. Für ihn war die Eroberung Ägyptens die erste Phase einer Kolonialisierungsodyssee, die mit der Vertreibung der Briten aus Indien enden sollte. Zu den Wissenschaftlern gehörten: Étienne Geoffroy Saint Hilaire, der führende Zoologe Frankreichs, Tancrède Gratet de Dolomieu, der Mineraloge, nach dem die Dolomiten benannt wurden, und Nicolas-Jacques Conté, ein Mann von hinreichender Vielseitigkeit, um den Bleistift zu erfinden und den ersten Plan zu einer Invasion aus der Luft (nämlich Großbritanniens mit Hilfe von Fesselballons) zu entwickeln. Ein weiterer Wissenschaftler, Étienne-Louis Malus, schaffte es, sich während seines Aufenthalts in Ägypten mit der Pest zu infizieren und sich dann davon zu heilen. Außerdem entdeckte er das Prinzip der Polarisation von Licht. Sie alle waren Produkte der Französischen Revolution, und sie alle machten sich mit unglaublicher Geschwindigkeit an die Arbeit.

Das im Kairoer Freudenviertel Azbakia – in einem aus Gebäuden und Gärten um den beschlagnahmten Palast eines hohen lokalen Würdenträgers – gelegene Institut d'Égypte war ein in der Wildnis aus dem Boden gestampfter Braintrust. Er konnte mit einem Vogelhaus, einem botanischen Garten, einem Observatorium, diversen kleinen Museen und Werkstätten für die Produktion eines breiten Spektrums wissenschaftlicher Geräte, von Präzisionsinstrumenten bis hin zu Schwertklingen und Linsen für Mikroskope aufwarten. Die Wissenschaftler schliefen in anderen beschlagnahmten Häusern in der Umgebung – wenn sie nicht im Feld arbeiteten und Fische klassifizierten oder Pyramiden vermaßen.

Zwischen der Verfolgung mamlukischer Rebellen, der Verwaltung Kairos und der Tröstung seiner Geliebten Pauline Forès (die er wie einst David ihrem soldatischen Ehemann weggenommen hatte) traf Napoleon in den folgenden Monaten häufig mit seinen Wissenschaftlern zu intensiven Gesprächen zusammen und bombardierte sie mit Fragen: über die Möglichkeiten, Mittelmeer und Rotes Meer miteinander zu verbinden (er besuchte Suez und folgte den Spuren des von Ramses II. geschaffenen Kanals, soweit dies möglich war), über die Maximierung der landwirtschaftlichen Erträge, über den möglichen Ersatz von Hopfen beim Bierbrauen und über die Verhinderung von Ansteckungen. Zugleich machte man Pläne für eine moderne Infrastruktur: Krankenhäuser, Landwirtschaftsschulen, eine Schule für die schönen Künste. Aber wenn die Innovationen der Aufklärung sich verbreiten sollten, mussten die führenden Ägypter von deren Wert überzeugt werden. Und so wurde das Institut zur Bühne für eine der einschneidensten kulturellen Begegnungen der Moderne.

Gabarti gehörte zur Delegation jener prominenten Ägypter, die kurz nach der Gründung des Instituts im August 1798 eine Einladung zu dessen Besuch annahmen, und ihm verdanken wir auch die wichtigste Schilderung der Ereignisse. Der 1753 geborene Scheich stammte aus einer einflussreichen Familie. Sein Vater war Großmufti und einer der wenigen Wissenschaftler des Landes gewesen, die diese Bezeichnung verdienten, und er selbst war mit den führenden Persönlichkeiten der Ulema und der Staatsverwaltung bekannt. Aber auch wenn Gabarti zu den führenden Köpfen seines Landes gehört haben dürfte, wusste er doch – wie die Mehrzahl seiner Landsleute – nichts von den Fortschritten, die man in Europa gemacht hatte. Für Gabarti war der wichtigste Kausalfaktor in der Geschichte Gott selbst, der die geringerwertigen Strebungen der Menschen durch ständige Eingriffe ausglich. Vor der Aufklärung hatte man in Europa ähnlich gedacht und die göttliche mit der menschlichen Geschichte zu einem einzigen Strang verbunden. (So beginnt Sir Walter Raleighs *History of the World* mit der biblischen Schöpfung und fährt dann mit Philipp von Makedonien fort.) Aber die Aufklärung hatte Weltliches und Göttliches getrennt, und das hätte Gabarti ebenso abgelehnt wie jeder engstirnige Katholik im Ancien Régime. Von der sogenannten »Republik« in Frankreich verstand er kaum etwas, nur dass sie auf der Annahme fußte, dass alle Menschen vor Gott gleich seien. »Wie kann das sein«, fragte er, »da doch Gott manche über die anderen gestellt hat, wie die Bewohner des Himmels und der Erde bezeugen?«[3]

Wir wissen nicht, wie Gabarti aussah. Er hinterließ kein Porträt, und so können wir auch nicht sagen, ob er eine lange Nase oder eine Stupsnase hatte. Das sagt uns etwas über die Welt, aus der er stammte. Das Bild eines Menschen zu zeichnen grenzte an Blasphemie. Selbst ein mit der Feder gezeichnetes Porträt galt als frivol. Wir wissen, dass Gabarti ein Mann von Geschmack und verfeinerter Lebensart war, der gerne in seinem Garten saß und Gedichte an seine Freunde schrieb. Aber er war auch ein Mainstream-Kleriker, der die verbreiteten Abweichungen von der strengen islamischen Lehre wie etwa die Heiligenverehrung beklagte, und es gibt keinen Grund zu der Annahme, dass er andere abergläubische Vorstellungen seiner Zeit abgelehnt hätte. Dass es Dschinne gab, die neben den Menschen und teilweise an feuchten, dunklen Orten wie Latrinen und Brunnen lebten, stand außer Frage. Träume waren Vorzeichen, und die Bewegung der Sterne hatte Einfluss auf das Schicksal der Menschen. Satan war überall. Ließ man einen Koran aufgeschlagen liegen, war das eine Einladung an ihn, auf die Seiten zu spucken. Als Gabarti beim Tod eines Sufi-Geistlichen schrieb, damit sei ein Talisman verschwunden, der die Ägypter beschützt habe, war das nicht als poetische Umschreibung, sondern ganz wörtlich gemeint.

Gabarti erkannte als einer der ersten Araber die Bedeutung der Modernisierungswelle, die an die Küsten des Islam stürmte, und die Schilderungen, die er hinterließ, zeugen von seiner Verwirrung und seinem Staunen angesichts der geheimnisvollen Kraft. Als er im Institut d'Égypte ankam, hatten die Franzosen, die einen gewissen Konkurrenzgeist bei ihren Gästen vorausgesehen hatten, sich gut vorbereitet.

Man zeigte dem Scheich und seinen Begleitern die Bibliothek, die man in dem beschlagnahmten Palast eingerichtet hatte – wo jeder Forscher sich um äußerste Stille bemühte, »um die anderen nicht zu stören«. Die Wissenschaftler waren überaus freundlich, und um das Eis zu brechen, brachten sie Gabarti und seinen Begleitern »alle Art Bücher mit allerlei Illustrationen …, in denen die Klimate abgedruckt sind, die Tiere und Vögel und Pflanzen, die Geschichten der alten Zeit und die Sitten der Völker, auch Geschichten der Propheten mit ihren Bildern, Aussprüchen und Wundern, und die Ereignisse ihrer Völker.«

Gabarti war sogleich gefangen davon, denn es war »so viel, daß es einem die Gedanken verwirrte«. Voller Begeisterung beschreibt er auch »ein großes Buch, das das Leben des Propheten behandelte – möge Gott ihn segnen und für ihn beten; sein ehrwürdiges Abbild war darin gezeichnet, so weit eben ihr Wissen und ihre Bemühungen reichen. Er steht auf seinen beiden Füßen und schaut zum Himmel auf, als wolle er die Geschöpfe einschüchtern; in seiner Rechten trägt er ein Schwert und in der Linken das Buch; um ihn herum stehen seine Gefährten.« Es gab auch »Bilder der Länder und Küsten, der Meere« und der Pyramiden, und schockiert stellte er fest: »Der glorreiche Koran ist in ihre Sprache übersetzt worden.« Eine Gruppe französischer Künstler führte Gabarti in das Prinzip des Realismus in der Kunst ein. Unter ihnen war auch einer, »der die Bilder von Menschen so malte, daß sie in den Raum hineinragten, mit einem Körper, dem nur fehlte, daß er sprechen konnte«.

Alles, was die Wissenschaftler taten, schien darauf ausgerichtet, die Besucher zu beeindrucken, und sie gaben den Gästen in ihrem mit Flaschen vollgestellten chemischen Labor eine Vorstellung, die Napoleons Wünschen entsprochen haben dürfte. Gabarti erinnerte sich:

> Eines der seltsamsten Dinge, die ich an diesem Ort gesehen habe, war, daß einer der Assistenten ein Glas nahm, in dem sich eine dieser destillierten Flüssigkeiten befand. Er goß ein wenig davon in eine Schale. Dann goß er etwas aus einer anderen Flasche dazu. Sofort stieg bunter Dampf daraus auf. Als er aufhörte und der Inhalt des Kelches trocken wurde, war ein gelber Stein entstanden. Er leerte es aus, es war ein tro-

ckener Stein, den wir in die Hand nahmen und beschauten. Dann tat er das gleiche mit einer anderen Flüssigkeit, und diese erhärtete sich zu einem blauen Stein. Noch eine andere verwandelte sich in einen roten Stein von der Art eines Rubins. Einmal nahm er auch ein weißes Pulver und verteilte es auf einem Amboß. Er schlug leicht mit einem Hammer darauf, und es ertönte ein schreckerregender Knall wie von einem Gewehr. Wir erschraken davor, und sie lachten über uns ... Ähnliche Dinge gab es viele ... So auch die runde Sphäre, in der sie ein Stück Glas drehen, durch dessen Bewegung Funken entstehen, die zum nächsten festen Gegenstand hinüberfliegen; dabei entsteht ein knirschendes Geräusch. Wenn jemand den Handgriff oder auch nur einen dünnen Faden, der damit verbunden ist, anfaßt, und ein anderer berührt das sich drehende Glas oder etwas in der Nähe Befindliches mit seiner anderen Hand, so wird sein Körper im gleichen Augenblick von einer plötzlichen Erschütterung geschüttelt, und die Knochen seiner Schulter und seines Armes knacken. Wenn einer jene Person oder etwas von ihrer Kleidung oder sonst etwas anfaßt, das mit ihr in Verbindung steht, so geschieht ihm das gleiche, sogar wenn es tausend und mehr Leute wären.[4]

Es war nicht nur die Perfektion des europäischen Wissens, die Gabarti verwirrte, sondern auch deren invasiver Charakter, denn die Wissenschaftler erkannten keinerlei Grenzen zwischen den verschiedenen Forschungsfeldern an. Sie befassten sich mit Kunst und Wissenschaft, Geschichte und Spekulation. Von der Krümmung der Wirbelsäule junger Krokodile bis hin zur Grammatik des Koran schienen die Ausländer alles mit ihrem Netz einzufangen.

Kein Wunder, dass der Scheich deprimiert war, als er und seine Freunde das Institut verließen. Man hatte ihnen Phänomene gezeigt, die jenseits ihres Horizonts lagen. Elektrizität, Anatomie und das gedruckte Wort waren damals nicht Bestandteil des Kairoer Lebens, und zwischen den Zeilen seiner Schilderung spüren wir, dass Gabarti die Implikationen des Gesehenen abwägt. Nehmen wir zum Beispiel die bildliche Darstellung des Propheten durch den französischen Künstler. Das war eindeutig *schirk*, eine blasphemische »Beigesellung«, die das göttliche Monopol auf die Schöpfung in Frage stellte und deshalb nach der Scharia verboten war. Aber Gabartis fromme Missbilligung des

Porträtierens wird abgemildert durch sein Vergnügen, die stattlichen Züge des Propheten sehen zu können. Was die Übersetzung des Koran in eine Sprache der Ungläubigen angeht, so war sie allzu frappierend, als dass er näher darauf einzugehen vermochte.

In Ägypten galt das Wissen als endlich und weitgehend als ein Geschenk des Islam. Nun war das Land in die Hand von Fremden gefallen, deren Verhalten und Verlautbarungen diese Annahmen in Zweifel zogen und den Gedanken nahelegten, sie müssten dringend aufgegeben werden. Nach der französischen Sicht der Dinge wurde die Menschheit gerade aus einem dankbaren Empfänger von Wissen zu einem unermüdlichen Erzeuger tiefgründiger Wahrheiten. Das bedeutete nicht weniger als eine fundamentale Neuordnung der Hierarchie der Welt.

Gabarti vermochte nicht den Nutzen der Sonnenuhren zu erkennen, die der französische Astronom Trot aufstellte. Sie zeigten nicht die muslimischen Gebetszeiten an, wie es die von seinem Vater einst gebauten und nun in mehreren Moscheen angebrachten taten, sondern die Tageszeiten und die Runde der Tierkreiszeichen – nutzlose Informationen, soweit der Scheich dies erkennen konnte.[5] Er missbilligte auch die Praxis französischer Naturforscher, bislang unbekannte Arten für weitere Studien zu präparieren. Hatte der Prophet nicht gesagt, dass es zehntausend Arten von Tieren über Wasser und zwanzigtausend Arten von Fischen unter Wasser gab? Weshalb sollte man sich solche Mühe geben, nur um zu bestätigen, was man bereits aus weitaus zuverlässigerer Quelle wusste?

»Sie haben dort Dinge, Verhältnisse und Anlagen seltsamer Art«, schloss Gabarti seinen Bericht, »wie sie ein Verstand von der Art des unsrigen nicht zu fassen vermag.«

In Gabartis Augen konnten Napoleons Invasion und das dadurch in Ägypten ausgelöste Chaos nur der Wille Gottes gewesen sein, hieß es doch im Koran: »Dein Herr hätte die Städte nicht ungerechterweise vertilgt.« Aber worin bestand die Verirrung, die Gott damit bestrafte? Hatten die Ägypter Gott durch moralische oder durch geistige Verfehlungen beleidigt? Warum fanden die Lande des Islam, denen doch das erhabenste Geheimnis der göttlichen Macht – die Offenbarung des göttlichen Willens durch den Koran – zuteilgeworden war, sich nun umnachtet und misshandelt?

Der Unterschied zwischen Gabartis Verständnis von Wissen und dem der Franzosen zeigt sich am deutlichsten, wenn man deren jeweilige Meisterwerke vergleicht. Das literarische Denkmal des Ägypters besteht in dessen Chronik *Bemerkenswerte Überlieferungen: Biographien und Ereignisse*, einer 27-bändigen Geschichte des ägyptischen Lebens zwischen 1688 und 1821, zusammen mit zwei kürzeren gesonderten Darstellungen der Besetzung, während Napoleons Wissenschaftler durch ihre *Description de l'Égypte* in Erinnerung bleiben, ein umfangreiches und meisterhaftes Kompendium der Dinge, die sie in ihrer neuen Kolonie vorfanden, verfasst von etwa 160 Wissenschaftlern und in Paris von 1809 bis 1828 in 23 Bänden veröffentlicht.

Gabartis Werke und die der Franzosen sind unverhohlen elitäre Erzeugnisse, über die Köpfe der meisten Menschen hinweg geschrieben, aber damit enden auch schon die Gemeinsamkeiten. Zwischen ihnen liegt eine so tiefe Kluft, wie sie nur zwischen zwei zur selben Zeit und am selben Ort entstandenen – und dazu noch scheinbar mit demselben Ziel einer Beförderung des menschlichen Wissens geschriebenen – Werken bestehen kann.

Gabartis Chronik enthält die umfassendste uns verfügbare Antwort auf den Ansatz der französischen Wissenschaftler. Sie ist ehrlicher Ausdruck der Befürchtungen und des Widerwillens eines geborenen Konservativen angesichts von Ereignissen, die alles bedrohen, was er weiß.

Das Werk beginnt – wie das von Sir Walter Raleigh – mit der Erschaffung der Welt durch Gott, und auch wenn Gabarti erklärt, die Geschichte sei eine Wissenschaft, »die nach Wissen forscht über die Lage der Stämme, ihre Länder, Gebräuche« und dergleichen, ist doch klar, dass der Mensch nur die Summe der Eigenschaften ist, die Gott ihm eingepflanzt hat: der »Sinn für Recht und Unrecht«[6], der ihn veranlasst, sich nach der Regierung durch einen gebildeten und unparteiischen Kalifen zu sehnen, und seine demütige Unterwerfung unter eine unveränderliche menschliche Hierarchie, die aus den Propheten, der Ulema, den Königen und Statthaltern und diversen niedrigeren Ebenen besteht.[7] Für einen Mann in Gabartis Position ist eine Revolution jener Art, wie sie Frankreich 1789 auf den Kopf stellte, Anathema. Wie er nicht sonderlich viel von der im Institut d'Égypte beobachteten Wissenschaft versteht, so gibt ihm auch die politische Sprache Frankreichs Rätsel auf. Die Besatzer reden ständig von »Freiheit« – die arabische Entsprechung lautet *hurriya* –, aber das heißt für Gabarti lediglich, dass sie keine Sklaven sind. Die Freiheit politischer und sozialer Art, die die Franzosen in ihrem Land verwirklicht zu haben behaupten, vermag er nicht nachzuvollziehen, aber die Idee, *hurriya* so weit zu fassen, dass auch eine Befreiung von Gott damit gemeint sein könnte, ist so entsetzlich, dass er sie nicht einmal zu denken wagt.

Manches bei Gabarti weist voraus auf die muslimischen Puritaner unserer Zeit, etwa die Verdammung der zersetzenden Wirkung moralischer Freizügigkeit, wie sie im Ausland geübt wurde. Er kann nicht verstehen, dass Menschen Teppiche mit Stiefeln betreten, in denen sie draußen durch den Schmutz gegangen sind, und dass sie »auf Möbel spucken und sich schnäuzen«.[8] Die Franzosen rasieren sich nicht den Schädel und ihr Schamhaar. Derbere Soldaten schrecken nicht davor zurück, in Moscheen ihre Notdurft zu verrichten, und Napoleons Quartiermeister lehnt sich gerne auf einem Diwan zurück, »eine Bernsteinpfeife zwischen den Lippen und eine Tasse Kaffee auf dem Tablett«.[9] Die Ausländer mischen Speisen und Getränke in abstoßender Weise. »Manche rühren sogar Kaffee, Zucker, Arrak, rohe Eier, Limetten usw. zusammen«, schreibt Gabarti voll Abscheu.[10] Und er bittet Gott, »ihre Zungen mit Stummheit zu schlagen, ihren Verstand zu verwirren und ihren Atem stillstehen zu lassen«.[11]

Gabarti verurteilt den von der Armée d'Orient geförderten sittlichen Verfall und verdammt die in deren Gefolge eintreffenden europäischen Frauen. Seinen Höhepunkt erreichte das unzüchtige Treiben während der jährlichen Nilflut, in deren Verlauf leicht zu beeindruckende Mädchen »jegliche Scham fallenließen und sich hemmungslos ihren Begierden hingaben. Sie gingen zusammen mit den Franzosen auf Nilschiffe, aufdringlich gekleidet und mit Schmuck behangen, und überließen sich Tag und Nacht dem Tanzen, dem Sinnesrausch und dem Singen. Die einheimischen Bootsleute, vom Haschisch benebelt, zogen allerlei Grimassen und äfften die Sprache der Franzosen nach, und ihre ungezogenen Rufe mischten sich mit dem Gesang der Frauen und der Musik.«

Die bei Gabarti zu beobachtende Feindseligkeit gegenüber den Franzosen resultierte zum Teil aus Napoleons Opportunismus und Unaufrichtigkeit. Die Proklamation, die der General gleich nach der Invasion herausgegeben hatte, enthielt lobrednerische Passagen über die Muslime und den Islam. Später behauptete er einmal, der Prophet sei ihm im Traum erschienen. Doch nur wenige ägyptische Scheichs ließen sich davon täuschen, und das Oberhaupt des Diwan, Scheich Abdullah al-Scharqawi, brandmarkte die Besatzer als »materialistisch« und als »libertäre Philosophen«. Sie leugneten »die Wiederauferstehung, das Leben nach dem Tod und Gottes Aussenden von Propheten«.[12] Ebenso wenig beeindruckt waren die Scheichs von jenen Franzosen, die den Glauben wechselten, um muslimische Frauen heiraten zu können, darunter auch Napoleons Nachfolger als Oberbefehlshaber, der stumpfsinnige und ansonsten unauffällige Jacques – später Abdulla – Menou. Es koste diese Männer nichts, das muslimische Glaubensbekenntnis abzulegen, da sie zuvor ja gar keinen Glauben besessen hätten, schnaubte Gabarti. (Von den Konvertiten verlangte man nicht, dass sie die Beschneidung nachholten.)

In deutlichem Gegensatz zu Gabartis Darlegungen sieht die *Description de l'Égypte* der Franzosen keinerlei Grenzen für das mögliche Wissen der Menschheit. Im Gegenteil, sie ist Ausdruck des ehrgeizigen Bestrebens einer Gruppe von Leuten, das gesamte Spektrum der materiellen und sozialen Erscheinungen eines Landes ohne jeden Bezug auf ein göttliches Mysterium zu enthüllen. Die Wissenschaftler erheben die Neugier zur edelsten aller menschlichen Eigenschaften, und dahinter steht die Vorstellung, dass alle Fakten und Phänomene erforscht werden könnten.

Anderthalb Jahrhunderte nach dem Erscheinen der *Description* sah der palästinensisch-amerikanische Literaturwissenschaftler Edward Said darin die Gründungsurkunde des gefährlichen intellektuellen Imperialismus des Westens, den er in seinem Buch *Orientalismus* (1978) kritisierte. »Gebiete der Spezialisierung einzurichten«, schrieb Said dort voll beißender Ironie, »neue Disziplinen zu etablieren, zu teilen, zu entwickeln, zu schematisieren und Tabellen, Indizes und Aufzeichnungen all dessen anzulegen, was sich in seinem Blickfeld (und außerhalb dessen) bewegt« – das sei das ehrgeizige Bestreben der wackeren Franzosen gewesen.

In seiner Verdammung der *Description* schrieb Said, sie reduziere Ägypten auf eine Abteilung französischer Gelehrsamkeit, und wenn das zutrifft, ist Gott darin allenfalls eine Unterabteilung. Gottheiten erscheinen zwar in diversen Erörterungen ägyptischer Glaubensvorstellungen, in der Diskussion der Abbildungen von Skarabäus-Amuletten und bei der Darlegung von Erkenntnissen zum Pharaonenkult. Mehrere Artikel behandeln die Praxis des Besuchs von Gräbern, und die Autoren beklagen den ägyptischen Fatalismus. Aber sie rufen Gott weder an, noch preisen sie ihn. Sie bedürfen seiner Hilfe nicht bei ihrer Bemühung, einen Beitrag zum humanistischen Ziel einer tödlichen Perfektion zu leisten. Gott findet sich in der *Description* nur, weil die Menschen, die deren Gegenstand bilden, nun einmal an ihn glauben.

Nirgendwo in der *Description* ermüden die verschiedenen Beiträger in ihrem missbilligenden Blick auf das osmanische Ägypten, die Vernachlässigung der Regierung und den »absolut veralteten Charakter der Wissenschaften und Künste«.[13] In seinem Vorwort zu diesem Monumentalwerk bedauert der Mathematiker Jean-Baptiste Joseph Fourier, dass »die muslimische Religion unter keinen Umständen die Weiterentwicklung des Geistes« zulasse.[14] Im Gegenteil, das Land sei »in Barbarei versunken« – und eine ähnliche Stumpfheit scheine die ägyptischen Hunde befallen zu haben, die den ganzen Tag in der Sonne dösten und nur einmal im Jahr aufwachten, um sich missvergnügt zu paaren.[15]

Angesichts des kulturellen Selbstbewusstseins der Franzosen gelangten muslimische Traditionalisten wie Gabarti zu der Überzeugung, dass der Westen dem Untergang geweiht sei, weil er es ablehnte, den Islam anzunehmen – das befremdliche Aufflackern solcher Erfindungsgabe werde sicher nicht ausreichen, um ihn von seiner wesenhaften Unfruchtbarkeit zu erretten. Aber der Scheich stand in einem höchst ungleichen Wettbewerb um Gesicht, Ansehen und Dauerhaftigkeit des Rufes und sah sich zu dem Eingeständnis gezwungen, dass manche Aspekte der Invasoren durchaus nicht barbarisch waren: Sie bewiesen Weisheit, gutes Gespür und sogar moralische Solidität.

Zu den erstaunlich guten Aspekten des Westens gehörte auch das Prinzip der Gleichheit vor dem Gesetz. Das zeigte sich nach Napoleons überstürzter Abreise aus Ägypten im August 1799, zu der er sich veranlasst sah, um seine ehrgeizigen politischen Ziele zu verfolgen (tatsächlich sollte er wenige Monate später, am 18. Brumaire, die Macht ergreifen). Im Juni 1800 wurde Napoleons Nachfolger im Amt des Oberbefehlshabers, der mit seiner Löwenmähne besonders imposante Jean-Baptiste Kléber, von einem Fanatiker erstochen. »Ein rasender Vagabund überfällt heimtückisch ihren Chef und Fürsten«, schreibt Gabarti ungläubig. »Sie ergreifen und überführen ihn, doch sie beeilen sich nicht, ihn und jene anderen zu töten, von denen er spricht, nachdem sie ihn überführt und aufgegriffen hatten mit dem Instrument seines Vergehens in der Hand, befleckt mit dem Blut ihres Oberbefehlshabers und Emirs. Vielmehr setzen sie ein Gericht und eine Gerichtsversammlung ein und bringen den Mörder vor sie.« Der Prozess wurde gewissenhaft durchgeführt, und niemand zweifelte an der Rechtmäßigkeit der Todesstrafe, zu der man den Schuldigen verurteilte. Klébers Mörder wurde hingerichtet, indem man ihm einen Spieß in den Anus trieb, und sein Schädel wurde nach Frankreich gebracht, wo er erzieherischen Zwecken dienen sollte. Er illustrierte den »Ausbund an Verbrechen und Fanatismus«. Frankreich, so bemerkte Gabarti voller Bewunderung, sei ein Land, »das sich durch die Vernunft regiert und nicht von der Religion leiten läßt«.[16]

Die Bedeutung anderer französischer Neuerungen war ihm weniger bewusst. Napoleons schlichtes und schmuckloses Leben im Feld und der Umstand, dass er ohne großes Gefolge reiste und sich problemlos unter seine Männer mischte, zeugten von einem direkteren Verhältnis zwischen Führer und Geführten, als dies bei vielen muslimischen Herrschern üblich war. Die Vorsorge schien zu den Leitgedanken des öffentlichen Gesundheitswesens zu gehören, richteten die Franzosen doch Quarantänebereiche ein und isolierten von der

Pest betroffene Häuser. Dann war da noch das sonderbare Beharren der Franzosen, wichtige Entscheidungen von dem Diwan treffen zu lassen, den Napoleon eingerichtet hatte, um seiner Herrschaft einen Anschein von Legitimation zu verleihen (und in dem Gabarti auch weiterhin blieb). »Die Mehrheit«, berichtete der Scheich ganz neutral, »hat die Kraft des Ganzen.«[17]

In Gabartis Augen konnte die Vernunft niemals ein annehmbarer Ersatz für die Offenbarung als Anleitung zur Lebensführung sein. Er sympathisierte mit dem Wahhabitenaufstand, der sich 1798 gegen die osmanische Herrschaft in Arabien richtete – eine Rebellion, die auf die Fackel der Vernunft des 13. Jahrhunderts, Ibn Taymiyya, zurückgriff in ihrem Bestreben, den Islam von unislamischen Auswüchsen zu befreien und zur Reinheit der Zeit des Propheten zurückzukehren. Gabartis eigene Reformvorstellungen bewegten sich in eine Richtung, die wir heute als fundamentalistisch bezeichnen würden, aber er schrieb zu einer Zeit, als Ausdrücke wie »Reform« und »Fundamentalismus« noch nicht in Gebrauch und die Grenzen, die unseres Erachtens zwischen ihnen liegen, noch alles andere als klar waren. Er forderte eine Wiederherstellung der »Macht des Islam«, aber nirgendwo in seinen Schriften wird klar, was er damit meinte – vielleicht weil er selbst in dieser Frage verwirrt war, nachdem er den Sieg der westlichen Macht und des westlichen Denkens in Ägypten erlebt hatte.

Die Besorgnis, die Gabarti angesichts der Franzosen empfand, sollte auch von vielen anderen geteilt werden, als es im Verlaufe des 19. Jahrhunderts immer häufiger zu westlichen Einfällen in muslimische Länder kam. Die Muslime sahen sich mit der drängenden Frage konfrontiert, ob sie den Westen nachahmen sollten – ja ob sie dies überhaupt konnten. Tatsächlich erwies sich die Entscheidung, ob man sich mit den westlichen Ideen auseinandersetzen oder aber wegschauen sollte, als eine falsche Wahlmöglichkeit. Europa gab der Welt des Islam niemals die Möglichkeit, einfach wegzuschauen.

Bald kam es zu Streitigkeiten zwischen jenen, die den Fortschritt für einen universellen Drang hielten, der zwar zuerst in Europa auftrat, aber überall am Werk war, und jenen, die behaupteten, Europa habe sich auf der Basis von Bedingungen auf seinen Entwicklungsweg gemacht, die den Muslimen verschlossen seien, und es sei unsinnig, dasselbe Ziel auf demselben Weg anzustreben. Diese Debatten waren solche zwischen Fortschrittsglauben und Konservatismus, zwischen Hinwendung zur Zukunft und Furcht vor dem Verlust der Vergangenheit, und selbstverständlich benutzten die Streitenden muslimische Instrumente einschließlich des Koran und der Scharia. In einem Land, in dem eine einzige klerikale Klasse das Monopol auf Wissen besaß, brachte natürlich diese Gruppe auch die ersten Modernisierer und die ersten Reaktionäre hervor. Und angesichts der winzigen Größe der ägyptischen Intelligenzija dürfte es kaum verwundern, dass der progressive Gegenspieler des konservativen Garbarti dessen eigener Schüler war.

Dieser Mann hieß Hasan al-Attar, und in seinem späteren Leben sollte er Ägypten erstmals mit unbekannten Wissenschaften und erneut mit anderen Wissenschaften bekannt machen, die seit dem Mittelalter aus dem Blickfeld geraten waren. Attars Weg zum ersten modernen Denker seines Landes begann dort, wo Gabartis Weg geendet hatte: im Schmelztiegel der Besetzung.

Er wurde um 1776 in Kairo geboren, und man beschrieb ihn als einen »gutaussehenden jungen Mann ..., mit breiter Brust, klarem Blick, der aus Nordafrika stammte, aber ägyptische Kleidung trug und mit einem ägyptischen Akzent sprach«.[18] Attars Vater war ein einfacher Apotheker gewesen, und der Junge arbeitete in demselben Beruf, bevor seine besondere Fähigkeit, den Koran ohne fremde Hilfe auswendig zu lernen, ihm den Zugang zur al-Azhar-Schule eröffnete.

Obwohl er nun die ägyptische Hochburg der Gelehrsamkeit und Orthodoxie besuchte, blieb er in gewisser Weise ein Außenseiter – wegen seiner ausländischen Herkunft, aber auch wegen seines Hangs zu verrufenen Kaffeehäusern, deren Kundschaft homoerotische Gedichte rezitierte. Dank seiner katholischen Vorlieben war er zweifellos dem Institut d'Égypte zugeneigt, aber er gehörte nicht zu den höheren Scheichs und anderen Würdenträgern, die zum Besuch der Einrichtung eingeladen wurden. Wenn er den Tempel der modernen Bildung betreten wollte, musste er sich schon selbst darum kümmern.

Eines Morgens, wahrscheinlich im Jahr 1799, machte Attar sich auf den Weg in das dank seiner Gärten so gesunde Viertel al-Azbakia, in dem die Franzosen sich einquartiert hatten. Er war aufgeregt, hatte er doch von Schlägereien zwischen Betrunkenen in dieser Gegend gehört, aber er verspürte einen seltsamen Drang und ging »verwirrt weiter ..., ohne zu wissen, wohin oder welchen Weg ich einschlagen sollte; ich erwartete meine eigene Vernichtung«.

Offenbar hatte Attar die jungen Wissenschaftler unvorbereitet angetroffen, aber sie gaben ihm das Gefühl, willkommen zu sein, und schon bald war der muslimische Gelehrte hingerissen.

Die jungen Leute standen da wie Sonnen, leuchtend und sich wiegend wie Bräutigame, die Gesichter von Schönheit verschleiert, sie alle groß und schön wie Bogen. Ihr Haar glich einem Banner, dem eine Armee von Geliebten folgen würde, eine von Liebe vibrierende Armee ... Einer der jungen Männer gab mir ein Buch, und wir begannen ein Gespräch, und ich bemerkte, dass sein Arabisch frei von grammatischen Fehlern und dürren Phrasen und sonstigen Mängeln war ... – Aber in noch größeres Erstaunen versetzte mich seine Liebe zur Literatur ..., er sagte mir, er habe aus dem Arabischen in seine eigene Sprache übersetzt, und das Stück [das er rezitierte] habe er auswendig gelernt ... Eine Leidenschaft kam in mir hoch, die ich seit langem nicht mehr gespürt hatte. Eine Liebe zur Literatur, die einst stärker, dann schwächer geworden war und nun wieder auflebte.

Der junge Wissenschaftler, dem Attar begegnete, dürfte R. Raige gewesen sein, der bei einem anderen jungen Scheich, Ismail al-Kaschab, eine ähnliche Leidenschaft samt schwüler Verse und nächtlicher Besuche weckte. Raige war hinreichend versiert in der mittelalterlichen islamischen Gelehrsamkeit, um aus dem Werk des mittelalterlichen Astronomen Nasreddin Tusi zu zitieren, dessen geniale Doppel-Epizykel-Vorrichtung den Weg zu Kopernikus gefunden hatte, und aus *al-Schifa*, der *Heilung durch Bestimmung der Rechte des Auserwählten*, dem Kompendium philosophischen und prophetischen Wissens, das der iranische Peripatetiker Avicenna in den ersten Jahrzehnten des 11. Jahrhunderts kompiliert hatte. Kein Wunder, dass Attar sich wie benommen fühlte. Das französische Herangehen ans Wissen war beglückender als alles, was er erlebt hatte: Raige hatte sich nicht gescheut, die Sprache einer anderen Zivilisation zu erlernen und deren Bücher zu bewundern – und das ohne jeden anderen Grund als seine Freude an Bildung.

Eines anderen Nachmittags kehrte Attar zurück, um Raige und dessen Kollegen zu sehen.

> Als ich ankam, begannen sie gerade, den Wein fließen zu lassen, aber als sie bemerkten, wie tief ich dies missbilligte, ließen sie mich einen Blick in einige Bücher werfen, große und kleine, von denen ich einige noch nie gesehen hatte, während andere [wie ich wusste] berühmt waren – und alle entweder aus dem Gebiet der Physik oder der Literatur. Ich durfte mir nach Herzenslust ihre astronomischen und mechanischen Geräte anschauen, dann erörterten sie mit mir diverse Gegenstände aus diesen Gebieten und schrieben nieder, was ich sagte ... Danach zeigten sie mir einige Gedichte ... und baten mich, ihnen deren offene und verborgene Bedeutung zu erklären.

In Attars Erinnerung versetzten die Gedichte, die er als Antwort auf die Fragen der Franzosen extemporierte,

> sie in große Freude und grenzenloses Erstaunen. Sie begannen mich dafür zu loben und priesen mich überschwänglich. Dann drängten sie mich, bei ihnen zu leben, und machten mir deutlich, dass ihnen dies ein echtes Anliegen war. Aber ich hielt sie immer wieder hin und gab ihnen ausweichende Antworten ..., da ich wusste, wenn ich so weitermachte, hätten mich Tadel und Feindseligkeit wie auch Verachtung seitens der Gesellschaft erwartet. So war ich denn schließlich wieder bei Sinnen und traf meine Entscheidung. Möge Gott mir vergeben, was ich getan habe.[19]

Für Attars Freunde und Bekannte, unter denen diese aufgeladene Darstellung zirkuliert haben dürfte, waren die erotischen Passagen noch am wenigsten schockierend, denn Liebesgedichte zwischen Männern waren eine anerkannte, wenn auch gewagte literarische Form, und Schwärmereien im Kloster eine keineswegs unbekannte Abweichung von der spröden Strenge der religiösen Ausbildung. Attar bekannte hier weitaus schlimmere Sünden als solche des Fleisches: Ein Kleriker der al-Azhar, der ehrwürdigsten Schule im Islam, trompetete seine Schwärmerei für die Ungläubigen hinaus – in all ihren Aspekten: ihrer Philosophie, ihrem Charakter und ihrer unerwarteten Kenntnis der arabischen Kultur und Literatur.

Die Bereitschaft der Franzosen, sich auf eine fremde Kultur und Religion einzulassen, zeugte von einem Kosmopolitismus, den Attar wahrscheinlich noch nie erlebt hatte. In Ägypten gab es um die Wende zum 19. Jahrhundert nur wenige geistige Kontakte zwischen den beiden vorherrschenden Glaubensgemeinschaften, den Muslimen und den koptischen Christen, und die Gesellschaft war noch weiter gespalten in arabischsprechende »Söhne des Bodens« – die Fellachen, so genannt nach dem arabischen Wort für »Pflüger« – sowie türkischsprechende Mamluken und andere osmanische Minderheiten. Die Offenheit der Wissenschaftler für Fremde muss für Attar eine Offenbarung gewesen sein in der relativ langen Zeit seines Kontakts mit ihnen (bis zu achtzehn Monaten vielleicht), in deren Verlauf er den Europäern Unterricht im Arabischen erteilte und im Gegenzug »von den in ihrem Land gelehrten Wissenschaften« profitierte.[20]

Attars lange Verbindung zu den Franzosen lässt seine Entscheidung, ihre Einladung auszuschlagen und nicht bei ihnen zu leben, doppelt bedeutsam erscheinen. Hätte er seine Schwärmerei auf den Höhepunkt getrieben, die Brücken zu seinen Mitscheichs abgebrochen und sich von den Ausländern gleichsam als Trophäe adoptieren lassen, wäre er von der al-Azhar verwiesen und möglicherweise sogar ins Exil getrieben worden. Oder irgendein Fanatiker hätte seinem Leben ein Ende gesetzt. In jedem Fall wäre er nicht mehr in der Lage gewesen, sich jener Aufgabe zu widmen, für die er bis heute in Erinnerung geblieben ist: den Islam mit dem weltlichen Wissen zu versöhnen.

Attars Beitrag zur islamischen Aufklärung hing indessen von größeren historischen Kräften ab, nicht zuletzt von Frankreichs schwindender kolonialer Macht. Obwohl eigentlich auf Dauer angelegt, währte Napoleons ägyptische Kolonie kaum zwei Jahre und verlängerte damit eine Liste kolonialer Fehlschläge Frankreichs, zu der auch Indien und Nordamerika gehörten. Im August 1801 ergab sich die Armée d'Orient einer britischen Expeditionsstreitmacht und durfte gemäß den Kapitulationsbedingungen nach Hause zurückkehren. Die Wissenschaftler, die Gabarti und Attar kennengelernt hatten, verließen gleichfalls das Land und nahmen die Rohmaterialien mit, aus denen schließlich die *Description de l'Égypte* entstand. Die Briten schnappten sich allerdings den Stein von Rosetta – den die Franzosen entdeckt hatten und auch weiterhin anhand von Kopien zu entziffern versuchten – und brachten ihn in die exemplarische Aufklärungsinstitution, das Britische Museum.

Die unmittelbare Folge der Besetzung war die Tatsache, dass die Mamluken, die Kaste der Sklavensoldaten, die Ägypten unter lockerer osmanischer Oberhoheit verwaltet hatte, versprengt wurden und niemals mehr zur Herrschaft gelangten. Auf den Rückzug der Franzosen folgten Wirren, wobei Osmanen und Europäer weiterhin lokale Stellvertreter manipulierten, um wechselseitig Vorteile zu erlangen. Der 1802 von den Westmächten unterzeichnete Vertrag von Amiens unterstellte Ägypten wieder osmanischer Kontrolle, und die Briten zogen sich zurück, aber das bedeutete nicht, dass Ägypten zum Status quo ante zurückkehrte. Trotz der Kürze der Besetzung und der relativ kleinen Zahl gewöhnlicher Ägypter, die davon betroffen waren, war das Land unauslöschlich von der Nation gezeichnet, die noch am stärksten die Werte der radikalen Moderne verkörperte.

Attar mochte die Einladung der Franzosen, bei ihnen zu leben, abgelehnt haben, aber man wusste, dass er eng mit ihnen verkehrt hatte, und für Frankophile wie ihn war das Klima nach dem Rückzug der Franzosen von Vorwürfen geprägt. Das frühere Oberhaupt des Diwan, Scheich Abdullah al-Scharqawi, wurde nun zu einem rachsüchtigen Kritiker des Regimes, dem er einst selbst gedient hatte. Da Attar keinen Gönner fand, ging er 1802 ins Ausland. Den größten Teil der folgenden dreizehn Jahre verbrachte er im osmanischen Syrien und in der Türkei. Er kehrte erst nach Ägypten zurück, als sich das Land auf neue Pfade begab. Es war nicht länger ein Stiefkind der Besatzer, sondern wurde zu einem Fürsprecher europäischer Werte.

Auch wenn dies kaum möglich erschien, als die Armée d'Orient 1801 aus dem Lande humpelte, entstand doch kaum ein Jahrzehnt nach dem Rückzug der Franzosen ein neues Ägypten, das nun selbst lernte, »zu teilen, zu entwickeln, zu schematisieren und Tabellen, Indizes und Aufzeichnungen anzulegen«.

Das klassische Bild des muslimischen Modernisierers ist das eines jähzornigen Mannes mit schmutzigen Stiefeln. Eines Mannes, der keine Geduld hat mit der altmodischen Kleidung seiner Landsleute, ihrem Fatalismus, ihrer rückwärtsgewandten Haltung und ihrer simulantenhaften Einstellung gegenüber harter Arbeit. Eines impulsiven Freundes moderner Werte, dessen Methoden zwar ein wenig hart sein mögen, der aber mit bemerkenswerter Klarheit auf die Herausforderungen des Fortschritts reagiert. Dieses Bild brauchte zu seiner Entwicklung mehr als ein Jahrhundert und wurde verkörpert von so unterschiedlichen Gestalten wie Reza Schah von Persien, König Amanulla von Afghanistan und dem Begründer der modernen Türkei, Mustafa Kemal Atatürk.

All diese Zwangsmodernisierer nahmen dieselben Abkürzungen. Sie schufen neue, moderne Institutionen, aber das darin waltende Ethos war durchaus nicht immer modern. Schulen und Universitäten, Presse, Parlament und Gerichte dürfen nicht mit ausgestopften Tieren besetzt sein, die man herumschiebt, sondern mit freien Wesen, die sich bewegen und verhalten, wie ihre Instinkte und ihre Kultur dies bestimmen. Doch die diktatorische Macht der starken Männer, die Afghanistan, den Iran oder die Türkei beherrschen, stand solch einer menschlichen Autonomie im Wege. Zwar gab es Gesetze, aber die Gerichte waren »loyal«. Parlament und Presse folgten der Führung des Herrschers. Und niemals war er bereit, den Griff zu lockern und seinen Untertanen Freiräume zu gewähren, denn tief in seinem Herzen misstraute er ihnen und sah sich getrieben von dem Wunsch, sie mit eisernem Willen zum Wandel zu zwingen. Heftige Phasen reinigender Gewalt im Namen des Fortschritts sollten erreichen, was man im Westen in Hunderten Jahren langsamer Geschichte errungen hatte. So verhielt sich denn die Modernisierung nicht so sehr wie ein Tier, das ein Bein verloren hat und deshalb zwar langsam, aber dennoch vorankommt, sondern eher wie eines, das eine Lobotomie hinter sich hat, so dass äußerlich alles in Ordnung zu sein scheint, während drinnen bedeutsame Störungen auftreten.

Mehrere Autokraten dieser Art werden ihren Auftritt in diesem Buch haben. Es gehört zu den irritierenden Tatsachen der Geschichte der Modernisierung in der muslimischen Welt, dass sie ohne diese Gestalten unvollständig wäre. Konkurrenz und Rivalität – zwischen ihnen wie auch zwischen ihnen und dem Westen – trieb sie an, denn ohne die beschämende Lücke, die sich zwischen dem Westen und den Ländern des Islam auftat, hätte es kaum Anreize für die muslimische Zivilisation gegeben, sich der schmerzhaften Selbstbefragung und der kulturellen Entäußerung zu unterziehen, die für eine fundamentale Erneuerung unerlässlich sind.

Reformen werden nur selten in heiteren Zeiten angegangen. Sie sind Notmaßnahmen, die einer stetigen – und sogar strengen – Hand bedürfen. Einzelne Visionäre, Institutionen und manchmal auch ganze gesellschaftliche Klassen mögen überaus folgenreiche Heureka-Momente erleben, aber wenn daraus ein dauerhafter Wandel werden soll, bedarf es eines Programms. Es bedarf der Hingabe, der Planung und der Gesetzgebung. Im Nahen und Mittleren Osten des 19. Jahrhunderts mussten die Reformen zudem rasch erfolgen, wenn man die europäischen Mächte fernhalten wollte, die Ägypten bereits zu einem Steuerstand für ihre Ziele gemacht hatten und die gesamte Region zu übernehmen drohten.

Der Modernisierer Ägyptens, Muhammad Ali Pascha, war ein Albaner, möglicherweise kurdischer Herkunft – die osmanische Welt legte weniger Gewicht auf die ethnische Zugehörigkeit als auf Skrupellosigkeit, Mut und Frömmigkeit. Muhammad Ali besaß, wie sich zeigte, die beiden ersten Eigenschaften, nicht aber die letztgenannte. Als Vizekönig des osmanischen Sultans in Ägypten packte er in seine fast ein halbes Jahrhundert überspannende Regierungszeit – von 1805 bis 1849 – so viele Reformen, wie das Land sie in den letzten dreihundert Jahren erlebt hatte, und veränderte alles, was er anfasste, in seinem hastig umgesetzten Bestreben, einen mächtigen Staat nach europäischem Vorbild zu schaffen und dadurch eine Unterjochung durch fremde Mächte abzuwenden.

Der um 1770 im osmanischen Makedonien geborene Muhammad Ali begann seine Laufbahn als Soldat und Tabakhändler. Nachdem er sich als einfallsreicher Rebellenjäger erwiesen hatte, wurde er im Frühjahr 1801 zusammen mit vierhundert Söldnern übers Mittelmeer geschickt, um den Briten bei der Vertreibung der Franzosen zu helfen. Der Abzug der Armée d'Orient schuf das Machtvakuum, das jemand mit Muhammad Alis Dynamik, Charme und Gespür für politische Chancen – er hatte keine nennenswerte Schulausbildung genossen – zu füllen bereit war. Geschickt zwischen den Mamluken, den osmanischen Autoritäten und den Europäern lavierend, machte dieser perfekte Netzwerker sich in den folgenden Jahren allen unverzichtbar, wehrte eine zweite britische Invasion ab und hievte sich selbst in eine Machtposition, die dem Sultan keine andere Wahl ließ, als ihn zu seinem Gouverneur zu ernennen. Er erhielt den zeremoniellen Kaftan von ebenjenem Scheich Abdullah al-Scharqawi, der Napoleons Diwan geleitet hatte – ein Beweis für die Flexibilität, die der hohen Geistlichkeit Ägyptens abverlangt wurde.

Trotz Muhammad Alis nomineller Hoheit über die Provinz kontrollierten die Mamluken immer noch weite Teile des ländlichen Ägypten. Im März 1811 nutzte Muhammad Ali eine Ernennungsfeier als Vorwand, um die führenden Beys der Mamluken in einen engen, gewundenen Durchgang zu locken, den man in den Fels der Kairoer Zitadelle geschlagen hatte. Dort belegte man sie von oben mit Musketensalven. Andere Mamluken wurden in der Stadt aufgestöbert und enthauptet, ihre Besitztümer geplündert. Am folgenden Tag stieg Muhammad Ali von der Zitadelle herab, um die Ordnung wiederherzustellen und al-Scharqawis Komplimente entgegenzunehmen.

Die Kontrolle über den Reichtum Ägyptens mit seinen üppigen Ernten – dank der jährlichen Ablagerung angeschwemmter Mineralien, des denkbar besten Pflanzendüngers, die der Nil aus Abessinien mitbrachte – schien dem Vizekönig großartigere und lukrativere Möglichkeiten zu bieten als eine Unterordnung unter die Hohe Pforte. Er blieb zwar nominell ein Vasall des Sultans, stellte aber schon bald dessen Autorität in Frage. Die einstige Vorherrschaft der Wolle und des Leinens als wichtigste Güter des Welthandels hatte ein Ende gefunden. Nun war die Baumwolle die neue Königin, und Muhammad Ali verwandelte das Nildelta in ein riesiges Baumwollfeld, das die Maschinenwebstühle in Lancashire versorgte. Zunächst enteignete er die feudalen Landgüter der Mamluken und vernichtete die Besitzurkunden, so dass die Parzellen an den Staat zurückfielen. 1812 ging die gesamte Weizenernte Oberägyptens an Muhammad Ali, der nun die landwirtschaftliche Produktion des ganzen Landes und ein Monopol auf den Außenhandel besaß. »Er kann jeden seiner Untertanen ohne förmlichen Prozess dem Tode überantworten«, schrieb der Engländer Edward Lane, der Ägypten Ende der 1820er Jahre besuchte, »eine einfache Handbewegung genügt, um die Todesstrafe zu verfügen.«[21]

Wenn der neue Tyrann Ägyptens seine Macht festigen und genießen wollte, musste er es beschützen können. Und dazu brauchte er – wie die Schlacht bei den Pyramiden so eindringlich bewiesen hatte – eine moderne Armee.

Es ist kein Zufall, dass so viele auf Modernisierung bedachte Führer ihren Reformeifer zuerst auf die Streitkräfte konzentrierten. Muhammad Ali war nicht der erste muslimische Führer, der die Bedeutung der europäischen Kriegslehre und Militärtechnologie erkannte. Im indischen Mysore hatten die von Tipu Sultan entwickelten Raketen seinen britischen Feinden großen Schaden zugefügt, und Tipu hatte auch Kriegsschiffe mit kupferbeschlagenen Rümpfen bauen lassen – eine Idee, die er den Franzosen abgeschaut hatte. Und nicht ganz so weit entfernt: Die einzige militärische Niederlage, die Napoleon auf seinem Ägypten-Feldzug hinnehmen musste, erlitt er in der Schlacht um Akkon gegen eine von Selim III. versuchsweise aufgestellte moderne Streitmacht. Es gab ausreichende Hinweise darauf, dass es möglich war, die militärische Stärke des Westens nachzuahmen – oder gar zu übertreffen.

Muhammad Ali nutzte die Plünderung Kairoer Geschäfte 1815 durch seine undisziplinierten albanischen Soldaten als Vorwand für den Beginn eigener militärischer Reformen. Unterstützt wurde er von einem Franzosen namens Sève, dem er die Ausbildung der Soldaten in

Assuan am oberen Nil übertrug. Sèves Qualifikationen waren mager. Er bezeichnete sich selbst als Oberst, hatte es in Napoleons Armee aber nur zum Korporal gebracht, bevor er wegen Insubordination entlassen wurde. Dennoch tat er sich schon früh hervor, als er seinen meuternden Rekruten, die ihre Musketen auf ihn richteten, mutig entgegentrat und so deren Respekt gewann.[22]

Es gab weitere Herausforderungen. Tausende aus dem Sudan (einer ägyptischen Provinz) importierte Sklavensoldaten starben an Krankheiten. Sprachprobleme kamen hinzu, da Sève und seine Kollegen die Befehle auf Französisch gaben und die Kadetten auf Türkisch oder Arabisch antworteten. Dann waren da noch die Familien der Soldaten, die ihnen von Garnison zu Garnison folgten, deren Rationen teilten und in schmutzigen Elendsvierteln hausten. Aber der Vizekönig und seine Ausbilder setzten sich durch, verboten den Nachzug der Familien und belegten Disziplinlosigkeit mit harten Strafen. So fanden die Prinzipien der modernen Kriegführung schrittweise Eingang in die neue Streitmacht, und im Verlauf der nächsten Jahre entstanden mehrere neue Militärakademien für die Ausbildung der Offiziere, mit einem immer breiteren und besseren Angebot an Lehrveranstaltungen, vom Festungsbau über Geometrie bis hin zur Kartographie. Inzwischen produzierten ägyptische Werkstätten Kopien europäischer Waffen und eine Kriegsflotte. Von Oberst Sève bis hin zu den englischen Schiffsausstattern, die 1817 das erste Schiff in MuhammadAlis Flotte, die mit dreißig Kanonen bestückte Fregatte *Africa*, ausgerüstet hatten, mussten Militärtechnik und Fachwissen aus Europa importiert werden. Der Vizekönig musste die ärgerliche Abhängigkeit aller Modernisierer von ebenjenen Europäern erkennen, die vielfach ihre Feinde waren.

Nachdem Muhammad Ali seinen Platz in der osmanischen Machtstruktur erkämpft hatte, machte er sich noch unverzichtbarer für den Sultan, indem er Armeen nach Arabien schickte, die dort unter dem Kommando seines Sohnes Wahhabitenaufstände niederschlugen, und indem er sich osmanischen Feldzügen gegen griechische Nationalisten anschloss. In den 1820er und 1830er Jahren unternahm er weitere Expansionsfeldzüge in den Sudan wie auch nach Syrien und Anatolien, den Hochburgen des Sultans – womit er letztlich Verrat an seinem Oberherrn übte. Deren Bedeutung lag nicht allein auf militärischem und wirtschaftlichem Gebiet. Die modernisierte Armee des Vizekönigs war zugleich ein Symbol und ein Katalysator des neuen Ägypten.

Auf ihrem Höhepunkt in den 1830er Jahren zählte Muhammad Alis Armee 150000 Mann, von einem einigermaßen effektiven Proviantamt versorgt und mehr oder weniger geleitet von europäischen Regeln der Kriegführung. Während eines Feldzugs in der Nähe des syrischen Homs schlug sie osmanische Truppen in die Flucht, indem sie eine westliche Lehrbuchkombination aus Infanteriekarrees mit Musketen und Kartätschen, einer marodierenden Kavallerie auf den Flügeln und einem vernichtenden Bajonettangriff zum Abschluss einsetzte.[23] So wurde denn, schrieb der britische Reisende und Diplomat Andrew Archibald Paton, die kaiserlich-osmanische Armee »durch die einfachste und mitnichten kunstfertige Anwendung der Regeln europäischer Kriegskunst« besiegt, da sie die türkischen Kommandeure verwirrte, »die nicht die geringste Ahnung von deren Grundlagen hatten«. Zwischen der mittelalterlichen Taktik der Mamluken in der Schlacht bei den Pyramiden und der modernen integrierten Kriegführung bei Homs lagen nicht einmal vierunddreißig Jahre.

Das Ägypten Muhammad Alis war so imperialistisch wie all die europäischen Staaten, die er nachzuahmen versuchte, und schon nach kurzer Zeit umfasste sein Herrschaftsgebiet den Sudan, den Hedschas (einschließlich Mekka und Medina), Syrien, Palästina und Teile Anatoliens. In den 1830er Jahren vereinten indessen die Hohe Pforte und Großbritannien unter seinem Außenminister Lord Palmerston ihre Kräfte und drängten ihn bis an den Nil zurück. Nun begann Muhammad Alis stark zentralisierte Bürokratie, die eigentlich für die Verwaltung eines Reiches geschaffen worden war, die Umrisse eines Nationalstaats zu zeichnen. Dabei kam ihr der Zuschnitt der Armee zugute, in die der Vizekönig auch zahlreiche Fellachen aufgenommen hatte. Obwohl in kultureller Hinsicht ein Osmane und überzeugt von der Überlegenheit der türkischen Elite, hatte Muhammad Ali dennoch erkannt, dass eine Armee ohne Araber schwächlich und nichtrepräsentativ wirken musste. Tatsächlich demonstrierte er eine ökumenische Einstellung gegenüber allen ethnischen und religiösen Gruppen in Ägypten, betraute auch Nichtmuslime mit wichtigen Ämtern (sein Faktotum in Fragen des Handels und der Außenpolitik, Boghos Bey, war Armenier) und hieß alle Nationalitäten in den oberen Rängen seiner Verwaltung willkommen – darunter auch Franzosen, die Napoleon nach Ägypten begleitet hatten und nach der Schlacht bei Waterloo arbeitslos waren.

Wie in einem auf seinen Gründer zugeschnittenen System unvermeidlich, spiegelt Muhammad Alis Ägypten die Vorlieben und Abneigungen Muhammad Alis wider. Der Franzose P. N. Hamont, den der Pascha zum Direktor der ersten veterinärmedizinischen Schule Ägyptens ernannte, beschrieb ihn als einen »Feind aller Verzögerer ...; er will alles sehen, über alles urteilen, er arbeitet Tag und Nacht«.[24] Er schien beseelt von Napoleons Wahlspruch: »*activité, activité, vitesse!*« – und dies mit ähnlich explosiven Resultaten.

In den Menschen sah der Pascha vor allem Lasttiere. Er ließ staatliche Bauvorhaben zwangsweise von Arbeitern ausführen: Kanäle, die Hunderttausende Hektar neues Ackerland schufen, Dämme, Telegraphenverbindungen und Textilfabriken. Beim Bau eines einzigen Kanals sollen 1819 zwanzigtausend Männer, Frauen und Kinder ums Leben gekommen sein.[25]

Wenn die Modernisierung Erfolg haben sollte, musste ihr größter Feind, die Ulema, geschwächt werden, und Muhammad Ali zögerte nicht, diese etablierteste aller Mächte anzugreifen. In einem Frontalangriff auf ihre Machtbasis konfiszierte er an die 250 000 Hektar besten Ackerlands, die sich im Besitz religiöser Stiftungen, sogenannter Auqaf (Sing: Waqf), befanden – gut ein Fünftel des gesamten Ackerlands Ägyptens. Dieser Übergriff markierte das Ende des Bündnisses zwischen dem politischen Herrscher und den Scheichs, das seit den Zeiten der Abbasiden zu den Stützen des muslimischen Staates gehört hatte. Das Volk murrte, nannte ihn einen »Ungläubigen«, und mehrere von verschiedenen Scheichs angeführte Rebellionen wurden blutig niedergeschlagen. Aber Muhammad Ali verstand es meisterhaft, seine Feinde zu spalten, und zwar durch Bestechung, Schmeichelei und Verbannung. Und als nach der Enteignung der religiösen Stiftungen die Früchte der Erpressung von unzähligen Steuerpächtern in die (nicht minder halsabschneiderische, aber stärker zentralisierte) Staatskasse flossen, nahm der Staatsapparat an Größe und Reichtum zu, während das Ansehen des Klerus sank. An die Stelle des gepflegten und habgierigen Geistlichen, der in feierlicher Prozession durch die Straßen ging, trat nun ein brutal abgemagerter Gottesmann, der in Lumpen dastand und für ein paar Piaster den Koran aufsagte. Inzwischen verscherbelte der Vizekönig sein Getreide mit beträchtlichem Gewinn an britische Kaufleute.

Muhammad Alis Reformen veränderten das Bildungs- und das Gesundheitswesen, die Wirtschaft und den Verkehr – wenngleich nicht immer zum Besseren. In Bulaq, einem Vorort von Kairo, wurde eine Druckerei eingerichtet, die gegen die Einwände der Ulema und der Schreiber nützliche Bücher herausbrachte, darunter Übersetzungen europäischer Werke und Klassiker der osmanisch-türkischen Literatur. Außerdem wurde zum ersten Mal in der muslimischen Welt der Koran gedruckt und der Mufti von Kairo überredet, diese Neuerung zu billigen. Die Fellachen kultivierten auf Geheiß des Vizekönigs an die zweihundert neue Pflanzenarten, und Kairo erhielt nagelneue Fassaden, die sich schnurgerade an akaziengesäumten Durchgangsstraßen entlangzogen. Frauen wurden für die neuen Spinnereien zwangsverpflichtet, wo sie verschleiert arbeiteten – wahrscheinlich die ersten Industriearbeiterinnen im Nahen und Mittleren Osten. Ihre Schwestern auf den Feldern mussten unterdessen Wasserpumpen und Mühlen antreiben, da man die Ochsen für militärische Zwecke konfisziert hatte.[26] Teure dampfgetriebene Reisseparatoren wurden aus England eingeführt und von englischen Handwerkern auf Fundamenten aus englischen Ziegeln aufgestellt (sie verweigerten allerdings schon bald den Dienst, weil es keine Ersatzteile gab). Alle Ägypter litten unter den neuen Steuerlasten. »Wehe dem Bauern oder Städter, der seine Kopfsteuer nicht zahlen konnte«, schrieb Andrew Patton, ansonsten ein Bewunderer der »Revolution« des Paschas. »Er erhielt Stockschläge auf die Fußsohlen, bis die gesamte Schuld beglichen war.«[27]

So skrupellos und tyrannisch der Pascha auch sein mochte, war er doch auch ein wissbegieriger, unprätentiöser Mensch, und ausländische Besucher in seinem Sommerpalast in Alexandria, dem prachtvollen, von Blumendüften erfüllten und vom Zephir geküssten Ras al-Tin (Kap der Feigen), wurden, wenn sie um die Mittagszeit hereinschauten, unvermeidlich zum Bleiben gedrängt. Der traditionelle, von den Wohnhäusern seiner Jugend auf dem Balkan inspirierte Bau füllte sich rasch mit europäischen Gerätschaften wie Gaslampen, einem Billardtisch und Familienporträts an den Wänden. An einem Tisch sitzend (gleichfalls eine Neuerung), von Offiziellen umgeben und mit französischem Wein bewirtet, sahen die Besucher des Paschas sich zuweilen bohrenden Fragen seitens ihres glitzernden, tadellos gekleideten Gastgebers ausgesetzt, in dessen Zügen »die Zeichen eines festen und entschlossenen Willens unauslöschlich eingeprägt waren« – Fragen über neuere Entwicklungen in der europäischen Politik oder eine Erfindung, von der er gehört hatte.[28]

Unter Muhammad Ali verwandelte sich Alexandria aus der schäbigen, verseuchten Reede, bei der Napoleon 1798 an Land gegangen war, in einen modernen Umschlaghafen, der in der Lage war, die wachsenden Baumwollexporte Ägyptens zu bewältigen, mit Werften, einem Marinestützpunkt und jederzeit an die zweihundert vor Anker liegenden Schiffen, über einen neuen Kanal mit dem linken Arm des Nils verbunden. Alexandria wurde zu einer der Mittelmeerstädte mit der stärksten gemischten Bevölkerung, in der Araber, Türken, Tscherkessen, Mamluken, Kopten, Armenier, Malteser, Griechen, Italiener und europäische Exilanten, von Saint-Simonisten bis hin zu mittellosen polnischen Adligen, miteinander einen vertrauten, wenn auch zuweilen gereizten Umgang pflegten. Der Aufenthalt in Alexandria ermöglichte es dem Pascha, ein Auge auf seine Geschäfte zu haben und die Fortschritte seines neuen Arsenals zu beaufsichtigen, eines veritablen »levantinischen Turms zu Babel«, in dem alle erdenklichen mediterranen Mischlinge wie auch Wehrpflichtige, Häftlinge und aus Toulon importierte Hilfsarbeiter beschäftigt waren. Ein russischer Konsul schrieb voller Bewunderung, jeden Tag »sehen wir weitere Neuerungen, die dazu bestimmt sind, die Stadt zu verbessern und dem öffentlichen Wohl zu dienen« – etwa die Einführung der europäischen Zahlzeichen in der städtischen Verwaltung, die Schaffung eines multinationalen Handelsgerichts und die Einrichtung eines staatlichen Gesundheitsamts im französischen Konsulat.[29]

Unter den gebeutelten Bewohnern eines in raschem Wandel begriffenen Ägypten herrschte verständlicherweise Ratlosigkeit hinsichtlich der Geschwindigkeit und des Ziels der Modernisierungsbemühungen Muhammad Alis. Die Mehrzahl der Einwohner, seufzte der Tierarzt Hamont, »glaubt nicht an die Wissenschaft der Ärzte oder der Tierärzte ... Die Masse der Einheimischen gibt immer noch dem Barbier den Vorzug, und der Schmied genießt größeres Vertrauen als der Tierarzt.«[30]

Unter den Opfern der vom Pascha eingeleiteten Verbesserungen breitete sich ein verzweifelter Widerstand aus. Manche Fellachen rieben sich Rattengift in die Augen, um der Einberufung zu entgehen (wer dabei erwischt wurde, dem drohte lebenslange Zwangsarbeit, und ihre Komplizinnen wurden hingerichtet), während andere vom Land in die Stadt flohen und im ständig wachsenden Kairo oder Alexandria Arbeit suchten. Als man zwangsweise Pockenimpfungen durchführte (die Fellachen versteckten ihre Familien, um sie vor der Nadel zu bewahren), kam es zu Unruhen, die mit Gewalt niedergeschlagen wurden. In den 1820er Jahren war Edward Lane schockiert, als er hörte, dass Ägypter davon sprachen, alle Europäer zu massakrieren[31], um Muhammad Ali von weiteren Neuerungen abzuhalten.[32]

Die Reformen des Paschas berührten allerdings nicht alle, und die meisten Ägypter lebten weiterhin so wie seit Jahrtausenden, bestellten die Äcker an den Ufern des Nils und im Nildelta, besänftigten denselben Gott, vertrauten auf dieselben Scheichs, auch wenn ihnen – vielfach schmerzhaft – bewusst war, dass nun das einzig allgegenwärtige Element des neuen Ägypten der Wandel selbst war.

Die Dissonanzen waren schrill und die Menschen voller Zweifel, aber es wäre falsch, die Modernisierung Ägyptens für die zum Scheitern verurteilte Schrulle eines Potentaten zu halten. Diese von »Progressiven« und »Reaktionären« gleichermaßen verbreitete Vorstellung beruht auf der irrigen Annahme, die Modernisierung sei eine feste Größe, auf die es nur zwei mögliche Reaktionen gäbe – Akzeptieren oder zugunsten des Status quo Zurückweisen. Die übliche Erfahrung von Menschen, die neue Werte und Technologien entdecken – oder wie im Fall der ägyptischen Fellachen von ihnen entdeckt werden –, ist ein holpriger Zerfall, der dennoch eine innere Logik besitzt und nicht frei von Zwang ist. Die Moderne lässt sich ebenso wenig zurückweisen, wie ein Ruf ungehört bleibt, und wenn er erst einmal heraus und in der Luft ist, werden die Menschen ihn unvermeidlich aufnehmen. Man kann ihn verzerren oder dämpfen oder mit Gebrüll zu überdecken versuchen, aber wenn eine moderne Idee erst einmal in Umlauf kommt, ist die Welt niemals mehr dieselbe wie zuvor.

Muhammad Ali Pascha modernisierte Ägypten in der beschränkten, widersprüchlichen Art eines visionären Autokraten. Er versuchte nicht, den Geist der Respektlosigkeit, der Skepsis und der individuellen Ermächtigung zu fördern, der – nicht weniger als Haubitzen und Impfungen – ein wesentliches Moment des Aufklärungsprojekts darstellt. Er gehörte zu jenen Leuten, die sich alle Mühe geben, junge Mandarine heranzubilden, und sie dann anschnauzen, wenn sie es wagen, einen Vorschlag zu machen. »Ich regiere hier«, schalt der Vizekönig einen solcherart vorlauten Menschen, schickte ihn weg und befahl ihm, ausländische Militärlehrbücher zu übersetzen.

Das Land, das er erschaffen wollte, war stark, dynamisch und zukunftsgewandt – aber nicht sonderlich reflektiert oder erfinderisch. Das heißt nicht, dass sich das Denken unter seiner Herrschaft gar nicht weiterentwickelt hätte oder das Weltbild der Elite des Landes ebenso stagnierend und engstirnig geblieben wäre wie zu Zeiten der Mamluken. Im Gegenteil, unter der Oberfläche entwickelten sich mancherlei intellektuelle Aktivitäten, und man entdeckte neue Einstellungen zum Wissen, zum Einzelnen und zu Gott – ein Muster, dem wir in unserem Überblick über die reformorientierten Diktatoren des Nahen und Mittleren Ostens noch häufig begegnen werden.

Nur wenige leisteten in der Regierungszeit Muhammad Alis einen größeren Beitrag zur geistigen Befreiung Ägyptens als der peripatetische Gelehrte Hasan al-Attar. Nachdem er Kairo verlassen hatte, weil er fürchtete, seine frankophilen Neigungen könnten ihn in Schwierigkeiten bringen, verbrachte er das erste Jahrzehnt der Regierungszeit des Vizekönigs jenseits des Mittelmeers, wo die Anonymität ihm die Möglichkeit bot, den ihm am Herzen liegenden Interessen nachzugehen. In den Bibliotheken von Istanbul und Damaskus – wie Kairo Städte mit dem Duft vergangener islamischer Größe – vertiefte Attar die weltlichen Offenbarungen, die er im Institut de l'Égypte erhalten hatte. Dabei erweiterte er nicht nur sein Wissen, sondern lernte auch viel über den universellen Charakter des Wissens, und beides sollte ihm nach seiner Rückkehr 1813 von Nutzen sein.

Das Istanbul, das 1802 eine Zeitlang zu seiner Heimat wurde, eignete sich besser als das Kairo der Mamluken für sein Bemühen, und das großenteils dank der intellektuellen Neugier Sultan Selims III. Attar freundete sich mit Gelehrten an, die ihm freimütig ihre Bibliotheken öffneten, und begann ein breiteres Spektrum an Fachgebieten zu studieren, als es in Ägypten statthaft gewesen wäre, darunter auch Astronomie, Logik und Mystik.[33] Zugleich machte er sich mit jenen Strängen islamischer Gelehrsamkeit vertraut, die man in der al-Azhar abgelehnt hatte, weil sie von Philosophie und Spekulation vergiftet seien. Von der Astronomie Nasreddin Tusis bis hin zu Avicennas Metaphysik und den soziologischen Beobachtungen des innovativen tunesischen Gelehrten des 14. Jahrhunderts Ibn Chaldun fand Attar bei seinen intellektuellen Vorfahren dieselbe vorurteilslose Liebe zur Gelehrsamkeit, die ihn auch bei den Franzosen so entzückt hatte. Für einen Mann, der die Wiederbelebung des Wissens zu seinem Lebenswerk machen sollte, widerlegten diese Beispiele herausragender islamischer Leistungen auch das Überlegenheitsgeraune westlicher Wissenschaftler wie Jean-Baptiste Joseph Fourier, der glaubte, der Islam sei einer »Weiterentwicklung des Geistes« feindlich gesinnt.

Attar stellte mit Freuden fest, dass die großen muslimischen Denker nicht nur in Theologie und Recht bewandert waren, sondern auch »ein breites Wissen aus anderen Wissenschaften« besaßen. Außerdem hatten diese mittelalterlichen Gelehrten sich nicht gescheut, die Werke von Nichtmuslimen zu Rate zu ziehen, und Attar verwies auf das Beispiel eines Scheichs, der eine jüdische Kritik am Islam mit Zitaten aus deren eigener Thora konterte.[34]

Mit tiefer Bestürzung reagierte Attar während seiner Zeit in der Türkei auf sein Unvermögen, einen jungen Diener zu retten, der an Pocken erkrankt war. Der Junge war gestorben, obwohl sein Herr ihm

Henna verabreicht hatte, ein traditionelles Heilmittel, das angeblich die Poren verschloss. (Das geschah ein paar Jahre nach Jenners bahnbrechender ersten Impfung, von der Attar möglicherweise noch nichts wusste.) Das Missgeschick veranlasste den Ägypter, seine medizinischen Fachkenntnisse zu vertiefen, und da er in Scutari (dem heutigen Üsküdar) auf der asiatischen Seite des Bosporus im Hause des obersten osmanischen Arztes lebte, konnte er seine Studien fortsetzen und zugleich die Gesellschaft ausländischer Ärzte genießen, die er nach medizinischen Dingen ausfragte.[35]

Je mehr Attar lernte, desto entschiedener lehnte er das philosophisch begründete und theoretische Herangehen an den menschlichen Körper ab, das Avicenna in seinem *Kanon der Medizin* von 1025 dargelegt hatte. In seiner lateinischen Übersetzung war dieses Buch fünf Jahrhunderte lang Pflichtlektüre für die europäischen Medizinstudenten gewesen, bis es in Paris und Padua durch die Prinzipien des Experiments und der Beobachtung abgelöst wurde. Attar stellte sich auf die Seite der Europäer. »Nach Avicenna führt der beste Weg zur Anatomie über die Lektüre der gesicherten Befunde eines kundigen Mannes mit präzisem Wissen ... Das Sezieren ist allerdings bekanntlich eine Wissenschaft, die man ernsthaft nur mit den eigenen Augen verfolgen kann.«

Im 13. Jahrhundert hatte der Syrer Ibn al-Nafis eine kreisförmige Bewegung des Blutes durch Herz und Lunge postuliert und die irrige Vorstellung korrigiert, wonach die Blutgefäße sowohl Blut als auch Luft enthielten, wodurch er den englischen Arzt William Harvey (dem gewöhnlich die Entdeckung des kleinen Blutkreislaufs zugeschrieben wird) um fast vierhundert Jahre vorwegnahm. Wenn Avicenna der große Theoretiker der Medizin war, so schloss Attar, dann war Ibn al-Nafis deren großer Praktiker. Aber der Syrer hatte sich bereitwillig äußerem Druck gebeugt. Er hatte keine Menschen seziert, weil das islamische Recht dies untersagte. Das Sezieren war selbst noch zu Beginn des 19. Jahrhunderts tabu, denn wie Attar traurig notierte: »Man hat uns von der Verfolgung [des empirisches Ansatzes] abgehalten, weil der als Hindernis für Gottes Gesetz und für den Glauben angesehen wurde.«[36]

Hier tat sich eine weitere verstörende Kluft zwischen Europa und den Ländern des Islam auf, die in Attars Augen ein großes Hindernis für den muslimischen Fortschritt darstellte. Die Anatomie war im 15. Jahrhundert in die medizinische Tradition des Westens aufgenommen worden und war unerlässlich für das Weltbild von Humanisten wie Leonardo da Vinci. Aber das Sezieren von Leichen, ohne das die Anatomie nur gebildete Spekulation sein konnte, verstieß gegen die Überzeugung der Muslime, dass der Tote jeden Schnitt spüre. Der Prophet hatte das Sezieren von Leichen verboten, »selbst wenn der Verstorbene die köstlichste Perle verschluckt hätte, die das Eigentum eines anderen«. Außerdem war die anatomische Zeichnung in ihrem Streben nach Genauigkeit ein ungewöhnlich dreister Verstoß gegen das Verbot einer bildlichen Darstellung der menschlichen Gestalt.

Aber die Sektion war unverzichtbar für die moderne Medizin – und war es nicht die Pflicht der Muslime, menschliches Leiden zu lindern? Attar hatte zweifellos den veterinärmedizinischen Sektionsraum im Institut d'Égypte gesehen.[37] Es bedurfte keiner weiteren Überzeugungsarbeit. In seinen Augen waren Anatomie und Astronomie die produktivsten Zweige der modernen Wissenschaft, wenn auch »heute nahezu inexistent mit Ausnahme einiger weniger Menschen, die uns vor Unwissenheit bewahren«.

Attar soll Istanbul 1806 verlassen haben – dem Jahr, in dem der modernisierungsfreundliche Selim durch dessen reaktionären Vetter Mustafa ersetzt wurde. Die nächsten neun Jahre verbrachte er mit Studien in Alexandretta (dem heutigen Iskenderun an der türkischen Mittelmeerküste), Izmir und Damaskus. Doch da die osmanischen Kernlande sich nun wieder fest im Griff der Reaktion befanden, kehrte er in das Land zurück, das während seiner Abwesenheit zum Zentrum der Reformen in der islamischen Welt geworden war. Mit einer Mischung aus Wissen und Erfahrung versehen, wie wohl kein anderer Ägypter sie vorweisen konnte, brannte Attar darauf, seinen Beitrag zu dem von Muhammad Ali Pascha in Ägypten eingeleiteten Erneuerungsprozess zu leisten. Er stellte jedoch schon bald fest, dass Kairo immer noch weitgehend mittelalterlich war und das Land insgesamt sich nicht so tiefgreifend oder so schnell verändert hatte, wie er dies hoffte. Die Gruppe der Progressiven, die sich um Muhammad Ali scharten, war sehr klein, und auch Attar teilte sehr bald das dort verbreitete Gefühl der Isolation. Er suchte rasch eine Verbindung zum Vizekönig, aber die Ulema, die sich gut an seine frankophile Vergangenheit erinnerte, verweigerte ihm die Unterstützung. So war er denn gezwungen, sich eng an Muhammad Ali und andere Freunde zu halten, die er in höheren Regierungskreisen fand, was ihn in den Augen seiner geistlichen Kollegen nur noch verdächtiger machte.

Sein Scharfsinn ließ sich indessen nicht leugnen. Als er 1815 an die al-Azhar zurückkehrte, tat er sich durch eine Reihe theologischer Vorlesungen hervor, die derart gut durchdacht waren und so gut vorgetragen wurden, dass selbst konservative Scheichs ihre Lehrveranstaltungen verließen, um ihn zu hören. Aber die große Kairoer Schule war auch weiterhin alles andere als kongenial für jemanden mit Attars progressiven und kosmopolitischen Neigungen. Die heruntergekommene und unruhige Institution glänzte in den weniger einnehmenden Eigenarten eng benachbarter Stadtstaaten, mit heftigen Rivalitäten zwischen verschiedenen, ethnisch und landsmannschaftlich gespaltenen Wohnheimen und weiteren Trennungslinien zwischen den Anhängern verschiedener Dozenten im Streit um die besten Vorlesungszeiten. In der Leitung der Schule herrschte ein ineffizienter Despotismus. Es kam vor, dass ein unbeliebter Rektor von einer Rotte blindwütiger Studenten ergriffen und ausgepeitscht wurde, und Soldaten standen bereit, um Krawalle im Keim zu ersticken. Natürlich hatte bislang noch kein Rektor sonderlich viel Interesse an der Durchführung jener Modernisierungsreformen gezeigt, deren die Schule so dringend bedurfte.

Als Muhammad Alis Reformen auf den Gebieten der Landwirtschaft und des Militärs Ende der 1820er Jahre erste Früchte trugen, war die Lage an der al-Azhar so unerträglich geworden, dass Attar den Großteil seiner Lehrveranstaltungen zu Hause vor ausgewählten Studenten abhielt. Seine bevorzugten Fachgebiete – rationale Theologie, Logik, Geschichte, Naturwissenschaft, Medizin und Geographie – vermittelten ein ausgeprägt eklektisches Verständnis von Bildung. Dort, fern von neugierigen Blicken, verlieh er auch seinem bedeutsamsten

Vermächtnis Gestalt: einer von seinem Bildungsverständnis geprägten Generation ägyptischer Modernisierer. Der wohl engste unter diesen Gefolgsleuten war Rifaa al-Tahtawi, der wegen seines großen Einflusses auf die Modernisierung später als »Vater der ägyptischen Identität« bezeichnet wurde. Rifaa erwarb bei dem älteren Attar die wohl umfassendste Bildung, die man damals in Ägypten erhalten konnte, und er brachte viele von Attars Ideen zum Abschluss.

Zwischen seinen Lehrveranstaltungen schrieb Attar zahlreiche Texte zur Verteidigung der Logik und der modernen Astronomie. Außerdem verfasste er eine Geschichte der *Quraisch*, des Stammes, dem der Prophet angehört hatte, und führte für Schlüsselereignisse der muslimischen Gründungsgeschichte historische, soziologische wie auch ökologische Gründe an. Den Rahmen seiner Analyse verdankte er Ibn Chaldun, dessen innovatives zyklisches Geschichtsbild zu Attars Zeiten in gelehrten Kreisen weitgehend unbeachtet blieb.

Das Unterrichten hinter verschlossenen Türen und die sorgfältigen Verteidigungen moderner Ideen inmitten langer, konventionellerer Abhandlungen zeugen von einem geläuterten Attar – fern von dem rebellischen Ästheten, der die Franzosen im Institut d'Égypte besucht hatte. Wer dem reifen Kleriker begegnete, hatte nicht das Gefühl, einen Bilderstürmer wie Rousseau vor sich zu haben, der Konvention und Kirche hinter sich ließ, bevor er in die Alpen ging und massenhaft geniale Einfälle produzierte. Attar war als ein vorsichtiger Großstädter von seinen Reisen zurückgekehrt, ein nordafrikanischer Parvenü mit einer gesellschaftlichen Stellung, die es zu schützen galt, und einer Sklavenehefrau als Deckmantel für seine Homosexualität. (Es war kein wirkungsvoller Deckmantel, denn seine »Verfassung« war weithin bekannt, und er verbarg nicht seine Missbilligung der Frauen im Allgemeinen, zitierte er doch gern den Ausspruch des Propheten, kein Volk werde erfolgreich sein, wenn es die Herrschaft den Frauen überlasse.) Im Herzen blieb er ein Neuerer, der alle europäischen Bücher verschlang, deren er habhaft werden konnte – wobei er viele in türkischer Übersetzung las. Aber in der Öffentlichkeit bemühte er sich um ein unauffälliges, nirgendwo aneckendes Verhalten und empfing ausländische Besucher nur im Geheimen – »sonst kompromittiere ich mich in den Augen der Ulema«, vertraute er einem französischen Diplomaten an.[38] Wie die Erfahrung ihn gelehrt hatte, konnte das Land »sich allein durch die neue Bildung verändern und erneuern«, und dennoch sah er sich in seiner von Enttäuschung und Frustration geprägten Laufbahn nur selten in der Lage, diesen Prozess voranzubringen.[39]

In den 1820er Jahren bot sich solch eine Gelegenheit, und glücklicherweise betraf sie die Anatomie, deren Bedeutung Attar schon lange erkannt hatte. Muhammad Ali hatte den französischen Chirurgen Antoine Barthélemy Clot, dem er später den ehrenvollen Titel eines Bey verlieh, mit der Aufgabe betraut, die erste medizinische Hochschule Ägyptens aufzubauen. Dem stand allerdings ein großes Hindernis im Weg, und wie Clot Bey dies selbst ausdrückte, war das »der unüberwindliche religiöse Widerstand gegen die Wissenschaft der menschlichen Anatomie«.[40] Die Autoritäten waren da unerbittlich, aber »von genau diesem Punkt hing der gesamte Erfolg des Unternehmens ab«.

Ohne die Zustimmung des Klerus konnte es keine Sektionen geben. Der erste Jahrgang der Medizinstudenten in Ägypten hatte an der al-Azhar studiert, und so konnte man kaum erwarten, dass diese Studenten sich den Scheichs widersetzten, die ihre Lehrer gewesen waren. Nun trat Attar hervor und billigte die anatomischen Lehrveranstaltungen. Außerdem erklärte er seine Unterstützung für die Hygiene oder Präventivmedizin. Attar stand mit seiner fortschrittlichen Einstellung nicht allein da, aber er war, wie Clot Beys Kollege P. N. Hamont anmerkte, das »Oberhaupt des Glaubens in Kairo« und trotz seines umstrittenen, weil allzu positiven Verhältnisses zu Neuerungen und Reformen doch eine Stimme, die von den Menschen gehört wurde.[41] Wir wissen nicht, wessen Leiche im Februar 1827 bei der ersten offiziell in Ägypten vorgenommenen Obduktion seziert wurde, aber ein Bericht von Clot Bey vermittelt einen faszinierenden Einblick in die Tricks und Schliche, deren man sich bediente, um das islamische Recht zu umgehen.

> Anfangs führten wir die Sektionen ohne Wissen der Öffentlichkeit durch und ohne den Sektionssaal von Wachen umstellen zu lassen, die uns vielleicht als allererste attackiert hätten, wenn sie erfuhren, was da

vor sich ging. Nach und nach überwanden die Studenten ihre Vorurteile und ihren Abscheu und waren schließlich überzeugt von der unabweisbaren Notwendigkeit des Studiums der Anatomie. Sie nahmen diese Überzeugung mit nach Hause zu ihren Eltern, teilten sie mit ihnen, und heutzutage ist die Idee des Sezierens von Leichen für die Öffentlichkeit kein Problem mehr.

In einer weiteren Schilderung, diesmal gegenüber ausländischen Bekannten, beschrieb Clot Bey den schrittweisen Zusammenbruch des verbreiteten Vorurteils.

»Als Erstes«, sagte [Clot], »wollen wir einen Hund sezieren, nicht einmal den eines Muslims, sondern den eines Juden oder eines Christen«, und nach ein wenig Murren stimmten sie zu. Auf einem Friedhof außerhalb der Stadt lagen ein paar Skelette und Schädel herum. »Was sollte schlimm daran sein«, fragte Clot seine Schüler, »wenn wir einige dieser Schädel und Knochen zu Demonstrationszwecken heranziehen? Sie können gerade so gut auf meinem Tisch liegen, wie sie dort liegen und in der Sonne bleichen.« Auch dem pflichtete man bei, aber als er vorschlug, Leichen zu sezieren, gab es einiges Gemurmel. »Gut«, sagte er, »wir werden keinen freien Weißen nehmen, sondern einen schwarzen Sklaven.« Auch diesem Vorschlag stimmte man schließlich zu. Und so, Schritt für Schritt, gelangten gebildete Ägypter zu anatomischem Wissen.[42]

Zu der Zeit, als die Anatomie in Ägypten Anerkennung fand, war Attar zu einem der führenden Geistlichen des Landes aufgestiegen, aber man verband ihn sowohl mit der verachteten Regierung als auch mit ausländischen Ideen. Die Spannung zwischen diesen widerstreitenden Positionen verschärfte sich noch, als Muhammad Ali ihn 1831 zum Rektor der al-Azhar machte und ihm so die damals wohl angesehenste geistliche Stellung im sunnitischen Islam zuwies. Diese krönende Bestallung markierte keineswegs den Beginn von Reformen in der baufälligsten Institution des Islam, sondern erwies sich als Gift.

Vier Jahre später war Attar tot – ausgelaugt von den Rachefeldzügen gegen ihn, denn während die Scheichs es nicht wagten, sich gegen den Vizekönig zu stellen, war der Oberpriester des Vizekönigs leichte Beute für sie. Sie sabotierten Attars Berufungen und verunglimpften mit lächerlichen Begründungen die Lektoren und Korrektoren, die er für einen Staatsverlag eingestellt hatte. Statt für produktive Arbeiten eingesetzt zu werden, so erklärte einer von ihnen, nutzten diese Männer »ihre Talente im Lesen und Schreiben«.[43] Natürlich hatte er keine Chance, die veralteten Lehrpläne und Unterrichtsformen zu reformieren. Seine Gegner gingen sogar so weit, ihm während einer Besprechung seine Schuhe zu stehlen, so dass der Rektor der al-Azhar, in den Augen mancher Menschen der wichtigste Mann im Islam, auf Strümpfen nach Hause laufen musste.

Kurz vor seinem Tod vertraute Attar seinem Nachfolger Rifaa das ganze Ausmaß seines Elends an und schrieb von seinem Wunsch, »allein in meinem Sessel zu sitzen, fern von diesen gefräßigen Ungeheuern ... Ich sehe lauter Feinde im Gewand von Freunden um mich her ..., nur arrogante, hinterlistige, böswillige Betrüger, die mir Fallen stellen ..., und meine Vernichtung starrt mich an.«[44] Er stellte der Geistesgröße mittelalterlicher Denker die Sterilität und die Einsamkeit seiner Zeit gegenüber, in der er »keinen Bruder zum Reden« habe und die »Weise und Dumme auf eine Stufe« stelle.[45]

Der Autor von fünfzig Büchern über eine Vielzahl von Fachgebieten und – bedeutsamer noch – ein intellektueller Forschungsreisender, der einmal als Wegbereiter der Erneuerung Ägyptens gelten sollte, hatte für seine Überzeugungen beträchtlich leiden müssen. Wäre die Welt, in der er lebte, weniger feindselig gewesen, hätte er sich zweifellos weitaus radikaler für seine Ideen eingesetzt, mit denen er jene Orthodoxie herausforderte, die ihn letztlich vernichtete. Das Beispiel der Franzosen und Muhammad Alis wie auch seine eigenen Bemühungen hatten noch keine dauerhaften Veränderungen für Ägypten und das ägyptische Volk gebracht. Zwischen dem Land, das der Vizekönig sich vorstellte, und dem realen Ägypten bestand immer noch eine tiefe Kluft.

Das Gefühl des Scheiterns, das Attar so schmerzlich empfand, und Muhammad Alis Unvermögen, ihn zu schützen, werfen bittere Fragen nach dem Verhältnis zwischen fortschrittlichen islamischen Autokraten und jenen Neuerern und Mittlern auf, die Werte der Moderne in die Gesellschaft einführen wollten. War ihr Bündnis eines des Herzens oder bloßer Zweckmäßigkeit, und, falls denn Letzteres zutraf, wer beutete hier wen aus? Man ist versucht, den Intellektuellen den Vorwurf zu machen, sie hätten sich auf die Seite der Tyrannen gestellt, aber zugleich vermag man sich kaum vorzustellen, was eine derart kläglich kleine Minderheit, die mit einem ans Krankhafte grenzenden Widerstand gegen jeden Wandel zu kämpfen hatte, denn anderes hätte tun können. In manchen Fällen war es der Schutz eines mit unbeschränkter Machtfülle ausgestatteten Fürsten, der es den Denkern und Vermittlern einer Modernisierung überhaupt erst ermöglichte, ihre wegweisenden Ideen zu verbreiten, wären sie sonst doch einfach vom Mob gelyncht worden. Außerdem gab es im frühen 19. Jahrhundert keine Wahl zwischen einem Tyrannen und einem liberaleren Herrscher. Autokraten der einen oder anderen Art waren das einzige Angebot.

Zwischen Abdul Rahman al-Gabarti, Hasan al-Attar und Rifaa al-Tahtawi bestand eine Verbindung, die sich nicht auf ein bloßes Lehrer-Schüler-Verhältnis reduzieren lässt, sondern eher einem Rankgerüst glich, an dem Pflanzen emporwachsen, stärker werden und reifen können. Gabarti erkannte wahrscheinlich als Erster die – für ihn äußerst schockierende – Kluft zwischen dem westlichen und dem islamischen Wissen, während Attar ganz anders auf diese Erkenntnis reagierte und sich dem Neuen zuwandte. Rifaa al-Tahtawi wiederum (heute schlicht »Rifaa« genannt), der Ende der 1820er Jahre Attars Vorlesungen gelauscht hatte, als der seine Lehrveranstaltung aus Trotz gegenüber der Orthodoxie an der al-Azhar zu Hause abhielt, beherrschte das moderne Wissen am effektivsten und stellte es in den Dienst nicht nur Ägyptens (er kann als der Erfinder des neuen Ägyptens gelten), sondern des gesamten Islam. Er machte es sich zu seiner Lebensaufgabe, den Beweis zu erbringen, dass der muslimische Glaube mit progressiven Ideen vereinbar sei.

Rifaa wurde 1801 als Sohn einer wohlhabenden Familie am Nil südlich von Kairo geboren. Sein Vater gehörte zur Schicht jener Steuerpächter, die Muhammad Ali durch die Enteignung von Grund und

Boden ruinierte, und er starb, als der Junge vierzehn war. Der arme, aber talentierte Rifaa besuchte ab 1817 die al-Azhar, wo er Attar begegnete, der diesen intelligenten jungen Schüler mit seinen Mandelaugen und kräftigen, sinnlichen Gesichtszügen in sein Herz schloss. 1824 besorgte Attar seinem neuen Schützling eine Stelle als Imam oder Kaplan in Muhammad Alis neuer Armee. Dort kam Rifaa in engen Kontakt zu französischen Ausbildern, und so stimmte er rasch zu, als Attar ihn wenig später für eine Aufgabe vorschlug, die ihm Chancen einer ganz anderen Größenordnung eröffnete: nämlich als Imam die erste Bildungsdelegation Ägyptens nach Frankreich zu begleiten.

Die moderne Tradition junger Muslime, die zum Studium in den Westen gingen, hatte 1815 mit der Entsendung einer Handvoll junger Iraner zu einem nur wenige Monate dauernden Aufenthalt in England begonnen – wir werden noch darauf zurückkommen. Aber die ägyptische Mission ein Jahrzehnt später, Teil der von Muhammad Ali begonnenen Kampagne zur Aufnahme europäischen Wissens, war die erste, die für eine größere Gruppe von Muslimen aus dem Nahen oder Mittleren Osten einen längeren Aufenthalt in den Ländern der Franken vorsah – lange genug, um den Studenten die Möglichkeit zu eröffnen, ein Fachwissen zu erwerben, das ihnen nach der Rückkehr in ihre Heimat von Nutzen sein konnte. Rifaa etwa kehrte als fähiger Übersetzer nach Ägypten zurück; andere spezialisierten sich auf Gebiete wie Recht, Ingenieurwissenschaft oder Diplomatie.[46]

Am Nachmittag des 13. April 1826 ging der fünfundzwanzigjährige Scheich unsicheren Schritts an Bord des Seglers *La Truite* und machte sich auf den Weg nach Frankreich, wo er die nächsten fünf Jahre seines Lebens verbringen sollte. Er hatte leichtes Fieber, wahrscheinlich wegen mehrerer Becher Seewasser, die er zur Vorbeugung gegen die Seekrankheit heruntergewürgt hatte – auf persönliches Anraten Attars, der natürlich schon viel gereist war. Er war begeistert von dem Schiff: von der klaren Funktionalität des Fahrzeugs, von der Reinlichkeit der Besatzung. An den ersten Tagen trug eine freundliche Brise die *Truite* über das Mittelmeer, das die Ägypter das Byzantinische Meer nannten, und Rifaas Fieber verschwand »allein durch die Reise und die Bewegung des Schiffes«. Dann aber erhob sich ein Sturm, der die Landratten auf die Decks warf, mit bleichen Gesichtern und verrutschten Turbanen, wo sie sich an die Planken klammerten und »den Fürsprecher am Tage des Jüngsten Gerichts« anriefen. In seiner Not erinnerte Rifaa sich an die Worte des Dichters: »Da schwor ich: nie mehr will ein Schiff ich besteigen, auf Tieres Rücken allein sei nun allzeit mein Reiten!«

Die dreiundvierzig Männer, die Muhammad Ali für die Mission ausgewählt hatte, waren meist aus guten Verhältnissen stammende Kairoer, darunter Arabisch- und Türkischsprachige sowie einige Armenier. Der Aufenthalt in Frankreich sollte den Horizont dieser zukünftigen Mitglieder der ägyptischen Verwaltungselite erweitern, doch das bedeutsamste Ergebnis der Mission waren die Reiseerinnerungen, die Rifaa während des Aufenthalts schrieb und nach seiner Rückkehr 1831 veröffentlichte. Der Reisebericht war die erste umfassende, in arabischer Sprache publizierte Beschreibung des modernen Frankreich, und auf Geheiß MuhammadAlis wurde er auch ins Türkische übersetzt. Schon bald genoss er großes Ansehen im gesamten Osmanischen Reich.

In gewisser Weise war das Timing der ägyptischen Mission unglücklich. Unter dem Eindruck des heroischen Todes Lord Byrons bei seiner Unterstützung griechischer Nationalisten gegen die »schrecklichen Türken« stellte die öffentliche Meinung in Europa sich auf die Seite der Aufständischen, die während der letzten vier Jahre gegen ihren osmanischen Oberherrn aufbegehrt hatten und nun von Muhammad Alis effizienten (von Franzosen ausgebildeten) Truppen niedergewalzt wurden. Die Presse überschüttete ihre Leser mit Geschichten von ägyptischen Barbareien: dem als Geschenk an den Sultan geschickten Korb voll Rebellenohren; den auf dem Kairoer Sklavenmarkt feilgebotenen griechischen Frauen und Kindern. Doch selbst der französische Philhellenismus vermochte eine Begegnung nicht zu vergällen, die in erster Linie dem französischen Selbstwertgefühl schmeichelte. Manche französischen Zeitungsredakteure vermochten durchaus zwischen der verabscheuten Außenpolitik des Paschas und seinem weisen Entschluss zu unterscheiden, Frankreich als Ort für die

Ausbildung seiner Elite zu wählen, und als Muhammad Ali 1827 einen Beweis für die gegenseitige Wertschätzung in Gestalt einer Giraffe nach Paris schickte, drängelten sich die Pariser im Jardin des Plantes, um das Tier zu bestaunen.[47] Das Interesse des modernen Ägypten an Frankreich war natürlich das genaue Gegenstück zum Interesse Frankreichs am alten Ägypten. Der französische Sprachwissenschaftler Jean-François Champollion hatte gerade die ägyptischen Hieroglyphen auf dem Stein von Rosetta entschlüsselt, und im Louvre stand die ägyptische Abteilung kurz vor ihrer Eröffnung, die einen glanzvollen Rahmen für die Ausstellung der aus dem Land der Pharaonen erbeuteten Schätze bieten sollte.

Dazu passte es sehr gut, dass die ägyptische Bildungsmission von einem Veteran der berühmten, von Napoleon geschaffenen Commission des sciences et des arts organisiert wurde, dem Geographen Edmé-François Jomard (auch »der Ägypter« genannt), Mitherausgeber der *Description de l'Égypte* und Förderer der Erforschung Afrikas. Er kümmerte sich um den Lehrplan und die Unterbringung der Studenten, als sie im Juli 1826 dort eintrafen, und auch um den Besuch von Theatern, Museen und dergleichen. Bei einem dieser Besuche standen sie inmitten der ausgestopften Kadaver im Museum für Naturgeschichte unversehens Sulayman al-Halabi von Angesicht zu Angesicht gegenüber, jenem Eiferer, der 1801 General Kléber ermordet hatte und dessen Schädel, wie die Besucher erfuhren, die Merkmale eines kriminellen Fanatikers zeigten.[48]

Auf diesen grauenvollen Anblick vermochte Rifaa nur mit dem Ausruf zu reagieren: »Nichts geschieht ohne den Willen Gottes!« Wegen solcher Begegnungen mit dem Unerwarteten haben seine Reiseerinnerungen sich bis heute ihre Frische bewahrt. Man kann sich kaum vorstellen, wie ausgeliefert sich die ägyptischen Studenten in Frankreich gefühlt haben müssen, das damals wahrscheinlich das agilste und selbstbewussteste Land der Erde war. Die Ägypter, die jeweils paarweise vom Unterricht in die Museen und zurück in ihr Wohnheim eskortiert wurden, kamen in das Frankreich des wissenschaftlichen und medizinischen Fortschritts, in dem Balzac den Roman zur Vollendung führte und der zwanzigjährige Évariste Galois die Gruppentheorie entwickelte (bevor er seinem gallischen Temperament erlag und sein Leben bei einem Duell verlor).

Ein strenges Regiment sollte verhindern, dass die unvermeidlichen Kontakte mit Franzosen sich auch auf ungesündere Bereiche ausweiteten. So wohnten alle Mitglieder der Mission gemeinsam in einem Wohnheim, in dem man mit eisernem Besen sicherzustellen versuchte, dass niemand ohne Erlaubnis aus- und einging, wobei man den Studenten die strenge Anweisung gab,»jegliche Handlung zu unterlassen, welche seinem Charakterbild abträglich sein könnte«. Sie wurden auf Banketten der »Weisen« gefeiert, die aus Napoleons Zeiten überlebt hatten, und von satirischen Zeitschriften verspottet – *La Pandore* schilderte in romantischen Details ihre Bemühungen, französische Damen in ihren Harem zu holen –, und ihr niemals zufriedener Landesherr drängte sie unablässig zu noch größeren Anstrengungen und brandmarkte ohne jede Berechtigung ihre Faulheit und ihren mangelnden Eifer.

Rifaas Reisetagebuch ist völlig frei von Zynismus oder Bedrückung, denn obwohl die intellektuelle Beziehung zwischen Frankreich und Ägypten auf ungleichen Bedingungen basierte, schenkte man dem europäischen Kolonialismus und seinen Folgen noch längst nicht überall Beachtung. (So verkannte Rifaa vollkommen die Bedeutung der Kolonisierung Algeriens durch Frankreich, die während seines Aufenthalts in Paris gerade erfolgte und die mehr als jedes andere Ereignis den Charakter des französischen Imperialismus demonstrierte.) Für ein muslimisches Publikum geschrieben, das fast gar nichts über Lebensweisen und Einstellungen im Westen wusste, nimmt der Reisebericht die Form eines ständigen, wenn auch impliziten Vergleichs an zwischen dem, was Rifaa aus seiner Heimat kannte, und dem, was er nun sah. Für Leser in Kairo, Istanbul oder der Levante glich der Reisebericht einem einzigen Bombardement mit Fakten und Anregungen, die bestätigten oder widerlegten, was man bereits vom Hörensagen wusste, oder aber völlig neu waren.

Das Land der Franken bot den Neuankömmlingen faszinierende und oft auch widersprüchliche Einblicke. Es hatte an vielen egalitären Werten der Revolution festgehalten, während Zentralisierung und ein zudringlicher Staat zum napoleonischen Vermächtnis gehörten. Die Bourbonenmonarchie war 1814 restauriert worden, und Verfechter der gottgegebenen Rechte des Königs vertraten nun wieder die Werte der Kirche und des Throns, aber Liberale und Revolutionäre ließen sich nicht so leicht mundtot machen und sollten schon bald auf die Barrikaden gehen.

Rifaas Reisetagebuch enthüllte den muslimischen Lesern, dass in Frankreich alles – aber wirklich alles – anders war. Man saß auf Stühlen statt auf Teppichen, und beim Essen »legen sie vor jedermann auf den Tisch eine Gabel, ein Messer und einen Löffel. Sie sind der Ansicht, daß es hygienisch und elegant sei, wenn man nichts mit der Hand anfaßt.« Von den Kaffeehäusern mit ihren riesigen Spiegeln, die aus ein paar wenigen eine ganze Menschenmenge machten, bis hin zur ungezwungenen Kleidung der Frauen, wird alles zum Objekt seines faszinierten Blicks: »An heißen Tagen pflegen sie den Körper von äußeren Kleidungsstücken zu entblößen. So lassen sie ihn vom Kopf bis oberhalb des Busens unbedeckt, ja es kommt sogar vor, daß ihr bloßer Rücken zu sehen ist.«[49] Er notiert die auffälligen Aspekte des Pariser Lebens: die gute Kanalisation, die verschiedenen Kutschentypen – *roulages, diligences, coucous* und *fiacres* –, die Frühreife der Kinder, die schiere Zahl der dem Wissen gewidmeten Einrichtungen und die Tatsache, dass es keineswegs als liederlich, sondern als ziemlich galt, mit Mitgliedern des jeweils anderen Geschlechts zu tanzen – ja sogar mit so vielen, wie es in der kurzen Zeit überhaupt nur möglich war. Die Post, die Briefe mit unerhörter Zuverlässigkeit zustellte (jedes Haus hatte eine Nummer) und Vertraulichkeit gewährleistete, weil der Brief nur von demjenigen geöffnet werden durfte, an den er gerichtet war, zählte »zu den wichtigsten gemeinnützigen Einrichtungen im Geschäftsleben und anderen Bereichen«.[50]

Die Franzosen achteten sehr auf Hygiene, weshalb Frankreich »das klügste der Völker« sei, auch wenn sie im alltäglichen Umgang eher zugeknöpft und unaufrichtig seien.[51] Den Katholizismus berührt der Imam nur flüchtig und beschrieb ihn als ein Gewirr aus logischen Unmöglichkeiten, über das eine sexuell unterdrückte Priesterschaft wache, die sich das Recht anmaße, Sünden zu vergeben. Aber der Katholizismus besitze offenbar keine große Bedeutung, denn die meisten seien nur dem Namen nach Christen, und auch wenn sie der Religion zugutehielten, dass sie in früheren, leichtgläubigeren Zeiten Moral gelehrt habe, so meinten sie doch, die Menschheit sei nun weit genug entwickelt, um dessen nicht mehr zu bedürfen. Es gebe in Frankreich so wenige wirklich religiöse Menschen, dass sie nicht ins Gewicht fielen.[52] Besondere Mühe gab er sich, seine französischen Gastgeber von ihren ägyptischen Glaubensbrüdern zu unterscheiden, den Kopten, die »von Natur aus zu Ignoranz und Dummheit neigen«. Nicht so die Franzosen, die keine Gefangenen der Tradition seien, sondern »stets den Dingen auf den Grund gehen« wollten.

Auch wenn Rifaa sich in einigen seiner Urteile irrte – so sollte der Katholizismus im Laufe des 19. Jahrhunderts noch eine beträchtliche Stärke beweisen –, waren seine Worte doch ein wichtiger Wegweiser für das Denken muslimischer Reformer. Nach Rifaa war es durchaus nicht verwunderlich, dass der christliche Glaube vom säkularen Wissen hinweggefegt wurde, war er doch derart durchsetzt mit irrationalen Behauptungen, dass er sich nicht zu verteidigen vermochte. Der Islam dagegen, diese logischste aller Religionen – die die Heiligenverehrung, das Zölibat und den kaum verhüllten Kannibalismus der Eucharistie ablehnte –, sei bestens gerüstet, das neue Wissen aufzunehmen, ohne sein Wesen zu verlieren.

Der englische Orientalist Edward Lane hielt sich Anfang der 1830er Jahre – nach der Veröffentlichung des Reiseberichts von Rifaa al-Tahtawi – einmal in einer Kairoer Buchhandlung auf, als ein »Mann von sehr respektablem Äußeren und intelligenter Erscheinung nach einem Exemplar des Buches fragte … Auf die Frage, worum es in dem Buch gehe, antwortete ihm ein Anwesender, der Autor berichte über eine Reise von Alexandria nach Marseille; wie er sich an Bord des Schiffs betrunken habe, an den Mast gefesselt und ausgepeitscht wurde, dass er im Land des Unglaubens und Starrsinns Schweinefleisch gegessen habe und dass es ein ganz ausgezeichnetes Fleisch sei; welche Freude er an den französischen Mädchen gehabt habe und wie sehr ihre Reize denen der ägyptischen Frauen überlegen seien und wie er, nachdem er sich in jeder Hinsicht für einen herausragenden Platz in der Hölle qualifiziert hatte, schließlich in seine Heimat zurückkehrte.«[53]

Die Diffamierungen, die Lane hier mit anhörte, waren von einer Art, wie sie immer häufiger anzutreffen waren, als die Zahl der zum Studium ins Ausland reisenden Muslime während des 19. Jahrhunderts anwuchs. Sie basierten auf dem Gedanken, dass diese Muslime nach ihrer Heimkehr den moralischen Kompass und ihre kulturelle Authentizität verloren hätten. In Rifaas Fall traf das nun ganz und gar nicht zu, denn er kehrte als frommer Muslim heim, in traditionellen Gewändern und Turban (Muhammad Ali verachtete Ägypter, die sich im Ausland den dortigen Kleidersitten anpassten), und sein Vertrauen in die göttliche Offenbarung war ungebrochen.

Vor allem den Mangel an Gläubigkeit bemitleidete Rifaa bei den Franzosen, auch wenn er deren sonstige Errungenschaften bewunderte:

> Gibt's eine Stätte noch wie dies Paris,
> wo die Sonnen des Wissens nie versinken,
> und doch kein Morgen graut Unglaubens Nacht?
> Ist das nicht wahrhaft paradox?[54]

Durch seine Übersetzungstätigkeit hatte er einige der progressivsten und gefährlichsten Schriften des Aufklärungskanons kennengelernt. Aber Rifaa fühlte sich offenbar nicht bedroht von Voltaires kaum verhohlenem Atheismus, Rousseaus Lob für die Natur des Menschen oder Étienne Bonnot de Condillacs Vorrang der Sinne. Und er argumentierte kaum anders als Avicenna, der gut achthundert Jahre zuvor behauptet hatte, philosophische Spekulation richte keinen Schaden an, sofern sie ein festes Fundament in den islamischen Wissenschaften habe.

Er hatte die im 18. Jahrhundert von dem Schweizer Denker Jean-Jacques Burlamaqui verfassten *Principes du droit naturel* übersetzt und »sehr gut verstanden«, wonach der Mensch einem von Gott gegebenen Naturrecht unterworfen und dennoch mit Willen und Vernunft begabt ist. Dank der Vernunft vermag der Mensch zu denken, »zutreffende Ideen der diversen Objekt zu bilden, die ihm begegnen ..., und ein solides Urteil über Dinge abzugeben, die zueinander passen und übereinstimmen«.⁵⁵ Dass Burlamaqui hier einem Naturrechtssystem, dem Rousseau alles Heilige genommen hatte, einen göttlichen Ursprung bescheinigte, sollte für Rifaa später noch von Nutzen sein, und sein Verständnis der nationalen Identität war zweifellos von seiner Lektüre Montesquieus beeinflusst, der Geographie und Umwelt als hilfreich für die Charakterisierung der verschiedenen Länder der Erde erachtete und in der Liebe zum Vaterland die Grundlage der politischen Moral erblickte. Gelehrte, denen Rifaa in Paris begegnete, hatten Montesquieu mit dem arabischen Vater der Soziologie, Ibn Chaldun, verglichen, den vor dem Vergessen zu bewahren sein eigener Förderer und Lehrer Hasan al-Attar geholfen hatte.

Während seines fünfjährigen Aufenthalts in Frankreich war Rifaa zu der Überzeugung gelangt, dass die europäischen Wissenschaften und Technologien in die islamische Welt eingeführt werden mussten, aber er enthielt sich der Frage, ob nicht ein Zusammenhang zwischen einem freien Verstand und einem freien Geist bestand oder ob der Forscherdrang, den er bei den Franzosen so bewunderte, nicht in irgendeiner Weise mit ihrem Freiheitsdrang zusammenhing. Die Ergebenheit vieler Muslime gegenüber ihren weltlichen Herrschern entsprach ganz dem berühmten Koranvers: »O ihr, die ihr glaubt, gehorchet Allah und gehorchet dem Gesandten und denen, die Befehl unter euch haben.« Auf Muslime wirkten die jüngeren Explosionen der französischen Geschichte, von der Revolution über Napoleons ruinösen Expansionsdrang bis hin zur Restauration der Bourbonen, abschreckend anarchisch. In Paris erlebte Rifaa die Julirevolution von 1830, in deren Verlauf der autokratische Bourbone Karl X. gestürzt und durch Louis-Philippe von Orléans ersetzt wurde. Die Darstellung dieser Ereignisse durch den Ägypter verrät zwar Sympathie für die französischen Liberalen, die eine konstitutionelle Monarchie mit Louis-Philippe an der Spitze schufen, doch weder dort noch später ließ er erkennen, dass ähnliche Arrangements auch in seiner Heimat wünschenswert wären.

Stattdessen war es wie schon bei Gabarti nach dem Mord an Kléber dreißig Jahre zuvor das französische Rechtssystem als Ganzes, das seine Bewunderung erregte, denn der Prozess gegen Karls Premierminister Charles de Polignac »gehört zum Eindrucksvollsten, das man je zu hören bekommen wird, und stellt einen der großartigsten Beweise für die Zivilisiertheit der Franzosen und die Gerechtigkeit ihres Staates dar«.[56] (Tatsächlich war das Wort »Zivilisation« relativ neu und hatte erst in den 1760er Jahren Eingang in den französischen Wortschatz gefunden; in England weigerte sich Dr. Johnson, es in sein berühmtes Wörterbuch aufzunehmen.) Rifaa fand es bemerkenswert, dass »Minister Polignac bei seiner Festnahme den Wunsch geäußert hatte, einen Rechtskundigen zu seiner Verteidigung aussuchen zu dürfen, und dann keinen anderen als Martignac wählt ..., einen Mann, mit dem ihn weder Verwandtschaft noch Freundschaft verband«, auch wenn der frühere Ministerpräsident am Ende zu lebenslanger Haft verurteilt wurde.[57]

Rifaa verdankte Attar seinen Platz in der Mission, und als der 1831 – dem Jahr, in dem Rifaa heimkehrte – Rektor der al-Azhar wurde, empfahl er das Reisetagebuch der Aufmerksamkeit des Vizekönigs. Trotz aller wechselseitigen Zuneigung zwischen den beiden Scheichs sollte Rifaa indessen nicht die Fehler des älteren wiederholen. Kurz nach seiner Ankunft in Ägypten schloss er eine Vernunftehe (mit der Tochter von Attars Stellvertreter an der al-Azhar). Dann setzte er seine Karriere fort, in der er es niemals an Respekt gegenüber der höheren Ulema fehlen ließ. Eine Generation zuvor wäre es Attar schwergefallen, sich außerhalb der al-Azhar einen Namen zu machen, aber von Muhammad Ali eingerichtete weltliche Schulen hatten der al-Azhar ihre zentrale Bedeutung für die Innenpolitik genommen und sie auf Mitglieder des Staatsdienstes verteilt. Tatsächlich schuf Rifaa in den folgenden vierzig Jahren etwas, dem Gabarti, der 1825 starb, kaum Anerkennung gezollt hätte: einen modernen, bürokratischen Lebenslauf.

Unvermeidlich war Rifaa während des größten Teils seiner im Staatsdienst absolvierten Laufbahn, die bis zu seinem Tod 1873 währte, von der Gunst des Vizekönigs abhängig. Unter Muhammad Ali stand er in Gunst, nicht aber unter dessen Nachfolger, Abbas I. (1848–1854), der ihn in die sudanesische Hauptstadt Khartum verbannte, bevor er selbst von seinen Eunuchen ermordet wurde. Bei den zwei folgenden

Herrschern, Said (1854–1863) und Ismail I. (1863–1879), stand er wieder in Gunst – stets ein Beispiel des progressiven, in die Zukunft denkenden Mandarins. Er arbeitete sowohl für die zivile als auch die militärische Verwaltung und gehörte zu den geistigen Triebkräften hinter der expansiven Bildungspolitik des Landes, als Gründer und Leiter mehrerer Schulen, vor allem der Sprachenschule in Kairo, der er ein berühmtes, unter seiner Aufsicht stehendes Übersetzungsamt anschloss. Durch die Tore dieser Institutionen ging eine ganze Generation zukünftiger ägyptischer Modernisierer, von Schriftstellern bis hin zu Ministern und Architekten der Rechtsreform.[58] Im Verlaufe seiner langen Karriere schrieb Rifaa auch die erste arabische Schulgrammatik, in der Armee stieg er in den Rang eines Obersten auf, und er gab die erste landesweite Tageszeitung Ägyptens heraus.

Ob er sich nun als Schriftsteller, als Lehrer oder als Staatsbediensteter betätigte, schon eine knappe Auflistung seiner Aktivitäten in vier Jahrzehnten zeigt, dass er dem Ziel des Fortschritts voller Eifer und erfolgreich nachging, und auch darin unterschied er sich ganz wesentlich von Attar. Rifaa hatte es sich zur Lebensaufgabe gemacht, die Errungenschaften der Zivilisation nach Ägypten zu bringen – und er tat viel, um dessen arabische Entsprechung, das vom arabischen Wort für »Stadt« abgeleitete »*tamadun*«, im Sprachgebrauch zu verankern. Es ging ihm nicht darum, die islamische Gesellschaft zu verdrängen, sondern sie zu bereichern und zu revitalisieren.

Er liebte das Neue aus tiefstem Herzen und rückhaltlos. Der Anblick eines Dampfschiffs auf dem Nil weckte poetische Gefühle in ihm, und er war entzückt, als er in den 1860er Jahren von der Fertigstellung der ersten Eisenbahnlinie hörte, die beide Küsten des nordamerikanischen Kontinents miteinander verband. Schon die außergewöhnliche Gnade, die Gott durch die Erschaffung des Menschen bewiesen hatte, gab Anlass zu Optimismus, und Rifaa geißelte die bedauernswerten Reaktionäre, die das moderne Zeitalter ablehnten, weil es »ohne Wert und auf dem Weg in den Untergang« sei. Im Gegenteil, entgegnete er ihnen: »Die Erfindungen unserer Zeit, die von Nationen und Königen willkommen geheißen werden, sind die edelsten Früchte des Geistes; spätere Generationen werden sie weitergeben und ihnen eine noch vollkommenere und schönere Form verleihen.«[59] Zum Beleg dafür, dass Gott den menschlichen Fortschritt mit Wohlwollen betrachtete, zitierte er den Koran: »Er ist's, der die Erde gefügig für euch gemacht hat. Drum durchwandelt ihre Räume und esset von seiner Versorgung.«

Rifaas hoffnungsfrohe Grundhaltung war teilweise auf den glücklichen Augenblick zurückzuführen, den er mit seiner Lebenszeit traf, denn er war zu jung, um noch etwas von der Besetzung seines Landes durch Napoleon mitzuerleben, und er starb, bevor die Briten 1882 die Herrschaft übernahmen. Er konnte noch glauben, dass die Zivilisation der Ausländer im Kern segensreich sei. Nachdem er diese Zivilisation *in actu* gesehen hatte, verfügte er über eine verfeinerte Vorstellung von deren Übertragbarkeit. So ist es denn nur angemessen, wenn er als Übersetzer im weitesten Sinne bis heute am stärksten in Erinnerung geblieben ist – als jemand, der an einem Ort Ideen aufgreift, um sie an einem anderen verständlich zu machen.

In Frankreich hatte Rifaa voller Verwunderung festgestellt, wie nützlich eine schmucklose Sprache sein konnte, die Bedeutungen mit einem Minimum an Unschärfe vermittelt. »Manchmal gilt bei den Franzosen als stilistische Schwäche, was im Arabischen als Schmuckwerk angesehen wird«, schrieb er, und er weckte Zweifel an jenen lexikalischen Ausschmückungen, die den Glanz des Arabischen ausmachten, aber nichts zur Erleichterung des Verständnisses beitrugen.[60] Das Pariser Französisch wurde unablässig erneuert und passte sich den Anforderungen des modernen Lebens an. Das konnte man vom Kairoer Arabisch leider nicht behaupten. Vor allem an der al-Azhar glänzten die Studenten mit ihren mangelnden Syntaxkenntnissen und waren unfähig, auch nur eine einfache Abhandlung über irgendein Thema außerhalb ihres Fachgebiets zu schreiben.[61] Und dann war da noch die schiere Promiskuität der europäischen Sprachen – jeden Tag brachten sie neue Wörter hervor, für die es im Arabischen keine Entsprechung gab.

Rifaa bemühte sich um die Schließung der Lücke zwischen modernen Ideen und der Fähigkeit des Arabischen, sie zum Ausdruck zu bringen. Er war der erste Araber, der das Wort »*jumhuriyya*« –

»Republik« – verwendete, das sich heute im offiziellen Staatsnamen zahlreicher muslimischer Länder in aller Welt findet. Auch das Wort »*hurriya*« brachte er auf den Weg zu seiner heutigen Bedeutung als politische und persönliche Emanzipation.[62] Wie Rifaa feststellte, waren manche Begriffe derart fremd, dass sie sich einfach nicht übersetzen ließen, weshalb er vor der Wahl stand, das Wort aus dem Französischen zu übernehmen oder ein neues zu erfinden. In seinem Reisetagebuch fahren »*duks*« über von Bäumen gesäumte »*bulwars*«, während ihre ärmeren Landsleute in »*fabrikas*« arbeiten, in denen alles bis auf den letzten »*santimitr*« gemessen wird.[63] All diese Transliterationen des Französischen gibt es im Arabischen heute noch.[64]

Die Übersetzung ist eine der großen Ausdrucksformen der Universalität des Geistes – die Überführung einer Idee in eine neue Form unter weitgehender Wahrung ihrer Bedeutungsschattierungen. Zahlreiche neue und unbekannte Ideen strömten nach Ägypten in den neun Jahren, in denen Rifaas Übersetzungsamt bestand. Er und seine Kollegen übersetzten erstaunliche zweitausend europäische und türkische Werke ins Arabische, von Geschichtswerken über die antike Welt bis hin zu Büchern über griechische Philosophen und Voltaires einflussreicher Lebensbeschreibung Peters des Großen, der sich um die Modernisierung Russlands bemüht hatte.[65] Montesquieus *Betrachtungen über die Ursachen der Größe der Römer und deren Verfall* zeigten Rifaas Interesse am Schicksal großer Mächte – und an den Lehren, die aufsteigende Mächte daraus ziehen mochten.[66] Er selbst übersetzte Werke über Geographie und Geometrie wie auch Fénelons *Abenteuer des Telemach*, über die Erziehung in der Kunst des weisen Herrschers, die der Sohn des Odysseus, Telemach, von seinem Lehrer Mentor erhält. Rifaa machte sich an die Übersetzung dieses Buchs, als Abbas ihn nach Khartum, in den »Gulag Ägyptens«, verbannt hatte.

Rifaas Übersetzungsbemühungen sorgten für die wohl größte und bedeutsamste Übertragung ausländischer Ideen ins Arabische seit den Zeiten der Abbasiden. Diese Übersetzungen hatten erheblichen Einfluss auf die Ingenieure, Ärzte, Lehrer und Offiziere, die nun begannen, die Elite des Landes zu bilden – Wegbereiter der weltlich gesinnten Mittelschichten, die das öffentlichen Leben nahezu zweihundert

Jahre beherrschen sollten. Für sie erweiterte die antike Geschichte die Bedeutung der lehrreichen Vergangenheit, die sich bis dahin auf die islamische Zeit beschränkt hatte. Wer von den Wunderwerken der Ungläubigen las, gewann eine andere Sicht der Fähigkeiten und Leistungen, die sich nicht an überkommene, auf dem Glauben basierende Abgrenzungen hielt. Mit seinen Übersetzungen des *Code Napoléon* und des französischen Handelsgesetzbuchs bewies Rifaa, dass er auch für das westliche Recht empfänglich war.

Rifaa war ganz instinktiv ein geistiger Einer der Menschheit – im Unterschied zu seinem Vorgänger Gabarti, der das Wissen danach sortierte, ob ein »Verstand von der Art des unsrigen« es zu fassen vermochte. Rifaa prägte auch das Wort für »Nation«, »*watan*« – ein weiteres neues Wort, das es zu verstehen galt, das auch ins Türkische und Persische übernommen wurde und später benutzt werden sollte, um nationalistische Gefühle zu entfachen, die sich gegen deren europäische Entsprechungen richteten. Rifaa bereitete auch einem neuen literarischen Genre den Weg, dem patriotischen Gedicht, und er übersetzte die *Marseillaise*. Er erkannte den Wert der Vergangenheit für diese neuen nationalen Gefühle und wagte es, Muhammad Ali zu kritisieren, weil der es zuließ, dass die Europäer antikes Raubgut in gewaltigen Mengen außer Landes schafften, und er überredete den Vizekönig, den Export solcher Altertümer zu verbieten. Rifaa lagerte zahlreiche ausgegrabene Schätze in seiner Sprachenschule, bis 1835 ein Museum für Altertümer gebaut wurde.[67] Die Sammlung bildet heute den Kern des Ägyptischen Museums am Tahrir-Platz.

Einige seiner Ideen waren indessen allzu radikal oder sollten erst sehr viel später Früchte tragen. Er schlug vor, die Rabbiner und die koptischen Geistlichen in die Ulema aufzunehmen – ein Vorschlag, den vor ihm noch niemand gemacht hatte. Und mit seinem Einsatz für die Mädchenbildung war er seiner Zeit um Jahrzehnte voraus. In einer berühmten Abhandlung rief er dazu auf, beiden Geschlechtern dieselbe Schulbildung zu ermöglichen, und statt zur Stützung seiner Ansicht westliche Argumente heranzuziehen, verwies er auf Hadithe, die bewiesen, dass die Frau des Propheten lesen konnte.[68] Aber die meisten ägyptischen Muslime waren gegen die Mädchenbildung, denn sie galt als erster Schritt auf dem Weg zu einer Aufhebung der Trennung der Geschlechter. Es sollten noch Jahrzehnte vergehen, bis eine ägyptische Regierung sich erstmals das politische Ziel setzte, beiden Geschlechtern dieselbe Schulbildung zukommen zu lassen – ein Ziel, das auch heute noch nicht verwirklicht ist.

Obwohl einige seiner Vorschläge sehr gewagt waren, überdauerten Rifaas Hauptideen doch die Zeiten recht gut. Der führende Kopf Ägyptens hatte den Eklektizismus der französischen Wissenschaftler so natürlich und zwanglos verinnerlicht, dass ihm Theorien über angeborene »muslimische« Defizite nichts anhaben konnten. »Das Wissen«, so schrieb er, »macht heute Fortschritte in den theoretischen Fachgebieten der Wissenschaft und in den Zweigen der Industrie ...; einen nicht minder unermüdlichen Eifer entfaltet man in der Wissenschaft des heiligen Gesetzes, den literarischen Disziplinen, im Erwerb von Fremdsprachen und im Studium der Kultur aller Länder und aller Städte. All das sollte Ägypten außer der Befriedigung seiner Bedürfnisse auch eine Schönheit schenken, die ihm Glanz verleiht.«[69]

Diese Passage wurde Ende der 1860er Jahre geschrieben, in der Regierungszeit des gleichfalls auf Modernisierung drängenden Ismail Pascha, eines Enkels von Muhammad Ali, und dies war Rifaas in literarischer Hinsicht produktivste Zeit. In diesen Jahren schrieb er Werke über Bildung und die ägyptische Gesellschaft und die ersten zwei Bände einer, wie er plante, vollständigen Geschichte Ägyptens sowohl vor als auch nach der Ankunft des Islam. Insgesamt zeigen diese Schriften die hoffnungsfrohe Weltsicht des frühen muslimischen Reformers, für den Zivilisation keine Nationalität, Religion oder politische Farbe besaß. Und aus dieser Weltsicht erwuchs auch die geniale Antwort, die Rifaa all jenen gab, die sich fragten, wie es möglich war, dass Menschen so viel erreichen konnten, obwohl ihnen doch die Wahrheit der Offenbarung verschlossen war – wie den zeitgenössischen Franzosen oder den alten Ägyptern. Auch die Menschen, die das Wort Gottes nicht kannten, seien dennoch nicht gänzlich des göttlichen Lichtes beraubt, so erklärte Rifaa, zumal es ein für alle Menschen geltendes Naturrecht gebe, das der Schöpfer selbst geschrieben habe. Auch schon bevor die Menschen die Wahrheiten des Propheten empfingen, hätten sie Vernunft besessen, und dieses Vermögen habe es ihnen ermöglicht, auch ohne Kenntnis des Islam geistige Höhen zu erklimmen.[70]

In seinen späten Werken befasste Rifaa sich mit Fragen wie dem Gegensatz zwischen Vernunft und Offenbarung oder zwischen Prädestination und freiem Willen, mit denen islamische Denker sich fast seit Mohammeds Zeiten beschäftigt hatten. Die Mutaziliten des 8. Jahrhunderts, die behauptet hatten, der Mensch könne eigenständig handeln und auch der Koran sei geschaffen worden, waren, wie wir gesehen haben, eliminiert worden, und der ascharitische Grundsatz des *bila kayf* hatte die Philosophie unter einem trostlosen, blinden Determinismus erstickt. Aber der Ascharismus hatte auch die Lehre des *kasb* oder der »Aneignung« eingeführt, wonach scheinbar gewollte Handlungen – wie solche, die aus einem moralischen Dilemma hervorgehen – in Wirklichkeit durch den Menschen von Gott »angeeignet« worden sind und provisorisch zu den seinen werden – um dann bestraft oder als angemessen belohnt zu werden.

Rifaas Neuinterpretation des *kasb* war in der für ihn typischen Weise optimistisch. Durch Trachten und Streben gelange der Mensch der Reinheit und Vollkommenheit am nächsten, und Gott lasse ihn die verschiedenen Forschungsgebiete durchstreifen, damit er sein Wissen und sein Tun verbessere. Falls einmal die Vernunft der Offenbarung widerspreche, sei sie natürlich im Irrtum, denn die Vernunft könne nicht umstoßen, was man aus einer Quelle von höherer Autorität wisse.

Rifaas Denken war offen, neugierig und kritisch, aber er war auch zu jenem willentlichen Vertrauen fähig, das manche mittelalterliche Rechtsgelehrte in die unergründliche Wahrheit Gottes gesetzt hatten. Rifaas letztes Buch war eine Lebensbeschreibung Mohammeds, und eine allegorische Interpretation der Geschichte von der Himmelfahrt des Propheten und der vorangehenden Reinigung seines Herzens durch die Engel – die seine Brust öffneten, den schwarzen Klumpen, den der Teufel dort hineingelegt hatte, herausnahmen, reinigten und zurücklegten – kam für ihn nicht in Frage. Das war in seinen Augen keine Allegorie, sondern die schlichte Wahrheit, der man mit der Vernunft nicht beizukommen vermochte, sondern der man sich nur beugen konnte.[71]

Bei seiner Prüfung der Verhältnisse im Europa des 19. Jahrhunderts gelangte Rifaa zu dem Schluss, dass die attraktivsten Aspekte – die Gipfel des *tamadun*, der Zivilisation – in Wirklichkeit vom Islam bereits vorweggenommen worden seien. So sei der französische Begriff für Freiheit gleichbedeutend mit dem islamischen Begriff für Gerechtigkeit, und »Gleichheit« zeige eine Verwandtschaft mit dem islamischen Gedanken der Mildtätigkeit. Beim Patriotismus sah er sogar eine Verbindung zum religiösen Eifer.[72] Rifaa war einer der Ersten, die einen heute in der muslimischen Welt weitverbreiteten Gedanken zum Ausdruck brachten: dass Prinzipien, die wir für modern halten, wie etwa Pluralismus, Freiheit und Rechte, in embryonaler Form bereits im frühen Islam existierten. Man versteht, warum Rifaa und andere diesen Weg einschlugen und nach tröstlichen Beweisen für die Einheit der Menschheit und zugleich das Genie des Islam (in seiner unverfälschten Form) als Vorläufer moderner Werte suchten. Doch trotz ihrer guten Absichten wirkt die hinter solchen Gleichsetzungen steckende Logik doch konstruiert und vermag nicht zu überzeugen.

Betrachten wir zum Beispiel die Gerechtigkeitsidee des Koran. Sie verpflichtet alle Gläubigen, vom Fürsten bis hin zum Ärmsten, gleichermaßen zur Einhaltung der heiligen Gebote – ein lobenswertes Ideal, dem alle Kulturen zustimmen könnten. Aber Rifaa ging weiter und behauptete, sie stehe für die Emanzipation des Einzelnen, der die Freiheit habe, sich selbst zu verwirklichen und zu vervollkommnen – das sei dasselbe wie »Freiheit«. Aber die beiden Konzepte sind nicht miteinander vereinbar. Im ersten Fall geht es um eine Gleichheit der Beschränkungen, im zweiten um die Gleichheit der Möglichkeiten. Außerdem bestimmt Freiheit im westlichen Verständnis soziale Beziehungen, aus denen man Gott bewusst ausgeschlossen hat. In Rifaas System dagegen, in dem Gott allen Menschen dieselbe Distanz zu ihm zuweist, haben die Menschen untereinander dieselben Verpflichtungen und genießen dieselben Privilegien.

Spätere muslimische Reformer behaupteten, der Hinweis auf die Gottgefälligkeit jener Gläubigen, »die ihre Angelegenheiten durch Beratung untereinander« regeln, nehme die parlamentarische Demokratie vorweg. Aber wenn ein Herrscher sich beraten lässt, heißt das noch nicht, dass er auch verpflichtet wäre, sich dem Willen des Volkes zu beugen – und die Geschichte hat gezeigt, dass er es nur selten tut, wenn es der Wille des Volkes ist, ihn abzusetzen, in seiner Macht einzuschränken oder ihn ärmer zu machen. Außerdem ist Beratung nur ein Element der auf Wahlen basierenden Demokratie, aber keineswegs das einzige.

Rifaas mangelnde Bereitschaft, die Unverzichtbarkeit politischer Wahlmöglichkeiten ins Auge zu fassen, wirkt heute naiv. Mehrmals in seinem Leben hatte er gesehen, dass europäische Herrscherhäuser unter dem Druck der Unzufriedenheit im Volk zusammenbrachen, und seine Kontakte ins Ausland hatten ihm die Möglichkeit gegeben, etwas über den Sozialismus zu erfahren, in dem immer mehr europäische Arbeiter die Lösung ihrer Probleme erblickten. Aber er empfand keinen Neid. Als Nutznießer von Despoten sah er zweifellos den Wert des Despotismus, aber seine Einstellung zur Macht war nicht ausschließlich von Eigennutz geprägt. Sie war rigoros in ihrer Ablehnung jeglicher Unordnung und dem Wunsch, dass die Dinge an ihrem Platz blieben. Und er verfügte über eine gewisse herablassende Skepsis hinsichtlich der Fähigkeit der Massen, die richtige Wahl zu treffen. Schließlich war er ein Azhar-Scheich.

Rifaa starb 1873, ein Jahrzehnt, nachdem Ismail seine verheerende Herrschaft angetreten hatte. Er und seine Vorgänger in einer Kette der Lehre und Erfahrung, die Scheichs Attar und Gabarti, hatten den Übergang Ägyptens von einer mittelalterlichen zu einer an der Schwelle zur Moderne stehenden Gesellschaft erlebt und gefördert –, und all das innerhalb von nicht einmal fünfzig Jahren.

Rifaa sollte das ganze Ausmaß der Not und des Elends nicht mehr erleben, in das der Herrscher das Land durch seine Verschwendungssucht stürzte, und auch nicht den nationalistischen Eifer und die Zunahme antichristlicher Gefühle, die darauf folgten. Rifaa hatte die gereizte, defensive Form nicht vorausgesehen, die dieser Eifer nach der britischen Invasion von 1882 annahm und die sich ein halbes Jahrhundert später in den arabischen Chauvinismus General Gamal Abdel Nassers und die erratische Erweckungsbewegung der Muslimbruderschaft verwandelte. Rifaas Idee des *watan* oder »Vaterlands« war auf

Zusammenarbeit, nicht auf Konfrontation mit Ausländern ausgerichtet. Aber die Idee der Zusammenarbeit wurde zu einem schlechten Witz, als der unersättliche Kreditbedarf Ismail Paschas und die bodenlose Nachsicht europäischer Kreditgeber Ägypten schließlich ökonomisch und politisch in die Knie zwangen und anfällig für die Gefahren des Kolonialismus machten.

Als Nasser 1956 die Welt mit der Verstaatlichung des Suezkanals schockierte, sagte er, Ägypten sei zum Eigentum des Kanals geworden, statt dass der Kanal Eigentum Ägyptens gewesen wäre. Es ist das perverse Schicksal »nationaler« Projekte, die von Geldgebern und Experten aus dem Westen abhängen, dass sie am Ende alles andere als national sind, sondern Geiseln in den Händen von Ausländern, die sie verteidigen, als gehörten sie ihnen. Das galt zweifellos für den Suezkanal, den Franzosen konzipierten, Ägypter bauten (von 1859 bis 1869) und den die Briten schließlich als weiteren Baustein ihrer zerstreuten Weltherrschaft an sich rissen. Zehntausende zwangsrekrutierte Arbeiter verloren beim Bau des Kanals ihr Leben, und Ägypten brauchte mindestens anderthalbmal so lange wie andere Länder bei vergleichbaren Bauprojekten. Aber nach den Vertragsbedingungen sollte Ägypten die Kontrolle über den Kanal erst 99 Jahre nach dessen Eröffnung erhalten, und das auch nur, wenn es die ausländischen Investoren entschädigte. Als der nahende Staatsbankrott Ägyptens der britischen Regierung die Möglichkeit bot, sich Ismails Anteile an der Betriebsgesellschaft für 40 Cent pro Aktie zu schnappen und dadurch zum größten Anteilseigner des Kanals zu werden, war es kaum verwunderlich, dass die *Birmingham Weekly Post* bekannte: »Als Engländer fühlt man sich stolz, dass man jetzt ›mit seinem Kanu‹ auf seinem eigenen Kanal paddeln kann.« Und Benjamin Disraeli versicherte Königin Viktoria, es sei absolut notwendig, dass der Kanal »England gehört«.[73]

Das hatte Ismails Onkel und Vorgänger Said gewiss nicht beabsichtigt, als er 1854 befahl, den Isthmus von Suez zu durchstoßen, einen 120 Kilometer breiten Stopfen aus Gips und Kalkstein, der das Mittelmeer vom Roten Meer trennte und Ägypten hinderte, den Handelsverkehr an sich zu ziehen, der damals den Seeweg rund um ganz

Afrika und das Kap der Guten Hoffnung nahm. Der Kanal wurde auf der Grundlage von Plänen gebaut, die während der französischen Besatzung angefertigt und später von Ferdinand de Lesseps, dem energischen ehemaligen Konsul Frankreichs, entstaubt worden waren, und die Baukosten betrugen insgesamt 19 Millionen Pfund Sterling, von denen sechs Millionen Pfund Napoleon III. zu zahlen hatte (der unter dem Einfluss seiner Frau, Kaiserin Eugénie, großes Interesse an dem Projekt entwickelte), und zwar als Ausgleich für Vertragszusätze, durch die der Vertrag etwas weniger unvorteilhaft für Ägypten wurde. Der neue Vizekönig, Ismail, sah in dem Kanal ein passendes Denkmal für seine ehrgeizigen Pläne, Ägypten in kürzester Zeit zu modernisieren, und er scheute keine Ausgaben bei dessen Verwirklichung.

Der verschlafen wirkende, plutokratische, galante und fettleibige Ismail war der zweite unter den ungeduldigen Veränderern Ägyptens, und während des ersten Teils seiner Regierungszeit, die zufällig mit einem vom Amerikanischen Bürgerkrieg in den frühen 1860er Jahren verursachten Boom in den ägyptischen Baumwolleinnahmen zusammenfiel, verfügte er über die finanziellen Mittel zur Modernisierung des Landes. Unter Ismail wurden Straßen und Eisenbahnen gebaut, Städte mit Gaslaternen ausgestattet. Die Zahl der in staatlichen Schulen unterrichteten Kinder stieg bis 1873 sprunghaft (wenn auch von einer niedrigen Grundlage) auf 90 000.[74] Zwischen allen größeren Städten im Norden des Landes wurden Telegraphenverbindungen geschaffen, und Alexandria erlebte ein weiteres Wachstum als europäisches Handelszentrum (es war die erste Stadt, die sich rühmen konnte, die von Rifaa in Paris so bewunderten Hausnummern eingeführt zu haben). Die von britischen Ingenieuren im Auftrag Said Paschas 1858 erbaute Eisenbahnverbindung verkürzte die Reise zwischen Kairo und Alexandria von vier Tagen auf acht Stunden. Ismail ließ die Strecke bis in den Sudan hinein verlängern.

Wie bei seinem Großvater Muhammad Ali endeten Ismails Ambitionen nicht an den Grenzen Ägyptens. In seinen Bemühungen frustriert, Unabhängigkeit von der Hohen Pforte zu erlangen, begnügte er sich mit dem Titel Khedive oder »Herr«, den ihm der Sultan gegen Zahlung einer hübschen Summe verlieh. Er stürzte sich in militärische

Abenteuer von zweifelhaftem Nutzen – bis tief nach Afrika in die Subsaharazone hinein, auf Kreta, wo er für den Sultan Aufständische bekämpfte, und sogar in Mexiko, wo er Napoleon III. in seinem Streben nach amerikanischem Silber unterstützte.[75]

Ismail war weniger willkürlich und blutrünstig als Muhammad Ali, doch die Abgeordnetenkammer, die er 1866 einberief, sollte keineswegs die Macht seiner Regierung einschränken – wichtige Steuerreformen wurden ohne jede Beratung verabschiedet, und die Wahlen zur Kammer mussten vom Herrscher bestätigt werden. Der ägyptische Außenminister erklärte seinem französischen Kollegen, die Kammer solle eine »Schule« sein, »durch die die Regierung, die weiter fortgeschritten ist als die allgemeine Bevölkerung, diese Bevölkerung schult und zivilisiert«.

Der Suezkanal sollte das größte Zivilisierungsinstrument sein und zugleich signalisieren, dass Ägypten zur modernen Welt gehörte. Ende der 1860er Jahre näherte der Kanal sich seiner Fertigstellung. Was machte es schon, dass die Baumwollpreise nach der Beendigung des Amerikanischen Bürgerkriegs 1865 ins Bodenlose fielen? Ismail lieh sich weiteres Geld bei den Oppenheims und der Société Genérale, um das Projekt abzuschließen. Als die Einweihung näher rückte, erbaute er ein neues Kairo, vollkommen gleichgültig gegenüber der benachbarten mittelalterlichen Hauptstadt mit ihren ausgebleichten Toren und der verfallenden al-Azhar. Es war eine neue Hauptstadt, die mit den Boulevards, Mansardendächern und Kreiseln des Oberbaumeisters Napoleons III., Georges-Eugène »Baron« Haussmann, konkurrieren sollte, dessen Umgestaltung von Paris der Khedive bei seinem Besuch der Weltausstellung von 1867 bewundert hatte. Er ließ ein Opernhaus innerhalb von nur sechs Monaten errichten, nur wenig länger als der Bau seines Palasts in Ismailia, einer neuen Stadt, die dem Verkehr auf dem Kanal dienen sollte.[76] Das Volk wurde natürlich nicht zu all diesen Baumaßnahmen gefragt. So mussten für den neuen Boulevard Muhammad Ali mehr als siebenhundert Häuser, etwa ebenso viele Ladengeschäfte und sogar Moscheen weichen. Ismail bezahlte all das aus seiner Privatschatulle (sein offizielles Gehalt war doppelt so groß wie das der Königin Viktoria).

Im Vorfeld der großen Einweihungsfeiern zur Eröffnung des Kanals ließen der Prinz von Wales und der amerikanische Präsident Ulysses S. Grant sich entschuldigen, aber trotz dieser Enttäuschungen fand doch ein ganzer Haufen echter A-Prominenter den Weg übers Mittelmeer – darunter Kaiserin Eugénie und der Habsburger Kaiser Franz Joseph. Gleichsam zur Anerkennung der Rolle, die Frankreich gespielt hatte, um den Ägyptern die Augen für ihre eigene Vergangenheit zu öffnen, gehörte zu den Gästen auch der Sohn eines Gefährten Champollions auf dessen großer Expedition nach Ägypten 1828 – auf der er dank der kurz zuvor gelungenen Entschlüsselung der Hieroglyphen Inschriften zu verstehen vermochte, die jahrtausendelang unverständlich gewesen waren.

Die Eröffnung des Suezkanals gab Anlass zu wochenlangen Feierlichkeiten Ägyptens und seines Herrschers, in deren Verlauf den Gästen auch Fahrten zu den Wasserfällen und Audienzen bei Ismail geboten wurden – überall sichtbar, wenn auch auf sichere Entfernung, die Zelte der Beduinen und die sonnengebräunten Gesichter neugieriger Fellachen, die auf das alte, unberührte Ägypten verwiesen, das der Khedive so rabiat aus dem Weg räumte. Am 16. November verlagerte sich der Schwerpunkt der Feierlichkeiten von Kairo nach Port Said, der neuen Mittelmeerreede des Kanals, auf der Kriegsschiffe und Vergnügungsdampfer aus einem Dutzend Ländern unter Kanonensalven und Hochrufen zusammenkamen. Es war, wie Kaiserin Eugénie von ihrer Yacht aus beobachtete, »ein großartiger Empfang; in meinem ganzen Leben habe ich so etwas noch nicht gesehen«. Bei der nachfolgenden Feier wurde die Kaiserin von ihrem Gastgeber und dem österreichischen Kaiser flankiert. Das Fest begann mit Gebeten nach muslimischem und christlichem Ritus und endete mit einem großartigen Feuerwerk. Der selbstgefällige Tenor der französischen Ansprachen ließ erkennen, dass Frankreich und Ägypten gemeinsam das Verdienst um den Bau des Kanals beanspruchten, aber es war ein englisches Schiff, die *Newport*, das als Erstes in den neuen Kanal einlief, als die Eröffnungsflottille am folgenden Morgen die Segel setzte – eine Majestätsbeleidigung, für die der Kapitän sich einen offiziellen Tadel – und einen inoffiziellen Dank – der Admiralität einhandelte.

Der Kanal mochte eine – wie ein französischer Redner bei der Eröffnungsfeier erklärte – »großartige und herausragende zivilisatorische Leistung« sein, er war aber auch ein Knochen, der mit einem Ende im Maul Frankreichs, mit dem anderen im Maul Großbritanniens steckte.

Von Ismailia, das von Rosenduft erfüllt war, und Suez fuhr die prominente Gesellschaft nach Kairo, aber Guiseppe Verdi, bei dem der Khedive zu diesem Anlass eine Oper in Auftrag gegeben hatte, war mit *Aida* nicht fertig geworden, und so musste man mit *Rigoletto* vorliebnehmen. In den nächsten Wochen unterhielt der Khedive seine Gäste mit Varietévorstellungen, Bagatellen von Jacques Offenbach, Rennen, Bällen, Festbeleuchtungen und Banketten, mit reichlich Château d'Yquem, und sein Geschirr, das Porzellan und die Gläser verrieten einen ausgezeichneten Geschmack. Den Gästen aus anderen Königshäusern hatte der Khedive jeweils seine eigenen Paläste zur Verfügung gestellt, während die nichtroyalen Gäste in Shepheard's Hotel logierten, einem weitläufigen Gebäudekomplex, der für seine lange Bar berühmt war. Am 13. Dezember gelangten schließlich die Feierlichkeiten mit einem Ballonflug über die Pyramiden an ihr Ende.

Nicht jedoch die Sorgen über Ismails Unfähigkeit, seine Gläubiger in Schach zu halten – die im Verlauf der 1870er Jahre rasch zunahmen und 1879 zu seiner Abdankung führten. Unter Ismail war die von Muhammad Ali sechzig Jahre zuvor begonnene Modernisierung zu einer Manie geworden, die das Land in Armut stürzte. Ägypten befand sich auf einem Weg, der heutzutage mitleiderregend voraussehbar erscheint, wobei ein von grenzenloser Macht besessener orientalischer Führer gewaltige Auslandsschulden aufhäuft, die er unmöglich zurückzahlen kann, was zu immer größerer Wachsamkeit bei ausländischen Kreditgebern und schließlich zu direkter Intervention führt.

»Mein Land ist nicht länger in Afrika«, erklärte der Khedive 1878, »wir sind jetzt Teil Europas.« Aber die Auslandsschulden Ägyptens waren innerhalb von dreizehn Jahren von drei Millionen auf 91 Millionen Pfund angewachsen, und der Khedive wandte sich mit diesen Worten an eine internationale Insolvenzkommission.[77] Die Steuern waren kräftig erhöht worden, worunter die ganze Bevölkerung zu leiden hatte, und die ägyptischen Anteile am Suezkanal gehörten inzwischen den Briten. Mit den Soldzahlungen an die Soldaten war man im Rückstand, aber die ausländischen Banken bestanden darauf, dass ihre Zinsen pünktlich und vollständig gezahlt wurden.

Im Februar 1879 entließ Ismail trotzig die europäischen Beamten, die Großbritannien und Frankreich seiner Regierung aufgezwungen hatten, doch damit war er nicht gut beraten, und vier Monate später signalisierte ihm ein unter europäischem Druck verfasstes und an den »ehemaligen Khediven Ismail von Ägypten« gerichtetes Telegramm der Hohen Pforte kurz und knapp, dass seine Regierungszeit beendet war. Er wurde durch seinen siebenundzwanzigjährigen Sohn Taufiq ersetzt.

Als er auf seiner Yacht in Richtung Neapel davonsegelte, mag er über das Scheitern seiner Absichten sinniert haben, Ägypten von den Osmanen zu befreien und auf Augenhöhe zu Großbritannien und Frankreich zu heben. Keine Rechenschaftspflicht hatte ihn in seinem Tun behindert, und seine hemmungslosen Phantasien hatten ausländischen Eingriffen in seine Regierung den Weg bereitet, aus denen mit der britischen Besetzung 1882 eine vollständige koloniale Kontrolle wurde. Die Auswirkungen dieser Durchlöcherung der nationalen Souveränität sollten ernste Folgen für die Modernisierungsbewegung haben, die sich im letzten Dreivierteljahrhundert so vielversprechend entwickelt hatte.

Ismails Schicksal wäre wahrscheinlich keine Überraschung gewesen für Scheich Gabarti, der den westlichen Einflüssen mit Skepsis begegnete und in seinem späteren Leben die Bestechlichkeit Muhammad Alis beklagte. Zutiefst bestürzt hätte es dagegen Rifaa al-Tahtawi, dessen Glaube an den Westen und an die Fähigkeit der islamischen Länder, von Europa zu lernen, ohne ihre Authentizität zu verlieren, nun unangebracht erschien.[78] Die von so scharfsinnigen Geistern wie Rifaa und Hasan al-Attar angestrebte islamische Aufklärung stand in Gefahr, aus einem Prozess freiwilliger Übernahme in eine kostspielige und oberflächliche Nachahmung abzugleiten. Wenn Ägypten wieder prosperieren sollte, bedurfte es einer Garantie gegen monarchische Launen und ausländische Interventionen. Und diese Garantie, so glaubten manche nun bald, konnte nur ein Verfassungsstaat bieten.

ZWEITES KAPITEL *Istanbul*

Während den Auslöser für die Reformbemühungen bei den Ägyptern Napoleons Invasion bildete, waren es militärische Niederlagen gegen die Russen, die ihre osmanischen Oberherren zu einer ähnlichen Gewissenserforschung anspornten. Als der osmanische Sultan Mustafa III. 1768 in den Krieg gegen Katharina die Große zog, wurden seine Truppen gedemütigt. Die Flotte der Zarin zerschmetterte die Türken in der Ägäis, und das osmanische Monopol auf den Handel im Schwarzen Meer fand ein Ende, als Russland 1783 die Krim annektierte. Gleich darauf folgten die weltpolitisch bedeutsamen Ereignisse der Französischen Revolution und der Eroberung Ägyptens durch Napoleon – ein schmerzhafter Angriff auf die Dauerhaftigkeit osmanischer Souveränität durch ein Land, das die Türken für ihren zuverlässigsten europäischen Verbündeten hielten.

Um nicht aus dem Gleichgewicht zu geraten zwischen einem heftig rotierenden Europa, das erst nach den Napoleonischen Kriegen 1815 wieder zu relativer Ruhe fand, und den in unterschiedlichen Graden der Widerspenstigkeit befindlichen arabischen Territorien (die wahhabitische Revolte in Arabien war 1798 ausgebrochen), musste das Reich modernisiert werden, wenn es der Zerstörung durch einen aggressiven Nachbarn im Norden und aufmüpfige Untertanen im Süden entgehen wollte. Wie schon in der Kairoer Ulema wurde die Auseinandersetzung mit der Modernisierung noch zusätzlich erschwert durch Probleme bei der Umsetzung westlicher Ideen. Bei ihrem vergeblichen Versuch, die Krim zurückzuerobern, setzten die Osmanen auch eine große, nach westlichem Vorbild gebaute Kanone ein, die jedoch entgegen den Erwartungen beim Abfeuern selbst explodierte. Das führte in der Heimat zu Kontroversen, vor allem in den Ämtern der Hohen Pforte. Lag ein Fluch auf der Technik, weil sie aus dem Ausland stammte, oder brauchten die Türken mehr davon und mussten sie nur besser einsetzen? Die Niederlage gegen die »*Moskofs*« stärkte bei den Konservativen die Überzeugung, dass Gott die Osmanen aufgeben werde, wenn sie von ihren erprobten und bewährten Wegen abwichen, und im folgenden Jahr verglich ein Regierungsbericht die Französische Revolution – in einer Schärfe, die selbst Gabarti vermieden hätte – mit einer bösartigen Syphilisinfektion. Die Ursache des Aufruhrs sei wohlbekannt, heißt es dort weiter, »denn die wichtigste Grundlage der Ordnung und des Zusammenhalts jedes Staates ist das entschiedene Festhalten an den Wurzeln und Ästen des göttlichen Gesetzes«.[1]

Fragen der Veränderung oder des Bewahrens ließen sich in Istanbul schwerer beantworten als in Kairo, wo Napoleon Muhammad Ali eine Tabula rasa hinterlassen hatte und die schrittweise Entstehung eines zentralisierten Nationalstaats Reformen beträchtlich erleichterten. An den Ufern des Bosporus war alles weitaus komplizierter, denn dort herrschte der Sultan-Kalif über eine so bunte Vielfalt religiöser und sprachlicher Gemeinschaften, dass Ägypten dagegen geradezu einfarbig wirkte. Die osmanischen Sultane der zweiten Hälfte des 19. Jahrhunderts mussten ihre Kalifenpflichten gegenüber der Umma (als Wächter über Mekka und Medina) mit ihren Verpflichtungen gegenüber einem Europa in Einklang bringen, das gerade jenen Grundsatz des »Machtgleichgewichts« aufgab, welcher die Machtverhältnisse seit dem Beginn des 17. Jahrhunderts bestimmt hatte. Für die Osmanen, die stolz auf ihren geschickten Umgang mit Minderheiten waren (von sephardischen Juden über kurdische Jesiden bis hin zu libanesischen Drusen), war es besonders ärgerlich, dass sich das zaristische Russland seit den 1770er Jahren als Beschützer aller orthodoxen Glaubensbrüder empfand, denn unter Berufung auf diesen hochgesinnten Altruismus schürten die Zarin und ihre Minister endlose Streitigkeiten auf dem gesamten (in Teilen orthodoxen) Balkan. Die Türkei, einst ein Schwergewicht, das vom Papst gefürchtet wurde, aber mit allen Handel trieb, war nun allenfalls noch ein Rätsel für die Staatskanzleien. Die »Orientfrage« lautete etwa folgendermaßen: Was sollte nach dem Zusammenbruch des Reiches kommen, und war den Interessen der Mächte am besten gedient, wenn sie diesen Zusammenbruch beschleunigten? Zar Nikolaus bemerkte 1844, das Osmanische Reich gleiche einem sterbenden Bären – »du kannst ihm Moschus geben, aber selbst Moschus wird ihn nicht lange am Leben erhalten«.[2] Er meinte, Russland und Großbritannien sollten das Reich unter sich aufteilen und die Franzosen heraushalten, aber die Briten wussten, dass eine Stärkung Russlands Indien in Gefahr brachte, und der Krimkrieg – in dem Großbritannien sich erfolgreich mit der Türkei und Frankreich verbündete – war die Folge.

Die Franzosen hatten Kairo die Moderne aufgezwungen – indem sie die Mamluken vertrieben, al-Azhar demoralisierten und Gabarti wie auch Attar ihre rationalen Werte vorführten. Istanbul dagegen erlebte keinen stärkenden Zusammenstoß. Die Gespenster alter glanzvoller Zeiten spukten dort, als wären sie aus Fleisch und Blut. Trotz all der Brände, die in den Holzhäusern der Stadt wüteten; trotz der Pest, von der die Stadt heimgesucht wurde; trotz der Demütigung des Sultans durch einen tyrannischen Harem und ungehorsame regionale Magnaten; trotz all dieser Zeichen vielfältiger Mängel – wenn die Morgensonne die Spitzen der kaiserlichen Minarette streifte und an deren graniten Kannelüren hinabglitt, um die Wasser des Goldenen Horns zu erwärmen, wer konnte da bezweifeln, dass dieses fünfhundert Jahre alte Imperium die Gunst Gottes genoss?

Davon waren jedenfalls viele in der osmanischen Hierarchie überzeugt, während die religiösen Schulen die Lösung der Probleme des Reiches allein in der strengstmöglichen Auslegung der Scharia erblickten. Gegen diese Ansichten wandte sich erstmals eine kleine Minderheit von Soldaten, Diplomaten und Gelehrten, die von Mustafa III. (1757–1774) unterstützt wurden und für ein paar Militärreformen, die ersten tastenden Schritte auf dem Gebiet einer türkischen Buchproduktion (der Jahresdurchschnitt lag bei weniger als einem Buch) und einige Experimente auf dem Gebiet der Medizin verantwortlich waren. Der Fortschritt kam nur langsam voran. Erst unter Selim III., der 1789, in diesem für Monarchen so wenig verheißungsvollen Jahr, als Nachfolger seines Onkels Abdülhamid I. den Thron bestieg, sollte die Türkei erste Erfahrungen mit echten Reformen machen.

Selim wurde 1762 geboren und entwickelte sich zu einem gebildeten, neugierigen und an den Problemen der Zeit höchst interessierten Mann. Er hatte mit Ludwig XVI. korrespondiert und war natürlich empört über die Hinrichtung seines Herrscherkollegen, aber seine Bewunderung für die Franzosen überlebte auch die Guillotine und die Schreckensherrschaft. In den 1790er Jahren trieben Selim und ein kleines Gefolge aus Reformern mit Unterstützung französischer Berater eine Politik voran, die auf eine Öffnung des Reiches zielte – durch die Gründung von Militärakademien und die Einrichtung permanenter Botschaften in ausländischen Hauptstädten. Er unterrichtete selbst *incognito* in seiner Ingenieurschule, und er wollte, dass seine Schwester, Hatice Sultan, die türkischen Frauen aus der Knechtschaft führte.

Zu den Belegen für eine Öffnung im osmanischen Denken unter Selims Herrschaft gehört – neben Hasan al-Attars Erfahrung, wonach das medizinische Wissen in Istanbul höher entwickelt war als in Kairo nach der Besetzung und vor Muhammad Ali – auch eine kurze Abhandlung mit einem langen Titel, die von einem Mann stammt, über den wir kaum etwas wissen. Die »Streitschrift über den gegenwärtigen Stand der Militärkunst, der Technik und der Wissenschaften in Konstantinopel« war 1803 (dem Jahr der Ankunft Hasan al-Attars) von einem gewissen Sayyid Mustafa unterzeichnet worden und zeugt von demselben Wissensdurst wie dem des Ägypters. In seiner Jugend hatte der Sayyid (ein Titel, der ihn als Nachkommen des Propheten ausweist) eine »unstillbare Leidenschaft« empfunden, »unzählige unbekannte Dinge kennenzulernen, denen ich trotz meiner Unwissenheit großen Wert beimaß«. Nachdem er Französisch gelernt hatte, wurde er Lehrer an Selims neuer Ingenieurschule, die wie alle Einrichtungen dieser Art dem Ziel einer Verbesserung der Kriegswissenschaft diente.

»Wir begannen in der Öffentlichkeit zu arbeiten«, schreibt er; »zum ersten Mal hörten die unwissenden Menschen in Konstantinopel mathematische Vorträge oder sahen zu, wie Geometer zusammenkamen; allenthalben erhoben sich unfähige und unwissende Stimmen; wir wurden belästigt, wir wurden fast schon verfolgt, und tadelnde Rufe waren zu hören: ›Warum zeichnen sie diese Linien aufs Papier? Welchen Nutzen soll das haben? Der Krieg wird nicht mit Zirkeln geführt ...‹ Und sie drangen mit tausend anderen Aussprüchen ähnlicher Art auf uns ein.«

Wie Attar, der problemlos zwischen östlichem und westlichem Wissen hindurchsteuerte, besaß Sayyid Mustafa ein natürliches Gespür für die Mobilität dieser übertragbaren Ideen. Hatte nicht der Abbasidenkalif Harun al-Raschid (766–809), so fragt der Sayyid, dem mittelalterlichen Europa die Augen geöffnet, als er Karl dem Großen eine Wasseruhr schenkte? »Die Länder Europas«, fährt er fort, »berühmt und glanzvoll wegen des Besitzes so vieler Kunstwerke, wegen der Kultur und all der Wissenschaften, gingen bei den Römern in die Schule, deren Lehrer wiederum die Griechen waren, aber niemand könnte den Vorrang der Perser, Ägypter und Inder bestreiten oder leugnen, dass diese Länder die Heimat der Erleuchteten waren.« In seiner eigenen Zeit indessen seien »die Lehrer aufgrund der ständigen Veränderung und Erneuerung im Stand aller Dinge überrascht von der glanzvollen Laufbahn ihrer Schüler und deshalb leider nun dringend auf sie angewiesen«.

In seinem Pamphlet spricht Sayyid Mustafa auch von seiner Freude über den Erfolg der neuen Armee des Sultans bei der Überwältigung einer üblen Räuberbande, die sich an einem angeblich uneinnehmbaren Ort verschanzt hatte: »Keinen Augenblick wird man mehr bezweifeln, dass dies eine neue Ordnung – gleichsam eine neue Welt – war, in der man sich von allen alten Vorurteilen lösen musste. Ich selbst nun, trunken vor Freude, dass ich mein Land in dem Zustand fand, den ich so lange ersehnt hatte, immer heller erleuchtet vom Licht der Wissenschaft und Künste, konnte unmöglich länger ruhig bleiben.«[3]

Die Freude des Sayyid über die, wie er glaubte, Lösung der Probleme seines Landes durch den Einsatz der Wissenschaften erinnert an die Siegesgesänge intellektueller Vorreiter in Europa – das überwältigende Gefühl, das Wahre sei auch das Nützliche. Was vermochte denn den Sieg der kleineren Streitmacht trotz widrigster Umstände zu erklären, wenn nicht die bessere Ausrüstung, Ausbildung und Ernährung und die Kenntnis der Kriegskunst? Die Darstellung des Sayyid spricht nicht von der Hand Gottes, die hier am Werk gewesen wäre, sondern von der seines geliebten Sultans, der gezeigt hatte, dass er »über der Kleingeistigkeit des Mittelmaßes steht und so die Ignoranz zum Schweigen gebracht hat«.[4]

Viel von dem, was Selim an der Wende zum 19. Jahrhundert versuchte, erreichte Muhammad Ali zwei Jahrzehnte später in Ägypten, und so liegt es nahe, die beiden Herrscher miteinander zu vergleichen. Porträts zeichnen Selim als einen gelassenen Mann mit schweren Lidern, wie es auch seinem Ruf als Genussmensch entspricht. Ihm fehlte ganz sicher die zielstrebige Skrupellosigkeit des Pascha. Selim war im Serail geboren, und obwohl er eine Ausbildung genossen hatte, war er milder und nachgiebiger als der albanische Selfmademan, der das Mittelmeer überwand, um sein Glück zu machen. Außerdem stieß der Sultan auf beängstigenderen Widerstand, als Ägypten dies jemals zu bieten vermochte. Er hatte nicht das Glück, sein neues Reich auf den Trümmern des alten errichten zu können, sondern stand vor der sehr viel härteren Aufgabe, ein altes, baufälliges Gebäude an die Erfordernisse eines neuen Zeitalters anzupassen.

Den Kern dieses Gebäudes bildete das Janitscharenkorps, die türkische Entsprechung zu den Strelizen, die Peter der Große zerschlagen musste, bevor er im frühen 18. Jahrhundert mit seinen Reformen beginnen konnte – oder zur Prätorianergarde im alten Rom, die Juvenal zu der Frage veranlasste: »Wer überwacht die Wächter?« Das Janitscharenkorps war während der spätmittelalterlichen Expansion des Reiches aufgebaut worden und bestand aus gefangenen Sklaven, die ihren Herrn liebten. Nach jedem osmanischen Sieg wieder aufgefüllt und von keiner einzelnen ethnischen Gruppe beherrscht, waren die Janitscharen eine Zeitlang die gefürchteste Streitmacht Europas. Mit dem Ruhm kamen aber auch die Vergünstigungen – so genoss die 17. Einheit das Privileg, in Kriegszeiten gleich beim Zelt des Sultans zu kampieren, während andere Einheiten die Erlaubnis erhielten, auch bei religiösen Zeremonien Waffen zu tragen. Die Janitscharen waren ausgesprochene Feinschmecker. Der Sultan versorgte sie mit dem besten Hammelfleisch, und ihre Kommandeure hängten sich Suppenkellen an den Gürtel.

Aber die Janitscharen waren mit der Zeit heruntergekommen und verdorben – wie das osmanische Geld in diesen Zeiten ständig wachsender kaiserlicher Defizite. Sie waren eine zwielichtige, kriminelle Bruderschaft in den Fängen eines mystischen Ordens, der Bektaschi, deren Scheichs jeder Verschwörung oder Erhebung, zu der die Janitscharen sich entschlossen, eine scheinreligiöse Legitimation verliehen. Auf Sultane, die ihnen missfielen, reagierten die Janitscharen, indem sie ihre Kochkessel umdrehten (ein traditionelles Zeichen der Rebellion) und die Holzhäuser der Stadt anzündeten.

Keinem Sultan war es gelungen, die Janitscharen zu bändigen. Sie galten als das größte Hindernis für Reformen. Aber Selim fühlte sich gestärkt durch seine erfolgreiche Verteidigung Akkons gegen Napoleon 1799 (auch wenn die Briten und die Pest ihm dabei geholfen hatten) und begann, seine siegreichen Streitkräfte in eine moderne Infanterie umzubauen, der er den Namen »Neue Ordnung« gab.

1807 umfasste die »Neue Ordnung« bereits 27 000 nach europäischem Vorbild ausgebildete Soldaten. In der Theorie sollten sie die Janitscharen ergänzen, aber es war klar, dass es keine Koexistenz zwischen zwei Truppenkörpern mit derart unterschiedlichem Ethos und gegensätzlicher Philosophie geben konnte. Bei der Abwehr des Angriffs britischer Kriegsschiffe auf Istanbul im Jahr zuvor hatten Franzosen – ungläubige Franzosen! – eine wichtige Rolle gespielt, und der französische Botschafter besaß das Ohr des Sultans. Dieses Katzbuckeln vor Ausländern und die Übernahme ihrer Bräuche waren zu viel für die alte Ordnung. Im Mai 1807 schlug sie zurück.

Den Auslöser für die Krawalle bildete der Mord an einem königlichen Berater, der einigen Hilfstruppen befohlen hatte, Uniformen europäischen Stils anzuziehen. Aus den Krawallen wurde eine von hohen Geistlichen und sogar Ministern gutgeheißene Rebellion. Selim erkannte die Gefahr und machte einen verzweifelten Rückzieher, aber er konnte seinen Thron nicht retten und wurde durch seinen reaktionären Vetter Mustafa ersetzt. Die Diktatur der Janitscharen mit Mustafa an ihrer Spitze währte allerdings kaum ein Jahr.

Denn im Juli 1808, nach weiteren militärischen Rückschlägen und einer Nahrungsmittelknappheit in der Hauptstadt, wurde der neue Sultan bei einem Gegenputsch ermordet, der jedoch sein Ziel verfehlte, Selim wieder an die Macht zu bringen. Selim wurde beim Mittagsgebet überrascht, verlor das Bewusstsein aufgrund starken Drucks auf seine Hoden und wurde schließlich aufgehängt. Ein anderer Vetter Selims, ein siebenundzwanzigjähriger Anhänger der Modernisierung, der das Gemetzel überlebt hatte (indem er sich unter einem Stapel Teppiche versteckte), fand sich nun plötzlich als Mahmud II. auf dem Thron, wenn auch nur mangels anderer Möglichkeiten, war er doch der letzte noch lebende Abkömmling des Herrscherhauses der Osmanen.

Es war nicht ohne Bedeutung, dass Mahmuds Thronbesteigung mit Muhammad Alis Aufstieg zu absoluter Vorherrschaft auf dem Meer zusammenfiel. Der erste große Modernisierer der Türkei sollte während seiner gesamten Regierungszeit versuchen, den ersten großen Modernisierer Ägyptens niederzuhalten, der, wenn er sich nicht gerade unverzichtbar für die Pforte machte, indem er Aufstände in Griechenland, Arabien und anderswo niederschlug, alles daransetzte, selbst weitere Territorien unter seine Herrschaft zu bringen. Es war die verzweifelte Einsicht in seine eigene militärische Schwäche, die Mahmud 1824 zwang, die Hilfe der beneidenswert modernen Armee und Kriegsmarine seines Untertanen gegen die Griechen in Anspruch zu nehmen, und der Pascha verhehlte nicht einmal seine Absicht, die Besitztümer des Osmanischen Reichs zu erben. Trotz ihres gespannten Verhältnisses bezog der Sultan doch zugleich Anregungen und Lehren von dem Makedonen am Nil.

Mahmud und Selim hatten eine vergoldete Gefangenschaft miteinander geteilt, und ihre Gespräche hatten Mahmud von der Notwendigkeit eines Wandels überzeugt, wenn das Reich überleben sollte. Die Ausrufung einer von den Werten der Französischen Revolution inspirierten griechischen Republik bestätigte die Weisheit dieser Prognose. Aber Selims Ermordung hatte Mahmud vor Augen geführt, wie gefährlich Reformbemühungen waren, die fest etablierte Interessen berührten, und der jüngere Vetter wollte erst dann seine Macht unbeschränkt einsetzen, wenn sicher war, dass er damit nicht scheiterte. Und so holte der Sultan erst 1826 zu seinem Schlag aus, als Muhammad Ali wieder einmal den Erfolg seiner militärischen Reformen durch eine Reihe von Siegen über die Griechen demonstriert hatte.

Im Mai dieses Jahres begann Mahmud mit der Aufstellung einer neuen Armee, erkennbar eine Neuauflage der »Neuen Ordnung«, und die Janitscharen erhoben sich, statt den modernen Drill zu akzeptieren. Ihre Führung erklärte – und räumte damit unwillentlich selbst ein, wie veraltet die Truppe war: »Unsere althergebrachte militärische Praxis und Ausbildung ist es, mit Gewehren auf Tonkrüge zu schießen und mit dem Säbel auf Filzmatten einzuschlagen. Wir werden die für diese Neuerung Verantwortlichen zur Rechenschaft ziehen.«[5] Der für diese Neuerungen Verantwortliche war niemand anderes als der Sultan, doch Mahmud hatte Vorkehrungen getroffen, um die Unterstützung einflussreicher geistlicher Würdenträger zu gewinnen, und die öffentliche Meinung wendete sich diesmal gegen das rücksichtslose Vorgehen der Janitscharen.

»Das Messer hat den Knochen erreicht«, erklärte Mahmud am Morgen des 14. Juni, bevor er den Palast verließ, um das Kommando über das Massaker zu übernehmen. Und es war ein Massaker. Fast sechstausend Janitscharen starben unter dem Beschuss der schweren Artillerie des Sultans, und selbst manche Theologiestudenten unterstützten ihn dabei. Die Leichen überließ man den Hunden, und an die 15 000 Überlebende wurden in diverse Gebiete des Reiches verbannt.[6] Dreißig Minuten Kartätschenbeschuss vernichteten eine Institution, die fünf Jahrhundert überdauert hatte.[7]

Der Weg zur Reform des osmanischen Denkens war nun frei, und der Mann, der sich in den folgenden zwölf Jahren diesem Ziel verschrieb, entschied über das Schicksal eines Reiches. Vielleicht weil er meinte, seinen zum Märtyrer gewordenen Vetter rächen zu müssen, verlieh er seinem Gefühl schicksalhafter Bestimmung Ausdruck in einer Entschlossenheit, die Panegyriker zu einem herrischen, furchterregenden Zorn überhöhten, der hunderttausend Riesen Einhalt auf ihrem Wege hätte gebieten können. Er entfesselte Gewalt ohne Gewissensbisse, ermordete zweihundert Frauen aus dem Harem seines Vorgängers und ließ das Oberhaupt der griechisch-orthodoxen Kirche an den Toren seines Patriarchats aufknüpfen (weil er ihn der Unterstützung des griechischen Unabhängigkeitsstrebens verdächtigte). Von einer Volksvertretung oder von Rechenschaftspflicht hielt er ebenso wenig wie Muhammad Ali – und das war durchaus verständlich, da in dieser prekären Schwächephase nur ein Despot die Dinge auf dem rechten Weg zu halten vermochte.

Elf Jahre später, Ende 1837, ritt der Mann, der die Janitscharen vernichtet hatte, über die Brücke, die das alte Istanbul mit Pera, dem europäischen Teil der Stadt, verband. Mahmud II. saß fest und aufrecht im Sattel, mit ernstem Gesicht, die kohlrabenschwarzen Augen erweckten den Eindruck von Scharfsinn und einer an Wildheit grenzenden Entschlossenheit. Diese königlichen Attribute verband er mit Accessoires, die der europäischen Kleidermode entnommen waren. Statt der weiten Gewänder und der Pantoffeln seiner Vorväter trug Mahmud einen langen, im Nacken geknöpften, Stambouline genannten Mantel sowie enge Hosen, die er über Stiefel aus schwarzem Samt gezogen hatte (ein wenig nach Art des Duke of Wellington). Gegenüber dem breiten, muschelähnlichen Sattel und den kurzen Steigbügeln der osmanischen Tradition, die zur Folge hatten, dass man die Knie an den Bauch zog, gab er langen Steigbügeln und einem europäischen Sattel den Vorzug, die seine elegante Sitzhaltung zur Geltung kommen ließen. Auf alle, die ihn an diesem Tag sahen, ob nun neugierig oder gleichgültig oder mit feindseligen Gefühlen, muss seine Aufmachung fast schon revolutionär gewirkt haben.

Die neue Brücke – eine breite, hölzerne Schwimmbrücke – über das Goldene Horn war erst in den letzten Monaten gebaut worden. Nach den Eröffnungsfeierlichkeiten, an denen mehrere Mitglieder seines Harems teilnahmen, in prunkvollen, von reichgeschmückten Ochsen gezogenen Kutschen sitzend und aus vergitterten Öffnungen hinausschauend, hatte der Sultan sich an den östlichsten Zipfel des Marmarameers begeben, um dort neue Kasernen für seine geliebte Armee zu inspizieren und eine im europäischen Stil erbaute Moschee einzuweihen. Er hatte sich großzügig gegenüber den Nichtmuslimen gezeigt, mit denen er in Kontakt kam, hatte Häuser und Schulen in christlichen

Gebieten gebaut und versklavte griechische Kriegsgefangene zurück in ihre Heimat auf dem Peloponnes geschickt. Der Sultan kehrte an Bord eines österreichischen Dampfers in die Hauptstadt zurück, was größtes Missfallen erregte, hatte man doch »noch nie gesehen, dass ein König von Ungläubigen ein Schiff mietet für den Transport seiner heiligen Person – des Schattens Gottes auf Erden«.[8] Mahmuds Kleidung, sein problemloser Umgang mit Ungläubigen und seine Missachtung geltender Regeln waren äußere Anzeichen einer zutiefst verstörenden Mission, das Reich zu modernisieren, und dies durch die Übernahme einer Kultur, der europäischen, mit der es am wenigsten gemein hatte.

Als der Sultan nun über seine neue Brücke ritt, wurde er auf unerträgliche Weise in seiner Würde verletzt, so dass ein Schauer durch ganz Istanbul lief. Der »haarige Scheich«, wie sein Angreifer genannt wurde, muss ein Derwisch aus einer der mystischen Logen Istanbuls gewesen sein. Sein Name lässt an eine große, verfilzte Mähne und hölzerne, »Keskül« genannte Bettelschalen denken – und tatsächlich soll der haarige Scheich im Volk als Heiliger verehrt worden sein. Er warf sich dem Sultan in den Weg, als die königliche Gesellschaft vorüberritt, und rief: »Ungläubiger König! Hast du nicht genug Schändlichkeiten vollbracht? Du wirst dich für deine Gottlosigkeit vor Gott verantworten. Du zerstörst die Einrichtungen deines Bruders, du richtest den Islam zugrunde, und du ziehst die Rache des Propheten auf dich und uns herab.« Eine der Wachen des Sultans rief, der Mann sei verrückt, worauf der erwiderte: »Nein, nein, nicht ich bin verrückt, der ungläubige König und seine unwürdigen Berater haben den Verstand verloren.« Der haarige Scheich wurde unverzüglich getötet und der Leichnam an seine Mitderwische ausgehändigt. Am folgenden Tag hieß es überall in Istanbul, ein himmlisches Licht habe über seinem Leichnam geschwebt wie der Heiligenschein der Heiligen.[9]

Seit der Vernichtung der Janitscharen hatte Mahmud sich unermüdlich für Reformen eingesetzt, die bei vielen – wie auch dem haarigen Scheich – die Befürchtung weckten, er wolle sich von der Religion abwenden. Dem Umbau der Armee räumte Mahmud – ebenso wie Muhammad Ali – Priorität ein, und er tat dies mit Hilfe eines Preußen, dessen Familienname fast ein Jahrhundert lang für militärische Kompetenz stand: Helmuth von Moltke (das deutsche Militär sollte bis zum Ersten Weltkrieg von Moltkes geführt werden).

Das tägliche Leben wurde unter dem reformnahen Sultan in wichtigen Aspekten erträglicher. So wurden Bemühungen unternommen, die Korruption an den Gerichten zu verringern, und Hinrichtungen ohne einen förmlichen Prozess wurden verboten. Da es die pyromanen Janitscharen nicht mehr gab, waren Brände nun seltener. Die Einwohner Istanbuls erhielten ihre erste türkischsprachige Tageszeitung, eine schmale industrielle Basis (Waffenfabriken und Spinnereien), eine Opernspielzeit (die von Giuseppe Donizetti, dem Bruder des lombardischen Komponisten Gaetano organisiert wurde) und eine revolutionäre neue Kopfbedeckung. Der Fez, ursprünglich ein rotes oder malvenfarbenes, europäisch inspiriertes Barett, aus dem später ein Zylinder mit einer Troddel wurde (und aus muslimischer Sicht nicht zu beanstanden, da er die Prostration nicht behinderte), traf auf den ersten Gebetsteppich.

Angesichts des Zorns, den Mahmuds Reformen bei Reaktionären wie dem haarigen Scheich auslösten, war der Sultan darauf angewiesen, dass zumindest Teile der muslimischen Ulema die jeweiligen Reformen billigte – von der Schaffung der ersten von Muslimen betriebenen Druckerei 1727 bis hin zur Einführung des Bajonetts. Mahmud II. spielte mit der Unsicherheit der Kleriker, deren Ansehen in der Öffentlichkeit ohnehin gesunken war (weil sie sich als käuflich und korrupt erwiesen hatten), und benutzte die Verbannung als Stock, mit dem er ihre Unterstützung eintrieb. Durch Sophistereien umging man Hindernisse, die sich den Reformen in den Weg stellten. So hieß es, die Übernahme des militärischen Drills europäischer Art sei keine unzulässige Neuerung, sondern folge dem Propheten, der die Taktik des Baus von Schützengräben bei seinen zoroastrischen Feinden entlehnt habe.[10]

Zu den führenden Scheichs, die sich unter dem Schutz ihres reformfreudigen Fürsten vom Pietismus abwandten, gehörte auch Sanizadeh Ataullah. Der 1771 geborene Sanizadeh hatte seine Ausbildung an einer berühmten Religionsschule in Istanbul erhalten, und sein Horizont hatte sich durch den Kontakt mit Ärzten erweitert, die in Padua gewesen waren. Er wurde einer der tonangebenden türkischen

Universalgelehrten, er beherrschte das Lateinische, das Französische und das Italienische und schrieb über Mathematik, Geschichte und Naturwissenschaften sowie über das Fachgebiet, durch das er bis heute in Erinnerung geblieben ist: die Medizin.

1815 – elf Jahre bevor er sich selbst zum Reformer erklärte – zog der Sultan sich mehrere Tage zurück, um Sanizadehs Manuskript über moderne Anatomie, Physiologie und Pathologie zu lesen, den *Spiegel des Körpers*. Der *Spiegel des Körpers* enthielt nichts Originelles, nichts, was den Wiener Professor, bei dem der Autor das meiste entlehnt hatte, in Erstaunen versetzt hätte, aber für die Länder des Islam war es eine Offenbarung (die Muslime in Kairo hatten nichts Vergleichbares hervorgebracht), und der Sultan wies die königliche Druckerei an, das Werk zu drucken. Ein türkischer Wissenschaftshistoriker bezeichnete die drei schönen, in rotes Maroquin gebundenen Bände des Werkes einmal als »die Verbindung zwischen der antiken und der modernen Medizin«.[11] Der Autor war stolz darauf, dass man zur Anfertigung der den Text begleitenden Illustrationen keiner ausländischen Hilfe bedurft hatte: »Mit Gottes Hilfe hatten wir Erfolg, und weil wir die vielen Handwerker, die in dieser Hauptstadt Konstantinopel leben, versammeln konnten, damit sie die erforderlichen Illustrationen auf sechsundfünfzig Kupferplatten gravierten.«[12]

Die Anatomen Europas hätten die Nase gerümpft über diese grobschlächtigen Kopien europäischer Originale. In Istanbul hingegen lag ihr Wert in ihrer absoluten Neuheit. Unter Missachtung des islamischen Vorurteils gegen die bildliche Darstellung von Menschen fanden sich hier graphische, von Istanbuler Künstlern gestochene Darstellungen menschlicher Knochen, Adern und Sehnen, begleitet von dreihundert Seiten erklärender Texte (über Adern, Nerven und Drüsen sowie Krankheiten, die von Rippenfellentzündung bis Hämorrhoiden reichten). Sanizadeh erwies der *Yunani*-Medizin – der »griechischen« Medizin Galens und Avicennas – keinerlei Referenz, und auch wenn der *Spiegel des Körpers* der des Lesens und Schreibens unkundigen Mehrheit unzugänglich blieb, wurden doch andere bahnbrechende Werke (etwa über Schutzimpfungen oder die als »Frankenkrankheit« bezeichnete Syphilis) der Bibliothek der türkischen Übersetzungen moderner medizinischer Werke hinzugefügt – ein dünner, aber immer breiter werdender Keil, der in das moribunde *Yunani*-Korpus getrieben wurde. Wie bei Sayyid Mustafas Quadranten und den Büchern aus Muhammad Alis Druckerei in Bulaq machte sich die kumulative Wirkung erst mit der Zeit bemerkbar, und die Summe ihrer Einflüsse war weitaus größer, als ihr sporadisches, unvollständiges und fast schon zufälliges Erscheinen dies vermuten ließe. Jede Neuerung zerstreute ein wenig Angst und weckte neuen Durst, und wenn der Himmel nicht einstürzte wegen Sanizadehs Darstellungen des menschlichen Körpers, ja wenn sich im Gegenteil durch ein größeres Wissen über die Körperfunktionen Schmerz und Tod abwenden ließen, wer konnte da noch behaupten, die schrittweise Verbesserung der menschlichen Lebensbedingungen sei nicht Gottes Wunsch?

Auf diesem Wege, über unzählige kleine Maßnahmen und Schritte, Schummeleien und Auslassungen, verbreitete sich das moderne Prinzip der Empirie, Beobachtung und Analyse. Das neue Denken hatte sich zuerst in der Militärtechnik gezeigt, bevor es auch Medizin und Bildung ergriff. Nun kam es zu einer allgemeinen Ansteckung. Statistik, moderne Soziologie, landwirtschaftliche Innovationen und politische Theorie – überall setzten sich Nützlichkeit und Fortschritt als Leitgedanken durch.

In den zwölf Jahren seiner Reformen gründete und erneuerte Mahmud Schulen, die diesen Geist verbreiten sollten, und keine war umstrittener als die Medizinische Hochschule, die den von Sanizadeh geförderten Geist propagierte. In seiner Eröffnungsrede machte Mahmud (der als erster Sultan bei solch einer Gelegenheit ein Band durchschnitt) 1838 die umstrittene Ankündigung, dass man den Unterricht in Französisch halten werde – weil das osmanische Türkisch nicht reich genug an medizinischen Fachbegriffen sei. Der Sultan erinnerte seine Zuhörer daran, dass die Europäer einen großen Teil ihres Wissens aus Übersetzungen der mittelalterlichen arabischen Gelehrten gewonnen, sich aber (wie er im Stile des Mathematikers Sayyid Mustafa hinzufügte), »seit mehr als hundert Jahren eifrig um dessen Verbesserung bemüht« hätten. Mahmud erkannte, dass sich das Türkische nicht gut für die Ausbildung eignete, bis es das gesamte Spektrum der europäischen Begriffe und Bedeutungen aufgenommen hatte, eine Aufgabe, die man zwar in Angriff genommen hatte (es gab inzwischen eine Übersetzerschule nach Kairoer Vorbild), die aber noch lange Zeit in Anspruch nehmen werde.

Gleichfalls 1838 erlaubte Mahmud es der Medizinischen Hochschule durch einen Erlass, Leichen zu sezieren (elf Jahre nachdem Clot Bey diese Praxis am Nil eingeführt hatte), und man stellte der Schule zu diesem Zweck Leichen von Hingerichteten zur Verfügung.[13] Die alten Bedenken waren allerdings nicht vollends verschwunden, und so weigerten sich manche Studenten, Leichen zu sezieren, die nach ihrer Kenntnis Glaubensbrüder waren, aber der oberste Mediziner, selbst ein Geistlicher, zerstreute diese Bedenken, »und so griffen die Studenten zu ihren Instrumenten, obwohl der Prophet es verboten hatte, eine Leiche zu öffnen, ›selbst wenn der Verstorbene die köstlichste Perle verschluckt hätte‹«.[14]

Selbst der Boden der Gesellschaft begann sich zu lockern, wie der amerikanische Arzt James De Kay beobachtete, als er 1831 auf einem Fußpfad über dem Bosporus einen Spaziergang unternahm.

> Wir stießen plötzlich auf einen alten Türken, der in der üblichen Haltung gleich neben einem ländlichen Marmorbrunnen auf dem Boden saß und derart intensiv über den Seiten eines Buches grübelte, dass er unser Kommen gar nicht bemerkte, bis wir unmittelbar bei ihm waren ... Er sagte uns, es handle sich um eine Abhandlung über die Cholera, verfasst vom Sanitätsamt Konstantinopels, veröffentlicht vom Sultan und kostenlos im ganzen Reich verteilt. Die fatalistische Doktrin geht nach allgemeiner Darstellung bei den Türken so weit, dass man es für ein gottloses Unterfangen hält, drohende Gefahren mit menschlichen Mitteln abzuwehren ... Dieser Selbstaufgabe entgegenzuwirken gehört zu den Zielen der Abhandlung, und darin wird gezeigt, dass dieser schädliche Glaube keineswegs mit der Religion zusammenhängt oder auf ihr basiert ... Bedenkt man, dass noch vor wenigen Jahren solch eine Maßnahme den Thron und das Leben ihres Urhebers in Gefahr gebracht hätte, wird man die aufgeklärten Ansichten und die feste Entschlossenheit des gegenwärtigen Sultans nur loben können.[15]

Vielleicht bedurfte es eines Amerikaners mit seiner großzügigen Sicht der Selbstverbesserung und seiner Freiheit von politischen Interessen – die Türkei war damals noch kein interessantes Objekt für die jungen Vereinigten Staaten –, um das Ausmaß der türkischen Leistung zu erkennen. Nachdem De Kay sich die Wasserreservoirs, Wasserleitungen und weiterverwendeten byzantinischen Aquädukte angesehen hatte, die Istanbul mit Trinkwasser versorgten, wusste er nicht recht, was er mehr bewundern sollte: »den praktischen Verstand, der die Notwendigkeit und Bedeutung einer Versorgung der Hauptstadt und ihrer Vororte mit sauberem und billigem Wasser erkannte, den Einfallsreichtum bei der Überwindung nahezu unüberwindlicher Hindernisse oder die kluge und liberale Ökonomie, die im Blick auf Gesundheit und Bequemlichkeit der Menschen keine Ausgaben scheute und kein Opfer für zu groß hielt«. Wenn er doch, seufzte er, Ähnliches auch von seiner Heimatstadt New York City sagen könnte.[16]

De Kays Beobachtungen zeugen von einer wachsenden Bereitschaft zu medizinischer Vorsorge, aber die schlimmste Gefahr für die Volksgesundheit, die Pest, hatte man immer noch nicht unter Kontrolle, so dass man sie im ganzen Reich kannte. Zwei Jahrhunderte nach dem letzten großen Ausbruch in Europa waren unterernährte Osmanen nur allzu vertraut mit dem Delirium, den Beulen, den Bauchkrämpfen und der geschwärzten Haut, dies alles begleitet von Fieber bis zu 40 °C, das den Beginn der Krankheit markierte. Die rasch verfaulenden Opfer wurden zum Sterben oft sich selbst überlassen und bereiteten ihrem Leben in Kenntnis des tödlichen Ausgangs ihrer Krankheit selbst ein Ende.

Ab 1812 wütete eine sechsjährige Pandemie an den Mittelmeerküsten des Reiches. Allein im ersten Jahr raffte sie in Istanbul 250 000 Einwohner dahin, in Izmir 45 000. Kein Wunder, dass die Osmanen für ihre Todesverachtung bekannt waren, sie kannten den Tod nur zu gut.

»Die Pest wird bestehen, solange es Ulemas gibt.« Das schrieb Leutnant Helmuth von Moltke in seiner Enttäuschung über den traditionalistisch gesinnten Klerus. Dort bestand man darauf, dass niemand sich dem Willen Gottes in den Weg stellte, so grausam der auch erscheinen mochte. Millionen glaubten, die Pest werde von Dschinnen verbreitet (von denen im Koran an vielen Stellen die Rede ist). Ein Hadith des Propheten legte den Gedanken nahe, dass die Ansteckungsthese eine irrige Vorstellung sei.[17] Manche Religionsgelehrte machten die Sünden der Menschen für solche Ausbrüche verantwortlich und forderten die Zerstörung von Stadtvierteln, die von partyverliebten Studenten bewohnt wurden, weil sie Gottes Zorn erregt hätten.[18]

Der französische Konsul A. M. Pouqueville drängte 1814 die Würdenträger des muslimischen Viertels von Piräus zur Einrichtung einer Quarantänestation, doch ein Derwisch, »einer dieser Irren, die sich auf göttliche Autorität berufen, um den Menschen zuzusetzen«, unterbrach ihn und forderte die Anwesenden auf, nicht »auf diesen Christen zu hören ..., den Franzosen ihre Sitten und Gebräuche zu lassen, selbst aber an denen unserer Ahnen und den Prinzipien unserer Religion festzuhalten«. Er empfahl allen eine fatalistische Einstellung gegenüber dem, was letztlich »eines der dreihundertsechzig Tore zum Paradies« sei. Der Derwisch erntete Beifall, aber einen Monat später war die Pest da.[19]

Die Erfahrung des Konsuls war indessen kein Hinweis auf die Zukunft – unter den neuen Männern, die nun die Reformministerien in Istanbul und Kairo füllten, war der extreme Fatalismus im Schwinden begriffen. Sie sahen, dass man die Pest in Europa durch Quarantäne, Desinfektion und die Zerstörung betroffener Häuser besiegt hatte, und sie beschlossen, in ihrem Land ähnliche Maßnahmen zu ergreifen. Wie bei vielen Reforminitiativen war Kairo Istanbul auch hier voraus. Muhammad Ali richtete schon 1813 Quarantänestationen ein, und er förderte die Hygiene, indem er die Einwohner anwies, die Straßen mit Wasser zu besprengen und ihre Kleider zu lüften, und Briefe mussten nun vor der Auslieferung desinfiziert werden. Der ewig gestrige Gabarti schrieb ohne Begeisterung über diese Maßnahmen, verwies auf die Störungen, die sie bei der Ernte verursachten, und es gab große Widerstände gegen die Quarantäne und die Einäscherung der Pesttoten, die dennoch (oft heimlich) beerdigt wurden. Außerdem war man sich weithin einig, dass diese Maßnahmen dem muslimischen Geschäftsleben beträchtlichen Schaden zufügten.[20] Aber der Vizekönig ließ sich nicht beirren. Seine Quarantänestationen glichen Festungen, und 1831 ersetzte er seine Ad-hoc-Maßnahmen durch einen koordinierten, mit den europäischen Konsuln abgestimmten Ansatz. In einem Feldzug gegen die Brutstätten des Bazillus füllte man Tümpel und Teiche auf, verbrannte verfaulende Müllhaufen und überprüfte Lebensmittelvorräte auf ihre Frische und Qualität.[21]

Eine der Spannungen, denen man in der Geschichte der islamischen Aufklärung immer wieder begegnet, ist die zwischen einem fortschrittlichen Despotismus und einem von Unwissenheit geprägten Volkswillen. Ohne Muhammad Alis Absolutismus wäre die Pest in Ägypten niemals ausgerottet worden, weil die Mehrheit der Menschen seine Maßnahmen ablehnte und nach Kräften hintertrieb. Dabei trug sein System schon nach zwölf Jahren Früchte, wie die Zahlen belegen (eine zuverlässige Zählung der Opfer war ein wesentlicher Teil des Kampfes gegen die Pest). In Alexandria war die Zahl der Pesttoten auf 5848 gesunken, fünf Jahre später auf null.[22] Die Ausmerzung der Pest ließ die Obskuranten verstummen. Der Islam stellte sich nun auf die Seite der Prävention, und dieselben Hygienemaßnahmen, die als häretisch gebrandmarkt worden waren, fanden Eingang ins alltägliche Leben.

Jenseits des Mittelmeers, in Istanbul, hatte Sultan Mahmud lange über eine Kampagne gegen den »Engel des Todes« nachgedacht, aber erst der Ausbruch von 1836, der allein in den europäischen Provinzen des Reiches an die 125 000 Todesopfer forderte, veranlasste ihn, nun entschieden vorzugehen. Bemerkenswerterweise genoss er dabei die Unterstützung mehrerer Mitglieder der Ulema, einschließlich seines eigenen früheren Arztes, des Leiters der kaiserlichen Druckerei, der religiöse wie auch logische Argumente für die Quarantäne veröffentlicht hatte. Für eine noch bedeutsamere Intervention von klerikaler Seite sorgte der ranghöchste Geistliche des Landes, der Scheik-ul-Islam, als er 1838 erklärte: »Wenn die Pest in einer Stadt wütet, ist es erlaubt, sie vor dem Zorn Gottes zu bewahren und Zuflucht im Schoß seiner Gnade zu suchen.«[23] Mit dieser Fatwa, einer der wichtigsten in Mahmuds Regierungszeit und nur ein Jahr vor seinem Tod herausgeben, wurde die Pestbeule des Fatalismus tatsächlich aufgeschnitten. Unverzüglich ergriff man nun aus Europa übernommene Maßnahmen

– Quarantänestationen, Pestspitäler und Desinfektion –, mit dramatischen Auswirkungen auf die Sterblichkeitsraten nach 1844.
Fünfhundert Jahre lang hatte die Pest zum Leben der Osmanen gehört. Um 1850, mit einer atemberaubenden Geschwindigkeit gerade auch in der Veränderung der Einstellungen zum Leben und zur Langlebigkeit, war das Osmanische Reich zur pestfreien Zone geworden. Das Ende der Pest hing auch mit einer weiterreichenden Modernisierung der Medizin zusammen, die ihrerseits von der zunehmenden Verbreitung säkularer Vorstellungen hinsichtlich weltlichen Wissens genährt wurde. In einem staatlichen Bericht vom Ende der Regierungszeit Mahmuds hieß es:

> Alle Künste und Handwerke sind Produkte der Wissenschaft. Religiöses Wissen dient dem Heil in der kommenden Welt, die Wissenschaft dient der Vervollkommnung des Menschen in dieser Welt. Die Astronomie etwa dient dem Fortschritt der Navigation und der Entwicklung des Handels. Die mathematischen Wissenschaften führen zu geordneter Kriegführung und einer geordneten Militärverwaltung. Zahllose neue und nützliche Erfindungen wie der Einsatz von Dampf sind auf diese Weise entstanden ...; dank der Wissenschaft kann heute ein Mensch die Arbeit von einhundert Menschen verrichten. Handel und Profit sind schwierig geworden in Ländern, in denen die Menschen diese Wissenschaften nicht kennen. Ohne Wissenschaft vermögen die Menschen die Bedeutung der Liebe zum Staat und zum Vaterland nicht zu erkennen. Es ist offensichtlich, dass der Erwerb von Wissenschaft und Fachkönnen wichtiger ist als alle anderen Ziele und Bestrebungen des Staates ... Ohne Aneignung der Wissenschaften lässt sich nichts erreichen.[24]

Dieses bemerkenswerte Vertrauen in die Ziele der Industriellen Revolution, verbunden mit einem sehr angelsächsischen Merkantilismus, wäre in einem bei der Royal Society in London gehaltenen Vortrag nicht fehl am Platze gewesen. Aber die Grundsätze des viktorianischen Zeitalters hatten zweihundert Jahre Zeit sich zu entwickeln, während im Osmanischen Reich alte Vorstellungen innerhalb von Jahrzehnten ins Wanken gerieten. Wer hätte gedacht, dass die Wissenschaft sich innerhalb so kurzer Zeit von ihrer alten Funktion als Magd des Glaubens befreien und ihre Begründung in sich selbst finden sollte? Die Astronomie zum Beispiel hatte den Bedürfnissen des Gebets und des Ramadan gedient – falls sie nicht auf das gefährliche Terrain der Astrologie abglitt. Für immer mehr Untertanen des Sultans waren die sieben Himmel keine buchstäbliche Wahrheit mehr, sondern nur noch eine Redewendung.

Neben den neuen Einstellungen zum Wissen und zum Willen Gottes führte Mahmud auch eine radikale Lösung für Spannungen ein, wie sie sich unausweichlich einstellten in einem Reich, das zwar eine muslimische Mission hatte, aber in der Mehrheit aus Nichtmuslimen bestand – eine Lösung, die von den Großmächten (vor allem den Briten) entschieden unterstützt wurde, aber in seinen Augen auch von entscheidender Bedeutung für den Fortbestand des Reiches war. Bis zu Mahmuds Regierungszeit waren die Osmanen mit diesem Widerspruch umgegangen, indem sie den Minderheiten eine gesonderte rechtliche Stellung gewährten. Eine Hierarchie, mit der herrschenden muslimischen Elite oben und den Nichtmuslimen darunter, hatte die Minderheiten vor den tödlichen Unsicherheiten bewahrt, die in Europa jede nicht an der Macht befindliche Gruppe bedrohten, und in der Folge war das Reich von Pogromen, Ghettos und Inquisitionen weitgehend verschont geblieben (tatsächlich wurden schätzungsweise 150 000 Juden, die 1492 vor der spanischen Inquisition außer Landes flohen, in der Türkei willkommen geheißen). Aber die wohlwollende Unterjochung stieß nun mit zwei für die Moderne wesentlichen Prinzipien zusammen. Das osmanische System der Unterteilung der Untertanen nach ihrer Religionszugehörigkeit verstieß gegen den Gleichheitsgrundsatz und die nationale Souveränität. Und die europäischen Mächte, die das Geschehen im Osmanischen Reich aus der Sicht ihrer eigenen Interessen beobachteten, hatten beide Grundsätze auf ihre Fahnen geschrieben.

Unter dem Islam waren die Juden und die verschiedenen christlichen Volksgruppen (wie die Griechisch-Orthodoxen oder die gregorianischen Armenier) geschützte untergeordnete Minderheiten, die als Dhimmis bezeichnet wurden. Aus diesem Grundsatz hatte der osmanische Staat sein Konzept der religiösen Gruppen oder Millets entwickelt: Sie durften ihren wirtschaftlichen Aktivitäten nachgehen, hatten Zugang zu Schulen und Krankenhäusern usw., waren aber hinsichtlich der Scharia diskriminiert. Die Nichtmuslime zahlten mehr Steuern als die Muslime. Das Zeugnis eines Nichtmuslims war nur halb so viel wert wie das eines Muslims. Nur wenige öffentliche Ämter waren Nichtmuslimen zugänglich, und sie durften keine Waffen tragen. Andererseits genossen die Millets rechtliche Autonomie. Sie hatten gesonderte Gerichte mit eigenen, von ihren jeweiligen Kirchen bestellten Richtern, die innerhalb des Reiches kleine Theokratien betrieben. So hatte der griechische Patriarch die Macht, osmanische Bürger aus seiner Gemeinschaft zu verbannen. Auch für den Umgang mit Diebstahl oder Ehebruch gab es kein einheitliches Verfahren; jeder Millet behandelte solche Vergehen nach seinen eigenen Maßstäben. Für muslimische Osmanen war es relativ einfach, sich scheiden zu lassen, für katholische war es dagegen unmöglich. Wenn ein osmanischer Muslim ein Ei stahl, stand seine Hand auf dem Spiel. Ein Katholik kam möglicherweise mit ein paar Ave Marias davon.

Im Laufe des 19. Jahrhunderts nutzten die gefräßigen Großmächte das Millet-System, um das Osmanische Reich in einem Zustand der Schwäche zu halten. Im Kern schlossen die Großmächte und die Minderheiten sich paarweise zu strategischen Liebesbeziehungen zusammen, während die Hohe Pforte mit ohnmächtiger Wut zuschaute. Der Zar hatte sich bereits der Griechisch-Orthodoxen angenommen, und die Franzosen gingen mit den Katholiken des Reiches zusammen. Der britische Botschafter in Konstantinopel, der fromme, jähzornige Sir Stratford Canning (der spätere Lord Stratford de Redcliffe), bot den protestantischen Missionaren seinen Schutz an. Es gab nicht viele osmanische Protestanten, aber der Botschafter verband große Hoffnungen mit ihnen. Die Drusen und Maroniten im Libanongebirge wurden von Briten bzw. Franzosen hofiert. Die Juden wollte niemand haben.

Die Mächte nutzten das Millet-System, um auf osmanischem Territorium Mikrokolonien zu errichten, die als Kapitulationen bezeichnet wurden. Als Christen genossen Briten, Franzosen, Russen oder andere europäische Bürger im Osmanischen Reich den Millet-Status, und die Kapitulationen boten ihnen eine Art Blankoimmunität, die ihnen von den Osmanen freiwillig gewährt wurde. Die Großmächte nutzten die Kapitulationen bis zum Äußersten aus. So kanzelte Canning in den 1840er Jahren einen hohen türkischen Amtsträger ab, nachdem ein britischer Untertan verhaftet worden war – wobei er nicht als Botschafter, sondern als Konsul handelte. Wie er und seine Kollegen wussten – und ihre osmanischen Gastgeber in der Regel anerkennen mussten –, fielen solche Fälle in den Zuständigkeitsbereich der konsularischen Behörden der Gastnation, die auf türkischem Staatsgebiet sogar eigene Gefängnisse unterhielten. Einige Gesandtschaften – die Italiener waren hier die schlimmsten – gingen sogar so weit, Bescheinigungen über juristische Immunität zu verkaufen. Mit Hilfe solcher »Schutzbriefe« konnten wohlhabende Osmanen Immunität gegenüber den Gesetzen ihres eigenen Landes erwerben.

Für fromme osmanische Muslime hatte dieser Zustand etwas Perverses. Die Scharia gründete in den Worten und im Beispiel des Propheten. Wie sollte sie nicht zum Wohl der Gläubigen arbeiten? Die Lösung konnte nur außerhalb des traditionellen islamischen Verständnisses von Identität gefunden werden. In seiner Entstehungszeit verdankte der Islam sein Überleben zum Teil der vom Propheten getroffenen Unterscheidung zwischen Muslimen und Dhimmis. Die Dominanz einer muslimischen Elite und eine geringere Steuerlast für Muslime hatten die Konversion und eine Verwischung der Rassengrenzen gefördert. Selbst jetzt noch definierten sich die verschiedenen osmanischen Gemeinschaften – einschließlich der türkischsprachigen Osmanen – über ihren Millet und nicht über irgendeinen neumodischen Identitätsbegriff. Der viktorianische Orientalist und Kenner des Osmanischen Reiches E. J. W. Gibb schrieb dazu: »Den Türken wäre es ebenso wenig in den Sinne gekommen, für ihr Land zu sterben wie für ihren Längengrad.«[25]

Wenn das Osmanische Reich seinen Zusammenhalt wahren wollte, brauchte es eine neue, moderne Form von Staatsbürgerschaft, die nicht auf der Religion basierte. Die mannigfaltigen und zersplitterten Minderheiten mussten in den Zuständigkeitsbereich des Staates zurückgeholt werden. Es galt, eine gemeinsame, säkulare Identität – eine osmanische *patria* – zu erfinden.

Eine neue Definition der Staatsbürgerschaft – ein beginnendes *e pluribus unus* – hatte sich nach Mahmuds Dekret zur Auflösung der Janitscharen 1826 herauszubilden begonnen. In diesem Dokument rief Mahmud seine Untertanen zur Einigkeit auf – und zwar nicht nur seine muslimischen Untertanen, wie es üblich gewesen wäre, sondern alle Osmanen, unabhängig von ihrer Religionszugehörigkeit. 1830 ging er sogar noch weiter und kündigte an, er werde zwar auch weiterhin zwischen seinen Untertanen in der Moschee, in der Kirche und in der Synagoge unterscheiden, aber außerhalb dieser Gotteshäuser gebe es »keinen Unterschied zwischen ihnen«. Im Gegenteil, fuhr er fort, »sie sind alle meine Kinder«.[26]

Osmanische Großzügigkeit, aus einer Position der Stärke heraus gewährt – das sollte auf diese Weise vorgetäuscht werden. Aber den Frommen war klar, dass die Reform zu einer verheerenden Verschiebung in der Hierarchie der Gemeinschaften beigetragen hatte, nicht nur im Blick auf die Millets, sondern auch hinsichtlich weiterreichender Fragen der Beziehungen zwischen den Religionen. Die Scharia verbietet es Muslimen, Territorien an Nichtmuslime abzutreten, aber genau das hatte Selim III. getan, als er den Russen nach der Niederlage 1792 die Krim überließ. Auch die Anerkennung eines unabhängigen Griechenland durch Mahmud verstieß gegen die Scharia, ebenso seine Repatriierung österreichischer Bürger, die in Gefangenschaft geraten und zum Islam übergetreten waren. In diesen und anderen Fällen berief man sich auf die Notfallklauseln im Koran, wonach auch Verbotenes erlaubt ist, wenn die Notwendigkeit es gebietet. Wie die Gewährung der vollen Rechte für Nichtmuslime, so bedeuteten auch die neuen Bestimmungen die Anerkennung einer Lage, in der die Muslime nicht mehr die Vorherrschaft besaßen.

Trotz seiner persönlichen Qualitäten und der Entschlossenheit, mit der Mahmud II. die Reformen anging, war seine Regierungszeit doch ein Fehlschlag. 1830, dem Jahr, in dem Griechenland seine Unabhängigkeit erlangte, eroberten die Franzosen Algerien und machten es zum ersten Element eines noch zu errichtenden nordafrikanischen Kolonialreichs (ein Vorgang, dessen Bedeutung Rifaa al-Tahtawi in Paris nicht erkannte). Die osmanische Kontrolle über den Balkan lockerte sich, denn Russland schuf *de facto* zwei Protektorate in Moldawien und der Walachei, und Serbien gewann einen nahezu unabhängigen Status, während Muhammad Alis modernisierte Armee immer weitere Teile der Levante einnahm.

Die letzte Demütigung fügte Muhammad Ali seinem Oberherrn zu, als seine Streitkräfte 1839 tief nach Kleinasien vordrangen. Das gab dem Sultan den Rest. Er war stark abgemagert, trank nach Gerüchten reinen Alkohol und litt an Delirium tremens. Er starb am 29. Juni, fünf Tage nachdem die osmanische Armee erneut von den Ägyptern besiegt worden war.[27] Ein in seiner Gunst stehender Gelehrter pries ihn als den »Platon des Reiches und des Kalifats« und als den »Herrscher, dem die Vorsehung Wissenschaft und Weisheit offenbart« habe.

In den folgenden drei Jahrzehnten wurden unter Mahmuds Söhnen Abdülmecid I. (1839–1861) und Abdülaziz (1861–1876) Reformen durchgeführt, die unter der Bezeichnung Tanzimat, »Neuordnung«, bekannt wurden. Die Tanzimat-Reformen waren nicht demokratisch – der Sultan behielt seine absolute Macht –, aber sie führten zu einem gewissen Maß an Delegation und Säkularisierung wie auch zum Ausbau einer mächtigen weltlichen Bürokratie und weltlicher Gerichte, die von der Scharia nicht abgedeckte Rechtsfälle behandelten. 1850 wurde ein an europäischen Vorbildern orientiertes Handelsgesetzbuch eingeführt, und bis 1868 hatte man das Bildungswesen nahezu vollständig säkularisiert (das betraf allerdings nur die Minderheit, denn in ihrer großen Mehrheit blieben die osmanischen Bürger auch weiterhin Analphabeten). Am wichtigsten aus der Sicht der Minderheiten war das Versprechen einer Gleichbehandlung und rechtlichen Gleichstellung mit den Muslimen in Bildungswesen, Staatsdienst, Besteuerung und Militärdienst. Die letzte Hinrichtung wegen Apostasie fand 1843 statt und betraf einen Armenier, der in betrunkenem Zustand zum Islam übergetreten war und wieder zum Christentum zurückkehrte, als er wieder nüchtern war. Danach erklärte die Hohe Pforte: »Der Muslim ist jetzt ebenso frei, ein Christ zu werden, wie der Christ die Freiheit hat, ein Muslim zu werden.«[28]

Für viele Christen und Juden im Reich ging das vom Tanzimat versprochene neue Verständnis der Stellung der Minderheiten allerdings kaum übers bloß Rhetorische hinaus. Diskriminierung und Brutalität blieben an der Tagesordnung, und die osmanische Inklusion war auch weiterhin eher die Ausnahme als die Regel. Das Militär war ein entschiedener Gegner dieser Politik. Die Muslime wollten keine christlichen Waffenbrüder akzeptieren, und Christen wollten nicht in der Armee dienen; nur die Kriegsmarine nahm ein paar griechische Soldaten auf, während eine weitaus größere Zahl von Christen lieber weiterhin die traditionelle Befreiungssteuer zahlte. In der Medizinischen Hochschule, die Mahmud in Galatasaray, dem europäischen Viertel Istanbuls, gegründet hatte und die von einem jungen Wiener, Karl Ambroso Bernard, geleitet wurde, beobachtete der Historiker und Forschungsreisende Charles MacFarlane, dass die türkischen Studenten von den Nichtmuslimen »schikaniert wurden und getrennt von ihnen aßen und lebten ... Die Griechen hassten die Armenier und die Armenier die Griechen, und beide behandelten die winzige Minderheit der Juden mit extremer Verachtung.«[29] Aber allein schon die Tatsache, dass die Schule diesen verschiedenen Gruppen gleichberechtigten Raum bot, stellte eine bedeutsame Neuerung dar, und bei einigen Minderheiten, vor allem den Juden, waren es deren Vorsteher, die verhinderten, dass mehr von ihnen die Hochschule besuchten.[30, 31]

Reformen sind immer dann am verwundbarsten, wenn sie erst noch Früchte tragen müssen, und während Sir Stratford Canning (der mehr als zwei Jahrzehnte als britischer Botschafter bei der Hohen Pforte wirkte) beträchtlichen Anteil an der Formulierung des Tanzimat hatte, war der Vorwurf, die Türkei tausche hier ihre stärksten eigenen Traditionen gegen einen Mischmasch falschverstandener ausländischer Vorstellungen nicht nur im überaus skeptischen Klerus verbreitet, sondern auch bei manchen Europäern. So mahnte der berühmteste Diplomat des Kontinents, Klemens Wenzel Fürst von Metternich (1773–1859), den Großwesir Mustafa Resid Pascha (der zu den Architekten des Tanzimat gehörte), er solle nicht die alte Ordnung zerstören, um eine neue zu schaffen, die nicht zu den Sitten und Gebräuchen des Landes passe.[32]

Viele hatten indessen den Eindruck, dass die Tanzimat-Reformen genau dazu bestimmt waren, und die Erlasse des Sultans leisteten in der Tat einen beträchtlichen Beitrag zur Entstehung eines neuen Denkens. Der Tanzimat markierte den Beginn einer Reise, die eine kleine Zahl von Armeniern und Griechen in hohe Ämter innerhalb der Verwaltung eines muslimischen Reiches bringen und einer noch größeren Zahl ihrer Kinder Zugang zu muslimisch dominierten Einrichtungen der Höheren Bildung verschaffen sollte. Auf lange Sicht noch bedeutsamer waren indessen die Spuren, die die Auswirkungen dieser Erlasse im Islam selbst hinterließen: Zweckdienlichkeit, die Notwendigkeit, das islamische Recht im Licht veränderter Verhältnisse neu zu interpretieren, und unabweisbare Zwänge – unter diesem und weiterem Druck begann die Scharia, sich selbst abzuschaffen.

Der herrschende Zeitgeist war eindeutig günstig für die Tanzimat-Reformen. Die 1840er Jahre waren in Europa eine Zeit wachsender Skepsis. In England entwickelte Darwin die zutiefst subversive evolutionäre Sichtweise, die er in seinem *Ursprung der Arten* vorstellte und die sich letztlich als ein verheerender Angriff auf die biblische Schöpfungsgeschichte erwies. In Deutschland behaupteten Vulgärmaterialisten, das »Bewusstsein« sei lediglich eine Funktion der neuronalen Materie, während die nihilistischen Extravaganzen der Französischen Revolution sich erneut im »Völkerfrühling« von 1848 zeigten. Nach der Niederschlagung des ungarischen Aufstands in diesem Jahr flohen ungarische (wie auch einige polnische) Revolutionäre nach Istanbul, wo sie das allgemeine Klima der Unbotmäßigkeit verstärkten.

Als Charles MacFarlane Istanbul 1848 erneut besuchte, hatten die Studenten an der Medizinischen Hochschule in Galatasaray, die es gewohnt waren, ihre Studien an Wachsmodellen zu treiben, kaum noch oder gar keine Probleme mehr mit der neuen Praxis:

> Im Sektionsraum fanden wir ein Dutzend junger Türken, die selbständig die Leiche einer Negerin sezierten. Auf einer »Ablage« gleich daneben lag die unbedeckte und schrecklich anzuschauende Leiche eines Negers. Und in einem Vorraum lagen – achtlos verstreut – Kopf, Arme, Beine und die *disjecta membra* eines weiteren Nubiers herum. Als wir

eintraten, unterhielten sich diese muslimischen Studenten lachend miteinander, während sie das schwarze menschliche Fleisch mit ebenso wenig Skrupeln traktierten, als wäre es Hammel- oder Lammfleisch, und sie hantierten mit Skalpellen, die kürzer waren als unsere silbernen Obstmesser. Ich fragte einen von ihnen, ob dies alles nicht gegen seine Religion verstoße. Er lachte mir ins Gesicht und sagte: »*Eh! Monsieur, ce n'est pas au Galata Serai qu'il faut venir chercher la religion!*« [»Wer nach der Religion sucht, sollte nicht nach Galatasaray kommen.«][33]

Für einen britischen Tory wie Charles MacFarlane war die von den türkischen Medizinstudenten demonstrierte Skepsis beunruhigend. Die Medizinische Hochschule lehre ihre Studenten »ein und denselben Unglauben«, scherzte er, während das Hospital der Artillerie im Arsenal einen Assistenzarzt beschäftigte, der einige der »schärfsten Passagen von Voltaire« ins Türkische übersetzt hatte und *Candide* für »äußerst amüsant und köstlich« hielt.[34] Den Türken dürfte dieser Pangloss'sche Optimismus angesichts von Naturkatastrophen wie dem Erdbeben von Lissabon 1755 (wonach alles zum Besten bestellt sei in der besten aller Welten) nur allzu vertraut gewesen sein, hatte er sich doch auch in ihrer fatalistischen Einstellung gegenüber der Pest manifestiert.

Den Gipfel der Degeneration beobachtete MacFarlane allerdings im Militärhospital von Scutari. Dort fand er

> einen eleganten Salon, der den Ärzten, den jungen Türken und ihren Assistenten vorbehalten war. Auf einem Diwan lag ein Buch. Ich nahm es hoch. Es war ein Exemplar einer neueren Pariser Ausgabe des Handbuchs der Atheisten *Systéme de la nature*, mit dem Namen des Barons d'Holbach als Autor auf der Titelseite. Der Band war offensichtlich viel benutzt worden. Viele frappierende Passagen waren unterstrichen, vor allem jene, in denen mathematisch bewiesen wurde, dass es unsinnig und unmöglich sei, an die Existenz eines Gottes und an die Unsterblichkeit der Seele zu glauben. Als ich den Band zurücklegte, sagte einer der Türken zu mir: »*C'est un grand ouvrage! C'est un grand philosophe! Il a toujours raison.*« [»Das ist ein großes Werk. Das ist ein großer Philosoph. Er hat in allem recht.«]

Dass in den von MacFarlane besuchten Militärhospitälern Französisch gesprochen wurde, war gleichermaßen ein Kommentar zur Unfähigkeit der türkischen Sprache, moderne Ideen zum Ausdruck zu bringen, und zur Dynamik der Sprache der Aufklärung.

Als Verwaltungssprache, die nur selten in der hohen Kunst und niemals in der orthodoxen Religion benutzt wurde, hatte das Türkische nie die Brillanz seiner Nachbarn, des Persischen und des Arabischen, erreicht. In seiner volkssprachlichen Form hatte es als Medium für die Weitergabe volkstümlicher Dichtung floriert, aber das »Vulgärtürkische« war von den Mandarinen der Hohen Pforte und den (aufs Arabische ausgerichteten) religiösen Gelehrten stets gemieden worden. Dann gab es da noch die hölzernen Versuche der »hohen« osmanischen Poesie, die derart isoliert, artifiziell und der gesprochenen Sprache entfremdet waren, dass der viktorianische Orientalist E. J. W. Gibb gegen Ende seiner sechsbändigen *History of Ottoman Poetry* zu dem Urteil gelangte, die literarische Gattung, der er sein Leben gewidmet hatte (er starb, bevor er sein Buch abschließen konnte), fange keine Stimme ein, die »von außerhalb der engen Schule« komme, »in der sie selbst aufgewachsen« sei, »rat- und hilflos im abgestandenen Sumpf einer toten Kultur«.[35]

Nach osmanischen Vorstellungen sollte eine literarische Sprache sich ihrem Gegenstand mit so viel schmückendem Beiwerk und auf so gewundenen Wegen wie nur möglich nähern, mit allerlei Wortspielen, Beutestücken aus persischen Anthologien und zusammengeklaubten arabischen Wendungen ähnlich den Verzierungen auf einer Urne. Interpunktion gab es so gut wie keine, dafür aber nicht weniger als neun verschiedene kalligraphische Systeme. Direkt auf den Punkt zu kommen galt als banal, und Funktionalität war Unwissenheit. Ein späterer Historiker fand heraus, dass er ein dreizehnseitiges osmanisches Dokument in zwei Sätzen zusammenfassen konnte, ohne dass Wesentliches verloren ging.

Die Auswirkungen einer kranken Sprache auf ihre Literatur waren tödlich. Originalität wurde so wirkungsvoll erstickt, dass man volkstümliche Romanzen in eine einzige einheitliche Form presste. Unkonventionelle Prosa war solch eine Seltenheit, dass sie, wenn sie sich doch einmal zeigte, wegen ihrer Frische gelobt wurde (ein bekanntes Beispiel war der Brief eines prominenten Staatsmannes, der darin eine Bootsfahrt beschrieb).[36] Der wohl wichtigste Zweck der Sprache war es, Gott zu preisen und sein Wort zu verbreiten, während klassische Bilder wie die in die Rose verliebte Nachtigall viele Dichter der Notwendigkeit origineller Gedanken enthob.

Trotz ihrer Unbeholfenheit war die Poesie dennoch ein überaus bedeutsames Kommunikationsmittel. Die Verse bildeten ein Medium, das verbessert und verändert werden konnte, bevor es Eingang in den mündlichen Sprachgebrauch fand. Bedenkt man, dass in der Gesellschaft des 19. Jahrhunderts das Memorieren umfangreicher Passagen einen regelmäßigen Bestandteil des Lebens bildete, nicht nur im Sinne sturen Auswendiglernens in der Schule, sondern als Mittel der Aufbewahrung im Gedächtnis, wird dessen weite Verbreitung verständlich. Osmanischen Türken wäre es absonderlich erschienen, diesen bequemen, hochentwickelten und äußerst flexiblen Gedächtnisspeicher, den wir alle besitzen, nicht zu nutzen, und sie packten gewaltige Mengen von Gedichten in diesen Speicher. Mit Versen, zur rechten Zeit zitiert, konnte man die öffentlichen Angelegenheiten pointiert, satirisch und (bei Bedarf) anonym kommentieren. Man konnte Staatsmänner damit aufspießen oder umschmeicheln oder den Leuten, wo immer sie zusammenkamen, Reaktionen, Bestätigung oder subtile Abwandlungen entlocken.

Neben der mangelhaften Mechanik der Sprache gab es noch ein weiteres – soziales – Hindernis für die Verbreitung von Fertigkeiten und Informationen. Wissen war ein Mittel sozialen und wirtschaftlichen Erfolgs, und wer es besaß, der wachte eifersüchtig darüber. Der Buchmarkt bei der Beyazit-Moschee in Istanbul wurde von ein paar Dutzend Familien betrieben, die sich nicht in die Karten schauen ließen und alle Informationen über ihr Gewerbe für sich behielten – ob er sich lustig machen wolle, erhielt ein Bibliophiler zur Antwort, als er dort nach einem Katalog fragte. Eine weitere Gruppe, die Dolmetscher, die für ausländische Botschaften Dokumente ins Türkische übersetzten, »machten ein Geheimnis aus allem, was ihre Sprache betraf, und versuchten, ihre Auftraggeber und die Öffentlichkeit glauben zu machen, wer Türkisch lernen wolle, müsse dies von Kindheit an studiert haben«.[37] Ein ähnliches Dickicht umgab bestimmte Bereiche der Verwaltung, etwa den Landbesitz, der von einem derart unergründlichen Jargon geschützt wurde, dass selbst die einfachste Transaktion nicht ohne einen angeheuerten Experten möglich war.

Das Vorbild für diese Monopole war natürlich die Religion, denn das Wissen über Gott wurde stets gehütet und geschützt, selbst im Islam, der keine Kirche kennt, und die Religionsschulen operierten nach dem Prinzip der aufgeschobenen Belohnung. Die langwierige und nur unscharf definierte Ausbildung in der Schule; die unbestrittene Autorität, die Alter und Erfahrung verliehen; der »Schutz« frühreifer Schüler vor anspruchsvollen (insbesondere philosophischen) Texten, für die sie noch nicht »bereit« waren – all das wirkte wie ein Schleier, den zu durchstoßen, um zu wahrer Bildung zu gelangen, Jahre oder sogar Jahrzehnte erforderte. Und wenn die Schüler schließlich das Niveau an Gelehrsamkeit erreichten, um das sie sich so lange bemüht hatten, war es da ein Wunder, dass sie selbst nun ihren Schülern dieselben Beschränkungen auferlegten?

Dieser trostlose Zustand sollte sich allerdings in den letzten Jahrzehnten des 19. Jahrhunderts ändern. Die Ankunft des neuen Mediums, das die türkische Sprache veränderte, lässt sich genau datieren, und zwar auf den 22. Oktober 1860. An diesem Tag wurde auf einer Handdruckpresse in einem der Schuppen, die sich an die verfallende, von der Gischt und dem Wind des Bosporus gepeitschte Stadtmauer Istanbuls lehnten, die erste Ausgabe der Tageszeitung *Tercuman-i Ahval* – »Dolmetscher der Verhältnisse« – gedruckt.

Im Osmanischen Reich gab es bereits mehrere Dutzend in vielen Sprachen von Nichtmuslimen herausgegebene Tageszeitungen – zu deren Lesern auch Muslime gehörten. Schon in den 1820er Jahren hatte der in Istanbul lebende Robert Walsh von der Beliebtheit der »Nachrichtenstuben« berichtet, in deren Mitte »ein Stuhl steht, auf dem ein Mann sitzt, der lesen kann, während die anderen einen Kreis um ihn bilden und ihm ... mit größter Aufmerksamkeit zuhören, nur gelegentlich unterbrochen von Ausrufen wie ›Inschallah‹ (so Gott will) oder ›Allah Keerim‹ (Gott ist gnädig)«. Tageszeitungen hatten ihren Weg auch in die Kaffeehäuser gefunden, »und dieselben Türken, die ich dort dösend und halb betäubt von Kaffee und Tabak gefunden hatte, sah ich nun ganz wach und die Zeitung in der Hand, wie sie eifrig die Nachrichten buchstabierten«.[38]

Was Walsh da vierzig Jahre zuvor gesehen hatte, war eine staatliche Zeitung, die sich über die Weisheit des Sultans erging. *Tercuman-i Ahval* war etwas ganz anderes. Es war die erste unabhängige, von muslimischen Türken herausgegebene und im Besitz muslimischer Türken befindliche Tageszeitung. Das entscheidende Wort ist hier »unabhängig« – die Vorgänger waren staatlich gelenkte Organe. Und mehr noch, *Tercuman-i Ahval* war ein gekonnt gemachtes und innovatives Produkt. Die für türkische Leser ungewohnten Spaltenüberschriften (»Inland«, »Ausland«, »Serien«) waren von den besten Kalligraphen der Stadt geschaffen und die Drucktypen fachmännisch gesetzt worden (wahrscheinlich in Schwarzarbeit von Angestellten der staatlichen Münze).

Gegründet worden war *Tercuman-i Ahval* von einem in Paris ausgebildeten Übersetzer und Spross einer adligen Familie namens Capanzade Agah, aber sein erster Leitartikler, der in der Einleitung bereits erwähnte Ibrahim Sinasi, sollte zu Istanbuls Riffa al-Tahtawi werden und einen nachhaltigen Einfluss auf die türkische Literatur ausüben. Der 1826 geborene, frühverwaiste Sohn eines im Kampf gegen die Russen gefallenen Artilleriehauptmanns war ein kurz angebundener, zurückgezogen lebender und recht missvergnügter Universalgelehrter, der Arabisch, Persisch und Französisch gelernt hatte – Letzteres dank seiner Freundschaft mit dem französischen Emigranten und zum Islam übergetretenen Comte Charles de Châteauneuf –, nachdem er eine Stellung in der Verwaltung des Istanbuler Arsenals angetreten hatte.[39] Aufgrund seiner Talente wurde der Großwesir Mustafa Resid Pascha auf ihn aufmerksam, dessen Name eng mit den Tanzimat-Reformen verbunden war, und so kam es, dass Sinasi Anfang 1849 mit einem staatlichen Stipendium nach Paris geschickt wurde. Dort begegnete er Capanzade Agah, vervollkommnete sein Französisch und beobachtete den Kampf der Ideen, Klassen und Worte auf einer europäischen Bühne.

Die fünf Jahre, die Sinasi in Paris verbrachte, waren eine Zeit der Reaktion. Im Februar 1848 wurde der »Bürgerkönig« Louis-Philippe von Orléans, dessen triumphale Thronbesteigung inmitten eines überschäumenden pluralistischen Optimismus Rifaa al-Tahtawi achtzehn Jahre zuvor beobachtet hatte, aufgrund weithin herrschender Enttäuschung abgesetzt. Aber wie sich zeigte, waren die egalitären Ziele der Zweiten Republik, die auf Louis-Philippe folgte, darunter auch Vollbeschäftigung und das allgemeine Wahlrecht für Männer, nicht ohne weitere Konvulsionen zu realisieren, und schon bald wuchs im Volk die Unterstützung für die kapitalistische Autokratie, die ein anderer Thronanwärter, Bonapartes Neffe Louis Napoléon, versprach. Dieser Trend gipfelte schließlich 1852 in der Kaiserkrönung Louis-Napoléons, mit der das Zweite Kaiserreich begann. Sinasis Sympathien gehörten in dieser Zeit gemäßigten Republikanern wie dem Dichter Lamartine (der kurzzeitig an der Spitze der Zweiten Republik stand) und dem Zeitungsherausgeber Samuel Sylvestre de Sacy – Sohn des berühmten Orientalisten Sylvestre de Sacy –, der dafür sorgte, dass der Türke in die Société asiatique aufgenommen wurde. Aber trotz erfundener Darstellungen späterer Bewunderer, wonach Sinasi die Fahne der Republikaner über dem Pantheon geschwungen habe, beobachtete er das Geschehen in Paris nicht als Franzose, sondern als Osmane. 1854, mitten im Krimkrieg – seine Heimatstadt war voll von Invaliden, die zum Teil von Florence Nightingale gepflegt wurden –, kehrte er mit fortschrittlichen Ideen zu Freiheit, Nation und Demokratie nach Istanbul zurück.

Er hatte auch eine gute Idee, wie man die Sprache mit Hilfe der Presse verbessern konnte. Die Unzulänglichkeiten des osmanischen Türkisch waren immer noch Legion. Es musste prägnanter, technischer, konkreter werden und durfte nicht mehr so stark aufs Transzendente ausgerichtet sein. Zugleich musste es den höchsten modernen Ansprüchen gerecht werden können – Individualismus, zivilisiertes Leben, Menschenrechte. Seine Erfahrungen in Frankreich hatten ihn gelehrt, dass zwischen menschlichem Fortschritt und sprachlicher Entwicklung ein Zusammenhang bestand. Er wollte sich nun beiden Zielen widmen.

Allerdings förderte Sinasi diese Ziele letztlich weniger durch seinen bescheidenen kreativen Output als durch das von ihm gesetzte Beispiel und durch seinen literarischen Geschmack. Unter seinem Einfluss erhob sich die türkische Literatur über den Stand eines Scherzes oder eines geistreichen Spiels, und er befreite die Poesie von jenen bemühten Symmetrien und Erfindungen, die den eigentlichen Inhalt in ein Korsett zwängten. Für ihn waren Worte zum Schreiben gedacht, nicht zum Deklamieren – ein Mittel, um Bedeutung mitzuteilen, nicht um die Leere zu verzieren. Sinasi, so kann man sagen, hat die moderne türkische Prosa- und Theaterliteratur erfunden, und die Poesie befreite er aus dem Gefängnis der verbindlichen Vorbilder. Er verschob die dichterische Phantasie vom Abstrakten hin zum Konkreten und experimentierte mit Reim und Metrik.

Seine Version der Fabel vom Esel und dem Fuchs ist von nahezu kindlicher Schlichtheit:

Soll ich denn nicht zu dir kommen, o mein Löwe,
Damit ich deine Schönheit aus der Nähe sehen und bewundern kann?
Möge der edle, gütige Schatten meines Herrn ewig währen,
Wo deine ehrwürdige Tatze hintritt, wird eine Rose erblühen.

Ein sehr viel späterer Gigant der türkischen Literatur des 20. Jahrhunderts, der Romancier Ahmet Hamdi Tanpinar, schrieb dazu: »Bemerkenswert an diesen Zeilen ist die Tatsache, dass sie in einer Sprache geschrieben wurden, die dem zu Hause und auf den Straßen gesprochenen Türkisch sehr nahe war.«[40] Es war nicht weniger als eine Revolution, und unter Sinasis Einfluss verwandelte sich die türkische Sprache aus einem »Spielzeug zum Amüsement der Gebildeten« in ein Instrument zur »moralischen und geistigen Erziehung des ganzen Volkes«.[41]

Trotz der bleibenden Bedeutung der Poesie legte Sinasi doch den größten Wert auf das unwiderstehliche und in ständiger Veränderung begriffene neue Medium der unabhängigen Presse. Siansi war der erste moderne Dramatiker der Türkei. In mehreren Folgen veröffentlichte er in *Tercuman-i Ahval* eine Sittenkomödie, *Hochzeit eines Dichters*, in der er sich in einem derben Umgangstürkisch über arrangierte Ehen lustig machte. Seine Leitartikel in derselben Zeitung lasen sich wie Einführungskurse für Türken, die dringend der von Amtstürkisch verstopften staatlichen Propaganda entwöhnt werden mussten, aber dennoch von religiösen Pedanten ins Wanken gebracht werden mochten. Unter den Vorwürfen, die diese Eiferer der Presse machten, gehörte auch die Behauptung, sie sei Teil einer europäischen Verschwörung zur Zerstörung des Islam und zur Destabilisierung des Landes.

In seinem ersten Leitartikel stellte Sinasi die These auf, wenn Menschen sich in einem »Gesellschaftskörper« dem Gesetz unterwarfen, hätten sie automatisch auch das »Recht«, sich »in Wort und Schrift« zum Zustand ihres Landes zu äußern. Zum Beleg verwies er auf »die politischen Zeitschriften in den zivilisierten Nationen, deren Denken sich durch die Macht des Wissens geöffnet« habe.[42] Sinasi war einer der ersten Denker im Nahen und Mittleren Osten, die Rechte nicht als von oben gewährt verstanden, sondern als untrennbar verbunden mit der Entwicklung einer im Recht gründenden Gesellschaft.

Sinasis nächster Leitartikel war eher technischer Natur und erklärte, wie Zeitungen funktionierten und dass es möglich sei, umfangreiche Texte wie seine *Hochzeit eines Dichters* über mehrere Wochen in »Fortsetzungen« zu veröffentlichen, die man dann herausschneiden und zu einem Buch zusammenbinden könne. Es gebe auch ein nützliches Wort für jene, »die für eine bestimmte Zeit Kunde sein möchten«, nämlich »Abonnent« (auch die türkische Entsprechung ist hier vom französischen *abonnement* abgeleitet). Im selben Artikel gab er einen kurzen Überblick über die Geschichte des Buchdrucks seit seinen vermuteten Anfängen in China und berichtete von den ersten Beispielen journalistischer Arbeit wie den römischen Tagesberichten, den *acta diurna*, die in Stein oder Metall geschnitten und von Schreibern kopiert wurden.[43] So verband Sinasi auf subtile Weise den modernen Universalismus mit dem Islam, denn kaum ein Muslim weiß nichts von der Aufforderung des Propheten: »Strebt nach Wissen und sei es in China!«

Sinasi verließ *Tercuman-i Ahval* schon nach fünfundzwanzig Nummern und gründete eine eigene Zeitschrift, *Tasvir-i Efkar* (»Erleuchtung der Gedanken«). Zweimal in der Woche bot dieses vierseitige Blatt eine Plattform für eine Gruppe talentierter Autoren, teils Angehörige des Bildungsrats, teils ehemalige Kollegen aus dem Arsenal, die sich zu einem breiten Spektrum in- und ausländischer Themen äußerten, und dies mit solcher Autorität, dass die Zeitung bald schon zu einer maßgeblichen Instanz wurde. In seinen eigenen Artikeln befasste Sinasi sich mit Themen, die von der städtischen Verwaltung über die Literatur bis hin zu guten Manieren reichten – er zeigte bereits die Plaudertascheninstinkte des modernen Kolumnisten. In einem Artikel lobte er eine gerade in Italien aktuelle Meinung, wonach der Papst seinen Anspruch auf weltliche Macht aufgeben sollte (die »Rom-Frage«), und in einem anderen mahnte er die Erstellung einer präzisen Zollstatistik als Hilfsmittel zur genauen Bestimmung der Handelsbilanz des Reiches an. Sinasi führte das türkische Lesepublikum auch in die Bedeutung des Wortes »Millet« oder »Nation« im modernen multikonfessionellen Sinne ein.

Aufgrund seiner kosmopolitischen, nach außen schauenden, für Fragen der menschlichen und wirtschaftlichen Entwicklung offenen Grundhaltung bezeichneten spätere Literaturhistoriker Sinasi als Vorreiter eines neuen Denkens. Er bewies, dass die türkische Sprache sich letztlich doch verändern ließ, und popularisierte wichtige politische Konzepte wie »Meinungsfreiheit« und »natürliche Rechte«, aber trotz seiner universalistischen Einstellung (er sollte später einmal im Anklang an Victor Hugo sagen: »Meine Nation ist die Menschheit, und mein Vaterland ist die Erde.«), war sein Weltbild doch auch durchsetzt von entschieden nationalen Vorstellungen. Von der systematischen Aufhetzung der osmanischen Christen durch Russland – die Presse in Sankt Petersburg kritisierte er besonders heftig – bis hin zur Instabilität im benachbarten Griechenland (König Otto war gerade erst gestürzt worden) vertrat Sinasi eisern nationale Interessen und setzte sich begeistert für die Entsendung von Truppen ein, denn wie er sagte: »Wenn du Frieden und Verbesserung wünschst, bereite dich auf Krieg vor.«[44]

Einer seiner faszinierendsten Artikel zeigt seine Fähigkeit, scheinbar ganz alltägliche Themen zum Anlass für philosophische Überlegungen zu nehmen. Die Regierung hatte einen Plan zur Einrichtung einer Straßenbeleuchtung in Teilen der Istanbuler Innenstadt angekündigt, der reflexhaft auf den Widerstand von Konservativen stieß (in London hatte man die Straßenbeleuchtung fast zweihundert Jahre früher eingeführt, ebenfalls gegen Widerstände). Sinasi war natürlich begeistert, nicht allein aus praktischen Gründen wie der Verringerung der Kriminalität und der positiven Einflüsse auf Handel und Gewerbe, sondern weil die Beleuchtung der Straßen (zunächst durch feste, von den Hausbesitzern anzubringende Straßenlaternen, dann durch Gaslaternen) die tiefere und weniger auslöschbare Erleuchtung der Geister ankündigte. »Wer wehrt sich denn gegen die Straßenbeleuchtung außer jenen Raufbolden, die von der nächtlichen Dunkelheit profitieren?«, fragte er.[45] Und mit einem bissigen Seitenhieb auf jene intellektuellen Monopolisten, deren schwacher Schein auf die Dunkelheit ringsum und die Unwissenheit der anderen angewiesen sei, fuhr er fort: »Glühwürmchen leuchten nur nachts.«[46]

Sinasi war allzu vorsichtig, als dass er seiner Radikalität offen Ausdruck verliehen hätte, aber in der Regel begegnete er Autorität mit Misstrauen, und im Schlangennest des öffentlichen Lebens im Osmanischen Reich schuf er sich durch seine im Druck an den Tag gelegte Aufsässigkeit, Hochnäsigkeit und Streitlust Feinde. Auch seine Verteidigung rationaler Werte brachte ihm Kritik vonseiten Konservativer ein, die ihn für gefährlich radikal hielten. Da hatte doch ein vielversprechender Staatsbediensteter die Förderung durch die Hohe Pforte genossen, um sich dann eine Tribüne zu schaffen, von der aus er Dinge kommentierte, die ihn nichts angingen – und er hatte die Frechheit besessen, ein kompromittierendes Geschenk von fünfhundert Goldstücken zurückzuweisen, das ihm Sultan Abdülaziz anlässlich der ersten Ausgabe seiner Zeitschrift *Tasvir-i Efkar* angeboten hatte. Außerdem erschien er in der Öffentlichkeit an Wangen und Kinn rasiert, ein Zeichen von Verweichlichung und Bezauberung durch den Westen, das seine vollbärtigen Landsleute störte. Tatsächlich hatte er sich, wie er durch die Vorlage von Vermerken seines Pariser Arztes belegte, aus medizinischen Gründen rasiert, nachdem er sich mit Borkenflechte infiziert hatte. Sinasis religiöses Engagement war (anders als bei Rifaa) zweifelhaft. In seinen Texten erwähnte er nur selten Gott und betonte stattdessen die Bedeutung des »rationalen Menschen«, der sich in seiner Gesetzgebung für »Recht und Gerechtigkeit« einsetzte. Eine von ihm verfasste Lobschrift auf Mustafa Resid Pascha enthielt andeutungsweise republikanische Gedanken, und er lobte den berühmten Reformer, weil er es gewagt habe, »den Sultan an seine Grenzen zu erinnern«.[47]

Es gab immer noch viele, die nicht an solche Grenzen glaubten, nicht zuletzt auch Sultan Abdülmecid selbst, der Sinasi 1855 aus dem Bildungsrat entfernen ließ, weil er »sich ständig kritisch über staatliche Angelegenheiten äußert«.[48] Das war eine paranoide Lesart seiner meist gemäßigten Leitartikel, aber inzwischen hatte sich das Klima gegen die Pressefreiheit gewendet, und Sinasis frühere Zeitung *Tercuman-i Ahval* hatte eine Schließungsverfügung erhalten (zwar nur für zwölf Tage, aber damit war ein unheilvoller Präzedenzfall geschaffen worden, wie viele türkische Journalisten in jüngerer Zeit bestätigen können). Sinasis Verbrechen war es gewesen, dass er das Bildungssystem des Landes als »zerrüttet« und die Lehrer als des Lesens und Schreibens kaum kundig bezeichnet hatte.[49]

Wie spätere Regierungen in aller Welt Zeit brauchten, um die rechtlichen und politischen Implikationen des Internets zu erkennen, so brauchte auch das osmanische Istanbul eine erstaunte Pause, bis es die unabhängige Presse einschätzen und eine Reaktion ersinnen konnte. Die Ironie lag darin, dass die Behörden, nachdem sie einen westlichen Import akzeptiert hatten, sich nun auch zu einem weiteren Import gezwungen fühlten, um sie zu unterdrücken. Das war die Absicht hinter dem ersten – eng am Vorbild der Zensurmaßnahmen Napoleons III. ausgerichteten – Pressegesetz der Türkei, das eine staatliche Kommission ermächtigte, über die Presse zu urteilen, das die Veröffentlichung anonymer Artikel untersagte und das Journalisten mit Gefängnis bzw. Zeitungsredaktionen mit der Schließung bedrohte, die »gegen den Staat« agierten. Das neue Gesetz gab der Pforte das Recht, »gegen Zeitschriften, die sich nicht an die genannten Grundsätze halten, vorzugehen, wann immer das allgemeine Interesse des Landes dies erfordert«.

Das Pressegesetz trat am 1. Januar 1865 in Kraft, und noch vor Ende des Monats floh Sinasi nach Frankreich. Es war die erste Welle von Journalisten, die sich – gelegentlich samt ihrer Zeitungen – in das mildere Klima von London, Paris oder Genf flüchteten. Für Sinasi war es das Ende einer bemerkenswerten, wenn auch gerade erst begonnenen Karriere als Journalist, und das in diesem zweiten Pariser Exil nun wieder aufgenommene Leben als Sprachwissenschaftler sollte beherrscht werden von seinen Bemühungen, ein riesiges türkisch-französisches Wörterbuch zu erstellen – wobei er sich allerdings auch Zeit für seinen allabendlichen Kaffee auf dem Quai Voltaire nahm und kaum jemals eine Molière-Aufführung im Théâtre français verpasste (selbst seine Freizeit war von der Aufklärung geprägt). 1867 kehrte er – nachdem er sich vergewissert hatte, dass ihm keine strafrechtliche Verfolgung drohte – zu einem äußerst übelgelaunten Kurzbesuch zurück, um sich von seiner Frau scheiden zu lassen, aber erst 1869 kehrte er endgültig heim, das große Wörterbuch zur Hälfte fertig.[50] Nach seiner Rückkehr scheint Sinasi in tiefer Depression versunken zu sein und sich von der Gesellschaft isoliert zu haben. Von seinem Tod 1871 in Istanbul – er war gerade erst fünfundvierzig Jahre alt – nahm kaum jemand Notiz.

Obwohl Sinasi zu seinen Lebzeiten nicht gefeiert wurde, gilt er heute als jemand, der einen in keinem Verhältnis zu seiner eigenen bescheidenen Produktion stehenden Einfluss auf die türkische Literatur ausübte. »Im Namen des Schlichten und Neuen«, schrieb Ahmed Hamdi Tanpinar später, »mit seiner Ablehnung üblicher Verzierungen, seiner Vorliebe für experimentelle Reime und seiner Verwendung der Vergangenheitsform verschob er mit nur acht oder zehn Gedichten und ein paar verstreuten Strophen und Couplets die Achse der Literatur.« Gegen eine Tradition, »die in jeglicher Hinsicht seit fünfhundert Jahren fest verwurzelt dastand«, habe Sinasi »diesen alten Baum bis in die Wurzeln« erschüttert und »das dahinter stehende Wertesystem aus den Angeln gehoben«.[51] Unerwähnt bleibt bei Tanpinar der Vorbildcharakter der großen formalen Neuerung, die auf Sinasi zurückging: eine Zeitung westlichen Stils ohne Verbindung zur Regierung. Trotz des Zensurgesetzes von 1865 verbreitete sich diese Nachricht immer weiter, die Zahl der Zeitschriften wuchs, und aus einem vierten Stand, der als kleines, isoliertes Anhängsel des

Staates begonnen hatte, wurde ein unabhängiges, mit einem eigenen Verstand begabtes Wesen.

Als Sinasi 1865 nach Paris floh, gab es in der Türkei vier Zeitungen einschließlich der beiden von ihm gegründeten. Noch vor seinem Tod kamen weitere 21 Titel hinzu, auch wenn einige von ihnen später geschlossen werden mussten, und 1876 war die Zahl auf 130 gestiegen. Auch wenn die Absatzzahlen nur schwer genau zu ermitteln sind, waren Auflagen von 10 000 Exemplaren keine Seltenheit, und einige Ausgaben der *Tasvir-i Efkar* erreichten offenbar Auflagen von 24 000 Exemplaren, womit sie insgesamt gut abschnitten im Vergleich mit der japanischen und russischen Presse der Zeit, aber auch mit den besser etablierten Zeitungsmärkten in Deutschland und Großbritannien. »Die Ladenbesitzer und Angestellten in Istanbul lesen jetzt Zeitung«, meinte Sinasis Gefolgsmann Namik Kemal 1883, »oder lassen sie sich jedenfalls vorlesen.«[52]

Die Auswirkungen der Explosion im Kommunikationswesen, zu der es in den 1850er Jahren kam und deren Katalysator Ibrahim Sinasi war, lassen sich gar nicht überbewerten. Das Leben der vornehmen Gesellschaft in der Hauptstadt – und zunehmend auch in den Provinzstädten – erfuhr einen tiefgreifenden Wandel. In Istanbul wurden in öffentlichen Gebäuden wie auch in Privathäusern Clubs für Wissenschaft, Literatur und Poesie eröffnet, und die Freimaurerei kam groß in Mode. (Napoleons Invasoren hatten die Freimaurerei nach Ägypten gebracht; in der Türkei konnte sie wegen ihrer Beliebtheit bei levantinischen Kaufleuten bereits auf eine längere Geschichte zurückblicken.) Der hochrangige Bildungspolitiker Mehmed Tahir Münif Pascha – der selbst Freimaurer war, eine französische Ehefrau hatte und ein offenes Haus führte, wenn er sich nicht in diplomatischer Mission im Ausland aufhielt – wagte es sogar, sich für die Evolutionstheorie einzusetzen (auch wenn er wie Darwins Zeitgenosse Alfred Russel Wallace den Menschen von dieser Theorie ausnahm). Außerdem setzte er sich für eine Reform der umständlichen und nicht an der Aussprache ausgerichteten osmanischen Schrift ein. Es war die erste in einer ganzen Reihe von Reformen, die schließlich zur Übernahme des lateinischen

Alphabets führten.⁵³ Meinungen bildeten und festigten sich abseits der traditionellen Schmelztiegel des Palasts und der Pforte, man führte Debatten nun in privaten Bibliotheken, Vereinigungen aller Art schossen aus dem Boden, und unschuldig klingende Organe wie der »Verein der Dichter« entwickelten subversive Vorstellungen, die dem europäischen Sozialismus viel verdankten. In den 1860er Jahren war die Kultur des entfesselten Ausdrucks groß, diffus und respektlos genug, um die Politik des Reiches zu beeinträchtigen und der Pforte Angst vor einem neuen, vielköpfigen Ungeheuer einzujagen: der »öffentlichen Meinung«.

Abgesehen von der Zunahme der Kommunikation, wurden auch die Barrieren zwischen Gemeinschaften und Klassen immer durchlässiger, vielleicht am deutlichsten erkennbar an Bord des Dampfschiffs, das seit 1854 zwischen beiden Ufern des Bosporus pendelte und dessen Passagiere – Reiche und Arme, Männer und Frauen – in ungewohnter Vertraulichkeit durcheinandergewürfelt wurden.

Kein Wunder, dass die Behörden die in den 1860er und 1870er Jahren zu beobachtenden Veränderungen im öffentlichen Diskurs und ihre schwindende Fähigkeit zu seiner Regulierung mit großer Sorge verfolgten. Wo immer Menschen zusammentrafen, nutzten sie die Gelegenheit zu Kommentaren und Klagen – meist im Gefolge einer hartnäckigen ungebundenen Presse. Innerhalb weniger Jahre hatte sich das Denken des türkischen Journalismus – und mit ihm das der gesamten gebildeten Gesellschaft – geöffnet und war »vom Bericht zum Kommentar, vom Kommentar zur Kritik, von der Kritik zur Opposition« und nun auch zunehmend »von der Opposition zum Widerstand« übergegangen.⁵⁴

Reformen werden oft im Wissen um den schrecklichen Preis eines Scheiterns angegangen. So war es auch bei den osmanischen Reformen des 19. Jahrhunderts, nur kam hier noch das unangenehme Wissen hinzu, dass die Ziele der Moderne in Europa definiert worden waren und in der Türkei nicht neudefiniert werden konnten. Die Osmanen mochten hoffen, den europäischen Kult des Individuums, die von Geographie, Erziehung und patriotischen Mythen gestützte Begeisterung für Nationalstaaten und das Mantra der Rechte für alle an die einheimischen Bedingungen anpassen zu können, aber sie konnten die Modernisierung nicht in Bausch und Bogen verwerfen, denn das hätte die Türkei um ein Jahrhundert zurückgeworfen und sie unter dem Druck des Irredentismus der Minderheiten in tausend Stücke zersplittern lassen – oder gar in die Arme ihres Nachbarn Russland getrieben. Noch dringender als Ägypten musste die Türkei sich anpassen, wenn sie nicht untergehen wollte.

Eine weitere Komplikation brachte die geopolitische Lage mit sich. Die osmanischen Staatsmänner, die das Reich führten, konnten es sich nicht leisten, den auf Liberalisierung drängenden Koloss Großbritannien zu verärgern, dessen Botschafter bei der Pforte sich so verhielten, als wären sie dort die Herren. (Canning war in dieser Hinsicht der Schlimmste; man sagte, er sei nicht bereit, die Macht mit dem Sultan zu teilen.) So begann sich ein Muster herauszubilden, das wir inzwischen aus der gesamten muslimischen Welt kennen: Zwang und Opportunismus aufseiten des Westens – eine Reihe schlecht geplanter und unentschlossen durchgeführter Reformen aufseiten der Muslime. Es ist kein Zufall, dass die beiden großen Wellen der Tanzimat-Reformen zu Zeiten kamen, als die Osmanen besonders dringend auf die diplomatische Unterstützung des Westens angewiesen waren. Das erste große Reformpaket folgte 1839 auf Muhammad Alis militärischen Einfall in Anatolien, während die zweite Welle 1856 am Ende des Krimkriegs begann, als das Reich unter der Last der Schulden bei den westlichen Verbündeten stöhnte. Der zum Teil erzwungene Charakter der Tanzimat-Reformen entging natürlich auch deren Kritikern nicht, die den Reformern vorwarfen, sie förderten das wirtschaftliche Eindringen des Westens.

Es war der Beginn einer muslimischen Identitätskrise, deren Auswirkungen heute noch zu spüren sind. Die Reformpolitiker der Türkei und die von ihr repräsentierte Schicht waren hochgradig europäisiert. Sie sprachen Französisch, saßen auf Sesseln und hielten die Religion für eine Privatsache, aber allein schon der von ihnen praktizierte Mischmasch bot Anlass zu Nörgelei und Selbstkritik. So klagte ein Pascha angesichts der Parade der durch die Staatskanzlei schlürfenden Protoeuropäer: »Mir wäre es lieber, wenn mein Sohn ein wirklich guter Christ und aufrechter Mensch wäre und nicht ein Konstantinopler Türke alla Franca.«⁵⁵ Der weise Reformer gehe die Dinge nicht überhastet an, denn Wandel könne das Reich zwar retten, aber auch zerstören. »Unsere Geschwindigkeit wird durch die Angst begrenzt, wir könnten die Kessel zum Platzen bringen«, bemerkte der wohl effizienteste Staatsmann der Zeit, Mehmed Emin Ali Pascha. »Unsere Metamorphose muss vorsichtig, schrittweise, im Innern erfolgen und darf nicht von Blitzen begleitet sein.«⁵⁶

Selbst bei einem derart maßvollen Vorgehen war die Einheit des Reiches ständig bedroht – durch Forderungen der europäischen Provinzen nach immer größerer Autonomie, durch das innere Ungleichgewicht und den Machtkampf zwischen dem Monarchen und unkooperativen regionalen Magnaten wie auch durch den Rückgang der Produktivität unter dem Druck britischer Importe. Aufgrund der Forderung nach religiöser Freiheit durch Canning und andere kamen außerdem immer mehr christliche Missionare ins Land. Dem osmanischen Syrien brachten diese meist amerikanischen und britischen Protestanten solche Symbole der Moderne wie die Kartoffel, Petroleumlampen, Drahtstifte und Nähmaschinen.⁵⁷ In Istanbul wurde man mit Fischbein, Klavieren und Kameras vertraut.⁵⁸ Letzteres war ein weiterer Schlag gegen die Bilderfeindlichkeit des Islam, denn die abenteuerlustigeren (und von sich selbst überzeugten) Muslime beeilten sich, eine Porträtaufnahme von sich anfertigen zu lassen.

Selbst der Sieg auf der Krim hatte Belastungen für das Reich gebracht, nutzten doch die westlichen Mächte die der Pforte gewährten Kriegskredite, um die Interessen ihrer Eisenbahngesellschaften, Banken und Schifffahrtsunternehmen zu sichern. Die Tanzimat-Reformen hatten die kaiserliche Schatulle weitgehend unangetastet gelassen, was allerdings Abdülhamecid wie auch seinen Bruder und Nachfolger Abdülaziz (einen exzentrischen und verschwenderischen Sultan, der Ismail zum Khediven Ägyptens ernannt hatte, bevor er ihn ausplünderte) zu einer heroischen finanziellen Verausgabung verleitete, wobei Abdülazis die Mittel für Miniaturpferde, Musikautomaten, Panzerschiffe und eine ruinöse Europareise verprasste. All das wurde durch Schulden finanziert, deren Zinsen ihrerseits durch Schulden finanziert wurden, nach dem abenteuerlich verschwenderischen Khediven-Modell, das 1875 zum Bankrott führte – mit katastrophalen Folgen für die Kreditwürdigkeit der Osmanen.

Die heroische finanzielle Verausgabung leistete einer kulturellen Verwirrung Vorschub, die es mit der von Ismail in Kairo verursachten aufnehmen konnte. Die Aufgabe des Topkapi-Palasts, eines Labyrinths aus islamisch (nichtfigurativ) verzierten Einzelgebäuden mit einer Abneigung gegen Korridore, war eine hochsymbolische Zurückweisung des Alten. Der neue Palast war ein neoklassizistisches, mit allem Komfort ausgestattetes Baiser. Der Dolmabahce-Palast wurde in den frühen 1850er Jahren erbaut, er trumpfte auf mit dem größten Thronsaal der Welt, einem riesigen, von vierhundert Gasflammen erhellten Kronleuchter, mit französischen Parterres im Garten und Durchgängen voller vergessenswerter ländlicher Ansichten. Hier und in einer ganzen Reihe weiterer Paläste vergoldeten die Sultane Abdülmecid und Abülaziz ihre Stunden, umgeben von Kristall und Porphyr, die man mit ausländischen Krediten bezahlt hatte. Abdülmecid vergnügte sich anlässlich des Sieges im Krimkrieg auf einem Ball in der britischen Botschaft, wo er Quadrillen beobachtete und ein Eis zu sich nahm, während Abdülaziz seinen Hobbys Widderkampf und Kamelringen nachging.

Angesichts derart üppiger Ausgaben vergaß man das der Moderne eigentlich innewohnende Bildungsversprechen. Zwar hatten Kopisten und Geistliche in der ersten Hälfte des Jahrhunderts ihre Abneigung gegen das gedruckte Wort überwunden, aber – wie in Ägypten – blieb der *circulus virtuosus* aus Wissen und dessen Aufnahme unvollständig.[59] Trotz all der kühnen Pläne osmanischer Minister war die Zahl der Primar- und Sekundarschulen in den Städten nur langsam und auf dem Lande fast gar nicht gewachsen. Noch in den 1860er Jahren dürfte die Alphabetisierungsrate bei osmanischen Erwachsenen kaum einmal 15 Prozent überschritten haben – ein niedriger Wert selbst für ein in Modernisierung begriffenes östliches Reich. (In Japan etwa erreichte die Alphabetisierungsrate in den 1870er Jahren 40 Prozent bei den Männern und 15 Prozent bei den Frauen.)[60] Ein prominenter osmanischer Reformer sagte dazu, die ungebildete Mehrheit sei »ohne Feder und Zunge«, und dieser bildhafte Ausdruck umschrieb deren

Unfähigkeit, ihre Bedürfnisse in einer Gesellschaft durchzusetzen, die ihre einstige mittelalterliche Toleranz für Analphabetentum (etwa bei militärischen Führern) abgelegt hatte. In dem von Formeln und Theorien beherrschten Maschinenzeitalter war die Zweiteilung zwischen denen, die eine Schulbildung erhalten hatten, und denen, die dergleichen nicht vorweisen konnten, überaus brutal.[61]

War das die vielgelobte Moderne? Diese Frage stellten Progressive und Konservative gleichermaßen, so dass Unzufriedenheit und enttäuschte Erwartungen nach und nach eine neue Phase in der Geschichte der Reform einleiteten – die nun auf anderer Grundlage erfolgte. Nun drehte sich die Debatte nicht mehr um die Frage, ob man verwestlichende Maßnahmen akzeptieren sollte (diese Frage war inzwischen entschieden), sondern um etwas weitaus Radikaleres: die Begrenzung der autokratischen Macht des Staates.

Die Männer, deren Namen mit dieser neuen, heute wohl als Demokratisierung bezeichneten Phase verknüpft sind, waren nicht in erster Linie Minister oder Staatsbeamte, sondern Leute, denen der Staat misstraute. Sie waren Dichter, Journalisten und Dramatiker, Mitglieder einer neuen Schicht innerhalb der europäisch ausgerichteten Bourgeoisie, und sie – nicht Napoleons Wissenschaftler – sollten einen echten politischen Wandel in den Nahen und Mittleren Osten bringen.

An einem Abend im April 1873 versetzten mehrere hundert Istanbuler das Gedik-Pascha-Theater in einen Begeisterungstaumel. Sie hatten gerade der Uraufführung eines neuen Stücks mit dem Titel *Vaterland oder Silistria* beigewohnt, einer Darstellung der erfolgreichen türkischen Verteidigung der Festung Silistria gegen die Russen während des Krimkriegs. Seit dem Ende des Konflikts 1856 dürstete die osmanische Öffentlichkeit nach guten Nachrichten. Die separatistischen Bestrebungen auf dem Balkan waren ungebrochen, das Personalkarussell in Istanbul drehte sich mit schwindelerregender Schnelligkeit (sechs Großwesire in nur drei Jahren), das Landesinnere wurde von Hungersnöten heimgesucht, und die Wirtschaft strebte dem Bankrott entgegen, der sie 1875 ereilen sollte. Der Einfluss Russlands war wieder im Wachsen begriffen, während der zunehmend labile Sultan Abdülaziz ein immer absurderes Verhalten an den Tag legte. Es heißt, er habe dem in einem Hahnenkampf siegreichen Hahn einen Orden verliehen, und angeblich vermochte er einem Pascha nicht zu verzeihen, dass er in seiner Gegenwart eine Brille getragen hatte. Zumindest für den Augenblick konnte man in einem der beliebtesten neuen Theater der Stadt – dessen rote Plakate an jeder Straßenecke und in den Moscheen hingen – die Demütigungen und Fehlschläge vergessen, wenn auch nur für ein paar Stunden.

Vaterland oder Silistria erzählt die Geschichte der jungen Zekiyeh (gespielt von der armenischen Schauspielerin Piranuh) und ihres schönen Galans Islam, der sich gerade an der Verteidigung der belagerten Festung Silistria gegen die Russen beteiligt. Das mit Betrug, Kindesliebe, Gewalt und Romantik gespickte Melodram endet mit Zekiyehs Tod, Vater Sitki und Islam sind vereint in Trauer und Siegesgefühlen, und das Publikum ist überwältigt von Schluchzern, Gesängen und Siegesfanfaren.

Geschrieben wurde *Heimat oder Silistria* von Namik Kemal, einem dreiunddreißigjährigen Zeitungsherausgeber und Gefolgsmann Ibrahim Sinasis, und nach der Uraufführung reagierte er auf die Beifallsstürme des Publikums, indem er sich kurz auf der Bühne zeigte, dann aber diskret das Haus verließ. Seine Bewunderer waren damit nicht zufrieden. Sie suchten nach ihm in den Redaktionsräumen seiner Zeitung *Ibret* (»Mahnung«) und riefen: »Lang lebe Kemal!« Der Lärm war angeblich so laut, dass er Abdülazi höchstpersönlich aus dem Schlaf riss, der mit großem Missfallen erfuhr, dass eine Menge jemand anderem als ihm selbst zujubelte. Die Leute riefen auch: »Möge Gott unseren Wunsch erhören!« – ein Wortspiel auf Murad, den Neffen und wahrscheinlichen Erben des Sultans, den viele für eine Verbesserung gegenüber seinem Onkel hielten und zu dem Kemal gute Beziehungen unterhielt. Außerdem gab es viel Bewunderung für Piranuh als Verkörperung der patriotischen Zekiyeh, und die Erlöse aus der nächsten Aufführung des Stücks – nach der es erneut Unordnung auf den Straßen gab – erhielt sie vollständig zum Geschenk.[62]

Vaterland oder Silistria hatte die Empfindlichkeiten an der Spitze des osmanischen Staates offengelegt. Seine dauerhafte Bedeutung verdankt das Stück indessen nicht persönlichen Rivalitäten, sondern der Neuartigkeit seiner Themen und den starken Emotionen, die es beim Publikum auslöste. Die Gefühle, die Kemal darin ansprach – und die er in gut fünfhundert weiteren Aufführungen ansprechen sollte, einige davon in so entfernten Städten wie Izmir und Saloniki –, verwiesen darauf, dass die Treuebindungen sich bei den Menschen des Nahen und Mittleren Ostens weg von den traditionellen Objekten Gott und Sultan hin zu einem abstrakteren Wert verlagerten, der während des vergangenen Jahrhunderts der europäischen und amerikanischen Geschichte mit Blut geadelt worden war und nun mit einer kurzen Verzögerung auch im Gedik-Pascha-Theater Einzug gehalten hatte. Es war Patriotismus, der *Vaterland und Silistria* erfüllte – oder weniger freundlich: Jingoismus, ein Ausdruck, den Londoner während einer Welle der Russenfeindlichkeit 1878 prägen sollten. Und von Patriotismus sang auch der Chor, bevor der letzte Vorhang fiel:

> Vor uns der Feind in vollen Waffen,
> Marschiert, ihr Helden, eilt dem Vaterland zu Hilfe!
> Vorwärts, marschiert, marschiert, das Heil ist unser;
> Marschiert, ihr Helden, eilt dem Vaterland zur Hilfe!

Wie Ibrahim Sinasi dem Lesepublikum die moderne Bedeutung von *millet* nahegebracht hatte, so verlieh Namik Kemal einem anderen arabischen Wort eine militante Note, einem Wort, das der ägyptische Scheich Rifaa al-Tahtawi einige Jahre zuvor popularisiert hatte und das Kemal nun in ein quasireligiöses Licht tauchte. Kemals romantische Vorstellung von *watan*, dem Vaterland, war mehr als nur Erde, Flüsse und Küsten; es war, wie er in *Ibret* schrieb, keine »imaginäre Linie«, die ein Schreiber aufs Papier geworfen hatte, sondern ein »heiliger Begriff, geboren aus einer Fülle edler Gefühle wie Volkszugehörigkeit, Brüderschaft, Achtung vor den Ahnen, Liebe zur Familie und Erinnerungen an die Jugend«.[63]

Mit seiner patriotischen Produktion stellte Kemal sich in die europäische Tradition moderner Künstler, die sich um die Schaffung einer Nation bemühten. Ein Beispiel für diese Tradition war Guiseppe Verdi, dessen 1848 entstandene Oper *La battaglia di Legnano* eine siegreiche mittelalterliche Schlacht zum Vorwand nimmt, um die Fußsoldaten des modernen Risorgimento anzufeuern.[64] Das Risorgimento endete 1871 mit der Proklamierung Roms zur Hauptstadt des neuen Staates – im selben Jahr, in dem Bismarck das moderne Deutschland gründete. Kemal schrieb *Vaterland und Silistria* kurz nach diesen epochalen Ereignissen, und auch wenn die Osmanen keinen neuen Staat, sondern ein altes Reich regierten, gründete seine Vorstellung von Vaterland doch in der Anerkennung europäischer Leistungen bei der Bildung von Nationen aus Menschen unterschiedlicher Glaubensrichtungen, Volkszugehörigkeiten und Sprachen, die allen Bürgern das Gefühl gaben, das Vaterland sei Teil ihres Lebens oder – elementarer noch – die Bürger seien Teil des Vaterlandes. Auf diese Weise begann Namik Kemal mit der Definition des osmanischen Patriotismus und bereitete damit der heutigen türkischen Nation den Weg.

Kemal galt als einer der begabtesten Schriftsteller seines Landes und als unverblümter Kritiker der Despotie und des mangelnden patriotischen Rückgrats des osmanischen Staates, aber seine biedere und überaus konventionelle Herkunft hatte solche Streitbarkeit nicht vorausahnen lassen. Er wurde 1840 als Spross einer höheren Beamtenfamilie geboren, und als junger Mann schien er für eine Laufbahn als Hofdichter mit einer Nische im osmanischen Übersetzungsamt bestimmt (er hatte Montesquieu übersetzt), als eine unerwartete und vielfach gefeierte literarische Begegnung ihn in eine radikalere Richtung drängte.

Zu Kemals Epiphanie kam es im Ramadan des Jahres 1862, als er die Fastenstunden des Tages mit einem Besuch der Bücherstände vor der Beyazit-Moschee zu verkürzen versuchte. Einer der Buchhändler drückte ihm ein neues, auf ein Stück Papier lithographiertes Gedicht in die Hand, das mit »der Heilige« unterzeichnet war. Kemal zahlte dem Händler seine zwanzig Paras ohne sonderliche Erwartungen, aber wie sich herausstellte, war »der Heilige« niemand anderes als der Zeitungsherausgeber Ibrahim Sinasi (vierzehn Jahre älter als er), und sein Gedicht wirkte faszinierend anders als alles, was Kemal bis dahin gelesen hatte. Er erkannte und schätzte sogleich den revolutionären

Charakter der Schlichtheit und des integren Ausdrucks des Älteren. Er wandte sich von seinen bisherigen literarischen Freunden ab und bot der Zeitung *Tasvir-i Efkar*, die Sinasi einige Monate zuvor gegründet hatte, seine Dienste an.[65]

Dabei zeigte der leidenschaftliche Kemal den ganzen Kampfgeist, der Sinasi fehlte, und als er 1865 die Leitung der Zeitschrift übernahm, nachdem ihr Gründer ins Exil gegangen war, gab er ihr eine neue Ausrichtung: widerborstig, aktuell und äußerst patriotisch. Er forderte, den Rebellen auf Kreta, die eine Vereinigung mit Griechenland ausgerufen hatten, kein Pardon zu gewähren, und er brachte die Pforte mit dem Hinweis in Verlegenheit, dass man in griechischen Tavernen in Istanbul Lieder sang, in denen dazu aufgerufen wurde, Türken die Kehle durchzuschneiden. Man sammelte im Volk für die Unterstützung der Muslime auf Kreta, und Kemal forderte, dass der Staat keine Kontrolle über das gespendete Geld haben solle. Damit deutete er nicht nur an, dass offizielle Stellen korrupt seien, sondern zog auch die angebliche Interessengleichheit zwischen Staat und Volk in Zweifel. Das war die Keimzelle der türkischen Zivilgesellschaft.

Die Behörden verdächtigten Kemal und seine Kollegen im Verein der Dichter, eine von revolutionären Vereinigungen in Italien und Polen inspirierte Geheimgesellschaft gegründet zu haben, mit dem Ziel, den Sultan zu stürzen. Am weitesten (und dies auch noch besonders schnell) sollte dabei ein Mitglied des Khediven-Hauses von Ägypten in der Formulierung der politischen Ziele der jungen Subversiven gehen. Prinz Mustafa Fazil war der jüngere Bruder des autoritären Modernisierers Ismail Pascha in Kairo. Der rundliche, rothaarige Mann und Gegner des Khediven hatte einen Großteil seines Lebens fern von seinen ägyptischen Gütern als Minister in Istanbul verbracht und in dieser Funktion bei den gekrönten Häuptern Europas eifrig für seine Person geworben. 1866 überredete Ismail die Pforte, seinen Bruder von der Erbfolge auszuschließen, und als Reaktion darauf schrieb Mustafa Fazil aus Paris einen dramatischen offenen Brief an den Sultan, in dem er die dem Reich drohenden Gefahren hervorhob.

»Am schwersten Zugang zu den Palästen der Fürsten findet die Wahrheit«, begann der Prinz. Dann zählte er die Defizite des Reiches in Verwaltung und Industrie auf und verwies auf den Niedergang der Männlichkeit und der Moral. »Eure Untertanen aller Glaubensrichtungen unterteilen sich in zwei Gruppen«, fuhr er fort, »in jene, die hemmungslos unterdrücken, und jene, die gnadenlos unterdrückt werden.« Das Heilmittel, das er dagegen vorschlug, war ein reformiertes politisches System, das Freiheit und individuelle Initiative wiederherstellen, den Großmächten die Grundlage für weitere Einmischungen in osmanische Angelegenheiten entziehen und die Religion (eine überraschende Verneigung vor dem Säkularismus) auf den erhabenen Bereich der »ewigen Wahrheiten« beschränken sollte. »Wenn sie sich allzu sehr zu Eingriffen in weltliche Dinge herablässt, zerstört sie alles und auch sich selbst.«[66] Kurz, er forderte den Sultan auf: »Rettet das Reich, indem ihr es verändert! Rettet es, indem ihr ihm eine Verfassung gebt!«[67]

Mustafa Fazils Brief gehört zu den meistzitierten Dokumenten der modernen türkischen Geschichte, vergleichbar mit dem Mahnschreiben, das der im Exil lebende italienische Patriot Giuseppe Mazzini 1831 an König Karl Albert von Piemont richtete und das heute als Meilenstein in der Geschichte des Risorgimento gilt. Wie bei diesem Brief, nach dem Mazzini seine Bewegung »Junges Italien« gründete, lag die Bedeutung der von Mustafa Fazil vorgebrachten Kritik darin, dass sie mit einer für die Behörden beschämenden Direktheit vorgetragen wurde. Sein Brief sollte ein Leuchtturm für die junge, hitzköpfige und teilweise im Westen ausgebildete Elite werden, deren Ziele er zum Ausdruck brachte, insbesondere für jenen Teil, der nun »Junge Osmanen« genannt wurde und sich für die Entwicklung des Landes in Richtung Freiheit und Erneuerung einsetzte.

Der inzwischen seines Erbfolgerechts beraubte Prinz konnte derart frei schreiben, weil er sich in Paris aufhielt, aber sein Manifest wurde in Istanbul sogleich von den Jungen Osmanen übernommen, die es in 50 000 gedruckten Exemplaren in der Hauptstadt und darüber hinaus verteilten. Nun, da der verschwenderische und herrische Abdülaziz offen herausgefordert worden war, gewann der Aufruhr an Fahrt. Kemal und zwei weitere einflussreiche Journalisten, Abdülhamid Ziya und Ali Suavi, verschärften ihre Kritik an der Regierung, Imame wurden in moderner politischer Theorie unterrichtet, und es gab Pläne zur Ermordung wichtiger Minister. Aber inzwischen waren die Behörden tatsächlich alarmiert, und die Verhaftungen begannen – wenn auch erst nachdem mehrere Agitatoren, darunter Kemal, Ziya, Suavi und Sinasis einstiger Mitbruder Agah, zu ihrem königlichen Gönner nach Paris geflohen waren. In Europa und auf Mustafa Fazils Rechnung sollte die nächste Schlacht für eine türkische Verfassung geschlagen werden.

In muslimischen Ländern kann die Verfassung nicht der Koran sein. Der Koran ist, wie er selbst sagt, ein »Führer« für Gläubige, und trotz aller allgemeinen Anweisungen hinsichtlich Frömmigkeit und Anstand und einiger weniger präziser Vorschriften hinsichtlich der persönlichen Moral und der Strafen schweigt er doch zu den allermeisten Aktivitäten, die Aufgabe der Regierung und des Staates sind.

Das hatten die allerersten Nachfolger des Propheten Mohammed schon im frühen 7. Jahrhundert erkannt, als der Islam expandierte und sich mit weitaus unterschiedlicheren Verhältnissen auseinandersetzen musste als sein Gründer. Die Methode, die sie fanden, um die ausufernde Vielfalt der von ihnen beherrschten Gemeinschaften zu kontrollieren, bestand darin, sie unter einem weltlichen Herrscher, dem Kalifen, zu vereinen, der mit einigen der Funktionen und Kräfte des Propheten ausgestattet war. Auch wenn der Kalif von der Ulema geheiligt wurde und die Zeit seinem Amt und ihm Glanz verlieh (die osmanischen Sultane waren stolz, sich Kalifen zu nennen), besaß diese Institution doch nichts spezifisch Islamisches. Weder der Koran noch die Sunna, das beispielhafte Handeln des Propheten, erwähnen so etwas wie das Kalifat. Staat und Regierung in der muslimischen Welt und selbst deren betont »islamische« Ausprägungen verlangten von Anfang an ein beträchtliches Maß an menschlicher Erfindungsgabe.

Das Kalifat und die kleineren, der Kalifenherrschaft unterworfenen Höfe machten sich nicht weniger des Despotismus und Machtmissbrauchs schuldig als andere monarchische Regime, und dennoch war das Kalifat trotz all seiner Mängel aus der islamischen Gesellschaft hervorgegangen und ließ sich nicht als Neuerung von Ungläubigen verleumden. Die Verfassungen der Vereinigten Staaten und der europäischen Nationalstaaten gingen dagegen auf Hunderte Jahre westlichen Denkens zurück – oder mehr als zweitausend, wenn man die Verfassungen des Aristoteles hinzurechnet. Ein Gesetzeswerk dieser Art in die islamische Welt einzuführen musste gewiss einiges Herzklopfen, mancherlei Ketzereivorwürfe und vielleicht auch soziale Unruhen auslösen. Aber nun, da moderne Werte schubweise Besitz vom osmanischen Staat ergriffen, war es unausweichlich, irgendeine Form von konstitutioneller Regierung einzuführen. Die Frage war nur, wie man solch einen Konstitutionalismus mit seiner Betonung der Repräsentation, der religiösen Gleichheit und der Gewaltenteilung verwirklichen konnte, ohne den Islam zu zerstören.

Dieses Rätsel sollte die Architekten des osmanischen Konstitutionalismus noch beschäftigen und – aufgrund der Hinterhalte des 20. Jahrhunderts – muslimische politische Denker bis heute plagen.[68]

Auch vor Prinz Mustafa Fazils berühmtem Brief hatte es in der muslimischen Welt bereits demokratische Experimente gegeben. 1861 ließ sich der Herrscher von Tunis – selbst ein Vasall der Osmanen – vom britischen und französischen Konsul überreden, eine konstitutionelle Monarchie zu akzeptieren, deren Minister sich gegenüber einem aus ernannten Mitgliedern bestehenden Rat zu verantworten hatten. Fünf Jahre später schuf Ismail Pascha in Ägypten seine gewählte Versammlung. In beiden Fällen war der Repräsentationsgedanke jedoch nur schwach ausgeprägt, und der Herrscher behielt die meiste Macht für sich selbst. Von einer echten konstitutionellen Regierung konnte keine Rede sein, und das tunesische System wurde 1864 durch einen Volksaufstand hinweggefegt.

Für türkische Konstitutionalisten wie Namik Kemal waren das tunesische und das ägyptische Beispiel kaum von Wert, da sie – wie in weiten Teilen auch die Tanzimat-Reformen – das Ergebnis ausländischen Drucks waren. Kemal schrieb über Ismails Versammlung, sie sei geschaffen worden, um europäischen Beifall zu finden, ihre Mitglieder seien »unter den Peitschenhieben der Gendarmen« gewählt worden, und als verkündet wurde, dass die Opposition auf der linken

Seite sitze, habe man einander »fast niedergetrampelt, um rasch auf die rechte Seite zu gelangen«.

Kemal wünschte sich für Istanbul etwas ganz anderes, eine gewählte Körperschaft – ein echtes Parlament. Seine Vision sollte einen prägenden Einfluss auf die politische Entwicklung der Türkei haben. Kemal war nicht nur der herausragende kulturelle Neuerer seines Landes, er dachte auch tiefgründig über die Mysterien des Konstitutionalismus in einem islamischen Kontext nach.

Kemal war ein glühender Muslim, der weiterhin den Koran ins Türkische übersetzte, aber er genoss die Errungenschaften des Westens – und von 1867 bis 1871 konnte er sie mit eigenen Augen beobachten. Das Leben als ein ausgehaltener Revolutionär war nicht leicht. In Paris war es einsam und fürchterlich teuer, und die Jungen Osmanen zersplitterten sich unter dem Einfluss rivalisierender Persönlichkeiten, während der stets erfinderische Mustafa Fazil zurück in die Gunst des Sultans Abdülaziz ruderte. In Europa erlebte Kemal indessen zum ersten und einzigen Mal Freiheit, vor allem während zweier Besuche in London, wo er eine neue, heimlich auch in Istanbul gelesene Zeitung, *Hurriyet* (»Freiheit«), gründete, im Lesesaal des Britischen Museums politische und literarische Werke verschlang und sich zum Spaß so aufstellte, dass Sultan Abdülaziz ihn sehen musste, als er zu einem Staatsbesuch in die Stadt kam. »Wer sind diese Leute?«, fragte der Sultan, als er den Kristallpalast im Hyde Park betrat und drei Männer mit Fez sah, deren einer den üppigen Bart und die wilde Mähne eines literarischen Rebellen zur Schau trug. Die Antwort lautete, dies seien die osmanischen Revolutionäre Ziya, Agah und der haarige Kemal, die gekommen seien, um ihren Herrscher zu begrüßen.[69]

Kemal zeigte eine recht unkritische Sicht der Wunderwerke Großbritanniens, das, obwohl es weite Teile der Erde kolonisiert hatte, auch die Hauptquelle für Marxens Klassenkampftheorien bildete – die Kemal offenbar nicht kannte. »Wenn man London als das Vorbild der Welt bezeichnete«, schrieb er begeistert, »wäre das keine Übertreibung.«[70] Ihm gefiel fast alles, was er sah, von den dynamischen politischen Parteien und dem House of Parliament, in dem die »öffentliche Meinung« eine majestätische und sehr physische Gestalt annehme, bis hin zu den prachtvoll ausgestatteten Sternwarten, Bibliotheken und Theatern. Die Engländer schienen überall zu lesen – auf der Straße, in den Geschäften und selbst auf Schiffsreisen. Und er schwärmte von den höflichen Schulkindern, den aufrechten und patriotischen Staatsbeamten und den unparteiischen Richtern. Er versicherte sich selbst, dass man diese Errungenschaften auch in der Türkei nachahmen und das Reich dadurch retten könne, denn »Europa brauchte zwei Jahrhunderte, um dahin zu gelangen, und während sie die Erfinder auf dem Weg des Fortschritts waren, finden wir alle nötigen Mittel bereits fertig vor ... Kann es da einen Zweifel geben, dass auch wir einen Zustand erreichen können, in dem wir zu den zivilisiertesten Ländern der Erde gehören?«[71]

Und was war mit den Hindernissen, die der Islam darstellte, mit der absoluten Herrschaft des Sultans, der Korruption, dem Separatismus und der Einmischung der Russen? Mit diesen Fragen setzte Kemal sich intensiv nach der im September 1871 von der Hohen Pforte verkündeten Amnestie auseinander, die es ihm und den meisten seiner einstigen Mitstreiter unter den Jungen Osmanen ermöglichte, nach Hause zurückzukehren. Fatalismus und Resignation müssten überwunden und durch Freiheit ersetzt werden, schrieb Kemal in der Zeitschrift *Ibret*. »Man kann mit Steinen ins Gehirn eines Menschen einbrechen«, hieß es in einem Artikel, »aber ist es möglich, jene Ansichten zu verändern, von denen er überzeugt ist? Man kann das Herz eines Menschen mit einem Dolch zerschneiden, aber kann man aus seinem Herzen jene Überzeugungen entfernen, die er mit seinem Gewissen gebilligt hat? Rede, Dichtung, Politik, Geschmack, Meinung – sie alle sind frei und natürlich, und man kann sie nicht durch Gewalt verändern, sondern allein auf natürlichem Wege.«[72]

Kemals Sicht des von Natur aus freien Menschen glich der vieler Europäer, aber für ihn war die Freiheit des Menschen ein Geschenk Gottes, und es gab keinen Grund, auch die säkularisierte Grundlage der Politik und der gesellschaftlichen Organisation aus Europa zu übernehmen. Das moderne Rechte müsse nicht nur in der Zustimmung der Menschen gründen, sondern auch in einem abstrakten und unveränderlichen Guten, »und im Islam bestimmt die Scharia, was gut und was böse ist«. Die Scharia sei »Ausdruck des abstrakten Guten und das höchste Kriterium der Wahrheit«. Es gab keinen Grund, weshalb die Scharia ein Hindernis für materiellen und sozialen Fortschritt sein sollte, denn »da uns geboten wurde, alle Früchte des Fortschritts aus jeglichem Teil der Welt zu übernehmen, ist es nicht notwendig, zur Vergangenheit zurückzukehren oder in der Gegenwart stehenzubleiben«.[73]

Kemal hielt die Umgehung der islamischen Jurisprudenz durch die Tanzimat-Reformen und die Bevorzugung westlicher Rechtsgrundsätze für eine auf typische Weise borniete Abkehr von einer der besonderen Errungenschaften des türkischen Lebens. Sein unermüdliches Bestreben, islamische Versionen moderner, mit dem Westen assoziierter Begriffe auszugraben und als Beweis für die Vereinbarkeit beider Systeme zu präsentieren, erinnert an entsprechende Bemühungen Rifaa al-Tahtawis, der zur selben Zeit die Ägypter davon zu überzeugen versuchte, dass der westliche Begriff der »Rechte« gleichbedeutend mit dem islamischen Begriff der »Gerechtigkeit« sei. Wie bei Rifaa mochten Kemals Bemühungen helfen, den Menschen das beruhigende Gefühl zu vermitteln, dass seine Vorschläge bei aller Radikalität doch nicht im Widerspruch zum Islam standen. Aber seine Aufgabe war noch schwerer als die des ägyptischen Scheichs, denn anders als Rifaa, der die autokratische Herrschaft Ismail Paschas akzeptierte, war Kemal ein Demokrat.

Im 153. Vers der 3. Sure des Koran drängt Gott den Propheten Mohammed, seine Anhänger »zu Rate zu ziehen«. Kemal, Ziya und einige andere Reformer zitierten diesen Vers zum Beleg dafür, dass der Islam mit den Prinzipien der Vertretung und der Beratung vereinbar sei. Sie assoziierten den *baya* oder Treueeid, den die frühen Muslime gegenüber dem Propheten ablegten, mit der Ausübung der Volkssouveränität – eine Form von Wahl. Manche Muslime hatten das Parlament als unzulässige »Neuerung« jener Art verdammt, vor denen der Prophet gewarnt hatte, aber Kemal war da anderer Meinung. Es sei ebenso wenig eine unzulässige Neuerung wie die Dampfschiffe. »Sollte das Osmanische Reich deshalb etwa keine Dampfschiffe kaufen und lieber zulassen, dass die Griechen mit ihren Schrottkähnen Kreta erobern?«[74] Kemal fand in der Scharia nichts, was gegen eine Republik gesprochen hätte, aber angesichts der Traditionen des Osmanischen Reichs hielt er eine konstitutionelle Monarchie für die angemessenste Staatsform. Was das genaue Vorbild anging, lieferte die islamische Geschichte kein Beispiel, und so war Kemal gezwungen, sich im Ausland umzusehen. Er hatte Europa hauptsächlich durch Frankreich kennengelernt. Dennoch schien ihm die konstitutionelle Monarchie in Großbritannien die größte Stabilität und die besten Voraussetzungen für individuelle Leistung zu bieten.

Bei Kemal kann man die ersten Ansätze des modernen Panislamismus erkennen, durchmischt mit osmanischen Gefühlen. Auch hier kamen seine Vorbilder aus Europa. Der Panslawismus war die Grundlage, auf der Russland und der Balkan zusammenkamen, und alldeutsche Lieder bewegten gefühlsgeladene Teutonen. »Wir sollten wissen«, schrieb Kemal, »dass wir in unserem Land nun unsererseits zu einer politischen und militärischen Einheit finden müssen.«[75] Wie die überwältigende Reaktion auf *Vaterland und Silistria* 1873 gezeigt hatte, ließ sich diese Einheit eher auf einer Neuinterpretation der Nation als auf der Autorität des Sultans errichten. Dazu bedurfte es wiederum eines neuen Verhältnisses zwischen Krone und Volk, einer Trennung zwischen Legislative und Exekutive, wobei das Volk möglicherweise sogar das Recht haben sollten, den Sultan und Kalifen zu wählen. »Das Imamat ist das Recht des Volkes«, hatte Kemal kurz und knapp geschrieben, und nach der Uraufführung des Stücks war das Volk auf die Straße gegangen und hatte seinen Namen gerufen. Das alarmierte die Behörden. Wenige Tage später ließen sie den Dramatiker verhaften und schickten ihn in die Verbannung. Er war nicht alleine, denn drei weitere Journalistenkollegen gingen gleichfalls ins Exil (allerdings nicht Ziya, der sich wieder offizieller Gunst erfreute), das Gedik-Pascha-Theater wurde unter Zensur gestellt, und alle Stücke bedurften einer vorherigen polizeilichen Genehmigung.

In seinem 38 Monate währenden Exil wurde Kemal zum Gewissen der Nation – ein türkischer Victor Hugo. Kemal wusste durchaus um die heroischen Dimensionen seiner Opferrolle, und auf dem Dampfer, der ihn aus Istanbul wegbrachte, schmetterte er die Marseillaise, die er ins Türkische übersetzt hatte – wie Rifaa ins Arabische. Wie Hugo schrieb er einige seiner bekanntesten Werke im Exil, aber damit enden die Übereinstimmungen auch schon, denn während *Les Misérables* in einem komfortablen Haus auf Guernsey entstand, war Kemals Inselexil ein Kerker auf der bettelarmen, höllisch heißen Insel Zypern, dessen Hauptattraktionen neben Isolationshaft und Malaria (die ihn für mehrere Monate niederzwang) in Tollwut, Cholera und Skorpionen bestanden.[76]

Er spuckte Blut, ertränkte seine Sorgen in Alkohol (falls er in Paris gelernt hatte zu trinken, stand er damit unter den Muslimen nicht allein da) und träumte nächtens von seiner geliebten Tochter Ferideh. »Ich habe Deinen Brief und die Pantoffeln erhalten, die Du gemacht hast«, schrieb er ihr in einem Brief. »Ich war so glücklich, als wärst Du wirklich hier bei mir. Weißt Du noch, wie der Pfau in der Geschichte seine wunderbaren Farben bewunderte, bis er seine schwarzen Beine sah und einen Schreckensschrei ausstieß? Bei mir ist es genau umgekehrt. Ich sehe meine Hinfälligkeit und bin traurig. Aber dann schaue ich auf meine Schuhe hinunter und lache vor Freude wie ein Kind.«[77]

Trotz der psychischen Auswirkungen seiner Haft – eine Situation, die er als »Rochade« bezeichnete – gelang es Kemal, den Kontakt zur Außenwelt aufrechtzuerhalten, Freundschaft mit einheimischen Offiziellen zu schließen, die teilweise zu seinen Bewunderern zählten, und sogar Honorarzahlungen aus den heimlichen Verkäufen seiner Werke in Istanbul und Kairo zu erhalten. Unter dem Einfluss eines Religionsgelehrten, der mit ihm in Haft war, wurde er nun auch frommer. Die Begnadigung, auf die er hoffte und an die zu glauben ihm seine Freunde im Kabinett Anlass gaben, blieb allerdings aus, bis die Politik in der Hauptstadt plötzlich durch dramatische Ereignisse vorangetrieben wurde und die von den Liberalen angestrebte Verfassung unerwartet in Sichtweite geriet.

Als das Reich im Frühjahr 1876 zu zerfallen drohte, verbanden viele in Istanbul das Wort »Verfassung« mit der Aussicht, den Launen des Sultans Grenzen setzen zu können. Nach der Niederlage Frankreichs im Deutsch-Französischen Krieg von 1870 bis 1871 galten die autoritären Regime Russlands, Österreich-Ungarns und des gerade erst gegründeten Deutschen Reichs als aufsteigende Mächte, und die beiden erstgenannten mischten sich unverfroren in die inneren Angelegenheiten der türkischen Besitzungen auf dem Balkan ein (die Russen wollten die Slawen hinter sich vereinen, während Österreich zu verhindern versuchte, dass slawische Gefühle sich innerhalb der eigenen Grenzen ausbreiteten). 1875 intervenierten Zar Alexander II. und Kaiser Franz Joseph auf diplomatischen Wegen, als Steuererhöhungen in den osmanischen Provinzen Bosnien und Herzegowina zu Aufständen führten, und der türkische Staatsbankrott im selben Jahr trieb die antiosmanischen Gefühle bei europäischen Inhabern türkischer Staatsanleihen auf ungekannte Höhen. In Istanbul bemühten sich Abdülaziz und sein oberster Wesir, Mahmud Nedim Pascha (wegen seiner Russlandfreundlichkeit »Nedimoff« genannt), unbesonnene revolutionäre Aufwallungen im Volk zu besänftigen, besaßen aber nichts, womit sie das hätten tun können, denn die Staatskasse war leer. In Istanbul blieben Gehaltszahlungen aus, während die Landbevölkerung unter Hungersnöten litt, und der verschwenderische Abdülaziz (er hatte die osmanische Kriegsflotte zur drittgrößten der Welt gemacht) stand in dem Verdacht, den maßlosen Forderungen der Großmächte allzu eilfertig nachzugeben. Es war eine ähnliche Lage, wie sie sich zur selben Zeit in Ismails Ägypten entwickelte, wo sie am Ende zur englisch-französischen Invasion von 1882 führte. Die öffentliche Meinung hatte sich eindeutig gegen den Sultan gewendet.

Von Theologiestudenten, die über die den christlichen Provinzen gewährten Konzessionen klagten (und sich nun bewaffneten), bis hin zur Intelligenz, die auf die Inhaftierung von Heldengestalten wie Namik Kemal aufmerksam machte – die Unruhe enthielt wie stets sowohl liberale als auch konservative Elemente. Aber die liberalen hatten bei der Hohen Pforte nicht das Übergewicht. Der früheste Vorkämpfer eines Verfassungsstaats, Prinz Mustafa Fazil, war 1875 gestorben. Ziya war auf die Seite der Regierung übergelaufen, und niemand wusste, wann Kemal das Gefängnis auf Zypern verlassen durfte. Die Fahne des Konstitutionalismus war an einen neuen Mann übergegangen, der eher ein Mann der Tat als des Denkens und wohl der radikalste unter allen türkischen Reformern war: Ahmet Midhat Pascha.

Elegant, bebrillt (er war es gewesen, der Abdülaziz erzürnt hatte, weil er in dessen himmlischer Anwesenheit nicht seine Brille abgenommen hatte) und mit einem mächtigen Vollbart gesegnet, war Midhat Pascha gleichsam das Synonym für entschlossene Machtausübung angesichts von Streit und Abweichung. 1822 als Sohn eines Richters geboren, der auf dem Balkan gedient hatte, konnte er den Koran schon mit zehn Jahren auswendig und trat seine erste Stelle im Staatsdienst bereits als Teenager an. Durch seine Energie, seinen Patriotismus und seine Innovationsfreude westlicher Prägung gewann er rasch Ansehen, und 1864 wurde er zum Gouverneur einer der widerspenstigsten Provinzen des Reiches ernannt, eines Gebiets, das die bulgarischen Teile des Donaubeckens umfasste. Angesichts seiner Mischung aus Christen, Türken und Juden und der Geschichte russischer Interventionen (Silistria lag dort) hätte die Donauregion die Fähigkeiten jedes Verwalters auf die Probe gestellt, aber Midhat sorgte in den folgenden drei Jahren nicht nur für Frieden zwischen verschiedenen Volksgruppen, sondern verbesserte auch die Infrastruktur der Provinz. Straßen wurden gepflastert, Hunderte von Brücken gebaut, und die Straßenbeleuchtung hielt Einzug in die Städte. Ein Netz von Kreditgenossenschaften befreite die Bauern, christliche wie muslimische, aus den Fängen der Geldverleiher.[78]

Der eigensinnige und nicht auf Fremdmotivation angewiesene Midhat atmete freier, wenn er fern von den kleinlichen Machenschaften der Hauptstadt war, und sein nächstes Amt, das des Gouverneurs in der fernen Provinz Bagdad ab 1869, krönte seinen Erfolg. Zu den Innovationen, die er in diesem besonders rückständigen Teil des Reiches einführte, gehörten eine Straßenbahnlinie (die von der ersten Aktiengesellschaft Bagdads betrieben wurde), ein Wasserversorgungssystem, eine arabische Zeitung, Quarantäne, eine Sparkasse sowie Woll- und Baumwollspinnereien. Dank der von ihm eröffneten (multikonfessionellen) Schulen begann die Alphabetisierungsrate, die 1850 noch bei einem halben Prozent gelegen hatte, langsam anzusteigen, während neue Hafenanlagen am Persischen Golf und regelmäßige Dampfschiffverbindungen auf dem Euphrat die Möglichkeiten eines Seehandels sichtbar machten. Es gab einigen Widerstand, nicht zuletzt von den

Nomadenstämmen, die er zwangsweise sesshaft machte, aber durch die Registrierung von Besitztiteln und die Zuweisung sicheren Pachtlandes bot Midhat Anreize für landwirtschaftliche Investitionen, mit spürbaren Auswirkungen auf Wohlstand und Sicherheit.

Midhat war insofern ein beispielhafter Osmane, als er in der Solidarität zwischen den verschiedenen Volksgruppen eine wesentliche Voraussetzung für das Überleben des Reiches erblickte – er besaß ein weites, dem österreichisch-ungarischen ähnelndes Identitätsverständnis, das unterschiedliche Volksgruppen unter derselben Herrschaft umfasste statt enger ethnischer oder sprachlicher Gemeinschaften, wie es in Deutschland oder Griechenland vorherrschte. In seinem Amt förderte er fähige Männer unabhängig von deren Herkunft, unter seiner Patronage fanden talentierte Armenier, Juden, Araber, Kroaten und Albaner ihr Fortkommen. Religiöse Dogmen vermochten ihn nur selten aufzuhalten, und er sagte voraus: »In vierzig oder fünfzig Jahren werden die Menschen keine Kirchen oder Moscheen mehr bauen, sondern nur Schulen und humanitäre Einrichtungen.« Als er 1872 aus Bagdad in die Hauptstadt zurückkehrte, empfand er das Leben dort – auch während eines kurzen, unglücklichen Zwischenspiels im Amt des Obersten Wesirs – als irritierend, während allenthalben Unzufriedenheit und Gewalt schwelten. Er verglich das Land mit einem Schiff ohne Kapitän oder Steuerruder. Aber Midhat wusste eine Lösung.

Im Frühjahr 1876 zog der Oberste Wesir Mahmud Nedim Pascha in Erwägung, die Wirtschaft des Landes weitgehend europäischen Interessen zu überlassen, um die Finanzen des hochverschuldeten Staates zu konsolidieren. Seine Regierung schien nicht die Macht zu haben, sich einer von den Russen geforderten internationalen Konferenz zu widersetzen, die dem Land innere Reformen unter europäischer Aufsicht aufzwingen und die partielle Besetzung der Balkanprovinzen auch formal absegnen sollte. Aber die Öffentlichkeit war anderer Meinung, und Anfang Mai organisierten Theologiestudenten in Istanbul Demonstrationen, die den Sultan zwangen, seinen Großwesir zu entlassen. In der Hauptstadt herrschte eine fiebrige Atmosphäre. Es entwickelte sich ein lebhafter Waffenhandel, und Theologiestudenten brachten Schriften in Umlauf, die bewiesen, dass der Absolutismus gegen die Scharia verstieß. Die Studenten riefen nach Midhat, aber ihr Heros war bereits einen Schritt weiter und gehörte inzwischen zu einer lockeren Gruppe von Verschwörern, darunter weitere Reformpolitiker und hohe Offiziere, die heimlich auf den Sturz des Sultans hinarbeiteten.

Am frühen Morgen des 30. Mai 1876 fuhren Kriegsschiffe unter dem Kommando dieser Verschwörer vor der im osmanischen Rokoko gehaltenen Fassade des Dolmabahce-Palasts auf. Soldaten besetzten die rückwärtigen Eingänge. Abdülaziz saß in der Falle. Bei Tagesanbruch verkündeten Kanonenschüsse einer begeisterten Bevölkerung den Wechsel im Sultanat. Abdülaziz' Neffe, der Mann, dessen Namen die Theaterbesucher nach der Uraufführung von *Vaterland und Silistria* gerufen hatten, bestieg als Murad V. den Thron, und Tausende versammelten sich in den Straßen, um ihn auf seinem Umzug durch die Altstadt zu sehen, wobei sich die »Hochrufe von Westeuropäern« mit den »*zitos* der Griechen und dem Beifall der einheimischen Muslime« mischten.[79] Es war Frühling in Istanbul. Der neue Sultan schrieb seine Thronbesteigung großzügig dem »Willen meiner Untertanen« zu, und die Verbannten, darunter Namik Kemal, wurden zurück in die Heimat geholt, damit sie an der Herrlichkeit teilhatten. Midhat Pascha, Kemal und andere Anhänger des neuen Sultans stürzten sich sogleich in Diskussionen über eine Verfassung, die erste in der gesamten muslimischen Welt.

Die Hoffnungen, die Murads Thronbesteigung geweckt hatte, wurden jedoch nahezu unverzüglich durch seine psychischen Schwächen zunichtegemacht. Murad war bekannt gewesen für seine lebendige Intelligenz, seine große Belesenheit und seine heimlichen Kontakte mit Liberalen wie Kemal, aber genau damit hatte er Abdülaziz gegen sich aufgebracht, und der hatte den jungen Prinzen zu einem elenden Leben in Isolation verdammt, das nur die Flasche erleichterte. Schon wenige Tage nach seiner Inthronisierung verschlimmerten zwei Ereignisse seine Lage noch weiter: der Selbstmord des alten Sultans Abdülaziz, der sich in Gefangenschaft die Pulsadern öffnete, und das Massaker an mehreren Kabinettsmitgliedern durch einen geistesgestörten Hauptmann der Infanterie. Der neue Sultan wurde nun zu einer peinlichen Belastung, zu jemandem, der Fensterscheiben zerschlug und auf Balustraden kletterte, statt seinen öffentlichen Verpflichtungen nachzukommen. Man zog Ärzte zu Rate, die den Sultan für unheilbar erklärten, während das Schicksal eines großen Reiches auf der Kippe stand. Schließlich versöhnten sich Midhat Pascha und andere Konstitutionalisten widerwillig mit dem Gedanken, dass ein weiterer Thronwechsel erforderlich war.

Am 27. August besuchte Midhat Murads jüngeren Bruder Abdülhamid und zeigte ihm einen Verfassungsentwurf, den dieser billigte. Namik Kemal bat Midhat, mit Murads Absetzung noch zu warten, aber der Pascha ließ sich nicht umstimmen. Am 31. August waren wieder Kanonenschüsse zu hören, und Abdülhamid II. bestieg den Thron.

Abdülhamid hatte Midhat zugesichert, dass er die Verfassung unverzüglich verkünden und sich nur noch auf Anraten seiner Minister in die Politik einmischen werde. Die Bedeutung dieses Versprechens und seiner logischen Folgen lässt sich kaum überschätzen. Eine osmanische Verfassung, in der das Prinzip der Repräsentation verankert war, konnte nicht nur die europäischen Wölfe von der Tür fernhalten, sondern auch einen großen Sprung nach vorn für eine ganze Zivilisation bedeuten, da sie das Selbstvertrauen stärkte und bei gebildeten Muslimen in aller Welt gleichsam stellvertretend das Gefühl verbreitete, eine große Leistung vollbracht zu haben. Wer konnte da noch behaupten, Islam und Konstitutionalismus wären nicht miteinander vereinbar?

Innerhalb von kaum mehr als einem Jahrhundert hatte der wichtigste Staat der muslimischen Welt viele Elemente der Moderne in sich aufgenommen. Trotz der unbestreitbaren Popularität des neuen Denkens und Handelns kann es indessen kaum überraschen, dass der erste Versuch zur Verabschiedung einer liberalen Verfassung in der muslimischen Welt jämmerlich scheiterte. Die Grundsätze der Beteiligung des Volkes und der Rechenschaftspflicht waren im Westen entstanden, und die politische Entwicklung im Westen hatte qualvoll lange gedauert. Großbritannien etwa hatte 250 Jahre gebraucht, um von der Belehrung des Parlaments durch Jakob I. hinsichtlich der gottgegebenen Rechte des Königs bis zu jener Verfassungsordnung zu gelangen, deren Vorzüge Kemal beobachtete, und all dies über mancherlei Unordnung und Ausbrüche königlicher oder aristokratischer Despotie. Die Verfassung der Vereinigten Staaten von 1787 war die Kulmination einiger der besten politischen Ideen Europas, die bis zu Seneca und Cicero zurückreichten.

Die westlichen Erfahrungen mit modernen Verfassungen ließen den starken Verdacht zu, dass der erste Verfassungstext der Türkei nicht ihr letzter sein würde und das Land am Beginn einer langen Entwicklung stand. Frankreich hatte nicht weniger als zwölf verschiedene Verfassungen hinter sich gebracht, bevor es schließlich mit der Verfassung von 1875 zu einer gewissen Stabilität fand, und die verschiedenen Texte hatten zwischen monarchischem Absolutismus und – später dann – repräsentativer Demokratie oszilliert, die ihren Ausdruck im allgemeinen Wahlrecht für Männer fand. Die belgische Verfassung von 1831 wurde als »die Charta der modernen Freiheiten *par excellence*« gepriesen – da sie das Volk als Souverän anerkannte und dem König jegliche gottgegebenen Rechte oder Vorrechte nahm.[80] Aber einen derart schrankenlosen Liberalismus übernahm man in der Türkei nicht. Die bei den Belgiern entliehenen Elemente waren nicht die demokratischen. Eher schon bietet sich hier der Vergleich mit der preußischen Verfassung von 1850 an, die dem Monarchen beträchtliche Macht einräumte und ein aus teils ernannten, teils gewählten Mitgliedern bestehendes Oberhaus (»erste Kammer«) vorsah. Immerhin waren die Türken den Russen voraus, die zwar in anderen Bereichen des Fortschritts weiter waren als die Türken, aber erst dreißig Jahre nach ihnen eine Verfassung und ein Parlament erhielten.

Trotz der Langsamkeit der demokratischen Entwicklung im Westen lag der Gedanke, das Osmanische Reich müsse diese Entwicklung innerhalb weniger Jahre nachholen oder gar noch weitertreiben, der ausländischen Kritik an der Pforte und ihrer zögerlichen Verfolgung dieser Ziele zugrunde. Sir Stratford Canning hatte nicht seine Enttäuschung verholen über die in seinen Augen allzu zögerlich betriebenen Tanzimat-Reformen der 1850er und 1860er Jahre – aber dass dieser Wandel nur langsam vorankam, war durchaus kein Wunder.

Als es 1876 in Bulgarien zu Massakern zwischen verschiedenen Volksgruppen kam und die Türken Grausamkeiten begingen, verwarf der britische Premierminister William Ewart Gladstone rundheraus den Gedanken einer türkischen Selbstverbesserung und sagte, »seit dem ersten schwarzen Tag ihres Erscheinens in Europa« seien die Türken »das große menschenfeindliche Element der Menschheit«.[81] Besonders verheerend und ein Beweis für die Unaufrichtigkeit des Westens im Blick auf Reformen war indessen die Tatsache, dass die Großmächte das Reich lieber zerstückelten, als eine osmanische Verfassung zu unterstützen, die helfen konnte, es am Leben zu halten oder sogar gesunden zu lassen.

Die Aufgabe, den osmanischen Staat nach liberalen Grundsätzen umzugestalten, wäre selbst unter Sultan Murad schwer genug gewesen, einem Mann, der als einziger unter den gekrönten Häuptern des Islam vielleicht bereit gewesen wäre, gnädig einen Teil seiner Macht aufzugeben. Abdülhamids Interesse am Konstitutionalismus war dagegen von Anfang an durch Feindseligkeit geprägt, und er verbarg seine wahren Gefühle hinter vagen Appellen an diverse Strömungen innerhalb der öffentlichen Meinung. Keine verfassunggebende Versammlung wurde einberufen, und Verhandlungen fanden hinter verschlossenen Türen und unter den wachsamen Blicken des Monarchen statt. Als der Sultan in einem kritischen Zeitpunkt der Verhandlungen Midhat Pascha erneut zum Großwesir ernannte, wurde das als Sieg der Liberalen missverstanden. Währenddessen nahm im Palast das entscheidende Dokument Gestalt an.

Die Ausformulierung der türkischen Verfassung, an sich schon schwierig genug, wurde noch weiter kompliziert durch die verhängnisvolle Einmütigkeit, mit der die europäischen Mächte von der Notwendigkeit dezentralisierender Reformen auf dem Balkan überzeugt waren – Reformen, die eine Verfassung vielleicht hätte verhindern können. Abdülhamid war tatsächlich zu einer Verfassung entschlossen, allerdings zu seiner eigenen und nicht der von den Liberalen gewünschten. Erst als seine Gegner ausmanövriert waren und die Traditionalisten einen Entwurf zu Fall gebracht hatten, der es wagte, die Rechte des Sultans zu bestätigen (die notwendig unbegrenzt sein mussten und daher unmöglich bestätigt werden konnten), legte er seine Karten auf den Tisch.

Das Grundgesetz, das am 23. Dezember 1876 bei strömendem Regen verkündet wurde, sprach nicht von den Rechten des Volkes, sondern von der Unfehlbarkeit des Souveräns. Darin fand sich nicht das Prinzip der Rechenschaftspflicht, sondern das der Knechtschaft.

Die positiven Aspekte – eine Liste der Grundrechte, eine gewählte zweite Kammer, eine unabhängige Justiz und eine Dezentralisierung der Staatsgewalt – wurden überwältigt vom allgegenwärtigen Bild des Sultans und Kalifen. Die Verfassung erklärte ihn für heilig und weigerte sich, seiner Macht Grenzen zu setzen. Gesetze konnten nur mit seiner Billigung erlassen werden, und nur die – von ihm ernannte – Regierung durfte Gesetzentwürfe einbringen. Und die wohl giftigste Klausel, Artikel 113, gab dem Sultan faktisch das Recht, jeden zu verbannen, der ihm missfiel.

Die erste türkische Verfassung blieb weit hinter den Erwartungen zurück, und das wegen des Misstrauens Sultan Abdülhamids (er glaubte, Liberalismus und Verfassungen müssten das Reich spalten), wegen der Unfähigkeit seiner Minister und wegen der Feindseligkeit der europäischen Mächte, die wussten, dass eine erfolgreiche Reform sie hindern würde, sich weiter in die inneren Angelegenheiten der Türkei einzumischen.

Wie seine Bewunderer heute noch hervorheben, verstieß Abdülhamid in seiner restlichen Regierungszeit (die 1909 enden sollte) nicht gegen die Verfassung, aber es bereitete ihm auch keine Mühe, sich im Rahmen einer derart weitgefassten Freiheit zu halten. Natürlich verlor er keine Zeit, sondern erkundete sogleich die Möglichkeiten des Artikels 113, und seine erste Zielscheibe war der Mann, mit dem das mangelhafte Grundgesetz am ehesten assoziiert wurde: Midhat Pascha. Der als Provinzgouverneur brillante, als nationaler Staatsmann aber kaum überzeugende Midhat wurde von seinem machiavellistischen Fürsten, der seine Beamten erfolgreich gegeneinander ausspielte und auf diese Weise radikale Vorschläge abservierte, zunächst entwaffnet und schließlich demontiert. Während die Paschas Entwürfe untereinander austauschten, entschieden die Großmächte über die Zukunft

Bosnien-Herzegowinas und Bulgariens, und in seinem verzweifelten Bemühen, eine Verfassung – irgendeine Verfassung – als Instrument zur Abwehr europäischer Forderungen zustande zu bringen, gab Midhat liberale Prinzipien preis.

Durch die Aufgabe seiner eigenen Prinzipien verlor Midhat die Unterstützung von Liberalen wie Kemal, dessen Abscheu besonders Artikel 113 galt, und es war ein isolierter und nicht mehr geschätzter Großwesir, der am Abend des 5. Februar 1877 in den Dolmabahce-Palast gelockt wurde. Bei seiner Ankunft befahl man ihm, seine Amtssiegel herauszugeben, und man brachte ihn auf die kaiserliche Yacht, damit er seinen Weg in die Verbannung antrat.

Für die am engsten mit der ersten modernen politischen Bewegung des Nahen und Mittleren Osten verbundenen Männer war die Verfassung von 1876 eine Katastrophe, von der nur wenige sich erholten. Midhat Pascha durfte schließlich wieder nach Hause zurückkehren und wurde sogar noch einmal mit einem Gouverneursposten betraut, bevor man ihn erneut (und wieder auf der kaiserlichen Yacht) nach Istanbul zurückbrachte, um ihm mit erfundenen Anschuldigungen den Prozess wegen der Ermordung des Onkels von Abdülhamid, des Sultans Abdülaziz, zu machen. Abdülhamid selbst steuerte den Prozess hinter den Kulissen, während Midhat Pascha das Gericht mit seinem beißenden Humor zum Schmunzeln brachte – so fragte er, wie der Leibarzt auf der asiatischen Seite des Bosporus sehen konnte, was auf der europäischen Seite geschah, aber einen Schnitt in Abdülaziz' Herzgegend nicht zu erkennen vermochte. Trotz der Heiterkeit stand ein Schuldspruch außer Frage.[82] Ausländischer Druck bewahrte den Pascha vor der Hinrichtung, aber er wurde nach Taif im westarabischen Hedschas verbannt, wo er im April 1883 erdrosselt wurde, wahrscheinlich auf Abdülhamids Befehl.

Kaum besser meinte es das Schicksal mit dem Visionär, der die Freiheit für die Osmanen erfunden und propagiert und der Sinasis neues Vehikel, eine unabhängige Presse, in ein mächtiges Instrument zur Förderung von Reform und Selbstverbesserung verwandelt hatte. Der von der Verfassung angewiderte Namik Kemal wurde zunächst wie ein gemeiner Verbrecher inhaftiert und dann in die Ägäis verbannt, wo er den Rest seines Lebens auf einer Reihe niederer Posten in der staatlichen Verwaltung verbrachte. Er starb am 22. Dezember 1888, einen Tag nachdem er vom Sultan die Anweisung erhalten hatte, die Arbeit an einer Geschichte der Osmanen einzustellen, die er gerade schrieb.

Unterdessen hatte Abdülhamids Regime sich zu einer königlichen Diktatur entwickelt, mit dem Sultan an der Spitze und einer riesigen Bürokratie, die sich wie ein Krake unter ihm ausbreitete. Fortschritt wurde nun definiert als Import moderner Technik und moderner Ideen. Eine der wenigen Ausnahmen von dieser Regel war der Telegraph, der zu einem unverzichtbaren Werkzeug im Unterdrückungsapparat des Sultans wurde. Das in der Verfassung versprochene Parlament wurde tatsächlich geschaffen. Es bestand aus einer Kammer mit 115 gewählten Abgeordneten einschließlich einer großzügigen Beteiligung der Minderheiten, aber als seine Mitglieder es wagten, drei Minister herbeizuzitieren, um sie zu gegen sie vorgebrachten Vorwürfen zu befragen, verlor der Sultan die Geduld und ließ das Parlament auflösen.

Im April 1877, kaum einen Monat nach der Konstituierung des osmanischen Parlaments, kam es zum Krieg mit Russland. Der Konflikt endete mit einer Niederlage für die Türkei und der demütigenden Unterzeichnung eines Friedensvertrags in Berlin, der bestimmte, dass Bulgarien geteilt werden und die bislang zum Osmanischen Reich gehörenden Provinzen Serbien, Montenegro und Rumänien die Unabhängigkeit erhalten sollten. Der Sultan reagierte auf diese Rückschläge mit Zerknirschung. »Ich habe einen Fehler gemacht«, klagte er, »als ich meinen Vater Abdülmecid nachahmen wollte, der das Land durch Nachgiebigkeit und liberale Institutionen zu reformieren versuchte.« Und er gelobte, hinfort seinem Großvater Mahmud II. nachzueifern, denn »wie er habe ich jetzt verstanden, dass man das Volk, mit dessen Schutz Gott mich betraut hat, nur mit Gewalt bewegen kann«.[83]

Abdülhamid erkannte nicht, dass gerade die erzwungene Modernisierung seines Großvaters über die schrittweise Entwicklung einer gebildeten, patriotisch-osmanischen Elite die Lage herbeigeführt hatte, in der ein Namik Kemal oder ein Midhat Pascha ein modernes

Weltbild formulieren konnten – das trotz des Fehlens einer Verfassung in den nun folgenden Jahren der Despotie nicht sterben sollte, sondern weiterhin schwelte, bis es erneut zur Explosion kam.

»Unser Land ist nicht mehr«, schrieb Kemal nicht lange vor seinem Tod in einem Gedicht, »und dennoch ist es, solange du und ich da sind. Unter diesen Umständen können wir keinen größeren Feind haben als uns selbst. Wir sind in den Händen des Feindes; um Gottes Willen, meine Landsleute, es ist genug!«[84]

DRITTES KAPITEL *Teheran*

Der Iran trat später und langsamer in die Moderne ein als seine wichtigsten Konkurrenten und Nachbarn, von denen keiner im selben Maße unter der gewaltigen geographischen Isolation und kulturellen Rückständigkeit des persischen Hochlandes gelitten hatte. Die Türkei war bereits seit Jahrhunderten Teil des europäischen Machtgleichgewichts, während für Ägypten die religiösen Minderheiten und die Lage am Mittelmeer selbst im dunklen 18. Jahrhundert sicherstellten, dass das Land in Handelsbeziehungen zu Europa und der Neuen Welt blieb. An der östlichen Flanke Persiens wurden die Muslime Indiens in neue Formen britischer Herrschaft hineingezogen, während die indonesische Inselgruppe, auf der zahlreiche Muslime lebten, schrittweise von den Holländern kolonisiert wurde. Der Iran blieb dagegen weitgehend unberührt von der westlichen Welt.

Dass die Modernisierung für den Iran mit einer weitaus schlechteren Ausgangslage begann als für Gabartis Ägypten und die mit Speeren bewaffneten Mamluken, mag überraschen, wenn man bedenkt, dass kaum zweihundert Jahre zuvor das persische Hochland sich eines Maßes an Sicherheit, Handel und Wohlstand erfreut hatte, das ihm internationale Hochachtung einbrachte. Die Safawidendynastie, die ihre Blütezeit im 16. und frühen 17. Jahrhundert erlebte, hatte Persien nach Jahrhunderten der Zersplitterung geeint, sein Schah galt als Inbegriff glanzvoller Prachtentfaltung, und sein Volk profilierte sich im Handel mit den geographischen Nachbarn, den Osmanen, die solchen Erfolg mit Neid beobachteten. Unternehmungsfreudige Europäer traten als Gesandte in die Dienste des Schahs. An den wichtigsten

Handelswegen entstanden Karawansereien, befestigte Herbergen, und Seide – das iranische Luxusprodukt *par excellence* – wurde aus den Maulbeerhainen der nördlichen Provinzen ins Zentrum des Landes nach Isfahan und von dort zum Export nach Europa weiter an den Persischen Golf transportiert.

Aber 1722 zerstörten afghanische Invasoren das persische Idyll und vernichteten die alte Ordnung, ohne eine neue zu errichten.

Für das Land begann eine Zeit der Auflösung, der Gewalt und des Schreckens, Russland und die Türkei eigneten sich mehrere transkaukasische Provinzen an, und ein Kriegsherr nach dem anderen versuchte, dem Hochland mit Gewalt seinen Willen aufzuzwingen, bevor er geschlagen und durch den nächsten ersetzt wurde. Der erfolgreichste unter diesen brutalen Warlords, der Stammesfreibeuter Nadir Schah, fiel mit seinen Raubzügen und Plünderungen über die Menschen her und entvölkerte weite Landstriche. Das Land sank so tief, dass in den 1740er Jahren ein englischer Kaufmann klagte: »Die vielfältigen Wirren, zu denen es in diesen Teilen jüngst gekommen ist, haben zu einem völligen Stillstand des Handels geführt«, und »allem Anschein nach versinkt ganz Persien in Unordnung«.[1]

Woraus dieses zerfallende und schwache Persien bestand, lässt sich schwer sagen. Im 18. Jahrhundert lebte vielleicht die Hälfte der insgesamt fünf bis zehn Millionen Einwohner in mehr oder weniger autonomen Gemeinschaften in Tälern und Bergregionen, die ihnen Schutz boten. Sie führten ein Nomadenleben, folgten den Gesetzen und Bräuchen des Stammes und hegten Glaubensüberzeugungen (manche chiliastischer Prägung, andere mit Elementen wie Reinkarnation, Vegetarismus und Sonnenkult), die vielfach nur eine schwache Verbindung zum Islam aufwiesen. Das Leben dort entsprach nur in äußerst geringem Maße den Normen eines sesshaften oder gar städtischen Daseins, und jede zentrale Autorität wurde gefürchtet und gehasst.

Auch in den wichtigsten Städten Isfahan, Täbris und Maschhad und in kleineren Provinzzentren wie Ardebil und Kerman wurden Leben und Wohlstand durch Hungersnöte, Plünderungen und die Willkür der gerade an der Macht befindlichen Stammesoberhäupter bedroht. Niemand stellte das Vorrecht des Tyrannen in Frage, sich Land anzueignen oder Menschen ganz nach Belieben zu töten, während der religiöse Justizapparat die übelsten Missetäter (Mörder, Wegelagerer und Apostaten) fröhlich zum Tod durch die schrecklichsten Hinrichtungsarten verurteilte – sie wurden gekreuzigt, von Kanonen zerfetzt, lebendig begraben, gepfählt, mit Eisen beschlagen wie Pferde, gevierteilt, verbrannt oder lebendig gehäutet. Aus Eifersucht auf die Popularität mystischer Heiliger, die sich vom üblichen Klerus abhoben, weil sie esoterische Wege zu Gott predigten, unternahm die Ulema Kampagnen gegen sie und verfügte zum Beispiel, dass den Derwischen Nase und Ohren abgeschnitten werden sollten.[2]

Während Ägypten und die Türkei sich durch Reformen zu modernisieren versuchten, litt der Iran unter schrankenloser Despotie und erlebte messianische Bewegungen von vulkanischer Heftigkeit und Gewalt, und die grundlegenden Indizes menschlicher Entwicklung – Gesundheit, Alphabetisierung und Verbesserung der Frauenrechte – verharrten auf vormodernen Niveaus.

Zwei Hauptfaktoren lassen sich hier erkennen. Erstens war der Iran, wiederum im Vergleich zu Ägypten, der Türkei und den übrigen Mittelmeeranrainern, gleich doppelt isoliert von jenen Ländern, die neue Theorien und Technologien vorantrieben. Aus politischer Perspektive war das ein Segen, denn es schützte das Land vor Invasionen, aber der Mangel an Kontakten bedeutete auch einen Mangel an neuen Ideen, der das Wachstum einer an Reformen interessierten bürokratischen Elite verzögerte.

Die Religion war das zweite Hemmnis für den Fortschritt. Der Iran war die größte Macht, die sich zum Schiitentum bekannte, der größten Minderheitskonfession innerhalb des Islam. Die Schiiten hatten sich niemals in ähnlichem Maße von der Spekulation abgewandt wie die Sunniten, und sie hatten auch nicht, wie die al-Azhar, die Türen verschlossen vor *ijtihad* – dem selbständigen Denken bei der Interpretation der Scharia. Ein Aspekt dieses religiösen Systems erwies sich allerdings als Hindernis für die Modernisierung, und zwar die halsstarrige Unabhängigkeit der obersten Mudschtahids oder Rechtsgelehrten von der weltlichen Autorität.

Die höchsten Geistlichen der Schiiten sammelten sich an deren

Wallfahrtsstätten – Nadschaf und Kerbela im Irak, Isfahan und Maschhad im Iran –, von wo aus sie ein höfliches, aber misstrauisches Verhältnis zum Schah und den höchsten Fürsten pflegten. Die religiösen Stiftungen der Schia bildeten fast schon einen Parallelstaat, der dem absoluten Autoritätsanspruch des Schahs von Natur aus mit Skepsis begegnete – für die Schiiten war dieser Anspruch den Imamen vorbehalten, besonders gesalbten Nachkommen des Propheten, und in deren Abwesenheit den höchstgebildeten Geistlichen. Dieses geistliche Establishment war zu diffus und zu autonom, als dass der Monarch es seinem auf Modernisierung drängenden politischen Willen hätte unterwerfen können, wie Muhammad Ali dies mit der al-Azhar getan hatte.

Das Analphabetentum war wahrscheinlich ebenso weit verbreitet wie in Ägypten, und Bildung blieb das Monopol des ortsansässigen Mullahs. Ende des 18. Jahrhunderts wussten die Iraner so gut wie nichts von den Veränderungen, die in Europa seit der Renaissance und dem Zeitalter der Entdeckungen eingetreten waren. Ihre Neugier auf andere Länder war – wie ein moderner iranischer Historiker es ausdrückte – »minimal«.[3]

Aber trotz der Isolation und der Unwissenheit vieler Einwohner besaß der Iran Ende des 18. Jahrhunderts eine magische Qualität, die den osmanischen Ländern fehlte und die es ihm schließlich ermöglichte, neue Wege zu gehen, ohne sein Überleben zu gefährden. Es war etwas, das sich ansonsten in der islamischen Welt nur selten finden ließ: eine nationale Identität.

Schon der Gedanke mag befremdlich erscheinen, waren europäische Definitionen der Nation doch noch gar nicht in den Orient exportiert worden, aber die Bewohner des iranischen Hochlands waren im Verlaufe ihrer gemeinsamen Geschichte in wichtigen Aspekten zu einer gewissen Einheit verschmolzen und unterschieden sich von ihren türkischen und arabischen Nachbarn.

Die Grundlage dieses Nationalbewusstseins bildete die persische Sprache. Anders als das Altägyptische, das nach der muslimischen Eroberung 640 mit der Zeit verschwand und nur noch als liturgische Sprache bei den koptischen Christen überdauerte, überlebte das Persische den etwa zeitgleich erfolgten Vorstoß der Araber nach Osten und die Einverleibung des Iran durch das Kalifat. Wie das Englische nach der normannischen Eroberung durch französische Wörter und Wendungen bereichert wurde, so ging das Persische aus seinem Zusammenstoß mit dem Arabischen an Geschmeidigkeit und Umfang gestärkt hervor, als ein geeignetes Werkzeug für die von iranischen Dichtern auch weiterhin geschaffenen künstlerischen Werke. Ganz ähnlich ließen islamische Glaubensüberzeugungen und islamische Bauformen eine neue Ästhetik entstehen, die ihren Ausdruck in schönen Städten fand wie dem safawidischen (weitgehend im frühen 16. Jahrhundert von Schah Abbas I. erbauten) Isfahan und die sich bis weit nach Zentralasien und Indien ausbreitete – in stilistischer Hinsicht ist der Tadsch Mahal das berühmteste iranische Bauwerk der Welt.

Ein weiterer Bestandteil der iranischen Identität war die Religion. Der Schiismus, der im Mittelalter großen Zuspruch gefunden und möglicherweise auch die Vorherrschaft erlangt hatte, wurde in den ersten Jahren des 16. Jahrhunderts von Schah Ismail I., dem Gründer der Safawidendynastie, zur offiziellen Konfession des Landes erhoben. Dadurch wurde der Iran zum einzigen schiitischen Staat der Welt, auf ewig anders als das sunnitische türkische Reich im Westen und Quelle des Trosts für schiitische Minderheiten in Mesopotamien, dem Libanon, Indien und den Fürstentümern am Persischen Golf.

Über der eigenständigen sprachlichen und religiösen Identität des Iran erhob sich schließlich noch ein spezifisch iranisches Verständnis von Kultur und Vergangenheit. Trotz der Wechselfälle ihrer Geschichte einschließlich der im 13. Jahrhundert von den Mongolen angerichteten vollständigen Zerstörung bewahrten die Iraner sich einen Sinn für ihre Besonderheit und ihre Überlegenheit. Die Literatur spielte dabei eine wichtige Rolle, vor allem das Nationalepos über Geschichte, Mythos und fürstliche Tugenden, das *Schahname* oder Königsbuch, das die iranische Größe tief in der vorislamischen Vergangenheit verankert. Die Topographie begünstigte diese iranische Ausnahmestellung, wurde das Hochland doch im Norden und Süden von Meeren, im Osten und Westen von Gebirgen, Sümpfen oder Wüsten gut geschützt.

Diese drei Faktoren – sprachlicher, religiöser und kultureller Art – sollten dafür sorgen, dass der Übergang von einem mittelalterlichen Reich zu einem modernen Nationalstaat dem Iran leichter fiel als der osmanischen Türkei oder Ägypten. Man könnte sagen, der Iran des 18. Jahrhunderts war ein Nationalstaat in Wartestellung.

Nicht dass die wenigen westlichen Diplomaten, Soldaten, Kaufleute und Geistlichen, die sich die Mühe machten, das Land um die Zeit der Napoleonischen Kriege zu besuchen, viel von einer Bewegung in diese Richtung bemerkt hätten. Im Gegenteil, sie konnten beobachten, dass dort Festungsanlagen aus Lehmziegeln errichtet wurden, von zwangsverpflichteten Bauern, deren Lebensbedingungen – wie einer dieser Besucher, der Diplomat und Autor James Morier anmerkte – »denen der Israeliten ähnelten, die einst zu Bauarbeiten für den Pharao und mit derselben Art von Baumaterialien herangezogen wurden«. Sie stießen dort auf Kuriere oder *chappars*, die eng mit Leinen bandagiert waren wie zu Herodots Zeiten, und lokale Gouverneure, die ihren Amtsgeschäften auf Teppichen nachgingen, welche man auf der Straße ausgebreitet hatte.[4]

In Wirklichkeit aber war der Boden für einen Wandel seit den 1790er Jahren bereitet, als eine neue Gruppe die Vorherrschaft erlangte. Die Kadscharen waren ein Stamm türkischen Ursprungs, der den Safawiden gedient hatte, aber 1779 nutzte ihr furchterregendes Oberhaupt, Agha Muhammad Khan, die durch den Tod eines Rivalen gebotene Gelegenheit und begann, das Hochland durch unermüdliche Feldzüge und Konsolidierungen zu einen – ein Unternehmen, das 1796 von Erfolg gekrönt wurde, als er zum Schah ausgerufen wurde, mit seiner Hauptstadt in Teheran. Zwei Jahre später war Agha Muhammad Khan tot – ermordet von seinen Dienern. In seiner Jugend war er als Gefangener eines rivalisierenden Dynasten kastriert worden (was zweifellos zu seiner rachsüchtigen Natur beitrug), und da er keine Kinder hatte, ging der Thron an einen Neffen, den vollbärtigen, mit Juwelen behangenen, überaus fruchtbaren Fath Ali Schah. Fath Ali zeugte mehr als 260 Kinder, was ihn zu einem der fortpflanzungsfreudigsten Männer der Geschichte machte und die Entmannung seines Onkels mehr als ausglich. Wichtiger für die Geschichte der Modernisierung des Iran war indessen, dass der Westen sich für Fath Ali Schah zu interessieren begann – und dieser sich für den Westen.

Den ursprünglichen Antrieb bildeten Abwehr auf der einen, geopolitische Strategien auf der anderen Seite. Die Französische Revolution war am Iran vorbeigegangen. Nur wenige Iraner hatten von Amerika gehört. Und Russland? Das war etwas anderes. Ein Jahrhundert der Reform und Modernisierung unter Zar Peter und der aus Deutschland stammenden, abenteuerlustigen Zarin Katharina der Großen hatte Russland in die vorderste Reihe der imperialen Mächte und – durch wiederholte Übergriffe auf kaukasische Provinzen des Iran – ganz unmittelbar an die persischen Grenzen geführt. Dieser verjüngte Titan, der 1799 die Alpen überquerte und die Franzosen in Italien besiegte (was Napoleon zum Abbruch seines Ägyptenfeldzugs veranlasste), stellte den Iran vor die unabweisbare Notwendigkeit eines Wandels.

1804 gerieten der Iran und Russland in Konflikt über Teile des heutigen Georgien, Armenien und Aserbaidschan, ein Krieg, der sich bis 1813 hinzog und mit einer iranischen Niederlage endete. Im Mai 1807 schlossen der Iran und Frankreich – das in Europa selbst Krieg gegen Russland führte – ein Bündnis gegen das Zarenreich. Aber schon wenig später machte der im Juli desselben Jahres zwischen Napoleon und Zar Alexander I. geschlossene Frieden von Tilsit dieses Bündnis zunichte, und die Engländer sprangen mit eigenen Vorschlägen in die Bresche. Sie wollten verhindern, dass Napoleon an der Westgrenze Indiens an Einfluss gewann, und ein gutes Mittel dazu war die Aufsicht über militärische Reformen in der Region. Ein Jahrzehnt nach der Einigung des Landes sahen die Kadscharen sich – wie die Türkei und Ägypten – in das europäische System der Verträge und Kriege hineingezogen.

Wie in der Türkei und in Ägypten hing der ursprüngliche Antrieb dazu vom Entschluss eines einzigen Mannes ab. Fath Ali Schah hatte die Bürde der Außen- und Militärpolitik seinem Sohn und designierten Erben Abbas Mirza übertragen, der in dem im Nordwesten in unangenehmer Nähe zur russischen Grenze gelegenen Täbris Hof hielt. Wegen seiner präzisen Einschätzung der russischen Bedrohung hatte er eine bessere Vorstellung von der Notwendigkeit einer Reform als sein Vater, und alles deutete darauf hin, dass er der Muhammad Ali oder Mahmud II. seines Landes sein würde – er war der festen Überzeugung, dass der Iran seinen Fortschritt durch die Übernahme westlichen Wissens und Könnens sichern solle. »Sofern die Vorsehung sich nicht gegen den Elan seines edlen Charakters stellt«, schrieb ein französischer Glücksritter, der sich an den Prinzen gehängt hatte, »wird er der Reformer dieses Landes sein.«[5]

Charmant und intelligent, mit dunklen, ausdrucksvollen Augen, einer Adlernase und einem gewaltigen, schwarzglänzenden Bart ausgestattet, wirkte Abbas Mirza würdevoll, ganz im Unterschied zur Eitelkeit und Prunksucht seines Vaters. Er bevorzugte nüchterne Kleidung (ein mit Diamanten besetzter Krummsäbel war seine einzige Extravaganz) und englische Stiefel[6] und belegte hinsichtlich der Fortpflanzungsfreudigkeit mit einigem Abstand und siebenundvierzig Kindern den zweiten Platz. Obwohl er sich in den äußeren Formen gewissenhaft an den Islam hielt, war er doch wie die Modernisierer in Ägypten und der Türkei kein Glaubenseiferer. Er kümmerte sich um Minderheiten wie Juden und Armenier, und wenn er sich in öffentlichen Angelegenheiten auf den Islam berief, so meist um Fanatismus zu dämpfen und den Wandel zu erleichtern.

Der Prinz war mit der modernen Politik so vertraut, wie man dies in einer halb in Trümmern liegenden Festungsstadt im Grenzgebiet zwischen Kadscharischem, Russischem und Osmanischem Reich nur sein konnte, und er »las gerne« (wie ein britischer Besucher erstaunt anmerkte). Er besaß »eine große Sammlung englischer Bücher« und eine Sammlung von Karten aus der Istanbuler Druckerei.[7] Während seine Gefühle gegenüber dem Nachbarn Russland verständlicherweise von Befürchtungen geprägt waren, bewunderte er Napoleon aus ganzem Herzen, und diese Bewunderung überdauerte sowohl den Frieden von Tilsit als auch Napoleons Niederlage bei Waterloo. 1817 – Bonaparte langweilte sich längst schon auf St. Helena – berichtete ein anderer europäischer Besucher, wie erstaunt er war, in Abbas Mirzas Residenz auf »ein Porträt von Zar Alexander und eines von Napoleon zu stoßen, letzteres von erstaunlicher Ähnlichkeit«.[8]

Abbas Mirza war ein mutiger General, der schon mit acht Jahren (neben seinem Großonkel Agha Muhammad Khan) erstmals an einem Feldzug teilgenommen hatte, aber im Verlaufe des langen, schleppenden und letztlich katastrophalen Russisch-Persischen Kriegs von 1804 bis 1813 ließ sich nicht verbergen, dass seine zahlenmäßig überlegenen Truppen unfähig waren, einen entscheidenden Schlag gegen seinen Gegner zu führen. Der Iran konnte seine Schwäche nicht einmal mit dem Hinweis auf eine ausgezeichnete Kampfkraft des Feindes entschuldigen, denn die russischen Truppen bestanden aus schlecht ausgebildeten und äußerst unzufriedenen Männern, die kurz vor der Meuterei standen, weil man sie Tausende Meilen entfernt von der Heimat in öden, verseuchten Landstrichen stationiert hatte.

Abbas Mirza scheiterte letztlich, weil er eine mittelalterliche Institution befehligte. Die iranischen Streitkräfte bestanden aus Ausgehobenen, deren Loyalität ihrem Stamm gehörte und die den Marschbefehl als vage Aufforderung verstanden, sich in Bewegung zu setzen, statt als koordiniertes Manöver, wobei mit Pfeil und Bogen bewaffnete Gruppen eher zufällig und im Abstand von mehreren Wochen am Zielort eintrafen. Eine Artillerie im strengen Sinne gab es nicht, und Schlachtpläne legten großes Gewicht auf Reiter, die bei aller Geschicklichkeit (wie die Kavallerie der Mamluken konnten sie ihre Pferde aus voller Geschwindigkeit zum Stand bringen, ohne abgeworfen zu werden, und in vollem Galopp präzise feuern) bekannt dafür waren, dass sie den sicheren Sieg aus der Hand gaben, weil sie plötzlich die Waffen niederlegten, um Beute einzusammeln und hellhäutige georgische Sklavinnen zu entführen.[9]

Dann war da noch die mangelhafte Bewaffnung der Iraner. Die iranische Artillerie verfügte nur über Kanonen mit geringer Reichweite, sogenannte *zamburaks* oder »kleine Wespen«, die beim Abschießen oft explodierten und dabei die als Zugtiere eingesetzten Kamele veranlassten, Amok zu laufen. Die Iraner verstanden nicht, welchen Wert das Überraschungsmoment haben kann. Abbas Mirzas Truppen waren es nicht gewohnt, nachts Wachen aufzustellen, und auch militärische Geheimhaltung war ihnen fremd; Schlachtpläne verbreiteten sich ohne Rücksicht auf die unvermeidliche Anwesenheit feindlicher Spione im ganzen Lager.

Wie konnte man solch eine Armee reformieren, so dass sie ihre Hauptaufgabe, die Verteidigung des Landes, erfüllte? Das war die Frage, vor die sich der Kronprinz gestellt sah, während plötzlich aufflammende Kämpfe die Waffenstillstände und diplomatischen Bemühungen unterbrachen und die Russen durch Napoleons Invasion im Juli 1812 gehindert wurden, ihre ganze Kampfkraft zu entfalten. Abbas Mirza ließ die untätigen Zwischenzeiten in diesem langen, ungeordneten Krieg jedoch nicht ungenutzt verstreichen. Sein Unvermögen, die zahlenmäßig unterlegenen Russen zu besiegen, hatte eine ähnliche Wirkung auf ihn wie Muhammad Alis neue Infanteriekarrees sie haben sollten, als sie die Streitkräfte Mahmuds II. 1832 besiegten. Es war eine schmerzhaft lehrreiche Begegnung mit einer modernen Kampfmaschine: ein Ansporn zu Reformen.

Anfangs waren die Militärberater, die Abbas Mirza in seinen Modernisierungsbemühungen unterstützten, in der Hauptsache Franzosen, aber nach dem Frieden von Tilsit zeigte Frankreich weniger Interesse, und die Briten waren so klug, mit Fachleuten, Waffen und Geld einzuspringen, um die Iraner in ihrem Lager zu halten. Die britische Großzügigkeit erlaubte es Abbas Mirza, 16 000 Musketen, 1000 Säbel und zehn (in Indien gegossene und mit Fath Ali Schahs Namen und Wappen verzierte) Kanonen zu erwerben.[10] Es war ein frühes Beispiel für die geschickte Rückführung von Hilfsleistungen, handelte es sich doch in Wirklichkeit um Gutscheine für britische Waffen und Ausrüstung – selbst die iranischen Serge-Uniformen wurden aus Lancashire geliefert.

1813 lag die Zahl der in den Iran abgeordneten britischen Soldaten bei fünfzig, und eine in Täbris errichtete Gießerei produzierte dreißig Kanonen im Jahr sowie Schrot, Patronenhülsen und Kanonenlafetten.[11] Die britischen Ausbilder im Iran hätten aber möglicherweise nur wenig erreicht ohne das Beispiel, das Abbas Mirza selbst gab. Niemand anderes als der designierte Thronfolger, der zukünftige »Mittelpunkt des Universums«, wie der Schah von Persien genannt wurde, übernahm die Führung bei der Tilgung Hunderter von Jahren militärischer Tradition. Er kleidete sich in eine europäische Uniform, bediente persönlich die mit Misstrauen beobachtete ausländische Waffe, die

Muskete, und drillte kleine Gruppen von Männern auf rundum abgeschlossenen Plätzen, damit deren Freunde und Bekannte sich nicht über sie lustig machten.

Unter den mahnenden Zurufen ihres Fürsten lernte eine Gruppe von Ziegenhirten, im Gleichschritt zu marschieren und auf Befehl kehrtzumachen – Manöver, die ein paar Jahre zuvor nicht nur als unwürdig und vielleicht sogar frevelhaft erschienen wären, sondern auch als bedeutungslos für alles, was man über Kriegskunst wusste. So berichtete Abbas Mirza 1811 dem ersten offiziellen Botschafter Großbritanniens am Kadscharenhof, Sir Gore Ouseley: »Ich habe dafür gesorgt, dass eine Passage aus dem Koran, die sich für eine Verbesserung des Angriffs und der Verteidigung auf dem Gebiet der Religion ausspricht ..., vom obersten Rechtsgelehrten in Persien bestätigt und im ganzen Land verbreitet wird.«[12] Mit derselben Taktik hatten Progressive in Ägypten und der Türkei zu zeigen versucht, dass ihre Modernisierungsbemühungen voll im Einklang mit dem Islam standen und die Religion deshalb kein Hindernis für Reformen darstellte.

Man kann sich leicht vorstellen, welche Besorgnis und Ratlosigkeit die ersten Modernisierungsmaßnahmen im Iran auslösten. Die Iraner hatten eine Ordnung geschaffen, in der die Macht nur durch Stammesbräuche und das religiöse Recht reguliert wurde und das Wort des Monarchen ein Urteil über Leib und Leben der Menschen bedeutete. »Der Schah ordnet nur selten andere Strafen an als Stockschläge auf die Fußsohlen, die Amputation der Nase oder der Ohren und den Tod«, berichtete der britische Diplomat und Autor James Morier (und seine Äußerungen erinnern an Edward Lanes ganz ähnliches Urteil über Muhammad Alis absolute Macht). »Er ist umgeben von Ghulams [Sklavensoldaten] und Farraschs [niederen, auf die Ausführung von Körperstrafen spezialisierten Lakaien], und auf ein winziges, für andere gar nicht bemerkbares Zeichen hin wird der Schuldige ergriffen und die Strafe unverzüglich vollzogen.«[13] Im militärischen Bereich gab es keine Tradition wechselseitiger Beschränkungen, wie sie für moderne Armeen so bedeutsam waren – ein Netz hochgradig regulierter und ineinandergreifender Hierarchien, das weder Offiziere noch einfache Soldaten ungestraft missachten konnten. In den Augen des iranischen

Reiters gewann man Schlachten (und die Hymnen der Dichter) durch Kunstfertigkeit und Mut, nicht durch die Einbindung des Einzelnen in einen eigenwilligen Apparat. Und dennoch verlangten die britischen Ausbilder in Täbris genau dies von ihren Rekruten und damit etwas, das den beweglichen, ein wenig bilderstürmerischen Iranern die Kriegführung eher zu behindern als zu erleichtern schien.

Selbst Abbas Mirza war beunruhigt und seufzte tief, als er einige besonders unverständliche Vorschriften des britischen Militärreglements hörte, und er meinte: »Diese Disziplin ist eine äußerst schwierige Angelegenheit.« Auch vermochte der Prinz, zu dessen Vorstellung von Adel gehörte, dass er für seine Untertanen zugänglich war, nicht recht nachzuvollziehen, warum es niederen Rängen verboten sein sollte, sich direkt an ihn zu wenden.

Die Gesichtsbehaarung war ein weiterer Punkt, in dem er seinen geschätzten britischen Offizieren anfangs unmöglich zustimmen konnte. Sie bestanden darauf, dass die iranischen Infanteristen sich rasierten, aber er selbst hatte einen langen Bart (wenn auch nicht ganz so lang wie sein Vater) und einen wilden Schnurrbart und lehnte solch einen Übergriff in den persönlichen und den religiösen Bereich strikt ab. Er änderte seine Meinung jedoch, als er auf dem Schießstand einen Unfall miterlebte. Ein Pulverhorn explodierte in der Hand eines Schützen und riss ihm den ganzen Bart weg. Der Prinz war so bewegt vom Anblick des versengten und verstümmelten Soldaten, dass er auf der Stelle beschloss, Bärte zu verbieten. So kam es denn, dass Sir Gore Ouseley und sein Gefolge, als sie sich 1812 von Teheran her Täbris näherten, auf einen »erstaunlich modernen Trupp berittener Artillerie« stießen, »wie Europäer gekleidet, mit rasiertem Kinn, englischer Bewaffnung und Ausrüstung, gestiefelt und gespornt, mit langen Steigbügeln, der unter dem Befehl eines englischen Offiziers gekommen war, um den Botschafter zu begrüßen«. Vor dem Stadttor »waren über eine beträchtliche Strecke disziplinierte Soldaten an der Straße aufgestellt, die das Gewehr präsentierten, als wir sie passierten, während eine große Kapelle aus Trommlern und Pfeifern uns vorauszog und in wahrhaft erstaunlicher Weise Volkslieder und Tänze spielte ... Als wir das für den Botschafter bestimmte Haus erreichten, feuerten zu seiner

Begrüßung zwanzig Kanonen Salut, und zwar in einer Weise, die jeder Artillerie zur Ehre gereicht hätte.«[14]

1812 umfasste Abbas Mirzas europäisch ausgebildete Armee stolze 13 000 Mann Infanterie, Kavallerie und Artillerie, und in diesem Jahr gab es erste Anzeichen eines Fortschritts in Gestalt eines Sieges über russische Truppen im dichtbewaldeten Karabach, wo die Russen dreihundert Mann verloren und die Perser das russische Munitionsdepot in die Luft jagten.[15]

Inzwischen hatte Abbas Mirza allerdings aufgrund eines neuen anglo-russischen Bündnisses gegen Napoleon viele seiner britischen Ausbilder verloren, und die Modernisierung seiner Armee war erst zur Hälfte abgeschlossen. Die Gefahr, zwischen zwei Stühle zu geraten, zeigte sich im Oktober desselben Jahres in Aslanduz, einer Furt durch den Aras, wo Abbas Mirza den sträflichen Fehler beging, keine Wachen um sein Lager aufzustellen, mit der Folge, dass seine Truppen dezimiert wurden. Bei diesem und einem weiteren Gefecht im folgenden Jahr fielen nahezu fünftausend iranische Soldaten, und Fath Ali Schah hatte nur noch sehr schlechte Karten, als die Briten ihn durch die Beendigung ihrer Hilfslieferungen zwangen, einen Krieg zu beenden, der nicht mehr ihren Zielen entsprach. Der im Oktober 1813 mit Russland geschlossene Frieden von Gulistan war aus iranischer Sicht eine Katastrophe. Er bestätigte auch formell den Verlust der kaukasischen Territorien des Iran, erlaubte es allein den Russen, auf dem Kaspischen Meer Kriegsschiffe zu stationieren, und – am schlimmsten noch – gewährte den Russen eine Mitsprache bei der Festlegung der persischen Thronfolge.

Kein Wunder, dass persische Patrioten den Frieden von Gulistan für das Ergebnis einer christlichen Verschwörung gegen die iranische Nation hielten und schworen, seine Bestimmungen rückgängig zu machen. In den Strafpredigten gab man die Schuld an der Niederlage auf dem Schlachtfeld der Übernahme von Neuerungen der Ungläubigen – genau dasselbe Argument, das konservative Osmanen nach der Zerstörung ihrer großen modernen Kanone 1797 im Kampf gegen die Russen vorgebracht hatten. Und sie verwiesen darauf, dass europäische Freunde den Iran gleich zweimal im Stich gelassen hatten, nachdem sie zu separaten Abmachungen mit den Russen gelangt waren. Abbas Mirza war in der Tat wütend über den Rückzug der britischen Militärmission, aber trotz dieses verheerenden Ergebnisses gab es in seinen Augen keine Alternative zu einer raschen Modernisierung. Glücklicherweise fand er ein anderes Gebiet, auf dem er London zu seinem Helfershelfer machen konnte: die Bildung.

1811 hatte Abbas Mirza zwei junge Perser zum Studium nach England geschickt, allerdings eher unglückliche Erfahrungen damit gemacht. Beim Schiffbruch ihres Schiffes gerade noch mit dem Leben davongekommen, hatten die beiden in London Wein- und Schneiderrechnungen aufgehäuft, bevor einer von ihnen, Muhammad Kazim (ein Sohn von Mirzas Porträtmaler) an Tuberkulose starb und (»unter gehöriger Beachtung aller zeremoniellen Vorschriften der muselmanischen Religion«) auf dem Friedhof von St Pancras beerdigt wurde.[16] Trotz des Scheiterns dieser ersten Mission blieb der Prinz bei seiner Überzeugung, dass sich auf diversen Gebieten Fortschritte erzielen ließen, wenn er junge, aufnahmefähige Perser nach England schickte. Allerdings musste jemand die nächste Gruppe von Studenten beaufsichtigen, und der Blick des Prinzen fiel auf Colonel Joseph D'Arcy von der Royal Artillery, der sich auf seine Heimkehr vorbereitete, nachdem er die iranische Armee 1812 zum Sieg in Karabach geführt hatte. Nachdem der Prinz sich D'Arcys Einverständnis gesichert hatte, brauchte er nur noch die Mitglieder der Mission auszuwählen. Wir haben das Glück, dass einer der fünf, Mirza Muhammad Saleh Schirazi, einen bemerkenswerten Text über seine Erfahrungen hinterlassen sollte – auf seine Art ebenso bemerkenswert wie Rifaa al-Tahtawis Beschreibung Frankreichs ein Jahrzehnt später. Mirza Salehs Reisetagebuch war zugleich die für den modernen Iran erste Bestätigung der Mobilität von Ideen, eine Simultanübersetzung der Öffnung seines eigenen Denkens und eine Blaupause für die iranische Aufklärung.

Der um 1790 geborene Mirza Saleh (der Titel Mirza bezeichnet einen Höfling) war ein Universalgelehrter, ein Bücherwurm und ein Xenophiler. Sein Vater stammte aus dem im Süden des Landes gelegenen Schiraz und war sowohl reich als auch fromm genug, um die Pilgerfahrt nach Mekka zu unternehmen. 1811 bewies Mirza Saleh seine Fähigkeit zum Umgang mit Engländern, als die iranische Regierung ihm den Auftrag erteilte, Sir Gore Ouseley und seine Frau auf ihrer Reise zu begleiten, die sie auf Umwegen von der Hafenstadt Buschehr am Persischen Golf zu Fath Ali Schahs Hof in Teheran führte (unterbrochen von Lady Ouseleys Entbindung von einem Baby, dem ersten britischen Kind, das in Persien geboren wurde). Das Tagebuch, das Mirza Saleh auf dieser Reise führte, sollte später noch Sir Gores älterem Bruder Sir William von Nutzen sein, als der einen Bericht über die Reise verfasste. Der ältere Ouseley beschrieb Mirza Saleh als einen »gebildeten, geistreichen jungen Mann«, dessen Ansichten zur Demographie, Geschichte und Architektur er vorbehaltlos vertraute.[17] Der unverheiratete und mit einem neugierig-kritischen Verstand begabte junge Iraner war ein naheliegender Kandidat für Abbas Mirzas Erkundungsmission.

Das Schreiben, in dem D'Arcy das britische Außenministerium über seinen Auftrag informierte, nennt die Namen und Ziele seiner fünf Schützlinge. Mirza Reza suche nach »Wissen auf dem Gebiet der Artillerie«, Mirza Jafar »auf dem Gebiet der Chemie«, während Mirza Jafar Husseini Ingenieurwissenschaft studieren wolle. Ein Handwerksmeister namens Muhammad Ali hoffe, etwas über die Herstellung von Schlössern lernen zu können. Und Mirza Saleh wolle die »Kenntnis der englischen Sprache erlangen, um Dolmetscher für die persische Regierung zu werden«.[18] So knapp diese Zusammenfassungen auch gehalten waren, zeigen sie doch, was Abbas Mirza wünschte: einen Crashkurs in Sachen Moderne.

Die Vorstellung, in ein Land der Ungläubigen zu reisen, war für Muslime nicht so einfach – wie wir bei Rifaa al-Tahtawi bereits gesehen haben. Handel war akzeptabel, Eroberung lobenswert, aber auf der Suche nach Wissen in christliche Länder zu reisen war ein Eingeständnis islamischer Rückständigkeit und barg die Gefahr einer kulturellen und moralischen Kontaminierung. Das Schicksal des unglückseligen Muhammad Kazim, der auf einem christlichen Kirchhof begraben lag, enthielt eine Warnung an alle, die sich auf solch ein leichtfertiges Unterfangen einzulassen gedachten.

Mirza Salehs Freund Ismail versuchte ihm unermüdlich auszureden, Täbris mit derart ungewissem Ziel zu verlassen. Was könne er denn aus der Begegnung mit »unwissenden« Leuten gewinnen, fragte er (und meinte damit Leute, die nichts über den Islam wussten). Darauf antwortete Mirza Saleh mit einer schwungvollen Verteidigung vorurteilsloser geistiger Aneignung: »Warum sollte ich nicht jeden Tag etwas Neues lernen und, falls ich kann, Licht in mein Herz bringen?«[19] Mirza Saleh sagte voraus, dass er auf jene Menschen, denen er begegnete, einen positiven Einfluss ausüben und ihnen das »Juwel der Religionen« und ein »göttliches Gesetz« vor Augen führen werde, »das Wesen und Seele der Wahrheit ist«. Angesichts dessen, was wir über die spätere Ausbreitung christlicher Missionsbemühungen in der gesamten muslimischen Welt wissen (einer ihrer frühen Vertreter, Henry Martyn, war gerade erst aus Indien nach Persien gekommen), ist es bemerkenswert, dass Mirza Saleh sich offenbar kaum Hindernisse für eine Bekehrung von Briten zum schiitischen Islam vorzustellen vermochte.

Das Gespräch zwischen Mirza Saleh und seinem Freund macht deutlich, wie unterschiedlich der Ruf des Neuen auf Menschen wirken konnte; bei den einen weckte er Optimismus und Vorfreude, bei den anderen löste er Angst und Ressentiments aus. Aus Mirza Salehs Darstellung wird klar, dass seine Sicht von mystischen Vorstellungen über den diffusen, sehr persönlichen Charakter des Glaubens geprägt war, während Ismail eher an Gefahren und kulturelle Ansteckung dachte.

Die erste größere Ausbildungsmission aus dem Mittleren Osten nach Europa machte sich im April 1815 in Täbris auf den Weg Richtung Norden, und indem Mirza Saleh zum Stift griff, um das Geschehen aufzuzeichnen, tat er etwas erstaunlich Neues, denn bis dahin gab es kaum Berichte von Iranern über Reisen in nichtmuslimische Länder.[20] Mirza Salehs Tagebuch mischte statistische Daten zum Kaukasus mit eindrucksvollen Landschaftsbeschreibungen, die in ihrem Stil auch europäischen Lesern sehr vertraut erschienen wären. Auffällig ist auch das Fehlen von Fremdenfeindlichkeit und kulturellem Gespött. Damit hob er sich deutlich von den gereizt-defensiven Reisetagebüchern vieler Muslime über frühere Besuche im Westen ab – und erst recht von den blanken Überlegenheitsgefühlen der meisten Autoren von Reiseliteratur über den Iran. Sir William Ouseley etwa ritt ständig auf den, wie er meinte, Mängeln des iranischen Charakters herum (unfähige Taugenichtse) – Merkmale, die der Diplomat und Abenteurer James Morier in seinem überaus populären pikaresken Roman *Die Abenteuer des Hadschi Baba aus Isfahan* (1824) unsterblich machen sollte.

Mirza Salehs Bericht war da ganz anders. Ob er durch das georgische Bergland mit seinen Eichenwäldern und Walnussbäumen ritt oder mit Priestern im armenischen Eriwan speiste, stets zeugt sein Tagebuch von einem wachen, äußerst empfänglichen Geist. Dieses Vorgehen war der Tatsache geschuldet, dass es fast keine Literatur über Dinge außerhalb der engen Grenzen der muslimischen Welt gab. So war er gezwungen, nach Wissen zu suchen, wo immer er es finden konnte. Von D'Arcy übernahm er zum Beispiel eine (irreführend patriotische) Darstellung der protestantischen Reformation, die Martin Luther und die kleinen Sünden Heinrichs VIII. ausließ, aber William Tyndales englische Bibelübersetzung hervorhob.[21] Als er im August 1815 Moskau erreichte, das sich nach dem großen Brand während der Besetzung durch Napoleon 1812 im Wiederaufbau befand, überredete er einen türkischsprachigen jungen Mann, ihm Auszüge aus einem russischen Buch über den verheerenden französischen Feldzug zu übersetzen, die er dann in sein Tagebuch aufnahm. So entstand eines der ersten, in persischer Sprache gehaltenen biographischen Bruchstücke über einen französischen Kaiser dank der türkischen Übersetzung eines russischen Buches. In Moskau erfuhr die Reisegesellschaft auch von Napoleons Niederlage bei Waterloo, die, wie wir heute wissen, mehr als ein halbes Jahrhundert anglo-russischer Vorherrschaft in der Weltpolitik einleitete.

Er schrieb über Kirchen, Frauenklöster und Irrenhäuser in Moskau, über den dortigen Handel mit Pelzen und Häuten, aber vor allem galt seine Bewunderung Sankt Petersburg, seinem Sprungbrett in den Westen. Die neue Stadt, die Peter der Große unter schwierigsten – zahlreiche Menschenleben fordernden – Bedingungen hatte erbauen lassen, versetzte ihn in Staunen mit ihren mehrstöckigen Gebäuden, ihren breiten und hohen Brücken, die das Wasser überspannten, und mit ihrem Geschäftsleben, dessen Umfang und Vielfalt ihn beeindruckten. Dort sah er zum ersten Mal ein Opernhaus und einen Zoo (zu den Attraktionen gehörten ein Schaf mit sechs Beinen und eines mit zweien). Außerdem erwähnte er in seinem Bericht die Glas- und Spiegelfabrik des Fürsten Potemkin und Russlands berühmte Pferdekreuzungen aus arabischen Zuchtstuten.

Die iranische Reisegesellschaft ging nun in Kronstadt an Bord eines Schiffes und segelte über die Ostsee in Richtung Großbritannien. Ende September kamen sie in Great Yarmouth an der Küste von Norfolk an, und wenige Tage später sahen sie in Begleitung Colonel D'Arcys erstmals das georgianische London, das für die nächsten vier Jahre ihr Zuhause sein sollte.

Als Rifaa al-Tahtawi und seine Gefährten 1826 nach Paris kamen, war die Stimmung zwischen Frankreich und Ägypten immer noch geprägt von Napoleons Invasion und der anschließenden Plünderung der aus Pharaonenzeiten stammenden Altertümer für den Louvre. Dass Frankreich sich als natürlicher Herr der islamischen Welt empfand, sollte wenig später durch die Eroberung Algeriens 1830 erneut bestätigt werden. Von London konnte man so etwas 1815 nicht behaupten. Großbritannien hatte noch keine Besitzungen im Nahen oder Mittleren Osten, und um die britischen Interessen in Indien kümmerte sich nicht die Krone, sondern eine kommerzielle Aktiengesellschaft, die East India Company. Der evangelikale Protestantismus und der Gedanke einer rassischen Überlegenheit prägten noch nicht die Beziehungen zwischen Indern und Briten auf dem Subkontinent – wie die soziale Akzeptanz von Mischehen und die Begeisterung für die auf Einheit zielende Philologie eines Sir William Jones zeigte (der 1786 die These aufgestellt hatte, Sanskrit, Latein und Griechisch ließen sich auf eine gemeinsame Wurzel zurückführen). Ähnlich wie im vergleichsweise liberalen Klima Haiderabats und Kalkuttas bestand auch im Großbritannien der Regency-Zeit großes Interesse an der muslimischen und persischen Kultur, das zum einen Teil wohl der Stellung des Persischen als der indischen Hofsprache geschuldet war und zum anderen Teil dem gesellschaftlichen Erfolg des damaligen Sondergesandten (und späteren Außenministers) Fath Ali Schahs, des gutaussehenden, an einen Löwen gemahnenden Mirza Abul Hassan Schirazi. 1809 und dann nochmals 1819 reiste er nach Großbritannien, wo er Englisch lernte, ohne sich sonderlich um die Grammatik zu kümmern, zähe Verhandlungen über die politischen und wirtschaftlichen Beziehungen führte und im Hyde Park Speere schleuderte. Emily, die Tochter des Mitdirektors der East India Company Sir Thomas Metcalfe, erfreute ihn mit persischen Gedichten, und man lud ihn zur Besichtigung schöner orientalistischer Bibliotheken ein.[22] Es war wie eine kurze Rückkehr zur Neugier elisabethanischer Zeiten, als Shakespeare ein Bild orientalischer Pracht heraufbeschwor, indem er den Schah (nach dem Geschlecht der Safawiden) »the Great Sophy« nannte, und der aus Kent stammende Abenteurer Sir Robert Sherley es nicht für unter seiner Würde erachtete, in die Dienste der persischen Regierung zu treten.

Trotz der intellektuellen Neugier der gebildeteren Einwohner und der eigenartigen Vorwegnahme des zukünftigen Multikulturalismus (der Lexikograph Dr. Johnson und der Maler Sir Joshua Reynolds hatten beide freigelassene schwarze Sklaven in ihren Diensten) waren die Mitglieder der persischen Reisegesellschaft doch eindeutig Pioniere. Sie gehörten zu den allerersten Iranern, die als Privatleute längere Zeit in England blieben, so dass sie weder bei einer ständigen diplomatischen Vertretung (Mirza Abul Hassan Schirazi war inzwischen zurückgerufen worden) noch bei einer hilfsbereiten iranischen Familie Rat und Beistand suchen konnten. Wie wenig sie sich auskannten, zeigte sich bei ihrem ersten Besuch in einer Badestube, der im Chaos endete. Die Iraner beschmutzten alles mit Henna, das sie zum Färben ihrer Bärte benutzten, der Bademeister war außer sich, und Mirza Saleh zahlte am Ende fünf Schillinge für die Beseitigung der Schweinerei. Wenig später brachte Colonel D'Arcy sie ins Außenministerium, wo man sie darüber informierte, dass sie die Vorschriften des Aliens Act zu befolgen hatten (eines Ausländergesetzes, durch das man die Bewegungen vor der Revolution geflohener französischer Immigranten überwachen wollte, teilweise unter Aufhebung der Habeas-corpus-Rechte). Man eröffnete ihnen, dass ihnen sechs Monate Gefängnis drohten, wenn sie sich militärischen Anlagen oder der Küste näherten – ein Empfang, der kaum als Willkommensbotschaft verstanden werden konnte.[23] Dann war da noch die Geldknappheit, unter der die

Mission von Anfang an zu leiden hatte. Weder die britische Regierung noch Prinz Abbas Mirza hatten offenbar die Absicht, sie zu beheben, und sie belastete die Beziehungen zu D'Arcy, der die Mittel verwaltete. Der Handwerksmeister Muhammad Ali beklagte sich bitter, er habe die Möglichkeit gehabt, in Täbris eine Lehre in der Waffenfabrik zu machen, aber man habe ihn mit falschen Versprechungen nach Großbritannien gelockt, wo er seine Zeit nun damit verbringe, ratlos durch die Straßen zu laufen.

Keiner dieser Irritationen begegnete D'Arcy mit dem Balsam des Mitgefühls und des Takts. Der Colonel war ein Drillmeister und wartete ungeduldig auf die Hochzeit mit seiner aristokratischen Verlobten. Das Letzte, was er sich wünschte, war die Verantwortung für ein paar aufgeblasene Neuankömmlinge. Die Spannung nahm noch zu, als die Studenten aus Gründen der Sparsamkeit in ein Dorf außerhalb Londons zogen, wo Mirza Saleh einen Geistlichen engagierte, der ihm Latein beibringen sollte. Es gab Streit über Englischlehrer und über die Forderung der Iraner, zum Ende des Ramadan Geld für neue Kleider zu erhalten. Die Iraner drohten sogar, D'Arcy zu verklagen, weil sie den Verdacht hatten, dass er ihnen Geld vorenthielt.

Die gereizte Abhängigkeit, die das Verhältnis zwischen D'Arcy und den Besuchern vergiftete, sollte sich in vergrößertem Maßstab überall in der muslimischen Welt zeigen, als ein Land nach dem anderen den westlichen Fortschritt zu seinem erstrebenswerten Ideal erhob, aber die Kotaus hasste, die man vor dem Westen machen musste, wenn man es verwirklichen wollte. D'Arcys unfreundliche, kleinliche Haltung bewies, dass er von alledem nichts verstand und auch nicht begriff, dass die fünf jungen Männer zu treuen Freunden Großbritanniens werden konnten, wenn man großzügig für ihre Ausbildung sorgte, bevor sie in die Heimat zurückkehrten. Die Perser waren jung, unerfahren und verwöhnt, und in Wirklichkeit war ihre Not durchaus nicht so groß, wie sie es darstellten. Sie gaben viel Geld in einem Kaffeehaus aus, besuchten die Oper und genossen ein gesellschaftliches Leben, zu dem auch gehörte, dass sie unentgeltlich Persischunterricht erteilten.

Aber dann verbesserte sich die Lage erstaunlich schnell. Am 21. März 1817 folgte Mirza Saleh, dem es irgendwie gelungen war,

»Feind der Zauderer«: Als Muhammad Ali Pascha 1849 starb, hatte er Ägypten in ein von Kanälen durchzogenes, von Agrarexporten lebendes Land voller moderner Städte gemacht, in dem ein neues nationales Bewusstsein erwachte.

Keine Gesellschaft konnte mit einer speerewerfenden Armee Fortschritte erzielen. Das war die Lehre aus der Schlacht bei den Pyramiden, in der Napoleons Invasionsstreitmacht 1798 unweit von Kairo auf die ägyptischen Mamluken traf. In weniger als einer Stunde wurden die Verteidiger von einer modernen, in Karrees kämpfenden und Schrapnelle verschießenden Armee aufgerieben.

Der ägyptische Chronist Abdulrahman al-Gabarti führte die Niederlage der Mamluken auf deren Unwissenheit und Hochmut zurück, aber auch ihm war nicht recht wohl beim Gedanken an die neuen, von den Ungläubigen ins Land gebrachten Werte.

Das Wissen in Ägypten befand sich zur Zeit der französischen Besetzung in einem beklagenswerten Zustand. Die Mehrzahl der Astronomen lehnte immer noch die kopernikanischen Beweise für das heliozentrische Weltmodell ab, und gedruckte Bücher galten als Beleidigung Gottes. Die nichtidentifizierten Männer auf diesen Stichen waren wahrscheinlich Scheichs oder Geistliche, die mit der al-Azhar-Schule in Verbindung standen.

»Mein Land ist nicht länger in Afrika«, erklärte Muhammad Alis Enkel Ismail 1878, »wir sind jetzt Teil Europas.« Hinsichtlich der Einstellungen und Annehmlichkeiten waren Teile Ägyptens tatsächlich nicht wiederzuerkennen, wenn man es mit dem rückständigen mittelalterlichen Land vom Beginn des Jahrhunderts verglich. Ismails kreditfinanzierte Entwicklung fand ihr Symbol im Suezkanal, einem Triumph moderner Ingenieurskunst, der 1869 unter großem Beifall eröffnet wurde.

Ein Fehlstart: Der iranische Kronprinz Abbas Mirza wurde 1789 noch ganz in den autokratischen Traditionen kaiserlichen Prunks geboren. Doch sein Heros war Napoleon, und er hielt Reformen für unerlässlich, wenn der Iran die Ausplünderung durch Briten und Russen überleben sollte. Aus seinem Amtsbezirk nahe der russischen Grenze schickte dieser kultivierte Mann die ersten Bildungsmissionen nach Europa, förderte die Übersetzung wichtiger europäischer Werke und führte Metallgusstechniken und die Druckerpresse ins Land ein. Aber Abbas Mirza starb noch vor seinem Vater Fath Ali Schah und erhielt nie die Chance, die Reformen im ganzen Land zu verbreiten.

Ob es nun galt, westliche Uniformen zu tragen, in Formation zu marschieren oder die Bärte abzurasieren (weil sie sonst vom Schießpulver versengt wurden), die Soldaten der modernen iranischen Streitkräfte mussten viel kulturellen Ballast abwerfen. Diese Militärkapelle im russischen Stil wurde auf einem kunstvollen Kachelwandbild in einem der königlichen Paläste in Teheran verewigt.

Über den aus einfachen Verhältnissen stammenden Amir Kabir, den Mitte des 19. Jahrhunderts führenden Staatsmann des Iran, wurden wahrscheinlich mehr Lobeshymnen verfasst als über jede andere politische Figur des Landes.

Die Ermordung Nasreddin Schahs durch Mirza Reza Kermani am 1. Mai 1896 markierte den Beginn des turbulenten 20. Jahrhunderts im Nahen und Mittleren Osten. Mirza wurde daraufhin öffentlich gehängt, eine Szene, die der im Iran geborene Fotograf Antoin Sevrugin einfing, dessen Schatten neben denen der Kamera und eines Assistenten dem Bild den Stempel der Moderne aufprägen.

Während des gesamten 19. Jahrhunderts standen anatomische Lehreinrichtungen für die Entwicklung der Bildungssysteme in Ägypten und dann auch in der Türkei. Die wachsende Skepsis und Respektlosigkeit illustriert dieses Gruppenbild von Medizinstudenten in Istanbul samt der makabren Schaustellung menschlicher Leichenteile.

Die Orientfrage: Ende des 19. Jahrhunderts litt das Osmanische Reich unter separatistischen Bewegungen an seinen Rändern und einem unterdrückten Experiment mit einer repräsentative Staatsform. Die ruhigen Gewässer Istanbuls, der Hauptstadt des Reiches, sollten schon bald Revolution, Invasion und politischen Zusammenbruch erleben.

von den Vorschriften des Ausländergesetzes befreit zu werden, einer seit langem bestehenden Einladung des Architekten Robert Abraham aus Devonshire, eines Bekannten von Salehs Londoner Freunden, und damit begann eine der bemerkenswertesten Beschreibungen Englands im georgianischen Zeitalter.[24]

Das Reisetagebuch, das Mirza Saleh während seines Aufenthalts in Großbritannien schrieb und in dem die Reise nach Devon eine herausragende Stellung einnimmt, ist eindeutig kein privates Tagebuch. Dem Autor geht es darum, seinen iranischen Lesern möglichst viele Informationen zur Verfügung zu stellen. Offensichtlich wird der wichtigste Leser sein geliebter Prinz Abbas Mirza sein, und er möchte »die Fähigkeiten und die Produktivität« Großbritanniens so beschreiben, dass sie in der Heimat den Ansporn zu ähnlichen Bemühungen geben. Zugleich ist das Reisetagebuch jedoch eine ungekünstelte Darstellung der erfrischenden Wirkung, die der Kontakt mit anderen Kulturen auf ein empfindsames und optimistisches Gemüt auszuüben vermag – eine Zurückweisung des Inseldaseins und eine bewegende Bejahung der Universalität menschlicher Erfahrung.

Ein gewissenhaft-journalistischer Geist prägt Mirza Salehs Tagebuch, nachdem seine Kutsche London auf der nach Westen führenden Mautstraße verlassen hat, und im Vergleich mit den von Schlaglöchern übersäten und von tiefen Furchen durchzogenen Landstraßen im Iran, die man nur zu Pferde oder zu Fuß passieren konnte, dürfte seine detaillierte Beschreibung dieses schnellen und effizienten Verkehrsmittels seinen staunenden Lesern als etwas vollkommen Neues erschienen sein. Anfangs sitzt er in der Kutsche, zusammen mit einem Spanier und mehreren Bauern (beides gleichermaßen unverständlich). Nach dem Tee klettert er auf den Bock, wo er bleibt, bis am folgenden Morgen die Umrisse der Kathedrale von Salisbury in Sicht kommen. Während die Kutsche weiter nach Exeter fährt, unterhält er sich lange mit einer Frau und deren Tochter und ist entzückt von der »Konversation und Reinheit und Einsicht« des jungen Mädchens.[25] Unnötig zu erwähnen, wie befremdlich den an eine strenge Trennung der Geschlechter gewöhnten Lesern in der Heimat diese spontane Bekanntschaft mit fremden Frauen erscheinen musste.

Seine detaillierte Beschreibung der Kathedrale von Exeter mit ihren zwölf Glocken, ihrer gewaltigen Orgel und den beiden riesigen Glasfenstern – mit den schönsten »Malereien«, die er jemals gesehen hat (»wie Email«) – lässt deutlich erkennen, dass dieser schiitische Muslim ohne Hemmungen in den geheiligten Bezirken der Kirche umherwanderte. Nach dem Mittagessen mit einem weiteren Bekannten, der ihm eine Papierfabrik und eine Anlage zur Herstellung von Leuchtgas zeigt, macht er sich mit Robert Abraham auf den Weg in die Zinnstadt Ashburton. Dort, inmitten von Zinngruben, tauscht Mirzah Saleh seine europäische Reisekleidung gegen iranische Gewänder und löst damit bei den Töchtern seines Gastgebers Belustigung und Verwunderung aus. Tatsächlich verbringt Mirza Saleh auf dieser Fahrt durch den Südwesten Englands einen großen Teil der Zeit mit diesen und anderen Mädchen aus Devonshire, die er als »mondgesichtig« und »gutmütig« beschreibt, auch wenn er hier gelegentlich Selbstzensur zu üben scheint, bleibt doch der Apfelwein in seinen Schilderungen bukolischer musikalischer Zwischenspiele und Tanzabende auf den Hügeln über dem River Dart verdächtig unerwähnt – dort wird nur Tee getrunken.[26] Stets voller Anerkennung für die einheimischen Maiden und ihre philanthropischen Bemühungen um Arme und Alte, gerät er in überschwängliche Begeisterung, als er die junge Sarah Abraham beschreibt, die im Gespräch mit ihm auf dem Weg nach Plymouth »allergrößte Vortrefflichkeit, Scharfsinn, Klugheit und Empfindsamkeit« beweist, ganz zu schweigen von einer betörenden Mischung aus »Hochherzigkeit, Stolz und Schlichtheit«.[27]

Im Hafen von Plymouth, dem wichtigsten Marinestützpunkt der größten Seemacht der Welt, betrachtet Mirza Saleh voller Bewunderung jene Schiffe, die zu sehen das Ausländergesetz eigentlich hätte verhindern sollen, und verwendet seine immer besseren Darstellungsfähigkeiten auf den »sichersten Hafen Englands«. Der ist so groß, dass tausend Kriegsschiffe darin ankern könnten, geschützt von Befestigungsanlagen, die von Kanonen starren. Er erklärt den Lesern, was Trockendocks und Wellenbrecher sind – Lesern, deren Erfahrung mit dem Meer sich auf eine poetische Metapher beschränkte.

Da der betagte König Georg III. angeblich an einer Geisteskrankheit litt, führte sein Sohn als Prinzregent die Amtsgeschäfte, aber das Volk feiert immer noch den Geburtstag des Monarchen. Inmitten von Salutschüssen und Hurrarufen fasst Mirzah Saleh Miss Sarah bei der Hand (auch dies eine Freiheit, die er sich bei einem Mädchen in seiner Heimat nicht herausgenommen hätte), geht in iranischen Gewändern hinaus auf die Straße, wird von fünfhundert Leuten wegen der Fremdartigkeit seiner Erscheinung angegriffen und flieht.

Daheim in Täbris hatte er seinem frommen Freund Ismail versprochen, er werde keine Mühe scheuen, um die »unwissenden« Menschen, denen er begegnete, mit dem »Juwel der Religionen« bekannt zu machen. In seinem Tagebuch berichtet er allerdings nirgendwo von irgendwelchen muslimischen Bekehrungsversuchen bei seinen Besuchen in Kirchen oder in seinen Gesprächen mit freundlichen Pfarrern. Offenbar unterzog er das Christentum einer gründlichen Prüfung und gelangte zu dem Schluss, dass der Protestantismus dem Katholizismus vorzuziehen sei. Und als es schließlich an der Zeit ist, Devon zu verlassen, wischt er bewegt (und vielleicht in Erinnerung an Miss Sarahs heiße Hand in der seinigen) alle Überlegungen zu Glaubensunterschieden beiseite: »Guter Gott«, schreibt er, »welche Bedeutung haben Unterschiede zwischen den Religionen – diese Aufteilung in Konfession auf der einen und Nationalität auf der anderen Seite? Ich weinte um die Mitglieder dieser Familie, alte und junge, und noch nie war ich so gerührt.«[28]

Als er im Juni 1818 wieder in London war, begann er mit der Ausarbeitung des langen historischen Abschnitts seines Buchs. Sein Englisch war inzwischen sehr viel besser, und er konnte viel lesen – was genau, wissen wir nicht, denn er fügte dem Buch keine Bibliographie bei.[29]

In London erweiterte er seinen gesellschaftlichen Umgang um einige protestantische Unitarier (zu denen er sich hingezogen fühlte, weil sie die Göttlichkeit Christi, eine für Muslime höchst problematische Vorstellung, ablehnten) und um herausragende Intellektuelle wie den Astronomen Sir William Herschel, der den Uranus entdeckt hatte (sein Fernrohr maß mehr als vierzig Fuß) und zugleich geachteter Komponist war. Dank der Einführung durch D'Arcy – zu dem das Verhältnis dennoch gespannt blieb – war Mirza Saleh bald ein regelmäßiger Besucher der Londoner Freimaurerlogen, der Tempel des Aufklärungsdenkens. Zweifellos verdankte er viele seiner Ideen dem dort gepflegten Gedankenaustausch wie auch der Bibliothek im Britischen Museum, von der er schreibt, sie sei »voller geistes- und naturwissenschaftlicher Bücher in allen Sprachen« – und aus der auch Namik Kemal ein halbes Jahrhundert später Anregungen beziehen sollte.

Auf den mehreren hundert Seiten Geschichte und Zeitgeschehen, die Mirza Saleh niederschrieb, gab es wenig Revolutionäres. Er zeichnete die britische Geschichte von Julius Cäsar bis hin zur Magna Charta und von den Tudors und Stuarts bis hin zur georgianischen Monarchie nach. Das Bedeutsamste an diesem Buch, das ein Muslim Tausende von Kilometern entfernt von seiner Heimat schrieb, ist die Tatsache, dass es überhaupt existiert. Es ist, als sagte Mirza Saleh seinen iranischen Lesern: »Alles, was wir gehört haben über die zentrale Stellung unserer Heimat und Religion – ist falsch.«

Er beginnt seine Geschichte in einer für den Iran und seine Aussichten auf Verbesserung höchst bedeutungsvollen Weise mit dem Hinweis, die Menschen Englands seien »blutrünstige und entartete Übeltäter« gewesen, aber in den letzten vierhundert Jahren hätten sie »die beste aller Nationen« aufgebaut. Die Regierungszeit Elisabeths I. habe den Startschuss für erstaunliche Fortschritte in Wissen und Technik gegeben und dafür gesorgt, dass das Land »aus einem Zustand der Unwissenheit in einen der Vollkommenheit« übergegangen sei.[30]

Von der französischen Besetzung Ägyptens (Napoleons angebliche Achtung vor dem Islam sei ein »Trick« gewesen, schreibt er und wiederholt damit britische Ansichten über den kürzlich entthronten Kaiser) geht er zu einer enzyklopädischen Beschreibung Londons über. Er behandelt die Bauweise der Häuser und die häuslichen Sitten (er ist verwundert, dass die Leute, wenn sie ein Haus betreten, nicht ihre schmutzigen Stiefel ausziehen, sondern ihre Hüte abnehmen), die lokale Verwaltung, Feuerwehr, Hafenanlagen, Parks und Schulen. Es wird deutlich, dass Mirza Saleh seinen Auftrag, nützliche Informationen zu sammeln, sehr ernst nahm.

Das England der Regency-Zeit im Stil der vorherrschenden »Whig-

Geschichte« als unaufhaltsamen Fortschritt darzustellen ist eine Sache, aber Mirza Saleh war auch entschlossen, einen Eindruck von der politischen Ausgewogenheit des Landes zu vermitteln, das zwar nicht vollkommen demokratisch war, aber doch einen peinigenden Vergleich zum Despotismus im kadscharischen Iran darstellte. Mirza Saleh beschreibt recht ausführlich die Rechte des Königs, des House of Lords und des House of Commons.[31] Aber sein größtes Erstaunen gilt der Fähigkeit eines einzigen Handwerkers, eines »armen Mannes mit einer Werkstatt«, den Bau der prachtvollen, von Carlton House zum Regent's Park führenden Regent Street aufzuhalten, indem er sich weigerte, sein Grundstück zu verkaufen und dadurch den Weg für diese neue Durchgangsstraße frei zu machen.[32] »Selbst wenn die ganze Armee ihm auf den Leib rückte«, schreibt Mirza Saleh, »könnten sie ihn nicht zwingen, es aufzugeben …, und nicht einmal der Fürst vermag ihm auch nur den geringsten finanziellen oder physischen Schaden zuzufügen.«[33] Demokratie und Freiheit gehörten nicht zu den Zielen Fath Ali Schahs oder seines designierten Nachfolgers, und Mirza Saleh hütete sich, in seinem Buch dafür einzutreten, aber schon der bloße Hinweis auf solche Möglichkeiten kann den Anstoß zu der Frage geben: »Warum nicht bei uns?«

Im Mai 1819 wurden Mirza Saleh und seine Reisegefährten von Prinz Abbas Mirza zurückgerufen. Sie alle hatten nach den ersten orientierungslosen Wochen ihres Aufenthalts in England Anstellungen gefunden. Zwei der fünf hatten Kurse an der Royal Military Academy in Woolwich belegt, und ein dritter hatte moderne Medizin studiert. Neben seiner Arbeit als Historiker hatte Mirza Saleh Unterricht in Latein, Französisch und »Naturwissenschaften« genommen und die Kunst des Steindrucks erlernt. Außerdem hatte er das Geheimnis des britischen Wohlstands entdeckt: die Tatsache, dass es »ein Land der Freiheit« war.[34] Der unter Heimweh leidende Muhammad Ali war einer der ersten Muslime der Geschichte geworden, die die Funktionsweise einer Dampfmaschine verstanden, und fand das Leben in England so angenehm, dass er die Tochter seiner Vermieterin heiratete – die ihn später zurück in die Heimat nach Täbris begleitete. Dort fielen den Heimkehrern nun zwei Pflichten zu: die erlernten Fähigkeiten anzuwenden und sie an andere weiterzugeben.

Ihre Heimreise führte über das Mittelmeer und die Türkei. Als sie in Istanbul nach fünfjähriger Abwesenheit erstmals wieder muslimischen Boden betraten, musste Mirza Saleh sich daran erinnern, sich nun »gemäß seiner eigenen Religion zu verhalten«. Die osmanische Hauptstadt befand sich im Zustand eines Sitzkriegs zwischen Sultan Mahmud II. und den Janitscharen, und Mirza Saleh beklagte das Unvermögen der Türken, ein die Modernisierung vorantreibendes Regime zu schaffen, wofür er die Scheichs verantwortlich machte (die im Iran »Mullahs« genannt werden). »Solange die Mullahs sich in die Angelegenheiten der osmanischen Regierung einmischen«, schrieb er, »wird das Land keinen Fortschritt machen. Sultan Selim hat versucht, die europäische Ordnung in Istanbul einzuführen, aber die Mullahs bezeichneten diese Ordnung törichterweise als unislamisch. Der Sultan wollte auch die europäische Wissenschaft einführen, aber auch daran hinderten ihn die Mullahs aus Eifersucht, und somit verhinderten sie, dass dass Volk den Weg der Unwissenheit und Dunkelheit verlassen konnte. Tatsächlich liegt es auf der Hand, dass kein Land und keine Staatsverwaltung Fortschritte machen kann, wenn die Mullahs sich in die Angelegenheiten der Regierung einmischen.«[35]

Er muss die Unterschiede zwischen dem noch unreformierten Istanbul und dem England, das er gerade verlassen hatte, sehr deutlich gespürt haben. So war man immer noch auf das Schiff angewiesen, wenn man das eigentlich recht schmale Goldene Horn überqueren wollte – ein deutlicher Gegensatz auch zu den riesigen Brücken, die er in Sankt Petersburg gesehen hatte. Wenn der Sultan eine Moschee verließ, wurde er nicht nur von einer modern ausgerüsteten Leibgarde beschützt, sondern auch bedrohlich von Janitscharen in ihren veralteten Prachtuniformen eingezwängt. Der persische Besucher konnte nicht voraussehen, dass der Sultan sich sieben Jahre später stark genug fühlen würde, seine Prätorianergarde zu zerschlagen und die türkische Modernisierungsrevolution auf den Weg zu bringen.

Fünf Jahre nach Mirza Salehs Rückkehr schrieb Prinz Abbas Mirzas Hofchronist: »Die Handwerksmeister, die unter hohen Kosten aus Persien nach England geschickt wurden, sind inzwischen zurückgekehrt ... und stellen Kanonen und andere Kriegswerkzeuge her, die besser sind als die in England hergestellten ... Außer Latein kennen sie auch die Sprachen Frankreichs, Englands, Indiens, Polens und Russlands. Unter ihnen befinden sich Ingenieure und ein Arzt, deren Fähigkeiten von englischen Meistern bestätigt worden sind. Jetzt studieren auf Anordnung des Prinzen einige Kinder des Adels bei ihnen Technologie und Sprachen.«[36]

Alles in allem war die Wirkung der Rückkehrer auf ihre Landsleute beträchtlich – auch wenn der Waffenschmied Muhammad Ali nicht ganz an die Gießereien in Birmingham heranreichte. Mirza Salehs Beitrag war vielleicht besonders bedeutsam. Der Kronprinz nutzte seine Dienste als Sekretär, Dolmetscher und Diplomat. Die Lektüre seines Reisetagebuchs beschränkte sich wahrscheinlich auf einen engen Kreis, der aus Abbas Mirza und seinem Gefolge bestand, und diese beschränkte Verbreitung kann kaum überraschen, war sein Inhalt doch Sprengstoff, mit dem man vorsichtig umgehen musste. So wies er den Weg zu einem funktionelleren, stärker an der Empirie ausgerichteten Persisch, während seine Verwendung übersetzter Auszüge eine Übersetzungsbewegung in Gang brachte, die allerdings nicht den in Kairo und Istanbul zu beobachtenden Umfang erreichte. (Eine seiner Wortschöpfungen war *durbin*, »weit sehen«, für »Fernrohr«.)

Mirza Saleh nutzte auch seine in London als Druckerlehrling erworbenen Fertigkeiten, zumal er eine kleine Druckerpresse nach Hause mitgebracht hatte. Es war nicht der erste Versuch, Bücher in der Landessprache zu drucken. Sir John Chardin, ein englisch-hugenottischer Kaufmann, hatte im 17. Jahrhundert vom Safawiden-Schah den Auftrag erhalten, eine Druckerpresse ins Land zu holen. Aber die Kosten waren hoch, und in der Folgezeit sorgte (wie in Ägypten und der Türkei) eine Kombination aus religiösen Bedenken, Widerstand seitens der Kopisten und mangelnden technischen Kenntnissen dafür, dass der Iran – abgesehen von liturgischen Texten für die christliche Minderheit – eine von Druckerzeugnissen freie Zone blieb.

Nun jedoch wurde das Drucken dank Mirza Salehs Druckerpresse zu einem anerkannten Instrument des Staates. (Die Mullahs sollten eine Zeitlang noch an ihren Handschriften festhalten.) Während einer diplomatischen Mission in Sankt Petersburg erwarb er 1829 die erste Steindruckpresse des Iran – ein großer technologischer Sprung, da es nun auch möglich war, Karten und wissenschaftliche Schaubilder zu drucken.[37] 1847 hatte das Druckereiwesen im Iran solche Fortschritte gemacht, dass ein britischer Kaufmann schreiben konnte: »Wir haben jetzt in Täbris nicht weniger als sechzehn Druckereien und weitere in Teheran; tatsächlich sind Bücher in Persien jetzt so billig, dass die Geschäfte der Kopisten großen Schaden genommen haben.«[38]

Schon wenig später konnte Mirza Saleh auch eine weitere Lücke im persischen Informationswesen schließen, denn im Mai 1837 brachte er die erste Zeitung des Landes heraus, *Kaghaz-e Akhbar*, eine wörtliche Übersetzung des englischen »*newspaper*«. Neben Berichten über das Kommen und Gehen in der Hauptstadt, einen Brand im königlichen Palast in Neapel und ein neues Dampfschiff, das den Atlantik in weniger als zwei Wochen überqueren konnte, fand sich dort auch ein ungewöhnlicher Artikel über einen »aufmüpfigen, nackten, redefaulen, flegelhaften« Derwisch »mit verfilztem Haar«, der den osmanischen Sultan Mahumd II. angepöbelt hatte, als der seine nagelneue Brücke über das Goldene Horn eröffnete. Das war derselbe »haarige Scheich«, dessen Hinrichtung Berichte über ein himmlisches Licht über dem Leichnam ausgelöst hatte. Trotz des kuriosen Charakters dieses Ereignisses nutzte Mirza Saleh die Nachricht offenbar als Kommentar zur iranischen Innenpolitik und den aufreibenden Streitereien zwischen Ulema und Sufimystikern.

Mirza Salehs Mitstudenten in London taten sich im Anschluss fast ausnahmslos hervor. Einer wurde Chefingenieur der Armee und übersetzte eine Biographie Peters des Großen, während ein anderer zum Botschafter in Konstantinopel ernannt wurde und 1860 in diplomatischer Mission nach London zurückkehrte. Der Handwerksmeister Muhammad Ali kehrte zunächst nach Täbris zurück, bevor er nach Teheran ging und Leiter der königlichen Gießerei wurde. Seine englische Frau führte westliche Sitten wie den Gebrauch von Messer und Gabel in ihren Haushalt ein.[39] Hadschi Baba, der überlebende Teilnehmer der ersten Ausbildungsmission nach England, der dort Medizin studiert hatte, wurde Leibarzt des Kronprinzen und dann des Schahs. Er konzipierte später die erste polytechnische Lehranstalt des Iran.

Alles in allem konnte man sagen, dass Abbas Mirzas Investition sich bezahlt gemacht hatte und gute Aussichten für zukünftige Ausbildungsmissionen, ja sogar für den Erfolg seines gesamten Reformprojekts eröffnete. So fragt sich denn, warum der Prinz, der all das ins Rollen gebracht hatte, die Errungenschaften der Mission, bei der sich der Iran erstmals umfassend auf westliche Ideen einließ, nicht weiter festigte und darauf aufbaute. Die bittere Tatsache lautete, dass von den drei im Nahen und Mittleren Osten konkurrierenden Vorstößen zur Moderne der iranische am erfolgreichsten von Exponenten des Obskurantismus, des Fanatismus und der Angst abgewehrt wurde. Im Iran gab es in der ersten Hälfte des 19. Jahrhunderts nichts mit Muhammad Alis Krankenhäusern, Kanälen, Häfen und Schulen Vergleichbares und keine strahlenden Bekundungen wissenschaftlicher und weltlicher Begeisterung, wie die Bürokratie Mahmuds II. sie hervorbrachte. Und es dauerte noch eine ganze Generation, bis die von Mirza Saleh zum Ausdruck gebrachten Werte von hinreichend vielen Menschen aufgenommen wurden, um den Iran zu verändern.

Der Kronprinz selbst war ein wichtiger Grund für die Verzögerung. Abbas Mirza stand in ständiger Konkurrenz zu seinen unzähligen Brüdern, und das verstärkte seinen bereits mächtigen Wunsch, die kaukasischen Provinzen zurückzugewinnen, die der Iran im Frieden von Gulistan 1813 verloren hatte. Ungeachtet seines Wunschs nach Reformen und der Bemühungen, die er in diese Richtung unternahm, stand der Revanchismus in der Zeit, in der er darauf wartete, selbst Schah zu werden, über weite Strecken in seinem Denken doch an erster Stelle.

Er war so unklug, zu diesem Zweck die Unterstützung des schiitischen Klerus anzunehmen, mit dem er kaum etwas gemeinsam hatte, dessen Hilfe er jedoch brauchte, um einen Feldzug zu beginnen. Die Mullahs waren empört über die brutale Behandlung der Muslime im Kaukasus. Der russische Vizekönig der Region, General Alexei Petrowitsch Jermolow, machte kein Geheimnis aus seiner Verachtung für die Menschen, die seiner Herrschaft unterstanden, und war berüchtigt dafür, dass er tschetschenische Frauen für einen Rubel pro Kopf verkaufte und ganze tscherkessische Dorfgemeinschaften abschlachtete. 1826 führte der Kronprinz, ausgestattet mit Dschihad-Aufrufen der obersten Mullahs, sein Land in einen weiteren Krieg mit dem Nachbarn im Norden. Aber die noch in Entwicklung befindliche iranische Armee konnte es mit den Russen noch nicht aufnehmen, und so endete auch dieser Feldzug in einer Katastrophe. Schon nach zwei Jahren hatte der Iran weitere Landstriche im Kaukasus verloren, und auch Täbris war besetzt worden.

Die Folgen dieser Niederlage waren noch schlimmer als der Friede von Gulistan. Nach den Bestimmungen eines im Februar 1828 in einem weiteren iranischen Dorf unterzeichneten Friedensvertrags (Turkmantschai, dessen Name unter dieser Verbindung litt) trat der Iran das verlorene Territorium auch förmlich ab, erkannte Russland das exklusive Recht zum Handel und zur Schifffahrt auf dem Kaspischen Meer zu und erlaubte Russland, im gesamten Nordiran Konsulate einzurichten – ein erster Schritt, dessen Weiterungen schließlich einer inoffiziellen Annexion gleichkamen. Außerdem erklärte sich der Schah zur Zahlung einer Entschädigung in Gold bereit, deren erste Rate allein schon einen Zug von 1600 Maultieren erforderte. Und schließlich übergaben die Iraner alle gefangenen russischen Untertanen einschließlich der Georgier und Armenier, die – teilweise unter Zwang – zum Islam übergetreten waren.

Von allen Bestimmungen des Vertrags stieß die letztgenannte bei den Iranern auf den größten Abscheu. Der russische Diplomat, der nach Teheran kam, um die Ausführung des verhassten neuen Vertrags zu überwachen, der gefeierte Dichter und Dramatiker Alexander Gribojedow, schickte seine Leute auch in Privathäuser, damit sie dort nach versklavten Christen suchten, und es gab Gerüchte, wonach in der russischen Gesandtschaft muslimische Frauen gezwungen würden, ihrem Glauben abzuschwören. Die Spannungen erreichten ihren Höhepunkt, als ein russischer Kosake einen muslimischen Jugendlichen erschoss und der Mob alle Hemmungen verlor. Die Mullahs riefen erneut zum Dschihad auf, der Mob stürmte die Gesandtschaft und schlachtete alle ab, die sich dort befanden, darunter auch Gribojedow. Nach dem Gemetzel schleifte man einen Leichnam, den man irrtümlich für den des Dichters hielt, durch die Straßen, und die Leute riefen: »Macht Platz … für den russischen Gesandten auf seinem Weg zum Schah! Erhebt euch, bezeugt ihm Respekt! Begrüßt ihn auf ausländische Art, indem ihr euren Hut abnehmt!«[40]

Als der Kronprinz in Täbris hörte, was geschehen war, weinte er. Da er eine weitere Demütigung auf dem Schlachtfeld befürchtete, versuchte er verzweifelt, den Schaden in Grenzen zu halten, indem er eine von seinem Sohn geführte Delegation (in der sich auch Mirza Saleh befand) nach Sankt Petersburg schickte, die sich für das Geschehen entschuldigen sollte. Die Russen waren an neuerlichen Kämpfen nicht interessiert. So wurde die Delegation denn freundlich empfangen, und Mirza Saleh nutzte die Gelegenheit, um seine Steindruckpresse zu kaufen. Aber der Vorfall verdeutlichte die Dringlichkeit einer Reform des Systems, und als die Delegation Russlands Hochburg der Moderne bewunderte – durch Fernrohre schaute, Fabriken, Universitäten und Schulen besuchte –, war das Hauptgefühl bei den Iranern nicht Hoffnung, sondern Frustration. »Es wäre äußerst einfach, solche Schulen im Iran aufzubauen«, schrieb ein Mitglied der Delegation voller Wehmut. »Man könnte einige der führenden ausländischen Gelehrten in den Iran holen und eine Schule für die Kinder des Adels einrichten.«[41] Aber welche europäische Macht wäre zu solcher Hilfe bereit, wenn das Leben ihrer Bürger jederzeit von den Leidenschaften des Volkes bedroht wäre? Es gab kaum einen besseren Beweis für die Unvereinbarkeit der Modernisierungsreformen mit dem Heiligen Krieg.

Abbas Mirza sollte niemals Schah werden. Er starb 1833, ein Jahr vor seinem Vater Fath Ali. Aber er hatte den Iran auf schicksalhafte Weise in eine wachsende anglo-russische Rivalität verwickelt, die nun jeden, der den persischen Thron bestieg, in seiner Freiheit einschränken sollte. Die Briten hatten begonnen, ihren Zugriff auf den Persischen Golf zu stärken, während die rivalisierenden Mächte um die Kontrolle des über Afghanistan, Belutschistan und den Hindukusch führenden Wegs nach Indien stritten. Das Schicksal des Iran, der in unmittelbarer Nähe zu diesen kargen, aber äußerst wichtigen Territorien lag, war nun für den ersten Imperialisten der Zeit von Interesse.

Der Iran war in das »Große Spiel« hineingezogen, wie man diese weltpolitische Auseinandersetzung später nannte.

Es wäre allerdings falsch, wenn man die schleppende Entwicklung des Iran hauptsächlich auf ausländische Machenschaften zurückführte. Schließlich hatten Ägypten und die Türkei mutig versucht, die feindlichen Interessen der europäischen Mächte abzuwehren, deren Energie und Kapital aber für sich zu nutzen.

Die Antwort auf diese Frage liegt in den persönlichen Charaktereigenschaften der verschiedenen Herrscher, und in dieser Hinsicht fällt der Vergleich mit Ägypten und der Türkei zum Nachteil Persiens aus. Auf Fath Ali Schah folgte dessen Enkel Muhammad, einer der fünfundzwanzig Söhne Abbas Mirzas. Von angenehmem Äußeren, höflich und in seinen Begierden gezügelt (er begnügte sich mit nur drei Frauen), interessierte sich der fromme, zur Mystik neigende Muhammad weniger für den Fortschritt als fürs Beten, und seine vierzehnjährige Regierungszeit war stärker von Stagnation geprägt als die zeitgleiche Reformphase in der benachbarten Türkei.

Auf den Thron gelangte er vor dem Hintergrund von Revolten eifersüchtiger Thronprätendenten und diverser Interventionen Russlands und Englands, die stark genug waren, sich direkt in die iranische Thronfolge einzumischen. In seiner Regierungszeit kam es zu weiteren Revolten, internen Kämpfen innerhalb des Staatsapparats und finanziellen Unsicherheiten, und er verschwendete viel Kraft auf den Versuch, Territorien zurückzugewinnen, die zu Zeiten der Safawiden einst zum Iran gehört hatten. 1837 versuchte der Iran mit der Hilfe Russlands, das in Westafghanistan gelegene Herat zu annektieren – dessen Herrscher die Briten fest unter ihre Fittiche genommen hatten. Die Briten reagierten mit Kanonenbootdiplomatie im Persischen Golf, und der Schah war gezwungen, seine Belagerung der Stadt aufzugeben.

Das Schicksal der Reformen unter Mohammed Schah zeigte sich in der Bedeutungslosigkeit, in der Mirza Saleh, dieser frühe und vielversprechende Vorkämpfer der Moderne, seine Tage beendete. In einem auf Modernisierung drängenden Staat wäre ein Mann mit seinen Verdiensten in einer sehr hohen Position gelandet, aber er kümmerte in einer niederen Beamtenstellung dahin, und seine Zeitung wurde geschlossen. Er war am Ende seines Lebens so unbekannt, dass sein Todestag und sein Begräbnisort nicht mehr zu eruieren sind.

Trotz alledem ist Mirza Salehs Reisetagebuch ein wertvoller und ergreifender Bericht. Es ist tragisch, dass seine Worte zu der Zeit, als sie die beste Wirkung hätten entfalten können, nur in handschriftlicher Form zu lesen waren und nicht als Buch zur Verfügung standen, für dessen Verbreitung er selbst sich so tatkräftig eingesetzt hatte. Sein Reisetagebuch sollte erst in den 1960er Jahren gedruckt werden, als die Ideen, die er darin vertrat, weitgehend schon aufgenommen worden waren.

Mirza Salehs Sturz bewies natürlich nicht die Vergeblichkeit jeglicher Reformbemühungen im Iran. Er zeigte vielmehr, wie wichtig es für jede derartige Bewegung war, dass der Staat unter der Führung eines aufrechten, entschlossenen und unermüdlichen Modernisierers stand. Fath Ali Schah, Abbas Mirza und Mohammed Schah erfüllten diese Kriterien nicht, und so blieb der Iran Mitte des 19. Jahrhunderts – als Europa unter seinem gescheiterten Frühling (der März-Revolution 1848) litt, die Tanzimat-Reformen in der Türkei vorankamen und Ägypten vor dem Bau eines großen, modernen Kanals stand – ein Land, das sich kaum aus der mittelalterlichen Dunkelheit gelöst hatte, in der die Kadscharen es in den 1790er Jahren vorgefunden hatten.

Mohammed Schah starb im September 1848, und ihn beerbte sein siebzehnjähriger Sohn Nasreddin. Während eine europäische Ausbildung für die Sprösslinge des türkischen und des ägyptischen Herrscherhauses bereits Pflicht war, wurde Nasreddins Ausbildung von der traditionellen Einweisung in Ethik und fürstengerechtes Verhalten, den sogenannten »Königsspiegeln«, beherrscht, ein wenig angereichert durch übersetzte geographische Abhandlungen und europäische Zeitungen und Zeitschriften, wie sie langsam erhältlich waren. Es zeugt von der Isolation des damaligen Iran, dass zu einer Zeit, als der Anblick von Passagierdampfern mit ihren Rauchfahnen auf dem Bosporus für die Istanbuler bereits zum normalen Alltag gehörte, in Teheran Dampfmaschinen noch so fremdartig waren, dass es der ganzen Erfindungsgabe des Nasreddin'schen Hofes bedurfte, um einen Spielzeugdampfer von einer Seite des Zierbeckens auf die andere tuckern lassen zu können.[42]

Der intelligente und in seiner äußeren Erscheinung beeindruckende Nasreddin (er verdichtete und schwärzte seine Augenbrauen und Wimpern mit Färberwaid und Kohle) erfüllte immerhin die physiologischen Voraussetzungen für einen Erfolg als Reformer. Er sollte achtundvierzig Jahre regieren, länger noch als Muhammad Ali oder Mahmud. Die besonderen Eigenschaften des neuen Schahs, verborgen hinter einem Mantel aus Unergründlichkeit, waren indessen Verletzlichkeit und Mangel an Erfahrung. Nasreddin besaß keine Anhängerschaft, keinen königlichen Scharfsinn und keine erkennbare Schwimmfähigkeit in den turbulenten Gewässern der anglo-russischen Rivalität. Um diese Mängel auszugleichen, hing er sich an einen Mann, der gut dreißig Jahre älter war als er, einen Mann, der die Erfahrung und den nötigen Schneid hatte, ihn während seiner Lehrzeit in diesem neuen Amt anzuleiten. Es war der dunkelhäutige und vollbärtige Mirza Taki Khan Farahani, besser bekannt unter dem höchsten Titel, den er erreichte: Amir Kabir (»Großer Befehlshaber«), der diese Patenrolle übernahm und damit zum dauerhaften Emblem der Reform im Iran wurde.

Der 1807 in der trockenen Mitte des persischen Hochlands geborene Amir Kabir war von einer Herkunft, die man ihn am Hof niemals vergessen ließ. Sein Vater war Koch im Hause des Ersten Ministers Abbas Mirzas gewesen, und da der Junge schon früh Zeichen einer außergewöhnlichen Aufgewecktheit zeigte, erhielt er gemeinsam mit den Kindern des Ministers Unterricht. Die Gunst, die ihm von höchster Stelle gewährt wurde, ebnete den Weg zu Beförderungen, und in den 1830er Jahren stieg er in der Verwaltung jener Armee auf, die Abbas Mirza modernisiert hatte. Kompetenz, Entschlossenheit und Abneigung gegen höfische Unterwürfigkeit ergänzte er durch die Beharrlichkeit und den Listenreichtum eines Diplomaten. Er gehörte (ebenso wie Mirza Saleh Schirazi) zu der diplomatischen Mission, die wegen der Ermordung Gribojedows nach Sankt Petersburg geschickt wurde, und tat sich in sensiblen Grenzverhandlungen hervor, die im türkischen Erzurum geführt wurden und fast vier Jahre dauerten.

1848 wurde er neben seinen sonstigen Verpflichtungen zum obersten Erzieher des Kronprinzen Nasreddin ernannt, der das traditionelle Amt des designierten Thronfolgers, das des Landvogts von Täbris, übernommen hatte. Wenige Monate später war Mohammed Schah tot, und Amir Kabir war so erfolgreich in seinen Bemühungen, seinem Schützling den Weg zur absoluten Macht zu ebnen, dass der neue Schah ihn unverzüglich zu seinem Ersten Minister machte (nachdem er bereits Armeechef geworden war). Bald schon wurde er auch der Schwager des Schahs, denn er heiratete Nasreddins Schwester Malekzadeh.

Allerdings wollte Nasreddin in den ersten Jahren seiner Herrschaft gar keine absolute Macht. Er war ein junger Mann, verrückt auf die Jagd, von seinem Geschlechtstrieb getrieben und nur zeitweilig an der Regierung des Iran interessiert. Oft verschwand er wochenlang in den Bergen nördlich von Teheran und kehrte mit Tausenden erlegten Tieren und einer neuen Konkubine zurück. Der Ton des Ministers gegenüber seinem Lehnsherrn mochte so ehrerbietig sein, wie die Sitte es verlangte – »Möge die Seele dieses Sklaven ein Opfer für den Staub an den Füßen Eurer Majestät sein«, lautete eine typische Zeile aus ihrer Korrespondenz –, aber alle wussten, dass er und nicht der Monarch das Sagen hatte.[43]

Anders als seine Vorgänger gab Amir Kabir der Reform die Priorität. Zunächst einmal sorgte er für innere Stabilität, da sie für jedes Reformprojekt von entscheidender Bedeutung war. Mit größter Strenge schlug er mehrere Aufstände in den Provinzen nieder, ließ Rebellenführer hinrichten und die Anhänger einer messianischen Gestalt namens Bab massakrieren. Wegen der verschwenderischen Großzügigkeit des verstorbenen Mohammed Schah gegenüber dem Klerus und wegen der Unlust der regionalen Magnaten, Steuern zu zahlen, war die Staatskasse leer. Amir Kabir senkte Schenkungen und Gehälter und trieb die ausstehenden Steuern bei den widerspenstigen Statthaltern und Stammesoberhäuptern ein.

Als er die Ordnung wiederhergestellt hatte und die Staatsfinanzen sich verbesserten, ging Amir Kabir daran, die übliche Checkliste der Reformer des 19. Jahrhunderts abzuarbeiten. Er gründete das erste moderne Krankenhaus des Iran und die erste höhere Bildungsanstalt des Landes (die von Hadschi Baba geplante Polytechnische Hochschule in Teheran, in der hauptsächlich österreichische Professoren lehrten). Er realisierte die umfangreichsten Stadtplanungs- und Bauprojekte seit den Zeiten der Safawiden, darunter Grenzfestungen, der Teheraner Basar und ein Kanal. Von der Einrichtung eines Postdienstes über die Einführung von Pockenimpfungen bis hin zum Bau von Fabriken für Kutschen, Kanonen und Samoware (ein Kulturimport aus Russland, der heute noch floriert) bewies Amir Kabir sein Engagement für die nützlichsten Ideen der Zeit, woher sie auch kommen mochten. Wie Muhammad Ali, den er bewunderte, interessierte er sich für den Anbau exportfähiger landwirtschaftlicher Erzeugnisse. Er überwachte den Anbau von Zuckerrohr und jener amerikanischen Baumwollsorte, die Ägypten so rasch reich gemacht hatte.

Die Großmächte beobachteten diesen störenden Neuling natürlich mit großer Aufmerksamkeit. Der Amir musste mit den unerfreulichen Nachwirkungen des erfolglosen Versuchs Mohammed Schahs zur Eroberung von Herat 1838 fertig werden. Statt sich auf Briten oder Russen zu stützen, heuerte er Militärberater aus Italien und Österreich an und baute – gleichfalls im Blick auf Selbstversorgung – über das Land verteilt mehrere Waffenfabriken. Es gelang ihm, die kaspischen Fischereirechte, eine bedeutende Einnahmequelle, aus dem russischen Monopol herauszulösen und an Iraner zu vergeben. Aber da die Russen das Kaspische Meer kontrollierten und britische Schiffe den Persischen Golf beherrschten, war ihm die Verwundbarkeit des Iran nur allzu bewusst.

Er sträubte sich auch gegen die in typisch opportunistischer Manier betriebene Förderung der religiösen Minderheiten des Iran durch die Großmächte. »Ich vermag nicht zu erkennen, wo die Diktate dieser Exzellenzen enden werden«, meinte er anlässlich einer russischen Intervention zugunsten der Armenier, »aber solange es Aussichten gibt, sollte der Kampf fortgesetzt werden.«[44] In seinen Methoden – einer Mischung aus nationaler Konsolidierung und maßvoller Globalisierung des staatlichen wie auch des privaten Sektors – kann man die Keimzelle einer modernen gemischten Ökonomie und des Nationalstaates erkennen.

Die von ihm gegründete Zeitung *Vaqayi-i Ittifaqiya* machte dort weiter, wo Mirza Salehs Zeitung aufgehört hatte, allerdings mit dem Stempel einer offiziellen Beglaubigung, die der Vorgängerin gefehlt hatte. Dort gab man fortschrittliche Maßnahmen bekannt wie etwa das Verbot der Versorgung der Armee durch Beschlagnahme von Lebensmitteln bei der einheimischen Bevölkerung und informierte über die Gefahren des Trinkens von Brackwasser, während man neugierige Leser in so unterschiedliche Themen einführte wie den Kampf des italienischen Nationalisten Giuseppe Mazzini gegen das Habsburgerreich, Ägyptens Pläne für den Suezkanal, die Volkszählung von 1851 im Vereinigten Königreich und das Treiben der Kannibalen auf Borneo.[45]

Bei seinen Verhandlungen mit den Osmanen in Erzurum hatte Amir Kabir bemerkt, dass die Pforte ihre Reformen erst durchzusetzen vermochte, als sie die Ulema von der Spitze der Gesellschaft verdrängt hatte. Diese äußerst sensible Neuordnung versuchte er nun auch im Iran. Er selbst hielt sich an die Vorschriften des Islam, fastete und betete, wie die Gebote es verlangten, aber für die anmaßenden Mullahs hatte er nur Misstrauen und Verachtung übrig. Ihr Einfluss war jedoch so groß, dass er keine größeren Rechtsreformen durchzusetzen vermochte, die an die auf Säkularisierung ausgerichteten Tanzimat-Reformen in der Türkei herangereicht hätten, und er konnte die Macht der Geistlichen im Bereich des Rechts nur geringfügig beschneiden. So begnügte er sich mit intellektuellen Kämpfen gegen einzelne Mullahs und Praktiken.

Seine Versuche, die Selbstgeißelungen und Selbstverstümmelungen bei den Trauerfesten des schiitischen Kalenders einzudämmen, lassen erkennen, dass er diese Darbietungen von Frömmigkeit als peinlich empfand. Aber die Öffentlichkeit teilte diese Scham nicht, und er war gezwungen zurückzustecken, auch wenn er größeren Erfolg hatte mit seinen Bemühungen, die Praxis der Geistlichen zu beenden, mutmaßlichen Kriminellen Asyl auf dem Gelände ihrer Moscheen und Schreine zu gewähren.

Der Streit um die Unantastbarkeit heiliger Stätten erreichte seinen Höhepunkt 1849 in Täbris. Dort entkam eine zum Schlachten bestimmte Kuh dem Tod, indem sie in einem Schrein Zuflucht suchte, woraufhin der erzürnte Besitzer tot umfiel und die Kuh als eine von Gott gesegnete Wahrsagerin verehrt wurde. Ermutigt von der Ulema (und, wie es scheint, auch vom britischen Konsul der Stadt, der dem Schrein einen Kristalllüster schenkte), hüllte das Volk den Vierfüßer in reichverzierte Gewänder, salbte ihn mit Küssen und erleuchtete die Stadt, als wollte es sich auf den Empfang eines Jahrtausendpropheten vorbereiten.[46] Jeden Tag kamen Berichte über neue Wunder, und die religiöse Ekstase artete in eine echte Revolte aus, als die Schuhmacher der Stadt sich weigerten, weiterhin Steuern zu zahlen und anderen lästigen weltlichen Verpflichtungen nachzukommen, und der Vorbeter beim Freitagsgebet jedermann den Tod androhte, der in der Nähe des Schreins beim Genuss von Alkohol erwischt wurde.[47] Amir Kabir setzte dem Aufruhr ein Ende, indem er deren Anführer nach Teheran lockte, wo man sie festhielt, bis die Leidenschaften sich abgekühlt hatten. Seine sichere Einschätzung der Stimmung im Volk beruhte ohne Zweifel zu einem Gutteil auf dem effizienten Spitzelnetz, das er aufgebaut hatte und über das er Berichte aus allen Teilen des Landes erhielt.

1851 zeigten die Stabilisierungsbemühungen des Amirs bereits einige Wirkung, aber die finanzielle Last der Befriedung hatte der Adel getragen, und die Mutter des Schahs, Malek Jahan, der man ohne viel Federlesen ihre einstmals dominante Stellung gegenüber ihrem Sohn genommen hatte, fand bereitwillige Verbündete für eine Kampagne, die Amir Kabir diffamieren und seine Position untergraben sollte. Es ging das Gerücht, der Amir wolle Nasreddin entthronen und durch dessen Halbbruder ersetzen. Außerdem machten Theorien die Runde, wonach er mit den Briten gemeinsame Sache machte. Und tatsächlich tat Amir sich keinen Gefallen mit seinen Fähigkeiten und seiner Arroganz, von seiner unauslöschlich niedrigen Herkunft ganz zu schweigen.

Die Gerüchte über seine Verschwörung mit den Ausländern waren nicht überzeugend. Wie die Ehefrau des britischen Ministers in Teheran Mary Sheil es ausdrückte, hatte der Amir vielleicht »allzu unüberlegt die beiden Löwen herausgefordert, zwischen denen ... das sanfte Lämmchen Persien sich befand«. Und trotz seiner Machtfülle scheint Amir Kabir keine Ambitionen gehabt zu haben, selbst auf den Thron zu gelangen. Aber er war ohne Zweifel eine eindrucksvolle, stolze Gestalt, und wie Mary Sheil schrieb, »machte er den üblichen Fehler, den Schah als eine Null erscheinen zu lassen. Er redete sogar verächtlich über ihn und nannte ihn gerne ... diesen jungen Kerl.«[48]

Der Vorwurf der Arroganz wurde von Amir Kabirs Gegnern weidlich genutzt, und im November 1851 entließ der junge, leicht zu beeinflussende Schah seinen Ersten Minister – den Mann, den er in glücklicheren Zeiten fast wie einen Vater verehrt und dem er seine jüngere Schwester zur Frau gegeben hatte. Wenig später verbannte er ihn sogar in das am Rande der Wüste gelegene Kaschan. Auf einer Fahrt durch die Umgebung Teherans beobachtete Mary Sheil zufällig die Abreise Amirs und der Schwester des Schahs. »Sie saßen beide in einer von Wachen umgebenen [Pferdesänfte]. Auf mich wirkte es wie ein Trauerzug, und ich habe selten etwas Melancholischeres gesehen. Ich hätte ... den todgeweihten Amir und seine arme junge Frau mit ihren zwei kleinen Kindern so gerne in meine Kutsche geholt und wäre mit ihnen ins Missionshaus gefahren ... Es könnte wohl auch sein Schicksal erahnen lassen.«[49]

Mary Sheils Pessimismus war nicht unangebracht. Der Amir hatte konkurrierende Angebote von ihrem eigenen Mann und dessen russischem Gegenpart erhalten, die beide hofften, einen Staatsmann zu schützen und damit zu Dank zu verpflichten, der möglicherweise auch wieder an die Macht zurückkehrte. Aber ihre Aktionen stärkten nur das Misstrauen des Schahs und seinen Ärger über die ausländische Einmischung in seine Angelegenheiten. Der Amir und Malekzadeh wurden im königlichen Palast in Fin am Stadtrand von Kaschan isoliert, auch wenn sie sich dort zwischen Zypressen und Wasserläufen des erfrischenden Gartens ergehen durften. Die pflichtbewusste Malekzadeh ließ ihren Mann nicht zugunsten ihres Bruders und ihrer Mutter im Stich, und Mary Sheil berichtete: »Zum Schutz vor einer Vergiftung machte diese beispielhafte Dame es sich zur Gewohnheit, alle dem Amir angebotenen Speisen vorzukosten.«[50] Unterdessen lag man dem Schah »wegen der Gefahr, solch einen Mann am Leben zu lassen«, in den Ohren, und schließlich gab er einem hohen Bediensteten namens Hadschi Ali Khan, den Amir »aus dem Staub erhoben hatte«, den Auftrag, nach Fin zu eilen und »Mirza Taghi Khan zu erlösen«.⁵¹

Während man seinen Tod vorbereitete, gab die Mutter des Schahs dem Amir über ihre Agenten zu verstehen, dass seine Entlassung aus der Gefangenschaft bevorstehe. Als Hadschi Ali Khan und seine Komplizen im Januar 1852 in Fin eintrafen, erfuhren sie, dass ihr baldiges Opfer sich im Badehaus befand, um sich zu waschen und die Ehrengewänder anzuziehen. Malekzadeh enthielt man die Nachricht von ihrer Ankunft vor. Sie befand sich in einem anderen Teil des Palasts (wo sie zweifellos über ihr Glück nachdachte). Als Hadschi Ali und seine Komplizen das Badehaus betraten, legten die Eunuchen des Amirs gerade dessen Kleider zusammen. Er trat seinem Schicksal gefasst entgegen, bat nur, noch einmal seine Frau sehen zu dürfen – was ihm jedoch verwehrt wurde. Dann gab er seinem Barbier den Befehl, ihm die Pulsadern an beiden Handgelenken zu öffnen, und verbot ihm, sie anschließend zu verbinden. Im Sterben brachte Amir Kabir seinen Schmerz zum Ausdruck, indem er einen Kupferkessel gegen die Wand schleuderte und den Schah verfluchte. Dann brach er zusammen. Als er in seinem Blut lag, drückte ihm einer von Hadschi Alis Häschern die Hacke seines Stiefels in den Rücken, schlang ihm ein Handtuch um den Hals und zog diese Schlinge zu, bis er sich nicht mehr rührte.[52, 53]

Im Iran wunderte sich kaum jemand über den Tod des Amirs, auch wenn viele entsetzt über die feige Art der Ausführung waren. Seine Amtszeit markierte den ersten und letzten nachhaltigen Versuch zur Modernisierung des Landes in der langen Regierungszeit Nasreddins und die einzige Zeit, in der dieser eifersüchtige, unsichere und immer genusssüchtigere Monarch gezwungen war, seine Macht mit irgendjemandem zu teilen.

Amir Kabirs Bilanz lässt schmerzlich erahnen, was er vielleicht erreicht hätte. Er war nur dreieinhalb Jahre an der Macht, und auch wenn seine Leistungen unvermeidlich nicht an die Muhammad Alis und Mahmuds II. heranreichen (die weitaus mehr Macht besaßen und länger amtierten), waren sie doch bemerkenswert. Hätte er seine Macht etwas weniger deutlich zur Schau gestellt und hätte er etwas geschickter zwischen den Empfindlichkeiten des Schahs, dem Groll der Mutter des Monarchen und den Interessen der Russen und der Briten laviert, wäre ihm möglicherweise ein Platz in der ersten Reihe der Modernisierer des Nahen und Mittleren Ostens sicher gewesen. Aber seine Karriere als Verfechter von Reformen hatte gerade erst begonnen, als seine Pulsadern in der iranischen Wüste geöffnet wurden.

Der Sohn eines Kochs hatte wahrscheinlich das Kadscharenreich gerettet, aber seine Bemühungen kamen Nasreddin zugute und nicht dessen Untertanen. Damit begann eine despotische Herrschaft, die fast ein halbes Jahrhundert währte und die zwar weniger puritanisch und effizient war als die von Abdülhamid II. in der Türkei, aber in ganz ähnlicher Weise zu einer Aufstauung des Unmuts vor der unausweichlichen Explosion führte.

Amir Kabirs Tod fiel in die Anfangsphase der Regierungszeit Nasreddins, aber man kann die These vertreten, dass dies das bestimmende Ereignis war, das die Einstellung des Schahs zur Moderne prägte – eine Einstellung, die eng und monopolistisch war. Denn obwohl Nasreddin sich von neuen Ideen und Dingen angezogen fühlte – er interessierte sich sehr für Fotografie und Verbrennungsmotoren –, gedachte er, Technik und Innovation weniger dafür einzusetzen, den ererbten Staat auf die Höhe der modernen Welt zu führen, als dafür, dessen herausragende Merkmale zu schützen, deren wichtigstes seine eigene Vorrangstellung war.

Zum Gedenken an den auf Nasreddins Befehl ermordeten Ersten Minister sind wahrscheinlich mehr Gedichte und Epigramme verfasst worden als für irgendeinen anderen Perser des 19. Jahrhunderts, und das marmorne Badehaus, in dem der Amir starb, wird heute noch von traurigen Touristen besucht. Nur selten wird ohne einen Seufzer des Bedauerns an ihn erinnert, und sein Tod wird als ein Martyrium von weitreichender Bedeutung dargestellt, das die Entwicklung des Iran um mehr als ein halbes Jahrhundert verzögerte. Man könnte aber auch behaupten, dass er wegen des willkürlichen und absolutistischen politischen Umfelds, in dem er agierte, unvermeidlich scheitern musste. Im Iran konnte wie in Ägypten und der Türkei eine Reformbewegung nur dann Erfolg haben, wenn sich ein visionärer und körperlich gesunder Monarch an ihre Spitze stellte, der sich einem langen, produktiven

Strom von Reformen widmete. Das hatte für Muhammad Ali und Mahmud II. gegolten, und es galt ebenso für Amir Kabirs undankbaren Herren Nasreddin Schah.

Angesichts der Geschichte des von Amir Kabir repräsentierten, aber letztlich vereitelten Fortschritts und seines Todes, auf den mehr als vierzig Jahre einer abenteuerlichen monarchischen Tyrannei folgten, kann man leicht die Bedeutung religiöser Minderheitsbewegungen übersehen, die genau um diese Zeit aufkamen und deren Modernisierungsanspruch in krassem Widerspruch zu ihren mittelalterlichjenseitigen Ursprüngen zu stehen scheint. Die Babi-Bewegung, die in den 1840er Jahren ihren Anfang nahm, wurde um die Mitte des 19. Jahrhunderts zu einem wichtigen Katalysator gesellschaftlichen Fortschritts im Iran, setzte sie sich doch für friedliche Beziehungen zwischen den Religionen, die soziale Gleichheit der Geschlechter und einen revolutionären Antimonarchismus ein. Der Babismus war eine Reminiszenz an einen älteren Iran, der seit dem 7. Jahrhundert massenhaft Messiasgestalten hervorgebracht hatte, die sich gegen den islamischen Mainstream stellten – jene buchstäblich verrückten Rawandi-Anhänger, zu deren Gottesdienstpraktiken es auch gehörte, nackt von Stadtmauern und anderen erhöhten Orten zu springen (sie glaubten, fliegen zu können). Dennoch war die neue Strömung auch ein Produkt des mit Neuerung und Wandel kämpfenden Iran, und in der Folge entwickelte sie eine Sicht der Moderne, die von Säkularismus, Internationalismus und der Ablehnung von Kriegen geprägt war. Diese Sicht hat – in Gestalt des Bahaitums, das Ende des 19. Jahrhunderts aus dem Babismus hervorging – bis heute in Nischen und Gemeinschaften überlebt, die nahezu fünf Millionen Seelen umfassen und es verdienen, in jede Geschichte der Modernisierung im Nahen und Mittleren Osten aufgenommen zu werden.[54]

Seinen Ausgang nahm der Babismus im zweiten Viertel des 19. Jahrhunderts im südiranischen Schiraz (der Heimatstadt Mirza Salehs), wo ein blasser, nachdenklicher Junge namens Sayyid Ali Muhammad Schirazi in einer frommen, wohlhabenden Kaufmannsfamilie aufwuchs. Der Junge erhielt nur eine schlechte Ausbildung, was später seinem wundersamen Zugang zu göttlichem oder »nicht durch Ausbildung erworbenem« Wissen Glaubwürdigkeit verlieh – ähnliche Behauptungen gab es auch im Blick auf den Propheten Mohammed. Gleichfalls wie der Gründer des Islam stammte Ali Muhammad aus einer Händlerfamilie. Während der letzten Jahre seines zweiten Lebensjahrzehnts half er seinen Onkeln in Buschehr bei deren florierenden Import- und Exportgeschäften mit Indien, Maskat und Bahrain, wobei er durch seine Enthaltsamkeit, seine Frömmigkeit und seine Visionen Ansehen erwarb.

Ein Seher ohne Glaubwürdigkeit ist ein Spinner, aber Ali Muhammads berufliche Vertrauenswürdigkeit, gepaart mit einer Fähigkeit, Korankommentare hervorzuzaubern, und einer Neigung, unter die Oberfläche der Dinge zu schauen, sorgten für einen immer größeren Ruf. In einem fast schon eucharistischen Traum trank er »mit größter Freude« das Blut des Märtyrers Imam Hussein, auf dessen wahrsagerische Fähigkeiten er auch seine eigene Fähigkeit zurückführte, spontan Verse und Gebete vortragen zu können. Außerdem war er bekannt für seine Selbstkasteiungen, die ihm auch Kritik von orthodoxer Seite einbrachten. Ein Kritiker berichtete: »Wie ich gehört habe, stieg er einmal in Buschehr, wo der Wind so heiß ist, als käme er aus einem Ofen, in der größten Hitze aufs Dach, stand dort barhäutig in der Sonne und sagte Zaubersprüche auf.«[55] In Schiraz wurde er nach seiner Rückkehr – unterbrochen von Reisen zu den Schreinstädten im Irak – zunehmend zum Gegenstand von Bewunderung und Verwirrung. »Er ist nicht länger einer von uns«, sagten die Einwohner untereinander. »Er ist jetzt berühmt ... und kann Wunder wirken.«[56]

In den frühen 1840er Jahren waren die von Abbas Mirza geweckten Hoffnungen mit dem Tod ihres Urhebers gestorben, und die öffentliche Frömmigkeit nahm erkennbar zu in Gestalt von Schenkungen an Sufi-Schreine und von Gedenkfeiern für die zu Märtyrern gewordenen schiitischen Imame. Dank seines gehobenen spirituellen Zustands war Ali Muhammad zu dem Schluss gelangt, dass er für eine göttliche Mission auserwählt sei, und 1847 – ein Jahr vor dem Ende der wenig herausragenden Regierungszeit Mohammed Schahs – verkündete er: »Die fünfzigtausendjährige Sehnsucht ist erfüllt ... Ich bin das göttliche Feuer, das Gott entzündet.« Ganz im Geiste der sozialen und rechtlichen Revolution, die alle millenaristischen Bewegungen beflügelt, verkündete er außerdem die Aufhebung des Heiligen Gesetzes und das Ende der bestehenden Ordnung der Dinge einschließlich der Feudalherrschaft der Kadscharen, des islamischen Wucherverbots und der Predigten, Abhandlungen und theologischen Haarspaltereien der Geistlichkeit. Er war teils ein Martin Luther, teils ein mystischer Heiliger, agierte halb im Untergrund und wurde von einer wachsenden Gefolgschaft als »Bab« oder »Tor« zum zwölften Imam verehrt. Er gewann Anhänger von den unteren Ebenen der Staatsbürokratie bis in die entlegensten Dörfer, wo die in seinem Namen entstehenden Geheimgesellschaften ihre Überzeugungen verbargen, um der Verfolgung zu entgehen, Rebellionen anzettelten und die Orthodoxen in Angst und Schrecken versetzten.

Die klerikale wie auch die staatliche Obrigkeit standen vor einem Dilemma. Sie erkannten zwar die Bedrohung, die der Bab für sie darstellte, aber wenn sie ihn verfolgten oder töteten, konnte das seine Popularität möglicherweise noch stärken. 1848 wurde er in Anwesenheit Nasreddins (der damals noch Kronprinz war) in Täbris vor die Ulema zitiert, um seine Behauptungen zu widerlegen. »Ich bin der, auf den ihr seit mehr als einem Jahrtausend wartet«, erklärte er, aber er kam nicht der Forderung der Mullahs nach, Beweise wie das Kettenhemd Davids, den Stab Moses und den Ring des Salomon vorzuweisen. »Dazu habe ich nicht die Erlaubnis«, erklärte er, bevor er wieder in grammatisch nicht ganz korrektem Arabisch zu extemporieren begann. Nasreddin, der zuvor vom göttlichen Auftrag des Bab halbwegs überzeugt war, verlor rasch seine Bewunderung.

Einige Monate später hatte das Reich einen neuen Schah, mit Amir Kabir an dessen Seite, und wie in dieser frühen Phase seiner Herrschaft in mancherlei Fragen geruhte Nasreddin, auch im Blick auf den Bab seinem Ersten Minister zu folgen. Amir Kabirs Vorstellungen unterschieden sich von denen des Bab insofern, als sie reformorientiert und nicht revolutionär waren, und in seinen Augen war ein gezähmter schiitischer Klerus überaus bedeutsam für ein reibungsloses Funktionieren der Gesellschaft. Aber die aufblühende Babi-Bewegung war anderer Ansicht. Vielerorts im persischen Hochland sorgte der Glaubenseifer für eine bedrohliche Lage, und zur Vorbereitung auf einen allgemeinen Dschihad gegen Nicht-Babis wurden allenthalben Waffen gehortet.

Zwischen 1848 und 1852 kam es zu einer Reihe von Aufständen, in deren Verlauf Regierungstruppen Babi-Hochburgen belagerten und deren Anhänger bis in die Berge verfolgten. Das Land war von einem millenaristischen Wahn befallen, den auszumerzen Amir Kabir für seine Pflicht hielt. Die Existenz einer sich ausbreitenden häretischen Bewegung, die behauptete, ein neuer Prophet sei gekommen, um Mohammed zu ersetzen, stellte nicht nur für den Islam, sondern auch für jeden im Namen des Islam herrschenden Monarchen eine tödliche Bedrohung dar. Die zum Mainstream gehörenden Mullahs und der Schah waren vereint in dem Wunsch, diese Bewegung zu vernichten. Man schätzt, dass bei den Kämpfen und Vergeltungsaktionen mehrere tausend Babis ihr Leben verloren – es waren möglicherweise die blutigsten Militäraktionen, die im 19. Jahrhundert im Iran durchgeführt wurden.

Im Juli 1850, inmitten weiterer Unruhen und angesichts der Weigerung des Bab zu widerrufen, verurteilte ihn der Klerus in Täbris wegen seines Abfalls vom Glauben zum Tode. Man brachte ihn in eine Kaserne, wo ein Erschießungskommando ihn hinrichten sollte, aber als der Rauch sich verzogen hatte, war der Bab verschwunden, und alle glaubten an ein Wunder. In Wirklichkeit hatte die erste Salve nur den Strick gelöst, mit dem er gefesselt war, und der Bab hatte den Rauch der Büchsen genutzt, um sich in der Kaserne zu verstecken. Man brachte ihn ein zweites Mal zur Hinrichtungsstätte, und diesmal trafen die Kugeln ihr Ziel.

Der Babismus dagegen weigerte sich auch nach dem Tod seines Gründers zu sterben. Bei Nasreddin verflüchtigte sich jeder Anflug einer ambivalenten Haltung gegenüber der Bewegung, als einige Anhänger des Bab 1852 auf dessen Hinrichtung mit dem Versuch reagierten, den Monarchen zu ermorden – ein gescheiterter Versuch, der einen Sturm blutiger Verfolgung von seiner Seite und eine Spaltung der Bewegung auslöste, wobei ein Teil sich einer Doktrin politischer

Abstinenz zuwandte, während andere weiterhin auf den Sturz des Monarchen hinarbeiteten. Die Feindschaft gegenüber dem Babismus und seinen Abkömmlingen wurde zu einem Dogma des iranischen Staates (und ist dies heute noch für die Islamische Republik). Eine Propagandakampagne stigmatisierte dessen Anhänger nicht nur als Abtrünnige, die vom rechten Weg abgekommen seien, sondern auch als habgierige, egoistische Menschen mit einer laxen Auffassung von Moral. Seinem Sohn, dem Gouverneur von Isfahan, schärfte der Schah später ein: »Bestrafung, Isolierung und Einschüchterung dieser verachtenswerten Sekte ist eine der Notwendigkeiten des Königtums.«[57]

Aber die Verfolgung verlieh den Babis nur neue Kraft, und sie überlebten in großen Nischen überall im Lande. Die Widerstandskraft, die sie bei grauenhaften Foltern bewiesen, machte sie zu gefürchteten Gegnern (so steckte man ihnen brennende Kerzen in Körperöffnungen, die man ihnen ins Fleisch geschnitten hatte). Ein im Dienste des Schahs stehender österreichischer Offizier berichtete von Szenen, bei denen man meinen möchte, sie wären der Phantasie des Marquis de Sade entsprungen. »Sie ziehen die Haut an den Fußsohlen der Babis ab, tauchen die Wunden in siedendes Öl, beschlagen die Füße wie die Hufe von Pferden und zwingen das Opfer zu laufen.« Dennoch »entringt sich kein Schrei der Brust des Opfers«. Dann »hängen sie den versengten und durchbohrten Körper an Händen und Füßen kopfüber an einem Baum auf, und nun darf jeder Perser seine Treffsicherheit nach Herzenslust erproben ... Ich sah Leichen, die von nahezu 150 Kugeln zerrissen waren.« Oft habe man dem Folteropfer keine Informationen entreißen können außer dem Bekenntnis, ein Babi zu sein.[58]

Ihres Gründers beraubt und vom Staat zermalmt, spaltete sich der Babismus, und die Mehrzahl der Gläubigen sammelte sich um einen früheren Schüler des Bab, Mirza Husain Ali Nuri, auch Bahaullah (»Herrlichkeit Gottes«) genannt, dessen Lehren die Grundlage des Bahaitums bilden. Mit Bahaullah verwandelt sich die Geschichte eines ansteckenden Wahns schrittweise in eine überraschende Modernisierungsgeschichte, und der Grund dafür liegt in der Tatsache, dass es damals im Iran keine weltliche Arena gab, in der man den Wunsch nach Wandel hätte artikulieren können. So kam es, dass dieser Wunsch seinen Ausdruck in der einzig vorhandenen Arena fand: der religiösen. Das Bahaitum war insofern revolutionär, als es die Notwendigkeit, jegliche Reform mit dem islamischen Recht in Einklang zu bringen, schlichtweg für obsolet erklärte, da das islamische Recht selbst nicht mehr gelte. Daraus entstand eine soziale und politische Veränderungsbewegung, die zu den progressivsten im Nahen und Mittleren Osten gehörte.

Bahaullah war politisch gemäßigt und besaß zahlreiche Verbindungen (Amir Kabir hatte versucht, ihn durch ein Regierungsamt für sich zu gewinnen), was es ihm ermöglichte, nach dem gescheiterten Attentatsversuch auf den Schah der Hinrichtung zu entgehen. Er wurde in einem verdreckten Gefängnis inhaftiert, wo er miterleben musste, wie mehrere seiner Glaubensgenossen zu Tode gebracht wurden. Diese Erfahrung hatte große Bedeutung für ihn, und als er 1853 aus dem Gefängnis entlassen und in die Verbannung ins Osmanische Reich geschickt wurde – die erste Zeit verbrachte er in einem der klimatisch gesunden europäischen Territorien, bevor man ihn unter persischem Druck in den Libanon brachte –, war er entschlossen, die Babi-Gemeinschaft zu erneuern.

1863 erklärte Bahaullah, er sei jene »Manifestation Gottes«, die nach der Prophezeiung des Bab an dessen Stelle treten sollte, und in den folgenden zwei Jahrzehnten schlug seine Bewegung nicht nur im Iran und im Osmanischen Reich Wurzeln, sondern dank ihrer Missionstätigkeit auch in den Vereinigten Staaten, in Europa, in Indien und in Zentralasien. Es kann kaum überraschen, dass Bahaullah wenig Freude mit seinen Versuchen hatte, die weltlichen Führer der Zeit für seine Sache zu gewinnen. Er schickte ihnen Sendschreiben, »Tafeln« genannt, in denen er sie aufforderte, ihm ihre Reiche zu Füßen zu legen. Königin Viktoria antwortete mehrdeutig; der Zar versprach, der Sache nachzugehen. Napoleon III. zerriss sein Sendschreiben und meinte, wenn Bahaullah Gott sei, dann sei er es auch.[59] Nasreddin ließ Bahaullahs Boten hinrichten.[60]

Aber auch wenn die Theologie des Bahaitums ein wenig hirnrissig sein mochte, konnte man das von seinen sozialen Zielvorstellungen keineswegs behaupten. Bahaullahs Manifest, das während seines langen Exils entstand, war in Teilen ein Reflex der progressiven Elemente der Tanzimat-Agenda. Es ging jedoch insofern weiter als die türkischen Reformen, als es für eine konsultative Demokratie eintrat, einen Unterschied zwischen Religion und Politik machte und sich für eine Weltzivilisation einsetzte, die durch eine gemeinsame Sprache geeint war und sich von Nationalismus und Krieg fernhielt.

Bahaullah war für eine konstitutionelle Monarchie und für eine von der Religionszugehörigkeit unabhängige Gleichheit aller Staatsbürger, was ihn in eine Reihe mit osmanischen Konstitutionalisten wie Namik Kemal stellte. Kemal war jedoch ein frommer Muslim, Bahaullah dagegen der Gründer einer neuen Religion. Und er ging sehr viel weiter als andere Reformer wie der Ägypter Rifaa al-Tahtawi in seiner Ablehnung des Prinzips der autoritären Monarchie, auf dem die iranische Staatsform basierte. »Alle Menschen sind mit Vernunft begabt«, schrieb er einem seiner Gefolgsleute, »deshalb wirst du sehen, dass der Absolutismus in den Staub getreten wird.«[61] Und in einer Passage, die eine Trennung des menschlichen Vermögens in Weltliches und Profanes ohne eine Sonderrolle für den Klerus implizierte, schrieb er, Gott habe die Könige mit der »Herrschaft auf Erden« betraut, aber »die Herzen der Menschen sich selbst« vorbehalten.[62]

Während Reformer wie Kemal und Rifaa al-Tahtawi versuchten, islamische und moderne Werte miteinander in Einklang zu bringen, waren die alten Axiome für Bahaullah und seine Anhänger jetzt bedeutungslos und durch die Behauptung seiner eigenen göttlichen Sendung ersetzt worden, wodurch natürlich auch das Amt des Schahs bedeutungslos geworden war. Abgesehen von diesem aufsehenerregenden und für viele unverdaulichen Aspekt seiner Lehre (aber vielleicht sogar gerade wegen dieses Aspekts), waren nahezu alle das Handeln der Menschen bestimmenden Prinzipien nun wieder offen für Interpretationen. Nachdem Bahaullah den muslimischen Klerus für überflüssig erklärt hatte, schlugen er und sein Nachfolger, sein Sohn Abdul-Baha, eines der aufgeklärtesten Sozialsysteme der Zeit vor.

Bahaullah glaubte, mit dem Beginn seiner göttlichen Mission sei nun auch die Zeit der parlamentarischen Herrschaft gekommen, und in seinen Schriften verband er messianische mit demokratischen Themen. Sein 1873 vollendetes Gesetzbuch verfügte, dass in jeder Stadt, in der sich eine Bahai-Gemeinde befand, ein »Haus der Gerechtigkeit« geschaffen werden sollte, ein Rat, der die gesetzgebende Gewalt ausübte und für die Armenfürsorge verantwortlich war. In Teheran wurde heimlich das erste Haus der Gerechtigkeit 1878 gegründet – fast dreißig Jahre vor der Konstitution des ersten iranischen Parlaments. Die Mitglieder wurden allerdings später inhaftiert. Er schrieb: »Es gehört zu den Reifezeichen der Welt, dass niemand die Bürde autokratischer Herrschaft zu tragen bereit ist.«[63] In einem Brief an Königin Viktoria lobte er sie für das Verbot des Sklavenhandels (der auch im Bahaitum verboten war) und für den Entschluss, »die Zügel des Ratschlusses in die Hände des Volkes zu legen« – ein Hinweis auf den Reform Act von 1867, der einem großen Teil der britischen Arbeiterklasse das Wahlrecht brachte. An eine der wenigen öffentlichen Persönlichkeiten, die sich für die Frauenbildung einsetzten (eine andere war Rifaa), verfügte er, dass Eltern für die Erziehung ihrer Jungen und Mädchen sorgen sollten, und wenn er der Tolerierung der Bigamie durch den Bab (zwei im Unterschied zu den vom Koran erlaubten vier Ehefrauen) nicht entgegentrat, machte er doch aus seiner Präferenz für die Monogamie keinen Hehl.

Überraschend für eine von Verfolgung und Revolte geprägte Lehre, verfügte Bahaullah die Abschaffung des Religionskriegs und verbot den Bahais, andere Religionen zu verunglimpfen. Er erlaubte es seinen Anhängern, ausländische Kleidung zu tragen (was nicht nur bei vielen muslimischen Autoritäten, sondern auch bei Indern und Buddhisten als entwürdigend galt), freundschaftliche Beziehungen zu Anhängern anderer Religionen zu unterhalten und deren heilige Schriften zu lesen. Er beklagte die verheerenden Auswirkungen des europäischen Imperialismus in Afrika und anderswo ebenso wie die gewaltigen Kosten und die Zerstörungskraft moderner Waffen, und er lobte die konstitutionelle Monarchie Großbritanniens. Wenn sein Sohn Abdul-Baha nachdrücklich Religionsfreiheit für alle Gruppen forderte – womit er weit über das im Osmanischen Reich praktizierte Millet-System hinausging –, so ließ er sich höchstwahrscheinlich von Königin Viktorias Proklamation zur religiösen Toleranz beeinflussen, in der sie verfügte, keiner ihrer indischen Untertanen dürfe »aufgrund seines religiösen Glaubens begünstigt ... belästigt oder in Unruhe versetzt werden«.⁶⁴

Die Monarchen selbst dürften den »Tafeln«, die Bahaullah ihnen schickte, nicht sonderlich viel Beachtung geschenkt haben, aber diese Dokumente fanden eine weite Verbreitung – heimlich bei den Bahais im Iran und offener anderswo. Betrachtet man die Eigenheiten der neuen Religion – die Tatsache, dass sie das islamische Gesetz zerriss, ihren Antiklerikalismus, die demokratischen Neigungen und vor allem die Ablösung des Propheten Mohammed als Quelle der Offenbarung –, kann es kaum verwundern, dass eine Lehre, die so viele für den islamischen Glauben schädliche Elemente enthielt, eingegrenzt, isoliert und (zumindest im Iran) aus der öffentlichen Wahrnehmung verbannt wurde. Die Bahai-Religion gibt es heute noch, aber ihre Bemühungen um ein friedliches Zusammenleben mit dem Islam werden weitgehend zurückgewiesen, und in ihrem iranischen Geburtsland gelten ihre Anhänger als Abtrünnige.

Der Bab, Bahaullah und ihre Anhänger waren Vorreiter, und die Ziele, die sie vertraten, wie auch die Kontroversen, die sie damit auslösten, sollten die von ihnen zurückgewiesene Hauptmacht des Islam noch Jahrzehnte beschäftigen. Noch erstaunlicher war es indessen, dass die berühmteste Anhängerin des Bab – auch wenn sie selbst sich möglicherweise nicht so verstand – die erste Feministin des Iran wurde.

Die talentierte, fromme, mit einer unwiderstehlichen Kombination aus Schönheit und Charisma begabte Fatima Zarrin Tadsch Baraghani (der der Bab den Namen Qurrat al-Ain [»Tröstung der Augen«] gab) ist eine der bemerkenswertesten Gestalten der iranischen Geschichte des 19. Jahrhunderts. Sie ist zugleich eine Ikone der Frauenbewegung und eine mittelalterliche Heilige – Simone de Beauvoir trifft Jeanne d'Arc –, und nun, da sie tot und ihr Platz in der Geschichte gesichert ist, kann man in den Ereignissen ihres Lebens eine Kette hellsichtiger Bilder oder Schnappschüsse einer Gesellschaft erblicken, die noch tief im Aberglauben befangen war, aber bereits am Rande der Moderne balancierte.

Sie wurde 1814 in Qazvin als Tochter des führenden örtlichen Religionsgelehrten Muhammad Saleh geboren. Obwohl sehr puritanisch im Blick auf die Beachtung des islamischen Gesetzes, war Muhammad Saleh in Fragen der Frauenbildung doch fortschrittlich gesinnt und ließ Fatima eine Erziehung zuteilwerden, wie sie den allermeisten Mädchen damals verwehrt blieb. Sie übertraf schon bald viele Schüler ihres Vaters und zeigte solch ein Geschick beim Auswendiglernen der Hadithe und esoterischen Deutungen der Koranverse, dass er sich zu der Aussage verleiten ließ: »Wenn sie ein Junge wäre, hätte sie mein Haus erleuchtet und wäre mein Nachfolger geworden.«[65] Mit vierzehn wurde sie mit ihrem Vetter Mullah Muhammad verheiratet, der gleichfalls ein Geistlicher war und mit ihr nach Kerbela im osmanischen Irak zog, wo sie zwei Kinder zur Welt brachte, aber in ihren geistigen Bemühungen nicht nachließ. Mullah Muhammad war verblüfft über seine eigensinnige Frau und empfand auch einiges Unbehagen angesichts ihrer Interessen, die deutlich über die allgemein akzeptierten Grenzen weiblichen Wissendrangs hinausgingen.

Die legalistische Einstellung des Klerus – mit der ihr Mann voll übereinstimmte – gefiel ihr nicht. Dort betonte man die Rolle der Geistlichen, fast ausnahmslos Männer, als Schiedsrichter in weltlichen Dingen, tat aber kaum etwas, um die Menschen auf die Umwälzungen vorzubereiten, die nach den Lehren des millenaristischen Islam dem Ende der Welt vorausgehen sollten. Qurrat al-Ains Islam war ekstatischen Charakters, und sie richtete ihre Gebete und Phantasien auf diese befreiende Endzeit, in der die Scharia ihre Geltung verlieren und durch eine vollkommene Freiheit unter Gott ersetzt werden sollte.

Die Schriften des damals noch unbekannten Bab empfand sie als Segen für ihre spirituelle Suche. »Als ich von dieser Sache hörte, erkannte ich sie sogleich«, schrieb sie, und sie verließ Mullah Muhammad (mit dem sie inzwischen nach Qazvin zurückgekehrt war) samt den Kindern, um sich nun ganz dieser »Sache« zu widmen.[66] Sie kehrte nach Kerbela zurück und scharte dort Gefolgsleute um sich, wobei sie ihre Redegewandtheit nutzte, um sowohl Männer als auch Frauen zu faszinieren. Bei einer gemischten Zuhörerschaft sprach sie hinter einem Vorhang sitzend, während sie bei kleineren Gruppen, die ausschließlich aus Frauen bestanden, unverschleiert sprechen konnte. Ein Augenzeuge berichtete: »Zahlreiche Menschen besuchten ihre Lehrvorträge und beteten hinter ihr. Wenn sie sprach, hörten sie mit großem Erstaunen und tiefer Bewegung zu.« Dass eine Frau als Vorbeterin fungierte und als Theologin anerkannt wurde, war für die damalige Zeit bemerkenswert. Ein Babi-Hagiograph schrieb: »Niemand konnte ihrem Charme widerstehen; nur wenige vermochten der Ansteckungskraft ihres Glaubens zu entgehen. Alle bescheinigten ihr einen außergewöhnlichen Charakter, staunten über ihre bewundernswerte Persönlichkeit und waren überzeugt von der Aufrichtigkeit ihrer Überzeugungen.«[67]

In einem Gedicht verlieh sie der ekstatischen Anarchie Ausdruck, die dem Gedanken der Endzeit innewohnte:

Werft ab die Gewänder alter Gesetze
Und abgenutzter Traditionen!
Taucht ein in das Meer
Meiner Freigebigkeit!

In einem anderen brachte sie (mit prophetischem Scharfsinn, wie sich zeigen sollte) ihre Ungeduld mit der Verborgenheit Gottes und ihren Wunsch nach unverhüllter Wahrheit zum Ausdruck:

Wie lange müssen Deine Geliebten noch
Diese Pein hinter dem Vorhang ertragen?
Schenke ihnen doch wenigstens
Einen flüchtigen Blick auf Deine unverhüllte Schönheit ...

Der Klerus reagierte auf Qurrat al-Ains wachsende Beliebtheit und Anhängerschaft mit Beschwerden beim osmanischen Gouverneur, während die vorsichtigeren Babis ihr vorwarfen, sie habe ohne Zustimmung des Bab »die Scharia für ungültig erklärt, die wir von unseren Vätern und Vorvätern geerbt haben«. Die Wahrheit wurde hier durch die bewusst unscharf gehaltenen Erklärungen des Bab verdunkelt, der die etablierte Praxis der *taqiyya* oder Notlüge nutzte, um dem Vorwurf der Apostasie zu entgehen. Qurrat al-Ain wurde verhaftet, wieder freigelassen und im März 1847 aus dem Osmanischen Reich verbannt. Sie ging zurück in den Iran, wo sie von Stadt zu Stadt mit derselben Mischung aus Schmeichelei und Misstrauen empfangen wurde – der neue Glaube polarisierte. Versammlungen wurden mit Gewalt gesprengt, und sie begann, sich für direkte Aktionen gegen die Feinde der Bewegung einzusetzen. Obwohl der Bab sie auch Tahiri, »die Reine«, nannte, bezichtigte man sie der Unkeuschheit, und der offizielle kadscharische Chronist behauptete, ihre Predigten glichen Orgien.

Das Qazvin, in das sie später in diesem Jahr zurückkehrte, war scharf polarisiert zwischen den Babis und ihren Gegnern – zu deren führenden Vertretern auch ihr Onkel und Schwiegervater Muhammad Taki gehörte. Im Sommer 1847 wurde Muhammad Taki während des Abendgebets in seiner eigenen Moschee ermordet. Qurrat al-Ain geriet in Verdacht, daran beteiligt gewesen zu sein, und floh nach Teheran, wo sie in Bahaullahs Haus Zuflucht suchte (das war vor seiner Verbannung und der Verkündigung seiner eigenen prophetischen Mission). Die Ermordung Muhammad Takis und die staatliche Verfolgung aller einer Beteiligung Verdächtigten markierten den Übergang zu einem offenen Krieg zwischen den Babis und konventionellen Schiiten.

Die anwachsende Flut der Verfolgung und der aufflammende Widerstandsgeist der Babis führte im Sommer 1848 zu einem sensationellen Treffen. Inmitten beispielloser Spannung, Angst und Geheimhaltung kamen in den Obstgärten von Badascht an der Straße von Mazandaran nach Khurasan im nordöstlichen Iran einundachtzig führende Babis zusammen. Der Bab war nicht anwesend, denn man hatte ihn in einer entlegenen Burg an der kurdischen Grenze inhaftiert. In seiner Abwesenheit mussten die Anführer der Bewegung nun ein für alle Mal entscheiden, ob das Babitum eine völlig neue Religion war oder nur ein neues Kleid für einen alten Glauben. Die radikalen unter ihnen hatten auch die Absicht, die schwarze Fahne zu hissen, die in der schiitischen Überlieferung für die Ankunft des Mahdi stand, des göttlichen Boten, der das Ende der Zeiten ankündigen sollte.

Für die Babi-Religion ging es in der zwischen Mandel- und Granatapfelbäumen geführten Diskussion in erster Linie um Fragen der Lehre, aber Badascht steht auch für einen Meilenstein in der Geschichte der politischen Bewusstwerdung der Frauen im Iran. Zu den Delegierten gehörte auch Qurrat al-Ain. Sie, Bahaullah und ihre Gefolgsleute vereinten ihre Kräfte mit denen eines anderen führenden Babis, der den Beinamen Quddus (»der Heilige«) trug und den die Gegner der Babis aus der Schreinstadt Maschhad vertrieben hatten. Wie sich zeigen sollte, war Qurrat al-Ains heilige Mission von höchst aktueller sozialer Bedeutung, gehörte dazu doch auch die Abschaffung einer der schärfsten symbolischen Beschränkungen, die die islamische Orthodoxie den Frauen auferlegte.

Die Versammlung in Badascht begann mit einem Machtkampf, in dem die radikale Qurrat al-Ain gegen den konservativen Quddus antrat, der sie als »Urheberin von Häresie« brandmarkte, während der auf Versöhnung bedachte Bahaullah einen Kompromiss zwischen beiden zu vermitteln versuchte. Die Faktionen verteilten sich auf drei Lager, jedes in einem anderen Obstgarten des Dorfes, wo die jeweiligen Anführer und deren Unterstützer ihre Zelte aufgeschlagen hatten. Während einer entscheidenden Phase der Verhandlungen befand Quddus sich in Bahaullas Garten, als er eine Einladung von Qurrat al-Ain erhielt, sie zu besuchen. Er lehnte ab und sagte: »Ich habe mich vollständig von ihr getrennt.« So kam denn Qurrat al-Ain zu ihm – und dies in einem unverschleierten Zustand, der eine offene Rebellion gegen das religiöse Gesetz darstellte.

Ein Augenzeuge berichtete:

> Plötzlich erschien vor den Augen der versammelten Gefährten die Gestalt Tahiris, geschmückt und unverschleiert. Sogleich ergriff Fassungslosigkeit die gesamte Gesellschaft. Alle erstarrten angesichts dieser plötzlichen und unerwarteten Erscheinung. Ihr Gesicht unverhüllt zu sehen war unvorstellbar für sie. Selbst ein Blick auf ihren Schatten ... war ungehörig ... Diese plötzliche Enthüllung schien ihre Geisteskräfte zu lähmen. [Einer von ihnen] war derart erschüttert, dass er sich eigenhändig die Kehle durchschnitt. Blutüberströmt und vor Erregung schreiend floh er vor ihrem Angesicht. Andere folgten seinem Beispiel, wandten sich von ihren Gefährten ab und ließen den Glauben im Stich.

Derselbe Informant lässt keinen Zweifel an der religiösen Bedeutung, die Tahiris sensationellem Auftritt zukam.

> Unbeeindruckt von dem Aufruhr, den sie in den Herzen ihrer Gefährten ausgelöst hatte, wandte sie sich an die restliche Versammlung. Ohne nachdenken zu müssen und in einer Sprache, die verblüffende Ähnlichkeit mit der des Koran hatte, trug sie ihren Aufruf beredt und mit Inbrunst vor. Sie schloss mit einem Vers aus dem Koran: »Siehe, die Gottesfürchtigen kommen in Gärten mit Bächen, im Sitze der Wahrhaftigkeit bei einem mächtigen König.« Kurz darauf erklärte sie: »Ich bin ... das Wort, das die Herren und Edlen der Erde in die Flucht schlagen wird.«[68]

Dass Qurrat al-Ain hier unverschleiert erschien, war ein eklatanter Verstoß gegen das in einem berühmten Hadith niedergelegte Gebot des Propheten Mohammed: »Und wenn ihr sie [die Frauen des Propheten] um einen Gegenstand bittet, so bittet sie hinter einem Vorhang; solches ist reiner für eure und ihre Herzen.«[69] Vorhang und Schleier werden im Arabischen mit demselben Wort bezeichnet, und dieser Hadith bildet die Grundlage für die Rechtfertigung des Verschleierungsgebots für Frauen, dessen Beachtung oft sogar als Lackmustest für den Glauben dargestellt wird. In Persien kam eine Entschleierung in Anwesenheit von Männern, die nicht zum engsten Familienkreis gehörten, Mitte des 19. Jahrhunderts in ihrer Sündhaftigkeit der Prostitution gleich. Mit ihrem unverschleierten Erscheinen vor den Gefährten demonstrierte Qurrat al-Ain, dass die alten Gesetze keine Geltung mehr hatten, und machte zugleich deutlich, dass die Offenbarung des Bab hinsichtlich seiner wunderbaren Stellung und des Beginns einer neuen Zeit kurz bevorstand.[70]

Als die Versammlung sich auflöste und nach der Versöhnung der wichtigsten Delegierten Richtung Norden zog, um eine Babi-Enklave zu gründen, veranlasste der Anblick der unverschleierten, neben Quddus Gebete singenden Qurrat al-Ain eine Gruppe von Landbewohnern, sie anzugreifen. Mehrere Babis wurden getötet, die übrigen flohen. Die von Amir Kabir befohlene Verfolgung der Babis erreichte nun ihren Höhepunkt und gipfelte schließlich 1850 in der Hinrichtung des Bab.

Nach dem revolutionären Ablegen des Schleiers wurde Qurrat al-Ain zu einer gejagten Flüchtigen, die von Dorf zu Dorf floh, bis sie schließlich gefangen wurde. Man brachte sie in Teheran vor Nasreddin, dem sie gefiel und der deshalb befahl, ihr Leben zu verschonen, aber sie weigerte sich weiterhin zu widerrufen, und das Haus des Kalantars oder Polizeichefs, in dem man sie festhielt, wurde von Bewunderern belagert. Im September 1852 schließlich, nach dem erfolglosen Attentatsversuch auf den Schah, wurde sie zum Tode verurteilt.

In einer Babi-Darstellung der Ereignisse heißt es:

> Eines Abends, sie wusste, dass die Stunde ihres Todes nahte, legte sie ein Brautkleid an, salbte sich mit Duftöl und schickte nach der Frau des Kalantars ..., der sie ihre letzten Wünsche anvertraute. Dann schloss sie sich in ihren Gemächern ein und erwartete in Gebet und Meditation die Stunde, da sie sich wieder mit ihrem Geliebten vereinen sollte. Sie ging durchs Zimmer, sang eine Litanei, die ihrem Kummer und ihrer Freude gleichermaßen Ausdruck verlieh, als tief in der Nacht die Wachen ... eintrafen, um sie in den Ilkhani-Garten zu führen, der jenseits der Stadttore lag und der Ort ihres Martyriums sein sollte. Als sie dort eintraf, befand sich [der Offizier, der ihre Hinrichtung befehligte] gerade in einem von lautem Gelächter begleiteten Trinkgelage mit seinen Leutnants. Er befahl, sie unverzüglich zu erwürgen und in eine Grube zu werfen. Mit ebenjenem Seidenhalstuch, das sie instinktiv zu diesem Zweck aufbewahrt hatte, wurde diese unsterbliche Heldin nun zu Tode gebracht. Ihre Leiche versenkte man in einer Kuhle, die man mit Erde und Steinen füllte, ganz so, wie sie selbst es gewünscht hatte.[71]

Zu dieser Zeit war sie bereits so berühmt, dass die Londoner *Times* über die Hinrichtung der »schönen Prophetin« von Qazvin berichtete. Trotz der unermüdlichen Bemühungen der kadscharischen Behörden, das Babi- und Bahaitum zu unterdrücken, nahm ihr Ruhm in den folgenden Jahrzehnten noch weiter zu. »O Tahiri!«, klagte 1919 der türkische Dichter Süleyman Nazif, »du bist mehr wert als tausend Nasreddin Schahs!«[72]

Qurrat al-Ains Hinrichtung und die Ermordung des Babi-Verfolgers Amir Kabir zeigen, wie verworren das Verhältnis zu den Reformbewegungen um die Mitte des 19. Jahrhunderts im Iran war. Die Tatsache, dass diese beiden herausragenden Gestalten auf entgegengesetzten Seiten standen, zeigt außerdem, dass die Moderne viele Gesichter haben kann, von den westlich inspirierten, an Nützlichkeitserwägungen ausgerichteten Bemühungen des Amir um den Aufbau des Staates, in dessen Augen der orthodoxe schiitische Islam einen Schutzwall vor Unordnung darstellte, bis hin zum instinktiven Individualismus und zur spirituellen Anarchie Qurrat al-Ains. Natürlich gehörten ihre Wertvorstellungen einem unaufgeklärten Zeitalter der Magie und der göttlichen Gnade an, aber die Art, wie sie ihnen Ausdruck zu verleihen beschloss, indem sie nämlich zuerst ihren Gatten, dann ihre Religion und schließlich ihren Schleier abwarf, beweisen uns Nachgeborenen, dass nicht alle Ziele, die wir hochmütig mit dem Westen assoziieren, ihren Ursprung auch unbedingt im Westen haben müssen.

Trotz der diffusen Bestrebungen Qurrat al-Ains, Amir Kabirs und Abbas Mirzas und trotz des Optimismus und des Fleißes eines Mirza Saleh bleibt es eine Tatsache, dass der Iran bis weit in die zweite Hälfte des 19. Jahrhunderts hinein ein abgeschlagener Dritter in dem Wettrennen zur Moderne war, in dem sich die Kernländer der muslimischen Zivilisation befanden. Nasreddin Schahs Hand lastete in den folgenden Jahrzenten immer schwerer auf dem Land, und sein Widerwille, die Macht zu teilen, wurde immer unhaltbarer, doch die unvollendeten Bemühungen der frühen Modernisierer summierten sich zu einem überzeugenden Erbe, das spätere Neuerer aufgreifen, zusammenführen und weiterentwickeln sollten. Als das geschah und sie ihren Bemühungen die Forderung nach größerer Freiheit hinzufügten, vermochte selbst dieser mittelalterlichste unter den modernen Tyrannen nicht länger Widerstand zu leisten.

VIERTES KAPITEL *Strudel*

Im letzten Viertel des 19. Jahrhunderts bemühten sich Herrscher der geistig und politisch produktivsten Volkswirtschaften des Nahen und Mittleren Ostens, die Moderne entweder zu manipulieren oder zu verzögern – ob nun durch Schulen, durch Armeen oder durch Kanäle. Aber es war nicht mehr möglich, die Bewegung der Ideen zu kontrollieren, und selbsterzeugte, aus dem Volk kommende Kräfte – wie das Bahaitum – nahmen Einfluss auf Richtung und Geschwindigkeit des Wandels. Anders als die Konservativen es sich wünschten, die sich verzweifelt an die schmelzenden Eisberge der Tradition klammerten, war es unmöglich, nicht betroffen zu sein. Wer vermochte der Macht des von den Zeitungen bestärkten eigenständigen Urteils zu widerstehen oder im Ticken der modernen Uhren die Neuordnung der Zeit selbst zu überhören?

Ungeachtet des Widerwillens, den viele angesichts der Vorstellung empfanden, dass die islamischen Länder keine andere Möglichkeit hatten, als sich den neuen Methoden und Ideen anzupassen, waren die Zentren des Nahen und Mittleren Ostens in einem Strudel von Veränderungen gefangen. Auch abgesehen von der Beschleunigung der sozialen Umwälzungen, bestand eine weitere Neuerung in ihrem gemeinsamen und diffusen Charakter. Aufgrund des Reisens, der Ausbreitung von Zeitungen und der wachsenden Wahrscheinlichkeit, dass gebildete Muslime einander auf der Hadsch begegneten, entstanden dauerhafte intellektuelle und gesellschaftliche Verbindungen zwischen Teheran, Kairo und Istanbul – und natürlich zwischen diesen Orten und der Außenwelt –, während man dort Ideen aufnahm, darüber nachdachte und meist in ähnlicher Weise darauf reagierte.

Es liegt nahe, dass der allumfassende Charakter der damals im Nahen und Mittleren Osten zu beobachtenden Entwicklung auch im Aufbau dieses Buches seinen Ausdruck finden sollte. Da die jeweiligen Erfahrungen, wenn auch mit leichten zeitlichen Verschiebungen, sich zu einem breiten Strom der Emanzipation und der Forderungen vereinigten, ist es nicht mehr nötig, Teheran, Kairo und Istanbul jeweils gesondert zu behandeln. Dieser Gleichschritt währte bis ins späte 20. Jahrhundert, als sektiererische Feindseligkeiten die Länder des Islam wieder stärker auseinandertreiben sollten.

Was immer der Westen an übergreifenden Ideologien aufzubieten hatte, ob nun Säkularismus, nationale Identität oder neuartige Klassen- und Verwandtschaftsbeziehungen – eine chaotische Vielfalt konkurrierender Weltbilder drang in die Region ein. Der Nahe und Mittlere Osten wurde umgemodelt durch Bemühungen um die Abschaffung der Sklaverei, demokratische Öffnung, die Emanzipation der Frauen und den Niedergang der Polygamie. Keine neue Idee, so radikal sie auch sein mochte, konnte rundheraus abgelehnt werden, denn war sie erst einmal formuliert, stellte sich die Frage nach einer möglichen Umsetzung. Jede Neuerung brachte eine Belastung für die bestehende Zivilisation mit sich, und sei es auch nur die Belastung, nein sagen zu müssen.

Den Samen sozialen und geistigen Wandels trugen zu einem Gutteil ökonomische Winde ins Land, denn Ende des 19. Jahrhunderts waren Ägypten, das Osmanische Reich, das französische und italienische Nordafrika und in geringerem Umfang der Iran in weltweite Handels-, Finanz- und Konsumbeziehungen eingebunden. In weiten Bereichen war die landwirtschaftliche Subsistenzwirtschaft ersetzt worden durch die Produktion für den Export bestimmter landwirtschaftlicher Erzeugnisse, während man bei den Pachtverhältnissen vom alten System der Steuerbauern, die in Staatsbesitz befindliches Land bewirtschafteten, zu privaten, von Teilpächtern bewirtschafteten Landgütern überging, neben denen es noch eine große Zahl von Kleinbauern mit eigenem Landbesitz und ein landloses Proletariat gab. Die regionale Marktfrucht *par excellence* war die Baumwolle (neben Tabak, Weizen, Gerste, Feigen, Rohseide, Rohwolle und Opium). Ägypten war ein Paradebeispiel für übermäßige Spezialisierung, entfielen doch 1865 mehr als 90 Prozent des Exports auf ein einziges landwirtschaftliches Erzeugnis, und auch als die Baumwollpreise später fielen, blieb Ägypten ein Land, das vom Export seiner – wenn auch stärker diversifizierten – landwirtschaftlichen Produktion und damit von der Gnade der westlichen Konsumenten abhing.

Dank der Innovationen im Transportwesen rückten die regionalen Zentren näher aneinander und an die übrige Welt heran. Im südlichen und östlichen Mittelmeer gab es mehrere erstklassige Häfen für den Transport von Waren und den Passagierverkehr (P & O dehnte seinen Linienverkehr 1853 auf diese Region aus und beförderte zum Teil auch Pilger auf dem Weg ins Heilige Land), der Suezkanal brachte seinen Anteilseignern Gewinne von acht bis neun Prozent ein, und Flüsse wie Euphrat und Tigris wurden durch Dampfschiffe für den kommerziellen Verkehr erschlossen. Über Jahrtausende war das wichtigste Verkehrsmittel für den internationalen Handel das Kamel gewesen, das mit vier bis fünf Stundenkilometern dahintrottete. Die neuen Eisenbahnstrecken, die allenthalben gebaut wurden (außer im Iran, wo ein inoffizielles Veto der Großmächte diese als strategisch wichtig geltende Infrastruktur verhinderte), beschleunigten nicht nur den Handel, sondern auch alles andere: die Investitionen, die Migration, die Unruhen, die Ausbreitung von Infektionskrankheiten.

In Ägypten erreichte das Streckennetz 1913 eine Gesamtlänge von 4300 Kilometern, in der Türkei waren es 3500 Kilometer, wobei regionale Strecken wie die zwischen Izmir und Aydin entlang der ägäischen Küste dazu beitrugen, dass neue Handelskonglomerate entstanden. Einzelne Teile des Reiches wandten sich von Istanbul ab und richteten sich stattdessen auf Manchester, Hamburg und Marseille aus. Tatsächlich war der Handel im Reich derart unterschiedlich ausgeprägt, dass nach Ansicht eines türkischen Historikers in den 1910er Jahren »die osmanische Wirtschaft kaum noch ... als sinnvolle Analyseeinheit gelten« konnte.[1]

Die Herrscher der Region waren natürlich unglücklich über ihre

Unfähigkeit, auf dem Weltmarkt für Fertigerzeugnisse konkurrieren zu können, aber die Vorteile der Produktivität, der Größenordnung und der Kapitalbildung lagen eindeutig beim Westen, und da die Europäer für ihre Kaufleute zudem auf außergewöhnlich niedrigen Importzöllen bestanden, gehörte der Nahe und Mittlere Osten zu den am wenigsten geschützten Märkten der Welt. Die meisten lokalen Handwerke konnten hinsichtlich des Preises und der Qualität nicht mit den industriell gefertigten Erzeugnissen aus Europa mithalten, mit verheerenden Auswirkungen auf die Produktion. So berichtete der britische Konsul in Aleppo 1862, die Zahl der Webstühle in der Stadt sei von 10 000 auf 2800 gefallen, während in Marokko die Hersteller von Fezen, Geschirr, Eisenwaren und Glas unter der ausländischen Konkurrenz litten. Zugleich fiel der Preis für ein Yard (91 cm) britischen Baumwollstoff unaufhaltsam von sieben Francs im Jahr 1800 auf drei Francs 1830 und 60 Centimes 1860.[2] Der industriellen Produktion im Nahen und Mittleren Osten erging es sogar noch schlechter – nach einer anfänglich energischen Förderung vor allem durch Muhammad Ali in Ägypten scheiterte die Industrialisierung schließlich weitestgehend. Im dritten Viertel des 19. Jahrhunderts, mehr als fünfzig Jahre nach den ersten Schritten in Richtung Modernisierung, gab es kaum eine Industrie, die der Rede wert gewesen wäre.

Verstärkt wurden die Auswirkungen des ökonomischen Ungleichgewichts noch durch die europäische Finanzwirtschaft, auch wenn dieser Effekt durch die »lange Depression« von 1873 bis 1879 abgemildert wurde. Private Investitionen beschleunigten die Entwicklung öffentlicher Einrichtungen wie Eisenbahnen, Straßenbahnen, Wasser-, Gas- und Stromversorgung, während die sprudelnden Kredite – die es Sultan Abdülhamid II., Nasreddin Schah und den Khediven ermöglichten, Waffen, Paläste und Auslandsreisen zu bezahlen – der Region eine gewaltige Verschuldung einbrachten. Im Falle der Türkei und Ägyptens führte die während der »langen Depression« zu verzeichnende Kreditknappheit zum Staatsbankrott und zur Übernahme der Wirtschafts- und Finanzpolitik durch ausländische Offizielle, die schmerzhafte Sparmaßnahmen und Steuererhöhungen erzwangen, um die Rückzahlung der Kredite sicherzustellen. Im Iran erreichte die Sucht nach ausländischem Geld ihren Höhepunkt 1872 in der berüchtigten Reuter-Konzession, in deren Rahmen Nasreddin Schah die Bodenschätze und die Infrastruktur an den britischen Geschäftsmann Baron Julius de Reuter verkaufte – eine derart unverhüllt eigennützige Entscheidung, dass sie schließlich unter in- und ausländischem Druck zurückgenommen werden musste.

Diese wirtschaftlichen und politischen Entwicklungen veränderten natürlich die Gesellschaft im Nahen und Mittleren Osten. Die Region produzierte mehr, importierte mehr und wurde trotz der hohen Inflation reicher, auch wenn in manchen Schichten und Regionen weiterhin bittere Not herrschte. Die größere Sicherheit und ein verbessertes Gesundheitswesen zeigten erste Ergebnisse, und zum ersten Mal seit Jahrhunderten kam es in Ägypten, der Türkei und dem Iran zu einem stetigen Bevölkerungswachstum – um 0,8 Prozent jährlich in der Türkei und im Iran nach 1830, um 1,5 Prozent jährlich während der zweiten Hälfte des 19. Jahrhunderts in Ägypten.[3] In den Ballungszentren wuchs die Bevölkerung, in Istanbul von 400 000 im Jahr 1800 auf mehr als eine Million am Vorabend des Ersten Weltkriegs – weil mehr Menschen die Kindheit überlebten, weniger an Krankheiten starben und die Städte ihre moderne Stellung als Magneten für die arme Landbevölkerung zu gewinnen begannen. Zu beträchtlichen Wanderungsbewegungen kam es aufgrund politischer Wirren, und das osmanische Anatolien gewann zwei Millionen muslimische Einwohner aufgrund des Vertrags von Berlin, der 1878 große Teile des Balkans vom Osmanischen Reich loslöste und zu einem muslimischen Exodus in Richtung Anatolien führte. Die Bevölkerung Ägyptens wuchs von 1850 bis 1880 um 30 Prozent, bei einigen Baumwollstädten erreichte das Bevölkerungswachstum im selben Zeitraum sogar 170 Prozent. Mit dem Baumwollboom hatte Alexandria seinen Platz unter den großen Hafenstädten des Mittelmeers eingenommen, neben Istanbul, Marseille und Genua. Die Bevölkerung wuchs von 8000 zur Zeit der französischen Invasion auf 220 000 im Jahr 1882, während die Zahl der dort ankommenden Passagiere von 10 000 im Jahr 1837 auf mehr als 50 000 im Jahr 1871 stieg.[4] Die Zahl der in Suez am Eingang des Suezkanals eintreffenden Passagiere wuchs sogar noch schneller und erreichte 59 000 im Jahr 1871.

Als kosmopolitischste und am stärksten verwestlichte Stadt der muslimischen Welt besaß Istanbul eine Pilotfunktion für die Entwicklung der Familienstruktur. Das durchschnittliche Heiratsalter der Frauen stieg von 19 Jahren 1885 auf 21 Jahre 1907 (nur ein Jahr weniger als in den Vereinigten Staaten), und dank des Einsatzes eines uralten Verhütungsmittels, des Coitus interruptus, hatten die Menschen weniger Kinder. 1907 bestand die Hälfte der muslimischen Haushalte in Istanbul aus weniger als vier Mitgliedern, und nach einer Statistik aus demselben Jahr hatten nur zwei Prozent der verheirateten Männer in der Stadt mehr als eine Ehefrau.[5, 6]

Migration, Technologie und in wirtschaftlich aufblühenden Regionen eine fast unmöglich zu beherrschende Vermischung verschiedener Gemeinschaften – das waren die Kennzeichen des Nahen und Mittleren Ostens, als das Jahrhundert voranschritt, und wie kaum anders zu erwarten, führte dies zu einer wachsenden Belastung für das gesellschaftliche Gefüge.

Es gab zahlreiche Berichte über Streitereien in der hochgradig aufgeladenen Atmosphäre der ägyptischen Boomstädte, darunter ein Streit zwischen einigen italienischen Seeleuten und arabischen Jugendlichen 1865, der von der Polizei (entweder Türken oder Albaner) noch verschärft wurde und dazu führte, dass ein Mob das Haus des italienischen Konsuls belagerte. Sechs Jahre später wurde die im Nildelta gelegene Stadt Tanta, ein wichtiger Eisenbahnknotenpunkt, zum Schauplatz gewalttätiger Auseinandersetzungen zwischen Griechen und Arabern, bei denen es um die Ehre eines längst verstorbenen Mystikers ging, dessen Andenken von den Griechen beschmutzt worden war. Die Spannungen in Tanta wurden offenbar von der privilegierten Stellung der Griechen verschärft, die ebenso wie die griechisch-orthodoxen Syrer als Geldverleiher und Kneipenwirte arbeiteten, und der Hang der Griechen, sich zu betrinken und den Islam zu beleidigen, machte alles nur noch schlimmer.[7]

Streitigkeiten dieser Art hatte es auch in der Vergangenheit schon gegeben, aber aufgrund der Zahl der Beteiligten, der Involvierung ausländischer Mächte in Gestalt ihrer Konsuln, die vielfach ihre eigenen Geschäftsinteressen verfolgten, und der beschleunigten Kommunikation, die dazu führte, dass Unruhen sich zuweilen innerhalb kurzer Zeit ausbreiteten, konnten lokale Zusammenstöße, die einst als unbedeutende lokale Angelegenheiten abgetan worden wären, nun weitaus gravierendere Folgen haben. Die neue Welt, die Einzug in den Nahen und Mittleren Osten gehalten hatte, war schneller, stärker integriert und zeitlich in höherem Maße gleichgeschaltet als die alte.

Diese neue Welt – die westliche Welt – zeigte jetzt auch ihre wahren Absichten, die frühe Modernisierer wie Rifaa al-Tahtawi für im Kern gutartig gehalten hatten, während nun Aneignung und Erwerb immer stärker in den Mittelpunkt rückten. Mit unterschiedlichen Geschwindigkeiten und in unterschiedlichem Maße bewegten sich die verschiedenen Teile des Nahen und Mittleren Ostens hin zu einer gemeinsamen politischen und ökonomischen Knechtschaft gegenüber dem Westen, und man kann in den Demütigungen des letzten Viertels des 19. Jahrhunderts Vorzeichen jener nationalistischen Ausbrüche erblicken, die später folgen sollten.

Die schlimmste Demütigung erfuhr Ägypten – das einzige der drei großen Territorien der Region, das auch formell zur Kolonie wurde. 1879 nutzten Großbritannien und Frankreich ihre Gläubigerstellung, um den nicht hinreichend gefügigen Khediven Ismail vom Thron zu entfernen und durch seinen Sohn Taufiq zu ersetzen. Drei Jahre später besetzten die Briten das Land als Reaktion auf eine wachsende nationalistische Bewegung – der Beginn einer Besatzung, die nahezu ein Dreivierteljahrhundert währen sollte.

Wie zu erwarten, machte sich im Volk – nicht nur in Ägypten, sondern auch in der Türkei und dem Iran, wo die westliche Einmischung weniger offen erfolgte – ein wachsender Unwille gegen die Ausländer wie auch gegen die Herrscher breit, deren Habgier die Fremden ins Land gebracht hatte. Das Aufkommen patriotischer Gefühle in Ägypten, die Proteste gegen die Reuter-Konzessionen im Iran, türkische Angriffe auf die osmanische Schuldenverwaltung und deren Sparmaßnahmen – solche Reaktionen zeigten, dass die Menschen im Nahen und Mittleren Osten rasch jegliches Vertrauen in die politischen Absichten des Westens verloren. Dennoch hatte sich das Misstrauen gegenüber dem Westen nicht in eine kohärente und kraftvolle Gegenbewegung zur Abwehr westlicher Ideen verwandelt. Der Wahhabismus, die strenge islamische Erweckungsbewegung, die im 18. Jahrhundert aus Protest gegen die ersten Verwestlichungsbemühungen des Osmanischen Reichs entstanden war, beschränkte sich noch weitgehend auf sein arabisches Ursprungsland, während der Salafismus, den wir heute als den Versuch einer Rückkehr zu jener unverdorbenen islamischen Gesellschaft verstehen, wie sie zu Lebzeiten des Propheten bestand, als soziales Programm noch gar nicht existierte. Trotz aller finsteren Eigenheiten der westlichen Administratoren, Bankiers und Missionare boten Europa (und zunehmend auch die Vereinigten Staaten) überaus komplexe und attraktive Gaben, und immer mehr Muslime erblickten darin die Zukunft – nicht nur des Westen, sondern der gesamten Menschheit.

Ob in den Salons, an den Universitäten oder in den Freimaurerlogen – die Freimaurerei hatte in den 1870er Jahren im Nahen und Mittleren Osten einen gewaltigen Aufschwung erlebt, und alle, vom Herrscher bis hin zu angesehenen Geistlichen, rühmten sich, Mitglieder dieser exemplarischen Aufklärungsinstitution zu sein –, überall waren Ende des 19. Jahrhunderts westliche Ideen auf dem Vormarsch. Eine stetig wachsende Elite aus Angehörigen freier Berufe und Verwaltungsbeamten erkannte, dass die Grundbedingungen des menschlichen Daseins neu bestimmt wurden, und es ist eine bemerkenswerte Tatsache, dass es vor allem in Kairo damals leichter war als heute, radikale und irreligiöse Ansichten vorzubringen. Dank des explosionsartigen Wachstums im Druckwesen und des stetigen (wenn auch langsamen) Anstiegs der Alphabetisierungsrate wurden Bücher, Aufsätze und Vorträge nun ins Arabische, Türkische und Persische übersetzt, kaum dass sie im Westen erschienen waren.

Statt sich mit Klassikern wie Montesquieus *Erwägungen zu den Ursachen der Größe der Römer und ihres Verfalls* und Fénelons *Abenteuer des Telemach* zu beschäftigen, versenkten die neuen Intellektuellen des Nahen und Mittleren Ostens sich lieber in die atheistische Philosophie Arthur Schopenhauers, den evolutionären Polygenismus des Biologen Ernst Haeckel und den Vorläufer der Chaostheorie, den der Mathematiker Henri Poincaré entwickelt hatte.

Ein weiterer Impuls für den Wandel kam aus den protestantischen Missionsschulen, die im Libanon und anderswo gegründet wurden und, obwohl sie in der Regel Kinder aus religiösen Minderheiten aufnahmen, doch auch auf die muslimische Gesellschaft beträchtlichen Einfluss ausübten. Angeregt von in diesen Schulen geführten Debatten über Darwin (dessen *Ursprung der Arten* 1859 erschienen war) und andere bekannte Evolutionstheoretiker wie Alfred Russel Wallace und Ludwig Büchner, verbreiteten Publikationen wie *al-Muqtataf* (»Auslese«) in Ägypten und *Akthar* (»Stern«) im Iran Ideen, die nicht mit der Darstellung der Schöpfungsgeschichte im Koran übereinstimmten, während sie bei dem Philosophen Herbert Spencer neue organische Vorstellungen von Gesellschaft und bei italienischen und französischen Soziologen den Begriff der »Masse« entlehnten.

Die osmanische Presse florierte trotz der Zensurneigungen Sultan Abdülhamids, und es gab eine Welle wissenschaftlicher Artikel mit Titeln wie »Der Ursprung der Wirbeltierarten« wie auch Berichte über die Lappen und die Eskimos. In der Provinzstadt Bursa in Westanatolien schrieb ein Geistlicher einen Brief an eine populärwissenschaftliche Zeitschrift und fragte: »Wozu taugen die Naturwissenschaften?« Und er antwortete mit durchaus materialistischem Überschwang: »Was gibt es in der Welt außer den Naturwissenschaften?«[8]

In Ägypten genoss der römisch-katholische Intellektuelle Schibli Schumayyil das ketzerische Odium, das ihm anhaftete, seit er die Seele als Ergebnis materieller Operationen beschrieben hatte: »Dieses ganze Getue weckte in mir den Wunsch, die Leute aus ihrem Schlaf wachzurütteln«, schrieb er, »haben sie sich doch im Stillstand und an den Rändern des Lebens eingerichtet«.[9] Schumayyil blieb in Freiheit und wurde wegen seiner Dreistigkeit nicht umgebracht. Einen ähnlich unblutigen Ausgang kann man sich heute kaum noch vorstellen.

Um die Gefahr eines Skandals zu verringern, stellten die Herausgeber von *al-Muqtataf*, die libanesischen Christen Yaqub Sarruf und Faris Nimr (beide Absolventen des Syrian Protestant College, aus dem später die American University of Beirut hervorging), den Darwinismus nicht ganz so subversiv dar, wie er es in Wirklichkeit war. In ihrer Zusammenfassung des *Ursprungs der Arten*, das vollständig erst 1918 übersetzt wurde, milderten sie Darwins Vorstellungen durch eine Verquickung mit denen seines Zeitgenossen Wallace ab, der geschrieben hatte: »Alle Tiere entwickeln sich eines aus dem anderen, außer dem Menschen.« Sarruf und Nimr waren mit Wallace der Ansicht, dass sich das menschliche Bewusstsein und Eigenschaften wie Scharfsinn oder künstlerisches Talent nicht auf die natürliche Auslese zurückführen ließen, sondern nur auf eine »unsichtbare Welt des Geistes« – eine Formel, die es ihnen erlaubte, viele Thesen Darwins zu akzeptieren, ohne den Menschen jedoch von seinem Podest zu stoßen und von seiner Stellung in allernächster Nähe zu Gott zu vertreiben. »*Tatawwur*«, eine Wortschöpfung, die »Evolution« bedeutet, fand bei arabischsprachigen Muslimen zunehmend Verbreitung, desgleichen »*Darwiniya*« für »Darwinismus«, während *al-Muqtataf* die Leser in Artikeln, die oft ohne Nachweis aus westlichen Zeitschriften wie *Popular Science Monthly* übernommen wurden, mit so unterschiedlichen Themen wie Glasherstellung, Mikroskopen und der Bewahrung eines dichten Haupthaars vertraut machte.

Selbst solche scheinbar neutralen Informationen waren durchaus nicht unverfänglich. Zeitschriften wie *al-Muqtataf* machten deutlich, dass die Welt weitaus vielfältiger war, als die traditionelle muslimische Erziehung dies vermittelte, und dass man ihre Naturgeschichte ergründen konnte, ohne auf die Schöpfung durch Gott Bezug zu nehmen. Nun gab es zahlreiche Schriften in arabischer, türkischer und persischer Sprache, vernünftig, eigenständig und unterhaltsam, die Gott nirgendwo erwähnten, nicht einmal, um ihm für den Anstoß zu danken, mit dem er uns auf den Weg gebracht hätte. Der menschliche Verstand schob den Schöpfergott einfach beiseite. Der weltlich-intellektuelle Bereich wuchs mit unglaublicher Geschwindigkeit. Von 1880 bis 1908 entstanden in Ägypten mehr als sechshundert Zeitungen und Zeitschriften, und anderswo in der Region zeigte sich ein ähnliches Bild.[10]

Wie der Darwinismus in die politischen Kontroversen Großbritanniens verwickelt war – Wasser auf die Mühlen der Malthusianer, der von der Überlegenheit der weißen Rasse Überzeugten oder der Verfechter einer Aufhebung der Sklaverei –, so spielte *Darwiniya* auch eine Rolle in der qualvollen Lage Ägyptens. Die Kolonisierung des Landes 1882 hatte einen »Wettlauf nach Afrika« ausgelöst, in dessen Verlauf 80 Prozent des Kontinents unter europäische Herrschaft gelangten. Die fürchterliche Schlacht von Omdurman 1898, bei der die Briten gerade einmal 47 Gefallene beklagten, aber 10 000 sudanesische Feinde vernichteten, war eine entsetzliche Demonstration des mit dem Schlagwort *survival of the fittest* bezeichneten Evolutionsprinzips.

»Das Gesetz der natürlichen Auslese«, schrieb ein demoralisierter ägyptischer Intellektueller, Qasim Amin, habe die Europäer dazu veranlasst, »getrieben von Dampf und Elektrizität, den Reichtum jedes Landes an sich zu bringen, das schwächer ist als sie.«[11] Selbst das große türkische Reich Abdülhamids II., obwohl drakonisch in seiner Förderung des Islam und in seiner Treue zum Sultan und stets darauf bedacht, allen »unwesentlichen« (das heißt kulturellen) Elementen des Westens den Zutritt zu verwehren, war auf wirtschaftlichem Gebiet weiterhin ein Spielball seiner europäischen Gläubiger.

Al-Muqtataf war nur eine der Schleusen im Strom der Ideen zwischen Istanbul, Teheran und Kairo. Studenten, Dissidenten und auch Kaufleute bewegten sich problemlos in einem geographischen Raum, der zunehmend ein einziger Raum zu sein schien. Dank besserer Technologien und Verkehrsmittel konnten verbotene Zeitschriften auch weiterhin publiziert werden. Tausende Meilen vom Zensor entfernt gedruckt, erreichten sie dennoch ihre Leser. Zwei der einflussreichsten persischen Zeitungen der Zeit, *Qanun* (»Das Gesetz«) und *Sour-i Esrafil* (»Der Fanfarenstoß«), hatten ihre Redaktion in London bzw. Kalkutta, und gedruckt wurde *Qanun* in Istanbul. Der Einfluss dieser Publikationen stand in keinem Verhältnis zu ihrer winzigen Größe. Wohin sie auch geschmuggelt wurden, überall lösten sie Debatten und Streitigkeiten aus, und die Zahl ihrer Leser ging weit über ihre Auflagen hinaus. *Al-Muqtataf* verkaufte lediglich dreitausend Exemplare, aber jedes dieser Exemplare wurde von Dutzenden Menschen gelesen. So gab es in Bagdad eine Gruppe begeisterter Leser, die zusammenlegten, um ein einziges Exemplar zu abonnieren.[12]

Auch der Antiklerikalismus, das charakteristische Merkmal der europäischen Aufklärung, grassierte innerhalb der neuen, aus Staatsbeamten, Journalisten und progressiven Geistlichen bestehenden Intelligenzija, und eines der außergewöhnlichsten Beispiele für die neue, unehrerbietige wechselseitige Befruchtung fand sich im Nordwesten des Iran.

Im Sommer 1910 stieg ein in Ausbildung befindlicher Mullah namens Ahmad Kasravi des Nachts gerne auf das Dach seines Hauses, um einen geheimnisvollen Feuerball zu beobachten, der über den Himmel zog. Kasravi wusste nicht, was er da beobachtete, denn die ptolemäische Astronomie, die man im Seminar lehrte, schwieg zu diesen »Schweifsternen«. Erst als er *al-Muqtataf* las – ein Exemplar hatte den langen Weg von Nordafrika bis in den Norden des Iran gefunden –, erfuhr er, dass er einen Kometen gesehen hatte, der zweihundert Jahre zuvor nach dem englischen Astronomen Edmund Halley benannt worden war.

Im Seminar war Kasravi bereits bekannt für seine spöttisch-skeptische Art. Seine Entdeckung bestätigte ihm nun die Dummheit seiner Lehrer und die Rückständigkeit ihrer Methoden. »Es war dieser Stern«, erinnerte er sich später, »der mich auf den Weg der europäischen Bildung brachte.«

Was er erfuhr, festigte nur seinen Hass auf die klerikale Klasse, von der er sich mit Vergnügen zurückzog. Da er das Arabische sowie das Englische, Französische und Türkische ausgezeichnet beherrschte, war der junge Lehrer und Beamte bestens in der Lage, die Schaumschlägerei der Geistlichen aufzuspießen, und die Pamphlete, die er verfasste (viele davon anonym), popularisierten das Bild des raffgierigen, unwissenden Mullahs. Er beklagte die einträgliche Nebentätigkeit der Scheichs, die darin bestand, die Leiden der schiitischen Imame übertrieben theatralisch nachzuerzählen, so dass die Gläubigen in Tränen ausbrachen, und geriet in den Verdacht, er habe ein französisches Buch mit in die Moschee gebracht. »Was ist mit ihm zu machen?«, fragte ein Seminarist. »Er braucht eine Tracht Prügel«, antwortete der Mullah.

Er beobachtete, wie ein Geistlicher eine Gruppe reicher Pilger verabschiedete, und seine Schilderung könnte direkt aus dem *Candide* stammen. Diese Männer waren Kaufleute, die während einer Hungersnot Lebensmittel gehortet und dadurch den Hungertod zahlloser Menschen verschuldet hatten, aber der Geistliche versprach ihnen »in der für sie typischen Falschheit« himmlischen Lohn für ihre Pilgerfahrt. Kasravi vermochte nicht an sich zu halten und stellte den Geistlichen zur Rede: »Das sind die Männer, die ihre eigenen Nachbarn und Familien durch Hunger getötet haben und im Angesicht Gottes verdammt sein werden ... Sprich von gestern, als Witwen ihre halbtoten Säuglinge an die Brust drückten und Mutter und Kind vor Hunger tot umfielen.«

Kasravi und Schumayyil standen im Iran und in Ägypten nicht allein da, und natürlich waren ihre frommeren Zeitgenossen – muslimische wie auch sonstige – entsetzt über ihre Übernahme der barbarischsten und zerstörerischsten Ideen, die Europa zu bieten hatte. Und von allen Akten intellektueller und körperlicher Freiheit, zu denen diese Vorstellungen Anlass gaben, dürfte an Dramatik und Intensität keiner der letzten Vorstellung eines beleibten, mit einem gewaltigen Doppelkinn ausgestatteten, positivistischen Türken namens Besir Fuat gleichgekommen sein.

Der 1852 als Sohn eines osmanischen Staatsbeamten geborene Fuat war ein glühender Anhänger Voltaires und gehörte zu den unverblümtesten Kritikern des Reiches (das meiste Geschriebene mochte er deshalb nicht, weil es nicht wissenschaftlich genug war). Unter seinen zahlreichen Übersetzungen befand sich auch ein Artikel mit dem Titel »Herz«, der sich gegen Dichter wandte, die diesem Organ metaphysische Funktionen zuschrieben, obwohl es doch letztlich nur ein Muskel sei.

In den 1880er Jahren erlitt er mehrere persönliche Schicksalsschläge. Sein nach Namik Kemal benannter Sohn starb tragisch jung. Fuats Mutter, die unter Verfolgungswahn litt, wurde auf Anraten eines italienischen Arztes namens Mongeri in eine Irrenanstalt eingewiesen. Fuat musste nun feststellen, dass seine Honorareinnahmen aus den Übersetzungen und Artikeln nicht ausreichten, um die Kosten für die Unterbringung und den Unterhalt einer zweiten Familie zu bestreiten. Diese Zweitfamilie bestand aus einer Prostituierten, der er bei einer seiner zahlreichen Ausflüge in ein ausschweifendes Leben begegnet war, und einer gemeinsamen Tochter (Mongeri hatte ihm solche Ausflüge als Mittel gegen seine Depressionen empfohlen, das in Verbindung mit Blutegeln besonders wirksam sein sollte). 1885 begann er über Selbstmord nachzudenken.[13]

Aber er überstürzte nichts. In den folgenden zwei Jahren versuchte er seine Angelegenheiten zu ordnen, wozu auch die Aufteilung seines dürftigen Vermögens gehörte. Er blieb bis zu seinem Tod auch weiterhin ein produktiver Schreiber und ging fast jeden Abend ins Theater. Man hat darauf hingewiesen, dass dieses Verhalten nicht zu einem verzweifelten Selbstmörder passt, und was dann geschah, war in der Tat ganz bewusst auf maximale Wirkung ausgerichtet.

Der Selbstmord ist unter anderem deshalb über das einzelne ausgelöschte Leben hinaus bedeutsam, weil er eine Revolte gegen die göttliche Herrschaft über die irdische Existenz darstellt. Bei der Planung seines Todes bemühte Fuat sich, Gott vollkommen zu ignorieren. Er gab Anweisung, dass sein Leichnam Medizinstudenten für Sektionen zur Verfügung gestellt werden sollte (obwohl die Anatomie inzwischen toleriert wurde, herrschte ständig ein Mangel an Leichen), und er beschloss, sein Sterben in Echtzeit schriftlich festzuhalten, solange es ihm physisch möglich war – ein materialistischer, von jeglichem religiösen oder metaphysischen Gefühl unbelasteter Bericht, während das Leben langsam erstirbt.

An einem Abend im Februar 1887 ging Fuat in die im Erdgeschoss seines Hauses gelegene Bibliothek, schloss sich dort ein und öffnete seine Schlagadern an einem Handgelenk und am Hals. Zuvor hatte er sich gegen die Schmerzen Kokain gespritzt, und nun griff er zu seiner Feder:

> Ich habe die Operation durchgeführt. Ich fühle keine Schmerzen. Als immer mehr Blut floss, brannte es ein wenig. Meine Schwägerin kam herunter, als das Blut floss. Ich wurde sie los, indem ich ihr sagte, dass ich einen Artikel schreibe und die Tür geschlossen halte. Zum Glück kam sie nicht herein. Ich glaube kaum, dass ich einen süßen Tod haben werde. Ich hob meinen Arm heftig, damit mehr Blut floss. Ich begann das Bewusstsein zu verlieren.

Wie lange Fuat danach noch bei Bewusstsein war, ist unklar. Gegen Mitternacht war er stark genug, um nach einem Diener zu rufen. Der fand seinen Herrn blutüberströmt vor, und Fuat befahl ihm, seinen Arm zu schütteln, damit mehr Blut floss. Die Schreie des Dieners weckten die Frauen des Hauses, die nun herbeiliefen. Man holte einen Arzt, dessen nutzlose Versuche, Fuats Leben zu retten, nur den Spott eines Mannes auslösten, der glaubte, das Schicksal hereingelegt zu haben. »Doktor«, meinte er hämisch, als das Leben langsam verebbte, »warum versuchen Sie es überhaupt noch? Ich werden keine fünf Minuten mehr leben.«[14]

Besir Fuats Ableben wurde in Istanbul nicht deshalb als Sensation empfunden, weil Selbstmorde eine Seltenheit gewesen wären – im Gegenteil, sie kamen offenbar recht häufig vor –, sondern weil Fuat damit der Wissenschaft zu dienen gedachte. Ein Zeitungskommentator schrieb, wer auch immer Fuat mit dem Schmerzmittel versorgt habe, müsse bestraft werden, denn ohne das Kokain hätte er die Schmerzen nicht ertragen können und geschrien. Ein anderer bedauerte den schlechten Einfluss der europäischen Gottlosigkeit auf »manche jungen Leute« und merkte an, dass der Selbstmord mit dem Islam unvereinbar sei und Fuat im Jenseits bestraft würde. Weitere Experten diagnostizierten eine religionsfeindliche Strömung in der Gesellschaft, der man durch noch mehr Religionsunterricht in den Schulen entgegentreten müsse.

Fuats Familie befolgte übrigens nicht seine Anweisung, wonach sein Leichnam der Medizinischen Hochschule zur Verfügung gestellt werden sollte, sondern beerdigte ihn nach islamischem Brauch. Die Berichterstattung der Presse über seinen Tod führte indessen dazu, dass seine kalkulierte Zurückweisung der göttlichen Macht über Leben und Tod noch mehr Aufmerksamkeit erhielt. Der Zensor war äußerst besorgt, und der Presse wurde verboten, Selbstmorde auch nur zu erwähnen. Daran hielt man sich sechs Monate lang, dann hieß es in einer der Zeitungen verdrossen: »Die Selbstmordepidemie geht weiter.«[15]

Der Aufstieg einer arabischen Druck- und Lesekultur mit Zentrum in Kairo war ein Teil dessen, was man heute als *Nahda* oder »Wiedererwachen« der arabischen Kultur bezeichnet, wobei man sowohl auf westliche Vorbilder als auch auf bestehende Traditionen zurückgriff. Rifaa al-Tahtawi gilt vielen als Gründer der Nahda-Bewegung, aber auch andere leisteten bedeutende Beiträge, von der in Aleppo lebenden polyglotten Essayistin Marjana Marrasch (1848–1919), deren literarischer Salon Musiker, Autoren und Weinliebhaber anzog, bis hin zu dem christlichen Maroniten Ahmad Faris al-Schidyaq, einem der natürlichsten modernen Denker seiner Zeit.[16]

Ansichten und Karriere des 1805 im Libanon geborenen al-Schidyaq wurden stark geprägt vom Tod seines älteren Bruders, Asad, der von Maroniten ermordet wurde, nachdem er zum Protestantismus übergetreten war. Al-Schidyaq selbst vertrat in Glaubensdingen einen ökumenischen Ansatz und trat zunächst zum Protestantismus, später dann zum Islam über. Er empfand wenig Loyalität gegenüber dem Libanon und verbrachte lange Zeit in Kairo, Malta, der Türkei und Westeuropa. Er übersetzte die Bibel ins Arabische, bewarb sich erfolglos um den Arabistiklehrstuhl in Oxford und schrieb wie der Gründer des Bahaitums Bahaullah an Königin Viktoria und Napoleon III. Seine Bedeutung für die islamische Aufklärung liegt auf dem Gebiet der Literatur, denn Mitte des Jahrhunderts wurde er der erste arabische Exponent einer literarischen Gattung, deren vielfältige Perspektiven, formale Freiheit und Eignung zur Kommentierung der Gesellschaft sie zum Spiegel des modernen Lebens machten: des Romans.

Al-Schidyaq kannte sich mit Laurence Sternes lebendigem und diskursivem *Tristram Shandy* ebenso aus wie mit Voltaires *Candide*, aber als er sein riesiges, oft obszönes Sammelsurium *Bein über Bein* schrieb, griff er auch auf arabische Traditionen zurück. (Die Nahda-Bewegung wird oft als Reaktion auf westliche Neuerungen dargestellt, aber wie so vieles in der islamischen Aufklärung war sie kein bloßer Import, sondern mischte Fremdes mit Vertrautem). Al-Schidyaq beschrieb *Bein über Bein* als ein »Archiv für alle Ideen, die mir gefallen haben, bedeutsame oder belanglose«, und neben einer Fülle von Themen, die von gnadenlosem Antiklerikalismus bis hin zu einer billigenden Darstellung der Frauenbildung reichte (»ohne eine Nahda-Frauenbewegung kann es im Orient keine Nahda-Bewegung geben«, soll er einmal gesagt haben), verwendete er zu Zwecken der Komik vernachlässigte arabische Wörter wie *buldah* oder »Haarlosigkeit zwischen den Augenbrauen« und *bahsala*: »die Kleider ablegen, um mit ihnen zu zocken«.[17]

Al-Schidyaqs Roman, der 1855 in Paris publiziert wurde, fand zu Lebzeiten seines Schöpfers nicht viele Leser. Heute erscheint er indessen äußerst prophetisch. In den ersten Jahren des 20. Jahrhunderts begann der arabische Roman, *riwaya* genannt, der ein ganzes Spektrum von Prosagattungen vom Melodram über die Satire bis hin zur Romanze umfasst, die Poesie als führende literarische Form abzulösen. Die Tradition brachte in der Folge so bewunderte moderne Romanciers wie Nagib Mahfuz und Albert Cossery hervor.

Die Vorstellung, wonach der Roman ein Prisma ist, durch das man Leben in all seiner Schönheit und Hässlichkeit höchst lebendig betrachten kann, war natürlich über Jahrhunderte in Europa herangereift. Sir Walter Scott, ein außergewöhnlich erfolgreicher Vertreter des Mediums in den frühen Jahrzehnten des 19. Jahrhunderts, sah im Roman ein literarisches Behältnis, in dem das Geschehen dem »üblichen Gang der menschlichen Ereignisse und dem modernen Zustand der Gesellschaft« folgt. Scotts Empfindungen waren ebenso universell wie die Form selbst und fanden ihr Echo bei Ahmed Midhat, dem beliebtesten türkischen Schriftsteller der späteren Jahrzehnte des 19. Jahrhunderts, der über Beyoglu, das berüchtigte, protzige europäische Viertel Istanbuls, schrieb: »Wo man auch hinsieht, sieht man einen Roman.«

Trotz aller in al-Schidyaqs *Bein über Bein* zu findenden Innovationen sollte die um Istanbul zentrierte türkische Kultur die rascheste Entwicklung des Romans im Nahen und Mittleren Osten erleben – was kaum verwundern dürfte, handelte es sich doch um die kosmopolitischste und am stärksten verwestlichte Stadt der Region, in der Gentile Bellini im Quattrocento Porträts gemalt hatte, *Madame Bovary* zum Kauf angeboten wurde und Geschichtenerzähler von Verdi bis Scott (wie in seinem byzantinischen Melodram *Graf Robert von Paris*) ihre exotischen Geschichten ansiedelten.

In einer mehr als vierzig Jahre währenden Karriere, die nahezu zweihundert Romane, Übersetzungen und populärwissenschaftliche

Werke hinterließ, entwickelte der mit einem imposanten Vollbart ausgestattete Midhat, der gewöhnlich mit einem roten osmanischen Fez abgebildet wird, einen Stil, der schwungvolle Ungezwungenheit mit einem Sinn fürs Pädagogische verband. Das Schreiben erlaubte es ihm, maßvoll progressive Ideen vorzutragen, und zwischen Beschreibungen von modebewussten Männern und von Frauen mit modisch blassem Teint vertrat er vorsichtig liberale Positionen zu Themen wie arrangierten Ehen, außerehelichen Affären, Prostitution und Sklaverei. »Ich wollte mit der Mehrheit sprechen, sie aufzuklären versuchen, ein Dolmetscher ihrer Probleme sein«, schrieb er, und auch wenn diese »Mehrheit« rein zahlenmäßig eine Illusion blieb (trotz all der neuen Schulen und der erweiterten Bildungsanstrengungen überstieg die Alphabetisierungsrate noch nicht die Zehnprozentgrenze), hatte der Impuls zugunsten der Bildung doch eine unwiderstehliche moralische Autorität erlangt.[18] Die Kinder derer, die Midhat heute nicht zu lesen vermochten, würden mit Sicherheit morgen seine Nachfolger lesen.

Der soziale Inhalt des Midhat'schen Werks war überraschend neu. Außerdem half er, den Unterschied zwischen Prosa und Poesie in den Köpfen der Leser zu verankern, indem er die Prosa näher an den Journalismus heranrückte. Tatsächlich kamen viele der von Midhat und anderen in der ersten Welle des türkischen Romans beschriebenen Helden aus dem Journalismus und der Presse.

Midhats Bedeutung liegt indessen nicht nur darin, dass er einen Meilenstein in der Geschichte des türkischen Romans darstellt. Er hatte auch eine dokumentarische Funktion. In seinen Werken wie in denen anderer Romanciers dieser Epoche spiegelte sich die gespaltene Persönlichkeit des Nahen und Mittleren Ostens zu einer Zeit, da Normen der europäischen Kultur eindrangen und mit einheimischen Normen in Konflikt gerieten. In dieser Gesellschaft fand sich eine zutiefst moderne Idiosynkrasie, die an Schizophrenie grenzte – um das zu erkennen, brauchte man nur eine gewisse Zeit in Istanbul zu leben und zu beobachten, wie die Stadt mit den neuen Belastungen und Widersprüchen kämpfte.

Nach dem Islam war es eine Sünde, wenn Frauen sich in der Öffentlichkeit zeigten, ohne ihr Haar zu verhüllen, aber gute muslimische Frauen drängten sich in den Fotoateliers, um sich vor dem Porträtfotografen zu entschleiern. Wenn ein osmanischer Dandy auf der Straße einer jungen Frau begegnete, musste er in Sekundenbruchteilen eine Entscheidung treffen: War sie traditionell gekleidet, schwarz und unzugänglich hinter ihrem Gesichtsschleier, musste er mit strenger Miene wegschauen, aber kam sie ihm in einem spitzenbesetzten, blassgrünen Rock, mit kurzärmliger Bluse und einem breitkrempigen Hut entgegen, verhielt er sich genau entgegengesetzt, legte zwei Finger an seine Hutkrempe und sagte: »*Bonjour, Mademoiselle!*«

Es bestand ein weitverbreitetes Unbehagen hinsichtlich der, wie man es empfand, tiefen Haltlosigkeit der emanzipierten, verwestlichten Frau, wie der türkische Dichter Abdülhak Hamit sie beschrieb:

Ihr Ausdruck ist beherrscht, ihre Sprache gekünstelt,
Ihr Ziel ist es, die Seele zu entflammen oder das Herz zu brechen;
Ihre Freundschaft kann man für tausend Francs kaufen;
Wer weiß, was sie ihren Liebhaber kostet!
Sie sieht dich kokettierend an:
Ihre Aufmerksamkeit gilt stets der Kleidung;
Wenn du nicht modisch gekleidet bist, könntest du geradeso gut tot sein,
Keine Chance für eine Freundschaft, sie wendet sich unverzüglich ab.[19]

Im Nahen und Mittleren Osten war es immer schon Brauch gewesen, dass der Mann vor seiner Frau her ging und ihr in der Öffentlichkeit kaum Beachtung schenkte, aber im Istanbul der Belle Époque erfuhren die Menschen, dass die Franzosen den Frauen an Türen mit einer exquisiten Geste den Vortritt ließen und dass sie sich auf der Straße mit ihnen unterhielten. Dieses Verhalten hielt nun auch Einzug auf den Istanbuler Bürgersteigen (gleichfalls eine Neuerung). Viel Verwirrung brachte der Esstisch, der nun in vielen Wohnungen aufgestellt wurde. Früher hatte Essen als eine ernste, auf den Magen gerichtete Tätigkeit gegolten. Man saß im Schneidersitz, schmatzte und rülpste ungeniert, ganz unabhängig vom Geschlecht, und Konversation trieb man davor wie auch danach. Jetzt war es ein Muss, zwischen den Bissen zu plaudern. Messer und Gabeln grassierten, und es gab da etwas irgendwie Bedrohliches namens Tischsitten.

Die Sucht nach dem Neuen erstreckte sich auch auf Wörter. Ausdrücke, die noch ganz und gar in Ordnung waren, wurden über Bord geworfen. Die Türken gehörten jetzt nicht mehr zu einem »*aile*«, wie die aus dem Arabischen stammende Bezeichnung für »Familie« lautete, sondern zu einer »*familiya*«. Und es war unmöglich, dem Namedropping zu entkommen: Haben Sie schon Waldteufels neuesten Walzer gehört?

Die symbolträchtigste aller modernen Verwirrungen betraf indessen die Zeit. Innerhalb ein und derselben Stadt lebten die Menschen in verschiedenen Zeiten – verschiedenen Zeitaltern. Der moderne Istanbullu trug eine Armbanduhr, richtete sein Leben an einem festen 24-Stunden-Tag aus und hielt Verabredungen mit europäischer Pünktlichkeit ein, natürlich an einem zuvor genau festgelegten Ort – zum Beispiel im Luxemburg-Café in Beyoglu, wo die Mädchen Monokel trugen, wie sie in Deutschland während der 1920er Jahre Mode werden sollten. Für einen anderen, weniger europäisierten Einwohner begann allabendlich bei Sonnenuntergang ein variabler 24-Stunden-Tag, der es notwendig machte, dass er seine Uhr täglich umstellte. Ausländische Besucher nannten dies die »türkische Zeit« oder auch die »arabische Zeit«, und die trieb sie zur Verzweiflung.[20] Ein dritter Istanbullu, der am stärksten traditionsverhaftete, richtete seinen Tagesablauf am Sonnenstand und seine Verabredungen an den fünf Gebetszeiten aus, an die ihn natürlich der Muezzin erinnern musste.

Wie man die Zeit auch messen mochte, in jedem Fall begann sie schneller zu werden – ein sicheres Zeichen für die beginnende Moderne. In einem seiner bekanntesten Romane, *Beobachtungen*, beschreibt Midhat, wie man »Zeit gewinnt«, indem man eine Bosporus-Fähre nimmt, die auf ihrem Weg nicht so viele Zwischenstationen anläuft: »Wie die Engländer sagen, unsere Zeit ist Geld.« Und genauso ist es, denn Midhat ist Journalist und möchte stets die allerneuesten Nachrichten bringen. »Die letzten Telegrafennachrichten treffen am Abend ein«, erläutert er, »und je später man die Zusammenfassung der politischen Ereignisse schreibt, desto frischer und wichtiger ist sie.«

Derlei Uneindeutigkeiten behinderten die Sicht im späten 19. Jahrhundert, und viele Türken sahen darin einen Konflikt zwischen zwei Sichtweisen, die sie *alafranga* und *alaturka* nannten – nach fränkischer (oder europäischer) und nach türkischer Art. Danach war jeder irgendwo zwischen den Extremen einer entwürdigenden Kapitulation vor den europäischen Sitten und dem Festhalten an den alten Bräuchen gefangen – mit tragischen oder komischen Folgen.

Eine weitere Figur Ahmed Midhats, Mustafa, ist derart besessen von allem Neuen, dass er sein traditionelles Holzhaus auf der asiatischen Seite des Bosporus aufgibt und sich am Rand von Beyoglu ein im europäischen Stil gehaltenes Ziegelhaus baut. »In solch einem Haus in diesem Stadtviertel«, schreibt der Autor, »kam es natürlich für einen Gentleman *alafranga* nicht in Frage, sein Haus mit Arabern und dergleichen zu füllen. Selbstverständlich benötigte er dort griechisches und armenisches Personal, um auf der Höhe der Zeit zu sein, wenn seine Freunde ihn besuchten.« Wie es sich für ein Leben *alafranga* gehörte, ließ Mustafas verwöhnte Tochter sich »von einer Privatfriseuse frisieren. Ihr Vater stellte einen Klavierlehrer für sie ein, aber da es ihr am nötigen Talent fehlte, vermochte sie nichts zu lernen.«

Midhat sah in der Moderne eine Reihe von Herausforderungen und Widersprüchen, die sich in der Regel mit gesundem Menschenverstand und Treue zur Kultur – oder sogar Praxis – des Islam lösen ließen. Andere Autoren erblickten darin eine innere Unordnung bei den Männern und Frauen, denen die Moderne doch eigentlich Befreiung bringen sollte. Dieses psychologische Interesse an den Auswirkungen der Moderne war gleichfalls neu, und darin spiegelte sich das Interesse dieser Autoren an den komplexen und widersprüchlichen Figuren in den europäischen Romanen, Julien Sorel etwa, Stendhals Protagonist in *Rot und Schwarz* – wobei »Schwarz« für den Klerus stand, »Rot« für die sprühende Lebenskraft der Jugend. Die Moderne säte Schmerz und Ich-Verlust. »Die Wahrheit, die bittere Wahrheit«, lautete das Motto, das Stendhal seinem Roman voranstellte. Und davon gab es auch in der Türkei Abdülhamids II. einiges.

Nicht nur die Art der Erkrankungen war neu, sondern auch die künstlerischen Empfindungen, die man entwickelte, um damit umzugehen. Die neue Literatur war modern und zugleich eine Kritik an der Moderne. Sie war geprägt von Schmerz – den die an die Seite gedrängte Religion nicht zu mildern vermochte. Halid Ziya Usakligil (1866–1945), Staatsbeamter und Spross einer prominenten Kaufmannsfamilie, war der erfolgreichste Vertreter dieses verstörenden Genres, und sein frühes Meisterwerk handelt von einem weiteren Farbzusammenstoß im Herzen eines Menschen: zwischen dem Blau des Optimismus und dem Schwarz der Verzweiflung.

Usakligils 1897 erschienener Roman *Blau und Schwarz* – der Titel war nicht von Stendhal, sondern von dem Dichter Sully Prudhomme inspiriert – beschreibt das turbulente Leben eines verletzlichen, einzelgängerischen, zweiundzwanzigjährigen Mannes namens Ahmed Cemil. Sein Ziel ist es (natürlich), ein berühmter Avantgardedichter zu werden, und er dürstet nach einer neuartigen Sprache, die klug genug wäre, um ganz allein zu denken. Aber der Tod seines Vaters zwingt ihn, ungewöhnliche Jobs anzunehmen, um seine Mutter und seine Schwester zu unterstützen.

Ahmed Cemil schreibt Artikel für eine Istanbuler Zeitung und steuert Übersetzungen bei. Außerdem gibt er einem kleinen Jungen an drei Abenden Unterricht. Im Winter verschwindet er zitternd in der Dunkelheit, schlurft durch den Matsch und weicht den Hunden aus, und wenn er an einer der eingestürzten Ruinen Istanbuls vorbeikommt, klopft sein Herz, »als käme plötzlich eine Hand daraus hervor und packte ihn am Kragen«. Seine Mutter hat Angst, dass er unter der Arbeitsbelastung und dem Schlafmangel zusammenbricht, aber er erwidert ihr mit Blick auf seine Schwester Ikbal: »Wir brauchen doch das Geld, Mutter. Wir haben noch eine Braut zu verheiraten.«

Die Ehe ist tatsächlich der sichere Hafen, der sowohl Ikbal als auch ihren Bruder einmal aufnehmen könnte, aber ein gefräßiger Hedonismus schleicht im neuen Istanbul umher. Ahmed Cemils Arbeitskollegen und literarischen Konkurrenten Raci, der meist volltrunken in einem der Bordelle in Beyoglu anzutreffen ist, hat er bereits verschlungen.

Eines regnerischen Abends zieht sich Ahmed Cemils Redaktionsleiter Ahmet Sevki die Krawatte zurecht, setzt den Fez gerade und befeuchtet sich den Schnurrbart, bevor die beiden Männer das Büro verlassen und sich auf die Suche nach dem verschollenen Raci machen. Sie laufen durch die Menschenmenge, die sich unter einem Dach aus Regenschirmen über die Galata-Brücke bewegt, und betrachten die Lichter der Restaurants, die über den vorbeifahrenden Straßenbahnen und den Fußgängern herüberscheinen. Die Seilbahn bringt sie mitten auf die pulsierende, funkelnde, meilenlange Hauptstraße Beyoglus. Raci ist nun erst einmal vergessen. Ahmet verspricht seinem Chef, ihm das Couronne, das Cambrinus und das Central zu zeigen, berühmte Café-Bars mit elektrischen Lampen an den Wänden und marmornen Tischplatten, aus denen Fetzen von Musik und dichte Schwaden von Zigarettenrauch dringen, wenn die Türen aufschwingen. Schließlich steigen sie eine enge, schmutzige, abgestoßene Treppe hinauf zu einem *établissement*, in dem ein in Istanbul übernachtender Heizer mit schwarzen Fingernägeln seine Kleider am Feuer trocknet, während zwei Hutmachergesellen sich Freiheiten bei einer übergewichtigen Serviererin herausnehmen.

Das ist das Palais de Crystal, in dem Raci zuletzt gesehen wurde, und die beiden Männer finden Plätze in der Nähe der Bühne, während der Club sich mit Angestellten, Handwerksgesellen, Barbieren und Seeleuten füllt. Eine Truppe europäischer Mädchen, deren Haut von den endlosen Nächten und dem Zigarettenrauch gelblich geworden ist, jede von ihnen Tochter eines bitterarmen Vaters irgendwo an der Donau, der in seiner Not keinen anderen Ausweg sah, als seine Nachkommen in die Knechtschaft zu verkaufen, schleppt sich widerwillig auf die Bühne, um dort zu singen, zu tanzen und diverse Instrumente zu spielen. Raci trifft ein, als das Gebrüll und Geschrei der Kunden den Club lebendig werden lässt und Ahmed Cemil und sein Chef ihre Suche in einem angrenzenden Bordell fortsetzen, das eine Madame Pompadour, eine Varieté-Soubrette und ein Balkanmädchen zu bieten hat, das unter dem albanischen Mieder fürchterlich schwitzt.

Blau und Schwarz ist voll von schwülen, irrlichternden Bildern wie diesem, und man hat Usakligils Technik, jeder einzelnen Einstellung eine detaillierte Aufmerksamkeit zu schenken, mit dem (damals immer noch relativ jungen) Medium der Fotografie verglichen. Anders als viele konventionelle Gegner der Moderne kritisiert Usakligil sie nicht aus einer frommen Perspektive. Sein Ahmed Cemil hat eine ähnlich ambivalente Einstellung zur Religion wie viele Menschen in Gesellschaften mit einer raschen Säkularisierung, und die Angst, die er empfindet, ist in Teilen die Angst, keine sichere Grundlage mehr im Glauben zu haben. Die angewiderte Faszination, mit der Usakligil die Ausbeutung der Tänzerinnen im Palais de Crystal beschreibt, zeigt außerdem ein Gespür für Ungleichheit und die moralischen Aspekte der Versklavung, das unabhängig vom Islam ist und aus einem säkularen Verständnis der Menschenrechte resultiert. Diese bahnbrechenden Passagen haben nichts Gekünsteltes. Wie die Moderne in neue Regionen einbricht, so auch das Unbehagen an den Botschaften, die sie bringt.

Zu der Zeit, als Usakligil schrieb, bestand kein Zweifel, dass eine dieser Botschaften auch die Industrialisierung betraf. Im gesamten Nahen und Mittleren Osten war dieser Prozess durch die Wehrlosigkeit der dortigen Volkswirtschaften gegenüber der westlichen Massenproduktion aufgehalten worden. Aber als die osmanische Regierung in den 1870er Jahren Anreize einführte, begann das Osmanische Reich einige in privater Hand befindliche industrielle Kapazitäten aufzubauen – und das nicht nur in Istanbul. In Izmir und Saloniki entstanden Gießereien, die einfache Werkzeugmaschinen herstellten. Außerdem produzierte man dort Zigaretten und Ziegel. In Adana am Mittelmeer gab es dampfgetriebene Seiden- und Baumwollspinnereien. Die größten Fabriken beschäftigten zweihundert Menschen, einige auch mit gemischter Belegschaft. Die Beziehungen zwischen Arbeitern und Unternehmern wurden zum Gegenstand von Debatten, als sozialistische Ideen bezüglich der Arbeiterrechte aus Europa einsickerten und technologische Fortschritte die Aufmerksamkeit auf das komplexe, von Konkurrenz geprägte Verhältnis zwischen Mensch und Maschine lenkten.

Die Fähigkeit der Technik, das Leben nicht nur zu verbessern, sondern es auch zu zerrütten und ärmer zu machen, wird in *Blau und Schwarz* sehr anschaulich vor Augen geführt. Im weiteren Verlauf des Romans erbt ein anderer junger Mann namens Vehbi die Zeitung und nutzt seine neue Stellung, um Ikbal zu heiraten und Ahmed Cemil zu überreden, für den Kauf einer neuen Druckerpresse eine Hypothek auf sein Haus aufzunehmen. Vehbi erweist sich jedoch schon bald als ein Schurke, der Ikbal schlägt (sie stirbt schließlich im Kindbett) und Ahmed Cemil in den Konkurs treibt.

In einer schönen Passage dieses lyrischen, ratlosen Buchs zeigt Usakligil seine gemischten Gefühle hinsichtlich der neuen industriellen Welt, als er Ahmed Cemil neben die Steindruckpresse stellt, die nun sein einziges irdisches Gut darstellt. Ahmed Cemil betrachtet und beschreibt diese Maschine und die Menschen, die sie bedienen, nicht wie ein Industrieller, der über die Wirtschaftlichkeit großer Serien nachdenkt, sondern eher wie ein Psychologe, der vor den zermürbenden Wirkungen des Krieges warnt.

> Der Oberschriftsetzer ... beugte seinen Körper, den er, seit er zehn Jahre alt war, mit dem Verbinden und Auflösen der Ideen an seinen Fingerspitzen gebrochen und erschöpft hatte, über die kalte Platte der Presse; unter diesen unerträglichen Bedingungen, in der schmutzigen Luft und dem schwachen Licht der ranzig riechenden Lampe, begann er, die Pinzette in der Hand, mit dem Kampf – nahm hier einen Punkt weg, fügte dort ein Komma ein, Ungeduld, Kummer und Müdigkeit beengten die Lungen in seiner Brust ...; er verbreiterte die Spalten, suchte jedes falsche Wort, jeden falschen Buchstaben, ersetzte sie durch die richtigen und lief mit der Spitze seiner Pinzette zwischen diesen Tausenden kleinen Dingen umher ...

Ahmed Cemil ist bewegt von diesem Anblick körperlicher und seelischer Erschöpfung – und ebenso der Leser. Wie neu und verwirrend muss es für die gebildeten Schichten im Istanbul der Belle Époque gewesen sein, in einem Buch zu lesen, dass die Moderne nicht nur den Islam bedrohte, sondern auch einen Mantel über das menschliche Streben nach Glück warf.

Dieses Streben war indessen zu stark, als dass man es hätte unterdrücken können, und sein Reiz breitete sich unaufhaltsam aus. Während die ersten Romane des Nahen und Mittleren Ostens erschienen, *Darwiniya* propagiert wurde und Bilderstürmer wie Besir Fuat Gott und dem Tod eine Nase drehten, regte sich ein Segment der Gesellschaft, das durch den neuen Geist persönlicher Autonomie viel zu gewinnen hatte. Das war das Weiberregiment der Jane Eyre und der Fatma Aliye.

Zu Anfang gab es nur Absonderung und Abgeschiedenheit. Das war die alles überragende Tatsache des Lebens der Frauen in den Städten des Nahen und Mittleren Ostens, vor allem für Angehörige der Mittel- und Oberschicht. In den ländlichen Regionen legte man insgesamt weniger Gewicht auf die Trennung der Geschlechter, und das aus guten ökonomischen Gründen, leisteten die Frauen dort doch einen lebenswichtigen Beitrag zum Lebensunterhalt der Familie. Besucher entlegener Regionen der Türkei, Ägyptens und des Iran sahen dort nur leicht verschleierte Frauen auf der Straße gehen, auf den Feldern arbeiten und an Hochzeiten oder religiösen Zeremonien teilnehmen. In manchen nubischen Gemeinden mussten die Männer das Nähen übernehmen, während die Frauen die Feldarbeit verrichteten, wie eine ägyptische Frau aus der Oberschicht verwundert berichtete. In den Stammesgebieten des Iran waren die Frauen von wesentlicher Bedeutung für den Erfolg der beschwerlichen saisonalen Wanderung. Es gab keine exklusive Beziehung zwischen Verschleierung und Islam. Als die englische Reisende Lucie Duff-Gordon in den 1860er Jahren Oberägypten besuchte, beobachtete sie, dass manche christlichen Frauen stärker verschleiert waren als ihre muslimischen Geschlechtsgenossinnen.

In ärmeren Vierteln der Städte fanden sich auch Frauen, die Läden betrieben oder in einer der wenigen in privater Hand befindlichen Fabriken arbeiteten. Die amerikanische Firma Singer hatte Anteil an der Erhöhung der weiblichen Beschäftigung, produzierte sie doch in ihrer Fabrik am River Clide eine gewaltige Zahl an Nähmaschinen (um 1913 mehr als eine Million); so traten in Istanbul und Kairo Näherinnen, die ihre Dienste von Tür zu Tür anboten, nach und nach an die Stelle der Hausfrau, die selbst von Hand nähte.[21] Sogar Halid Ziya Usakligils ansonsten technikfeindlicher Roman *Blau und Schwarz* räumte ein, welchen Wert die Nähmaschine als Passierschein in die Unabhängigkeit besaß. Die vernachlässigte Frau des Tunichtguts Raci bittet um Geld, um solch eine Maschine kaufen zu können, und meint: »Reicht nicht eine kleine Nähmaschine aus, damit eine Frau und ihr kleiner Sohn über die Runden kommen.« So war es. Und das war einer der Gründe, weshalb 1897 allein in Ägypten gut 64 000 Frauen – zwei Prozent der Bevölkerung – in Handel und Gewerbe arbeiteten.[22]

In den höheren Schichten der Gesellschaft war das Leben der Frauen dagegen von Bevormundung und Abschottung geprägt. »Auf der Straße sieht man nur Frauen aus der Arbeiterklasse«, berichtete die amerikanische Reisende Elizabeth Cooper, als sie in den ersten Jahren des 20. Jahrhunderts Kairo besuchte, und »diese unverschleiert umhergehenden Frauen werden weder von den abgesondert lebenden beneidet, noch freuen sie selbst sich über ihre Freiheit, glauben sie doch, dass allein Armut und Not sie zwingen, die Abgeschiedenheit ihres Heims zu verlassen.«[23] Ganz ähnlich wie in London, Paris und New York war es das Privileg der Wohlhabenden, exklusive Besonderheiten nachhaltig verteidigen zu können.

Die Einheit der Absonderung war der Harem – aus dem Arabischen für »entziehen«, »berauben« –, jener abgeschottete Lebensbereich, in dem die Patriarchen des Nahen und Mittleren Ostens ihre Herrschaft über Ehefrauen, Konkubinen und Sklavinnen ausübten und die von westlichen Malern und Schriftstellern gerne als stickige Gefängnisse dargestellt wurden, in denen unterschätzte Schönheiten (zum Beispiel die Nebenfrauen eines abwesenden Provinzgouverneurs) Fett ansetzten und gegeneinander intrigierten, während sie den angemessen symbolisch eingesperrten Wiedehopf anstarrten. Wie alle erfolgreichen Karikaturen ist auch diese nicht ganz ohne Wahrheit.

Während ihres Aufenthalts in Kairo kurz vor dem Ersten Weltkrieg wurde Elizabeth Cooper eingeladen, sich zu einer Gruppe von Frauen in einer Kemenate voller Kissen und Diwane zu gesellen, die über die Wand des traditionellen Hauses hinausragte und nach außen von einem hölzernen Gitter abgeschlossen wurde, so dass die Frauen unbeobachtet die Ankunft der Brautaussteuer im Haus der Neuvermählten gleich gegenüber beobachten konnten. In einem Satz, der die Verwirrung der Oberschicht zu dieser Zeit bestens zum Ausdruck bringt, schreibt Cooper, das Mädchen sei »äußerst erregt bei dem Gedanken, dass sie in die Oper gehen und dort [Gounods Oper] Faust, in Arabisch gesungen, hören« werde – gleichfalls hinter einem Gitter.

Manche Frauen im Nahen und Mittleren Osten sollten den Harem als einen Ort des Schutzes und Trostes in Erinnerung behalten, an dem Frauen zusammenkamen, um schwesterliche Bande zu knüpfen, und die wechselseitige Hilfe unter den Frauen desselben Mannes zu besseren Lebensbedingungen für alle führten. Für die Hauptfrau in einem großen Haushalt war der Harem eine Satrapie, in der sie eine traumhafte Despotie eigenen Zuschnitts errichten konnte. Im Allgemeinen jedoch wurde der Harem mit malerischen Absonderlichkeiten und Exzentrik assoziiert – es gab mancherlei Kostümierungen und ausgefallene Unterhaltungen wie Monstrositäten- und Tierschauen –, und seine Haupteigenschaften waren in Wirklichkeit Sinnlosigkeit und Langeweile. Die unterforderten und unter zu wenig Anregung leidenden Frauen wurden wegen ihrer Seichtheit kritisiert, aber wie Historiker dieser Einrichtung dargelegt haben, können solche Schwächen kaum überraschen bei Erwachsenen, die wie Kinder behandelt wurden und deren Sozialkontakte sich auf andere Haremsfrauen und Dienerinnen beschränkten. Nicht selten litten diese erbarmungswürdigen Geschöpfe unter der Vernachlässigung oder Grausamkeit ihrer Ehemänner oder waren ständig schwanger, während ein gewiss überwältigendes Gefühl der Machtlosigkeit zu »nervösem und unlogischem Verhalten und Depression« führte, »was wiederum Ränke, Verschwörungen und Selbstmord zur Folge hatte«.[24]

Die unerschrockene Engländerin Ella Sykes, die ihren Bruder in den 1890er Jahren bei einer diplomatischen Mission in den Iran begleitete – damals näherte sich Nasreddins Herrschaft ihrem Ende –, beobachtete im kaiserlichen Harem nur Gemeinheit, demonstrativen Pomp und einen Mangel an Intelligenz. Der Harem war nicht einfach eine Ansammlung von Räumen. Er war auch eine Gemütsverfassung, geprägt von einer völligen Unkenntnis des normalen Lebens und von der ständigen Angst, von Menschen gesehen zu werden, die dazu nicht berechtigt waren. Er war die höchste Manifestation der Tyrannei des Schahs, der den Spielzeugen darin jede Laune aufzwingen konnte.

Ein berüchtigtes Beispiel dafür war seine Anordnung, dass die Frauen im Harem nicht mehr das traditionelle Gewand mit den langen, weiten, bestickten Hosen tragen sollten, sondern einen verrückten Abklatsch des Kostüms des Pariser Balletts, das ihn während seiner Europareise so entzückt hatte. Es bestand aus einem reich mit Brokat besetzten Jäckchen mit weiten Ärmeln und einer Art Knickerbocker, die über den Knien endeten, samt weißen, halblangen Strümpfen – eine entsetzliche Kombination, die für den Rest seiner Regierungszeit die »Haremsuniform« bleiben sollte.

Nirgendwo zeigte sich die verrohende Wirkung seiner despotischen Herrschaft so deutlich wie in seinem liebsten Spiel, dem »Lampenlöschspiel«, das seine Tochter Tadsch os-Saltaneh folgendermaßen beschrieb:

> Wenn das Spiel begann, saßen zunächst noch alle Frauen im Saal und unterhielten sich miteinander. Derweil thronte mein Vater auf einem Sitz neben dem Lichtschalter. Sobald sie in ihr Gespräch vertieft waren, schaltete mein Vater die Lampen aus. Mit einem Schlag brach ein wüstes Tohuwabohu los, Hilferufe und übelstes Geschimpfe wurden laut und ein allgemeines Geschrei hob an … Bei diesem Spektakel, bei all dem Tumult und lautem Schluchzen tat die absolute Dunkelheit noch das ihre dazu … Wenn plötzlich das Licht wieder angeschaltet wurde, sah man, in welchem Zustand sich die Damen befanden. Die Kleider der meisten waren zerrissen, Wangen und Gesichter waren blutverschmiert, nackt und bloß standen sie da …, mit wildem Gesichtsausdruck, die Haare zerzaust, die roten Augen vor Wut weit aufgerissen … Die Gesellschaft war zu Ende, und man zerstreute sich in alle Richtungen und war bis zum Morgen damit beschäftigt, sich wieder einigermaßen herzurichten. Mich wunderte nur, dass die Damen bei jedem Neubeginn stets wieder bereit waren, sich mit dem größten Vergnügen mit Schlägen und Tritten zu traktieren.[25]

Angesichts der absonderlichen Zustände im Harem kann es kaum verwundern, dass Ella Sykes mit einem düsteren Bild der iranischen Frauen heimkehrte, die »erkennen, wie hart ihr Schicksal ist, wenn sie mit europäischen Frauen in Kontakt kommen«. Die iranischen Frauen durften zwar eigenen Besitz haben, konnten aber oft nicht wirklich darüber verfügen, weil sie Analphabeten waren und von der Außenwelt abgeschottet wurden. Die unverheiratete Ella erinnerte sich, wie ergreifend es war, »ermahnt zu werden, niemals einen Perser zu heiraten«. So sagte ihr eine Frau: »Mein Mann gibt mir viel Kummer ›zu schlucken‹. ›Wenn sein *pilau* (Reis) oder Sorbet ihm nicht gefällt, schlägt er mich manchmal, und ich weiß, wenn ich eine Krankheit hätte, die mich hässlich machte, ließe er sich auf der Stelle von mir scheiden. Und wenn ich alt bin, wird er mich schlechter als eine Dienstmagd behandeln.‹«

Die bedrückenden Lebensbedingungen der Frauen im Nahen und Mittleren Osten basierten auf einem einfachen Grundsatz. Für die meisten Familien war eine Frau ein moralischer Aktivposten, dessen Wert davon abhing, dass sie unbefleckt vom Vater an den Ehemann überging. Niemand zweifelte an ihrem fraulichen Reiz, solange sie jung war, aber sie musste vor ihrer eigenen unzähmbaren Sexualität geschützt werden.

Das von Frustration, Schalheit und Andeutungen männlicher Bedrohung geprägte Leben in den Harems der Wohlhabenden sollte auch Huda Schaarawi beschieden sein, einer mutigen ägyptischen Aristokratin, deren Autobiographie die Abschottung der Frauen in Ägypten kurz vor deren Wandel in den 1880er und 1890er Jahren beschreibt – wie eine Fahrt über den Ozean in Begleitung anderer Passagiere, denen man vielleicht besser nicht trauen sollte, wenn man von Kräften umhergeworfen wird, über die man keine Kontrolle hat.

Sie erlebte all die Privilegien und Beschwernisse einer Tochter aus der Oberschicht – sie wohnte in einem großen Haus und genoss einen wunderschönen Garten, nur fehlte ihr die Freiheit, selbst über ihr Leben zu entscheiden. Schon in jungen Jahren sah sie die überlegene Stellung voraus, die ihr jüngerer Bruder einmal ihr gegenüber einnehmen würde. »Du bist ein Mädchen, und er ist ein Junge«, sagte ihre Stiefmutter zur Begründung, warum er solche Aufmerksamkeit erhielt. »Wenn du heiratest, wirst du das Haus verlassen und dem Namen deines Mannes Ehre machen, aber er wird den Namen seines Vaters weitertragen und das Haus übernehmen.«

Als Huda etwa zwölf war, hörte sie zufällig ein Gespräch ihrer weiblichen Verwandten über eine mögliche Verbindung zwischen ihr und ihrem Vormund (einem Vetter), einem Mann Mitte vierzig mit Kindern, die älter waren als sie. Da sie noch ein Kind war, verdrängte sie solche Gedanken und war nicht einmal alarmiert, als sie Juwelen zum Geschenk erhielt und das Haus unerwartet geschmückt wurde.

Andere Vettern forderten dazu auf, die Ehe nun förmlich zu schließen. Immer noch vermochte das Mädchen nicht zu erkennen, welche Ungeheuerlichkeit sich anbahnte, und während der dreitägigen Hochzeitsfeierlichkeiten ließ sie sich von der Eleganz des mit Blumen bestreuten Brautthrons, dem Zelt mit seinen Teppichen und Behängen und dem Glanz ihres eigenen Brautkleids und Brautkrönchens überwältigen. »Ich lachte und war glücklich mit meinen Freundinnen«, erinnerte sie sich später, »und das so sehr, dass der Haushalt in meinem früheren Verhalten nicht mehr als die üblichen Ängste einer zukünftigen Braut erblickte. Aber plötzlich kam es draußen zu einem Tumult«, berichtet Huda weiter. Die Tänzerinnen eilten hinaus, inmitten von *zaghrudas*, den schrillen Tönen, die arabische Frauen bei fröhlichen Festen ausstoßen. »Unter Trommelwirbeln eilten die Frauen aus dem Raum und schlüpften hinter Vorhänge, während der Eunuch die Ankunft des Bräutigams ankündigte.«

Nun erst begriff Huda, was da geschah.

Augenblicklich löste sich der schöne Traum auf, und die Realität erschien. Verängstigt und weinend klammerte ich mich an das Kleid einer Verwandten …, die wie die übrigen zu fliehen versuchte, und ich flehte: »Lass mich nicht allein! Nimm mich mit!« Eine Frau trat zu mir und legte mir einen Schleier aus Silberfäden über den Kopf wie eine Maske, die das Gesicht eines zum Tode Verurteilten vor der Hinrichtung verdecken soll. In diesem Augenblick betrat der Bräutigam den Raum. Nachdem er auf einem Teppich aus rotem, silberdurchwirktem Samt gebetet hatte, kam er zu mir, hob den Schleier von meinem Gesicht und küsste mich auf die Stirn. Er nahm mich bei der Hand, führte mich zum Brautthron und nahm den Platz neben mir ein. Während dieser ganzen Zeit zitterte ich wie ein Zweig im Sturm. Der Bräutigam richtete ein paar Worte an mich, aber ich verstand nichts. Als die üblichen Kelche mit rotem Sorbet gereicht wurden, war ich unfähig, von dem Ritualtrunk zu kosten. Schließlich nahm mein neuer Ehemann mich bei der Hand. In meiner Benommenheit wusste ich nicht, wohin er mich führte.[26]

Sie war dreizehn.

Die erste moderne Regierung des Nahen und Mittleren Ostens, die den Frauen eine Chance auf eine Verbesserung ihrer sozialen und wirtschaftlichen Lage bot, war die Regierung Muhammad Alis. Und wie bei so vielem, was der Pascha tat, standen auch dahinter militärische Erwägungen.

Im 17. Jahrhundert war die Syphilis aus Europa in den Orient gelangt, und sie war dort geblieben. Manche Europäer hielten sie für schlimmer als die Pest, und in Ägypten hatte sie einen perfekten Überträger in Muhammad Alis überaus mobiler Armee gefunden, die auf ihren zahlreichen Feldzügen auch auf lokale Prostituierte zurückgriff (bevor der Pascha diesem Wanderleben ein Ende setzte). Clot Bey, der französische Arzt, den Muhammad Ali geholt hatte, damit er ein modernes Gesundheitssystem aufbaute (und der das erste anatomische Theater des Landes gegründet hatte), machte in den 1830er Jahren den Vorschlag, das Problem der Syphilis im Rahmen umfassenderer Bemühungen anzugehen und zunächst die traditionelle ägyptische Hebamme oder *daya* durch ein modernes System für die Gesundheit der Frauen zu ersetzen. Ausgebildete medizinische Helferinnen sollten die Soldatenfrauen untersuchen und über den Umgang mit der Syphilis informieren. Außerdem sollten sie die Frauen gegen Pocken impfen, an denen in den frühen 1820er Jahren durchschnittlich 50 000 Kleinkinder starben. Auf diese Weise sollten die *dayas* mit ihren Zaubersprüchen und Beschwörungsformeln im Ansehen der ägyptischen Mütter und werdenden Mütter ersetzt werden.[27] Das jedenfalls war der Plan.

Die von Clot Bey vorgeschlagene Hebammenschule war von ähnlichen Einrichtungen in Frankreich inspiriert. Es bestand ein dringender Bedarf an Personal, aber die ägyptischen Sitten standen im Wege. Achtbare muslimische Eltern hätten niemals zugelassen, dass ihre Töchter zum Arbeiten aus dem Haus gingen oder irgendeine Schule besuchten, die sie dazu befähigte. Clot löste das Problem, indem er Leute auf den Kairoer Sklavenmarkt und in ein Armenhaus schickte, wo sie insgesamt dreißig Mädchen für die Schule gewannen. Während ihrer Ausbildung zu Hebammen und medizinischen Helferinnen erhielten die Mädchen ein staatliches Stipendium sowie freie Kost und Logis. Wenn sie dann ihre Arbeit in einem der im ganzen Land eingerichteten Gesundheitszentren aufnahmen, erhielten sie ein monatliches Gehalt, einen militärischen Rang ähnlich dem ihrer männlichen Kollegen und ein Transportmittel (einen Esel).

Alles in allem wäre es kein schlechtes Geschäft gewesen für eine nach Unabhängigkeit strebende junge Frau in Ägypten – nur dass die jungen Frauen des Landes noch nicht dieser Beschreibung entsprachen. Clot Beys Hebammenschule litt von Anfang an unter einem Mangel an Schülerinnen und Lehrkräften, werdende Mütter wandten sich weiterhin lieber an die alten *dayas*, und am Ende wurde aus den neuen medizinischen Helferinnen eine Art Verwaltungseinrichtung, die die *dayas* überwachte und sicherstellte, dass sie regelmäßig Daten über Geburten und Todesfälle lieferten. Der Pascha hatte sehr genau erkannt, welche Bedeutung die Erhebung von Daten für die Planung seines modernen und hochgradig kontrollierten Staates hatte.

Bedenkt man, dass ein Jahrhundert später eine Beamtenstelle an einer Schule oder einer medizinischen Einrichtung im ganzen Nahen und Mittleren Osten als Gipfel des Erfolgs für Mädchen aus der Mittelschicht gelten sollte, überrascht es, dass die ersten Beamtinnen der Region nicht Töchter von Staatsbeamten oder Freiberuflern waren, sondern abessinische und sudanesische Sklavinnen.

Auf dem Gebiet der Frauenbildung verbesserte sich die Lage in den folgenden fünf oder sechs Jahrzehnten nur wenig – obwohl Rifaa al-Tahtawi und einige seiner Anhänger sich dafür einsetzten. Nicht die islamische Doktrin stand der Frauenbildung im Wege, sondern die sozialen Einstellungen. Die Geschichte der Frauenbildung in Ägypten blieb ein Kampf zwischen wohlwollendem Zwang und einer hartnäckig widerspenstigen Gesellschaft. Dass ägyptische Frauen den Koran kannten, war eine Sache, dass sie ungehinderten Zugang zur Welt der Bücher erhielten, dagegen eine ganz andere. Im 20. Jahrhundert erinnerte sich die Schriftstellerin Suhayr al-Qalamawi an ihre Großmutter, die gesagt hatte: »Diese Gewohnheit des Lesens ist eine Krankheit, unter der die Frauen meiner Generation nie gelitten haben. Gesegnet seien unsere guten alten Zeiten! Ich habe nie zugelassen, dass meine Tochter genug Zeit zum Lesen gehabt hätte.«[28]

Noch bis in die 1870er Jahre hinein gab es einen unüberwindlichen Widerstand gegen die Frauenbildung und eine verbreitete Skepsis hinsichtlich ihres Nutzens. Die ersten freien muslimischen Frauen, die – im folgenden Jahrzehnt – Bildung erlangten, waren offenbar unzufrieden mit ihrer Stellung als Ehefrauen ungebildeter Männer, und ihre Familien hielten sie für arrogant. Angesichts dieser Ausgangslage muss der Einstellungswandel, der sich in den 1880er Jahren nach und nach in der ägyptischen Gesellschaft vollzog, als wahrhaft bemerkenswert angesehen werden.

1892 fand eine Untersuchung des ägyptischen Erziehungsministeriums heraus, dass Eltern aus der neuen Mittelschicht des Landes – Staatsbeamte und Angehörige der freien Berufe – nicht nur darauf bedacht waren, ihre Töchter auf eine Schule zu schicken, sondern auch ähnliche Lehrinhalte forderten wie für ihre Söhne. Ein Wendepunkt war erreicht, als es nicht mehr inakzeptabel war, Töchter auf eine Schule zu schicken, wohl aber, sie nicht auf eine Schule zu schicken.

Man könnte meinen, die britischen Verwalter des Landes hätten gleichsam als Dividende aus der Kolonialherrschaft die Mädchenbildung vorangetrieben. In Wirklichkeit hielten der forsche, robust-protestantische Prokonsul Sir Evelyn Baring (der spätere Lord Cromer) und seine Kollegen die massenhafte Schulbildung (und zwar im Blick auf beide Geschlechter) für potentiell gefährlich und ließen gerade so viele Ägypter ausbilden, wie für die Besetzung der staatlichen Einrichtungen erforderlich war. Stattdessen waren es die privaten (wenn auch staatlich registrierten) *kuttabs*, die am schnellsten die nachgiebigere Einstellung der Ägypter zur Mädchenbildung in einen tatsächlichen Bestand an gebildeten Frauen übersetzten, wobei die Zahl der Schülerinnen in diesen Einrichtungen, zu deren Lehrplan auch Hygiene, Kochen und Waschen gehörten, von 1640 im Jahr 1900 auf 17 000 im Jahr 1908 stieg.[29] Auf der anderen Seite erhöhte sich die Zahl der Schüler beiderlei Geschlechts in den staatlichen Schulen nur von 6000 im Jahr 1890 auf 11 000 zwei Jahrzehnte später, darunter 800 weiblichen Geschlechts. Allerdings gab es in Privat- und Missionsschulen mehrere tausend weitere Schülerinnen.[30]

1901, siebzig Jahre nachdem Rifaa al-Tahtawi sich der ersten Ausbildungsmission männlicher ägyptischer Studenten nach Europa angeschlossen hatte, zahlte die Regierung in Kairo einigen jungen Ägypterinnen die Reise nach Großbritannien, wo sie das Stockwell Training College in London und das Homerton Training College in Cambridge besuchten. Obwohl die jungen Frauen von Anstandsdamen begleitet wurden, kam es dennoch zu Kontroversen, wobei die Kritiker ihnen moralische Verfehlungen vorwarfen, während die Befürworter einwandten, sie hätten sich nicht mit Männern eingelassen, »wie die Leute meinen«.

Fromme Vorbehalte gegen das Reisen, weil es die Säkularisierung befördere, waren natürlich nicht gänzlich unbegründet, wie die amerikanische Reisende Edith Butcher kurz vor dem Ersten Weltkrieg feststellte. Am Bahnhof in Kairo sah sie »eine Gruppe von Frauen ..., bis zu den Augen vermummt«, den Blick züchtig von jeglichem männlichen Blick abgewandt. Als sie jedoch erst an Bord des Mittelmeerdampfers waren, hielten dieselben Frauen einen dramatischen Einzug in den öffentlichen Salon, »unverschleiert, barhäuptig, in die neueste Pariser Reisemode gekleidet«.[31]

Es war kein Zufall, dass die Mittelschicht, die das größte Interesse an einer schulischen Ausbildung ihrer Töchter zeigte – die Oberschicht hielt an ihren Hauslehrerinnen fest –, auch den Hauptteil der Leserinnen jener Frauenzeitschriften stellte, die in den letzten Jahrzehnten des 19. Jahrhunderts entstanden. Sie begannen in der Türkei, breiteten sich nach Ägypten aus und wurden später auch im Iran nachgeahmt. Sie bildeten ein Forum, in dem meinungsbildende Frauen über ihre Rechte und Pflichten diskutierten, während die mutigsten sich nicht scheuten, über die Natur des Frauseins und der Weiblichkeit in der modernen Welt zu debattieren.

Dies war der Kontext für den beschwörenden Artikel über die angeborene Gleichheit zwischen Männern und Frauen, den eine türkische Feministin 1869 an die Wochenzeitschrift *Terakki-i-Muhadderrat* schickte und von dem in der Einleitung die Rede war. Diese und andere Interventionen ähnlicher Art signalisierten das wachsende Selbstbewusstsein der stärker verwestlichten türkischen Frauen und die Möglichkeiten, die sich Menschen wie Fatma Aliye nun eröffneten. Briefe an *Terakki-i-Muhadderrat* und andere Publikationsorgane mochten die Form eines Plädoyers für die Frauenbildung, einer Tirade gegen die Polygamie oder auch einer Klage über die schlechteren Kojen annehmen, die man Frauen auf Bosporusdampfern zuwies.[32]

Es zeugt von den mulmigen Gefühlen, mit denen diese Frauen sich erstmals aus der Deckung wagten, dass die Verfasserinnen dieser Briefe und Artikel Pseudonyme wie »Ein Mädchen in der Schule« oder »Zwei gebildete Damen« benutzten. Die Zeitschrift setzte sich, wie eine der Autorinnen schrieb, kein geringeres Ziel als den Umsturz des überkommenen Frauenbildes, das eine angeborene Minderwertigkeit der Frauen gegenüber den Männern behauptete. »Wir sind der Stamm, über den die Männer sich lustig machen, weil er langes Haar, aber einen kurzen Verstand habe«, hieß es in einem Leitartikel. »Wir werden versuchen, das Gegenteil zu beweisen.«[33]

Zu Beginn des 20. Jahrhunderts hatte das Leben vieler Städterinnen im Nahen und Mittleren Osten sich tatsächlich verändert, wie die Feministinnen es in den neuen Zeitschriften forderten. Die Reisende Elizabeth Cooper verglich die Basare im Kairo der 1870er Jahre, auf denen man »nur selten eine Frau als Kundin sah«, mit den »Scharen verschleierter Frauen«, die man zu ihrer Zeit kurz vor dem Ersten Weltkrieg dort beobachten konnte. Die modernen ägyptischen Frauen konnten selbst ihre Kleidung und ihren Schmuck auswählen, »handeln, schwatzen, bewundern, Schmuck und Putz kaufen, den früher ihr Mann für sie gekauft hatte«.[34]

Als die Frauen sich hinauswagten, begannen Debatten über die rechte Art, in der das geschehen sollte. Es gab unterschiedliche Auffassungen über die Notwendigkeit von Anstandsdamen und über den Schleier samt weitem Mantel, die gleichsam einen mobilen Harem darstellten. Manche meinten, eine übermäßige Verschleierung behindere nicht nur die Mobilität, sondern auch die Freiheit der Frauen, wogegen andere die traditionellen Argumente anführten, wonach die Verschleierung dem Schutz der Tugend diene oder Frauen und Mädchen nur dadurch lüsternen männlichen Blicken entgehen könnten.

An Straßenbahnhaltestellen in der Nähe neuer Schulen wurden die Mädchen tatsächlich Opfer unwillkommener Aufmerksamkeit, und eine ägyptische Zeitung berichtete: »Sobald eine Frau sich auf der Straße zeigt, erreichen sie von allen Seiten obszöne Bemerkungen, die dafür sorgen, dass sie über ihren Rock stolpert ... Es kann auch geschehen, dass ein Teil des Gesindels ihr folgt und sie ohne jede Scham beleidigt.«[35] Dies war der Beginn einer im Nahen und Mittleren Osten geführten Diskussion über die Vorzüge der Verschleierung als Schutz vor ungewollter Aufmerksamkeit im Gegensatz zu der geschlechtlichen Diskriminierung, als deren Symbol sie heute gilt.

Der von ägyptischen Frauen der Oberschicht getragene Schleier bestand aus durchscheinendem Chiffon ähnlich dem Jaschmak in Istanbul und verstärkte nach Ansicht mancher Beobachter nur den Reiz der Trägerin. »Er wird jedes Jahr dünner«, schrieb Elizabeth Cooper, und wirkte nicht abschreckend, sondern »erhöht den Reiz, indem er ein hässliches Gesicht verschönt und einem schönen noch einen Hauch von Geheimnis und Charme hinzufügt«.[36]

Die Kairoer Dichterin Malak Hifni Nasif, besser bekannt unter ihrem Pseudonym Bahithat al-Badiya (»Sucherin in der Wüste«), fragte sich 1909 in einem öffentlichen Vortrag verzweifelt, wo die manische Gefallsucht wohl enden werde:

> Früher bestand unsere Gewand aus einem Stück. Wenn die Frau sich darin hüllte, war ihre Gestalt vollständig verborgen. Der Umhang wurde mit der Zeit immer enger, aber er war immer noch weit genug, um den ganzen Körper zu verbergen. Dann begannen wir kunstvoll die Taille enger zu machen und den Ausschnitt zu vertiefen, und schließlich fügten wir zwei Ärmel hinzu, so dass sich das Gewand eng an den Rücken legte und nur noch mit einem Korsett getragen wurde. Wir banden unsere Kopfbedeckung zurück, so dass nun mehr als die Hälfte des Kopfes einschließlich der Ohren sichtbar war ... Schließlich wurde der Gesichtsschleier durchsichtiger als das Herz eines Säuglings. Eigent-

lich soll unser *izar* [ein langer schwarzer Mantel] den Körper samt dem Kleid und dem Schmuck darunter verhüllen, die nicht zu zeigen Gott uns befohlen hat. Entspricht unser heutiger *izar*, der fast schon zu einem »Kleid« geworden ist und den Busen, die Taille und das Gesäß zeigt, diesem Gebot?[37]

Nicht nur die Frage der angemessenen Kleidung, sondern auch die der angemessenen Beschäftigungen erregte die neuen Polemikerinnen. 1891 veröffentlichte eine libanesische Zeitung eine Kritik an Frauen, die Unzufriedenheit mit ihrer Beschränkung auf häusliche Pflichten äußerten, und an deren Behauptung, man könne »die Gleichheit mit den Männern nur durch die Beteiligung an derselben Art von Arbeit [wie die Männer] erreichen«. Die Autorin des Artikels, eine Literatin namens Hana Kawrani, kritisierte auch die jüngsten (gescheiterten) Bemühungen der britischen Suffragetten um das Frauenwahlrecht und erklärte: »Frauen können nicht außerhalb des Hauses arbeiten und zugleich ihrem Mann und ihren Kindern dienen.«

Die feministische Reaktion auf Kawrani kam in Form eines Artikels in der ägyptischen Zeitung *al-Nil* (»Der Nil«), der von einer Frau namens Zainab Fawwaz stammte. Ihr Angriff auf Kawranis Verteidigung des Status quo gilt als ein früher Meilenstein in der Geschichte der arabischen Frauenbewegung. Zugleich ist er eine humanistische Hymne an den Fortschritt.

Fawwaz beginnt ihren Artikel mit einer Zusammenfassung der Errungenschaften des modernen Menschen, dessen edelste Eigenschaft in einem unerschütterlichen und unerbittlichen Willen bestehe. Ohne diesen Willen »gäbe es keines der atemberaubenden Wunderwerke, die wir heute sehen; dass Eroberungen gemacht wurden und Länder blühen, ist allein der menschlichen Unerschrockenheit zu danken.«

Es folgt ein Aufruf zum Handeln. Wehe jenen Ländern, »in denen sich die Krankheiten der Trägheit, der Arbeitsunwilligkeit und der Apathie ausgebreitet haben«. Zu den Geheimnissen der Erfolge des Westens, so behauptete Fawwaz ein wenig optimistisch, gehöre die dort herrschende Überzeugung, dass Männer und Frauen gleiche Fähigkeiten besitzen. Nichts im islamischen Recht verbiete es den Frauen, »dieselben Tätigkeiten zu verrichten wie die Männer«. Auch die Natur sei kein Hindernis, und sie verweist auf die großen weiblichen Gestalten der Geschichte (Kleopatra, Königin Elisabeth, Zenobia von Palmyra), bevor sie die Leser auf die Straßen der modernen europäischen Stadt mitnimmt, wo in den Läden und Werkstätten zahlreiche Frauen »geschäftlichen Tätigkeiten – mit all der erforderlichen Buchführung – nachgehen und handwerkliche Arbeiten – mit der nötigen Perfektion – verrichten«.

Trotz der wachsenden Verbreitung feministischer Anschauungen blieb es jedoch dabei, dass im patriarchalischen, von den Briten besetzten Ägypten Männer den Frauen ihre Rechte übertragen mussten. Die Zahl der Frauen, die sich hinreichend im islamischen und im westlichen Recht auskannten, um ein visionäres Bild der modernen muslimischen Frau, ihres Denkens und Verhaltens zu entwerfen, war weiterhin klein, und eines der Haupthindernisse für den Fortschritt bestand in einer konservativen Interpretation des Islam, dessen Geistliche in der überwältigenden Mehrheit Männer waren. Es war das Wort dieser Männer, das in dieser Frühphase der Frauenbewegung im Nahen und Mittleren Osten das größte Gewicht hatte, und keines ein größeres als das von Qasim Amin (1863–1908), dem Darwinisten, der in der Vernichtung der sudanesischen Streitkräfte durch die Briten bei Omdurman einen Beweis für die Bedeutung der natürlichen Auslese erblickt hatte.

Amin, der eine französische Ausbildung erhalten hatte, arbeitete in der britischen Verwaltung Ägyptens, und zwar in einem der »gemischten Gerichtshöfe«, so genannt, weil dort ausländische und ägyptische Richter gemeinsam auf der Grundlage Napoleonischer und islamischer Gesetzbücher über Streitfälle auf dem Gebiet des Wirtschaftsrechts entschieden. In seinen Augen machte die Konkurrenz zwischen den Nationen die Emanzipation der ägyptischen Frauen unerlässlich, damit sie sich an der Verbesserung der Stellung ihres Landes beteiligen konnten. Neben seinem Interesse am Wohlergehen der ägyptischen Frauen lenkte auch die größere Unterstützung, die Frauen den Männern – und damit auch der Nation – zukommen lassen konnten, seine Aufmerksamkeit auf die Frauenrechte. Die Frauenfrage sei von entscheidender Bedeutung für das Überleben des Landes. Man habe eine Hälfte der Bevölkerung von Produktivität und Leistung ausgeschlossen, um die Vorurteile und Ängste der anderen Hälfte zu besänftigen. In einer berühmten Streitschrift mit dem Titel *Die Befreiung der Frau* (1899) schrieb er: »Es ist unmöglich, erfolgreiche Männer großzuziehen, wenn sie keine Mütter haben, die fähig sind, sie zu erfolgreichen Männern zu erziehen.«[38]

Die Befreiung der Frau war eigentlich eine Reaktion auf die Tirade eines Ausländers gegen die Verhältnisse in Ägypten. *L'Égypte et les Égyptiens,* verfasst von einem Franzosen, dem Duc d'Harcourt, enthielt einen erschütternden Augenzeugenbericht über den Besuch eines europäischen Arztes im Harem eines ägyptischen Paschas. Die Frau des Paschas war krank, weigerte sich aber, ihren Schleier abzulegen und sich untersuchen zu lassen. Schließlich verlor ihr Gatte die Geduld und »ergriff sie, warf sie von der Couch und traktierte sie mit Fäusten und Füßen, damit sie endlich gehorchte«, was sie dann auch tat. Harcourts Schilderung ließ jegliches Mitgefühl mit dieser Frau vermissen – wie auch mit den ägyptischen Frauen insgesamt, die er als »unwissend« beschrieb, als »Fleischberge, deren Gesichter nicht den geringsten Anflug von Intelligenz verraten«.[39]

Trotz des abstoßenden Tonfalls ließ sich die Botschaft des Buches von einem aufrechten Progressiven wie Amin nicht einfach von der Hand weisen. Sein Unbehagen hinsichtlich der geringen Fähigkeiten der ägyptischen Frauen wurde noch verschlimmert durch die kulturelle Überlegenheit, welche die britische Verwaltung ausstrahlte, in der solche Progressiven einschließlich Amin angestellt waren.

In *Die Befreiung der Frau* und einer weiteren Schrift, *Die neue Frau* (1901), ging Amin die Frage der Emanzipation der Frau als jemand an, der die im Westen vorgebrachten Argumente zu Ehe und Arbeit genau kannte. Er brandmarkte die Übel der Abschließung und der Heirat ohne Liebe wie auch den Missbrauch der Scheidung als Mittel von Männern, ihre Frauen loszuwerden (in Kairo gab es in typischen Jahren halb so viele Scheidungen wie Eheschließungen). Obwohl der Brauch in Ägypten nicht üblich war, schlug er doch vor, die von der Scharia legitimierte Tradition der Vielehe abzuschaffen. »Ich glaube nicht, dass zukünftige Generationen darüber traurig wären.«[40] Man solle Schritte unternehmen, um der Abschließung der Frauen ein Ende zu setzen, und auf die Verschleierung verzichten.

Kaum überraschend für eine Zeit, in der auch in westlichen Ländern nur wenige Frauen das Wahlrecht besaßen, glaubte Amin, dass die ägyptischen Frauen noch nicht bereit für das Wahlrecht seien, aber daran seien die Männer schuld, die den Frauen die Möglichkeit zu einem weltlichen Fortschritt verwehrt hätten. Die Logik, auf der dieses System beruhte, erkannte er sehr genau: »In den Köpfen der Männer steckt die Vorstellung, dass eine gebildete Frau unmöglich auch eine züchtige Frau sein könne.«[41] Man brauche nur nach Europa oder Amerika zu reisen, schrieb er in *Die neue Frau*, um die Falschheit dieser Vorstellung zu erkennen, und er lobte jene amerikanischen Frauen, die als Anwältinnen, Pfarrerinnen oder Hochschullehrerinnen arbeiteten. Im Blick auf die Abschottung der Frauen, wie Huda Schaarawi sie erlebt hatte, schrieb er: »Ich begreife nicht, wie wir die Reinheit unserer Frauen rühmen können, wenn wir glauben, sie müssten durch Wächter, feste Schlösser und hohe Mauern geschützt werden.«[42]

Amin erinnert uns an den defensiven Charakter der Reformen. Fast ein Jahrhundert war vergangen, seit Napoleons Zerschlagung der Mamluken die ägyptischen Militärplaner gezwungen hatte, die Armee vollständig umzukrempeln. Die Logik war auch 1899 noch dieselbe: Reformiere oder stirb! Aber der Ton war inzwischen überaus prowestlich. Amin akzeptierte nahezu uneingeschränkt den Überlegenheitsanspruch des Westens und unterschied sich damit von der differenzierten Einstellung zu Zivilisation und Fortschritt, die bei führenden Figuren der Nahda-Bewegung wie Rifaa al-Tahtawi und Ahmad Farsi al-Schidyaq zu finden war. Seine Haltung glich eher Muhammad Alis unkritischer Bewunderung. Die von Amin an den Tag gelegte Verehrung für alles Westliche sollte mit der Zeit zu patriotischen und islamistischen Gegenreaktionen führen, die seinem posthumen Ruhm nachhaltigen Schaden zufügten. Schon zu seinen Lebzeiten erschienen gut dreißig Bücher und Artikel als Reaktion auf seine *Befreiung der Frau*, die Mehrzahl davon kritisch. Aber Amins Zusammenarbeit mit den Briten sollte uns nicht blind machen für die Tatsache, dass er aus feministischer Perspektive ein furchtloser Vorkämpfer war, und dieser Aspekt seiner Bücher, nicht seine Beziehungen zur Kolonialmacht, begründeten letztlich deren Popularität nicht nur in Kairo, sondern auch in Istanbul und Teheran.

Wenn eines der Motive, das Los der Frauen im Nahen und Mittleren Osten zu verbessern, in der Scham angesichts der westlichen Überlegenheit lag, so galt dies in noch höherem Maße für einen anderen Lebensbereich, der dringend einer Revision bedurfte, wenn die Länder des Islam nicht auf ewig als genusssüchtige Despotien und Feinde der universellen Freiheitsidee angesehen werden sollten. Es ging um eine uralte islamische Institution, die als Gegenstück eines zunehmend geschmähten Anachronismus im Westen gelten konnte.

Die Sklaverei war bei den Muslimen in gewisser Hinsicht humaner als in dem Netzwerk aus Handel und Versklavung, gegen das britische Abolitionisten wie William Wilberforce schon in den 1780er Jahren zu kämpfen begannen und das später zum Amerikanischen Bürgerkrieg führte. Tatsächlich lehrte die muslimische Überlieferung (und die meisten modernen Historiker bestätigen dies), dass der Prophet Mohammed Verbesserungen für die Sklaven im Arabien des 6. Jahrhunderts brachte, wie er auch die Stellung der Frau verbesserte. Nach muslimischer Auffassung hatte der Islam ein vorhandenes Übel abgemildert und für viele in ein erträgliches Dasein umgewandelt.

In den 1840er Jahren wurden alljährlich 10000 Sklaven offen und legal in das Osmanische Reich importiert, und in den größeren Städten gab es Sklavenmärkte.[43] Eine geringere, aber immer noch beträchtliche Zahl wurde auf dem See- und dem Landweg nach Persien gebracht. (Das waren immer noch deutlich weniger als die 20000 Sklaven, die allein britische Schiffe ein Jahrhundert zuvor alljährlich nach Amerika transportiert hatten.) Abgesehen davon, dass die Sklaverei von ihrer Religion erlaubt wurde, glaubten die Osmanen, sie basiere bei ihnen auf Grundsätzen der Menschlichkeit und Verbundenheit, die irreführende Vergleiche mit der ungeheuerlichen, im Westen bestehenden Institution verboten. Tatsächlich erlegte der Islam den Sklavenhaltern Pflichten auf und räumte dem Sklaven Rechte ein, wie es sie weder in Rom noch in den amerikanischen Südstaaten vor dem Bürgerkrieg gegeben hatte. Nach dem Koran gehörte es zu den preiswürdigsten Taten, einem Sklaven die Freiheit zu geben. Sklaven und Freie galten als gleich vor Gott, und das Kind eines Sklaven war automatisch frei geboren. Es war üblich, Sklaven nach sieben Jahren Knechtschaft freizulassen – ein Zeitraum, in dem der Sklavenhalter herausgeholt hatte, was er freiem Hauspersonal in derselben Zeit gezahlt hätte.[44]

Westliche Besucher der islamischen Welt räumten ein, dass ehemaligen Sklaven ein erstaunlich geringes Stigma anhaftete. Die Vorfahren der Mamlukenfürsten, die Ägypten bis zur französischen Invasion 1798 beherrschten, waren Sklaven gewesen. Das Janitscharenkorps, über Jahrhunderte der wichtigste Kampfverband des Osmanischen Reichs (bis Mahmud II. sie 1826 auflöste), bestand aus ehemaligen christlichen Sklaven, die zum Islam übergetreten waren. Die Annalen des Reiches waren voll von Sklaven, die es bis zu einem Ministeramt oder den höchsten Kommandoposten in der Armee gebracht hatten. Gekaufte oder gefangene tscherkessische Schönheiten hatten fast ein Monopol auf die Stellung der Konkubine im kaiserlichen Harem. Es gab keine Tradition jener Plantagenwirtschaft, wie sie im großen Stil unter der Peitsche von Aufsehern in der britischen Karibik und später in den amerikanischen Südstaaten betrieben wurde. Ägypten war die einzige Provinz des Osmanischen Reichs, in der Sklaven auf den großen, für den Markt produzierenden Gütern eingesetzt wurden, aber die große Masse der Arbeiter waren freie Fellachen. Die ägyptische Armee griff dagegen auf eine große Zahl sudanesischer Sklaven zurück.

In manchen Fällen galt die Versklavung durch eine wohlhabende Familie sogar als vorteilhaft gegenüber einer in Armut verbrachten Freiheit, wie in diesen Erinnerungen einer Istanbuler Sklavin deutlich wird: »Meine Mutter kam mit freudigem Gesicht zu uns und sagte zu mir: ›Meine Kinder, euer Vater muss das Ohr des Propheten gefunden haben. Hier wird uns eine wunderbare Hilfe zuteil. Eine reiche *hanoum* [Dame] möchte sechs oder sieben kleine Mädchen als Sklavinnen kaufen. Ich werde euch drei Mädchen verkaufen und mit dem Geld zurück in die Berge gehen, um eure Brüder großzuziehen ...‹ Wir waren sehr, sehr glücklich.«[45]

In den 1850er Jahren berichtete Mary Sheil, die Frau des britischen Ministers in Teheran, dass »Haussklaven oft die Freiheit erhalten, und wenn das geschieht, nehmen sie ihre Stellung in der Gesellschaft ganz unabhängig von ihrer Hautfarbe oder Herkunft ein«. Eine schlechte Behandlung, räumte sie ein, »kommt natürlich gelegentlich vor, wo es unbegrenzte Macht auf der einen und vollkommene Unterwerfung auf der anderen Seite gibt …; dennoch glaubt man, dass Sklaven in Persien nur selten grausam oder auch nur hart behandelt werden. Sie werden in der Regel ebenso behandelt wie die übrigen Bediensteten einer Familie oder vielleicht sogar etwas besser …; sie werden nicht so verächtlich behandelt wie in Amerika; es gibt keine speziellen Gesetze, die sie in einem Zustand der Entwürdigung hielten.«[46]

Trotz aller Vorteile, die ein Haussklave in Persien gegenüber einem Baumwollpflücker in Mississippi haben mochte, blieb Sklaverei dennoch Sklaverei – ein System, in dem freie Männer und Frauen ergriffen, weggebracht und zum Verkauf angeboten wurden. Es war ein Makel auf der islamischen Lehre von der menschlichen Gleichheit vor Gott und ein Verstoß gegen *hurriya*, die Freiheit, auf der eine neue Zivilisation erbaut wurde.

Die British and Foreign Anti-Slavery Society bescherte den islamischen Ländern die erste mit erhobenem Zeigefinger durchgeführte Kampagne einer Menschenrechtsgruppe – der Ausdruck »Menschenrechte« kam in den 1830er Jahren gerade erst in Umlauf. Der lautstarke pazifistische und von Quäkern dominierte Verein erhielt laufend Berichte über den Sklavenhandel von seinen Informanten in aller Welt, viele von ihnen Missionare, und konnte ganze Armeen briefeschreibender Aktivisten wie auch Sympathisanten in der Regierung mobilisieren.

Unter dem Druck des Vereins gab der britische Außenminister Palmerston 1840 – sieben Jahre nach der Verabschiedung des für nahezu das gesamte britische Empire geltenden Slavery Abolition Act – seinem Botschafter bei der Hohen Pforte, Lord Ponsonby, die Anweisung, den Osmanen mitzuteilen, dass Großbritannien seine Unterstützung in Zukunft von Fortschritten in der Bekämpfung des Sklavenhandels abhängig machen werde. Ponsonbys Antwort beschreibt sehr gut die herrschende muslimische Einstellung gegenüber einer Institution, die es immer schon gegeben hatte und für deren Abschaffung sich kein überzeugender Grund anführen ließ. »Ich habe das Thema angesprochen«, schrieb der Botschafter an Palmerston, »und man hörte mit größtem Erstaunen und einem Lächeln den Vorschlag an, eine tief in der Gesellschaft verwurzelte Institution zu zerstören ... Ich denke, alle Anstrengungen, dem Vorschlag Eurer Lordschaft Wirkung zu verleihen, werden scheitern, und ich fürchte, man wird es als Affront empfinden, wenn er beharrlich weiterverfolgt wird. Die Türken mögen glauben, dass wir ihnen in Wissenschaft, Kunst und Kriegstechnik überlegen sind, aber sie sind weit davon entfernt, unsere Weisheit oder unsere Moral für größer als die ihrige zu halten.«[47]

Trotz aller selbstgefälligen türkischen Hinweise auf die Beständigkeit der Sklaverei war der Sklavenhandel selbst durchaus nicht die gutartige Tradition, als die er dargestellt wurde, und er war keine gute Werbung für jene reformfreudige Monarchie, die von den Staatsmännern der Tanzimat-Reformen angestrebt wurde. Denn für viele der Afrikaner, die von Menschenräubern entführt oder als Kriegsgefangene ergriffen wurden, bestand die erste Erfahrung als Sklaven darin, dass man sie vom Tschadsee aus nordwärts durch die Sahara zu den Sklavenmärkten am Mittelmeer trieb – für viele ein Todesmarsch, auf dem sie an Dehydrierung, Hunger oder Erschöpfung starben oder einfach ihrem Schicksal überlassen wurden, wenn sie wegen geschwollener Füße nicht weitermarschieren konnten. In einer der wohl größten Tragödien in der Geschichte der Saharakarawanen gingen 1849 nahezu 1600 Sklaven und ihre Händler zugrunde, als sie eine Oase erreichten, deren Brunnen ausgetrocknet waren.[48] Georgische und tscherkessische Sklaven, die zum sogenannten »weißen« Sklavenhandel gehörten, wurden oft mit Schiffen über das Schwarze Meer transportiert. Die Lebensbedingungen an Bord waren so schlecht, dass es in den osmanischen Zollbestimmungen eine Klausel gab, wonach Sklavenhändler sämtliche Abgaben auf Sklaven zurückerhielten, die innerhalb von fünfzehn Tagen nach der Landung starben.[49]

Wer diese Torturen überlebte, landete oft auf dem Sklavenmarkt von Istanbul – auf europäischem Boden gelegen und unter den gerümpften Nasen europäischer Botschafter, Missionare und Besucher. Lady Sheils Aussage über die Farbenblindheit in Persien galt offenbar nicht für die Türkei, denn auf dem Istanbuler Sklavenmarkt gab es eindeutig eine Hierarchie unter den Sklaven. Die hochgewachsenen, hellhäutigen Tscherkessen standen oben, gefolgt von schwarzen Afrikanern. Die als »Rasse des Pharao« verhöhnten Ägypter erzielten die schlechtesten Preise.

Der britische Reisende Charles White beschrieb den Istanbuler Sklavenmarkt 1843 als ein halbverfallenes Karree, das ein Kaffeehaus und die Überreste einer Moschee umfasste. Er meinte, der trostlose Anblick des Ortes entspreche ganz der »entwürdigenden Lage der Insassen«. Einige der Zellen in den Nischen hinter den Kolonnaden, unter denen der Handel abgewickelt wurde, waren »Negerinnen (Araberinnen) oder weißen Frauen (*beiaz*) aus zweiter Hand vorbehalten – das heißt Sklavinnen, die schon einmal gekauft und ausgebildet worden waren und nun ein zweites oder auch drittes Mal verkauft werden sollten«. Es gab auch ganze »Reihen von Zellen oder eher Löchern, gefährlich verdreckt und dunkel. Die auf der rechten Seite sind Sklaven aus zweiter Hand vorbehalten; die entferntesten und schlimmsten sind für jene bestimmt, die wegen schlechten Betragens verurteilt sind …, Ketten zu tragen.«[50] White beobachtete, wie eine Sklavin von einem Händler brutal geschlagen wurde, wagte aber nicht einzuschreiten, weil er befürchtete, beschimpft und vertrieben zu werden.

Der Mann, der mehr als irgendjemand sonst dafür tat, dass man sich im Westen Hoffnungen auf eine Abschaffung der Sklaverei im Nahen und Mittleren Osten machte, war Ahmad Bey, der osmanische Generalgouverneur in Tunis. Ahmad war ein Modernisierer nach dem Vorbild Muhammad Alis, und er erkannte, dass er durch die Bekämpfung des Sklavenhandels westliche Unterstützung für eine tunesische Unabhängigkeit von der osmanischen Herrschaft gewinnen konnte. 1841 verbot er den Export von Sklaven aus seinem Herrschaftsgebiet und schloss den Sklavenmarkt in Tunis, eine Maßnahme, die ihm die Dankbarkeit der Briten einbrachte und den Weg zur vollständigen Abschaffung der Sklaverei 1846 ebnete – siebzehn Jahre vor Lincolns Emanzipationsproklamation 1863. Tatsächlich pries der Bürgermeister von Tunis während des Amerikanischen Bürgerkriegs gegenüber dem amerikanischen Generalkonsul die ökonomischen Vorteile einer Abschaffung der Sklaverei und verwies darauf, dass die Produktivität eines freien Menschen größer sei als die eines Sklaven.[51]

Die Bedeutung des Abschaffungserlasses, den Ahmad Bey dem Parlament des Landes vorlegte, lag in der Tatsache, dass er zahlreiche Argumente aus dem islamischen Recht statt westlich-humanitärer Gründe anführte. Zunächst stellte er fest, dass die grausame Behandlung der Sklaven zutiefst unislamisch sei. Zweitens entspreche das Verbot der Sklaverei dem religiösen Ideal der Gerechtigkeit. Und schließlich verstoße die Versklavung von Muslimen durch Muslime gegen das islamische Recht, und die Mehrzahl der Sklaven aus den *bilad al-Sudan* – wörtlich: den »Ländern der Schwarzen« – waren zumindest nominell Muslime.

Obwohl die Sklaverei in Tunis auch nach ihrer Abschaffung noch viele Jahre fortbestand – nicht zuletzt dank Ahmads Vetter und Nachfolger Muhammad (1855–1859), in dessen Harem sich angeblich mehr als tausend Sklavinnen befanden –, erlebte die Praxis doch einen Niedergang, und immer häufiger wandten sich Sklaven um Hilfe an europäische Konsuln. Ahmads Erlass hatte für ein Verbot der Sklaverei eine progressive islamische Begründung geliefert, der andere muslimische Herrscher folgen konnten, ohne ihre eigene Frömmigkeit in Verdacht zu bringen. Und dank Ahmad war die Sklaverei zu einem untilgbaren Punkt in der diplomatischen Agenda zwischen dem Islam und dem Westen geworden: Hier ging es nicht nur um Moral und Recht, sondern auch um Einfluss und Stolz.

Um die Mitte des 19. Jahrhunderts konnten Ägypten, die Türkei und Persien sich nicht eines auf die Abschaffung der Sklaverei bedachten Monarchen nach Art Ahmad Beys rühmen. Im Gegenteil, die dortigen Herrscher verhehlten kaum ihren Unwillen, in einer Sache tätig zu werden, die ihnen von außen aufgezwungen wurde und einigen fremden Mächten weitere Vorwände für Interventionen lieferte. Letztlich aber waren die drei wichtigsten muslimischen Mächte gezwungen, die Sklaverei einzuschränken. Mit einer heute außergewöhnlich anmutenden Geschwindigkeit geriet eine ehrwürdige und scheinbar unveränderliche islamische Institution ins Wanken. Den ersten Schritt machte Muhammad Schah, als er 1848 den Import von Sklaven über den Persischen Golf (und später auch über Land) verbot. Im folgenden Jahrzehnt zogen die Türken nach, schränkten die Einfuhr von Menschen aus Georgien beträchtlich ein und verboten schließlich den Handel mit afrikanischen Sklaven vollständig. 1869 nutzte der ägyptische Khedive Ismail seine vorgetäuschte Verachtung für die Sklaverei, um die Gebiete am Oberlauf des Nils zu annektieren, wobei er der Welt erklärte, er wolle dadurch die Quellen dieser Ware zum Versiegen bringen. »Eine grandiose Unverfrorenheit«, schrieb die ungläubige Lady Duff Gordon, »angesichts von 3000 [Sklavinnen] in seinem Harem, mehreren Sklavenregimentern und zahllosen Sklavenarbeitern auf seinen Zuckerplantagen. Er selbst ist der größte lebende Sklavenhändler und Sklavenhalter.«[52]

In einem System, in dem die Kinder von Sklaven frei geboren wurden, hing der Fortbestand der Sklaverei natürlich von einem stetigen Nachschub ab. Und im letzten Viertel des 19. Jahrhunderts wurden Sklaven immer knapper und teurer. Die Freilassung ging indessen weiter. Allein in Ägypten wurden zwischen 1877 und 1889 um die 18 000 Sklaven freigelassen, eine Entwicklung, die dazu führte, dass bis 1905 nahezu alle ägyptischen Sklaven die Freiheit erlangten.[53] (Bei Sklavinnen war die Freilassung nicht immer willkommen; einige von ihnen verdienten sich danach ihren Lebensunterhalt als »freie« Prostituierte.)

Neben dem ausländischen Druck – und teilweise daraus resultierend – wandte sich noch ein weiterer Faktor gegen die Sklaverei, und zwar das im Wandel begriffene moralische Universum der gebildeteren und stärker verwestlichten Muslime. Diese Männer und Frauen hielten zunehmend die Freiheit – statt des Glaubens – für eine unverzichtbare Voraussetzung menschlicher Würde und erblickten in der Sklaverei, so mild sie auch sein mochte, einen Makel im Angesicht der Nation. Wie beim Wandel der Einstellungen zur Abschottung und zu den Rechten der Frauen, der etwa zur gleichen Zeit zu beobachten war, löste das Wissen um die abolitionistischen Bestrebungen im Westen sowohl Scham als auch den entschiedenen Willen aus, den Ausländern die Moralkeulen aus den Händen zu nehmen, mit denen sie auf die Kulturen des Islam einschlugen.

Es wäre allerdings falsch, den Niedergang der Sklaverei allein als Ergebnis eigennütziger Erwägungen seitens der Muslime darzustellen. Einige akzeptierten die humanitären westlichen Argumente ohne jeden Vorbehalt. 1860 verfasste der frühe iranische Nationalist Mirza Fath-Ali Akhundzadeh – oder Akhundow, wie er in seiner von den Russen besetzten Heimatstadt Tiflis hieß – eine fiktive Korrespondenz zwischen einem persischen und einem indischen Fürsten, in der sich eine äußerst ungewöhnliche Polemik gegen die Praxis fand, junge Sklaven zu kastrieren, um sie in den Harems als Eunuchen einsetzen zu können. (Diese Abscheulichkeit gab es natürlich nicht auf den amerikanischen Plantagen.)

> In Afrika gibt es viele Leute, die kleine Jungen fangen, sie grausam kastrieren und dann wie Tiere verkaufen ... In einem der Dörfer bei Mekka haben die Sklavenbesitzer ein Spital für solche unschuldigen Kinder, mit Wundärzten und Barbieren. Erst schneidet der Barbier das Organ des Jungen vollständig ab, dann versucht der Wundarzt, den Jungen zu retten. Ein Drittel der Jungen überlebt den Eingriff nicht. Die übrigen werden zum drei- oder vierfachen Preis verkauft, um die Verluste wettzumachen. Wer ist die Ursache für dieses Elend der Jungen? Es sind muslimische Pilger, die sie während der Hadsch und anderer Ereignisse kaufen.[54]

Trotz des wachsenden Gewirrs aus Beschränkungen und Verboten und trotz der unter Intellektuellen wie Akhundzadeh langsam zunehmenden Ablehnung der Sklaverei gaben die Sklavenhändler nicht auf, ob sie nun Sklaven unter Deck versteckten oder afrikanische Sklaven auf dem Weg nach Anatolien mit gefälschten Freilassungszertifikaten ausstatteten (die ihnen nach der Ankunft dort wieder abgenommen wurden). Außerdem hielten viele Muslime an der Überzeugung fest, dass der Besitz von Sklaven rechtens sein müsse, da doch der Prophet selbst Sklaven besessen hatte.

Noch 1893 missachtete der kaiserlich osmanische Serail die eigenen Gesetze gegen den Handel mit freigeborenen Tscherkessen, als er insgeheim Fühler ausstreckte, um nach Mädchen zu suchen, die nach der Vertreibung durch die Russen in Anatolien gestrandet waren, natürlich nach zarten, hübschen Mädchen, möglichst mit blondem Haar und blauen Augen. Zum Leidwesen des Sultans hatten die meisten Mädchen passenden Alters aufgrund der Entbehrungen der Flucht bereits eine etwas ledrige Haut bekommen, und vielfach waren die Eltern nicht bereit, sie zu verkaufen. Um ihren Herrn nicht zu kompromittieren, deuteten die Emissäre des Sultans an, dass sie die Mädchen für eines der größeren Etablissements in der Hauptstadt suchten, lockten die Eltern mit großen Summen und versprachen, dass sie ihre Töchter würden besuchen können. Aber höchstwahrscheinlich wurden bei diesen Expeditionen allenfalls zwanzig Mädchen gekauft – eine mickrige Zahl für eine Institution, die in ihren Blütezeiten Tausende Sklavinnen beherbergt hatte: Die Zeit der Sklaverei und des Harems neigten sich ihrem Ende zu.[55]

Zu dieser Zeit gab es jedenfalls in den gebildeten Schichten weniger Illusionen hinsichtlich der angeblich beneidenswerten Lage des muslimischen Haussklaven. Statt ihr Hauptaugenmerk selbstgefällig auf den relativen physischen Komfort und die Sicherheit zu legen, die manche Sklaven genossen, stellten viele muslimische Intellektuelle inzwischen die Abscheulichkeit der Sklaverei in den Mittelpunkt. Das schien auch unausweichlich in einer Gesellschaft, die dem Individuum im Unterschied zur Gesellschaft einen Wert beizumessen lernte und in ihren Fragmenten von Humanität einen inneren Wert erkannte, den man zuvor nicht gesehen hatte.

Heute herrscht im Westen eine offenbar von illiberalen fundamentalistischen Regimen bestätigte Vorstellung, wonach die islamische Gesellschaft der Sexualität mit puritanischem Abscheu und mit Ablehnung begegne. In Wirklichkeit war dies über die Jahrhunderte in weiten Bereichen der muslimischen Kultur keineswegs der Fall. Die Sexualität fand Eingang in die Poesie, den Humor wie auch in das höfische und städtische Leben und sorgte für fröhliche Verwirrung in den Winkeln der klassischen Moral. Das mittelalterliche Bagdad erfreute sich an der Geschichte eines Mannes, der von seiner Mutter durch ein Täuschungsmanöver zum Sex mit ihr und Jahre später auch mit der Tochter verleitet wurde, die er mit ihr gezeugt hatte, und Ahmad Faris al-Schidyaq amüsiert sich in seinem wegweisenden Roman *Bein an Bein* seitenlang über die verschiedenen Euphemismen für die intimen Körperteile, die er in einem mittelalterlichen arabischen Wörterbuch gefunden hatte. Die Vagina war »der Spritzer«, »der Greifer« und »die große Schlaffe«; der Penis war »die Stange des Falken«, »die große Spinne« und »der kleine Mann«; und der Anus war »der Zahnlose«, »der Katapult« und »der Pfeifer«.[56] Und die *Erzählungen aus tausendundeiner Nacht*, dieser großartige frühe Ost-West-Import (in Amerika das zweitbeliebteste Buch nach der Bibel), wäre nur ein Gerippe ohne die erotischen Szenen – all dieses »Küssen und Umarmen, Paaren und Zechen, bis der Morgen heraufdämmerte ..., wenn die Mamluken sich vom Busen der Mädchen erhoben ... und der Sklave von der Brust der Königin stieg«.

Welchen Schaden die abgeschlossene Atmosphäre des Harems den Nerven der Insassen auch zufügen mochte, sie brachte ohne Zweifel ein furchtloses Reden über den Sex hervor – und nicht nur Reden, wenn heimlich eingeschmuggelte Liebhaber »über das Dach des Harems entkamen und königliche Konkubinen im Keller mit heranwachsenden Pagen oder halb kastrierten, aber immer noch sexuell aktiven Eunuchen überrascht wurden«.[57]

Solche Ausschweifungen gefielen Flaubert und einigen der libertären französischen Dichter, aber sie verletzten die angelsächsische Moral, die andere Orientbesucher in ihrem Gepäck hatten. George Nathaniel Curzon, der später Vizekönig von Indien und britischer Außenminister wurde, war empört über die schiitische Institution der zeitlich begrenzten Ehe, die es Männern und Frauen erlaubte, ihre Ehe nur für einen bestimmten Zeitraum zu schließen, wie sie in der angeblich heiligen Stadt Maschhad im Ostiran praktiziert wurde. Er beschrieb sie als ein »gigantisches System der Prostitution mit dem Segen« religiöser Autoritäten.[58] Das war 1890, fünf Jahre bevor die Flutwelle der viktorianischen Intoleranz Oscar Wilde mitriss und in das Gefängnis von Reading spülte. Curzons angewiderter Tonfall und

Wildes Inhaftierung waren eindeutige Hinweise darauf, was in der enthaltsamen Welt der modernen Tugend akzeptabel und was nicht akzeptabel war.

In der islamischen Welt gab es kein Wort für »homosexuell« in dem Sinne, wie der Psychologe Richard Krafft-Ebing es in den 1880er Jahren popularisiert hatte – unkonventionelle Verhaltensweisen hatten sich mit akzeptierten Formen der Sexualität und des Anstands verschränkt, und kein Wort war weit genug, um sie alle zu fassen. In der arabischen, persischen und türkischen Poesie gab es einen Kanon für das Liebeswerben um eine männliche Person, und für viele mystische Dichter erlangte der himmlische Gott, mit dem sie sich zu vereinigen trachteten, fleischliche Gestalt in dem rosenlippigen Pagen, dessen Gesicht wie der Mond schien, statt in einem weiblichen Objekt des Begehrens. Aber solches Liebeswerben war kein Beweis für einen tatsächlichen Vollzug, ein Vorspiel oder überhaupt ein Spiel, hatte doch der mittelalterliche Philosoph al-Ghazali geschrieben: »Die schöne Form ist an sich ein Genuss, auch ohne Fleischeslust.«[59] Nach Ansicht einiger islamischer Lehrer war die Attraktivität von Knaben – ähnlich wie bei Platon – ein göttlicher Anreiz, der bei der Verbreitung des Wissens helfen sollte, während die rohe Begierde nach dem weiblichen Geschlecht (die dem Wissen definitionsgemäß abträglich war) nur der Fortpflanzung diente. Was manche Araber einen »Hang zu Knaben« nannten, bezeichneten andere als »Sinn für Schönheit«, wobei die »Männlichkeit« des aktiven Partners der »Weiblichkeit« des passiven gegenübergestellt wurde. Auf diese Nuancen achteten auch die Juristen, als sie eine aufsteigende Skala der Sündhaftigkeit konstruierten, die bei dem vergleichsweise geringfügigen Verstoß begann, sich in einen Knaben zu verlieben, und über Küssen und Streicheln bis hin zur Sodomie reichte – die nach allgemeiner Auffassung ein schweres Verbrechen ähnlich der Unzucht mit Frauen darstellte und gelegentlich mit dem Tode bestraft werden konnte.

Trotz aller Beispiele keuschen Begehrens gab es offensichtlich sexuelle Beziehungen zwischen muslimischen Männern, und zwar – nach den missbilligenden Kommentaren westlicher Besucher zu urteilen – recht oft.

Der englische Seemann Joseph Pitts, der 1678 in Algier gefangen und versklavt wurde, notierte kurz nach seiner Flucht: »Die abscheuliche Sünde der Sodomie ist so weit davon entfernt, bestraft zu werden, dass es zum Alltag gehört, sich verabscheuenswürdiger Taten wie dieser zu rühmen. Für Männer ist es dort so normal, sich in Knaben zu verlieben, wie es in England ist, eine Frau zu lieben.«[60] Zwei Jahrhunderte später berichtete Nasreddin Schahs österreichischer Leibarzt, die Praxis, sich eine männliche Konkubine zu halten, sei derart offensichtlich, »dass niemand den Versuch macht, sie zu verbergen. Fast in jedem besseren Haus gibt es solch einen Knaben und sogar mehrere, die diesem Zweck dienen. Niemand hat Bedenken, sie auch öffentlich vorzustellen. Tatsächlich ist man stolz, ein prächtiges Exemplar zu besitzen.«[61] Soldaten aus Napoleons Armée d'Orient, die während des Marsches von Alexandria nach Kairo in die Hände feindlicher Stammeskrieger fielen, kehrten, falls sie denn überlebten, selten unbefleckt zurück, während Frauen aus dem Tross getötet wurden, ohne dass man sie vergewaltigt hätte. Die Franzosen waren über solch ein Verhalten erstaunt, aber vor allem auch schockiert.

Die Harems und Bäder der Türkei förderten, wie nicht anders zu erwarten, intime Beziehungen zwischen Frauen, wie der Geograph Nicolas de Nicolay im 16. Jahrhundert vermerkte: »Allein schon durch den Besuch der Bäder entstehen tiefe Freundschaften, und zuweilen wird daraus eine ebenso leidenschaftliche Liebe zwischen Frauen wie sonst zu einem Mann.«[62] In Persien schworen Frauen einander inbrünstig »Schwesternschaft«, auch wenn nicht klar ist, ob diese Beziehungen in der Regel sexueller Natur waren oder nicht. Offenbar gab es dort allerdings keine ähnliche Tradition romantischer Poesie wie unter Männern.

Wir müssen die reißerischen ausländischen Berichte über die islamischen Sitten ernst nehmen, aber aus muslimischen Darstellungen des westlichen Lebens wissen wir, dass es da Raum für gewaltige Missverständnisse gab (und gibt). So verleiteten die nackten Schultern der Damen in den Ballsälen Europas den iranischen Reisenden Mirzah Fatah Khan Garmrudi, der in den späten 1830er Jahren Großbritannien besuchte, zu dem Schluss, es handelte sich um Prostituierte. Auch hielt er die Hündchen, die vornehme Damen gerne bei sich trugen, für Sexspielzeug – eine unverzichtbare Ergänzung angesichts der Unfähigkeit selbst des virilsten westlichen Mannes, den Anforderungen seiner unersättlichen Frau zu entsprechen.[63] Auch unterschiedliche Sitten auf dem Gebiet der Körperpflege gaben Anlass zu Verwirrung, setzten manche im Nahen und Mittleren Osten die glattrasierten Besucher aus dem Westen doch mit den bartlosen Knaben aus der homoerotischen Poesie gleich, während Männer aus dem Westen sich männliche Bärte wachsen ließen, um diesem Missverständnis entgegenzutreten.

Trotz allen Raums für Missverständnisse gab es indessen in der muslimischen Welt eine Toleranz für homosexuelles Verhalten und Empfinden, die von den modernen westlichen Moralvorstellungen abwich. Diese Toleranz hing mit der in der Gesellschaft des Nahen und Mittleren Ostens tief verwurzelten Geschlechtertrennung und Sklaverei zusammen, die statt einer aus zwei Geschlechtern bestehenden Gesellschaft eher zwei Gesellschaften entstehen ließen, welche sich zum Zweck der Fortpflanzung trafen, wie auch mit dem Fehlen von Bedenken hinsichtlich sexueller Beziehungen mit Knaben. Außerdem bestand damals sehr viel mehr Toleranz gegenüber Vergewaltigungen als heute. Bei einem Historiker dieses Komplexes heißt es dazu: »Große Dichter wie Saadi und Rumi schrieben über die sexuelle Belästigung von Knaben oder die Kastration ehemaliger Geliebter ... Der moderne Leser kann sich nicht der Tatsache verschließen, dass die klassische persische Dichtung voll ist von Darstellungen nichteinvernehmlicher sexueller Beziehungen zu jungen männlichen Partnern.«[64]

Die im Nahen und Mittleren Osten anzutreffende Toleranz – von dem »Stolz« ganz zu schweigen, über den Nasreddins Leibarzt sprach – sollte nicht überleben, als der Kontakt mit Europa so intensiv (und ungleichgewichtig) wurde, dass auch die ausländische öffentliche Meinung Gewicht erlangte. Für manche europäischen Beobachter war die homosexuelle Kultur des Nahen und Mittleren Ostens nicht nur eine »Sünde wider der Natur«, sondern trug auch dazu bei, die Frauen an den Rand der Gesellschaft zu drängen, weil ihr Nutzen sich auf die Fortpflanzung beschränkte. Wie der politische Druck im Nahen und Mittleren Osten schließlich zur Abschaffung der Sklaverei führte, so sorgte die im Westen laut werdende Missbilligung der sexuellen Kultur dafür, dass Meinungsführer und Reformer in der islamischen Welt sich dieser Kultur schämten und sie zu verändern trachteten.

Ein Beispiel für diese Scham und Verlegenheit findet sich wiederum in den Schriften des iranischen Reisenden Mirza Fatah Khan Garmrudi. Bei seinem Besuch in Europa 1838 verbrachte er offenbar viel Zeit mit der Abwehr von Päderastievorwürfen, und er beklagte das »ungerechte« europäische Klischee, wonach die Iraner zu schönen jungen Männern neigten. Ganz im Gegenteil, schrieb er etwas defensiv, »die Menschen in Europa sind ... besonders bekannt für diesen schlimmen Akt«, und er beschrieb Europa als überschwemmt von Strichjungen.

Einige Jahre zuvor hatte Rifaa al-Tahtawi anerkennend geschrieben, die Franzosen neigten nicht dazu, »Knaben zu lieben und sie in der Poesie zu preisen«. Eine merkwürdige Folge der französischen Liebe zu Frauen zeige sich in einer Selbstzensur bei der Übersetzung homoerotischer arabischer Poesie. »Im Französischen«, so fährt Rifaa fort, »kann man nicht sagen: Ich habe einen Knaben geliebt, denn das wäre eine inakzeptable und peinliche Wortwahl. Wenn jemand eines unserer Bücher übersetzt, vermeidet er dies deshalb und sagt in der Übersetzung: Ich habe ein junges Mädchen geliebt.«[65]

Die schrittweise Tabuisierung der Homosexualität begann im Nahen und Mittleren Osten im späten 19. Jahrhundert. Sie lässt sich nicht nur auf den Import westlicher Vorurteile zurückführen, sondern auch auf die Beendigung der Geschlechtertrennung, die dafür sorgte, dass die Frauen nach und nach zu natürlichen Partnern und gleichberechtigten Gefährtinnen des Mannes wurden. Religiöse Traditionalisten äußerten Bedenken an der zunehmenden zwischengeschlechtlichen Sozialisation. In ihren Augen war die Aufhebung der auf Geschlechtertrennung ausgerichteten sozialen Arrangements gleichbedeutend mit der Abschaffung des Schleiers, und so wandten sie sich entschieden dagegen.

Nach Ansicht von Sozialreformern wurde der moralische und religiöse Imperativ, dass Männer Frauen – und nach Möglichkeit eine einzige – lieben, inzwischen von einem zunehmenden Wissen über den Zusammenhang zwischen Promiskuität und Syphilis gestärkt.

Eine rasch wachsende Literatur gab den Frauen Ratschläge, wie sie ihre Männer dauerhaft glücklich machen konnten, und die modernen, progressiven Zeitschriften zogen gnadenlos über die alten Institutionen der Kinderehe, der gleichgeschlechtlichen Bindungszeremonien und der Polygamie her. In den 1880er Jahren beschrieb ein männliches Mitglied des iranischen Herrscherhauses in einem einflussreichen Buch mit dem Titel *Disziplinierung der Frauen* die ideale Frau als fügsam und unterwürfig, und dies in einem Maße, dass sie selbst dann noch an einen »Blumengarten« dachte, wenn ihr Mann sie in ein Feuer stieß. Sie müsse »stets wohlriechend und sauber« ins Bett kommen und dürfe sich niemals ihrem Mann verweigern, sonst werde der sich an eine »zeitweilige Ehefrau niederen Standes« wenden, die ihn »in der Toilette oder unter der Treppe« tröste.[66] Der feministische Gegenschlag folgte wenige Jahre später in Gestalt einer populären Schrift, die die Männer mahnte, freundlich und rücksichtsvoll mit ihren Frauen umzugehen, und den Frauen riet, ihre Männer zu verlassen, falls sie dies nicht taten.[67]

Im Gefolge des Zusammenstoßes westlicher und islamischer Sitten im späten 19. Jahrhundert begannen die muslimischen Einstellungen zur Sexualität sich stärker den herrschenden westlichen Vorstellungen anzunähern, die festlegten, was richtig und was sündig war. Die Vielehe kam aus der Mode. Sie war ungerecht (gegenüber den Frauen) und egoistisch (seitens der Männer) und kam bei den neuen bürokratischen und intellektuellen Eliten rasch außer Gebrauch. Die homosoziale Praxis, bei der ältere Vaterfiguren die Rolle des Mentors gegenüber Knaben und jungen Männern übernahmen, galt bald als anstößig und altmodisch. Mit dem Niedergang des Harems und des Konkubinats begannen Männer und Frauen sich – zumindest an der Oberfläche – ebenso still und leise mit monogamen heterosexuellen Beziehungen zu begnügen wie die Mittelschichten in Europa und Amerika.

Viele junge Leute forderten auch ein Ende der alten arrangierten Ehen, und 1889 erklärte eine junge männliche Figur in dem beliebten türkischen Roman *Serguzescht* des Istanbuler Autors Samipasazade Sezai: »Das wichtigste Recht junger Menschen in der Welt ist es, den zu heiraten, den sie heiraten wollen.« Dieser Aufruf fand schließlich

Gehör, und immer mehr Menschen heirateten einen selbstgewählten Partner, auch wenn arrangierte Ehen in den Oberschichten aus Gründen der Vermögens- und Gensteuerung weiterhin die Norm blieben.

In den letzten Jahren des 19. Jahrhunderts wurden immer weniger romantische Gedichte von Männern für Männer verfasst, und im neuen Jahrhundert sollte die Liebespoesie nahezu ausschließlich heterosexuellen Charakters sein. 1925 hatten sich die Einstellungen derart verändert, dass eine einflussreiche Geschichte der arabischen Zivilisation des ägyptischen Schriftstellers Ahmad Amin die Liebe zu Knaben als »das größte Übel« zu brandmarken vermochte, »das eine Gesellschaft befallen kann«. Etwa um dieselbe Zeit drängte im Iran der soziale und politische Reformer Hassan Taqizadeh auf die Ausmerzung der »schändlichen Praxis widernatürlicher Liebe, die geschichtlich eine der schlimmsten Praktiken unseres Volkes war und ein großes Hindernis für die Zivilisation darstellt«. Ein sittenstrenger, puritanischer Geist begann durch den Nahen und Mittleren Osten zu wehen, und dort wie im hochviktorianischen Großbritannien und in den Vereinigten Staaten zensierte man die *Erzählungen aus tausendundeiner Nacht*, indem man Sexualität jeglicher Art herausstrich. Niemand sollte Homosexualität nun noch mit dem Euphemismus »Sinn für Schönheit« umschreiben. An dessen Stelle trat eine arabische Wortschöpfung, die an »sexuelle Inversion« oder »sexuelle Perversion« denken ließ.

Erst in den 1990er Jahren und mit der schwierigen Entstehung homosexueller Befreiungsbewegungen in der islamischen Welt kam die Idee sexueller Gleichberechtigung im Nahen und Mittleren Osten auf, und einige Liberale begannen zu fragen, ob die alte sexuelle Toleranz letztlich nicht doch besser gewesen war.

FÜNFTES KAPITEL *Nation*

Wenn wir aus der Sicht unseres 21. Jahrhunderts zurückblicken, mag es überraschen, eine Zeit zu finden, die unser Zeitalter scheinbar permanenter Konflikte und Wirrungen zwischen dem Westen und den Kernlanden des Islam vorwegnahm. Solch eine Zeit gab es. Sie war, wie wir gesehen haben, nicht von Heiterkeit geprägt. Im Gegenteil, schon die ersten Übergriffe westlicher Interessen auf muslimische Länder waren einschneidend und asymmetrisch. Von Muhammad Ali und Geistlichen wie Hasan al-Attar und Rifaa al-Tahtawi in Ägypten bis hin zu Kronprinz Abbas Mirza im Iran und den Tanzimat-Reformern in der Türkei fand dennoch langsam eine Erzählung Eingang in die Einstellungen des Nahen und Mittleren Ostens, die eine Bereicherung durch Nachahmung nützlicher Aspekte versprach, während einige westlich orientierte Reformer die Ziele der Großmächte optimistischer einschätzten, als dies gerechtfertigt war.

Etwa ab der Mitte des 19. Jahrhunderts, als europäische Kolonialinteressen von Nordafrika bis nach Indien auf Widerstand stießen, kann man sagen, dass Konflikte zwischen einem expandierenden westlichen Imperium und den Muslimen unabwendbar waren. Die Unterjochung Indiens durch die Briten hatte einen Zustand nahezu chronischer religiöser Revolte geschaffen, in dem der Indische Aufstand von 1857 eine akute Zuckung darstellte. In den mittleren Jahrzehnten des Jahrhunderts kam es in Algerien zu Aufständen gegen die Franzosen (später auch in Tunesien, das 1881 eine französische Kolonie wurde). Der von Russland besetzte Nordkaukasus war Schauplatz von Unruhen, deren Ziel die Vertreibung der Neuankömmlinge war, während die britische Strategie, Afghanistan als Barriere gegen das Vordringen der Russen nach Indien zu nutzen, auf blutigen Widerstand der Afghanen stieß. Durch ihr Engagement im ägyptischen Sudan verwickelten die Briten sich in den 1880er Jahren in einen ausgewachsenen religiösen Aufstand, der von einem selbsternannten Nachfolger des Propheten, dem »Mahdi« oder »Rechtgeleiteten«, angeführt wurde und seinen Höhepunkt in dem berüchtigten Massaker an General Gordons Armee 1885 in Khartum erreichte.

Solche Störungen der zügigen Herstellung einer kolonialen Oberhoheit wurden von vielen Europäern als letzte Zuckungen einer rückwärtsgewandten Zivilisation interpretiert, die sich selbst zur Auslöschung verdammt hatte. Andere sahen diese Unruhen und Aufstände jedoch in einem nuancierteren Licht. Was hatten diese disparaten Ereignisse im Kontext der kolonialen Eingriffe gemeinsam? Die neuen Verkehrsmittel hatten die Mobilität politischer Bewegungen in der muslimischen Welt deutlich erhöht. Immer mehr Menschen unternahmen die Pilgerfahrt nach Mekka, und dank der Techniken des Buchdrucks und der Telegraphie breiteten sich Ideen in alle Richtungen aus. Die Grenzen zwischen der muslimischen und der nichtmuslimischen Welt waren nicht mehr undurchdringlich, wie die Genugtuung bewies, die viele in Istanbul, Kairo und Teheran zum Ausdruck brachten, als ein großes Geschwader der russischen Kriegsmarine 1905 in der Straße von Tsushima von einer kleinen japanischen Flotte vernichtet wurde. Im Government House in Kalkutta, das dank eines glücklichen Zufalls nach dem Vorbild seines Familiensitzes in Derbyshire gestaltet war, notierte der Vizekönig Lord Curson, der Widerhall dieses Sieges einer kleinen fernöstlichen über eine gewaltige zaristische Streitmacht sei »wie ein Donnerschlag durch die flüsternden Galerien des Ostens« gerast.[1]

Um die Wende zum 20. Jahrhundert war das Wort »Panislamismus« zu einem Sammelbegriff geworden, der die politische Einigkeit der gesamten muslimischen Welt in ihrem Widerstand gegen den Imperialismus erklären sollte. In Cambridge kritisierte der spätviktorianische islamophile Gelehrte E. G. Browne den Begriff, weil er falsche Assoziationen mit dem Ausdruck »Fanatismus« wecke. In seinen

Augen war der Panislamismus »gewiss nicht fanatischer als der Pangermanismus oder der Panslawismus oder der britische Imperialismus, ja sogar weniger fanatisch, weil er erstens vor allem defensiven Charakters ist und zweitens auf der rationaleren Grundlage eines gemeinsamen Glaubens statt auf der weniger rationalen einer gemeinsamen Rasse basiert«. Dennoch räumte Browne ein: »Die jüngsten Ereignisse haben viel dazu beigetragen, dass zwischen den muslimischen Nationen ein Gefühl der Bruderschaft und gemeinsamer Interessen entstanden ist.«[2]

Der Panislamismus war nicht die einzige Ideologie, die selbstbewussten Muslimen in diesen von Veränderungen geprägten Zeiten zur Verfügung stand. Die »gemeinsamen Interessen« waren zeitgleich mit einem Drang entstanden, die Welt in kleinere säkulare Einheiten – durch Sprache, Geschichte und Kultur zusammengehaltene Nationen – zu unterteilen, der sich von Europa und Amerika aus auch in die muslimischen Länder ausgebreitet hatte. Gewiss musste es eine Art Waffenstillstand oder Verständigung zwischen beiden geben, wenn sie sich nicht gegeneinander wenden sollten. Jedes Glaubenssystem, das für eine progressive islamische Gemeinschaft attraktiv sein sollte, musste außerdem einen umstrittenen Trend in der muslimischen Doktrin berücksichtigen, den Trend weg von *taqlid*, der sklavischen Orientierung an Texten, die religiöse Autoritäten oft vor sehr langer Zeit verfasst hatten, und hin zu *ijtihad*, der Nutzung der rationalen Fähigkeiten bei der Suche nach dynamischen Gesetzbüchern – oder anders ausgedrückt: weg vom Vertrauen auf die »Vorfahren« und hin zu größerem Selbstvertrauen.

Es bedurfte eines Verstandes von großer Flexibilität und vielleicht auch entschlossener Ungenauigkeit, um eine Ideologie zu schaffen, die alledem gerecht wurde und zugleich noch die für eine Neubelebung des Islam auf muslimischer Grundlage erforderlichen Elemente in sich vereinigte.

Dieser Verstand gehörte einer der umstrittensten Gestalten der modernen islamischen Geschichte: Jamal al-Din Afghani (1838–1897). Opportunität und Mehrdeutigkeit waren die Leitsterne, von denen er sich nicht nur bei seinen Allianzen mit Persönlichkeiten leiten ließ, die vom Zaren und dem osmanischen Sultan bis hin zum Mahdi im Sudan reichten, sondern auch in seinen Glaubensüberzeugungen. Im Laufe einer langen Karriere während der zweiten Hälfte des 19. Jahrhunderts verbrachte dieser Sayyid oder Nachkomme des Propheten viele Jahre im Westen, wurde Freimauer, nahm christliche und jüdische Schüler an und klagte, der Islam habe die Wissenschaft erstickt. Er wurde der Häresie beschuldigt, weil er es zuließ, dass seine umfangreiche Lektüre weltlicher Schriften in einen Diskurs über die Vorzüge des Philosophen gegenüber dem Propheten mündete. Und dennoch verdammte ebendieser Mann die Ungläubigen, wetterte öffentlich gegen moralische Freizügigkeit und alle, die den religiösen Glauben der Menschen schwächten, und beförderte einen gottlosen Souverän ins Jenseits.

Es wäre erstaunlich, wenn solch eine Persönlichkeit neben der Liebe, die man mit dem Martyrium eines Mystikers assoziiert oder mit einem Weisen, in dem das Licht esoterischer Wahrheit leuchtet, nicht auch weitaus harschere Verdikte auf sich gezogen hätte. Scharlatanerie ist noch der geringste Vorwurf, den man gegen diesen scheinbar panoptischen Mann erhoben hat, der das Prinzip der Verheimlichung des eigenen Glaubens – eine schiitische Taktik zur Vermeidung von Verfolgung – zu einem Glaubensartikel erhoben zu haben schien. Er stellte seinen Einfluss übertrieben dar, sprach für Monarchen, die ihn nicht gebeten hatten, für sie zu sprechen, und führte Aufträge aus, die er nie erhalten hatte. Aber die Welt des späten 19. Jahrhunderts gab solchen unabhängigen Geistern Raum und verlieh ihnen eine sich gleichsam selbst säende Autorität. Mehr noch als jede andere Gestalt in diesem Buch dürfte Jamal al-Din im Kontext seiner Zeit betrachtet werden müssen. Die Länder des Islam schienen gleichzeitig mit der Möglichkeit ihrer Zerstörung oder Erneuerung konfrontiert zu sein, und dem im westlichen Wissen enthaltenen Versprechen stand der erschreckende Vormarsch der europäischen Mächte gegenüber.

Jamal al-Dins moderner Biograph schreibt, wer ihm Unaufrichtigkeit vorwerfe, der beurteile ihn nach einer »politischen Moral, die für die Zwecke des westlichen Liberalismus im 19. Jahrhundert entwickelt wurde«, und moralische Relativierungen dieser Art haben durchaus eine gewisse Berechtigung.[3] Jamal al-Din hatte keine Zeit, aus dem

Angebot an Ideen eine gefällige Doktrin zu stricken. Er arbeitete an einer Notbrücke für eine Zivilisation, die jederzeit verschwinden konnte. Und so findet sich denn bei diesem vierschrötigen dunkeläugigen, kettenrauchenden Asketen eine wilde Mischung aus muslimischem Optimismus, Untergangsängsten und Zorn.

Jamal al-Din stammte aus dem Westiran und erhielt seine Ausbildung in den Seminaren von Nadschaf, aber der junge Sayyid scheint seinen Beinamen »Afghani« angenommen zu haben, damit sunnitische Muslime ihn nicht mit seinem schiitischen Geburtsland in Verbindung brachten. Allerdings nannte er sich gelegentlich auch »Rumi« (»Byzantiner«).

Während des Indischen Aufstands von 1857 hielt er sich in Indien auf, wahrscheinlich in Kalkutta, wo er erstmals mit westlichem Wissen in Berührung kam und miterlebte, wie die Rebellen zermalmt wurden, was in ihm sowohl Respekt vor westlichen Ideen als auch Hass auf die Briten auslöste. Zehn Jahre später, nach weiteren Reisen – darunter ein kurzer Besuch in seiner Heimatstadt, wo seine Familie ihn vergeblich drängte, sich dort niederzulassen –, ging er nach Afghanistan, nun mit Kinnbart und rasiertem Schädel, und riet dem Amir von Kabul, welche antibritischen Strategeme er verfolgen sollte. »Ich bin wie ein königlicher Falke«, hatte er seinem Vater gesagt, »für den die weite Arena der Welt trotz ihrer Größe doch zu eng zum Fliegen ist.«[4] In Kabul erregte Jamal al-Din in den 1860er Jahren erstmals die Aufmerksamkeit der Briten, die für den Rest seines Lebens niemals nachlassen sollte. Berichte für die Regierung Indiens beschrieben ihn als eine »geheimnisvolle Person«, die im Verdacht stehe, »ein Agent irgendeiner Regierung« zu sein. Weiter hieß dort, sein Lebensstil ähnele »eher dem eines Europäers als dem eines Muselmanns«.[5]

Er selbst sinnierte über seine Undurchschaubarkeit:

Die Engländer halten mich für einen Russen,
Die Muslime glauben, ich bin ein Zoroastrier,
Die Sunniten halten mich für einen Schiiten,
Und die Schiiten halten mich für einen Feind Alis
[des zweiten schiitischen Imams] ...

> Die Theisten sehen in mir einen Materialisten,
> Und die Frommen einen Sünder bar jeder Frömmigkeit ...
> Aus der Moschee verbannt und aus dem Tempel vertrieben,
> frage ich mich, auf wen ich mich stützen und wen ich bekämpfen soll.[6]

Als er 1869 erstmals nach Istanbul reiste, erlebte er, dass die wichtigste Hauptstadt der islamischen Welt Gesandte aus Zentralasien empfing, die um Hilfe gegen den Expansionsdrang der Russen baten. Ein Mann mit seiner Erfahrung, Bildung und Kenntnis der philosophischen Traditionen (die in den schiitischen Seminaren lebendig gehalten wurden, während die sunnitischen Schulen sie vernachlässigten) fand rasch Anklang bei den Bildungsreformern der Türkei, unter denen sich auch Männer befanden, die einige Jahre später zu den Vorkämpfern der Verfassungsbewegung gehören sollten. Seine gewagte Ansprache zur Eröffnung der Istanbuler Universität 1870 erregte den Unwillen orthodoxer Kreise, weil er darin anmerkte, die Thesen der Philosophen besäßen universelle und zeitlose Geltung, während die Aussagen der Propheten von den Umständen der Zeit abhingen, in der sie lebten. Die eindeutig häretischen Implikationen dieser Äußerungen, die für beträchtliche Unruhe im Publikum sorgten, lauteten, dass Propheten nicht unfehlbar waren und ihre Prophezeiungen bloße Kunstgriffe darstellten. Auch seine These, dass der Mensch mit Hilfe der Technologie, der Künste und Wissenschaften überleben könne, schien die Notwendigkeit des Prophetentums gleichfalls herabzumindern.[7]

Jamal al-Dins Äußerungen standen im Einklang mit seiner Ansicht, an der er offenbar sein Leben lang festhielt, dass Propheten nützlich sind, weil sie den Massen die Besonderheiten einer Religion vermitteln – etwas, das Philosophen, die sich an den Verstand einer kleinen Zahl von Menschen wenden, nicht zu erreichen vermögen. Tief in seinem Herzen war er elitär. Er machte sich über die konventionelle Frömmigkeit der gewöhnlichen Gottesfürchtigen lustig und erzählte die bekannte Geschichte von dem Gläubigen, der dem Ungläubigen rät: »Versuche, vierzig Tage lang regelmäßig zu beten, und probiere dann, ob du das Beten danach aufgeben kannst« – allerdings mit dem respektlosen Zusatz: »Gib für vierzig Tage das Beten auf und probiere dann, ob du das Beten danach wiederaufnehmen kannst.«[8]

Es war eine Sache, an eine Unterscheidung zwischen einer Religion für die Massen und einer für die Eliten zu glauben, aber der öffentliche Hinweis auf die Existenz solch einer Spaltung erregte den Zorn türkischer Konservativer, die ohnehin gegen die Bildungsreform waren, und sie beschuldigten den afghanischen Liebling der Reformer des Atheismus. Im Frühjahr 1871 wurde dieser »zwielichtige Mensch«, wie der osmanische Bildungsminister ihn nannte, der Stadt verwiesen. Er beschloss, nach Ägypten zu gehen, wo die nächste Folge seines peripatetischen Lebens nun inmitten noch größerer Kontroversen spielen sollte.

Das Ägypten, das Afghani entdeckte, befand sich in der letzten Phase der Herrschaft des Khediven Ismail, dieses Protoeuropäers, dessen überladene Modernisierungslokomotive wenig später entgleiste, wobei er selbst ins Exil an der nördlichen Küste des Mittelmeers ging und das hochverschuldete Land in die Hände westlicher Bürokraten gab, die im Sinne der Gläubiger agierten. Diese frühe Version einer Rettungsaktion im Stile des IWF oder der Weltbank, mit all den religiösen und patriotischen Reaktionen, die sie auslöste, lag noch einige Jahre voraus, als Jamal al-Din sich im Frühjahr 1871 in Kairo niederließ. Das Land erduldete immer noch missmutig Ismails Herrschaft, oder wie der zukünftige Großmufti Muhammad Abduh es ausdrückte: »Wer hätte gewagt, seine Meinung zu sagen? Niemand, denn man konnte beim geringsten Wort aus dem Lande verbannt oder seines Vermögens beraubt oder sogar hingerichtet werden ... Inmitten dieser Dunkelheit erschien Jamal al-Din.«

Zunächst beschränkte der Neuankömmling sich – zweifellos geläutert durch seine Vertreibung aus Istanbul – auf seine natürliche Berufung als Lehrer. Durch seine Bildung, seine Klarheit und sein Vertrauen in die Fähigkeit des Islam, sich selbst zu erneuern, zog er eine Reihe von Bewunderern an, darunter den jungen Abduh und Saad Zaghlul, der Anfang des 20. Jahrhunderts zum prominentesten nationalistischen Führer Ägyptens werden sollte. Ihnen enthüllte Jamal al-Din seine Sehnsucht nach dem Tag, da Islam, Judentum und Christentum eins sein würden. Er unterschied sich von den bornierteren Geistlichen durch ein Verständnis menschlicher Errungenschaften, das weiter zurückreichte als das Mekka zur Zeit des Propheten. Voller Verehrung sprach er über die herausragenden Leistungen der Pharaonen, wie er in Indien die Tugenden Ashokas und des Buddha gerühmt hatte und im Iran die der Achämeniden. All das tat er nicht in der al-Azhar – einer für einen Mann mit derart unorthodoxen Ansichten kaum kongenialen Wirkungsstätte –, sondern zu Hause oder, in Wolken aus Zigarrenrauch gehüllt, in einem Kairoer Café.

Dieser sunnitische Prediger, der seine Ausbildung in Wirklichkeit in einem schiitischen Seminar erhalten hatte, verstieß noch entschiedener gegen das von der al-Azhar vertretene Denken, indem er seine Schüler mit mittelalterlichen Philosophen aus der iranischen Tradition und deren neuplatonischen Vorläufern bekannt machte. Er verachtete das bloße Auswendiglernen und hinterließ nur ein schmales Werk – auch das ein Beweis für das Vertrauen, das er in das gesprochene Wort setzte. Er legte dar, dass im Rationalismus der Vergangenheit Wissenschaft und frische Interpretationen unter dem Islam floriert hatten. Das westliche Wissen stehe zwar gegenwärtig an der Spitze des Fortschritts, aber das sei nur ein zeitweiliger Vorsprung, und die wahre Religion enthalte viele der Materialien, die für ihre Wiedergeburt erforderlich seien. Er glaubte, der Islam stehe unter den Religionen nahezu einzigartig da, weil er »Glauben ohne Beweis ablehnt ...; er lehrt, dass Glück aus Vernunft und Einsicht erwächst«. Er las den Franzosen François de Guizot, diesen Apostel der menschlichen Selbstverbesserung, bei dem er den Gedanken des Protestantismus als eines Katalysators der Reform entlehnte. Jamal al-Din sagte oft, der Islam brauche einen Luther, und seine Gefolgsleute zweifelten nicht, dass ihr Lehrer der geeignete Mann für diese Aufgabe war.

»Es gibt zwei Arten von Philosophie in der Welt«, soll er einmal gesagt haben. »Die eine behauptet, es gebe in der Welt nichts, das uns gehört, deshalb müssten wir uns mit Lumpen und einer Handvoll Nahrung begnügen. Die andere behauptet, dass alles in der Welt schön und begehrenswert sei, dass all das uns gehöre und gehören solle. Die zweite sollte unser Ideal sein ... Die erste ist wertlos, und wir sollten ihr keine Beachtung schenken.«[9]

Trotz seiner Isolierung von den Geistlichen der al-Azhar, seines nüchternen Auftretens und seines enthaltsamen Lebensstils (es gibt nur wenige Hinweise auf ein Sexualleben irgendeiner Art, und er schwor, sich selbst zu kastrieren, als der osmanische Sultan ihm eine Frau aufzuzwingen drohte) sorgten seine unorthodoxen Ansichten doch dafür, dass über ihn gesprochen wurde – und oft im Zusammenhang mit Ungläubigkeit. Zaghlul verheimlichte seine Kontakte zu dem umstrittenen Prediger, während der Ruf des jungen Geistlichen Abduh unter den Vorwürfen seiner Kritiker an der al-Azhar litt, als da waren: »Sein Interesse an Philosophie, sein Eintreten für gewisse mutazilitische Prinzipien, seine Abkehr von traditionellen Interpretationen, sein Ruf nach dem Studium der modernen Wissenschaften, seine Vorliebe für die Wissenschaft der Franken«.[10] Abduh und die Übrigen hatten diese unorthodoxen Denkweisen bei ihrem Lehrer erlernt, dem die Fenster eingeschlagen wurden und dessen Name verleumdet wurde.

Jamal al-Din antwortete auf satirische Art. »Wenn ein Philosoph ein grobes Gewand anlegt, seinen Rosenkranz verlängert und seine Zeit in der Moschee verbringt, ist er ein Mystiker; aber wenn er in Matatias Kaffeehaus sitzt und Wasserpfeife raucht, ist er nur ein Philosoph.«[11]

1876 rangen die türkischen Revolutionäre einem widerwilligen Abdülhamid ihre neue Verfassung ab, aber dann fiel deren Autor Midhat Pascha in Ungnade, und die demokratischen Kräfte zerstreuten sich. Im folgenden Jahr kam es zum Krieg zwischen der Türkei und Russland, und die Ägypter, so berichtete Abduh, »interessierten sich sehr für das Schicksal ihres Oberherrn und verfolgten aufmerksam den Gang der Ereignisse«. Der Krieg endete für die Osmanen katastrophal; sie mussten Territorien abtreten und beträchtliche Reparationen zahlen. Für die ägyptische Presse bedeutete all das dagegen einen kräftigen Schub; sie expandierte rasch, um die Nachfrage nach Nachrichten und streitbaren pro-osmanischen Artikeln zu befriedigen. »Mit der Zeit«, schrieb Abduh, »behandelten die Zeitungen das Ausland betreffende politische und soziale Fragen und beschäftigten sich dann auch mutig mit der Frage der ägyptischen Finanzen, was die Regierung in Verlegenheit brachte.«[12]

Die Ausbreitung der Bildung und der Presse hatte die Voraussetzungen für die Entstehung einer modernen politischen Kultur in Ägypten geschaffen. Nun gab es ein Anliegen in Gestalt des Widerstands gegen den verschwenderischen und europafreundlichen Ismail, und Jamal al-Din beteiligte sich intensiv an der Ermutigung einfacher Leute, politisch zu denken. Jetzt verheimlichte er nicht länger seine Opposition gegen Ismail und rief in einer Rede vor Fellachen in Alexandria aus: »O ihr armen Fellachen! Ihr brecht das Herz der Erde auf, um euren Lebensunterhalt daraus zu gewinnen und eure Familie zu ernähren. Warum zerbrecht ihr nicht das Herz eures Unterdrückers? Warum zerbrecht ihr nicht das Herz derer, die die Früchte eurer Arbeit verzehren?«[13]

Außer seinem Talent als Aufwiegler besaß Jamal al-Din auch ein Gespür für Allianzen. Er suchte nach Partnern in den Rängen der ägyptischen Möchtegernkonstitutionalisten und des ausländischen diplomatischen Korps, und angeblich arrangierte er die Aufnahme des Kronprinzen Taufiq – der von Reformern für besser gehalten wurde als sein Vater – in die Oststern-Freimaurerloge, der er selbst angehörte. Wie in Europa sahen die Herrscher des Nahen und Mittleren Ostens in den Logen Brutstätten der Verführung und des Antiklerikalismus. Ein Korrespondent der *Times* (und gleichfalls Freimaurer) beschrieb Jamal al-Din als die graue Eminenz hinter den patriotischen Gegnern des Khediven und der französischen und britischen Schuldenkontrolleure. Er sei, schreibt er (mit Byrons Worten), »der sanftmütigste Mann, der je ein Schiff versenkte oder eine Kehle durchschnitt«.[14]

Nach Ansicht des geheimnisvollen Sayyid, dessen Erfahrungen in Indien, Afghanistan und nun auch Ägypten ihm die ganze Perfidie der Engländer vor Augen geführt hatten, war es für Ägypten unerlässlich, der lähmenden Abhängigkeit von europäischem Kapital und Fachwissen ein Ende zu setzen. Im August 1878, auf dem Höhepunkt der ägyptischen Schuldenkrise, überließ man einem Engländer die Staatsfinanzen, und ein Franzose wurde Minister für öffentliche Arbeiten. Diese »europäische« Regierung stieß auf großen patriotischen Widerstand, nicht zuletzt in der Versammlung, die der Khedive dann auch im folgenden Jahr auflöste. Jamal al-Din scheint auf Ismails Sturz oder

Ermordung und eine große Rolle für sich selbst in einem unabhängigen ägyptischen Regime nach der Machtübernahme durch Taufiq spekuliert zu haben, aber er wurde enttäuscht, als Ismail im Juni 1879 tatsächlich abgesetzt wurde. Wie sich zeigte, war der neue Khedive kaum weniger nachgiebig gegenüber europäischen Forderungen als sein Vater.

Eines Abends hielt Jamal al-Din in der Hassan-Moschee in Kairo vor viertausend Zuhörern eine kraftvolle Rede, in der er mit großem prophetischem Gespür das eigentliche Ziel der britischen Politik an den Ufern des Nils anprangerte. Auch zeigte er, dass der Khedive Taufiq gezwungen war, den britischen Zielen zu dienen. Er beendete seine Rede mit einem Aufruf zum Krieg gegen die Ausländer und zu einer Revolution mit dem Ziel, die Unabhängigkeit Ägyptens zu retten und »seine Freiheit herzustellen«. Das war zu viel für den neuen Herrscher Ägyptens und seine britischen Hintermänner. Im August 1879 verwies der Khedive Jamal al-Din des Landes und schickte dessen Anhänger, darunter auch Abduh, in die Verbannung innerhalb Ägyptens.

Jamal al-Dins Ausweisung erstickte indessen nicht den Widerstandsgeist, den zu entfachen er sich so sehr bemüht hatte, und hinderte auch seine Anhänger nicht, mit der Zeit aus ihren Verbannungsorten nach Kairo zurückzukehren, um weiter für einen Wandel zu agitieren. Einige von ihnen, darunter auch Abduh, distanzierten sich zunächst einmal vom Radikalismus ihres Meisters. Sie glaubten, eine starke, stabile Regierung, die das Vertrauen des Khediven und der Großmächte besaß, könne der Schuldenkrise am ehesten Herr werden.

Im Herbst 1879 wurde solch eine Regierung gebildet, geführt von einem starken Mann, dem Tscherkessen Mustafa Riyad Pascha, und eine Zeitlang war sie durchaus populär, weil es ihr gelang, die Steuerlast der Fellachen zu erleichtern, und zwar zum Teil durch Kürzungen bei den Militärausgaben. Aber die Armee stellte nun eine neue Oppositionskraft dar, und diese eingeschüchterte, unterernährte und demoralisierte Truppe fand den Mut, zunächst ihre eigenen Interessen und dann auch die des ganzen Landes zu artikulieren. Die Identität des Anführers dieser neuen Kraft symbolisierte den radikalen Wandel, von dem die Elite des Landes betroffen sein sollte. Er war weder ein Türke noch ein Tscherkesse, sondern ein Fellache, ein arabischsprechender Sohn des Landes, der, nachdem er sein Studium an der al-Azhar aufgegeben hatte, mit gerade einmal zwanzig Jahren zum Oberst in der Armee des Khediven aufgestiegen war, bevor seine niedere Herkunft einen weiteren Aufstieg verhinderte. Sein Name war Ahmad Urabi.

Bei der Schilderung der Laufbahn Sayyid Jamal al-Din Afghanis empfiehlt sich an dieser Stelle ein Umweg über die Urabi-Rebellion von 1881 bis 1882. Der Sayyid selbst konnte die Ereignisse nicht beeinflussen, weil er außer Landes war, aber Urabi hatte ihn persönlich gesehen, und nach anfänglichem Zögern ging er eine enge Verbindung mit einigen seiner Schüler ein. Obwohl die Urabi-Rebellion einen ethnischen Charakter hatte, der kaum zu Jamal al-Dins Panislamismus passte, waren die dahinterstehenden Ziele, eine nationale Wiederbelebung und die Befreiung von den Launen des Khediven, doch auch die seinen.

Ahmad Urabi wurde 1841 im Nildelta als Sohn eines Provinzgeistlichen geboren. Er erweiterte die rudimentäre Bildung, die er in der örtlichen Moschee erhielt, durch Nachhilfeunterricht bei seinem älteren Bruder, der ihm das Rechnen beibrachte.[15] Er war ein großer, behäbiger Mann, dessen Züge nur dann etwas Leben zeigten, wenn Emotionen oder intensives Nachdenken sie in Bewegung versetzten, und dessen ungekünstelte Art sich in seiner Gewohnheit zeigte, selbst dann zum Zeichen der Hochachtung die Hand an die Stirn zu legen, wenn er nur einen Brief las. Er hatte von bewussten Bemühungen profitiert, Fellachen in höhere militärische Ränge zu bringen, die bis zu Muhammad Alis Entschluss in den 1820er Jahren zurückreichten, seine moderne Armee für diese Volksgruppe zu öffnen.

Der junge Urabi erregte die Aufmerksamkeit von Muhammad Alis Sohn Said Pascha, der von 1854 bis 1863 Vizekönig war und unter dessen Schirmherrschaft Urabi einen raschen Aufstieg erlebte. In seiner Zeit als Saids Adjutant 1861 hatte er sich vom Vizekönig eine arabische Napoleon-Biographie geliehen. Der hatte das Buch verächtlich auf den Boden geworfen und gesagt: »Sieh dir an, wie deine Landsleute sich haben schlagen lassen!« Nach der Lektüre des Buchs sagte Urabi dem Pascha, die Franzosen hätten gesiegt, weil sie »besser ausgebildet und organisiert waren, und wir könnten in Ägypten dasselbe erreichen, wenn wir es versuchten«.[16]

Die Geschwindigkeit seines frühen Aufstiegs stand in deutlichem Gegensatz zu der scheinbaren Endgültigkeit, mit der er danach gegen eine unsichtbare Wand zu laufen schien, die die oberen Ränge schützte. Der Grund dafür lag in ethnischen Vorurteilen. Unter Saids Erben Ismail wurde, wie Urabi sich erinnerte, »alles wieder in die Hände der Türken und Tscherkessen gelegt, und die Ägypter in der Armee genossen keinerlei Protektion«.[17] Die dominante Stellung der Türken und Tscherkessen im ägyptischen Leben war anomal. Sie zählten nur 100 000 Seelen in einer Gesamtbevölkerung von sieben Millionen und hatten sich in den Augen der Fellachen noch weiter diskreditiert, weil sie sich zur Erhaltung ihrer Herrschaft bei religiösen Minderheiten und Ausländern verschuldeten.

In den 1860er und 1870er Jahren musste Urabi mit ansehen, wie seine türkischsprachigen Kameraden mit einer Beförderung nach der anderen belohnt wurden – und das »nicht«, wie er betonte, »weil sie mehr gewusst hätten als ich«, sondern weil sie keine Araber waren, und nur deshalb gewährte der Khedive ihnen »Dienstränge, Orden, schöne Sklavinnen, umfangreiche und fruchtbare Ländereien und große Häuser, er schenkte ihnen Geld und kostbare Juwelen, gesaugt aus dem Blut und Schweiß der armen Ägypter«.[18] Die Herabsetzung der ägyptischen Offiziere verstärkte sich noch in den ersten Monaten der Regierungszeit des Khediven Taufiq, als man unter Verweis auf ökonomische Gründe mehr als tausend von ihnen in den vorzeitigen Ruhestand schickte und für die übrigen eine Beförderungssperre verhängte. Unter den Ruheständlern befand sich kein einziger Nichtägypter.

Das war der Hintergrund, vor dem sich eine wachsende, von Urabi organisierte Protestbewegung formierte. Sie begann Anfang 1881 mit einer Petition an den Ministerrat. Als die Regierung versuchte, Urabi und seine Obristenkameraden festzusetzen, verwandelten sich die Proteste in eine ausgewachsene Meuterei, die sich nur durch den Rücktritt des Kriegsministers und die Zusicherung entschärfen ließ, es werde keine Vorzugsbehandlung für Türken und Tscherkessen mehr geben.

Aber die Spannungen ließen nicht nach, da Gerüchte aufkamen, der Khedive werde sich rächen, und die einheimischen ägyptischen Obristen weitere Forderungen nach einer Verbesserung ihrer Lage stellten. Auch arabischsprachige Landbesitzer ließen sich vom Kampf ihrer Brüder im Militär anregen und forderten von den dominierenden türkisch-tscherkessischen Magnaten einen Anteil an der Macht. Daraus entstanden Forderungen, die von Ismail aufgelöste Versammlung wieder einzuberufen, da die einheimischen Landbesitzer dort ihre Interessen vertreten konnten, und diese Körperschaft durch eine Verfassung zu stärken, die es, wie Urabi erklärte, ermöglichen werde, »Leben, Besitz und Ehre der Nation zu sichern«. Forderungen nach einer Verfassung und einem Parlament, das eine echte Gesetzgebungskompetenz besitzen sollte (statt der bloß beratenden Funktion, die ihm im größten Teil der Regierungszeit Ismails zugestanden worden war), kamen auch von Muhammad Abduh und anderen ehemaligen Mitgliedern des Kreises um Jamal al-Din Afghani – hier entstand eine Allianz für patriotische Reformen.

Ein weiteres Thema, das die Unzufriedenen einte, war die Notwendigkeit, das Land von den Europäern zu befreien. In Alexandria und Kairo verwiesen Zeitungen auf die kürzlich erfolgte Einverleibung Tunesiens in das in Entstehung begriffene französische Kolonialreich als warnendes Beispiel für ein Schicksal, das auch ihrem Land drohte. »Ägypten den Ägyptern!« lautete die nationalistische Parole, und der populäre Prediger Sayyid Hamza Fathullah stieg auf die Kanzel, um die ungeheuerliche Arroganz Europas zu geißeln, das den Anspruch erhob, die Zivilisation in den Orient zu bringen. Die Europäer sollten erst einmal in ihrem eigenen Hause Ordnung schaffen, fuhr er fort. Angesichts der Anarchisten und Sozialisten, der Bürgerkriege, der Verbrechen und der Korruption hätten sie bei sich selbst wahrlich genug zu tun.[19]

Durch das Hinzukommen vielfältiger neuer Interessengruppen wurde auf diese Weise aus einer von wenigen Armeeoffizieren im Sommer 1881 organisierten ethnisch begründeten Agitation eine sehr viel weiterreichende konstitutionelle, panislamische, ethnische und militaristische Bewegung. Der Khedive versuchte, die Urabisten zu zerstreuen, indem er wichtige Einheiten der Armee verlegte, aber damit löste er nur eine weitere Meuterei aus, die sich am 9. September zuspitzte. Diesmal waren nicht nur ein paar Offiziere beteiligt, sondern 2500 Mann, die ihre Kanonen drohend auf den neoklassizistischen Khedivenpalast in Abdin richteten – den Ismail erbaut hatte und der als Symbol der königlichen Verschwendungssucht galt. Urabi forderte die Entlassung der Regierung, die Wiedereinsetzung des Parlaments und die Erweiterung der Armee auf 18 000 Mann – eine Stärke, die als absolutes Minimum für die Gewährleistung der nationalen Sicherheit galt. Ebenso wichtig wie der Inhalt dieser Forderungen war die Art, wie sie vorgetragen wurden, zeugte sie doch von einer bemerkenswerten Respektlosigkeit gegenüber dem Souverän. Urabi beschreibt die Ereignisse in seinen Memoiren:

> Als der Khedive in Abdin eintraf, hatten wir den Platz besetzt. Artillerie und Kavallerie standen vor dem Westeingang, ich und meine Soldaten vor dem Haupteingang ... Der Khedive forderte mich auf, vom Pferd zu steigen, und ich stieg ab. Er forderte mich auf, den Säbel zu heben, und ich hob den Säbel. Aber die Offiziere, meine Freunde, etwa fünfzig an der Zahl, und ich näherten sich ihm, um jeden Verrat zu verhindern, und einige von ihnen stellten sich zwischen ihn und den Palast. Als ich meine Botschaft übermittelt und meine drei wichtigsten Forderungen an den Khediven gestellt hatte, sagte er: »Ich bin der Khedive des Landes, ich werde tun, was mir gefällt.« Ich erwiderte: »Wir sind keine Sklaven und werden uns von heute an niemals mehr als Besitz behandeln lassen.«[20]

Der Khedive vermochte dieser überwältigenden Machtdemonstration kaum etwas entgegenzustellen. Er besaß keinen Rückhalt im Militär und stützte sich auf den Rat der europäischen Finanzkontrolleure, auf einige amerikanische Söldner, die sich nach dem Ende des Amerikanischen Bürgerkriegs nach Arbeit umgesehen hatten (der Chef des ägyptischen Generalstabs, General Charles Pomeroy Stone, hatte eine Schlacht für die Unionisten verloren), und auf die alte Garde der türkisch-tscherkessischen Granden.

Nach weiteren Verhandlungen kapitulierte Taufiq. Im Glanz ihres

Erfolges baten der abtrünnige Oberst und seine Kameraden den Souverän, den sie gerade zermalmt und gedemütigt hatten, ihm die Hände küssen zu dürfen. Der englische Dichter Wilfred Blunt, der wohl stimmgewaltigste westliche Fürsprecher des politischen Prozesses in Ägypten, erinnerte sich später: »Ein Jubel erhob sich, wie man ihn seit Hunderten von Jahren am Nil nicht mehr gehört hatte, und es ist buchstäblich wahr, dass in den Straßen Kairos Männer, die sich gar nicht kannten, anhielten, um einander zu umarmen und sich gemeinsam über die erstaunliche Herrschaft der Freiheit zu freuen, die für sie plötzlich begonnen hatte.«[21] Tatsächlich schien es, als wäre das Land auf einem neuen Weg, geführt von dem heldenhaften Bürger-Soldaten Urabi – diesem »englischen Bismarck«, der nun durchs Land reiste und Auszeichnungen entgegennahm. Im Oktober wurden Wahlen zu einer neuen Versammlung abgehalten, die sogleich an einer Verfassung zu arbeiten begann. Zwar sah auch dieses Dokument vor, dass die neue Versammlung nur beratende Funktion haben und die Gesetzgebungskompetenz bei einem bestellten Ministerrat liegen sollte, aber Urabi riet seinen Anhängern, diesen Kompromiss in der Hoffnung auf zukünftige Gewinne jetzt einzugehen. »Wir haben so viele hundert Jahre auf unsere Freiheit gewartet«, pflichtete Muhammad Abduh ihm bei, »dass wir auch noch ein paar Monate länger warten können.«[22]

In der Kammer selbst, die zum ersten Mal unter einem gewählten Präsidenten zusammentrat (bei früheren Sitzungen hatte Ismail sich das Recht vorbehalten, den Präsidenten zu bestimmen), herrschte allseits eine optimistische Stimmung, glaubten doch alle – der Khedive, der Ministerrat und selbst die europäischen Mächte –, geeint hinter einer großen gemeinsamen Sache zu stehen: dem Wohl Ägyptens.

Dass dieser Konsens nicht lange halten würde, schien auf tragische Weise vorhersehbar. In jedem politischen System, das zu einer repräsentativen Staatsform übergeht, ist es eher unwahrscheinlich, dass die Gewinner sich sonderlich zurückhalten, während die Verlierer meist in Panik geraten und eine Trotzhaltung einnehmen. So geschah es Anfang 1882 auch in Ägypten, wobei ein neues militärisches Establishment um Urabi alte Rechnungen mit den türkisch-tscherkessischen Kameraden beglich, die Presse eine hemmungslose Kampagne gegen die europäischen Offiziellen führte und ein geschwächter Khedive eine klägliche Toleranz gegenüber ausländischer Einmischung an den Tag legte – sofern sie nur seine innenpolitischen Rivalen schwächte.

In der stolzen Freude über moderne Verfassungsregelungen wird leicht übersehen, dass es Aufgabe des Parlaments ist, die Arbeit der Exekutive zu kritisieren und legislative Macht zu entfalten. Aber die Forderungen der Versammlung, Ineffizienz und Veruntreuung in den von Europäern geführten Ministerien zu untersuchen und Einfluss auf den Staatshaushalt zu nehmen, löste Ängste bei den ausländischen Kreditgebern aus, die sich bald zu einer allgemeinen Angst vor muslimischer Feindseligkeit steigerten. Die französische Besetzung Tunesiens hatte zu einem fürchterlichen Aufstand geführt, dem zahlreiche Kolonisten zum Opfer gefallen waren. Unter den Europäern in Ägypten wuchs die Furcht, dass es ihnen bald ebenso ergehen könnte, während der ängstliche und verbitterte Khedive sich über die Versuche der Versammlung ärgerte, seine Macht einzuschränken.

Die Antwort auf die wachsende Welle der Feindseligkeit gegen den Westen, die unausweichlich einen stark christenfeindlichen Charakter besaß, war ein anti-islamischer Kreuzzug im Namen der Zivilisation. So dachte der neue Premierminister Frankreichs, der eloquente Anwalt und Imperialist Léon Gambetta, und er war nicht allein, wenn er unter Rückgriff auf eine angemessen rückwärtsgewandte Logik glaubte, Europa werde in seinen kolonialen Eroberungen durch die heftigen Reaktionen gerechtfertigt, die sie in den betroffenen Ländern auslösten. Die Maßnahmen, die er ins Auge fasste, um die französisch-britische Kontrolle in Kairo zu stärken, sollten eine Eröffnungssalve in diesem westlichen Kreuzzug sein.

In der »Gambetta-Note« vom 8. Januar 1882, die Frankreich und Großbritannien gemeinsam herausgaben, um Taufiq den Rücken zu stärken und die Urabisten in die Defensive zu drängen, sicherten die beiden Mächte dem Khediven »gemeinsame Anstrengungen« zu, um jede Gefahr abzuwenden, die ihm und seiner Regierung drohen mochten.[23] Damit war Urabi gemeint, der im Ausland als Fanatiker und Tyrann dargestellt wurde. Aber statt den Khediven zu stärken, schwächte die Note seine Stellung, da sie zeigte, wie sehr er auf ausländische Unterstützung angewiesen war. In Ägypten, so schrieb die in London erscheinende *Fortnightly Review* mit einem in der Londoner Presse seltenen Scharfsinn, werde die Gambetta-Note so verstanden, dass »der Sultan noch weiter in den Hintergrund gedrängt wird, der Khedive noch eindeutiger zur Marionette Englands und Frankreichs verkommt und Ägypten früher oder später in der einen oder anderen Form dasselbe Schicksal wie Tunis erleiden wird«.[24]

Die Gambetta-Note war ein Ultimatum, das keine der Parteien in Ägypten willkommen hieß. Sie zerrte die Spaltungen ans Tageslicht. Die Urabisten und Taufiq konnten nun nicht länger vorgeben, auf derselben Seite zu stehen. Wenig später verlangten die Europäer, dass Urabi, der inzwischen Kriegsminister geworden war, das Land verließ. Er weigerte sich, und die Regierung brach zusammen, während ein anglo-französisches Geschwader vor Alexandria lag und der Khedive nach Ras al-Tin floh, um den weiteren Gang der Ereignisse abzuwarten.

Die Zukunft Ägyptens stand auf dem Spiel, und Urabi warf dem Khediven in einer öffentlichen Erklärung vor, er habe sein Volk verraten und sei ein Bündnis mit dem Feind eingegangen. Aber die Urabisten waren nicht stark genug, um das schwächliche Gebilde, das sie geschaffen hatten, zu verteidigen. Am 11. Juli 1882, nach Ausschreitungen in Alexandria, denen Hunderte von Menschen zum Opfer fielen, begannen die britischen Schiffe mit einem verheerenden Bombardement, gefolgt von der Landung einer Besatzungsarmee und der Vernichtung weiter Teile der Stadt in einem Inferno, das zum Teil wohl auch von lokalen Aufwieglern verursacht wurde. (Die Briten waren inzwischen allein; Gambetta war im Januar gestürzt worden, und die neue französische Regierung lehnte eine weitere Beteiligung ab, weil sie ihrem Engagement in Algerien und Tunesien höhere Priorität einräumte.)[25] Auf dem Muhammad-Ali-Platz blieb das berühmte Reiterstandbild des Gründers des modernen Ägypten stehen, während rund um den Platz alles in Flammen stand.[26]

Nach der britischen Invasion konnte über den Ausgang des Konflikts kein Zweifel bestehen, auch wenn die Briten volle zwei Monate brauchten, um die von Urabi zur Verteidigung Ägyptens mobilisierten

Truppen zu besiegen. Am 13. September waren die Rebellen in der Arabischen Wüste endlich aufgerieben. Am folgenden Tag fiel Kairo ohne einen Schuss, und Urabi ergab sich einem britischen Offizier, der – nicht ohne ein gewisses Erstaunen – bemerkte, der Gefangene sei »weder unterwürfig noch arrogant, sondern benimmt sich wie ein wohlerzogener Gentleman«.[27] Ob nun Gentleman oder nicht, die Briten konnten nicht zulassen, dass der Anführer des ägyptischen Widerstands im Lande blieb, und so schickten sie ihn im Dezember in die Verbannung nach Ceylon. Für die Briten war dies der Beginn eines kolonialen Engagements in Ägypten, dem erst siebzig Jahre später ein anderer patriotischer Oberst ein definitives Ende setzen sollte: Gamal Abdel Nasser.

Dass Whitehall eine Besetzung eigentlich gar nicht wollte, ist gut dokumentiert. Die Briten waren nicht darauf erpicht, ihren bereits jetzt schwer zu verwaltenden Besitzungen eine weitere belastende Provinz hinzuzufügen. Aber Imperien bringen Interessen mit sich, die ihrerseits vor Bedrohungen geschützt werden müssen, und das oft durch die Akkumulation weiterer Interessen, und in dieser Weise wurde die Kolonisierung von der Logik des Erwerbs getrieben. Was Ägypten anging, so hatten die Briten es für ihre Pflicht gehalten, ihren Verbündeten, den Khediven, wie auch ihre Kontrolle über den Suezkanal und natürlich auch ihre Kredite zu schützen – woran bei Premierminister William Gladstone auch ein persönliches Interesse bestand, hatte er doch beträchtliche Summen in ägyptische Staatsanleihen investiert. Und es war Gladstone, der den Multiplikatoreffekt voraussah, den dieser kleine Krieg, einer von so vielen in den Annalen des Empire, für die afrikanischen Besitzungen seines Landes haben würde. »Unser erster Standort in Ägypten«, spekulierte er, »wird nahezu mit Sicherheit die Keimzelle eines immer weiter wachsenden nordafrikanischen Empire sein.«[28]

Unbeeindruckt von seinem abrupten Rausschmiss aus Ägypten, verbrachte Jamal al-Din Afghani das nächste Jahrzehnt mit diversen Ausflügen in die internationale Agitprop. Er intrigierte in Indien, Russland, Großbritannien, Frankreich und dem Iran, und ob er nun

Konversation mit französischen Sozialisten trieb, die im Frack und mit steifem Kragen daherkamen, ob er in einem iranischen Schrein den schiitischen Theologen spielte oder in einer Moschee im Dekkan nach sunnitischer Tradition betete, stets führte er seine Kampagne mit der für ihn typischen Flexibilität.

In den 1880er Jahren bestimmte der europäische Drang nach Weltherrschaft alle wichtigen Entwicklungen in der Welt. Der Wettlauf nach Afrika nahm Fahrt auf, während weiter östlich der Wettkampf zwischen Großbritannien und Russland weite Teile Asiens destabilisierte. Die militärischen und diplomatischen Erfolge der Europäer demonstrierten, welche Kluft zwischen der westlichen und der außerwestlichen Welt bestand, und der Vorsprung des Westens wuchs trotz mancher Fortschritte in außerwestlichen Ländern weiterhin exponentiell. Jene Länder, die Opfer des Imperialismus wurden, waren gezwungen, ihre Politik auf der Grundlage vollendeter Tatsachen zu betreiben, was weder eine politische Planung noch kulturelles Selbstbewusstsein förderte. Angesichts ihrer defensiven Ausgangslage war die moderne muslimische Welt ein schlechter Produzent neuer Ideen. Nicht dass es solche Ideen gar nicht gegeben hätte, und Jamal al-Din war für einige davon verantwortlich. Die Teilnehmer am Großen Spiel bestanden nicht nur aus Räubern – auch wenn in der (meist britischen und russischen) Literatur hauptsächlich findige Briten und Russen beschrieben wurden. Die Gejagten waren keineswegs untätig, wie der Weise aus dem Orient bewies.

Die Bedeutung der vielen Jahre, die Jamal al-Din auf Reisen verbrachte – er wurde von gekrönten Häuptern, Staatsmännern und Intellektuellen empfangen, bevor man ihn vielfach zur Weiterreise drängte –, ist ebenso aufschlussreich wie historisch. Jamal al-Din entschied weniger über Ereignisse, als dass er sie manipulierte und interpretierte, und er formulierte als einer der Ersten die Prinzipien, die in unseren Augen die Hauptströmungen des modernen islamischen politischen Denkens bilden. Er vertrat – gelegentlich gleichzeitig – Positionen des ethnischen und sprachlichen Nationalismus, des Antiimperialismus und des gewalttätigen Dschihadismus und – eher vor ausgewähltem Publikum – seinen gewohnten religiösen Skeptizismus.

Und wohl am wichtigsten noch, Jamal al-Din erkannte das politische Potential, das in der Umma steckte, der weltweiten muslimischen Nation, die zusammenkam, um zu beten, zu fasten, Almosen zu geben und – soweit man es sich leisten konnte – nach Mekka zu pilgern. Wenn ein moderner muslimischer Aktivismus diese riesige religiöse Gemeinschaft mobilisierte, konnte eine politische Bewegung entstehen, die in der Lage war, sich gegen die Europäer zu erheben. Der Name dieser politischen Bewegung war »Panislamismus«.

Aus heutiger Sicht scheinen viele der von Jamal al-Din vorgetragenen Ideen einander zu widersprechen, aber das ist nicht unbedingt ein Beweis für den Opportunismus oder die Widersprüchlichkeit des Sayyid. Vielmehr zeugt es von der Verschärfung der Spaltungen in den letzten anderthalb Jahrhunderten. Zu Jamal al-Dins Zeiten waren die verschiedenen politischen Färbungen des Islam noch nicht ausschließlich von der einen oder anderen Seite übernommen worden. Sie waren Teil einer allgemeinen Lösung, in der der Islam in der Schwebe blieb. Und trotz des vieldeutigen Charakters seines Glaubens hielt Jamal al-Din doch kompromisslos an seinem Hauptanliegen fest: der Vertreibung der Europäer und insbesondere der Briten aus den Ländern des Islam.

Wohin er in den 1880er Jahren auch reisen mochte, überall berichteten britische Agenten über seine Bewegungen, und ständig begleiteten ihn Kontroversen. In Indien befürchtete man, er sei im Auftrag Ahmad Urabis unterwegs – dessen Konfrontation mit dem Khediven sich damals gerade entfaltete – und wolle Unruhe stiften. Das stimmte zwar nicht, aber er übte scharfe Kritik an Sir Sayyid Ahmad Khan, einem prominenten Muslimführer, der mit den Briten kollaborierte. Die Briten verhafteten, bedrohten und verhörten ihn.

1882 ging er nach Paris, wo seine Britenfeindlichkeit ihn indirekt zum Nutznießer französisch-englischer Spannungen aufgrund der britischen Besetzung Ägyptens machte (auch die Franzosen sahen Gladstones »Keimzelle«). In einer Dachkammer in der Rue de Seize, wo der islamophile William Blunt neben dem Gastgeber »eine russische Dame« antraf, »einen amerikanischen Philanthropen und zwei junge Bengalen, die sich als Theosophen vorstellten«, wurde die Konversation in einem »außergewöhnlichen Jargon über die Menschheit« geführt.²⁹ Seine Opposition gegenüber den Briten hinderte ihn nicht, nach London zu fahren, wo er den Briten in seinem typischen Opportunismus eine anglo-muslimische Allianz anbot, sofern die Briten sich vom Nil zurückzogen. In London genoss er die Gastfreundschaft William Blunts, aber der wies ihn aus seinem Haus, als zwei zu Besuch weilende Freunde des Weisen eine Diskussion beendeten, indem sie mit Regenschirmen aufeinander einschlugen. »Jamal al-Din war ein genialer Mann«, schrieb der Engländer voller Bedauern, »dessen Lehrtätigkeit eine kaum zu überschätzende Wirkung entfaltete«, aber er sei ein »wilder Mensch ..., und irgendwo muss man eine Grenze ziehen«.³⁰

Das zweifellos bedeutsamste Produkt seines Aufenthalts in Europa war die radikale Zeitschrift *Das stärkste Band*, so genannt nach der einenden Kraft des osmanischen Kalifats, die er und sein ehemaliger Schüler Muhammad Abduh 1884 nach dessen Ankunft in Paris herausgaben. In ihrem kurzen, nur sieben Monate währenden Leben (bis das Geld ausging), erlangte die Zeitschrift großen Einfluss in den Korridoren der Macht überall in der muslimischen Welt.

Das stärkste Band spiegelte Jamal al-Dins wachsende Überzeugung, dass nur muslimische Einheit unter dem Kalifen die weltweite muslimische Gemeinschaft vor dem Untergang retten konnte, und die darin enthaltenen Artikel neigten dazu, die Bedeutung der Verfassungsreformen herunterzuspielen, für die der Weise sich früher in seiner Laufbahn eingesetzt hatte. Die Zeitschrift enthielt auch aufrüttelnde Angriffe auf das klassische muslimische Laster des Fatalismus, sie rief zum Handeln auf und feierte die gegen die Briten erzielten militärischen Erfolge des sudanesischen Mahdi, über den Jamal al-Din in seinem bekannten Hang zur Selbstverherrlichung eine an Merlin erinnernde Autorität auszuüben behauptete.

Ein Großteil der Artikel scheint nicht von Jamal al-Din, sondern von Abduh zu stammen, der nun den nationalen Charakter von Ereignissen wie der Urabi-Rebellion gegenüber dem Panislamismus seines Lehrers in den Hintergrund rückte. Dies war zweifellos einer der Gründe für die Popularität der Zeitschrift, zumal sie eine neue, politisch aufgeladene Interpretation des Islam vertrat, welche die Solidarität gegen dem europäischen Imperialismus betonte. Die Zeitschrift wurde kostenlos an wichtige Meinungsführer im gesamten Nahen und Mittleren Osten verschickt – ähnlich jenen heißbegehrten und exklusiven Textzusammenstellungen, wie sie heute in der Mailbox der einflussreichsten Denker der Welt landen. Kaum jemand von Einfluss wurde übergangen. Selbst Mitglieder des Khedivenregimes in Ägypten standen auf der Liste. Trotz aller Kritik an den Regierungen des Nahen und Mittleren Ostens (und insbesondere an den Herrscherhäusern) sah Jamal al-Din in ihnen Kräfte, die sich möglicherweise für eine von ihm geprägte Bewegung einspannen ließen. Dass der Sultan im Yildiz-Palast an den Ufern des Bosporus, die Gelehrten an der al-Azhar, die schiitischen Theologen in Beirut und Bagdad und die osmanischen Würdenträger in Mekka (ja selbst Jamal al-Dins Verwandte im Westiran) die Möglichkeit hatten, etwa zur selben Zeit dieselben Ideen in sich aufzunehmen, illustriert die revolutionäre Wirkung dieser Zeitschrift. Sie war der perfekte Ausdruck einer modernen, radikalen islamischen Politik für die gesamte Welt – vielleicht das erste Medienorgan, das mit vollem Recht als »islamistisch« bezeichnet werden kann und einen erstaunlichen Kontrast zu jener massenhaft-sektiererischen Gewalt bildet, welche die islamische Einheit im 21. Jahrhundert verunstalten sollte.

Seine frühere Verurteilung der zaristischen Annexion von Teilen Zentralasiens hinderte Jamal al-Din nicht, die Zeit von 1887 bis 1889 in Russland zu verbringen, wo er Komplotte gegen die Briten in Indien schmiedete und mit iranischen Staatsmännern über die Verhältnisse in seinem Heimatland korrespondierte. Zar Alexander II. weigerte sich, ihn außerhalb einer politisch bedeutungslosen Privataudienz zu empfangen, weshalb der Sayyid sich auf andere Weise bemerkbar machte. Eines Abends besuchte er im vollen Ornat eines islamischen Geistlichen die Moskauer Oper und sorgte dafür, dass er eine Loge in der Nähe des Zaren erhielt. Als der Vorhang sich für eine prunkvolle Inszenierung hob, kniete der Sayyid nieder und begann lautstark mit seinem Abendgebet. Als er damit fertig war, schickte man einen russischen General zu ihm, um herauszufinden, was diese Vorstellung sollte. Jamal al-Din antwortete ihm mit einem falschen Zitat des Propheten: »Ich habe eine Zeit mit Gott, die keinen Platz für Könige oder Propheten hat.«[31]

Der Zar konnte es sich leisten, seinen Gast auf Distanz zu halten – ein Luxus, der seinem iranischen Kollegen nicht vergönnt war. Auf seinem Weg nach Russland hatte Jamal al-Din mehrere Monate in seinem Heimatland verbracht und bei dieser Gelegenheit Nasreddin Schah in Unruhe versetzt, weil er die Notwendigkeit von Reformen und der Herrschaft des Gesetzes betonte. Bei ihrem ersten Zusammentreffen hatte er sich als ein »scharfes Schwert« bezeichnet, das gegen ausländische Regierungen eingesetzt werden sollte. Das war nicht, was der Schah hören wollte, sollte er doch wenig später den Briten umstrittene Bank-, Schifffahrts- und Bergbaukonzessionen gewähren und sein Land in den 1890er Jahren mit gewaltigen Auslandsschulden belasten. Er komplimentierte den unerwünschten Sayyid weiter nach Russland. Aber auch von Moskau aus mischte Jamal al-Din sich weiter in iranische Angelegenheiten ein und unterhielt eine Korrespondenz mit dem mächtigsten Staatsmann des Landes, Amin al-Sultan.

Der Schah hatte gute Gründe, dem Sayyid zu misstrauen, der in einem Brief an Amin al-Sultan den Niedergang des Landes voraussagte und schrieb, das Land werden von Männern geführt, die nur dem äußeren Anschein nach Muslime seien. Als man dem Schah diesen Brief zeigte, meinte der: »Wenn solche Hundesöhne aus dem Land fliehen, bleiben sie doch Giftschlangen und werden niemals maßvoll oder menschlich.«[32] Aber im November erlaubte er der »Giftschlange« überraschend, nach Hause zurückzukehren – vielleicht in der Hoffnung, er könne mäßigend auf ihn einwirken, wenn er ihn in seiner Nähe hatte.

In den späten 1880er Jahren schien Nasreddin Schah der große Überlebenskünstler unter den Monarchen des Nahen und Mittleren Ostens zu sein. Nachdem er in der Frühphase seiner Regierungszeit seinen Ersten Minister Amir Kabir ermordet und die Bedrohung der Babi-Häresie abgewehrt hatte, duldete der vierte Schah der Kadscharendynastie keine weitere Herausforderung seiner königlichen Rechte. Das Freundlichste, was man über seine lähmende Herrschaft sagen könnte, ist wohl noch, dass sie stabil war. Nasreddin erfüllte seine nationale Pflicht, indem er nicht zuließ, dass Russen oder Afghanen weiteres iranisches Territorium an sich brachten, aber er tat sein Bestes, um konstitutionelle Vorstellungen auf Abstand zu halten, obwohl er sich persönlich auch weiterhin sehr für ausländische Neuerungen interessierte. (Er selbst hätte sich vielleicht ganz ordentlich als Berufsfotograf durchschlagen können.) Seine naive Einstellung zu Verfassungsordnungen, die er auf seinen Auslandsreisen beobachtete, nötigten seinen erschrockenen Höflingen subtile Deutungsbemühungen ab. Nach einer dieser Reisen forderte er ein System, das auf einem wundersamen Prinzip namens »das Gesetz« basierte. Die Minister, denen er dies darlegte, hatten allergrößte Angst, ihm deutlich zu machen, dass, wie einer von ihnen es ausdrückte, »die allererste Klausel des Gesetzes darin besteht, dass die Person des Königs ihre Privilegien und ihre Autonomie verliert«.[33] Und so blieb denn der Kadscharenstaat weiterhin den mittelalterlichen Zuständen so nahe, wie man es sich im Zeitalter der Pasteurisierung, der Verfassungen und der Dampfmaschinen nur vorstellen konnte. Wenn in einem der zahlreichen Kaffeehäuser Teherans auch nur die leiseste Kritik am »Mittelpunkt des Universums« zu hören war, wurden alle geschlossen.

Bis weit in die 1880er Jahre hinein hatte die Wirtschaft des Landes im Vergleich zur türkischen oder ägyptischen kaum Fortschritte gemacht. Industrie gab es so gut wie keine, und zwar aufgrund von Handelsverträgen, die den Import maschinell gefertigter europäischer Erzeugnisse erlaubten, während der Iran landwirtschaftliche Erzeugnisse wie Baumwolle, Reis und Seide nach Russland exportierte und nur sehr wenig Kapital zum Aufbau einer industriellen Basis ins Land kam. Außerdem exportierte der Iran Arbeitskräfte in den russischen Kaukasus und nach Zentralasien, wo sie von den Verfassungsbewegungen in Ägypten und der Türkei erfuhren und einige von ihnen Nationalhelden wie den Mahdi und den Imam Schamil zu verehren lernten, der in der zweiten Hälfte des 19. Jahrhunderts unerschrocken den kaukasischen Widerstand gegen das zaristische Russland angeführt hatte. Jamal al-Din schrieb, zahlreiche Iraner seien aus wirtschaftlichen Gründen in die Türkei und nach Russland ausgewandert,

»wo man sie als Träger, Straßenfeger, Müllsammler und Wasserträger trifft, wenn man durch die Straßen und über die Märkte geht«.[34]

Des Schahs eigene Tochter schrieb später über diese stürmischen Zeiten: »Das Land lag in Agonie, den armen Untertanen erging es elend, die Provinzgouverneure taten alles in ihrer Macht Stehende ..., um die Menschen zu unterdrücken ... So kam es, dass der Zorn der Nation die Grundlagen der Königsherrschaft erschütterte und ins Wanken brachte und sich des zunehmenden Drucks entledigte.«[35]

Wie bei den Herrschern der Türkei und Ägyptens war Nasreddins größte Sorge der Geldmangel. Wie wir bereits gesehen haben, wurde sein Beschluss, 1872 umfangreiche Anrechte auf Bodenschätze und zukünftige Einnahmen an Baron Julius de Reuter zu verkaufen, aufgrund von Unruhen und russischen Protesten rückgängig gemacht. Unter dem Einfluss des britischen Gesandten in Teheran, Sir Henry Drummond Wolff, eines ehemaligen konservativen Politikers, der auch schon bei den britischen Machenschaften in Ägypten seine Hände im Spiel gehabt hatte, unternahm der Schah Ende der 1880er Jahre einen weiteren Versuch, die Europäer anzuzapfen. Er öffnete den im Südiran gelegenen Fluss Karun für britische Schifffahrtsinteressen und überließ geeigneten Ausländern eine Reihe wichtiger Ämter, wie der Khedive dies in Ägypten getan hatte. Das Kreditwesen und das ausschließliche Recht zur Ausgabe von Banknoten wurden an eine britische Bank vergeben, was Kaufleute und Geldverleiher erzürnte, die bis dahin Banknoten ausgegeben hatten. Die Russen konterten mit einer erfolgreichen Forderung nach einer eigenen Bankkonzession. Ein weiterer Plan, der Geld einbringen sollte, betraf eine Lotteriekonzession, die der Schah auf Anraten seines gewieften Gesandten in London, Mirza Malkum Khan, bewilligte, aber schließlich wieder zurücknehmen musste, als die Ulema dagegen protestierte, weil sie gegen den Islam verstoße. Malkum Khan wurde entlassen, als ruchbar wurde, dass er von dem verhinderten Konzessionär 40 000 Pfund Sterling angenommen und in die eigene Tasche gesteckt hatte. Dieser ehemals enge Berater des Schahs wurde nun zu einem der schärfsten Kritiker des Monarchen.[36]

Von allen umstrittenen Geschäften des Schahs mit Ausländern

hatte die Tabakkonzession, die er im März 1890 gewährte, die verheerendsten Auswirkungen. Der Begünstigte war ein Major G. F. Talbot, gleichfalls ein britischer Staatsbürger, der für fünfzig Jahre ein Monopol auf Verkauf und Ausfuhr von Tabak im Iran erhielt und dafür jährlich eine Gebühr von 15 000 Pfund Sterling zuzüglich eines Viertels des jeweiligen Jahresgewinns zu zahlen hatte. Wie sich später herausstellte, hatte er den Schah mit Schmiergeldern für dieses Zugeständnis gewonnen. Wie Jean-Baptiste Feuvrier, der französische Leibarzt des Schahs, in seinen Memoiren erläuterte, unterschied sich diese Konzession von den anderen, weil fast die gesamte erwachsene Bevölkerung davon betroffen war. »Alle Perser rauchen, die Männer ebenso wie die Frauen«, schrieb er. »Neben Tee und Kaffee wird allen Besuchern die Wasserpfeife angeboten. Ein Perser begibt sich nicht ohne seinen Pfeifenträger auf Reisen, den man zu Pferde sieht, Wasserpfeifen und Tabak in hohen zylindrischen Halftern verstaut, und auf beiden Seiten seines Pferdes hängen zwei Öfchen mit glühenden Kohlen.«[37] Außer der Allgegenwart machte noch etwas den Tabak zu einem potentiell explosiven Objekt. Er wurde nämlich im Iran von Muslimen geerntet, getrocknet, verpackt und verkauft – eine enge, ununterbrochene Folge von Transfers, in die nun die Hände von Ungläubigen einzubrechen drohten, mit der möglichen Gefahr einer Besudelung.

Es dauerte eine Weile, bis die Bedeutung der Tabakkonzession in ihrer ganzen Tragweite erkannt wurde, denn da der Schah und Talbot Widerstand voraussahen, griffen sie zu einer List und hielten die Sache so lange wie möglich geheim. Inzwischen war Jamal al-Din im November 1889 in den Iran zurückgekehrt und traf sich heimlich mit reformorientierten Staatsmännern. Er hatte (zumindest seinen iranischen Verbündeten) offenbart, dass er iranischer Herkunft war, was seine Chancen bei seinen Landsleuten verbesserte und es jeder Autorität erschwerte, ihn zum Schweigen zu bringen. Zugleich ließ er durchblicken, dass er das Vertrauen der Russen besaß, was zwar nicht zutraf, ihm aber zusätzlichen Schutz bot. Nachrichten über Jamal al-Dins Verhandlungen kamen möglicherweise auch Amin al-Sultan zu Ohren, der inzwischen zu der Überzeugung gelangt war, dass der Weise eine Gefahr für den Staat darstellte. Aber bevor die Regierung handeln konnte, wich Jamal al-Din in das wenige Meilen südlich der Hauptstadt gelegene Dorf Schah Abdulazim aus, wo sich nun vor den Augen eines faszinierten Publikums ein harter Wettstreit zwischen dem Gottesmann und seinem Souverän entfaltete.

Der Schrein in Schah Abdulazim war (und ist) im schiitischen Islam nur von zweitrangiger Bedeutung, aber da er so nahe bei Teheran lag, hatte er in den Augen der Bewohner Teherans eine gewisse Heiligkeit erlangt. Die zweite Bedeutung des Dorfes lag in der Schmalspurbahn, die den Ort mit der Hauptstadt verband und damit bereits das gesamte Schienennetz des Landes darstellte. Im schiitischen Islam – wie im englischen Christentum zu Zeiten Heinrichs II. und seines rebellischen Erzbischofs Thomas Becket – galten heilige Stätten als Zufluchtsorte, die von der weltlichen Autorität nicht angetastet werden durften. (Amir Kabir hatte diesen Grundsatz während seiner Amtszeit in der Mitte des Landes aufzuweichen versucht.) In den folgenden Monaten nutzte Jamal al-Din diesen sicheren Hafen für regierungsfeindliche Angriffe von beispielloser Direktheit. Zugleich dehnten die von Dissidenten im Ausland herausgegebenen Publikationen, insbesondere *Qanun* oder »Gesetz«, das in London unter der Leitung ebenjenes Malkum Khan erschien, der hinter dem gescheiterten Lotterieprojekt gesteckt hatte, ihre Kritik an den Ministern des Landes auch auf deren Chef aus. »Wir haben kein Recht, etwas an Amin al-Sultan auszusetzen«, hieß es in einem Beitrag in *Qanun*. »Wenn er verschwände, würde der Schah ganz sicher persönlich jemanden mit noch obskurerer Herkunft und verachtungswürdigeren Eigenschaften aus dem Hut zaubern.« Über den Sommer und Herbst 1890 pilgerten Teheranis in Massen nach Schah Abdulazim, um zu hören, wie Jamal al-Din über Despotie und die ausländischen Mächte herzog und sich für die Einheit der Muslime einsetzte. In der Hauptstadt wurden Pamphlete verteilt, die zur Revolution aufriefen, und ein anonymer Brief, dessen anmaßender Stil die Handschrift des Sayyid verriet, warf dem Monarchen vor, das Land an die Briten zu verkaufen. Im fiebrigen, an Aberglauben reichen Teheran wurden aus Vorzeichen Tatsachen, und es gab ein – angeblich vom Sayyid selbst gestreutes – Gerücht, Sir Henry Drummond Wolff hätte dem Monarchen eine ins Persische übersetzte Bibel geschenkt. Sir Henry musste sich aus der Hauptstadt zurückziehen, bis die Erregung abgeklungen war.

Als der Schah schließlich gegen seinen giftigen Gottesmann einschritt, erteilte er – anders als König Heinrich II. – keine vage formulierten Befehle, die zur Ermordung des Geistlichen geführt und auf ewig Schande über seinen Namen gebracht hätten. Dennoch war die respektlose Behandlung, die die persische Regierung Jamal al-Din im Januar 1891 angedeihen ließ, ein skandalöser Verstoß gegen anerkannte Grundsätze. Reiter drangen in das Heiligtum ein, fanden Jamal al-Din dort krank vor und zogen ihn aus dem Bett. Der Diener des Sayyid, Mirza Reza Kermani, rief ihnen zu, sie hätten einen Nachfahren des Propheten vor sich, aber der Widerstand der Anhänger blieb erfolglos.

Jamal al-Din schilderte das Geschehen folgendermaßen: »Der elende [Amin al-Sultan] ließ mich ... in unvorstellbar respektloser, erniedrigender und schändlicher Weise durch den Schnee in die Hauptstadt zerren ...; danach setzten seine elenden Gefolgsleute mich mit Ketten beladen auf einen Packsattel, und das mitten im Winter, bei eisiger Kälte und heftigem Schneefall.« Jamal al-Dins Pein endete an der Grenze zum osmanischen Irak, über die man ihn kurzerhand beförderte.[38]

Aber die Hoffnung des Schahs, Jamal al-Dins schädlichen Einfluss zu neutralisieren, indem er ihn außer Landes schaffte, erfüllte sich nicht. Die Misshandlungen, die der Sayyid erdulden musste, verwandelten seine politische Opposition gegen den Schah in einen persönlichen Hass, der sich durch Landesgrenzen nicht aufhalten ließ. Auch die Mechanik moderner Oppositionspolitik arbeitete für Jamal al-Din. Zwei der größten Gefahren für Nasreddin, die Zeitschriften *Qanun* und *Akhtar*, entzogen sich dem Zorn des Schahs, weil sie außerhalb des Landes publiziert wurden, und trotz aller Bemühungen der Geheimpolizei war es nicht schwer, sie ins Land zu schmuggeln.

Aus ihrem zeitweiligen Aufenthaltsort im Irak konnten Jamal al-Din und seine Helfer die Opposition gegen den Schah ungehindert anstacheln. Sultan Abdülhamid hatte kein Interesse, seinem kaiserlichen Rivalen im Osten zu helfen. Außerdem hatten sie nun einen perfekten

Stützpunkt, von dem aus sie die erste politische Massenbewegung des Iran organisieren konnten – ein Ziel, das genügend Anziehungskraft entfaltete, um die vielfältigen Elemente dieses notorisch gespaltenen Landes zu einen, von extrem konservativen Mullahs bis hin zu politischen Radikalen und den Händlern in den Basaren.

Die Details der Tabakkonzession, die der Schah Major Talbot gewährt hatte, wurden etwa um die Zeit der Ausweisung des Sayyid bekannt und erregten sogleich kritische Aufmerksamkeit. Die Bauern murrten über den Preis, den man ihnen für ihre Ernte bieten würde, die Händler ärgerten sich über ihre neue Stellung als Agenten des Konzessionsunternehmens, und alle waren wie die Mullahs der Ansicht, dass die Rechte der Muslime mit Füßen getreten wurden. Auf viel Kritik stieß auch die mickrige Summe von 15 000 Pfund Sterling jährlich, für die der Schah zehn Millionen Tonnen Tabak weggegeben hatte. Man zog einen wenig schmeichelhaften Vergleich mit der Tabakkonzession in der Türkei, die der Pforte ganze 630 000 Pfund Sterling im Jahr einbrachte.

Als Major Talbot im Februar 1891 persönlich in den Iran kam, um seine Konzession umzusetzen, verschärfte er damit eine bereits angespannte Lage. Agenten seiner Imperial Tobacco Corporation of Persia schwärmten im ganzen Land aus, um jeglichen Handel außerhalb der Ägide des Unternehmens zu unterbinden. In Täbris und anderen tabakproduzierenden Zentren explodierte der Volkszorn, was zur Tötung mehrerer Demonstranten durch Soldaten führte, während Jamal al-Dins Anhänger und andere exilierte Oppositionelle wie Malkum Khan in London ihr Trommelfeuer aus Briefen fortsetzten, die sie mit vergifteter Feder verfassten und an hohe iranische Würdenträger schickten. Wie schon bei den Urabi-Protesten brachten die Betroffenen ihre Kritik in religiösen Begriffen zum Ausdruck, aber in das islamische Verständnis von Gerechtigkeit war das weltliche Konzept der Rechte eingesickert, das alle verstehen zu können schienen.

Am 30. August notierte Jean-Baptiste Feuvrier in sein Tagebuch: »In Täbris wurden Bekanntmachungen der Tabaksgesellschaft von den Wänden gerissen und durch revolutionäre Verlautbarungen ersetzt ... Die Einwohner von Täbris forderten, [der Schah] dürfe die Vorrechte der Muslime nicht an Christen verkaufen, das verstoße gegen den Koran, und sie erklärten, sie seien entschlossen, ihre Rechte notfalls auch mit Waffengewalt zu verteidigen.« Am 4. September berichtete der Franzose: »Eine bedrohliche Menge hat sich seit Tagen vor dem Palast des Kronprinzen versammelt und fordert lautstark die Beachtung ihrer Rechte und des Koran.«[39] Die Demonstranten nutzten das Telegraphennetz, nahezu die einzige ausländische Innovation, die der Schah ohne Einschränkungen eingeführt hatte. Die Folge war eine beispiellose Kommunikationsgeschwindigkeit zwischen den Dissidenten – aus Sicht des Schahs zweifellos keine Empfehlung für weitere Modernisierungsmaßnahmen.

Talbots Agenten, Fanatiker, die nicht im Entferntesten auf Verhandlungen mit feindseligen Muslimen vorbereitet waren, fahndeten inzwischen mit Hausdurchsuchungen nach versteckten Tabaklagern. Derartige Verstöße gegen die Unverletzlichkeit der häuslichen Sphäre und des Privateigentums schienen an die russische Suche nach versklavten Christinnen zu erinnern, die ein halbes Jahrhundert zuvor zu dem Massaker an dem Dichter Gribojedow und seiner gesamten Delegation geführt hatte. Wie damals schwankte das Land zwischen Besonnenheit und Unvernunft, und 1891 kam es in einer der nördlichen Provinzen zu einem Aufstand, als die Behörden einen heiligen Seher zu verhaften versuchten, der den Tod des Schahs vorausgesagt hatte. Angesichts seiner Erfahrungen mit den Bahais – die nicht ausgerottet waren, sondern ihren Glauben heimlich weiterpraktizierten – fürchtete der Schah jede Herausforderung seiner Autorität.

Aber den Tabakprotesten fehlte ein weltlicher Führer – das Land hatte keinen Urabi. Stattdessen wurden sie von Geistlichen angeführt, die den öffentlichen Zorn zusammenführten. Die entscheidenden Ereignisse der Kampagne, die den Schah verwirrten und zu einem erniedrigenden Rückzieher zwangen, gingen auf sie zurück.

Jamal al-Din war für das erste dieser Ereignisse verantwortlich. Im Sommer 1891 – noch unter Aufsicht in Basra – appellierte er an den Führer der Schiiten im Irak, Hadschi Mirza Hasan Schirazi, der auch im Iran zahlreiche Anhänger hatte, seine gewohnte politische Zurückhaltung aufzugeben und aktiv zu werden. Jamal al-Dins Brief war außergewöhnlich heftig, und die darin enthaltene Kriegserklärung an einen Herrscher, der die gottgegebenen Rechte des Königs verkörperte, muss all jene Iraner erschreckt haben, die ihn nach seiner Verbreitung im Lande lasen. Der Sayyid zeichnete das Bild eines Herrschers von beispielloser Gottlosigkeit, der die Zügel der Regierung einem »niederträchtigen Freidenker, Tyrannen und Usurpator« – gemeint war Amin al-Sultan – überlassen habe und selbst »in der Öffentlichkeit Wein trinkt, sich mit Ungläubigen einlässt und Feindseligkeit gegenüber den Tugendhaften zeigt«. Es folgte eine Liste der Vermögenswerte, die der Schah unter den »Feinden des Glaubens« verteilt hatte, nicht nur der Tabakhandel, sondern auch (aufgrund beschlossener oder geplanter Konzessionen) das Bankensystem, Bergwerke, Flüsse, Straßen sowie Fabriken für Seife, Kerzen und Zucker. »Dieser Verbrecher hat die Provinzen des persischen Landes zur Auktion unter den Mächten freigegeben«, hieß es weiter, »aber aufgrund der Schändlichkeit seiner Natur und der Gemeinheit seines Denkens verkauft er sie für eine schäbige Summe und zu einem erbärmlichen Preis.« Der Brief endete mit einem Weckruf: »Wenn Du Dich nicht erhebst und diesem Volk hilfst, wenn Du es nicht in seinem Streben vereinst und es dank der Kraft des Heiligen Gesetzes nicht aus den Händen dieses Sünders errettest …, werden die Lande des Islam bald unter die Herrschaft von Ausländern geraten, die dort ganz nach ihrem Gutdünken und ihrem Willen regieren werden.«[40]

Jamal al-Dins Brief zeitigte die erwünschte Wirkung. Im Dezember 1891 griff Schirazi ein und erklärte, der Gebrauch von Tabak komme einem Krieg gegen den Zwölften Imam gleich, und er untersagte Konsum und Handel, solange die Konzession in Kraft blieb. Die lückenlose Befolgung der Anweisung des obersten Geistlichen durch das Volk zeugte von dem Respekt, den die hohe Geistlichkeit in der schiitischen Welt auch weiterhin genoss. »In vollkommenem Einvernehmen«, schrieb Feuvrier erstaunt, »schlossen alle Tabakhändler ihre Läden, alle Wasserpfeifen wurden beiseitegestellt, und niemand rauchte mehr, weder in der Stadt noch in der Umgebung des Schahs, selbst in seinem [Harem] … Welch eine Disziplin«, notierte der Franzose voller Bewunderung. »Welch ein Gehorsam!«[41]

Im ganzen Land brodelte es (und zweifellos litt man unter Entzugserscheinungen), und so war es nur eine Frage der Zeit, dass Major Talbot, der Schah und die britische Regierung nachgaben. Am 5. Januar 1892 wurde die Konzession für nichtig erklärt. Später in diesem Monat verkündeten die Ausrufer in Teheran, dass Schirazi das Tabakverbot aufgehoben hatte, und vom städtischen Harem bis in den letzten ländlichen Winkel griffen die Iraner wieder zu ihren Pfeifen.

Die Tabakkrise war vorüber, aber das Land zahlte einen hohen Preis für den mangelnden Weitblick des Schahs bei der Gewährung einer Konzession, die er am Ende zurückziehen musste. Um Major Talbot und seine Anteilseigner zu entschädigen, war das Land gezwungen, erstmals einen Auslandskredit – eine halbe Million Pfund Sterling – aufzunehmen, und zwar bei der in britischem Besitz befindlichen Bank of Persia. Damit trat der Iran dem dubiosen Club der dem Westen verpflichteten Schuldnerländer bei, dem Ägypten und die Türkei bereits angehörten. Die übertrieben hoffnungsfrohe Berichterstattung der Nachrichtenagentur Reuters, deren Eigner zufällig auch die Imperial Bank besaßen, hatte das zeitunglesende Publikum in Großbritannien weitgehend im Dunkeln gelassen hinsichtlich des ernsten Charakters des durch die Tabakkonzession ausgelösten Aufruhrs. Im Blick auf den neuen Kredit berichtete das Londoner *Tablet* einfältig, dieses »befriedigende« Arrangement könne man »recht zuversichtlich nutzen, um den Bereich zu erweitern, in dem der britische Handel dominiert«.[42] Für Nasreddin Schah, der die Babis, Amir Kabir und die Machenschaften in seinem eigenen Harem überlebt hatte, ging es bei der Zurücknahme der Konzession und der erzwungenen Annahme des Kredits um weit mehr als nur den Handel. Der »Mittelpunkt des Universums« war durch den schlichten Boykott seines Volkes tödlich verwundet worden.

Der Sayyid, der so maßgeblichen Anteil an der Demütigung seines Landesherrn hatte, hielt sich zum Zeitpunkt seines Sieges in England auf, und zwar bei seinem neuen Verbündeten, dem unzufriedenen Diplomaten Malkum Khan. Im folgenden Sommer ging er auf Drängen des Sultans nach Istanbul zurück. Es war die letzte Reise, die er unternehmen sollte, bevor er fünf Jahre später – im Alter von nur neunundfünfzig Jahren – starb, und trotz der Hoffnungen, die er in Abdülhamid als Galionsfigur eines weltweiten Dschihad gegen die Imperialisten gesetzt hatte, hielt der Sultan ihn die meiste Zeit auf Distanz, so dass sein Aufenthalt dort fast schon einer Gefangenschaft glich, zumal Vorwürfe wegen angeblicher Irreligiosität sich häuften. Er empfing den Besuch ehemaliger Schüler wie des ägyptischen Nationalisten Saad Zaghlul, aber man hinderte ihn, Artikel gegen den Schah zu veröffentlichen, und die Häuser, in denen er wohnte, wurden von der Polizei überwacht, in einem Fall sogar in Brand gesteckt. In seinem Bestreben, sich der einschnürenden Umarmung des Sultans zu entziehen, versuchte er sogar, sich einen britischen Pass zu besorgen. Seine Karriere als Figur auf der Bühne der Weltpolitik schien beendet zu sein.

In Wirklichkeit hatte dieser versierte politische Aufrührer die letzte Explosion seines Lebens noch vor sich. In Istanbul empfing Jamal al-Din seinen früheren Diener und Gefolgsmann Mirza Reza Kermani, der nach der Abschiebung des Sayyid aus dem Iran verhaftet worden war und vier Jahre im Gefängnis verbracht hatte. Mirza Reza hatte schwer gelitten während seiner Haft, die er in Ketten verbracht hatte, so dass er sich fast gar nicht bewegen konnte und mit seinen zitternden Händen auch jetzt noch kaum eine Teetasse zu halten vermochte. Als Mirza Reza dem Weisen davon berichtete, hatte der, wie er später berichtete, mitfühlend angemerkt: »Wie niedergeschlagen du warst und wie groß deine Liebe zum Leben! Du hättest den Tyrannen töten sollen. Warum hast du ihn nicht getötet?« Diese Worte ließen bei Mirza Reza einen revolutionären Entschluss reifen, und er sagte zu sich selbst: »Der Baum der Tyrannei muss an den Wurzeln gekappt werden, dann werden die Zweige und Blätter im natürlichen Lauf der Dinge vergehen.«[43]

Jamal al-Din zahlte Mirza Rezas Krankenhausrechnungen, und der erholte sich in Istanbul, bevor er in den Iran zurückkehrte. Im Januar 1896 – er hatte von einem Obsthändler einen Revolver gekauft – ging Mirza Reza zum Schrein in Schah Abdulazim und postierte sich an genau der Stelle, an der man Jamal al-Din fünf Jahre zuvor aus dem Heiligtum gezerrt und öffentlich gedemütigt hatte. Er hatte gehört, dass Nasreddin Schah am 1. Mai aus Anlass des fünfzigsten Jahrestages seiner Thronbesteigung an diesem Schrein beten wollte. Er stand zwischen den Bittstellern an der Tür zu dem danebenliegenden Mausoleum, fing den Schah ab, als der sein Gebet verrichtet hatte, und feuerte aus nächster Nähe mit seiner Pistole auf ihn. Der Schah wich zurück. »Was dann geschah, weiß ich nicht«, erklärte der Attentäter später.[44]

Geschehen war Folgendes: Der Schah war tot. Man brachte ihn rasch weg, und Mirza Reza wurde von einer Gruppe Frauen fast gelyncht, die ihm ein Ohr abrissen. Niemand anderes als Amin al-Sultan, der sich im Gefolge des Schahs befand, rettete ihm das Leben, und er verhinderte auch einen unverzüglichen Zusammenbruch der staatlichen Macht, indem er den toten Schah aufrecht in die Kutsche setzte und mit ihm zurück nach Teheran fuhr, wobei er so tat, als unterhielte er sich mit ihm. Durch sein rasches Eingreifen verhinderte Amin al-Sultan den öffentlichen Aufruhr, der solch einem dramatischen Ereignis wohl sonst gefolgt wäre. In der Hauptstadt setzte man die Kosaken in Marsch, um die Ordnung aufrechtzuerhalten, und der Thron ging ohne Zwischenfälle an den Kronprinzen Muzaffar al-Din über. In seinem Verhör erklärte Mirza Reza Kermani, der Tod des Schahs sei ein notwendiger Schlag gegen die Tyrannei gewesen, aber über eine direkte Verwicklung Jamal al-Dins sagte er nichts. Im August 1896 wurde der Mörder des Schahs gehängt.

Nach Nasreddins Tod verstärkte die iranische Regierung ihre Bemühungen um eine Auslieferung Jamal al-Dins, und der Weise erklärte gegenüber einem deutschen Reporter: »Ganz sicher war es gut, diesen blutrünstigen Tyrannen zu töten, diesen Nero auf dem persischen Thron, der in seiner Regierungszeit mehr als 5000 Menschen vernichtet hat.« In einer Sprache, die den westlichen Lesern, wie er wusste, gefallen würde, sagte er von sich selbst, er sei »nur ein Botschafter des Denkens und der Wahrheit ... Ich strebte und strebe nach einer Reformbewegung im verrotteten Orient, wo ich Willkür durch Recht, Tyrannei durch Gerechtigkeit und Fanatismus durch Toleranz ersetzen möchte.« Und er verfluchte die islamischen Länder, die seiner Weisheit keine ausreichende Beachtung geschenkt hatten: »Die ganze orientalische Welt ist derart verrottet und unfähig, die Wahrheit zu hören und ihr zu folgen, dass ich mir wünschte, eine Flut würde sie verschlingen oder ein Erdbeben sie begraben.«[45]

Was die iranische Regierung nicht schaffte, das besorgte die zunehmende körperliche Schwäche des Sayyid. Nachdem der iranische Botschafter in Istanbul vergeblich versucht hatte, den Flüchtigen nach Hause zu holen, telegraphierte er im Dezember 1896 nach Teheran: »Jamal ist sehr stark von Krebs befallen, so dass es keine Hoffnung mehr für ihn gibt. Chirurgen haben eine Seite des Unterkiefers samt den Zähnen entfernt, und er wird bald sterben. Die Seele des zum Märtyrer gewordenen Schahs (möge sein Grab geheiligt sein) ist endlich gerächt und Jamal al-Din für seine Taten bestraft worden.«[46]

Am 9. März 1897 erlag Jamal al-Din seinem Krebsleiden, nur sein christlicher Diener war an seiner Seite, und er wurde in einem nicht gekennzeichneten Grab beigesetzt. Angesichts seiner Berühmtheit unvermeidlich, behaupteten seine Anhänger, er sei auf Befehl des Sultans vergiftet worden. Auf Ersuchen der afghanischen Regierung wurden seine sterblichen Überreste 1944 nach Kabul überführt, wo er endlich – in Bestätigung des Betrugs, mit dem er seine politische Odyssee begonnen hatte – auf ewig »Afghani« wurde. Sein Ruf litt nicht unter dieser Umbettung an den Rand der muslimischen Welt, sondern nahm ständig zu, obwohl seine universelle Botschaft dem sektiererischen Fanatismus heutiger Militanter zuwiderläuft. Jamal al-Din verkörperte den Einsatz des Islam als weltumspannende Ideologie gegen den westlichen Imperialismus und verschränkte die islamischen Kernländer in einer Weise miteinander, die heute unmöglich scheint. Er war der Pate des universellen modernen Islam.

Wie zur Bestätigung der universellen Anziehungskraft politischer Freiheit, die sich vorurteilsfrei zwischen Kairo, Istanbul und Teheran ausbreitete, war die Wende zum neuen Jahrhundert geprägt von einem Gemisch aus Revolutionen, Verfassungskrisen und Volksbewegungen. Die drei wichtigsten Knotenpunkte des Lebens, der Politik und der Kultur im Nahen und Mittleren Osten waren näher aneinandergerückt aufgrund einer gemeinsamen Erfahrung der Moderne, die sie ihrerseits mit einer weiteren Welt des Wandels und der Innovation verband. Integration war der Hauptfaktor des modernen Lebens, ob nun erzwungen, freiwillig oder zufällig, und selbst als die Nationalstaaten der modernen Welt Gestalt annahmen, wurden die Grenzen zwischen ihnen doch durchlässiger.

Unter den ausländischen Ereignissen, die Eindruck auf politisch bewusste Muslime machten, waren die bedeutsamsten die schrittweise Modernisierung Japans und die Schaffung des ersten russischen Parlaments 1906, die angehende Patrioten und zukünftige Revolutionäre in einen Taumel der Erregung und des Nachahmungseifers versetzten. Anders als die Französische Revolution, die von vielen Muslimen gar nicht wahrgenommen wurde, beobachteten zahlreiche gebildete Muslime mit beispielloser Klarheit und äußerst zeitnah die im Zuge der Meiji-Restauration 1868 in Japan begonnenen Modernisierungsreformen, die 1905 ihren Höhepunkt in der Demütigung der russischen Flotte erreichten, und die zur selben Zeit erfolgende Herausforderung des Zaren durch sein unzufriedenes Volk, die 1906 zur Gründung der ersten Duma führte.

Einen besonders starken Eindruck machte der japanische Sieg auf eine muslimische Zivilisation, deren Modernisierungserfahrung zwar in vielerlei Hinsicht produktiv war, aber auch einen schwelenden Minderwertigkeitskomplex genährt hatte. Nach einem Jahrhundert partieller Verwestlichung ließ sich kaum ein zur Moderne gehöriges Gebiet ausmachen, auf dem Muslime besser waren als Europäer und Amerikaner, von der Herstellung guter Gewehre bis hin zum Umgang mit einer Fliege. Die Ereignisse von 1905 veränderten die Wahrnehmung auf dramatische und erstaunliche Weise, sorgten sie doch für Präzedenzfälle, die jedermann verstehen konnte. (Selbst im fernen Indien benannten Bauern ihre Kinder nach den siegreichen japanischen Admirälen.) Eine orientalische Flotte hatte bewiesen, dass Ideen und Technologien tatsächlich übertragbar waren und die beste praktische Umsetzung nicht notwendig dem Westen vorbehalten blieb. In Moskau war ein Schlag gegen den Despotismus gelungen – auch wenn Nikolaus II. die erste Duma schon nach elf Wochen wieder auflöste.

Dennoch gab es da einen nagenden Verdacht, was die Japaner und die Russen geleistet hatten, übersteige vielleicht die Möglichkeiten der Muslime und eine unsichtbare Kraft – der Reaktion, der Furcht oder der Verschwörung – hindere sie zu erreichen, was offensichtlich die gemeinsame Bestimmung aller Völker war. In Ägypten klagten die Herausgeber der progressiven Zeitung *al-Muqtataf*: Während die Japaner ihre Energie auf die Beförderung der Wissenschaften konzentrieren, »sagen die meisten unserer [Geistlichen] immer noch Tausende Male, was sie seit tausend Jahren sagen, wie Kühe, die ihren Nahrungsbrei wiederkäuen. Es wird einem übel davon.« Ein Türke, der sich als westlicher Beobachter ausgab, kritisierte die Unfähigkeit der Osmanen, sich gegen die Tyrannei zu erheben: »Werden diese Orientalen, die aus den historischen Erfahrungen [des Westens] nichts zu lernen vermochten, auch diesmal aus den aktuellen Ereignissen in Russland keinen Nutzen ziehen?«[47] Im Iran, aus dem Tausende von Migranten auf der Suche nach Arbeit in die boomenden transkaukasischen Erdölzentren Baku und Grosny gegangen waren, ließ das Spektakel der proletarischen Unruhen, die den Zar zum Rückzug zwangen, das weitere Fehlen jeder organisierten Opposition in der Heimat nur noch deutlicher hervortreten.

Trotz der Beklemmung und der vielfach geäußerten Selbstzweifel nahm indessen im Iran und in der Türkei der soziale und politische Druck weiter zu, und die selbstgefälligen Monarchien vermochten ihm nicht länger zu widerstehen. Neue Vorstellungen von der Würde der Nation und ihrer Angehörigen wie auch von der Notwendigkeit der Modernisierung vereinten sich mit einer militanten Angst vor ausländischen Mächten und dem Wunsch, den Islam zu verteidigen. Kadscharen und Osmanen galten als Gegner dieser widersprüchlichen, aber explosiven Mischung aus Fortschritt und Reaktion, die bald detonieren und eine Revolution auslösen sollte.

In Persien war die Ermordung Nasreddin Schahs 1896 eine Warnung an die Monarchie gewesen, und der Nachfolger des toten Königs, Muzaffar al-Din, handelte zwar nicht ganz so willkürlich wie sein Vater, aber er kränkelte, war unentschlossen und ließ sich zu allerlei Possen hinreißen. Seine englischen Ärzte konnten ihn nur allzu leicht davon überzeugen, dass er zu seinem eigenen Wohl und dem der

Nation möglichst oft von den Heilwässern Europas Gebrauch machen sollte. Muzaffar al-Din hatte einen Staat geerbt, dessen Organe sich geradeso wie seine eigenen in den Händen von Ausländern befanden. 1898 überließ er die Zollverwaltung seines Landes Offiziellen aus Belgien. Sie sorgten für höhere Einnahmen, aber auch für Unzufriedenheit bei einem Teil der einheimischen Kaufleute, die behaupteten, sie würden diskriminiert. Der oberste belgische Offizielle, der recht grobe Monsieur Naus, sollte bald *de facto* der Finanzminister werden. Im Jahr 1900 nahm das Land einen ersten großen Kredit bei den Russen auf, der es dem Schah erlaubte, eine luxuriöse Europareise zu unternehmen. 1902 folgte ein zweiter Kredit, der ihm eine weitere unglaublich verschwenderische und ansonsten folgenlose Reise ermöglichte. Für seine Hotelsuite in Paris zahlte der Schah angeblich 240 Pfund Sterling pro Nacht – ca. 26 000 Pfund nach heutigem Geld. Und in England musste er ernüchtert erleben, dass König Eduard VII. ihm den Hosenbandorden verweigerte (weil der nur für Christen bestimmt war, wie der König behauptete, obwohl seine Mutter den Orden einst Nasreddin Schah verliehen hatte), was einiges über die Prioritäten des Schahs aussagte.

Über die fünf Prozent Zinsen hinaus war noch ein weiterer und höherer Preis für die russische Großzügigkeit zu zahlen. Die Russen beanspruchten ein Vetorecht bei allen zukünftigen iranischen Staatsanleihen, womit sie in erster Linie verhindern wollten, dass der Iran sich bei Großbritannien Geld lieh. Außerdem wurde ein Zollabkommen unterzeichnet, das russische Güter nahezu vollständig von Einfuhrzöllen befreite.

Hinter der Hinwendung des Landes zu Russland steckte der intrigante Amin al-Sultan, Jamal al-Din Afghanis Geißel, und er brachte unwillentlich eine ähnliche Koalition zusammen, wie der Sayyid sie im Kampf gegen die Tabakkonzession zustande gebracht hatte. Zum Murren der Händler und der antichristlichen Hetze der Mullahs gesellte sich die Unzufriedenheit unter eher weltlich gesinnten Angehörigen des Staatsdienstes und der in Entstehung begriffenen freien Berufe, von denen einige verdeckte Bahais waren und andere unter dem Einfluss sozialistischer Propaganda aus dem Kaukasus standen. Missstände in der Verwaltung und Korruption grassierten, und repressive Gouverneure verschlimmerten noch die Lage. Die Magnaten horteten Brot und lösten damit Tumulte aus, und von den verschiedenen Sorten Münz- und Papiergeld gab es, je nach den Aktivitäten der Spekulanten, meist entweder zu wenig oder zu viel. Geheimgesellschaften entstanden, Frauen stürzten sich auf die Kutsche des Schahs, und immer wieder kamen Gerüchte auf, er sei tot. Bei den Ausländern hatte er den Spitznamen »*Mauvaise Affaire* al-Din« (»Schlechtes Geschäft al-Din«), was anzeigte, dass er dies politisch längst war.

In diese turbulenten Gewässer wateten unerschrocken die zuverlässig merkantilen Briten hinein, da sie sich Sorgen wegen der Auswirkungen der russischen Dominanz im Iran auf ihre Interessen in Indien und am Persischen Golf machten, weshalb sie wohlgesinnten Geistlichen im Iran und Irak heimlich Geld und Unterstützung zukommen ließen. Hier bildete sich das Muster einer anglo-russischen Rivalität heraus, das nicht darauf zielte, die Größe Persiens zu fördern, sondern seine Schwäche auszunutzen, wobei die Großmächte abwechselnd in die Rolle der sadistischen Krankenschwester schlüpften.

Der iranische Konstitutionalist Nazem al-Islam Kermani schilderte einmal einen Volksaufruhr, der das fiebrige politische Klima im Teheran der Jahrhundertwende beispielhaft illustriert, einer Stadt, deren Raster aus Lehmstraßen und Windtürmen den Eindruck erweckte, sie wäre weitaus unbeweglicher, als sie dies tatsächlich war. Es ging um den Versuch einer russischen Bank, eine Niederlassung zu errichten, und zwar auf einem geweihten Grund, der einer religiösen Stiftung gehörte und einen Friedhof sowie ein Priesterseminar beherbergte. Das Areal war verfallen und verlassen, und als die Russen mit ihrem Versuch scheiterten, eine führende religiöse Autorität für die Billigung des geplanten Kaufs zu gewinnen, bestachen sie einen niederen Geistlichen, die notwendige Genehmigung zu erteilen. Die Bank kaufte nun die umliegenden Hütten auf, und zweihundert Arbeiter begannen mit dem Bau eines prachtvollen neuen Gebäudes, das von facettenreichen, mit größter handwerklicher Kunst gefertigten Spiegeln nur so funkelte und damit einen deutlichen Kontrast zum Unrat in der Umgebung bildete.

Die Regierung hatte zum Schutz der Baustelle Polizisten abgestellt, aber die Geistlichen ließen nicht locker. Am letzten Tag des Ramadan stieg ein prominenter Prediger auf die Kanzel und brandmarkte den eklatanten Verstoß gegen das islamische Gesetz, zu dem es gekommen war, als man erst kürzlich beerdigte muslimische Leichen (darunter auch eine Frau) aus den Gräbern holte und unziemlich in einem Brunnen entsorgt hatte, wie auch gegen die Möglichkeit, dass nun bald auf geheiligtem muslimischem Grund Wucher getrieben würde. Kaum war die Predigt zu Ende, stürmte die Versammlung wutentbrannt zu dem teilweise bereits fertiggestellten Bau, der, wie Nazem al-Islam berichtete, »binnen einer Stunde so vollständig zerstört wurde, dass man meinen mochte, es hätte ihn nie gegeben«. Als Nazem wenig später dort eintraf, fand er Kinder, die in den Trümmern wühlten, und ihm wurde klar, »dass die spirituelle Macht des Volkes eine gewaltige Kraft Gottes darstellt«.[48]

Trotz des Konservatismus, der um die Jahrhundertwende in Teheran zu herrschen schien, wurde die Triebfeder des Konstitutionalismus damals zum ersten Mal gespannt, und zwar sehr schnell, wie sich bald zeigen sollte. In Kairo hatten diese Bemühungen sich in den 1880er Jahren festgefahren; für die Ägypter basierte jeder Traum von zukünftiger Emanzipation auf dem hypothetischen Rückzug der Briten. In der Türkei war ein Vierteljahrhundert enttäuschend verlaufen, seit die erste Erfahrung der Osmanen mit einer halbdemokratischen Regierung schon nach kürzester Zeit wieder geendet hatte. Nach der Trennung von Midhat Pascha, Namik Kemal und den übrigen Konstitutionalisten hatte der autokratische Sultan Abdülhamid dem Land ein Sparprogramm verordnet, das er mit einigen Modernisierungselementen wie dem Ausbau des Bildungssystems mischte (die Istanbuler Universität sollte 1900 gegründet werden). Unzufriedene wurden ins Exil getrieben oder in die Verbannung geschickt oder inhaftiert, und alle Hoffnungen auf eine repräsentative Regierung zerstoben, während der Sultan eine absolute Macht ausübte.

Nachdem Abdülhamid die Macht so weit wie möglich in seinen Händen konzentriert hatte, präsentierte er seinen Untertanen das kompromisslose Bild eines osmanischen Patriotismus, in dessen Mittelpunkt weiterhin er selbst als Sultan-Kalif stand. Das hatte zweifellos einen gewissen Reiz für seine muslimischen Untertanen, keineswegs aber für die Bulgaren, Armenier, Griechen und sonstigen Minderheiten, deren periodische Unabhängigkeitsbestrebungen von den Großmächten unterstützt wurden. Die zweite Hälfte des 19. Jahrhunderts war die Hochzeit der europäischen Klientelpolitik, in deren Rahmen die Russen sich um die Armenier und Bulgaren kümmerten und die Franzosen um die Maroniten im Libanongebirge, während die Briten sich für die Drusen im Libanon und die griechischsprachigen Kreter einsetzten. Abdülhamid musste viel Kraft auf die Neutralisierung von Bündnissen zwischen nichtmuslimischen Minderheiten in seinem Reich und deren mächtigen ausländischen Förderern verwenden, die ihm Teile seines Reiches kosteten und das Verhältnis zwischen ihm und Millionen seiner Untertanen nachhaltig vergifteten. Dabei griff er auch auf Gewalt und Terror zurück, vor allem als er in den 1890er Jahren armenische Unruhen in Südanatolien gewaltsam niederschlug. Diese Polizeiaktionen und Pogrome brachten ihm den Beinamen »Roter Sultan« ein.

Ein auffälliges Merkmal des Sultans war das Misstrauen gegenüber seinen eigenen Untertanen – insbesondere gegen solche, deren Bildung er unter hohen Kosten gefördert hatte und die nun die erworbenen Fähigkeiten nutzten, um sich gegen ihn zu verschwören. Der Sultan brauchte keinen besonderen Anlass, um sich bedroht zu fühlen in seinem Yildiz-Palast, einem riesigen, weitläufigen Komplex aus Pälästen, Pavillons, zedernbestandenen Parkflächen und Menagerien an den Hängen des europäischen Teils von Istanbul, den er aus Furcht vor Attentaten nur selten verließ. Er hatte solche Angst, Attentäter könnten in den Besitz von Bauplänen seiner Residenz gelangen, dass er ständig Türen zumauern, neue Türen in die Wände brechen und sperrige Möbel oder andere Hindernisse in den Korridoren aufstellen ließ.[49] Die Beine seines Sessels waren isoliert, damit er nicht durch einen Blitzschlag getötet werden konnte. Er informierte seine Diener bewusst falsch über das Zimmer, in dem er die Nacht zu verbringen gedachte.[50] Und Rekruten erhielten keine scharfe Munition. In den Händen dieses Monomanen lag die Macht über eines der größten Reiche der Welt.

Nicht dass Abdülhamids Ängste gänzlich unbegründet gewesen wären. Zwischen 1881 und 1908 waren nicht weniger als sieben Staatsoberhäupter in aller Welt ermordet worden (darunter König Umberto von Italien, der amerikanische Präsident William McKinley und natürlich Nasreddin Schah), und auch der Sultan war mehrfach Ziel erfolgloser Attentatsversuche – 1904 entging er einem Messerangriff, und im folgenden Jahr wurde seine Kutsche in die Luft gesprengt. Selbst seine wenigen öffentlichen Auftritte gerieten gelegentlich außer Kontrolle, weil Studenten, die man eigens instruiert hatte, »Lang lebe unser König!« zu rufen, stattdessen »Nieder mit unserem König!« skandierten. Ein tiefgreifendes Gefühl von Niedergang erfasste eine nervöse Mittelschicht, insbesondere jene Absolventen höherer staatlicher Bildungseinrichtungen, die von den massiven, auf Druck der europäischen Gläubiger verhängten Kürzungen betroffen waren. Die Türkei war ein berüchtigter Polizeistaat, überall gab es Spione, und unzählige Berichte, einige davon erfunden, stillten den unersättlichen Hunger des Sultans nach Intrigen. Die Zensur war so streng, dass die Zeitungen in Istanbul, als 1903 der König und die Königin von Serbien ermordet wurden, die Nachricht von diesem doppelten Königsmord erst einmal auf Eis legten, aus Angst, die Menschen könnten auf Ideen kommen.

Für Abdülhamid wie für so viele Muslime, die ihr Land modernisieren wollten, ohne Europa nachzuahmen, war Japan das bevorzugte Modell, und er erklärte: »Keine unserer Schwächen ist unheilbar, und wir haben die Kraft, vollständig zu genesen.«[51] In Wirklichkeit aber stützten die Erfolge seines Sultanats sich nicht auf die fernen Japaner, sondern auf die weitaus näheren Europäer. Trotz des osmanischen und islamischen Stolzes, den der Sultan so wacker demonstrierte, stammten die Erfolge seiner Regierungszeit doch weitgehend von ebenjenen Europäern, deren Einfluss er gerne ausgeschaltet hätte. Die Briten bauten den Postdienst aus, die Franzosen das Telegraphennetz, und dank deutscher Ingenieure und europäischer Geldgeber konnten fromme Osmanen mit der Eisenbahn nach Medina oder auch zum Opernbesuch nach Wien fahren. Wie viele spätere muslimische Herrscher bemühte sich Abdülhamid, die kulturellen Einflüsse Europas zu begrenzen, und wie sie versuchte er, zwischen nützlicher Technologie und zerstörerischen Sitten zu unterscheiden, was damals ein ebenso aussichtsloses Unterfangen darstellte wie heute. Rundschreiben aus dem Palast drängten, der religiösen Erziehung größeres Gewicht zu geben, aber in der Praxis ließen Geographie, Ökonomie und Geometrie sich nicht von den Lehrplänen der neuen Schulen verdrängen, die in den Provinzstädten des gesamten Reiches gegründet wurden, während sich europäische Sprachen und Wissenschaften selbst in den Lehrplan der Kriegsakademie einschlichen – der angeblich letzten orthodoxen Bastion des Sultans.[52]

Man könnte meinen, die Zeit sei wie einst 1848 günstig für Revolutionen gewesen. In Mexiko begann mit dem Bauernaufstand von 1910 ein Jahrzehnt der Unruhen, und im folgenden Jahr stürzten die Chinesen die Qing-Dynastie und riefen die Republik aus. Es war zweifellos eine gute Zeit für Nationalismus. In Russland und Österreich-Ungarn gewannen patriotische Bewegungen eine Massenbasis, in Irland entstand mit Sinn Fein eine politische Volkspartei, und in Südafrika kollidierte in den Burenkriegen ein wachsendes Nationalgefühl bei den holländischen Siedlern im Transvaal mit dem britischen Expansionsdrang.

Auch der muslimische Nahe und Mittlere Osten war nicht immun gegen diese Entwicklungen. Hier wie anderswo waren Nationalismus und Konstitutionalismus die dominierenden politischen Strömungen. Neu und überraschend im Kontext des Nahen und Mittleren Ostens war indessen, dass der Iran, dessen Rolle in der Geschichte der muslimischen Modernisierung bislang die des Faulenzers gewesen war, der aus dem Fenster schaute und seine Hausarbeiten zu spät machte, sich plötzlich aufrichtete, aufmerkte und an die Spitze der Klasse schoss.

Die iranische Verfassungsrevolution von 1905 war nicht nur die erste auf Pluralismus und moderne politische Rechte ausgerichtete Massenbewegung in diesem Land, sondern auch im gesamten Nahen und Mittleren Osten, und sie umfasste Nationalismus, Antimonarchismus und eine politische Moral, die stark von den schiitischen Werten der Gerechtigkeit und des Opfers geprägt war. Dass im Iran so rasch ein modernes politisches Bewusstsein entstehen und solche

Erfolge feiern konnte, beruhte zum Teil auf der sicheren Grundlage einer nationalen Identität, die in der Türkei und in Ägypten erst noch entwickelt werden musste. Außerdem basierte sie auf der führenden Rolle, die schiitische Geistliche bei den Ereignissen spielten, und einige dieser Geistlichen waren stark beeinflusst von den erstaunlich modernen politischen Doktrinen des Bahaitums.

Insgesamt teilten die iranischen Mullahs nicht die hohe Wertschätzung der sunnitischen Scheichs für die Monarchie als die für die Umma beste Staatsform. Im schiitischen Glauben waren es die Geistlichen, die dem wahren Führer der Gemeinschaft, dem zeitweilig abwesenden Zwölften Imam, am nächsten standen, und sie waren nur allzu bereit, das Urteil über einen Souverän zu fällen, der allenfalls einen Lückenbüßer bis zu dessen Rückkunft darstellte. Die Geistlichen hatten sich bereits während der Tabakproteste hervorgetan, und der turbantragende Sayyid Jamal al-Din Afghani war als der *spiritus rector* hinter der Ermordung Nasreddins in Erinnerung geblieben. 1905 wuchs ihr Ansehen noch weiter.

Die iranische Verfassungsrevolution begann im Dezember dieses Jahres, als in Teheran einige Zuckerhändler wegen eines um die Zuckerpreise geführten Streits mit dem Gouverneur zu Stockschlägen auf die Fußsohlen verurteilt wurden. Um ihrer Solidarität mit ihnen Ausdruck zu verleihen und gegen die Willkür der Gouverneure in anderen Landesteilen zu protestieren, suchten mehrere andere Kaufleute Zuflucht oder *bast* (Heiligtumsasyl) in der königlichen Moschee in Teheran, wo zwei prominente Geistliche, Abdullah Behbehani und Muhammad Tabatabai, sich ihnen anschlossen. Die Asylsuchenden oder *bastis* hörten den leidenschaftlichen Worten eines Predigers zu, der gerade seine Suada gegen die Tyrannei des Gouverneurs beendete und den Schah ermahnte, die Klagen zu beherzigen, als ein regierungstreuer Strohmann in der Versammlung ihn zu verfluchen begann, ihn gottlos und einen Abtrünnigen schimpfte und rief: »Tötet ihn! Verhaftet ihn! Schlagt diesen Babi!«[53] Das war das Signal für andere bestellte Schläger, die nun mit Stöcken, Säbeln und sogar Revolvern aus dem Dunkeln hervorkamen, und es entstand ein Tumult, in dessen Verlauf Behbehani, Tabatabai und die übrigen Geistlichen, die um ihr

Leben fürchten mussten, aus der Moschee vertrieben wurden. Statt eine weitere Konfrontation mit den staatlich bestellten Schlägern zu riskieren, flohen die Geistlichen am folgenden Tag an den Schauplatz so vieler iranischer Erschütterungen der jüngsten Zeit, den Schrein in Schah Abdulazim, wo sie sich für einen längeren Kampf verschanzten.

In den folgenden sechs Monaten wurde aus dieser kleinen Gruppe, die anfangs nur den Rücktritt der Regierung forderte und nachdrücklich ihre Loyalität gegenüber dem Schah betonte, eine Massenbewegung, die dem Land eine Verfassung und ein Parlament bescherte und ihrem Unmut mit beispielloser Deutlichkeit Ausdruck verlieh. Die von der in Schah Abdulazim versammelten Opposition demonstrierte Entschlossenheit brachte den Schah zunehmend in Verlegenheit, und so stimmte er im Januar 1906 der Schaffung eines »Hauses der Gerechtigkeit« zu, einer aus einflussreichen Männern bestehenden Versammlung, die sich mit den Klagen der Bevölkerung befassen sollte und eine entfernte Ähnlichkeit mit den (verbotenen) Babi-Räten gleichen Namens besaß. Außerdem unterzeichnete der Schah einen Gesetzeszusatz, in dem er sich dem Parlament unterordnete und das Volk als Treuhänder der von ihm ausgeübten Macht bezeichnete – bemerkenswerte Konzessionen angesichts des fortdauernden Einflusses der gottgegebenen Rechte des Königs. Die *bastis* glaubten gewonnen zu haben und gingen brav wieder nach Hause. Als aber die Regierung die versprochenen Reformen nicht umsetzte, kam es erneut zu Protesten, aber diesmal wurde dabei ein junger Seminarist erschossen, der versucht hatte, einen wegen seiner freimütigen Verdammung der Autokratie inhaftierten Geistlichen zu befreien. Die Leiche des Studenten wurde durch die Straßen getragen, was weitere Unruhen auslöste, die zu zahlreichen weiteren Todesopfern führten. Auch in der heiligen Stadt Maschhad kam es zu Ausschreitungen, in deren Verlauf die Polizei mehrere Demonstranten tötete.

Aus seinem neuen Zufluchtsort in einer Teheraner Moschee wandte Ayatollah Tabatabai sich an den Schah: »Majestät! Das Königreich liegt in Trümmern, die Untertanen sind verzweifelt und ratlos, die Gouverneure und Offiziellen strecken zudringlich ihre Hände aus ... Sie gehorchen der Macht ihrer Wut und Lust, was immer sie wünscht und verlangt, und schlagen, töten und zerstören.«[54] Aber Muzaffar al-Dins Gesundheit hatte sich verschlechtert, und die Regierung hatte nicht die Absicht, das versprochene Haus der Gerechtigkeit Wirklichkeit werden zu lassen. Zum Glück für die Protestbewegung intervenierte nun, da ein Stillstand drohte, die Geopolitik.

Seit einiger Zeit bereuten die Briten, dass sie den Niedergang ihres Einflusses auf die persische Politik und den wachsenden Einfluss Russlands und des mit ihm verbündeten Belgien zugelassen hatten, und als im Juli Demonstranten an den britischen Geschäftsträger herantraten und ihn baten, in seiner Gesandtschaft Asylsuchende aufzunehmen, damit sie ihren Forderungen größeren Nachdruck verleihen konnten, stimmte der Gesandte zu. Was dann geschah, zeugt vom außergewöhnlich raschen Wachstum der iranischen Emanzipationsbewegung. Innerhalb weniger Tage strömten nahezu 12 000 Menschen auf das Gelände der Gesandtschaft, und dieses weitläufige, von Cottages im englischen Stil und schattigen orientalischen Platanen bestandene Areal mitten in Teheran verwandelte sich in ein Lager von Umstürzlern, das als Kinderstube moderner Politik fungierte.

»Stellen Sie sich den Gesandtschaftsgarten mit Zelten an jeder verfügbaren Stelle vor«, erinnerte sich später der junge britische Diplomat Walter Smart, »vollgestopft mit Menschen aus allen Klassen, Kaufleuten, Geistlichen, Angehörigen aller Zünfte ..., die dort Tag für Tag mit hartnäckiger Geduld ausharrten und entschlossen waren, den Schutz der britischen Flagge erst zu verlassen, wenn ihre Forderungen erfüllt waren. Sie benahmen sich bemerkenswert ordentlich und machten trotz ihrer großen Zahl kaum Schwierigkeiten ... Hinter dem Wachlokal richteten sie eine provisorische Küche ein, und jeden Tag konnte man beobachten, wie in einem Kreis aus riesigen Kesseln das Essen für diese gewaltige Menge gekocht wurde.« Smart verwies darauf, wie ungewohnt der Anblick einer von Geistlichen angeführten Revolution – »denn eine Revolution muss man dies zweifellos nennen« – für westliche Augen war: »Der Klerus hat sich auf die Seite des Fortschritts und der Freiheit gestellt. Das ist, wie mir scheint, ein weltgeschichtlich beispielloser Vorgang ... Wir erleben die Morgendämmerung der Freiheit in Persien.«

Nur wenige Jahre zuvor hatte indessen der revolutionäre Sayyid Jamal al-Din Afghani in der Religion kein Hindernis für die Zivilisation erblickt, sondern die einzige Möglichkeit, sie zu verwirklichen. »Wenn wir uns die Gründe für die Veränderung der Verhältnisse in Europa von der Barbarei zur Zivilisation ansehen«, hatte er seinen Schülern in den 1880er Jahren gesagt, »sehen wir, dass dies allein die von Luther geschaffene und verbreitete religiöse Bewegung war … Er erinnerte [die Europäer] daran, dass sie frei geboren waren. Weshalb sollten sie sich da Tyrannen unterwerfen?«[55] Genau das war die Frage, die Geistliche und Laien unter den *bastis* bewegte, die auf dem Gesandtschaftsgelände Diplomaten wie Smart nach den Grundsätzen eines Verfassungsstaates befragen konnten. Der Konstitutionalist Nazem al-Islam schrieb: »Die Gesandtschaft hatte die Aufgabe einer Schule übernommen, denn unter jedem Zeltdach und in jeder Ecke saßen Gruppen beisammen und wurden von Leuten unterrichtet, die sich mit Politik auskannten … Worte drangen an ihre Ohren, die bis dahin noch niemand auszusprechen gewagt hatte.«[56]

Die Regierung hatte ihre Falschheit so schlagend bewiesen, dass die Protestbewegung sich nicht mehr mit einem Haus der Gerechtigkeit zufriedengab. Nun forderte sie eine Legislative, die aus den verschiedenen Teilen der Gesellschaft zusammengesetzt war. Unter Vermittlung der Briten wurden Verfassungsentwürfe zwischen dem königlichen Hof und den *bastis* ausgetauscht, und die radikalen unter ihnen waren klug genug, bei diesen Verhandlungen vorauszusehen, dass man die Progressiven aus der neuen Körperschaft ausschließen würde, falls man die Versammlung »islamisch« nannte, wie die Regierung dies verlangte. Das Wort »islamisch« wurde schließlich durch »national« ersetzt, was es auch den armenischen, jüdischen und zoroastrischen Minderheiten des Landes ermöglichte, in der neuen Kammer vertreten zu sein.

Am 9. August 1906 einigte man sich schließlich auf die Bezeichnung »beratende Nationalversammlung«. Im Monat zuvor hatte der Schah den Mut aufgebracht, seinen tyrannischen Ersten Minister abzusetzen. Die *bastis* verließen die Gesandtschaft, die Basare öffneten wieder und wurden wie zu einem religiösen Fest mit Wimpeln und

Lampions geschmückt. Im Monat darauf wurden Wahlen abgehalten – in den Provinzen über Wahlmänner, in Teheran direkt. Als idealer Ausdruck des Volkswillens konnten diese Wahlen angesichts des eingeschränkten Wahlrechts allerdings nicht gelten, waren Frauen, Arme und andere Unerwünschte doch davon ausgeschlossen. In Teheran, Täbris und anderen Städten mit einem hohen politischen Bewusstsein überstieg die Wahlbeteiligung 90 Prozent.

Die Iraner waren politisch weitestgehend unerfahren, aber sie spürten dennoch, dass sie mit der Veränderung ihres Verhältnisses zum Monarchen auch ihr Verhältnis zu anderen Dingen veränderten. Ein iranischer Briefpartner berichtete E. G. Browne von einem Handwerker, der ins Haus eines Ministers kam, um dort einen eisernen Kaminofen zu reparieren. Als er eintrat, grüßte er den Minister. Der Diener des Ministers forderte ihn auf, sich zu verbeugen. Darauf erwiderte der Mann: »Weißt du nicht, du Schuft, dass wir jetzt eine Verfassung haben und dass es unter einer Verfassung keine Verbeugung mehr gibt?«[57]

Die übrige Welt empfand die Geburt des modernen Iran 1906 nicht als sonderlich bedeutsam im Vergleich zu anderen Ereignissen. Der Stapellauf der HMS Dreadnought im Februar hatte das Rennen um die Vorherrschaft auf See zwischen Großbritannien und Deutschland verschärft, im April des Jahres war, wie wir gesehen haben, erstmals die russische Duma zusammengetreten, und im Oktober besetzten die Vereinigten Staaten Kuba. Walter Smart von der britischen Gesandtschaft klagte: »Die englischen Zeitungen ignorieren das ›Land des Löwen und der Sonne‹ nahezu vollständig, und Nachrichten aus Persien werden generell in kleine, entlegene Spalten verwiesen.«[58]

»Am Neujahrstag 1907«, schrieb Browne in *The Persian Revolution*, »brachte der Erste Minister die Verfassung – die der sterbende Schah endlich unterschrieben hatte, unter intensivem Zureden der Geistlichen (die ihn baten, daran zu denken, dass er bald vor seinen Gott treten werde und versuchen solle, eine äußerst verdienstvolle Tat mit in diese ehrfurchtgebietende Begegnung zu nehmen …) – in die Nationalversammlung.« Alle Straßen zum Versammlungsgebäude und die umliegenden Gärten waren »dicht bevölkert von Zuschauern, von denen viele vor Freude weinten und einander umarmten. Gedenkgedichte ... wurden aufgesagt, die Stadt war an zwei aufeinanderfolgenden Abenden hell erleuchtet, und allenthalben herrschten Freude und Dankbarkeit.«[59]

Brownes Worte erinnern an die ähnlich begeisterte Reaktion jenes anderen islamophilen Engländers Wilfred Blunt auf Urabis Erfolg bei seiner Konfrontation mit dem Khediven Taufiq 1881 vor dem Abdin-Palast. Es gab indessen deutliche Unterschiede zwischen den beiden Ereignissen. Die politische Basis der iranischen Revolution war breiter als die in Ägypten, und – wiederum anders als in Ägypten – waren die Mächte unentschlossen, wie sie reagieren sollten, und überließen die Entscheidungen im Iran deshalb den Iranern. In der Folge verging das zwanzigmonatige Leben des ersten iranischen Parlaments in einem Feuersturm aus Radikalismus, Entschlossenheit und zupackender Nutzung der Gelegenheit, denn der sterbende Muzaffar al-Din hatte durch seine Unterschrift die iranische Königswürde ihres Zaubers beraubt, und es gab nun ein neues Zauberpulver, das man über das Land streuen konnte: die Demokratie.

Der Iran war jetzt ein Verfassungsstaat, für dessen Gründungsdokument oder »Grundgesetz« man sich sehr frei bei anderen neuen Verfassungsstaaten – Belgien, Bulgarien und sogar Russland – bedient hatte und dessen Minister nicht mehr dem Souverän verantwortlich waren, sondern den Repräsentanten der Nation im Parlament. Als eine ihrer wichtigsten Amtshandlungen sprachen die Abgeordneten sich selbst ein Vetorecht bei allen Finanztransaktionen einschließlich Anleihen bei ausländischen Mächten zu, und sie delegierten Macht an Provinzversammlungen im ganzen Land. Wenig später bewies das Parlament seine Unabhängigkeit gegenüber dem Schah, indem es einen britisch-russischen Kredit von 400 000 Pfund Sterling ablehnte, und stellte sich auch auf anderen Gebieten gegen die Wünsche der Regierung. So sorgte es für die Entlassung des äußerst unbeliebten belgischen Leiters der Zollbehörde Monsieur Naus (der die Abneigung gegen sich noch verstärkt hatte, als er auf einem Maskenball als Mullah verkleidet erschien), verankerte in Verfassungszusätzen eine

Reihe von Bürgerrechten und kürzte die Apanagen für Mitglieder der königlichen Familie.

All das geschah im Rahmen einer nahezu unbegrenzten Meinungsfreiheit. So entstanden zahlreiche neue Publikationen, die den Souverän und das Parlament einer unerschrockenen und vielfach satirischen Kritik unterzogen. Zugleich wurden die Grundlagen der modernen iranischen Frauenbewegung gelegt, von Aktivistinnen, die die von der fortdauernden Erosion des Harems gebotenen Chancen nutzten, um die Abschließung hinter sich zu lassen und Schulen, Kliniken und Waisenhäuser zu gründen. Es gab Berichte über Frauen, die menschliche Schutzschilde bildeten, um die Konstitutionalisten in kritischen Augenblicken des politischen Kampfes für die Verfassung zu schützen, und Witwen spendeten nun Ohrringe und Armbänder zur Finanzierung der Nationalbank, die im Januar 1907 im patriotischen Geist der Autarkie gegründet wurde.[60]

Im Frühjahr desselben Jahres berichtete der britische Gesandte in Teheran seiner Regierung: »In jeder Stadt gibt es eine unabhängige Versammlung, die agiert, ohne den Gouverneur oder [das Parlament] in Teheran zu konsultieren. Ein unpopulärer Gouverneur nach dem anderen ist abgesetzt worden, und weder die Zentralregierung noch die Versammlung in Teheran sahen sich in der Lage, etwas dagegen zu unternehmen. Im ganzen Land breitet sich ein Geist des Widerstands gegen die Unterdrückung, ja gegen jegliche Autorität aus.«[61]

Während solche Respektlosigkeit Muzzaffar al-Din verunsicherte, der eine Woche nach der Verkündung der Verfassung – und nach der Vollbringung seiner »äußerst verdienstvollen Tat« – starb, löste sie bei seinem Sohn und Erben, dem korpulenten, mit einem gewaltigen Schnurrbart ausgestatteten, furchteinflößenden Muhammad Ali, tiefsten Abscheu aus. Als er in den 1870er und 1880er Jahren in Täbris aufwuchs, war er unter den Einfluss der Russen geraten, die in der Stadt eine starke diplomatische und geschäftliche Präsenz zeigten. Sein finsterer russischer Hauslehrer, ein von der Krim stammender Jude namens Schapschal Khan, wird allgemein dafür verantwortlich gemacht, dass der Kronprinz eine so abgrundtiefe Verachtung für die Verfassung entwickelte. Ein amerikanischer Kritiker bezeichnete Muhammad Ali später einmal als das »vielleicht seit Generationen perverseste, feigste und lasterhafteste Ungeheuer, das Schande über den persischen Thron brachte und ... leicht zum bereitwilligen Werkzeug und Satrapen der russischen Regierung wurde«.[62] Für den Augenblick jedoch konnte der neue Schah, der sich anschickte, den Thron einer hoffnungsfroh auf die Verfassung blickenden Nation zu besteigen, allenfalls erwarten, von Kräften hinweggefegt zu werden, die gegen alles waren, wofür er stand.

Die Veränderungen, die nach der Gewährung der Verfassung über den Iran kamen, waren unwahrscheinlich und dramatisch, und sie berührten das Leben der Menschen fern der Hauptstadt ebenso wie die traditionellen Eliten. Durchaus angemessen für jene Stadt, die das erste ernsthafte Verwestlichungsprojekt in der Geschichte des Irans erlebt hatte, war es Abbas Mirzas einstiger Amtssitz Täbris, der die Fahne des revolutionären Radikalismus hisste. Eine Vielzahl volkstümlicher Vereine entstand dort, die zum Teil für sozialistische und republikanische Ziele eintraten und militärische Einheiten zum Schutz der Verfassung aufstellten. Der aus Täbris stammende Historiker Ahmad Kasravi, der als Seminarist durch die Beobachtung des Halley'schen Kometen zum Skeptiker geworden war, schrieb über die Basare seiner Heimatstadt, wenn sie »des Abends schlossen, eilten Tuchhändler, Kandiszuckerverkäufer, Kupferschmiede, Gebrauchtwarenhändler und Kaufleute ... nach Hause, wechselten die Kleider, griffen nach ihrem Gewehr und eilten zur örtlichen Kaserne, um dort mit den Übrigen zu exerzieren. Jeden Abend stieg aus allen Stadtvierteln der Klang der Trommeln und Signalhörner empor.«[63] Mit ihrer Verteidigung des modernen Konstitutionalismus und ihrer Ausbildung an modernen Waffen zeigten diese Einwohner von Täbris, wie sehr die Stadt sich verändert hatte seit Abbas Mirzas zaghaften Bemühungen um einen modernen militärischen Drill ein knappes Jahrhundert zuvor.

Unter dem Einfluss linker, über den Kaukasus eingedrungener Ideen kam es 1907 im Nordiran zu eigenständigen Revolten, bei denen Bauern sich zusammenrotteten, die Aufseher der Grundbesitzer vertrieben und keine Steuern mehr zahlten. Aus dem ganzen Land erreichten Klagen über das tyrannische Verhalten lokaler Magnaten und

Repräsentanten das Parlament und die Zeitungen, und in manchen Städten verdrängte das Telegraphenamt, dieses alles überragende Instrument zur Kommunikation mit der Außenwelt, die Moschee als bevorzugten Zufluchtsort. Im fernen Norden des Landes, in dem fruchtbaren subtropischen Streifen, der das Elburs-Gebirge vom Kaspischen Meer trennt, wurden die Oliven-, Jute-, Fischerei- und Seidenindustrien von Streiks gegen die ausländischen Interessen erschüttert, unter deren Kontrolle sie standen, während in Enzeli, der nördlichsten Hafenstadt des Landes, Arbeiter das Zollamt besetzten.

Auch die aufkeimende Frauenbewegung des Iran machte große Fortschritte. Die wohlhabende Durrat al-Muali, Mitglied des patriotischen Bundes der Damen des Heimatlandes, organisierte nach dem Vorbild der Swadeshi-Bewegung in Indien Kampagnen zum Boykott westlicher Waren. Aber der Wunsch nach Emanzipation beschränkte sich nicht auf gebildete Kreise. Mahrukh Gowharschenas, eine Teheraner Frau mit nur geringer Bildung, war keine seltene Ausnahme, als sie sich hinter dem Rücken ihres Ehemanns einem revolutionären Frauenverein anschloss, der eine Mädchenschule gründete. Als ihr Mann das herausfand, warf er ihr vor, sich außerhalb »der Religion und der Tugend« zu stellen und Schande über ihre Familie zu bringen. Aber sie ließ sich nicht beirren, und später wurde ihre Schule auch für Jungen geöffnet.[64] Unterdessen schrieb der Satiriker Ali Akbar Dehkhuda in der radikalsten neuen Zeitschrift des Landes vernichtende Artikel gegen die Abschließung der Frauen, die Polygamie und arrangierte Heiraten. Es war das Goldene Zeitalter des iranischen Journalismus, und bald gab es in jeder Stadt mindestens eine Zeitung.

Wenige Menschen verkörperten den neuen Widerstandsgeist und Forscherdrang umfassender als der junge Parlamentsabgeordnete Hassan Taqizadeh. Er wurde 1878 geboren (zwölf Jahre vor seinem gleichfalls aus Täbris stammenden Landsmann Ahmad Kasravi). Sein Vater war ein bekannter Asket, der sein Leben, wie Taqizadeh schrieb, »ganz in frommer Hingabe« verbrachte. Seine intellektuelle Reise hatte mit den traditionellen Lehrstoffen des Seminars begonnen, an dem er außergewöhnlich vielversprechende Fähigkeiten bewies, da er den Koran bereits mit fünf Jahren auswendig kannte.[65] In seiner Jugend drängte ihn sein »Verlangen nach den rationalen Wissenschaften«, seine Aufmerksamkeit zunächst mittelalterlichen Denkern wie Nasreddin Tusi und dann der Medizin zuzuwenden, für die er heimlich Französisch lernte – ganz wie die türkische Schriftstellerin Fatma Aliye es getan hatte. Kurz vor seinem Tod entdeckte der Vater das schlimme Geheimnis seines Sohns und, so bekannte Taqizadeh, »machte mir große Vorwürfe«.[66]

Die Lektüre des jungen Taqizadeh – in Persisch, Arabisch, Französisch, osmanischem Türkisch und Englisch (er hatte sogar die Zeit gefunden, eine amerikanische Missionsschule zu besuchen) – erstreckte sich auf, wie er selbst schrieb, »Politik, moderne Zivilisation, politische Freiheit, die Befreiung der Frau und insbesondere die Freiheit des Denkens« und kam einem Manifest des aufrührerischen Denkens des Fin de Siècle gleich. Er verschlang die Essays Malkum Khans, des talentierten, wenn auch skrupellosen Europhilen, der während seines langen Exils in London die regimekritische Zeitschrift *Qanun* herausgegeben und als einer der ersten Iraner ein konstitutionelles Regime gefordert hatte. Er las auch die Publikationen türkischer Dissidenten in Paris und übersetzte ein astronomisches Buch des französischen Populärwissenschaftlers Camille Flammarion. Er und einige Freunde eröffneten eine Schule, eine Chemikalienhandlung, die deutsche Medikamente verkaufte, und einen Buchladen – aber die Schule galt bei den eher traditionsverhafteten Einwohnern von Täbris als allzu modern und wurde geschlossen, während der Buchladen von Kronprinz Muhammad Ali unter Beobachtung gestellt wurde.

Als wäre all die Bildung, die er in Täbris erlangen konnte, noch nicht genug, erweiterte er sie 1904 durch Reisen. Im Kaukasus, diesem fruchtbaren Schmelztiegel der iranischen, russischen und türkischen Kultur, besuchte er Zeitungsredaktionen und erlag einem vielleicht übertriebenen Hang, alles Interessante, dem er begegnete, mit Molière und Tolstoi zu vergleichen (er verfolgte sehr genau die russischen Experimente mit der Landwirtschaft und der Bildung von Kommunen). In Istanbul nahm er sich ein Zimmer im iranischen Viertel und vergrub sich den Herbst über in Namik Kemals Werken. Man fragt sich, was er wohl über jenen Aufschrei nationalen Erwachens, *Vaterland oder Silistria*, gedacht haben mag. Die Bücher, die er las, waren natürlich verboten. »Es war die Zeit Sultan Abdülhamids«, erinnerte Taqizadeh sich in seinen Memoiren, »und man konnte nicht atmen.«[67] Im folgenden Jahr kehrte er nach Täbris zurück und wurde sogleich zu einem der führenden Revolutionäre der Stadt.

Taqizadeh war makellos mit dem blaugrauen geistlichen Gewand (*aba*) und einem Turban bekleidet, als der britische Diplomat Walter Smart ihm 1907 im Parlamentsgebäude in Teheran begegnete. »Sein Gesicht hat etwas derart Sympathisches«, schrieb Smart, »derart Anziehendes, dass es sich jeder Beschreibung entzieht, und wenn ich mich nicht täusche, ist er einer jener Menschen, deren Genie große Begeisterung und Opferbereitschaft auszulösen vermag und dessen Einfluss einen nachhaltigen Eindruck in der Geschichte der Nationen hinterlassen wird.«[68] Smart war nicht allein mit seiner Bewunderung für den Abgeordneten aus Täbris. Je öfter er im Parlament sprach, desto höher stieg sein Ansehen, und »oft kam es vor«, so erinnerte sich der Iraner, dass Mitreisende in der Pferdekutsche auf dem Heimweg nach Täbris »sagten, Taqizadeh habe heute im Parlament geglänzt – ohne zu wissen, dass ich gleich neben ihnen saß«.[69] Er vereinigte Attribute eines religiösen und eines weltlichen Führers in einer Weise in sich, die in den Augen mancher Iraner die beiden eigentlich unleidlichen Bettgenossen Islam und Freiheit miteinander versöhnte, und regelmäßig leitete er das Abendgebet am Rande des Basars. Seine Integrität war sprichwörtlich. Einmal wollte ein Gratulant ihm einen teuren Teppich schenken, aber Taqizadeh bestand darauf, ihn zu kaufen. Am folgenden Abend brachte Taqizadeh den Teppich zurück und sagte, er habe ihn schätzen lassen und erfahren, dass er das Dreifache dessen wert sei, was er dafür bezahlt hatte.[70] Es schien, als hätte das Land in dem umgänglichen, leidenschaftlichen, aufrichtigen Taqizadeh seinen Sprecher gefunden.

Die Verfassungsrevolution hatte in einer Woge der Begeisterung und Zustimmung im Volk stattgefunden, die es Radikalen wie Taqizadeh ermöglichte, landesweit bekannt zu werden. Dennoch konnte die Reaktion auf zahlreiche alte Dogmen und Vorstellungen zurückgreifen.

Für den Iran mit seinen langen, einander überschneidenden Traditionen auf dem Gebiet des Regierens, der Gesellschaft und des Glaubens stellte die neue Verfassung zweifellos einen brutalen Bruch mit der Vergangenheit dar. Auch wenn viele die Veränderungen begrüßten, empfanden andere doch ein tiefes Unbehagen angesichts dieser unbändigen Kraft, die sie in Richtung des Unbekannten trieb.

Die Reaktion wurde von Muhammad Ali Schah organisiert und bereitwillig von konservativen Geistlichen unterstützt, die in den Grundsätzen des Konstitutionalismus Instrumente ihrer eigenen Entmannung erblickten. Der prominenteste unter diesen Reaktionären war Fazlullah Nuri, ein gelehrter Theologe aus Masandaran im Norden des Landes, der anfangs zur Verfassungsbewegung gehört, sich dann aber aus Enttäuschung über deren säkulare Ziele und aus Neid auf deren Helden davon abgewandt hatte. In seinen Augen war die Verfassung ein Weg, der, falls man ihm folgte, in Sünde und Morast endete. Er schrieb an seinen Sohn: »Ein Wort sagte [die Verfassung] über die Pressefreiheit, und das ganze Unheil der Zeitungen folgte daraus. Was wäre geschehen ..., wenn es auch Glaubensfreiheit gäbe?«[71]

Nuri war einflussreich und nutzte seine Autorität als Geistlicher, um die Wirkung jener Bürgerrechte zu neutralisieren, die Taqizadeh in den ergänzenden Gesetzen zu verankern suchte. Nuri stellte sicher, dass diese Rechte nur im Rahmen einer umfassenderen Berücksichtigung des Islam Eingang in das Gesetzeswerk fanden. So machte man die Bildungs-, Vereinigungs- und Redefreiheit davon abhängig, dass sie nicht der Scharia widersprachen. Und die Entscheidung, ob ein Gesetz mit der Scharia vereinbar war, oblag der Ulema – also Nuri selbst.

Die radikalen Demokraten waren gegen eine Vermischung religiöser Gebote mit weltlichen Ideen, die in ihren Augen rein bleiben sollten. »Sie fördern Autokratie, Reaktion und Betrug«, protestierte einer von ihnen, »um die Freiheit und Gerechtigkeit in Frage zu stellen, die wir unter solchen Opfern errungen haben.«[72] Diese Zeilen können wir heute als Voraussage mehr als ein Jahrhundert währender Versuche lesen, den Islam und die Bürgerrechte miteinander zu versöhnen. In einer berühmten Feststellung, der auch der ägyptische Säkularist und Frauenrechtler Qasim Amin zweifellos zugestimmt hätte, sollte

Taqizadeh 1920 den Grundsatz der unverwässerten Durchsetzung an seinen logischen Endpunkt führen, als er erklärte: »Der Iran muss in seiner Erscheinung wie in der Realität, sowohl physisch als auch spirituell europäisiert werden und sonst nichts.«

1907 wandte Nuri sich entschieden gegen die Liberalen und löste in Teheran Unruhen aus, als er versuchte, die Moschee der Gemeinde zu übernehmen, um sich anschließend in den Schrein in Schah Abdulazim zurückzuziehen, von wo aus er die revolutionären Vereine als Brutstätten der Blasphemie und der moralischen Zügellosigkeit brandmarkte. Außerdem benutzte er seine Schläger, um Unordnung im ganzen Land zu schaffen, wozu es keiner sonderlichen Anstrengungen bedurfte, denn die Provinzen litten bereits unter einem Rückgang der revolutionären Begeisterung, leeren Kassen (die Einnahmen flossen nur noch unregelmäßig, wenn denn überhaupt) und einem opportunistischen Einfall der türkischen Armee in den Nordwesten des Landes.

Die Gewalt, die in dieser Zeit in Teheran aufflammte, verstärkte den Eindruck eines Landes, das Mühe hatte, für sich selbst zu sorgen. Im August 1907 wurde der wiedereingesetzte Erste Minister Amin al-Sultan, der bis dahin eine eindrucksvolle Langlebigkeit bewiesen hatte, von einer Koalition seiner zahlreichen Feinde ermordet. Bei anderer Gelegenheit warf ein Attentäter eine Bombe auf Muhammad Alis Wagen (und zerstörte ihn vollständig, aber der Monarch befand sich nicht darin), und vier Monate später kam es zu einer ergebnislosen Konfrontation zwischen bewaffneten Demokraten und königstreuen Kosaken, die es auf das Parlamentsgebäude abgesehen hatten.

All das geschah in einem Klima giftiger Schmähungen und aufschießender Emotionen. Eine radikale Zeitung warf Nuri vor, er verbreite »jeden Unsinn, den der Teufel vertreten hat«, und bezeichne »die fünfzehn Millionen Menschen unseres Landes als Atheisten und Betrüger«, während »nur er selbst und seine Anhänger wahre Muslime« seien.[73] Und angesichts des Rückzugs der königstreuen Kräfte nach dem Zusammenstoß beim Parlamentsgebäude rief Taqizadeh aus: »Ehre sei Gott, wir haben gesehen, dass die Einheit des Volkes die ganze Welt erzittern lässt.«[74]

Innere Unordnung und Chaos sind unvermeidliche und vielleicht sogar notwendige Begleitumstände von Revolutionen, aber sie sind auch eine deutliche Einladung an äußere Kräfte, sich unter dem Vorwand einzumischen, die Ordnung wiederherstellen zu wollen. Die Briten behaupteten, in Ägypten 1882 solch eine Einladung erhalten zu haben, mit der Folge, dass die ägyptische Revolution im Keim erstickt wurde. Im Iran waren es ein Vierteljahrhundert später die Russen, die trotz eigener innerer Probleme und ihrer demütigenden Niederlage gegen Japan zwei Jahre zuvor im Bündnis mit ihrem Klienten Muhammad Ali Schah das 1907 im Iran herrschende Chaos ausnutzten und verschärften.

Eines hätte vielleicht den brutalen Angriff stoppen können, den Russland und der Schah gegen die Konstitutionalisten führten: eine Fortsetzung jener frigiden imperialen Rivalität, die über viele Jahrzehnte die Unabhängigkeit Persiens geschützt hatte. Aber am 31. August 1907 – zufällig derselbe Tag, an dem Amir al-Sultan ermordet wurde – endete diese Rivalität offiziell mit der Unterzeichnung des Vertrags von Sankt Petersburg zwischen Russland und Britannien. In geopolitischer Perspektive war das Abkommen die Anerkennung der Tatsache, dass die größten Mächte der Welt enger zusammenrücken mussten, um die Bedrohung abzuwehren, die ein aufstrebendes Deutsches Reich für sie darstellte. Was Eurasien betraf, kamen die beiden Großmächte überein, Streitigkeiten über ihre jeweiligen Rechte und Privilegien vom Pamir bis zum Kaukasus auf dem Verhandlungswege beizulegen.

Die Perser und andere Nationen, die von diesem Abkommen betroffen waren, vor allem die Afghanen, sahen darin natürlich weniger ein friedliches Unternehmen als eine Annexion. Der Iran wurde in zwei Interessensphären aufgeteilt, eine russische, die den Norden des Landes umfasste und im Süden bis Isfahan reichte, und eine britische im Südosten mit dem Zugang nach Indien. (Die Mitte und der Südwesten des Landes sollten in der Theorie neutral bleiben.) Die unterzeichnenden Mächte ließen die üblichen Plattitüden hinsichtlich der Respektierung der iranischen Unabhängigkeit verlautbaren, aber in Wirklichkeit war das Land, wie Patrioten in Teheran und Liberale in

London (darunter E. G. Browne) bestürzt bemerkten, ohne jede Konsultation zerstückelt worden. Die persische Zeitung *Habl al-Matin* sagte voraus: »Auf die Unterzeichnung dieses Abkommens wird sehr bald das Ende der persischen Unabhängigkeit und Autonomie folgen.«

Das internationale Geschehen schien dem recht zu geben und setzte Präjudizien für weitere Schläge gegen die persischen Patrioten. 1905 hatte Lord Curzon gemäß der Maxime »*Divide et impera!*« Bengalen geteilt, während die demokratische Öffnung in Russland im folgenden Jahr durch die von Nikolaus II. verfügte Schließung der Duma und die Niederschlagung regionaler Rebellionen ihr Ende gefunden hatte. Die britische Außenpolitik war zur Geisel von Russlandfreunden unter Führung des Außenministers Sir Edward Grey geworden, die, wie Browne schrieb, »nonchalant über das Kriegsrecht, die Hinrichtungen und das Niederbrennen von Bauerhöfen durch ihren neuen Verbündeten hinwegsehen und zumindest eine gewisse Begeisterung für das ›Heilige Russland‹ vortäuschen.«[75]

In Teheran näherte sich der entscheidende Augenblick im Kampf zwischen der iranischen Autokratie und den Konstitutionalisten, als die Spannungen zwischen dem Schah und der Versammlung ihren Höhepunkt erreichten und die Demokraten eigentlich dringend einer äußeren Macht bedurften, die Druck zu ihren Gunsten ausgeübt hätte. Stattdessen statteten am 2. Juni 1908, als das Land in Chaos zu versinken drohte, der russische Gesandte in Teheran und sein britischer Amtskollege dem iranischen Außenminister einen beispiellosen gemeinsamen Besuch ab, bei dem sie erklärten, das Leben des Schahs sei in Gefahr und die Konstitutionalisten hätten »alle Grenzen überschritten«. Diese finsteren Kräfte, so behaupteten sie, wollten »nun den Schah absetzen. Das können wir nicht dulden, und falls es geschehen sollte, wird Russland sich zu einer Intervention gezwungen sehen, und zwar mit voller Billigung Englands«.[76]

Dies war das iranische Gegenstück zur Gambetta-Note, die einst den Weg zur Besetzung Ägyptens geebnet hatte, und der Schah nutzte sogleich ohne jede Einschränkung die Chance, die ihm das Abrücken der Briten von der Sache der Konstitutionalisten bot. Am nächsten Tag ließ er zwei Regimenter auf die Hauptstadt los, die »schossen, schrien und um sich schlugen und eine allgemeine Panik auslösten«, während er selbst das Chaos nutzte, um aus seinem Palast zu fliehen und in einer Staubwolke in einen seiner Gärten außerhalb der Stadt zu eilen.[77] Die Flucht des Schahs konnte, wie allen Anhängern des Parlaments klar war, nur Unheil bedeuten.

Am frühen Morgen des 23. Juni umstellte General Liakhoff, Kommandeur der von Russen geführten Kosakenbrigade – einer aus etwa 1500 Mann bestehenden Einheit, die zu Nasreddins wenigen bedeutsamen Neuerungen gehörte – gemäß den am Vorabend vom Schah erteilten Befehlen mit Infanterie, Kavallerie und Artillerie das Parlamentsgebäude. Es kam zu einer angespannten Konfrontation zwischen den Kosaken und Konstitutionalisten, die sich im Gebäude und einer angrenzenden Moschee befanden und von denen einige mit Gewehren bewaffnet waren. Die Kosaken forderten die Konstitutionalisten auf, sich zu zerstreuen. Die Konstitutionalisten rührten sich nicht. Dann erschien ein alter Mullah, der den schwarzen Turban eines Sayyid trug und auf einem Esel saß, auf der Bildfläche, in seinem Gefolge Hunderte von Menschen, die sich offensichtlich den Konstitutionalisten anschließen wollten. Die Kosaken forderten den Mullah auf, stehen zu bleiben, aber der ritt unbeirrt weiter, bis Schüsse fielen und das Tier unter ihm zusammenbrach. In diesem Augenblick riss ein russischer Offizier seine Pistole aus dem Holster und gab einen Schuss in die Luft ab. Das war, wie Ahmad Kasravi in seiner Darstellung der Ereignisse schrieb, »das Signal für den Beginn der Schlacht, und die Kosaken begannen sogleich zu feuern. Auf der anderen Seite erwiderten [Konstitutionalisten] das Feuer, und so nahm das Blutvergießen seinen Lauf.«[78]

Damit begann ein ungleicher Kampf, den die Abgeordneten – darunter Mullahs, die ihr Entsetzen über den Beschuss nicht verbargen – unmöglich gewinnen konnten. Trotz ihrer Unterlegenheit hinsichtlich der Zahl und der Ausrüstung lieferten sich einige Konstitutionalisten einen furchtlosen Kampf mit den Kosaken, feuerten von den Minaretten auf sie und setzten drei Geschütze außer Gefecht. Damit verfügten die Kosaken aber weiterhin über drei Geschütze, mit denen sie Schrapnelle auf die Verteidiger feuerten, das Dach des Parlamentsgebäudes beschädigten und Löcher in die rückwärtige Seite schossen. Der Kampf dauerte nicht länger als vier Stunden und forderte einige hundert Menschenleben – letztlich ein bescheidener Blutzoll für eine Tragödie, die in der gesamten modernen Geschichte des Iran nachhallen sollte.

Die unmittelbaren Folgen der Vernichtung des ersten parlamentarischen Regimes des Iran waren die Verhaftung und Exekution mehrerer führender Konstitutionalisten, die Flucht mehrerer anderer ins Ausland (darunter auch Taqizadeh, der nach Cambridge floh und dort von E. G. Browne aufgenommen wurde) sowie die Einrichtung einer Militärdiktatur Liakhoffs im Namen des Schahs. Aber die Demokraten und andere schahfeindliche Kräfte gaben sich nicht geschlagen, und sogleich kam es zu Rebellionen – die spektakulärste in Täbris, wo die Vereine, die Kasravi bei ihren militärischen Übungen beobachtet hatte, nach der Zerstörung des Teheraner Parlaments noch zehn Monate lang ihre Fähigkeiten und ihren Patriotismus in den Dienst ihrer Sache stellen konnten, erst gegen königstreue Truppen, die sie fast vollständig aus der Stadt vertrieben, dann gegen die Hungersnot, die ausbrach, als die Zugänge zur Stadt gesperrt wurden. Die Verteidigung von Täbris ist zu Recht als eine der großen blutigen Heldenepen der modernen persischen Geschichte in Erinnerung geblieben, und die Anführer der lokalen patriotischen Kräfte gewannen aufgrund ihrer Tapferkeit Heldenstatus. Doch im April 1909 drangen russische Truppen gewaltsam in die Stadt ein und die Kanonen verstummten – auch wenn der Konflikt sich an anderen Orten im Land verschärfte, wo der Geist des Aufruhrs und der Anarchie weiter wuchs.

Auffällig an den Verfassungsbewegungen im Nahen und Mittleren Osten war die an Hohn und Verachtung grenzende Gleichgültigkeit, mit der die ausländischen Mächte sie bedachten. Noch in den 1960er Jahren sahen die wichtigsten britischen Historiker des Urabi-Aufstands darin keinen ernsthaften Ausdruck nationalen Erwachens, während die britische Unterstützung für die iranischen Konstitutionalisten nur so lange währte wie die Eifersucht auf das russische Prestige. Die *Times* wich trotz ihres großen internationalen Ansehens nicht von ihrer Überzeugung ab, dass die Iraner – ebenso wie die Ägypter, die Inder und andere unwissende orientalische Völker, die sich gegenwärtig in den Strahlen der kolonialen Herrschaft wärmten – unfähig seien, sich selbst zu regieren. Für die *Times* und einen Großteil der konservativen öffentlichen Meinung war die iranische Selbstregierung eine Ablenkung von dem hehren Imperativ, das europäische Machtgleichgewicht zu erhalten, und die Zeitung schalt die Perser wegen ihres Widerwillens, sich bei ihren »beiden mächtigen Nachbarn« noch weiter zu verschulden.[79]

Trotz aller Skepsis jedoch und angesichts der Tatsache, dass die Verfassung nun Wurzeln im Denken der Iraner geschlagen hatte, wie auch angesichts des kontraproduktiven Charakters der hemmungslos repressiven Politik Muhammad Alis drängten die Großmächte den Schah, die Versammlung wiederherzustellen und eine Amnestie für alle politischen Vergehen zu verkünden – eine Pille, die sie durch einen gemeinsamen Kredit von 200 000 Pfund Sterling zu versüßen versprachen.

Muhammad Ali willigte ein, aber es war bereits zu spät. Am 13. Juli marschierten zwei gesonderte Revolutionsarmeen auf die Hauptstadt, schalteten Liakhoff und die Kosaken aus und zwangen den Schah, in die russische Gesandtschaft zu fliehen, wo er drei Tage später zugunsten seines zwölfjährigen Sohns Ahmad abdankte. Nach dieser außergewöhnlichen Wende brauchten eigentlich nur noch Wahlen für das zweite Parlament des Landes abgehalten zu werden, um den Sieg der Demokraten perfekt zu machen. Aber die Bildung eines neuen Parlaments unter einem neuen Schah sollte das politische Epos des Iran nicht zu einem Ende bringen. Die Revolution hatte Kräfte freigesetzt, die um die Herrschaft im Iran konkurrieren sollten, auch wenn keine davon stark genug war, einen endgültigen Sieg zu erringen.

Die erste dieser Kräfte drängte in Richtung eines konstitutionellen Regimes, das dem Schah eine eng umschriebene Rolle zuwies, wobei sich hier allerdings eine Spaltung abzeichnete zwischen Liberalen wie Taqizadeh – der nach dem Sieg der nationalistischen Kräfte über Muhammad Ali nach Teheran zurückgekehrt war und auf einer vollständigen Gleichheit zwischen den Religionen bestand – und gemäßigten Teilen des orthodoxen Klerus. Die zweite Kraft forderte für die Mullahs ein Vetorecht in Politik und Gesetzgebung. Und es gab noch eine dritte größere Kraft, die opportunistisch zwischen den beiden erstgenannten wechselte: der Wunsch des Schahs, eine Beschneidung seiner Rechte und insbesondere seiner Schatulle zu verhindern. Einige Reaktionäre und Konservative hielten selbst dann noch am Royalismus fest, als Muhammad Ali im September 1909 nach Baku abgereist war, von wo ein russischer Zug ihn in sein Exil nach Odessa am Schwarzen Meer brachte. Die gottgegebene Macht des Königs blieb in den Köpfen der Menschen lebendig – jedenfalls lebendig genug, dass gelegentlich der Versuch gemacht wurde, sie wiederherzustellen.

In dem Klima gegenseitiger Schuldzuschreibungen, das Muhammad Alis Verrat erzeugt hatte, drangen antiklerikale Vorstellungen jener Art, die Ahmad Kasravi privat geäußert hatte, auch in den öffentlichen Raum. Im Juli 1909 erreichte diese Tendenz ihren Höhepunkt in einem Ereignis, das in der Geschichte des modernen Islam beispiellos dastand: der Hinrichtung des gebildetsten aller Teheraner Geistlichen, des erzreaktionären Fazlullah Nuri. Zu Zeiten des ersten Parlaments hatte Nuri den Konstitutionalismus immer wieder als blasphemische Neuerung abgelehnt. In den schlimmsten Phasen der despotischen Herrschaft Muhammad Alis hatte er die Beschießung des Parlaments gerechtfertigt und sich an der Organisation der Verteidigung Teherans gegen die konstitutionalistischen Streitkräfte beteiligt, die schließlich die Hauptstadt eroberten. Nun wurde Nuri wegen Beteiligung an der Ermordung von vier Konstitutionalisten angeklagt, die in Schah Abdulazim Zuflucht gesucht hatten, und die Satiriker spießten seine angebliche Bereitschaft auf, die Ehre Persiens an den Meistbietenden zu verkaufen. So hieß es in einem Gedicht:

> Ich verwünsche und verfluche meine Landsleute,
> Und ich hasse mein Land.
> Ich vertrete den großen und weisen Monarchen,
> Der das Schicksal des Landes in meine Hände legt.
> Es ist Zeit für das Frühstück. Bringen wir das Geschäft hinter uns!
> Wer bietet? Wer bietet? Kommen Sie, mein Herr,
> geben Sie ein Gebot ab![80]

In Wirklichkeit hatte Nuri, obwohl er die Hilfe der Russen annahm, nie seinen Unwillen überwunden, sich der Gnade einer ungläubigen Regierung auszuliefern, und war seinem Monarchen nicht in die Sicherheit der russischen Gesandtschaft gefolgt, als noch die Chance dazu bestand. Er sah dem Tod ruhig und würdevoll entgegen und prophezeite, dass jene, die ihn verurteilt hatten, sich beim Jüngsten Gericht für ihre Taten würden verantworten müssen, bevor er sich an den Henker wandte und sagte: »Mach deine Arbeit!« Er wurde in Turban und Umhang gehängt – ein beredtes Bild der Unterwerfung geistlicher Autorität unter das weltliche Gesetz. Es zeugt von der beträchtlichen Verbreitung konstitutioneller Vorstellungen, dass dieses Urteil auch von vielen hohen Geistlichen im Irak gebilligt wurde wie auch von Nuris eigenem Sohn Mahdi, der »am Fuß des Galgens stand, seinen Vater beschimpfte und [die Henker] drängte, dieses traurige Geschäft rasch zu Ende zu bringen«.[81]

Wie Fazlullah Nuris Hinrichtung bereits anzeigte, verlieh das kurz nach seinem Tod gewählte zweite Parlament des Iran nonkonformistischen Vorstellungen eine Stimme, aber schon bald kam es zum Streit zwischen radikalen und gemäßigten Konstitutionalisten, während die von Nuri repräsentierte reaktionäre Strömung den Tod ihres Anführers nicht nur überlebte, sondern auch moralischen Ansporn daraus schöpfte.

Nach einer Revolution ist meist vieles im Fluss, Konterrevolutionen und neue Erhebungen, oft unter Einmischung von außen, sind stets möglich. So fand die Französische Revolution erst nach dem Zusammenbruch des Zweiten Kaiserreichs 1870 zu ihrem Abschluss. Dass die iranische Verfassungsrevolution für unsichere Verhältnisse sorgte und den Keim weiterer Instabilität in sich barg, kann daher nicht überraschen, zumal Großbritannien, die einflussreiche äußere Macht, die anfangs ein wohlwollendes Interesse an der politischen Entwicklung im Iran gezeigt hatte, nun eine feindselige Haltung einnahm.

Trotz aufrichtigen Wohlwollens seitens einzelner Diplomaten wie Walter Smart war die anfängliche Unterstützung Großbritanniens für die Konstitutionalisten in jedem Fall opportunistisch gewesen. Und die Konstitutionalisten ihrerseits repräsentierten trotz ihrer offenen

Kaum ein Jahrhundert nach dem erstmaligen Eintreffen moderner Ideen zeigte sich dieses Bild auf der Brücke über das Goldene Horn in Istanbul: ein geschäftiger, schnaubender, keuchender Strudel aus modernen Ideen und Technologien, der Gesellschaftsromane, politische Parteien, die Frauenbewegung, Nationalismus und den totalen Krieg hervorbrachte.

Eine königliche Laune: Da ihm die Ballettröckchen im Pariser Ballett so gut gefallen hatten, ordnete Nasreddin Schah an, dass die Frauen seines Harems ihre traditionellen Gewänder ablegten und sich stattdessen in ein Phantasieensemble aus einer weiten Jacke, Knickerbockers und weißen Kniestrümpfen kleideten. Aber die Hochzeit des Harems neigte sich dem Ende entgegen.

Die Mode der Porträtfotografie veranlasste muslimische Frauen, gewagte Posen vor Fotografen einzunehmen, die oft keine Muslime waren. Traditionalisten beklagten die zunehmende Durchsichtigkeit des Gesichtsschleiers bei türkischen und ägyptischen Frauen, die »durchsichtiger als das Herz eines Säuglings« geworden seien, wie eine Kairoer Dichterin bemerkte.

Das »wilde Genie« des Islam, der geheimnisvolle Jamal al-Din Afghani, verkörperte in seiner Laufbahn als Agitator in der Türkei, Ägypten und dem Iran das revolutionäre Potential des Islam und verwandelte ihn in ein modernes politisches Werkzeug.

Russland und Britannien legten abwechselnd Vetos gegen jedes Infrastrukturprojekt ein, das der jeweils anderen Seite einen strategischen Vorteil hätte einbringen können. Diese einspurige Schmalspurbahn, mit der die Einwohner Teherans zu ihrem beliebtesten Schrein außerhalb der Stadt fahren konnten, stellte das gesamte Eisenbahnnetz des Landes dar.

Als die Forderungen nach politischer Freiheit zunahmen, begannen auch die Sitten sich zu verändern, und die uralte Praxis des männlichen Konkubinats wurde von Verfechtern der monogamen heterosexuellen Ehe nach westlichem Vorbild in Misskredit gebracht. Diese Karikatur macht sich über das »Bruderschaftsgelöbnis« zwischen hübschen Knaben und ihren älteren Mentoren lustig.

Auch ein Jahrhundert nachdem Abbas Mirza mit der Modernisierung der iranischen Armee begonnen hatte, waren die Streitkräfte des Landes immer noch primitiv und schlecht ausgerüstet. Aber Milizen wie diese – hier bei ihrem Training in Täbris dargestellt – leisteten 1908 heroischen Widerstand gegen die russische Invasion.

Fortschrittliche Geistliche: Die Führer der Reformbewegungen in Ägypten und im Iran, Muhammad Abduh (links) und Hassan Taqizadeh (rechts), stießen auf den erbitterten Widerstand der Traditionalisten bei ihrem Versuch, die für kurze Zeit bestehende Chance einer Liberalisierung zu nutzen.

Zu den Praktiken, die von westlichen Besuchern als besonders abstoßend empfunden wurden, gehörte die Bastonade (Stockschläge auf die Fußsohlen), eine besonders schmerzhafte Form von Bestrafung. Die Bastonade von Zuckerhändlern auf dem Teheraner Basar wurde zum Auslöser für die Verfassungsrevolution von 1905–1906.

1908 verschaffte sich Abdülhamid II. eine kurzzeitige Popularität durch die Wiedereinsetzung der Verfassung, die er mehr als drei Jahrzehnte zuvor selbst ausgesetzt hatte, aber auch dieser Opportunismus vermochte die Sehnsucht des Volkes nach politischer Freiheit nicht zu stillen. Im April des folgenden Jahres wurde er durch einen vom Militär angeführten Aufstand abgesetzt.

Die Pädagogin, Patriotin und Fliegerin Halide Edib (die einzige Frau auf dem Foto) ergriff Gelegenheiten, die sich zu Beginn der Türkischen Republik erstmals boten. Ihre Kleidung auf diesem Foto wirkt heute konservativ. Aber damit – und weil sie mitten zwischen Männern posierte – hätte sie nur wenige Jahre zuvor noch fromme Schmähungen auf sich gezogen.

Nach dem Zweiten Weltkrieg war der Iran ein fruchtbarer Boden für eine Reaktion auf den Niedergang der traditionellen Kultur. Der einflussreiche Denker Dschalal al-e Ahmad (hier mit seiner Frau, der Schriftstellerin Simin Daneschwar) wechselte zwischen Dritte-Welt-Nativismus, nostalgischen Gefühlen für einen verlorengegangenen Iran und Abscheu vor der Leere der westlichen Kultur. Seine Gefühle beeinflussten die Generation, die 1979 die Islamische Revolution auslöste.

»Ich habe den Pharao getötet.« Mit diesen Worten führte der dschihadistische Attentäter Khalid al-Islambuli, der den ägyptischen Präsidenten Anwar al-Sadat ermordete, 1981 einen Schlag gegen Tyrannei und Gottlosigkeit aus, der für die islamische Welt ein neues Zeitalter eröffnete.

Bewunderung für westliche Errungenschaften die große Menge mit ihrem Wunsch, die Abhängigkeit des Landes von Großbritannien und Russland zu beenden. Die Methoden dieser Revolutionäre waren nicht geeignet, für den Frieden, die Ruhe und die Akkumulation von Auslandsschulden zu sorgen, von denen die *Times* so ernsthaft geträumt hatte. Sie ließen sich nicht von Briten und Russen herumstoßen. Das Gegenteil galt für die Schahs bei den Bemühungen der Kadscharendynastie, den Erfordernissen des neuen Jahrhunderts gerecht zu werden. Isoliert, mittellos und geradezu lächerlich versessen auf Auslandsreisen, waren sie diplomatische Leichtgewichte, und so kann es nicht verwundern, dass die Großmächte es lieber mit ihnen zu tun hatten als mit den weitaus problematischeren konstitutionalistischen Politikern.

So vertieften denn Russland und Großbritannien in den Jahren nach der Verfassungsrevolution im Verbund mit dem jeweiligen Schah ihre Eingriffe in das Leben des Landes, während sie zugleich ihre allergrößte Wertschätzung für die Unabhängigkeit des Landes betonten. Mit Besorgnis sahen die Mächte, dass 1911 ein couragierter, nicht korrumpierbarer amerikanischer Zollbeamter namens Morgan Shuster den Auftrag erhielt, die Finanzen des Landes neu zu ordnen. Shuster war der unbefangene Vertreter einer aufstrebenden Weltmacht, die bislang noch frei von einer Geschichte kolonialer Verwicklungen im Nahen und im Mittleren Osten war. Viele in der Region sahen in den USA einen natürlichen Verbündeten gegen die etablierten europäischen Mächte. Der gutgekleidete, kompetente und naive Shuster traf im Mai 1911 im Iran ein, um das Amt des Generalschatzmeisters zu übernehmen, und musste sich sogleich mit russischen und britischen Bemühungen auseinandersetzen, seine Mission zu sabotieren. Insbesondere behinderten sie seine Bemühungen, eine für die Eintreibung der Steuern zuständige Gendarmerie zu schaffen, die die Steuereinnahmen vergrößern sollte und die militärische Überlegenheit der Mächte gegenüber dem Iran bedrohte. Zwei Monate nach Shusters Ankunft ermöglichten es die Russen Muhammad Ali – mit falschem Bart, einem Gefolge aus uniformierten Offizieren und einer als »Mineralwasser« getarnten Sendung Schnellfeuergeschütze – mit dem Ziel einer Rückeroberung des Throns in den Iran zurückzukehren. Die nationalistische Regierung in Teheran geriet in Panik, aber am Ende wurden die Truppen des Schahs besiegt, und der machte sich davon, diesmal auf Nimmerwiedersehen.

Aber auch weiterhin weigerten sich die Mächte, den Konstitutionalisten die angestrebte Unabhängigkeit zu gewähren, und das Haupthindernis für ihre Pläne sahen sie durchaus zu Recht in Shuster. Im November 1911 verlangten die Russen ultimativ die Entlassung des Amerikaners. In gedrückter Stimmung wiesen die Abgeordneten das Ultimatum zurück, obwohl sie wussten, dass sie ihr Land damit einer Invasion aussetzten. Wie Shuster sich später erinnerte, traten die Abgeordneten nach einer bewegenden Debatte vor, mit zitternden Händen, »und als die Abstimmung beendet war, hatte jeder einzelne, ob Geistlicher oder Laie, junger Mann oder Achtzigjähriger, seinen eigenen Schicksalswürfel geworfen, die eigene Sicherheit und die seiner Familie aufs Spiel gesetzt und dem großen Bären aus dem Norden die einstimmige Antwort eines verzweifelten und niedergetrampelten Volkes ins Gesicht geschleudert, das eine Zukunft in ungekanntem Schrecken einer freiwilligen Opferung seiner nationalen Würde vorzog«.[82] Tausend Meilen entfernt, im osmanischen Parlament, bemerkte der türkische Außenminister feinsinnig, die persische Unabhängigkeit könne gar nicht bedroht sein, da sie vom Anglo-Russischen Abkommen garantiert werde. Und das zu einem Zeitpunkt, schrieb Shuster, »da gut 12 000 russische Soldaten den gesamten Nordteil des Reiches besetzten«.

In den folgenden Tagen wurde der vom Parlament beschlossene Boykott englischer und russischer Waren allenthalben beachtet, während in Teheran aus aller Welt Unterstützungstelegramme muslimischer Vereine und Gemeinden eintrafen – eine Demonstration panislamischer Einheit, die Jamal al-Din Afghani von Herzen begrüßt hätte. Aber wo war die starke, gutausgerüstete Armee, die dieses edle Gefühl verteidigt hätte? Wo war die Munition, das Futter, das Geld? Die traurige Tatsache lautete, dass gut achtzig Jahre nach Abbas Mirzas ersten Versuchen, eine abschreckende Armee aufzubauen, die den Iran zu schützen vermochte, das Land in seiner militärischen Schlagkraft weiterhin jämmerlich abhängig vom Ausland war. Selbst wenn man Shusters (von Amerikanern geführte) Steuerpolizei einrechnete, konnten die nationalistischen Truppen die Russen unmöglich zurückschlagen.

Erneut baten die Konstitutionalisten Shuster um Rat, diesen Fremden, dem zu vertrauen sie gelernt hatten. Nach einem dreistündigen Gespräch fühlte der Amerikaner sich gezwungen, »widerstrebend die Meinung zu äußern, dass, falls auch nur ein einziger feindseliger Schritt gegen die Russen nördlich von Teheran unternommen würde, 50 000 Kosaken, die nach Persien strömen würden, sobald der Schnee im nächsten Frühling geschmolzen war, auch den letzten Funken persischer Freiheit zermalmen und vielleicht nicht einmal Witwen und Waisen verschonen würden, die an Gräbern der Soldaten trauern könnten«.[83]

Shuster hatte recht, und mit dieser trostlosen Erkenntnis war das Ende des zweiten iranischen Parlaments besiegelt. Am 21. Dezember beugte Persien sich dem russischen Ultimatum. Das Parlament wurde suspendiert, und die radikalen Konstitutionalisten gingen in den Untergrund oder, wie Taqizadeh, erneut ins Exil. Russische Truppen verbreiteten in Täbris Tod und Schrecken, hängten Konstitutionalisten und setzten Gesetze außer Kraft, und die zaristischen Behörden begannen ihre Autorität auf den gesamten Norden Persiens auszudehnen und forderten sogar die Kontrolle über die Bodenschätze der Region.

Im Süden unternahmen die Briten ähnliche Versuche, das Land faktisch zu einer Kolonie zu machen. Sie stellten eine mit Indern besetzte Polizeieinheit auf, die South Persia Rifles, und holten 1914 die Anglo-Persian Oil Company ins Land, ein Privatunternehmen, das ein britischer Prospektor gegründet hatte, um die Ölvorkommen unter staatlichen Garantien auszubeuten. 1915 wurde die im Anglo-Russischen Abkommen vorgesehene »neutral Zone« formell der britischen Zone zugeschlagen, die den Süden des Landes umfasste.

Die Lage des Iran im zweiten Jahrzehnt des 20. Jahrhunderts gab jedem, der die Verfassungsreform beobachtet hatte und sich nach einer Festigung ihrer Errungenschaften sehnte, in der Tat Anlass zu düsteren Gedanken. Das Parlament blieb geschlossen, die Presse wurde zensiert, und die Macht lag nun in den Händen von Kabinetten, die unter aufmerksamer russischer und britischer Aufsicht agierten. Der neue Schah, Muhammad Alis minderjähriger Sohn Ahmad, war zwar kein Tyrann wie sein Vater, aber er war auch nicht zielstrebig und engagiert, und wie sein Großvater Muzaffar al-Din und sein Urgroßvater Nasreddin vor ihm besaß er einen fatalen Hang zu kreditfinanzierten Auslandsreisen. Der von den Konstitutionalisten gehegte Traum eines finanziell unabhängigen, von rechtsstaatlichen Grundsätzen geprägten Iran war nur allzu kurz Wirklichkeit geworden. Es ist kein Wunder, dass aus den Trümmern des Gebäudes, in dem das zweite iranische Parlament getagt hatte, rachedurstig und blutig weitere Manifestationen nationaler Selbstbehauptung emporstiegen.

Der Nationalismus kann als das gemeinsame Geschenk der Briten und Russen an die iranische Nation gelten, aber es war das Volk selbst, das tastend herausarbeitete, was es hieß, modern und iranisch zu sein. Schon vor der Verfassungsrevolution und unter dem Einfluss des romantischen Nationalismus in Europa mit seiner Mythenbildung und Wiederentdeckung (vielfach durchaus zu Recht) längst vergessener Helden hatten einige einflussreiche Iraner begonnen, Symbole der glorreichen Vergangenheit nach solchen zu durchsuchen, die als Leuchttürme die Zukunft der Nation zu erhellen vermochten. Auch dies war eine Reaktion auf Ausländer. Im Verlaufe des 19. Jahrhunderts hatten die Aktivitäten europäischer Archäologen und Forschungsreisender – energischer Männer mit Tropenhelmen, die sich den Weg durch die achämenidischen Ruinen in Persepolis freischaufelten oder sich in Körben abseilen ließen, um die in den Kalkstein des Zagros-Gebirges gemeißelte Keilschrift zu entziffern – zunächst die Verwunderung, dann das Interesse und schließlich den Stolz dieser Iraner ausgelöst. Das Medium der Fotografie machte es möglich, dass die antiken Wunder von mehr Menschen gesehen wurden, als zuvor auch nur von ihrer Existenz gewusst hatten, und auf diese Weise erfuhren Iraner, was ihre Vorfahren gewesen waren und was sie erbaut hatten.[84]

Die Wiederentdeckung alter Größe hatte komplexe Auswirkungen auf das gerade entstehende Nationalgefühl. Gewiss war viel erreicht worden, aber wie tief war man gesunken! Die hypnotisierende

Gleichförmigkeit, mit der die achämenidischen Soldaten in perfekt ausgerichteten Bataillonen auf den Stufen des Apadana in Persepolis paradierten, erinnerte allenfalls niederschmetternd an das disziplinlose Gesindel, das allzu oft als modernes Militär durchging. Die Frage war, wie man die historischen Leistungen in den Dienst der Gegenwart stellen konnte.

Auf einer persönlichen Ebene hatten die Kadscharenschahs diesen Prozess schon recht früh begonnen. Seit den 1840er Jahren hatten sie, inspiriert von den Achämeniden und den Sassaniden, Inschriften und Reliefs in Auftrag gegeben, die in die Felsen rund um Teheran geschlagen wurden und ihre Tapferkeit im Krieg oder im Sattel zeigten. Für manche Mullahs waren solche Darstellungen der menschlichen Gestalt abscheulich und ein Verstoß gegen den Islam. Aber ihr Urteil fand erst Beachtung anlässlich eines Reiterstandbilds, dessen Provenienz sich über das berühmte Standbild Muhammad Alis in Alexandria bis auf das bronzene Reiterstandbild Peters des Großen in Sankt Petersburg zurückverfolgen ließ. Nasreddin bewahrte dieses Stück diskret in seinem Garten auf. Später wurde es eingeschmolzen, allerdings nicht aus religiösen Gründen, sondern im Rahmen dynastischer Rivalitäten.

Historisch ist hier anzumerken, dass der schiitische Islam und die arabische Kultur nicht mehr als Beitrag zum Nationalgefühl angesehen wurden, sondern als Hindernis empfunden wurden. Stattdessen sollte das ureigen persische, vorislamische Erbe das Material für die nationale Besonderheit liefern.

Der Iran besaß nicht viele Gelehrte, die in der Lage gewesen wären, das ältere Erbe in eine neue Identität umzumodeln, die den Europäern wie auch den traditionellen kulturellen Rivalen im Lande hätte standhalten können. Einer davon war der Babi-Dissident Agha Khan Kermani, der Ende der 1880er Jahre nach Istanbul ging, wo er Pamphlete zum Lobe des Darwinismus und der modernen Wissenschaft schrieb und über die Araber herzog. Obwohl die Kulturen des Islam eher die einigende Kraft der Religion gegenüber den trennenden Effekten der Rasse betonen, gab es lange schon antiarabische Gefühle. Man braucht in der persischen Dichtung nicht sonderlich weit zurückzugehen, um gepfefferte Hinweise auf abgemagerte Araber zu finden, die in der Wüste umherschleichen, während weißhäutige Perser es sich auf Diwanen gemütlich machen und Eiswasser schlürfen. Kermani zog verächtliche Vergleiche zwischen den edlen Ariern im iranischen Hochland und den wilden »Eidechsen essenden« Arabern und bereitete damit den Boden für eine dauerhafte kulturelle Spaltung, die die Perser auf einen eigenen Sockel heben sollte.

Stolz auf den alten Iran und ein wachsendes Gefühl der Andersartigkeit gegenüber den Arabern jenseits des Karun-Flusses bildeten zwei Schichten der iranischen Identität, die sich in den ersten Jahrzehnten des 20. Jahrhunderts zu festigen begannen. Ein dritter Faktor war literarischer Natur. Der mutige Vorkämpfer der Konstitutionalisten Hassan Taqizadeh gehörte zu den Ersten, die die Wirkmacht des schriftlichen Erbes des Landes und insbesondere des Nationalepos *Schahnameh*, des *Königsbuchs*, erkannten, das in relativ »reinem« (das heißt unarabischem) Persisch die Heldentaten mythischer wie auch historischer iranischer Könige schildert. Während seines zweiten, weitaus längeren Exils, das von 1910 bis 1924 dauerte, gaben Taqizadeh und eine Gruppe gleichgesinnter Emigranten eine der nach heutiger Ansicht bedeutsamsten Zeitschriften in der Geschichte des modernen Iran heraus. Ihr Name, *Kaveh*, hatte selbst eine Bedeutung. Der Schmied Kaveh war eine der wenigen nichtköniglichen Heldengestalten im *Schahnameh*. Er führte einen Aufstand gegen den fremden Dämonen Zahak an, um den legitimen iranischen König Fereydun wieder in seine Rechte einzusetzen – ein Ereignis, an das auch die Illustration auf der Titelseite der Zeitschrift erinnerte. Sie zeigte den Schmied, der dem siegreichen Zug der Aufständischen vorausschreitet und seine an einen Speer geheftete Schürze als Banner in die Höhe hält.

Die eine Mischung aus Geschichte, Geographie und Politik bietende Zeitschrift enthielt auch einige der frühesten Schriften moderner Iraner über das kulturelle Erbe des Landes, insbesondere über die Achämeniden und Sassaniden sowie über das vorislamische Neujahrsfest Nouruz, das auf die Frühlingstagundnachtgleiche fällt und mit Elementen des zoroastrischen Glaubens und anderer vorislamischer Glaubenssysteme gefeiert wird. Unvermeidlich verwies man auch auf

Werke westlicher Orientalisten, nicht um deren Autoren als Teil einer finsteren Verschwörung zur Unterdrückung des Iran zu brandmarken, sondern um den Mangel an iranischen Forschern mit ähnlichen Fähigkeiten und Interessen zu beklagen. Dabei hielt man eine eigenständige wissenschaftliche Tradition, die die Vergangenheit erforschte und der Gegenwart erklärte, für einen wesentlichen Aspekt modernen nationalen Daseins.

Zu den symbolträchtigsten Merkmalen der Zeitschrift *Kaveh* gehörte die Tatsache, dass jede Ausgabe nach der Yazdegerd-Zeitrechnung datiert war. Yazdegerd III. war der letzte König der Sassaniden, der 637 in der Schlacht von Ktesiphon im heutigen Irak von den Arabern besiegt wurde. Nach der Schlacht war das Persische Hochland offen für die arabischen Heere. Innerhalb weniger Jahre wurde das Sassanidenreich vollständig zerstört und seine führenden Figuren vernichtet. Der Yazdegerd-Kalender war daher ein Zeitmesser der Demütigung und zählte die Jahre seit dem Fall des letzten legitimen iranischen Königs. Auf diese Weise demonstrierten Taqizadeh und seine Kollegen auch ihre Verachtung für alle iranischen Dynastien, die das Land seit der islamischen Eroberung beherrscht hatten – einschließlich der Kadscharen, die nun in dieser Zeit beschleunigten Wandels ihrer Auslöschung entgegenstrebten.[85]

Von den drei großen Dynastien des Nahen und Mittleren Ostens schien die älteste und mächtigste – das Haus Osmans – die Verheerungen der Belle Époque noch am besten überstanden zu haben. Abdülhamid hatte überlebt, Nasreddin nicht. Und der Sultan hatte die graue Eminenz hinter der Ermordung seines königlichen Bruders sorgfältig in einer der am Ufer gelegenen und auch als vergoldete Gefängnisse dienenden Villen versteckt, wo Sayyid Jamal al-Din Afghani schließlich 1897 starb. Der Sultan hatte auch das Schicksal seiner Vasallen in Ägypten vermieden. Der Khedive Ismail hatte seine letzten Jahre in gewohnter Verschwendungssucht (seine Feste waren legendär) in Konstantinopel verbracht, während der gegenwärtige Herrscher, Taufiq, sich unter Lord Cromers Augen wand.

In Wirklichkeit war Abdülhamid nicht so unfähig, wie seine Kritiker behaupteten, und dank der Verbesserungen in der Infrastruktur (Eisenbahnen, Telegraphen und allwettertaugliche Straßen) sowie boomender Exporte (nicht nur Agrarprodukte und Textilien, sondern auch gesuchte Metalle wie Chrom und Mangan oder Mineralien wie Borax) befand sich das Reich um die Wende zum 20. Jahrhundert durchaus nicht in einem schlechten Zustand. Obwohl man es als Schande empfand, die Kontrolle über die Staatsfinanzen ausländischen Mandarinen überlassen zu müssen, hatte die 1881 gegründete, von Franzosen geführte Staatsschuldenkommission Effizienz und Regelmäßigkeit in die chaotischen osmanischen Staatsfinanzen gebracht, während das von Briten geführte Ägypten seinen Tributzahlungen nun zuverlässiger nachkam, als Ismail dies getan hatte.

Selbst der Absolutismus des Roten Sultans war weniger absolut, als seine Gegner gerne behaupteten. Mit Ausnahme Midhat Paschas, der 1884 wahrscheinlich auf Befehl des Sultans erwürgt wurde, neigte Abdülhamid eher dazu, seine politischen Gegner ins Exil zu schicken, statt sie zu töten, und schuf damit, wie ein Historiker dies einmal ausdrückte, einen »internationalen Elitekader von Feinden«.[86] Unterdessen trieb er geschickt das internationale Machtspiel, um den Nationalismus auf dem Balkan und in Armenien im Zaum zu halten – zu dessen Unterdrückung er, wie wir gesehen haben, auch brutale Gewalt einzusetzen bereit war.

Eine wichtige geopolitische Neuerung war sein Bemühen, Briten und Russen zu umgehen, indem er Freundschaft mit dem Deutschen Reich schloss, dessen impulsiver Kaiser, Wilhelm II., nicht müde wurde, seine Wertschätzung für den Sultan-Kalifen und dessen weltweites Gefolge aus Muslimen zu betonen, von denen viele sich in einer Demonstration des von Afghani propagierten Panislamismus an der Finanzierung des türkisch-deutschen Vorzeigeprojekts der Hedschas-Eisenbahn nach Mekka beteiligten. Gleichfalls mit deutscher Hilfe konnte der Sultan mit dem Aufbau der ersten wirklich substantiellen Armee des Nahen und Mittleren Ostens beginnen, die ihre Schlagkraft im kurzen Türkisch-Griechischen Krieg von 1897 bewies, als effiziente, von Deutschen reformierte türkische Infanterieeinheiten, mit den neuesten Mauser-Repetiergewehren ausgerüstet, ihre unterlegenen Gegner überrannten, bevor die Russen intervenierten und einen Waffenstillstand erzwangen.

Aber diese Errungenschaften waren nur ein leichter Hauch angesichts der steifen Brise schlechter Nachrichten. An einem typischen Tag konnte es vorkommen, dass die aus Abdülhamids Spitzelnetz im Yildiz-Palast eintreffenden Depeschen von Unruhen auf Kreta, Verschwörungen in Beirut und einer Meuterei wegen Soldrückständen bei Einheiten der Armee in Mesopotamien berichteten. Selbst die Siege des Reiches gaben den Großmächten allenfalls Anlass, nur noch aufmerksamer auf den Rivalen zu schauen. So erwies sich 1903 die entschlossene Niederschlagung eines Partisanenaufstands in Makedonien als willkommener Vorwand für Zar Nikolaus II. und Kaiser Franz Joseph von Österreich-Ungarn, eine internationale Polizeitruppe in dieses Gebiet zu entsenden – ein weiterer Schlag für das Märchen von der osmanischen Souveränität.

Angesichts seines obsessiven Mikromanagements und seines fortgeschrittenen Unentbehrlichkeitswahns kann es kaum überraschen, dass man dem misstrauischen, undurchschaubaren Sultan persönlich die Schuld an der prekären Lage gab. In Paris intrigierte eine als Jungtürken bezeichnete Gruppe von Exilanten gegen ihn. Innerhalb dieser Gruppe bestand eine Spaltung zwischen denen, die wie die Armenier europäische Interventionen als unverzichtbare Garantie für Reformen empfanden, und anderen, die sich entschieden gegen solche Interventionen aussprachen, weil sie die Unabhängigkeit des Landes missachteten.

Ahmet Riza, der einst im Landwirtschaftsministerium gearbeitet hatte und aus Enttäuschung über seine unzureichenden Aufstiegschancen in der kaiserlichen Bürokratie ins Exil gegangen war, gehörte zu diesen Dissidenten, und seine Zeitschrift, *Mesvret* (»Beratung« – ein Wort mit eindeutig parlamentarischen Konnotationen), wurde ins Reich eingeschmuggelt, wie Malkum Khans *Qanun* vor der Verfassungsreform in den Iran geschmuggelt worden war. Darin wurde der Sultan abwechselnd als Henker, Geißel Gottes, blutige Majestät und als Wolf beschrieben, der die Herde hüten sollte. Besondere Inspiration bezogen die Jungtürken aus der Revolution im Iran, deren führende Köpfe – wie etwa Hassan Taqizadeh – vielfach aserbaidschanische Türken waren, mit denen sie ein Gutteil des kulturellen und sprachlichen Erbes gemein hatten.

In Sachen schockierender Gottlosigkeit konnten die Jungtürken es zweifellos mit ihren iranischen Gesinnungsgenossen aufnehmen. So schrieb Ahmet Riza einmal an seine Schwester: »Wenn ich eine Frau wäre, würde ich mich dem Atheismus zuwenden und niemals Muslim werden ... Verschone mich mit dieser Religion!« Ein anderer einflussreicher Dissident, Abdullah Cevdet, nahm Taqizadehs berühmte prowestliche Einstellung vorweg, als er erklärte: »Der Westen ist unser Lehrer; ihn lieben heißt Wissenschaft, Fortschritt, materielle und moralische Verbesserung lieben ... Ein fleißiger und dankbarer Schüler des Westens zu sein – das ist unsere Bestimmung.«[87]

Riza und Cevdet gehörten zu einer Gruppe von Jungtürken, die 1907 zusammenkamen, um einen revolutionären Verein namens Komitee für Einheit und Fortschritt zu gründen, das sich am Modell der Untergrundzellen orientierte und von seinen Mitgliedern verlangte, über einem Schwert und dem Koran zu schwören, dass sie bereit waren, ihr Leben für ihre Sache zu geben.[88] Die Forderung des Komitees nach einer Wiederbelebung der Verfassung durch den Sultan besaß einen starken Reiz für türkische Offiziere, die in Makedonien (wo die Erniedrigung durch ausländische Aufsicht besonders zu spüren war) trübsinnig in ihren Raki starrten, aber ebenso auch für die von Café zu Café wandernden Pariser Exilanten. Alle waren einhellig der Überzeugung, dass der Untergang des Reiches unabwendbar war, wenn es nicht gelang, dem Niedergang Einhalt zu gebieten, und dass die Verständigungsbereitschaft, die das Anglo-Russische Abkommen signalisierte und bereits zum Beschuss des iranischen Parlaments geführt hatte, auch das Osmanische Reich strangulieren werde. Im Sommer 1908 verstärkte sich das Gefühl einer unmittelbar bevorstehenden Katastrophe, als bekannt wurde, dass die Flotte des Zaren an der türkischen Schwarzmeerküste auffuhr.

Die türkische Revolution begann Ende Juni mit der Flucht von etwa zweihundert Offizieren und Soldaten in das makedonische Bergland. Als die Meuterei sich ausbreitete, verband das Komitee für Einheit und

Fortschritt den Aufruhr in einem Telegramm an den Yildiz-Palast mit einer Forderung: Die Verfassung musste wieder in Kraft gesetzt werden. Nur wenige Rebellen dürften mit der überraschenden Antwort des Sultans auf ihre Forderungen gerechnet haben. Statt diesen Angriff auf jene Autokratie abzuwehren, die Abdülhamid in den letzten drei Jahrzehnten so sorgfältig aufgebaut hatte, erklärte er, die Wiederherstellung der Verfassung sei lange schon sein größter Wunsch. Am 24. Juli verkündete er die Wiedereinberufung des Parlaments, die Aufhebung der Zensur und eine Amnestie für politische Gefangene. Die Verkörperung der osmanischen Despotie konnte nun das Verdienst für deren Zerschlagung in Anspruch nehmen.

Nach der Ankündigung des Kaisers gab es in Istanbul eine kurze Pause, in der die Menschen zu begreifen versuchten, was das alles bedeutete – gefolgt von einem Delirium der Stadt, die glaubte, sie hätte ein Heilmittel für alle Übel gefunden. Wenige Tage nach der Revolution kam die feministische Autorin Halide Edib in die Stadt, wo »die Szene auf der [Galata-]Brücke mich sogleich gefangen nahm ... Die Tradition von Jahrhunderten schien ihre Wirkung verloren zu haben.« 1798 hatte Napoleon vergeblich versucht, die Einwohner von Kairo zu bewegen, das Symbol der Französischen Revolution, die dreifarbige Kokarde, zu tragen. Jetzt dagegen »wogte [auf der Brücke] ein Menschenmeer. Alle, Männer wie Frauen, hatten sich rotweiße Kokarden an die Brust gesteckt« (die Farben der osmanischen Flagge). »Die Begeisterung schuf ein Gefühl der Gemeinschaft, das alle Unterschiede des Geschlechts und der Rasse, den in Jahrhunderten aufgehäuften Unmut und Hass, ja sogar alles Schlechte und Hässliche hinwegzufegen schien.«[89]

Der Unterschied zwischen dieser Revolution und den alten Verhältnissen war gewiss dramatisch. Dazu gehörte etwa der ungewohnte Anblick von Männern, die an Straßenecken auf Stühlen standen und Reden hielten; und Edib sah eine Delegation der Metzger feierlich aus der Hohen Pforte kommen, wo sie sich von der Dauerhaftigkeit des neuen Regimes überzeugt hatten, dessen leidenschaftliche Anhänger sie innerhalb von Stunden geworden waren. Ein alter Mann schwor, alles, was ihm lieb war, für die »heilige Sache« opfern zu wollen.[90]

Aber was wusste er über diese Sache? Höchstwahrscheinlich nicht sehr viel, und Edib schildert sehr aufschlussreich ein Gespräch zwischen dem einflussreichen Komiteemitglied und zukünftigen Erzieher Riza Tevfik, der über den Platz ritt, um für Ordnung zu sorgen (Abdülhamids Polizei hatte sich zurückgezogen), und einigen des Lesens und Schreibens unkundigen Trägern. »Sag uns, was die Verfassung bedeutet«, riefen die Träger. Tevfik antwortete: »Die Verfassung ist etwas so Großes, dass alle, die sie nicht kennen, Esel sind.« »Wir sind Esel«, riefen die Träger wohlgelaunt zurück.[91]

Es kann kaum überraschen, dass man nicht recht wusste, wie die neuen Worte zu definieren waren, mit denen alle um sich warfen. Nach einem Regimewechsel ist solche Vieldeutigkeit die Regel. Schuldner meinten, »Verfassung« bedeute Schuldenerlass. Arbeiter meinten, sie bedeute eine Verdopplung der Löhne. Kunden der Schifffahrtsgesellschaft am Bosporus verwechselten sie mit einer kostenlosen Überfahrt. Eine Frau weigerte sich, den Brückenzoll an der Galatabrücke zu zahlen. »Haben wir jetzt nicht Freiheit?«, fragte sie. Ein Muslim, der zum Tode verurteilt worden war, weil er einen Christen ermordet hatte, erblickte darin nun einen Verstoß gegen seine neue Freiheit. Träger im Hafen streikten für Arbeiterrechte. Überall weigerten sich Leute, ihre Steuern zu zahlen.[92]

Die Bedeutung der türkischen Revolution entging auch den Nachbarn der Osmanen nicht, die ihre eigenen Verfassungskämpfe führten. Am 4. August 1908 erreichte die Nachricht vom Sturz der türkischen Despotie die Konstitutionalisten in Täbris, die von Royalisten und deren russischen Verbündeten belagert wurden, und nun erschienen Anschläge, auf denen stand: »Der Sultan wäre ein ebenso guter Herrscher wie der Schah.«[93]

Sultan Abdülhamids Taschenspielertrick konnte nur dann auf Dauer erfolgreich sein, wenn weiterhin der Eindruck bestand, das neue Parlament sei sein Geschenk, und als er am 17. Dezember 1908 dessen erste Sitzung eröffnete, gratulierte er seinem Volk gebührlich, dass es nun die politische Reife besitze, die es ihm erlaube, das Parlament wieder einzusetzen. »Ich habe meine Bemühungen auf die Förderung des Fortschritts in allen Teilen des Landes gerichtet«, klopfte der Sultan sich selbst auf die Schulter. »Mit Gottes Hilfe ist dieses Ziel erreicht, und dank der Ausbreitung der öffentlichen Schulbildung hat der Bildungsstand sich in allen Klassen unserer Bevölkerung verbessert.«[94]

Wie ihre kurzlebige Vorgängerin war die Kammer ein Spiegel des kosmopolitischen Charakters des Reiches. Sie bestand aus 140 Türken, 60 Arabern, 25 Albanern, 23 Griechen, zwölf Armeniern, fünf Juden, vier Bulgaren, drei Serben und einem Walachen. Aber die Vision einer Einheit in Vielfalt, die zu Beginn der Revolution die Einwohner Istanbuls auf die Straßen gebracht hatte – der Sultan, das Komitee für Einheit und Fortschritt und osmanische Untertanen jeglicher Couleur einmütig vereint in ihren Zielen – wurde sogleich als Illusion entlarvt. Nach der Wiedereinsetzung der Verfassung machten die gerade Befreiten sich an die politische Arbeit.

Wie auch im Iran verteilten sich die Kräfte in der Türkei auf verschiedenen Positionen in einem Spektrum, das vom Säkularismus bis zur Scharia reichte, wobei der Monarch seine Position je nach den erhofften Vorteilen sorgsam wechselte, sich auf lange Sicht jedoch an die Seite der Reaktionäre stellte. Der Unterschied zum Iran in der vergleichbaren Phase der Revolution lag darin, dass die Türkei bereits eine Verfassung besaß, nämlich das berüchtigt konservative Dokument von 1876, dessen fünfter Artikel den Sultan für heilig und nicht rechenschaftspflichtig erklärte.

Das Komitee für Einheit und Fortschritt versah den Artikel mit einer neuen Interpretation; danach stand der Sultan über der Politik und durfte nicht mit Verantwortung belastet werden. Und das neue Parlament, in dem das Komitee großen Einfluss besaß, ließ bald einen ungewohnt radikalen Geist erkennen.

In den Augen vieler osmanischer Muslime stand Ahmet Riza, der Präsident der Kammer, für eine vom islamischen Rahmen losgelöste Zukunft, verkörpert in diesem positivistischen Mischling (seine Mutter kam aus Bayern), der seine Gegner als »Schufte« bezeichnete.[95] Der Sultan hofierte die Radikalen, indem er sie im Yildiz-Palast bewirtete (und Riza persönlich zu seinem Lieblingsmineralwasser verhalf), aber die wiesen seine Gastfreundschaft zurück und kritisierten öffentlich die Person des Sultans in einer noch nie dagewesenen Weise. Als im

Palast Geld aus einem von einem Basar aufgebrachten Fonds verlorenging, wetterte ein Abgeordneter: »Dieses Geld ist gestohlen und verschwendet worden, und die Verantwortung dafür liegt bei den höchsten Persönlichkeiten im Reich.« Ein weiterer empfahl, der Sultan solle den Palast an das Volk übergeben, zum Ausgleich für die Millionen, die er ihm abgepresst habe. (Dieser Vorschlag führte nicht weit, aber die Zivilliste wurde gekürzt, wie es auch im Iran geschehen war.) Unterdessen startete das enthemmte Komitee eine massive Säuberungsaktion gegen royalistische Elemente. »Überall werden Bürokraten und Beamte gefeuert«, tönte das Parteiorgan *Tanin,* und die gerade befreite Presse brandmarkte Hunderte Angehörige der kaiserlichen Verwaltung als Spione.[96]

Trotz des Elans des Komitees führte indessen die erste Erfahrung der Türken mit moderner Politik nicht zu einer einmütigen Antwort auf die Frage, in welchem Land sie leben wollten, und die Aufgabe, hier einen Konsens zu finden, wurde durch wiederholte Demütigungen an der diplomatischen Front noch weiter hinausgezögert. Wenn die iranischen Konstitutionalisten behaupten konnten, das Anglo-Russische Abkommen verhindere innenpolitische Reformen, sorge für Instabilität und habe letztlich zur Beschießung des Parlamentsgebäudes durch General Liakhoff geführt, so war die Lage für die Osmanen kaum besser, schrumpfte ihr Staat doch zusehends, da weitere Randgebiete sich vom Reich entfernten.

Nach einigen grauenhaften Tagen im Oktober 1908 erklärte in Bulgarien Fürst Ferdinand, dass er hinfort Zar eines unabhängigen Landes sei; Österreich-Ungarn annektierte Bosnien-Herzegowina (bis dahin offiziell eine osmanische Provinz); und Kreta gab seine Vereinigung mit Griechenland bekannt. Das seien die Früchte des Konstitutionalismus, triumphierten Gegner der Jungtürken – und der Gegenschlag begann.

In den folgenden Monaten brandmarkte eine Organisation frommer Muslime, die Gesellschaft Mohammeds, das Komitee für Einheit und Fortschritt, weil es von der Scharia abweiche, und ihr Sprachrohr, die Zeitschrift *Volkan,* schrieb erzürnt, ihre Gegner riefen zwar unablässig: »Lang lebe die Freiheit!« Aber noch nie habe man dort den Ruf gehört: »Lang lebe der Islam!« Zugleich gärte es in der Armee bei den einfachen Soldaten, weil eine neue, am preußischen Vorbild ausgerichtete Dienstordnung keine Möglichkeit zur Einhaltung der Gebetszeiten bot. Außerdem schimpfte man über Bemühungen des Komitees, die Armee aus wirtschaftlichen Gründen zu verkleinern. Auf Kritik stieß auch die wachsende Zahl der von Frauen besuchten Theater, desgleichen die Einrichtung von Mädchenschulen am Bosporus – auch dies aus religiösen Gründen unzulässig, wie die Hardliner behaupteten.[97]

Wie Scheich Fazlullah Nuri es im Iran getan hatte, so forderte die Gesellschaft Mohammeds, dass die Gesetzgebung mit der Scharia im Einklang stehen müsse, und viele andere – einfache Soldaten, die um ihre Zukunft fürchteten; Witwen und Waisen, die die abnehmende Großzügigkeit des Sultans beklagten; Theologiestudenten – vereinigten ihre Stimmen zu einem wachsenden Gemurmel der Unzufriedenheit. Selbst die Frauenrechtlerin Halide Edib kritisierte die Verachtung des Komitees für andere Ansichten als die eigenen – auch wenn sie in der Zeitschrift *Tanin* trotz Todesdrohungen weiterhin Artikel über die Emanzipation der Frauen veröffentlichte. Unterdessen wuchs die Gesellschaft Mohammeds weiter und gründete auch in Provinzstädten Ableger, wie das Komitee es getan hatte. Auf diese Weise machten die Osmanen ihre ersten, wenn auch ungebärdigen Erfahrungen mit Parteipolitik.

Bei der Übernahme der Macht – allerdings keiner Ämter; sie waren niemals mehr als eine Regierung innerhalb der Regierung – hatten die Jungtürken das Telegraphenamt im Yildiz-Palast stillgelegt und dadurch den Sultan seiner geheimdienstlichen Informationsquellen beraubt, auf die er gleichsam ein Monopol besessen hatte. Unterdessen gründete das Komitee im ganzen Land Ortsvereine und wurde dadurch zur ersten modernen politischen Partei des Nahen und Mittleren Ostens. Aber die Reaktion gewann an Schwung. Ein Prediger, der Blinde Ali genannt, führte eine Menge zum weitläufigen Yildiz-Palastkomplex, wo der Sultan an einem Fenster erschien. »Wir wollen einen Hirten«, rief die Menge. »Eine Herde kann nicht ohne einen Hirten existieren.« Eine fromme Zeitschrift erklärte die Fotografie zu purer Häresie.[98]

Die Konterrevolution begann am 13. April 1909, als Offiziere in Istanbul durch eine Revolte gemeiner Soldaten überwältigt wurden. Innerhalb weniger Stunden strömten Tausende von Soldaten und Unteroffizieren vor das Parlamentsgebäude, wo auch einige Theologiestudenten und niedere Imame zu ihnen stießen. Begleitet von unheilverkündenden Trompetenstößen von draußen, empfing das Parlament eine Delegation von Geistlichen samt einigen bewaffneten Soldaten, die den Abgeordneten Vorhaltungen machten. Die Rebellen forderten unter anderem die Wiedereinsetzung der Scharia, die Entfernung der zum Komitee gehörenden Minister und die Absetzung vieler Offiziere – und als wollte der Mob diese Forderungen unterstreichen, lynchte er einen Abgeordneten, der versuchte, ins Parlamentsgebäude zu gelangen.

In den folgenden Tagen kam es zu weiteren Terrorakten. Minister wurden ermordet. Progressive Zeitungen wurden geplündert (darunter auch *Tanin*). Offiziere wurden in ihren Wohnungen vor den Augen ihrer Familien ermordet. Den Kapitän eines kaiserlichen Kreuzers, der als Unterstützer des Komitees bekannt war, brachte man in einem offenen Wagen in den Yildiz-Palast, wo man ihn in Anwesenheit des Sultans tötete.

Abdülhamid gilt nicht als Drahtzieher hinter der Konterrevolution, aber er beeilte sich, Vorteil daraus zu ziehen. Nach dem Albtraum der Herrschaft des Komitees für Einheit und Fortschritt übernahmen Königstreue die Regierung und die Schlüsselministerien für Heer und Marine. Regionalgouverneure wurden telegraphisch darüber informiert, dass die Scharia ordnungsgemäß wiedereingeführt sei. Die Verfassung konnte man vergessen – es war, als hätten die Tanzimat-Reformen niemals stattgefunden.

Wie so oft bei Revolutionen schwang das Pendel des Schicksals wieder in die Gegenrichtung. Die Meuterer hatten überreizt. Die Rache war allzu hart gewesen, und nun suchte das Komitee nach Vergeltung. In Makedonien machte sich eine aus Jungtürken bestehende Streitmacht auf den Weg, um den Sultan zu bezwingen. Der führerlose Mob, der Konstantinopel übernommen hatte, war kein Gegner für General Mahmud Schevket Pascha und seine neue Interventionsarmee, die am 24. April die Hauptstadt stürmte und erst am Yildiz-Palast, der genau für solch einen Fall befestigt worden war, von der königlichen Garde gestoppt wurde.

»Als bei Sonnenuntergang die Fahne eingeholt wurde«, schreibt ein Augenzeuge, »zeigte der Ruf: ›Padschahim tschok yascha‹ (›lang lebe der König!‹), dass Abdülhamid noch an der Macht war, aber als die Dunkelheit über die Szene hereinbrach, begann auf allen Straßen, die auf den Palast zuliefen, ein Rasseln und Rumpeln, das ohne Unterbrechung die ganze Nacht anhielt. Es war das Rasseln und Rumpeln der heranrückenden makedonischen Kanonen.«

In seinen Palast eingeschlossen, von seinen Dienern und Söhnen verlassen (die Eunuchen und die Damen verfielen in Hysterie), blieb Abdülhamid nichts anderes übrig, als die Parlamentsdelegation zu empfangen, die ihn über sein bevorstehendes Schicksal informieren sollte. Zwei Tage später kam das so massiv terrorisierte Parlament wieder zusammen und setzte Abdülhamid ab.[99] Man schickte ihn nach Saloniki in die Verbannung, einer Stadt, die er hasste, weil sie der Ausgangspunkt jener Subversion gewesen war, die zu seiner Absetzung geführt hatte. Dort beschäftigte er sich hauptsächlich mit dem Schreinern von Möbeln (er war ein geschickter Schreiner) und mit dem Kraulen seiner Angorakatze. 1912 brachte man ihn zurück nach Istanbul, wo er sechs Jahre später verbittert und unbeweint starb – ein Autokrat, der zwar den aus dem Westen kommenden Ideen der Moderne weit stärker ausgesetzt war als sein Zeitgenosse Nasreddin Schah, sie am Ende aber auch nicht besser abzuwehren vermochte. Modernität war jedenfalls relativ, wie der irische Journalist Francis McCullagh in seiner posthumen Beurteilung des Sultans anmerkte: »Ähnlich wie Nikolaus II. war er seinen Vorgängern wahrscheinlich voraus, aber sein Volk hatte dank des Einsickerns westlicher Ideen so große Fortschritte gemacht, dass er rückständig erschien.«[100]

Die merkwürdigen Ereignisse von 1908 bis 1909 sind ein weiterer Beweis für die Unsinnigkeit der Erwartung, eine in chaotischer Modernisierung begriffene Gesellschaft könne über Nacht politische »Reife« erlangen. Zu Beginn dieser Periode sahen die Osmanen sich im Treibsand demokratischer Politik versinken, und an ihrem Ende suchten sie immer noch nach festem Grund. Im Sommer 1908 sorgte die Verfassung für solch einen sicheren Grund. Im April 1909 war dies die Scharia – nicht nur für die Meuterer, sondern auch für viele andere osmanische Muslime, die Angst hatten, dass alles, was ihnen teuer war, gerade zerfiel. Das ist nicht so unlogisch, wie es erscheinen mag. Das öffentliche Verständnis dieser Begriffe war beschränkt, aber da man von beiden voller Ehrfurcht sprach und ihnen große Macht zuschrieb, entstand der Eindruck einer über den Menschen stehenden Kraft, die alles zu richten vermochte, was im Leben der Menschen falsch lief. Es ist kein Zufall, dass die zum Lob der Demokratie, der Menschenrechte und der verfassungsmäßigen Ordnung geschaffene Dichtung vielfach dasselbe Gefühl von Glück und Ekstase vermittelt wie religiöse Texte. Beide antworten auf die Sehnsucht nach einer Auflösung der zur *conditio humana* gehörenden Leere. So erging es auch den türkischen Revolutionären. Aufgrund der Wankelmütigkeit ihrer Bindung an Phrasen, die mehr versprachen, als sie zu halten vermochten, flohen die Menschen von der Verfassung zum islamischen Recht und wieder zurück, ohne dass ihnen die Widersprüchlichkeit bewusst geworden wäre, die ein modernes Empfinden hier erkennt. Zu einer ähnlichen Pendelbewegung kam es während des Arabischen Frühlings 2011 in Ägypten, und es wird ohne Zweifel wieder geschehen, wenn eine fromme Gesellschaft aus dem Gefangensein in die Freiheit springt und die Freiheit sich als Enttäuschung erweist. Schließlich ist die Verfassung nur ein Dokument. Und die Scharia ist ein Gesetzeswerk. Soll daraus ein Instrument zur Ordnung der Gesellschaft werden, bedürfen beide eines Maßes an Weisheit und Einfallsreichtum, über das 1910 kein türkischer Führer verfügte.

Die christlichen Untertanen des Osmanischen Reiches nutzten während des 19. Jahrhunderts, wie wir gesehen haben, die Beispiele moderner europäischer Nationalismen, um Rechte und Autonomie einzufordern. Zur selben Zeit bestanden die muslimischen Führer des Reichs weiterhin auf der Brauchbarkeit einer exotischen Große-Jurte-Ordnung namens Osmanentum. Dies war ein direkter Abkömmling der Sichtweise, die einst die frühen arabischen Muslime vertreten hatten, als sie – eine winzige Minderheit – sich Mitte des 7. Jahrhunderts daranmachten, Millionen Untertanen des Persischen und des Römischen Reiches zu erobern. Sie ermöglichte ein Zusammenleben von Muslimen und Nichtmuslimen unter muslimischem Recht, wobei die Muslime die Führung besaßen – eine Machtstruktur, die im Fall der Osmanen von der Gestalt des Sultan-Kalifen überragt wurde. Doch schon in der Regierungszeit Mahmuds II. – und durch die Tanzimat-Reformen noch zusätzlich kompliziert – hatte die osmanische Regierung ihre Vorherrschaft innerhalb dieser Ordnung untergraben, indem sie Nichtmuslimen Rechte gewährte.

Wenn die Minderheiten größere Privilegien genossen und sogar Zugang zu den Korridoren der Macht erhielten (in den frühen Jahren des 20. Jahrhunderts gab es im osmanischen Kabinett armenische Minister), weshalb scheiterte dann das milde Osmanentum? Die Antwort lautet, dass es keine säkulare Idee darstellte, und in der modernen Welt dienten säkulare, nicht religiöse Etikette als Mittel der Identifikation und Trennung. Die Großmächte definierten sich nicht als religiöse Gebilde, sondern als Nationalstaaten, und diese Säkularisierung der Identität übernahmen auch die christlichen Untertanen des Sultans, wobei Griechen, Bulgaren und Armenier neben und über der religiösen Unabhängigkeit, die sie bereits genossen, nach politischer Unabhängigkeit strebten. Schließlich erreichte die nationalistische Ansteckung auch die übrigen nichttürkischsprachigen muslimischen Untertanen des Sultans, und in Konstantinopel entstanden revolutionäre Zellen, deren Mitglieder nicht nur vom Balkan und aus Armenien kamen, sondern auch aus Syrien, Kurdistan und Albanien.

Die aus den Türken bestehende Kerngruppe des Reiches musste nun herausfinden, wo sie hineinpasste. Dass »die Türken« ohnehin eine nebulöse Gruppe darstellten, zuweilen unfreundlich definiert als der Bodensatz der bäuerlichen muslimischen Bevölkerung und genetisch kompromittiert nach Jahrhunderten der Rassenmischung mit Iranern, Arabern, Kurden, Armeniern und Griechen; dass ihre Kultur von den bodenständigen, vielfach abergläubischen Äußerungen der Berghirten bis hin zur Pedanterie und Frömmigkeit des Paschas in seinem Glanz und die äußere Erscheinung der Türken vom blauäugigen und blonden Salonikier bis hin zum mondgesichtigen Typ der Steppenvölker und zum dunklen Typ des Nahen und Mittleren Ostens reichte – solche Erwägungen waren sekundär in den Augen jener osmanischen Muslime, die um die Wende zum 20. Jahrhundert erkannten, dass sie von einer Welt aus Nationen umgeben waren, aber keine eigene besaßen. Die Armenier hatten politische Parteien, die sich für Autonomie und Unabhängigkeit einsetzten. Die Griechen hatten ein neues Land, das auf der Erinnerung an das alte fußte. Dasselbe taten die Bulgaren (1908). Alle besaßen Nationalsprachen, Lieder, Mythen. Warum nicht die Türken?

Der Mann, der Antwort auf diese Fragen gab und damit die Parameter für die zukünftige türkische Nation setzte, war Ziya Gökalp, ein stiller, bescheidener, zuweilen aufbrausender Mann aus dem Südosten. Er war »ein kleiner, dicker, dunkelhäutiger Mann«, schrieb seine Freundin Halide Edib, »mit einer auffälligen kreuzförmigen Narbe auf der Stirn – eine Erinnerung an einen Selbstmordversuch in seiner Jugend.«[101] Anlass zu diesem Selbstmordversuch, bei dem er sich mit einer Pistole in den Kopf schoss, soll der frühe Tod seines Vaters Tevfiq und die anschließenden Bemühungen seines Onkels, eines Geistlichen namens Hasip Efendi, gewesen sein, ihn zu zwingen, seine Kousine Cevriye zu heiraten, statt nach Konstantinopel zu gehen und sein Studium abzuschließen. Er kann auch in einem weiteren Sinne als Höhepunkt einer regellosen Kindheit gesehen werden, die ihn haltlos zurückließ.

Geboren wurde er 1875, am Vorabend des turbulenten Jahres der drei Sultane, als Sohn und Enkel von Staatsbeamten in Diyarbakir, dem Verwaltungszentrum im Südosten Anatoliens. Über weite Strecken ihrer Geschichte war diese für ihre Basaltmauern berühmte Stadt von Arabern und Persern beherrscht worden. Nun, dreihundert Jahre nachdem sie unter osmanische Herrschaft gelangt war, stellten Kurden und Armenier die größten Bevölkerungsgruppen. Ziya erlernte in seiner Kindheit die kurdische Sprache, und zumindest teilweise dürfte er kurdischer Abstammung gewesen sein – eine schlechte Ausgangsposition für ein Projekt zur Schaffung einer türkisch-nationalen Identität, aber auch keineswegs aussichtslos, da gerade ethnisch »Unreine«

gelegentlich einen besonders leidenschaftlichen Nationalismus entwickeln. Bevor sein Vater starb, hatte er in seinem Sohn Liebe zum Lesen, Begeisterung für Namik Kemal und ein Gespür für das kulturelle Dilemma geweckt, das alle gebildeten Muslime im Zeitalter eines grassierenden Nationalismus quälte. Das zeigte sich in einem Gespräch zwischen Tevfiq und seinen Freunden, als die Entscheidung getroffen werden musste, ob Ziya zum Studium ins Ausland gehen sollte. »Ich fürchte«, vertraute Tevfiq seinen Gesprächspartnern an, »in Europa könnte er ein *gavur* [Ungläubiger] werden.« Einer seiner Freunde fragte: »Und was wird geschehen, wenn er hier bleibt?« Tevfiq antwortete: »Dann wird er ein Esel werden.«[102]

Für den jungen, wissbegierigen und sensiblen Waisen war die Jugend in Diyarbakir zugleich anregend und verwirrend. In diesem entlegenen Außenposten in unmittelbarer Nachbarschaft zum Persischen und zum Russischen Reich konnte er neben seinen beiden Muttersprachen Türkisch und Kurdisch auch Arabisch, Persisch und Französisch lernen, und wahrscheinlich beherrschte er auch ein paar Brocken Armenisch. Hasip Efendi lehrte ihn islamische Philosophie und Religionswissenschaften, während er von dem berüchtigten, zum Komitee gehörenden Atheist und Arzt Abdullah Cevdet, der 1892 nach Diyarbakir geschickt worden war, damit er sich dort an der Bekämpfung der Cholera beteiligte, eine zweifellos unzweideutige Lektion über die Notwendigkeit des Fortschritts und die Gefahren der Rückständigkeit erhielt.

Cevdet muss im Diyarbakir der Jahrhundertwende, in dem fast alles von der Religion der einen oder anderen Ausrichtung geprägt war, wie ein Freak gewirkt haben. Der Aktivist des Komitees für Einheit und Fortschritt glaubte, Gegnern der Darwin'schen Theorie, ob sie nun Turban trugen oder nicht, solle man den Kopf zerschmettern, und einige Jahre später verhehlte er nicht seine Freude, als der erste türkische Flieger ums Leben kam, bewies das doch, dass die Türken sich dem europäischen Niveau furchtlosen Forschens näherten. »Als die europäischen Polarforscher sich auf den Weg in die Arktis machten«, schrieb Cevdet, »und ihre Flieger sich in die Luft erhoben, da lachten wir über sie und sagten: ›Sollen diese dummen Europäer sich doch von

Eisbären fressen und bei Flugzeugabstürzen in Stücke reißen lassen.‹ Wir erkannten nicht, dass sie mit diesen ›dummen‹ Taten ihre Weltherrschaft verwirklichten. Jetzt stürzen erstmals auch unsere Männer ab. Das ist kein Grund zur Trauer. Wir sollten uns freuen. Für mich ist das ein Zeichen, dass wir zu neuer Kraft finden und nicht sterben werden.«[103]

Kein Wunder, dass Hasip Efendi seinem Neffen Ziya den Umgang mit diesem gefährlichen Freigeist verbot, aber ohne Erfolg – und zum Glück für den jungen Mann, denn es war Cevdet, der ihm nach seinem Selbstmordversuch das Leben rettete. Ein weiterer Mediziner, der griechisch-orthodoxe Dr. Yorgis, öffnete Ziyas Denken für die westliche Philosophie, während seine mystischen Neigungen – er war ein Verehrer der mittelalterlichen Sufi-Dichter Ibn Arabi und Rumi – einen weiteren möglichen Weg zwischen den Polen Religion und Vernunft erhellten, auf die sein Vater hingewiesen hatte.

Die Krisen, die aus diesen widersprüchlichen Einflüssen resultierten, prägten Ziyas Jugend und führten zu einer »Schlaflosigkeit, die mehrere Jahre anhielt, so dass ich fast bis aufs Skelett abmagerte. Ich hatte keine organische Krankheit und litt auch nicht unter sozialen Beschwerden. Die Quelle meiner Probleme war mein Denken. Ich glaubte damals, wenn es mir gelang, die Große Wahrheit zu finden, wie ich dies nannte, wäre ich von allen Schmerzen befreit. Aber wo konnte ich sie finden?«[104]

1896 ging er nach Konstantinopel – auch dies gegen den entschiedenen Willen seines Onkels – und schrieb sich in der veterinärmedizinischen Hochschule ein (der einzigen Einrichtung des Höheren Bildungswesens, die freie Unterkunft und Verpflegung bot und kein Schulgeld verlangte). Das wenige Geld, das er hatte, stiftete er dem im Untergrund arbeitenden Komitee für Einheit und Fortschritt. Er las Léon Cahuns *Introduction à l'histoire de l'Asie*, ein Werk von orientalistischer Gelehrsamkeit, das in epischer Breite den Vorstoß der Türken und Mongolen nach Westen beschreibt. Und er traf sich wieder mit Dr. Yorgis, der sich in Konstantinopel niedergelassen hatte und ihn zu einer sorgfältigen soziologischen Untersuchung des türkischen Volkes ermunterte, um den Erfordernissen der kommenden Revolution besser gerecht werden zu können. So begannen ein Franzose und ein Türke, einen mutmaßlichen Kurden zu lehren, was es bedeutete, ein Türke zu sein.

1897 wurde Ziya von Abdülhamids Geheimpolizei verhaftet. Seine jahrelange Haft, schrieb er später, »befreite mich für immer von meinen psychischen Depressionen«.[105] Nach seiner Freilassung verbannte man ihn nach Diyarbakir, wo er nun doch Cevriye heiratete und sich niederließ. Er las weiterhin französische Philosophen, Psychologen und Soziologen. Seine öffentliche Karriere schien beendet, bevor sie überhaupt begonnen hatte – bis Abdülhamids Sturz ihm eine unerwartete Chance bot, seine Ideen vorzutragen. 1909 erhielt er eine schicksalhafte Einladung zum Kongress des Komitees für Einheit und Fortschritt in Saloniki, einen halben Kontinent entfernt am Ägäischen Meer.

Seit Jahrhunderten galt diese heißbegehrte Hafenstadt als Paradebeispiel osmanischer Vielfalt. In ihren Mauern hatten iberische Juden (Nachfahren von Familien, die während der Inquisitionen vertrieben worden waren), Christen und Muslime (einige von ihnen in Wirklichkeit heimliche Sabbatianer, Anhänger eines jüdischen Messias, der im 17. Jahrhundert verfolgt worden war) zusammengelebt, zwar ohne wechselseitige Liebe, aber auch größtenteils ohne Hass.

Als Ziya dorthin kam, wurde der religiöse Flickenteppich jedoch gerade entlang der Linien nationaler Identitäten zerstückelt. Es war inzwischen äußerst bedeutsam, ob man Bulgarisch, Griechisch, Walachisch oder Armenisch sprach und ob man den slawischen Anspruch auf Makedonien (die osmanischen Provinzen Saloniki, Monastir und Uskub) oder den der Griechen unterstützte. Unterdessen verbreiteten Anhänger des Zionismus in der Stadt die revolutionäre Idee der Juden als einer modernen Nation. »Das türkische Volk hat seine religiöse Toleranz bewiesen«, erklärte einer von ihnen, Wladimir Jabotinsky, 1908 während eines Besuchs zur Missionierung der dort lebenden Juden. »Wenn sie lernen, dass auch Nationalität toleriert werden muss, werden sie auch das respektieren.«[106]

In diesem Saatbeet des Nationalismus – in dem das Osmanentum ebenso wenig Zukunft hatte wie daheim in Südostanatolien – streckte

Ziya nun seine eigenen Fühler aus. Er überwand seine angeborene Schüchternheit wie auch seinen verräterischen Diyarbakir-Akzent und beeindruckte schon bald die Führung des Komitees mit seiner offensichtlichen Intelligenz und seiner beträchtlichen Belesenheit, so dass er in den mächtigen Zentralrat der Partei gewählt wurde und Freundschaft mit dem zukünftigen Großwesir Mehmed Talat Pascha schließen konnte.

Er ließ sich in der Stadt nieder und gab privaten Unterricht über die französischen Soziologen Gabriel Tarde und Gustave le Bon, die versuchten, den Instinkt der Massen zu verstehen. Und er wurde Soziologielehrer an der größten Sekundarschule der Stadt – was ihn wahrscheinlich zum ersten Lehrer dieser neuen Wissenschaft im Osmanischen Reich machte.

Saloniki war ein lebendes Experiment zur Schaffung neuer kollektiver Identitäten und veranlasste Ziya, den Gedanken des Osmanentums aufzugeben. In diesem Schmelztiegel der Nationen begann er, jene Ideen zu entwickeln, aus denen sich eine mächtige Ideologie entwickeln sollte, die mit denen der Griechen, Slawen und Zionisten mithalten konnte – und sich wie diese für den Anspruch auf eine exklusive Identität und ein exklusives Territorium nutzen ließ. Der Name dieser Ideologie lautete »Türkentum«, und er sollte untrennbar mit dem ein wenig zurückgezogenen Pamphletisten und Journalisten verbunden bleiben, der 1911 den symbolträchtigen Schriftstellernamen »Gökalp« annahm, unter dem er heute noch bekannt ist. Das Wort ist aus den türkischen Worten für »Himmel« und »Held« zusammengesetzt und bringt eine Sehnsucht nach der Steppe zum Ausdruck, aus der alle Türken – Osmanen und sonstige – ursprünglich stammten.

Nach Ziya war einer der Faktoren, die einer kohärenten türkischen Nation im Wege standen, der Lokalpatriotismus. Bei den erfolgreichen Minderheiten des Reiches beobachtete er eine beneidenswert breite Solidarität, die ihnen half, wirtschaftliche und gesellschaftliche Macht zu erlangen (so gehörten griechische Bankiers zu den reichsten Männern des Landes). Für die Türken, so schrieb er, »reichten Vorstellungen von Solidarität, Patriotismus und Heroismus nicht über die Grenzen der Familie, des Dorfes und der Stadt hinaus«.[107] In der

Folge waren die Türken in Handwerk, Handel und Finanzwesen nicht so mächtig wie die Minderheiten.

Europäische Romantiker hätten Ziyas Faszination für türkische Mythen und türkisches Volkstum gut verstanden. In seinen Augen unterschieden sich die Umgangssprache und die alltäglichen Sitten der einfachen Türken von dem künstlichen Überzug der osmanischen Zivilisation und waren Ausdruck einer edlen, die gesamte türkische Welt umspannenden Kultur. Er nannte diese Welt Turan, wie sie im iranischen Epos *Schahnameh* hieß (auch wenn das Wort für iranische Nationalisten wie Hassan Taqizadeh eine negative Konnotation besaß und auf einen ewigen Feind in der nördlichen Steppe verwies). Er spielte sogar mit dem Gedanken einer kulturellen Einheit, die ganz Zentralasien umschloss.

Ziyas erster konkreter Vorschlag zur Bildung einer Nation betraf die türkische Sprache. Selbst nach den von Ibrahim Sinasi in den 1850er und 1860er Jahren initiierten Veränderungen spaltete diese schizophrene Sprache die Türken in zwei Bevölkerungen, die einander kaum verstehen konnten. Da gab es das Osmanische, das von den Türken in der Hauptstadt gesprochen wurde – eine Mischung aus Türkisch, Arabisch und Persisch, die zunehmend mit Französisch angereichert wurde. Und es gab die bodenständige türkische Umgangssprache der einfachen Leute. Das Ziel sollte in Ziyas Augen eine feindliche Übernahme der ersten durch die zweite Sprache sein, wodurch eine schlichte Sprache entstünde, die Ausdruck der türkischen Erfahrung sei, aber durch Zuerwerb auch mit Wissenschaft und Religion umgehen könne. Es sei wichtig, sich arabischer und persischer Worte zu entledigen, falls es ein türkisches Äquivalent gab; und Auswüchse fremder Grammatiken (wie etwa der arabische Plural) müssten ausgemerzt werden. Wenn es für moderne Begriffe im bestehenden Wortschatz keine Ausdrücke gab, sollten neue erfunden werden.[108]

Obwohl der reife Ziya kein sonderlich religiöser Mensch war, hielt er den Islam doch für einen wichtigen Bestandteil der nationalen Identität, und seine türkische Übersetzung des Korans dürfte eher eine patriotische als eine religiöse Tat gewesen sein, die das Türkische im religiösen wie im weltlichen Leben verankern sollte. Wie Jamal al-

Din Afghani glaubte der Modernisierer Ziya, der Islam benötige eine Reformation jener Art, die es den protestantischen Nationen Europas ermöglicht hatte, Fortschritte zu machen, und die unausweichlich zu einer Trennung der religiösen und der staatlichen Sphäre führen werde.

Solche Vorstellungen waren absolut indiskutabel für die Islamisten, die sich gegen Ziya stellten, als das Ausmaß seines nationalistischen Projekts erkennbar wurde. Schon der bloße Gedanke einer menschlichen Identität, die Artefakte aus vorislamischer Zeit verehrte, war für sie grotesk. Dass eine Gemeinschaft sogenannter »Türken« sich als Rivalin der Umma verstand, war nun wirklich das Letzte, was sie sich wünschten. Der Nationalismus, wetterte der Islamgelehrte Ahmed Naim, sei »eine ausländische Erfindung, die für den Körper des Islam ebenso tödlich ist wie Krebs für den Körper des Menschen ... Zu einer Zeit, da der Feind den Fuß auf unsere Brust setzt, ist es Wahnsinn, den Islam in Nationalitäten aufzuspalten.« Und er verspottete jene Scheinnationalisten, »in deren Adern kein einziger Tropfen türkischen Blutes fließt«. Es sei »nicht notwendig, die Vergangenheit der Türken kennenzulernen«.[109]

Die dritte Säule in Ziyas Vorstellung von nationaler Identität war die »Zivilisation«, worunter er die westliche Zivilisation verstand, die vollständig übernommen werden sollte, wie er gemeinsam mit anderen Modernisierern im Nahen und Mittleren Osten glaubte. »Für uns«, schrieb er, »bedeutet Modernisierung heute, die von den Europäern gebauten und eingesetzten Kriegsschiffe zu nutzen.« Erst wenn die Türken Wissen und Güter nicht mehr aus Europa einzuführen bräuchten, könnten sie sich für wirklich modern halten.

Heutzutage scheint es auf der Hand zu liegen, dass Ziyas drei Komponenten des Türkentums – Sprache, Religion und Zivilisation – am Ende gegeneinander kämpfen und sich gegenseitig kannibalisieren mussten. Er selbst sah jedoch keinen Widerspruch, und in einem 1913 veröffentlichten Artikel schloss er eine virtuose Zusammenfassung der nationalen Lage mit der kühnen Behauptung: »Die türkische Nation gehört zur Ural-Altai-[Sprachen-]Gruppe der Völker, zur islamischen Umma und zur westlichen Internationalität.«[110]

Am Vorabend des Ersten Weltkriegs stand Ziya an der Spitze des intellektuellen und nationalen Lebens der Türkei. Politische Widrigkeiten und persönliches Leid hatten dazu beigetragen, die Notizen eines Provinzintellektuellen zur mächtigsten politischen Philosophie der Zeit zu machen. Die Katastrophe, die den Nationalismus an die vorderste Front des türkischen Lebens katapultierte, begann mit einem weiteren Brand auf dem Balkan – diesmal so verheerend, dass er die osmanische Präsenz in Europa nahezu vollständig beendete.

Die Kämpfe begannen im März 1912, als Bulgarien, Serbien, Griechenland und Montenegro gegen ihren einstigen osmanischen Herrn aufbegehrten. Provinzen, die seit fünf Jahrhunderten osmanisch waren, fielen innerhalb weniger Wochen. Bulgarien und Griechenland veranstalteten ein Wettrennen nach Saloniki (die Griechen kamen zuerst an). Albanien erklärte seine Unabhängigkeit. Tausende Balkan-Muslime wurde abgeschlachtet, Hunderttausende in Richtung Konstantinopel vertrieben, die Bulgaren auf ihren Fersen. Ein britischer Diplomat, der die Flucht der Osmanen beobachtete, schrieb: »Die Spur der eindringenden bulgarischen Armee ist von 80 Meilen zerstörter Dörfer markiert.«[111] Insgesamt gab es in westlichen Hauptstädten allerdings nur wenig Sympathie für die leidenden Muslime.

Die von Flüchtlingen überschwemmte osmanische Hauptstadt wurde durch eine heroische Gegenoffensive und die überdehnten bulgarischen Nachschublinien gerettet. Aber die Kämpfe kosteten 34 000 Osmanen das Leben. »Der Bulgare, der Serbe, der Grieche«, schrieb einer von Ziyas Gesinnungsgenossen in der schweren Zeit danach, »seit fünf Jahrhunderten unsere Untertanen, die wir verachteten, haben uns besiegt.«[112]

Das Balkandebakel war der Beginn des »langen Ersten Weltkriegs« der Türkei, in dessen Verlauf sie ein opportunistisches Bündnis mit dem Deutschen Reich schloss, aber am Ende seine arabischen Landesteile und für kurze Zeit sogar Istanbul verlor. Der Erste Weltkrieg war die Zeit, in der die Türken zu einer modernen Nation heranreiften, versammelt – bedrängt, aber trotzig – auf dem Boden Anatoliens.

Der Mann, der diese Ziele verkörperte, war ein osmanischer Kriegsheld aus Saloniki namens Kemal Mustafa – der sich später selbst Atatürk nannte. Nach der Invasion Anatoliens durch die siegreichen Alliierten verließ er im Mai 1919 heimlich Istanbul, um aus den Überresten der osmanischen Armee eine nationalistische Streitmacht zu formen. Als sein Schiff, das an der Schwarzmeerküste Richtung Osten fuhr, von Briten auf Schmuggelware überprüft wurde, soll er gemurmelt haben: »Dummköpfe ... Wir haben keine Konterbande oder Waffen, sondern Glaube und Entschlossenheit ... Aber sie haben kein Verständnis für die Unabhängigkeitsliebe einer Nation.«[113] Vier Jahre später – er hatte diese These inzwischen bewiesen, indem er die Briten und die übrigen Besatzungsmächte vertrieb – unterzeichnete die von Atatürk eingesetzte Regierung mit den Alliierten den Vertrag von Lausanne, der die Grenzen einer neuen Türkischen Republik anstelle des untergegangenen Osmanischen Reiches festlegte. Die Ironie lag darin, dass Atatürk in wenigen Monaten erreichte, was die Großmächte jahrhundertelang versucht hatten, und dabei die sogenannte »Orientfrage« endgültig beantwortete. Aber Atatürk war das Paradebeispiel eines modernen Nationbuilders, und er weinte dem Reich keine Träne nach.

Eine wichtige Chronistin des Aufstiegs der türkischen Nation während des langen Ersten Weltkriegs war Halide Edib. Nach der Revolution von 1908 hatte sich ihre Begeisterung für das Komitee für Einheit und Fortschritt abgekühlt, aber ihr Nationalgefühl war wie das vieler anderer Türken nicht geschwunden. Im Gegenteil. Nach der demütigenden Niederlage auf dem Balkan im Oktober 1912 – als Istanbul einem riesigen Flüchtlingslager glich, die Hagia Sophie sich in ein Cholerakrankenhaus verwandelt hatte und Männer sterbend in den vereisten Höfen der Moscheen lagen – richtete sie schmerzhaft intensive Gefühle auf etwas, das wir als eine auf der Bindung an das Land und die Gemeinschaft basierende nationale Identität verstehen würden. Der futuristische Roman mit dem Titel *Das neue Turan*, den sie in dieser schweren Zeit verfasste und der das Erwachen eines türkischen Nationalgefühls von Istanbul bis in die Mongolei beschrieb, machte sie berühmt. Sie wurde nun von ihren nationalistischen Gesinnungsgenossen die »Mutter der Türken« genannt, und mehrere Cafés wählten »Das neue Turan« zu ihrem Namen, um von der Popularität des Buches zu profitieren.[114]

Eine Passage aus Edibs Memoiren verdeutlicht, wie die Entbehrungen dieses fürchterlichen Winters das Nationalgefühl entfachten. Die von Ziya Gökalp definierte Identität nahm Gestalt an.[115] Nach der Niederlage auf dem Balkan ging Edib jeden Tag in ein kleines Lazarett, um sich um verwundete Soldaten zu kümmern. Sie brachte den Invaliden Zeitungen mit, obwohl die nur von Katastrophen zu berichten hatten, und setzte für die Soldaten ein tapferes Gesicht auf – denn sie wusste, »wie diese anatolischen Augen mich anschauten, stolz trotz der tragischen Neugier und Angst in ihren kindlichen Tiefen«.

Ein Mann aus Ankara sei ihr in Erinnerung geblieben, »ein Symbol des Anatolien dieser Zeit. Er muss einmal ein gutes Beispiel männlicher Schönheit gewesen sein. Er hatte diese dunkelgrünen Augen und langen Wimpern und die große Gestalt dieser Region, aber nun war er nur noch ein großes Skelett. Er war aus Albanien in den Jemen gegangen, und nach sieben Jahren hatten sie ihn vor drei Monaten heimgeschickt, von Malaria und Mühsal gebrochen, sein Verstand nahezu ausgelöscht. Kaum war er in Konstantinopel, schickte man ihn an die Balkanfront.«

Nun brauchte dieser zerschlagene und gebrochene Mann eine Instandsetzung. Sein Herz war zu schwach für Chloroform, und so wurde die Operation ohne Betäubung durchgeführt. Der Arzt, berichtet Edib, »gab ihm zu verstehen, dass er sein Bein während der Operation nicht bewegen durfte«. Während der Arzt seine Schnitte setzte, blieb der tapfere Soldat »starr, als wäre er ein Stück unnachgiebigen Eisens. Er schloss die Augen, presste die Zähne zusammen und lag so still wie ein Toter, während er meine Hand zerquetschte, die halten zu dürfen er demütig gebeten hatte.«

In diesem Augenblick einer an Blutsbande heranreichenden Intimität sah Edib, »wie ein einfacher türkischer Soldat, der alles außer seinem Gefühl von Männlichkeit verloren hat, Schmerz erträgt«. Und der Augenblick, als er sich erholte, als sie spürte, dass er wieder gesund werden würde, war für sie mit dem Land selbst verbunden. »In den letzten Tagen seiner Genesung fand er auch in gewissem Maße wieder zu seiner Erinnerung und seinem Interesse am Leben zurück und bat mich, seine Briefe in sein Dorf zu schreiben. Er würde zurückgehen und wollte, dass man die Felder für die Gerstenaussaat vorbereitete.« In ihrer Erinnerung verklärte Edib die Annäherung zwischen ihrem Menschsein und dem eines ungebildeten Mannes – und ihre gemeinsame Sorge um die Zukunft des Landes – zur symbolischen Geburt einer Nation.

In diesem Winter, so schrieb sie, »begriff ich, wie sehr ich mein Volk und mein Land liebte. Dies war eine ganz persönliche, unzerstörbare Liebe, die nichts mit politischen Vorstellungen oder Ideologien zu tun hatte.« Und allein auf dem Sultan-Ahmad-Platz stehend, sinnierte sie »mit unendlicher Trauer«: »Die Vorstellung, dass ein fremdes Heer hier einmarschieren könnte, zog mir das Herz so schmerzlich zusammen, dass ich mich am liebsten auf den Boden geworfen und das Steinpflaster geküsst hätte. Nein, keine Kraft und keine Gefahr sollten mich je von diesem Boden trennen.«[116]

Die aufrichtige und spontane Art, in der Halide Edib hier Fäden zwischen ihr und jenen Menschen spinnt, die mit ihr auf demselben Boden leben, ist fast unerträglich bewegend. Es ist ein edles Gefühl, und die Erzählerin möchte den Einzelnen erhöhen, nicht herabziehen. Aber wer jemanden in eine Position des Stolzes und Besitzes erhebt, mindert fast immer jemand anderen herab – eine Regel, für die man in Ereignissen, zu denen es drei Jahre später in Anatolien kam, eines der abscheulichsten Beispiele der Geschichte finden kann.

Ziya Gökalps alter Freund aus der Zeit in Saloniki, Mehmed Talat Pascha, befahl 1915 in seiner Funktion als Innenminister die massenhafte Deportation der Armenier aus Kleinasien. Diese Volksgruppe hatte schon lange vor den Türken in Anatolien gelebt und unter den Osmanen immer wieder auch einmal floriert. Aber den Armeniern war schon vor den Türken bewusst geworden, dass sie eine moderne Nation waren. Und lange bevor das zaristische Russland – das im Ersten Weltkrieg zu den Gegnern der Türkei zählte – den Armeniern ein unabhängiges Armenien versprach, falls sie ihnen halfen, die osmanische Armee zu besiegen, war die Sehnsucht nach einem eigenen Staat in Anatolien in den Herzen der Armenier herangewachsen.

Die Deportationen begannen im Mai, und schon bald zeigte sich, dass Talats Behauptung, die Armenier würden sicher in neue Wohngebiete fern von der russischen Front eskortiert, eine Lüge war. Mindestens eine Million Menschen starben in diesem Frühjahr und Sommer auf Todesmärschen und bei Massakern, und die uralte Präsenz der Armenier in Kleinasien wurde nahezu vollständig ausgelöscht. Junge armenische Frauen wurden zur Konversion gezwungen, die Höfe und Häuser der Armenier von ihren kurdischen und türkischen Nachbarn übernommen. Generationen später herrscht unter zahlreichen Historikern und Juristen ein – von den Türken natürlich bestrittener – Konsens, dass es sich bei dem, was da 1915 geschah, um einen Völkermord handelte.

Man kann leicht nachvollziehen, warum das Leid osmanischer Muslime 1912 die patriotischen Gefühle von Menschen wie Halide Edib klärte. Aber gemeinsame Schuld vermag bei der Schaffung einer Nation ebenso erfolgreich zu sein wie gemeinsames Leid, und auch Jahrzehnte nach 1915 gestand der moderne türkische Staat niemals Charakter und Umfang der an den Armeniern begangenen Gräueltaten ein. Ziya Gökalp, der Begründer des modernen Türkentums, billigte die Behandlung, die man den Armeniern angedeihen ließ. Ebenso Halide Edib. Und ebenso Atatürk. Alle taten es, denn die in Entstehung begriffene türkische Nation war zu der Überzeugung gelangt, dass der Tod der Armenier die Voraussetzung für ihr eigenes Überleben sei.

Auf diese Weise gelangte inmitten von Krieg und Revolution die Idee der Nation in den Nahen und Mittleren Osten. Für die Iraner war der gedankliche Prozess relativ einfach. Es galt, von den Zweigen vorislamischer Zeiten reizvolle Früchte zu pflücken und zugleich an jenen schiitischen Glaubensüberzeugungen und Praktiken festzuhalten, durch die sich die Mehrzahl der Bewohner des Persischen Hochlands von ihren sunnitischen Nachbarn unterschied. Und es galt, weiterhin Persisch zu sprechen. Auch jene Modernisierer, die wie Taqizadeh und Kasravi die Gelegenheit nutzten, um der Religion den Rücken zu kehren, konnten dies als Ausdruck nationalen Selbstwertgefühls darstellen. In ihren Augen erinnerte die von ihnen abgelehnte Religion an den arabischen Erfolg und die Unterjochung des Iran bei den islamischen Eroberungen des 7. Jahrhunderts. Entscheidend für das Nationalbewusstsein war das verstärkte Gefühl, ein Perser zu sein – in der Kultur der eigenen Vorfahren und nicht der Vorfahren der Eroberer zu schwelgen. Und schließlich förderten diese Perser mit ihrer Abwendung von der arabischen Kultur und ihrer Hinwendung zum Westen ihre eigenen Ziele, die darin bestanden, moderner und freier zu werden.

Auch für moderne Türken wie Atatürk galt viel von alledem, wenngleich die einzelnen Identitätsbausteine noch mancherlei Bearbeitung bedurften, bevor sie zusammenpassten und den Aufbau einer Nation ermöglichten. Ein bedeutendes Hindernis für die Entstehung eines Nationalbewusstseins war die historische Verpflichtung des osmanischen Sultans zur Führung der weltweiten Gemeinschaft der Muslime gewesen, die sich natürlich nicht mit der vollständigen Zurückweisung der arabischen Sprache und Kultur vereinbaren ließ. Aber aufgrund der Niederlage und Zerstückelung im Ersten Weltkrieg und der geschrumpften Ausdehnung des Osmanischen Reiches entstand eine saubere, kompakte, folgerichtige und ethnisch gesäuberte türkische Nation, die türkisch fühlte (Atatürks Schulbücher verbreiteten einen extremen Gökalpismus) und sich durch die türkische Sprache von ihren Nachbarn abgrenzte. (Auch dafür sorgte Atatürks Kulturpolitik; die Lehrer unterrichteten ausschließlich in Türkisch, selbst im vielsprachigen Diyarbakir.) In den 1920er Jahren schaffte Atatürk die osmanische Dynastie und das Kalifat ab. Das trennte die Türken von ihren früheren arabischen Untertanen. 1928 ersetzte man die arabische durch die lateinische Schrift und ergriff weitere, von Gökalps sprachlichem Rationalismus inspirierte Maßnahmen, die darauf abzielten, das Volk von seiner vielsprachigen Vergangenheit loszulösen. Atatürk, dieser freidenkerische, kartenspielende Trinker aus Saloniki (wie seine Gegner ihn sahen), dekretierte sogar, dass der Ruf zum Gebet nun türkisch gesungen wurde.

Für die dritte und größte Gruppe der Region, die Araber, war ein Großteil dieses Frühjahrsputzes weder möglich noch erstrebenswert. Der Nationalismus durfte keine Abkehr von der Religion bedeuten, denn das wäre einer Selbstaufgabe gleichgekommen. Der Islam war der bedeutendste Beitrag der Araber zur Menschheit, und der Koran war ihre moralische und literarische Saat. So kehrten denn nur wenige Modernisierer in Ägypten oder andernorts in der muslimischen Welt dem Islam den Rücken. Während die Reformer in der Türkei und im Iran immer weniger darüber nachdachten, galt für Ägypten genau das Gegenteil. Wenn Pferd und Wagen der Moderne und der Nation nicht um den Islam herumgetrieben werden konnten, musste man sie durch ihn hindurchtreiben.

Scheich Mohammad Abduh (1849–1905), dem wir früher bereits als Anhänger Sayyid Jamal al-Din Afghanis und Teilnehmer am Urabi-Aufstand begegnet sind, war der Mann, der unermüdlich an der Realisierung dieser komplizierten Operation arbeitete. Abduh und Afghani waren nach ihrem gemeinsamen Exil in Paris – aus nicht mehr eruierbaren Gründen – getrennter Wege gegangen, und nach einer Anstellung als Schullehrer in Beirut erhielt der Jüngere der beiden vom Khediven Taufiq die Erlaubnis, nach Ägypten zurückzukehren, wo er als Richter an einem Provinzialgericht wieder in den Staatsdienst eintrat.

Die Umstände seiner Rückkehr nach Ägypten werfen möglicherweise etwas Licht auf seinen Bruch mit Afghani. Gerade als der Lehrer sich der großen antikolonialistischen Geste der iranischen Tabakagitation näherte, machte der Schüler seinen Frieden mit jenen Fremden, die Afghani so abgrundtief verabscheute. Dabei hatte ausgerechnet Lord Cromer, der Ägypten von 1882 bis 1907 faktisch regierte – und dessen frühere Karriere in der indischen Kolonialverwaltung ihn allein schon für den Hass des Sayyid qualifizierte –, beim Khediven den Gnadenerweis erwirkt, der Abduh die Heimkehr ermöglichte. Diese wohlwollende Aktion war der Beginn eines Verhältnisses zwischen Cromer und Abduh, das beispielhaft für dessen pragmatische Einstellung gegenüber den Besatzern in seinem Land war. Während er mit Worten weiterhin gegen die britische Besatzung agitierte, unterhielt er wie viele indische Nationalisten herzliche Arbeitsbeziehungen zur Kolonialmacht. Abduhs Drahtseilakt barg Chancen und Risiken. Er half ihm, zu einer öffentlichen Figur zu werden, verurteilte aber auf lange Sicht die islamische Reformation, die ihm so am Herzen lag, zum Scheitern.

Wie Hasan al-Attar und Rifaa al-Tahtawi vor ihm war Abduh ein ausgebildeter Geistlicher, der sich in der klassischen islamischen Gelehrsamkeit gut auskannte und glaubte, der Islam sei reif für eine Erneuerung. Trotz der Bemühungen dieser früheren Reformer hatte die Zitadelle des sunnitischen Islam im Herzen des fatimidischen Kairo nur wenig Durchlüftung erfahren, seit Attars Neuerungen in den 1830er Jahren abgewürgt worden waren. Der Lehrplan der al-Azhar hielt sich immer noch entschieden fern von Geschichte, Philosophie und Wissenschaft, und Scheich Muhammad Illisch, der 1881 Rektor der Schule wurde, bestritt, dass die menschliche Vernunft in der Lage sei, zwischen Gut und Böse zu unterscheiden. Er vertrat auch eine bemerkenswert engstirnige Ansicht über die Möglichkeit einer den Geist erweiternden Verbesserung und dekretierte, Reisen in christliche Länder seien »unzulässig«, und das einzig rechte Wissen habe seinen Mittelpunkt im islamischen Recht.[117]

Abduh rebellierte gegen vieles von dem, wofür Illisch stand. Als Lehrer an der modernen Sultaniya-Schule in Beirut hatte er eine Vorlesungsreihe gehalten, die später in einem Buch mit dem Titel *Theologie der Einheit* zusammengefasst und 1897 in Kairo veröffentlicht wurde – ein Werk, das einem Manifest des modernen Islam gleichkam. Im Vorwort lässt er in einem raschen Durchgang durch die Geschichte des Islam seine Vorliebe für den »Mittelweg« der Aschariten erkennen, der Anhänger Abu l'Hasan al-Aschari (10. Jahrhundert), die ihre Lehre »rational auf den Gesetzen des Universums« gründeten.[118] Er bedauerte, dass die Obskuranten seither die Oberhand gewonnen und die »restlichen Spuren des auf dem islamischen Glauben basierenden rationalen Denkens« vernichtet hätten, während die theologische Ausbildung auf einen »bloßen Streit über Worte« reduziert worden sei, mit der Folge, dass »eine vollkommene intellektuelle Verwirrung die Muslime erfasste«.[119]

Trotz aller Unzufriedenheit war Abduhs *Theologie der Einheit* doch ein breitgefächertes, optimistisches Buch. Es enthielt wenig von jener koranexegetischen Pingeligkeit, mit der Scheichs der alten Schule jeden aus dem Konzept zu bringen versuchten, der ihre Autorität in Frage stellte, und es wandte sich gegen *taqlid*, das Festhalten am Althergebrachten. Stattdessen formulierte Abduh selbstbewusst eigene Grundsätze und setzte sich für ein neues Verständnis des Islam bis hin zu den Zeiten der *salafs*, der »Vorfahren«, ein – jener Männer und Frauen, die den damals neuen Glauben in seiner Frühzeit praktiziert hatten.

Durch solche Wünsche gerät Abduh in eine verfängliche Gesellschaft, denn jene, die sich heute als Gefolgsleute der *salafs* bezeichnen, die Salafisten, werden mit einem staubtrockenen Islam verbunden, der die menschliche Vernunft ablehnt und mit Fanatismus assoziiert wird. Auch Abduh glaubte, der frühe Islam habe eine Reinheit besessen, die es wiederzuerlangen gelte, und viel von der späteren Gelehrsamkeit sei bloßer Zusatz und Unsinn. Auch war er wie die modernen Salafisten ein entschiedener Gegner der Heiligenverehrung, die im Volk großen Anklang fand. Aber anders als sie glaubte er, dass der Islam in seinen Anfängen eine größere Achtung vor der menschlichen Vernunft bewiesen habe als alle anderen Religionen und dass er keineswegs rückständiges Denken gefördert, sondern die Menschen ermuntert habe, nicht am Althergebrachten zu kleben. Mit einem ähnlichen Eselsvergleich wie Ziya Gökalps Vater erklärte Abduh, der Mensch sei »nicht dazu geschaffen, am Zügel geführt zu werden«.[120]

Neben den an Atheismus grenzenden Thesen der modernistischen Bilderstürmer in der Türkei und dem Iran wirkt die *Theologie der Einheit* wie eine vehemente Verteidigung des Glaubens und eines Islam, der erst der modernen Welt einen Sinn verleihe. Nach seiner Rückkehr in Cromers Ägypten und seiner Bestellung zum Richter – zunächst in Oberägypten, dann in Kairo, wo er 1890 ans Appellationsgericht berufen wurde – bemühte Abduh sich, seine Thesen umzusetzen, und dabei wurde er zu der wohl bedeutendsten geistlichen Stimme im Islam. Als Mitglied des Leitungsrats der al-Azhar, als Lehrer und als Journalist, dessen Kolumnen bis in die neue Mittelschicht hinein gelesen wurden, bewegte er sich mühelos zwischen der juristischen und der politischen Welt hin und her.

1899 ernannte ihn Taufiqs Nachfolger als Khedive, Abbas Hilmi, der von 1892 bis 1914 regierte, zum Großmufti. Damit war er nicht nur automatisch Mitglied mehrerer bedeutender Körperschaften mit beratender oder exekutiver Funktion, sondern stand auch an der Spitze der Scharia-Gerichte. Unlösbar mit seinen offiziellen Pflichten verbunden war auch das Ansehen, das der Mufti genoss. Er war, so schrieb Cromer, »ein Magnat, dessen spirituelle Autorität die weltlichen Herrscher zu berücksichtigen« hätten. Auf dem Gipfel seiner Macht wurde er zweimal pro Woche vom Khediven empfangen und gab den politischen Klatsch und Tratsch sogleich weiter an den politischen Netzwerker und Dichter Wilfred Blunt. Am Vorabend des neuen Jahrhunderts frohlockte Blunt, sein Freund, der »wegen seiner liberalen Ansichten im Gefängnis saß und vor der englisch-khedivischen Restauration 1882 ins Exil fliehen musste, wird jetzt nach und nach als der anerkannt, der er tatsächlich ist, nämlich der weitaus fähigste und ehrenwerteste Mann in Ägypten«.[121]

Aber sein Ruf beschränkte sich keineswegs auf sein Heimatland. Seine fortschrittlichen und aufgeklärten Ansichten wurden auch in der Türkei von Gökalp und im Iran von Taqizadeh gelesen. Er inspirierte die Reformer an der altehrwürdigen Zitouna-Universität, dem tunesischen Gegenstück zur al-Azhar, während die malayische Ulema über seine Vermischung von Rechtselementen aus allen vier Rechtsschulen debattierte – eine Abkehr von den angeblich sakrosankten Trennungslinien zwischen ihnen.

Wann immer Abduh das abschreckende Beispiel einer die islamische Zivilisation zerstörenden Institution anführen wollte, verwies er voll Verachtung auf seine alte Schule und die vielen Jahre, die es gebraucht habe, um »den Schmutz der Azhar aus meinem Gehirn zu fegen«. Trotz aller Reformbemühungen al-Attars war die Institution, die Abduh kannte, immer noch so gebrochen und verdreckt wie ehedem und dazu noch äußerst überfüllt. Aus den schätzungsweise 3700 Studenten zu Zeiten der Napoleonischen Invasion waren inzwischen 10 000 geworden.[122] In den Wohnheimen stank es entsetzlich, in den Kolonnaden musste man seinen Weg zwischen schnarchenden Männern und Pfützen stehenden Wassers suchen, und Ratten nagten an den Abfällen, die überall verstreut lagen.

Bei der stadtweiten Choleraepidemie von 1896 wurde – kaum überraschend – ein infizierter Student in der Schule angetroffen, aber seine

Kommilitonen reagierten auf Versuche, ihn ins Krankenhaus zu bringen, mit Protesten, weil »alle, die ins Krankenhaus gehen, sterben«, und sie bewarfen die Vertreter der Schule mit Brettern, Steinen und anderen Geschossen, bis man die Polizei rief. Die Polizisten erhielten von ihrem (britischen) Kommandeur den Befehl, das verriegelte Tor mit Gewalt zu öffnen, und sie betraten die angrenzende Moschee in Stiefeln und mit aufgepflanzten Bajonetten – ein Verstoß gegen religiöse Regeln, der Vergleiche mit dem Eindringen der Armée d'Orient in dieselbe heilige Stätte ein Jahrhundert zuvor provozierte.

Die Cholerakrawalle, die das vollkommene Fehlen moderner Bildungsvorstellungen bewiesen, verliehen Reformbemühungen neuen Schwung, die Abduh und seine Verbündeten noch im selben Jahr in Angriff nahmen. Semester wurden eingeführt, desgleichen feste Zeiten für Lehrveranstaltungen. Die Gehälter der Scheichs wurden formell geregelt, und für die Studenten legte man Studienzeiten fest – sie mussten nun ein achtjähriges Studium absolvieren, bevor sie Grundschullehrer oder Imam werden konnten. Auch die Disziplin wurde verschärft, Zeitverschwendung verboten (die Studenten der al-Azhar waren berüchtigt für ihre Bummelei), und man sorgte für fließendes Wasser. Die alte Schule erhielt einige Merkmale einer modernen Bildungseinrichtung.

Diese Reformen wären ohne die Hilfe des Khediven undenkbar gewesen. Abbas Hilmi finanzierte auch den Unterricht in neuen Fächern wie Mathematik, Algebra, Geographie und Kompositionslehre, die es den Absolventen ermöglichten, auch eine Anstellung als Lehrer in weltlichen Schulen zu finden. Nun waren nicht mehr nur brillante Autodidakten wie Rifaa al-Tahtawi in der Lage, die Kluft zwischen der Welt der Geistlichen und der Welt der Laien zu überwinden. Die Einführung weltlicher Fächer in den Lehrplan der al-Azhar zeigte auch an, dass die Kluft selbst geringer wurde.

Abduhs Reformvorstellungen machte man in »Debatten« bekannt, die zwischen 1900 und 1902 von einem Schützling in der Absicht veröffentlicht wurden, Anhänger für die Positionen des Muftis zu finden. In diesen Debatten setzte sich ein anonymer Reformer gegen einen Traditionalisten dafür ein, dass an die Stelle der »Nachahmung« gelehrter Scheichs *ijtihad* treten solle, also der Einsatz unabhängigen Denkens zur Bestimmung des göttlichen Willens. Es war ebenjenes *ijtihad*, vor dem die osmanischen Rechtsgelehrten im 16. Jahrhundert die Tore verschlossen hatten. Muhammad Abduh und seine Verbündeten stießen sie nun wieder auf. In einer dieser »Debatten« erklärte der Reformer, er sei zu solchem *ijtihad* dank der Lektüre des Koran und seines Wissens über die *salafs* in der Lage. Man müsse keineswegs ein pingeliger Exeget der Glossen und Randbemerkungen sein, um den Willen Gottes zu verstehen. Jeder gebildete Muslim mit dem Koran in der Hand sei zu eigenem *ijtihad* fähig.

Abduhs Vorschläge waren von gewaltiger Bedeutung. Für die Mehrzahl der Muslime war der lizenzierte Gottesmann – ob ein Dorfscheich im Nildelta oder ein schiitischer Ayatollah in Nadschaf oder auch ein nichtlizenzierter Sufi-Pol (Qutb) – ein unverzichtbarer Führer zur heiligen Weisheit und zum heiligen Gesetz. Abduh verzichtete jedoch auf das Unverzichtbare und stellte damit die Notwendigkeit eines geistlichen Mittlers zwischen Gott und dem Gläubigen grundsätzlich in Frage. Die Parallelen zum Calvinismus, mit dem Abduh zweifellos in Berührung kam, als er – wahrscheinlich 1894 – Vorlesungen an der Universität in Genf besuchte, sind unübersehbar.

Abduhs gewagtes Herangehen an das Dogma in seiner sechsjährigen Zeit als Mufti machte nicht halt bei der Ablehnung des *taqlid* und der Betonung des *ijtihad*. Er erweckte den alten mutazilitischen Gedanken zu neuem Leben, wonach der Koran geschaffen wurde und nicht ewig ist, woraus folgte, dass er je nach Zeit und Umständen offen für Interpretation war und auch von Menschen eingeführte Irrtümer enthalten konnte. Er wandte sich gegen die bereits wankende Institution der Polygamie, und zwar nicht aus religiösen Gründen (die Polygamie wird vom Koran erlaubt), sondern im Namen der häuslichen Harmonie. Und er wetterte gegen den herrschenden Prädestinationsglauben, von dem er behauptete, er sei der Grund für den Niedergang Ägyptens. Er hatte auch keine Probleme mit der Evolution, die er in sein Verständnis der Naturgesetze aufnahm.

Wie radikal Abduhs Denken war, lässt sich gar nicht überschätzen, aber was ihn gleich doppelt umstritten machte, war sein Stil, der ungeniert gegen die verschlossenen und vorsichtigen Traditionen seines Standes verstieß. Ob er nun die Aussagen europäischer Wissenschaftler über den Ameisenstaat zitierte, übers Mittelmeer fuhr, um eine Kur in Evian zu machen, oder Manuskripte in der Bodleian Library durchsah (besonders beeindruckt war er von der mittelalterlichen Korrespondenz, die Friedrich II. von Sizilien mit dem andalusischen Philosophen Ibn Sabin unterhielt), Abduh war ein Trompetenstoß der Moderne in die Ohren Scheich Illischs.

Dem Scheich al-Gabarti war es 1798 nicht in den Sinn gekommen, die Sprache der Invasoren zu lernen. Abduh vervollkommnete seine Kenntnis ebendieser Sprache von Ungläubigen, indem er *Le Comte de Monte-Cristo* las – tatsächlich wurde das Französisch des Ägypters mit der Zeit so gut, dass es als »fehlerlos in der Grammatik und fast pariserisch in der Aussprache« beschrieben wurde.[123] Er las Schiller, Goethe und Schopenhauer in französischen Übersetzungen, desgleichen Herbert Spencer (damals der meistgefeierte Philosoph der Welt), dessen einflussreiches Buch *On Education* er ins Arabische übersetzte und dessen Ablehnung bloßen Auswendiglernens er sich zu eigen machte. (Die beiden begegneten einander 1903 in Brighton, und dem Engländer gefiel Abduhs Beschreibung Gottes als eines »Wesens«, nicht einer »Person«.)[124] Sein ökumenisches Denken ging so weit, dass er sich mit einem protestantischen Geistlichen anfreundete, Reverend Isaac Taylor, dessen ehrgeiziges Ziel es war, Islam und Christentum miteinander zu vereinen. Abduh sagte seinem geistlichen Bruder, der Tag werde kommen, da die beiden Religionen »einander die Hand reichen« würden.[125]

Einer seiner hervorragendsten Studenten, der Historiker Taha Hussein, sagte über Abduhs Verständnis des Lehrens, es habe einen »vollkommenen Bruch« mit den ganz auf den Wortlaut ausgerichteten Traditionen an der al-Azhar markiert. Abduh, so schrieb Hussein, war »extrem nachlässig in allem, was Worte betraf, und extrem penibel in allem, was Ideen anging«.[126] Diese Ideen wirkten wie ein Presslufthammer auf die versteinerten Rezepte der Schule ein. Ein Koranvers, in dem ein paar Juden auf die Einladung des Propheten zur Bekehrung antworten, sie zögen die Religion ihrer Vorväter vor, war für traditionsverhaftete Geistliche Anlass zu der Feststellung, wie dumm doch die Juden seien, dass sie den wahren Weg zurückwiesen. Für Abduh war es eine Gelegenheit, die hinter dieser Feststellung steckende Idee zu kritisieren, die natürlich *taqlid* oder Nachahmung war. Und er fuhr fort, dass es heute die Muslime seien, die übermäßig an ihren Vorvätern festhielten.

Der rundliche, dunkelhäutige, freundliche Mann mit einem Bart wie einer viktorianischen Halskrause setzte sich auf einen Stuhl vor der (vom modernen Wunderwerk der Gaslampe erleuchteten) Gebetsnische und begann seine Lehrstunde für den Tag. »Unauslöschlich hat sich in mein Gedächtnis diese Stimme eingeprägt«, erinnerte sich Taha Hussein, »die Sanftheit, mit der er Passagen aus der Heiligen Schrift rezitierte, die Aufrichtigkeit seiner Interpretation oder die Stärke seiner Überzeugung, dass nichts von dem, was er sagte, im Widerspruch zu den Entdeckungen der modernen Wissenschaft stand oder im Streit mit den Anforderungen der westlichen Zivilisation lag. Man hörte ihm mit leidenschaftlichem Interesse und einer Bewunderung zu, die an religiöse Ekstase grenzte.«[127]

Abduhs bekannteste Neuerungen im Leben der Muslime waren seine Fatwas – Meinungsäußerungen, die genügend Autorität besaßen, um bestehende Interpretation des islamischen Rechts umzustoßen oder zu verfeinern. 1901 erlaubte er Sachversicherungen, die bis dahin verboten waren, weil sie als eine Form von Glücksspiel galten. Er erlaubte auch, dass die Geldmittel religiöser Stiftungen auf verzinslichen Konten der neuen Nationalbank deponiert wurden – was viele für einen Verstoß gegen das islamische Wucherverbot hielten. In seiner berühmten »Transvaal-Fatwa« von 1903 – so genannt, weil sie auf Fragen von Muslimen antwortete, die in dem gleichnamigen südafrikanischen Territorium lebten – erklärte er es für zulässig, dass Muslime einen für das Gebet ungeeigneten europäischen Hut mit Krempe trugen, »sofern damit nicht die Absicht verbunden ist, die Europäer in ihrer Religion zu kopieren«. In derselben Fatwa erlaubte er auch den Muslimen, das Fleisch von Tieren zu essen, die von Christen geschlachtet worden waren – im konkreten Fall von Buren, die Schlachttiere mit der Axt töteten, statt ihnen die Kehle zu durchschneiden, wie es der Islam verlangte. Die letztgenannte Fatwa war eine erstaunliche Anerkennung der Tatsache, dass sich das Umfeld, in dem der Islam praktiziert wurde, seit den Zeiten des Propheten beträchtlich erweitert und vervielfältigt hatte, so dass es für Muslime, die in nichtmuslimischen Ländern lebten oder dorthin reisten, unmöglich sein mochte, an Halal-Fleisch zu gelangen.

Ob er nun eine bestimmte Vorschrift zum Verzehr des Fleisches von Tieren kommentierte, die durch einen heftigen Schlag getötet worden waren (wie in der Transvaal-Fatwa), oder Elemente der vier Rechtsschulen miteinander verband, um eine menschlichere Anwendung des Scheidungsrechts zu ermöglichen, stets war Abduh offenbar der Ansicht, dass der praktische Nutzen für die muslimische Gemeinschaft es rechtfertigte, uralte formelle Anforderungen abzuschwächen. Sein Instinkt drängte ihn dabei ausnahmslos in Richtung der denkbar liberalsten Rechtsauslegung, die sich besser mit dem immer komplexer werdenden Leben der Muslime in aller Welt vereinbaren ließ – und auch in Richtung einer Freundschaft mit Menschen anderen Glaubens. Er war der große Liberale des Islam.

Das Problem war nur, dass der Liberalismus all jenen zutiefst suspekt erschien, die meinten, den Interessen der Religion sei besser gedient, wenn man die Grenzen zwischen den Religionen betonte, statt sie zu verwischen. Abduhs Ablehnung der Heiligenverehrung empörte auch viele einfache Ägypter, während seine Freundschaft mit Ausländern jungen Heißspornen wie Mustafa Kamil missfiel, dessen Nationale Partei die Briten zu Feinden des ägyptischen Volkes erklärte und ein sofortiges Ende des Protektorats forderte. Obwohl Abduh sich auch weiterhin für eine konstitutionelle Regierung einsetzte, war der Mufti doch tief in ein Kolonialregime verwickelt, in dem die ägyptische Seite nur beratende Funktionen besaß. Was die Demokratie betraf, befand sich Ägypten auf demselben Stand wie zu Ismails Zeiten, und das Land war nicht unabhängiger als einst unter Napoleon.

1901 war der Khedive Abbas tief frustriert über seine untergeordnete Stellung gegenüber Cromer, der die Ansicht vertrat, die Ägypter seien weit davon entfernt, sich selbst regieren zu können. Das Verhältnis zwischen Abbas und Abduh verschlechterte sich. Der Khedive hatte den mächtigen Mufti im Verdacht, ihn schwächen zu wollen. Die antibritische Stimmung nahm auch generell zu und fand ihren Ausdruck im Nationalismus und im islamischen Konservatismus. Wer hätte eine bessere Zielscheibe für die verschiedenen Ressentiments abgeben können als der berühmte und angesehene Britenfreund, ein Mann, der es sich zur Aufgabe gemacht hatte, Verbotenes für erlaubt zu erklären?

Die heftige Kampagne, die man gegen Abduh zwischen 1901 und seinem Tod 1905 führte, war in vielerlei Hinsicht eine Neuauflage der Verunglimpfung Hasan al-Attars ein Dreivierteljahrhundert zuvor, die diesen in den Tod getrieben hatte – abgesehen von der Tatsache, dass deren Vorkämpfer in diesem Fall eine moderne Waffe in Gestalt der Presse einsetzen konnten.

Anfang 1901 attackierte die satirische Zeitschrift *Humarat monyati* (»Eselin meiner Begierde«), deren Besitzer und Herausgeber ein Skandalreporter namens Muhammad Taufiq war, den Scheich, weil er zugunsten der verzinslichen Bankkonten geurteilt hatte. In diesem Sommer fuhr Abduh nach Europa, und bei seiner Rückkehr empfing man ihn mit einer noch verheerenderen Breitseite. In einem Artikel in *Humarat monyati* beklagte Taufiq sich bei einem fiktiven Freund: »Du hast selbst gesehen, dass der Mufti des Islam in einem Jahr die Pariser Ausstellung besuchte und in einem anderen in irgendeinen Badeort zur Kur fuhr. Wenn du ihn nach der Kaaba fragtest, würde er sagen, dass er sie nie gesehen hat.« Und Taufiq fuhr fort: »Was ist falsch an der Pilgerreise? Es gehört zur ›Zivilisation‹, dass die Menschen einmal im Jahr nach Europa fahren müssen ... und den Pflichten gegenüber unserem Gott nicht nachkommen.«[128]

Abduhs Verteufelung durch *Humarat monyati* erreichte einen Höhepunkt im März 1902, als die Zeitschrift eine Fotografie veröffentlichte, die ihn angeblich zeigte, wie er sich vertraut einer europäischen Frau zuneigt, mit der er ein Gespräch führt – als Teil einer skandalös gemischten Gruppe von Leuten, die im Freien feierten. Die Fotografie ist sehr körnig und wirkt auch ein wenig zusammenhanglos, so dass der Verdacht aufkam, es könne sich um eine Fälschung handeln. Aber der Schaden war bereits angerichtet: Ein führender Geistlicher des

Islam war als Hedonist und möglicherweise gar als Perverser entlarvt worden. Wie ein zeitgenössischer Chronist es darstellte, füllte Muhammad Taufiq dieselbe Ausgabe mit »den scheußlichsten und hasserfülltesten Reden ... Er griff ihn [Abduh] mit zwei Gedichten an, wie man sie noch nie gesehen hatte. Die Feinde des Scheichs lasen diese Gedichte im Azhar-Viertel jedem Passanten aus den Massen und den niederen Schichten vor ...; sie legten sogar Exemplare der Zeitschrift neben Abduhs Sitzplatz an seinem Esstisch in der Azhar-Moschee.«[129] Gerade als es schien, als könnte es unmöglich noch schlimmer kommen, erschien ein illustriertes Skandalblatt, das ihn in der Umarmung mit einer europäischen Frau zeigte, während ein Hund seine Robe beschnuppert und ihn dadurch rituell unrein macht.

Abduh war das Objekt fremdenfeindlicher und konservativer Emotionen, die sich nur allzu leicht aufpeitschen ließen in einem unterjochten Ägypten, dessen lebenswichtige Infrastruktur, der Suezkanal, sich in ausländischen Händen befand. Aber ein Gutteil der Schuld lag auch bei Abduh selbst. Er hatte offenbar nicht erkannt, dass er seine so leicht errungene privilegierte Stellung in der Gesellschaft auch ebenso leicht wieder verlieren konnte, und er hatte nur wenig getan, um die Konservativen zu besänftigen, ohne deren Unterstützung seine islamische Reformation keinerlei Aussichten hatte. Es folgte ein chaotischer Prozess gegen Muhammad Taufiq, in dem der keineswegs reuige Herausgeber den Großmufti Ägyptens als Helfershelfer britischer Interessen darstellte.[130] (Taufiq erhielt eine dreimonatige Haftstrafe wegen Rufschädigung – aber nicht wegen Verleumdung.) Unterdessen sammelten sich weitere Wölfe um den verwundeten Scheich. Eine neue nationalistische, vom Khediven finanzierte Zeitschrift stellte seine Transvaal-Fatwa als unerträgliche intellektuelle Freizügigkeit dar. Seine alten Sparringpartner an der al-Azhar nannten ihn einen »Häretiker«. Nur Cromer stand noch zwischen dem Scheich und dessen Absetzung.

Die Abhängigkeit von der Besatzungsmacht muss ein fürchterliches Dilemma für einen Mann gewesen sein, dessen Patriotismus echt gewesen sein dürfte. Andererseits war es typisch für seine ungebrochene Aufgeschlossenheit gegenüber ausländischen Ideen, dass er 1904, inmitten seiner Verteufelung, einen bewundernden Brief an Tolstoi schrieb, in dem es hieß: »An unserem Himmel ist die Sonne Ihrer Ideen aufgegangen und stellt eine freundschaftliche Verbindung zwischen dem Denken der Intelligenten hier und Ihrem Denken her.«[131]

Im Januar 1905 erkrankte er an Nierenkrebs und starb kurz darauf im Alter von sechsundfünfzig Jahren. Man richtete ein Staatsbegräbnis aus, wie es sich für einen Mann gehörte, der als Inhaber eines hohen Amtes gestorben war, aber der Khedive schalt einen seiner Höflinge, der es wagte zu trauern: »Wisst ihr nicht, dass dieser Mann ein Feind Gottes war, ein Feind des Propheten, ein Feind der Religion, ein Feind der Gelehrten des Glaubens, ein Feind der Muslime und ein Feind seiner selbst?«[132]

Mit Muhammad Abduh hatte die sunnitisch-islamische Tradition eine beispiellose Flexibilität gegenüber westlichen Ideen und deren Exponenten bewiesen, während er zugleich versuchte, ihre kulturelle Authentizität zu bewahren. Mit seiner Bereitschaft, Aspekte der islamischen Orthodoxie im Namen der Ökumene und des Fortschritts über Bord zu werfen, war er der perfekte Vertreter einer ideologischen und kulturellen Vermischung, die für viele in seiner Umgebung nach Kapitulation und Verrat roch. Der allgemeine Drang ging weiterhin in Richtung Moderne, Verwestlichung und liberale Ideen. Aber Abduhs Vernichtung durch Chauvinisten war der Vorbote einer gewaltigen Reaktion, die der rasch nahende Flächenbrand des Ersten Weltkriegs auslösen sollte: der islamischen Gegenaufklärung.

SECHSTES KAPITEL *Gegenaufklärung*

Bis zum Ersten Weltkrieg hatte sich in den drei geistigen und politischen Zentren des Nahen und Mittleren Ostens eine starke liberale Modernisierungstradition herausgebildet, die Ideen hervorbrachte und anzog, welche sich anschließend auch in der Umgebung ausbreiteten. Diese Tradition hatte durchaus Konkurrenten. Militarismus, Royalismus sowie traditionsverhaftete Formen des Islam und islamische Erweckungsbewegungen griffen in den Wettstreit ein, aber die Institutionen, deren Kontrolle sie anstrebten, waren nicht mehr die des mittelalterlich-islamischen Fürstentums oder Reichs, sondern liberale Institutionen des nachaufklärerischen Nationalstaats, wie er sich in Europa und den Vereinigten Staaten entwickelt hatte. In Ägypten, im Iran und in der Türkei hatte man einige äußerliche Eigenheiten des Königtums weiterbestehen lassen (die in den früheren Arrangements zur Teilung der Macht einen ständigen Zankapfel mit der Kolonialregierung bildeten), aber die Politik wurde immer demokratischer. Neben den Ideen selbst – der Befreiung des Wissens, der individuellen Selbstverwirklichung und den weltlichen Rechten – hatten auch die Methoden und Institutionen zur Verbreitung dieser Ideen Fortschritte gemacht. In weniger als einem Jahrhundert hatte die Region einen Sprung aus dem Mittelalter in die Neuzeit vollzogen, und das Ägypten des Jahres 1910 war ein Land, das Gabarti kaum wiedererkannt hätte.

Der Gedanke des allgemeinen Wahlrechts hatte sich beträchtlich weiterentwickelt, seit 1876 Wahlmännergremien, die ihrerseits von Wahlmännergremien gewählt worden waren, über die Zusammensetzung des ersten osmanischen Parlaments entschieden hatten. Als die Iraner 1906 das erste Parlament der Verfassungsära wählten, geschah dies in der Hauptstadt in direkter Wahl, auch wenn nur Männer mit einem gewissen Mindestvermögen das Wahlrecht besaßen (eine damals keineswegs ungewöhnliche Beschränkung). Den Ägyptern verwehrten Lord Cromer und seine Nachfolger den Sauerstoff einer Verfassung bis 1924, als Wahlen zu einem mit ernsthaften legislativen Kompetenzen ausgestatteten Unterhaus stattfanden, wobei alle männlichen Erwachsenen das Wahlrecht erhielten. Dass den Frauen das Wahlrecht verweigert wurde, war keine Besonderheit der muslimischen Länder. Viele europäische Staaten führten das Frauenwahlrecht erst nach dem Ersten Weltkrieg ein, und einige, darunter auch Großbritannien, setzten der Beteiligung der Frauen am politischen Prozess bis weit in die 1920er Jahre hinein auch weiterhin Grenzen.

In der Türkei, im Iran und in Ägypten verfestigten sich Überzeugungen und Menschen zu Parteien, die Personal einstellten und Parteibüros anmieteten. Schon lange vor dem Ersten Weltkrieg hatte das Komitee für Einheit und Fortschritt einen Parteiapparat und Ortsgruppen in den Provinzstädten des gesamten westlichen Teils des Osmanischen Reiches aufgebaut. In Ägypten wurde nach dem Ende der Feindseligkeiten die Nationale Partei Mustafa Kamils (der 1908 starb) schon bald von der Wafd-Partei (»Delegation«) überflügelt, die von dem nationalistischen Anwalt Saad Zaghlul, einem früheren Schüler Jamal al-Din Afghanis, geführt wurde. Gemeinsam mit der Demokratischen und der Gemäßigten Partei, die im Iran 1909 ins Parlament gewählt wurden, waren diese Gruppen Ausdruck eines in der gesamten Region zu beobachtenden Trends hin zur Entwicklung moderner Parteien.

Auch die Beteiligung der Frauen am öffentlichen Leben nahm weiterhin zu. Nach dem Krieg engagierte sich eine einflussreiche Gruppe ägyptischer Frauen intensiv in dem von Zaghluls Wafd angeführten Kampf, der dem Land 1922 endlich die Unabhängigkeit brachte – eine verkümmerte Unabhängigkeit allerdings, denn die Briten behielten die Kontrolle über die Außen- und Verteidigungspolitik des Landes. Huda Schaarawi und andere Frauen aus der Oberschicht spielten in dieser Bewegung eine bedeutsame Rolle. Sie boten Armeeeinheiten die Stirn, als sie 1919 auf die Straße gingen, um gegen die Verhaftung Zaghluls und anderer Führer der Wafd-Partei zu protestieren, beteiligten sich an Streiks und Unruhen, die das Land paralysierten, und organisierten einen Boykott britischer Waren und Banken. Hudas politische Aktivitäten wurden zunehmend beherrscht von ihrem Kampf für die Gleichheit der Frauen, insbesondere nach dem Tod ihres Mannes (gleichfalls ein prominenter Wafdist), mit dem sie einundzwanzig Jahre zuvor ohne sonderliche Zuneigung verheiratet worden war.

1923 löste diese fünfunddreißigjährige Witwe, ein Kind des Harems, beträchtliche Empörung aus, als sie nach der Rückkehr von einem Feministinnentreffen im Ausland vor einer größeren Menge den Schleier von ihrem Gesicht zog.[1] Solche Nacktheit hatte man in der Hauptstadt der arabischen Welt selten – wenn denn überhaupt jemals – bei einer respektablen Frau gesehen, und in diesem Fall vermochte kein millenaristischer Glaube den Vorfall zu entschuldigen wie einst bei Qurrat al-Ain.

Jenseits des Mittelmeers nutzte jene andere muslimische Feministin, Halide Edib, die Herausforderungen und Chancen, die das Ende des Kriegs brachte. Während der Kämpfe in Anatolien hatte sie Krankenhäuser und Schulen organisiert – eine Erweiterung der Rolle, die sie in Friedenszeiten übernommen hatte. Auf die alliierte Invasion Anatoliens am Ende des Krieges reagierte sie, indem sie noch weiter über die von ihrem Geschlecht gesetzten Grenzen hinausging, und wie Huda Schaarawi setzte sie ihre Zeichen öffentlich und auf dem Tiefpunkt der Geschichte ihres Landes. Im Mai 1919 war das Land wie benommen, und die patriotischen Kräfte waren zerstreut. Flugzeuge der britischen Royal Air Force flogen zwischen den Minaretten Istanbuls hindurch, während Nachrichten von einer griechischen Invasion an der ägäischen Küste eintrafen, die dort die hellenische Vorherrschaft von ehedem wiederherstellen sollte. In dieser Zeit der Ungewissheit und Angst, schrieb Edib, »hielt ich fast ununterbrochen öffentliche Reden«. Dieser banal klingende Satz erhält seine eigentliche Kraft erst, wenn man ihn in den Kontext der Zeit stellt. Als Edib 1884 geboren wurde, war es noch unvorstellbar gewesen, dass eine Frau vor einem gemischten Publikum aus lauter Fremden sprach.

Ihren berühmtesten Auftritt hatte sie am 6. Juni 1919 bei einer patriotischen Versammlung im einstigen byzantinischen Hippodrom, an der 200 000 Menschen teilnahmen. In ihrer Rede verband Edib den Islam – »nicht jener Islam, der sich in Engstirnigkeit und Aberglauben verfängt ..., der echte Islam ... als Botschaft des Friedens und der Brüderlichkeit« – mit ihrer geliebten Türkei: einer gedemütigten und verfolgten Nation, die eine »durch nichts zu bezwingende moralische Stärke« besitze. Sie prägte auch einen Ausspruch, der die gepeinigten Gefühle vieler Türken gegenüber den mächtigsten Ländern der Welt zum Ausdruck brachte und zu einem inoffiziellen nationalen Leitspruch werden sollte: »Die Völker sind unsere Freunde, die Regierungen unsere Feinde.« Und dreimal ließ sie ihre Zuhörer schwören, »sich unter keinen Umständen fremden Mächten zu beugen«.[2]

Selbst Ägypten, dem die türkischen und iranischen Erfahrungen mit demokratischer Politik verwehrt blieben, entwickelte Institutionen, die ein liberales politisches Regime stützen konnten, falls man sie zur Reife gelangen ließ. Dazu gehörten die ein wenig anarchische Presse, die Muhammad Abduh vernichtet hatte, und die Ägyptische Universität (später in Universität Kairo umbenannt), die auf Abduhs Druck aufgebaut und schließlich 1908 eröffnet wurde. Trotz des Widerstands, den die stärker traditionsverhafteten Ägypter gegen ihren progressiven Scheich geleistet hatten, gab es in Ägypten auch nach dem Ersten Weltkrieg Stimmen, die Reformen einforderten. 1925, ein Jahr nachdem Atatürk die Muslime mit der Abschaffung des Kalifats schockiert hatte, löste ein Schüler Abduhs namens Ali Abdel Razeq einen weiteren Proteststurm mit der Behauptung aus, der Gedanke eines islamischen Staates sei ein bloße Fiktion und das Kalifat sei »eine Plage für den Islam und die Muslime« gewesen.[3] Nach der zentralen theologischen These, die Abdel Razeq in seinem Buch *Das Kalifat und die Souveränität der Nation* darlegte, hatte Mohammed eine ausschließlich prophetische Aufgabe und schuf kein Rechtssystem, das die Grundlage eines Staatswesens bilden sollte. Damit widersprach er dem Verständnis der Mission Mohammeds, die im orthodoxen sunnitischen und schiitischen Denken seit Jahrhunderten nicht in Frage gestellt worden war, und wenn man seiner These bis in ihre letzten

Konsequenzen gefolgt wäre, hätte dies die Entfernung des religiösen Dogmas aus dem öffentlichen Leben und eine vollständige Säkularisierung des Islam bedeutet. Das tat man indessen nicht, und in der anschließenden Kontroverse erklärte ein Rat aus Geistlichen der al-Azhar den Autor des Buches für ungeeignet, ein öffentliches Amt zu bekleiden.

Taha Hussein, Abduhs brillanter blinder Gefolgsmann, der als einer der ersten islamischen Gelehrten den Koran als literarisches Werk untersuchte, stellte im folgenden Jahr die Behauptung auf, einige bislang als vorislamisch geltende arabische Dichtungen seien Fälschungen. Hätte man die von ihm benutzte kritische Methode auch auf religiöse Texte angewendet, hätte dies ähnliche Zweifel an deren Echtheit auslösen können. Solch ein Denken hätte beträchtliche Auswirkungen auf den Islam haben und dazu führen können, dass die Koranwissenschaft zu einem Teilgebiet der Literatur- und Geschichtswissenschaft geworden wäre – wie es mit der Bibelwissenschaft im Westen geschehen war. Aber auch das geschah nicht. Husseins Denken blieb auf eine winzige Minderheit beschränkt. Er wurde als Häretiker beschimpft und verlor seine Stellung als Professor für arabische Literatur.

Hussein und Abdel Razeq wurden zwar beschimpft und bestraft, aber es ist bemerkenswert, dass keiner dieser beiden unorthodoxen Denker getötet oder ins Ausland getrieben wurde, wie es späteren Zweiflern erging. Tatsächlich wurden beide später hinreichend rehabilitiert, um wieder öffentliche Ämter bekleiden zu können.

Aus ägyptisch-nationalistischer Sicht brachte der Erste Weltkrieg mittelfristige Vorteile um den Preis unmittelbarer Pein. Ägypten hatte das erste Jahrzehnt des 20. Jahrhunderts als eine osmanische Provinz verbracht, deren effektive Einverleibung in das britische Empire anzuerkennen in niemandes Interesse lag – nicht in dem der Osmanen, deren Ansehen darunter leiden musste, noch in dem des Khediven, dessen Machtlosigkeit dadurch allen vor Augen geführt worden wäre, und auch nicht im Interesse der Briten, die solche Mehrdeutigkeit nutzten, um Macht auszuüben, ohne die Verantwortung dafür zu übernehmen. Aber durch den Weltkrieg gerieten die einander überlappenden Lehnsherrschaften Ägyptens in gegnerische Lager. Der

Kriegseintritt der Türkei aufseiten des Deutschen Reichs veranlasste die Briten, Ägypten zum Protektorat zu erklären, den mit den Achsenmächten sympathisierenden Khediven Abbas II. abzusetzen und ihn durch dessen Onkel, Hussein Kamil, zu ersetzen, der nun den Phantasietitel Sultan erhielt. Als Hussein Kamil 1917 starb, trat sein Bruder Fuad an seine Stelle.

Diese konstitutionelle Hexerei erlaubte es den Briten, das Kriegsrecht auszurufen und die Wirtschaft in den Dienst der Kriegsanstrengungen zu stellen, aber viele Ägypter waren entschiedene Gegner dieser ungewollten Verwicklung in einen Krieg gegen den Kalifen, dessen Autorität sie weiterhin anerkannten (bis Atatürk das Amt 1924 abschaffte). Während des Krieges unterdrückten die Briten nationalistische Aktivitäten und beruhigten die Öffentlichkeit mit dem Versprechen, nach der Beendigung der Feindseligkeiten über eine Selbstregierung sprechen zu wollen. Diese Gespräche begannen dann auch 1919, wurden durch Streitigkeiten über die Frage vergiftet, wer das ägyptische Volk vertreten sollte (am Ende fiel die Aufgabe – zum Unwillen der Briten – Zaghluls Wafd-Partei zu) und endeten 1922 mit dem Unabhängigkeitsdokument. Trotz aller Beschränkungen dieses Arrangements erhielten der ägyptische König Fuad, die Wafd-Regierung und das wiederbelebte Parlament die Freiheit, Innenpolitik zu erörtern und zu bestimmen. Die verhassten Kapitulationen, die Ausländern das Privileg einräumten, auf ägyptischem Boden nach eigenem Recht behandelt zu werden, wurden endlich abgeschafft, und 1936 erlaubte ein anglo-ägyptischer Vertrag den Ägyptern zumindest in der Theorie, auch in Fragen der Außen- und Militärpolitik selbst zu entscheiden, wenngleich in der Praxis Großbritannien weiterhin beträchtlichen inoffiziellen Einfluss ausübte.

So brachte der Erste Weltkrieg eine gewisse Verbesserung der innenpolitischen Lage in Ägypten, so dass man eine Stärkung liberaler Institutionen unter der Ägide eines Staates hätte erwarten können, der mit der Zeit die Vorrechte des Königs und die fortbestehende Kontrolle der Briten über den Suezkanal weiter einschränken würde. In Wirklichkeit fanden die vergleichsweise guten Aussichten Ägyptens keine Entsprechung in den übrigen Teilen des Nahen und Mittleren

Ostens, wo der Erste Weltkrieg eine absolute Katastrophe darstellte – und selbst die Entwicklung in Ägypten wurde dadurch zurückgeworfen.

Im Unterschied zur tödlichen Erstarrung an der Westfront waren der Nahe und Mittlere Osten zwischen 1914 und 1918 eine nahezu unbegrenzte Bühne für den Einsatz alter und neuer Technologien. Man kämpfte in hektischer Geschwindigkeit mit gepanzerten Fahrzeugen, Doppeldeckern, Schlachtschiffen, Flussdampfern, Dampflokomotiven, Kamelen und Pferden. Auf ihrem gewundenen Weg zum Zusammenbruch eilten die osmanischen Armeen vom Kaukasus (aus dem nur 18 000 von 100 000 türkischen Soldaten von einem brutalen Winterfeldzug gegen die Russen zurückkehrten) in Richtung Westen, um einen alliierten Angriff auf Gallipoli zurückzuschlagen, von dort in den Irak, wo sie gegen eine indische Streitmacht kämpften, und wieder Richtung Westen, um den arabischen Aufstand niederzuschlagen, den die Briten im Hedschas und in Syrien entfachten. Neben den menschlichen Tragödien des Völkermords an den Armeniern und des Gallipoli-Feldzugs machte sich der Zusammenbruch des Staates in allen Lebensbereichen qualvoll bemerkbar. Das türkische Wort für Mobilmachung, *seferberli*, wurde zu einem Synonym für »Missernte, Inflation, Krankheit, Hungersnot und Tod unter Nichtkombattanten in einem bislang unbekannten Ausmaß«.[4] Im ganzen Reich stiegen die Sterblichkeitsraten auf erstaunliche 20 Prozent, im Vergleich zu der schlimmsten Ziffer im Westen, 3,5 Prozent in Frankreich.[5]

Die offizielle Neutralität Persiens wurde ungestraft verletzt, weil die von Briten kontrollierte Ölindustrie des Landes an Bedeutung gewonnen hatte, seit die britischen Kriegsschiffe dank eines genialen Einfalls Churchills mit Öl statt mit Kohle angetrieben wurden. (Das machte die britischen Schiffe einige Knoten schneller und ermöglichte eine Betankung auf See.) Türkische, russische und britische Heere sowie armenische Freikorps und deutsche Agenten liefen auf persischem Boden Amok. Das Parlament zerfiel, nicht weniger als acht verschiedene Premierminister bildeten sechzehn verschiedene Kabinette, und Hekatomben von Nichtkombattanten gingen an Hunger zugrunde, obwohl in den fruchtbareren Provinzen des Landes ein Überfluss an

Weizen und Reis bestand. Persien existierte so gut wie nicht mehr, als die Feindseligkeiten ein Ende fanden, und die Fortschritte der Verfassungsrevolution waren zunichtegemacht.

Die bedeutendste materielle Folge des Ersten Weltkriegs im Nahen und Mittleren Osten war die Vernichtung des Osmanischen Reichs. Das erhöhte die Chancen für eine Neuordnung der Region nach den zunehmend universellen Prinzipien des Nationalstaats. Die Zeichen waren recht hoffnungsvoll. Die Türken unter Atatürk waren entschlossen, ihre Zukunft in Anatolien zu suchen. Die Ägypter waren auf dem Weg zur Unabhängigkeit, und die gerade erst befreiten Araber in Arabien, Syrien, Palästina und Mesopotamien waren begierig, selbst über ihre Zukunft zu bestimmen. Der Iran war bereits eine Nation, auch wenn der Staat erst wieder aufgebaut werden musste.

Die Frage war nun, ob die europäischen Reiche den Prozess der Staatenbildung im Nahen und Mittleren Osten erleichtern würden, und die Hoffnungen ruhten in unrealistischem Maße auf Präsident Woodrow Wilson, dem ersten Amerikaner, der einen bedeutsamen Einfluss auf das Schicksal der Region nahm. Wie sein Landsmann Morgan Shuster erwies er sich jedoch als ein wohlmeinender Versager.

Wilson war ein glühender Presbyterianer, der den Nahen und Mittleren Osten anfangs nur als Kulisse für christliche Missionstätigkeit wahrnahm. Der Zusammenbruch der Osmanen, die Gründung des bolschewistischen Staates im Norden und die wachsende Bedeutung des Erdöls erforderten indessen ein genaueres Verständnis seitens der USA. Nachdem die Vereinigten Staaten einen militärischen Beitrag zur Niederlage Deutschlands geleistet und dabei einen Großteil der alliierten Kriegsanstrengungen finanziert hatten, erreichte das amerikanische Ansehen ein Allzeithoch, und als die Feindseligkeiten sich ihrem Ende näherten, deutete Wilson in seinen »Vierzehn Punkten« Ziele an, die er bei den übrigen Siegermächten durchsetzen zu können hoffte. Für den Nahen und Mittleren Osten war Punkt 12 der wichtigste, wurde darin doch gefordert, den bislang unter türkischer Herrschaft stehenden Nationalitäten solle »eine völlig ungestörte Gelegenheit zur selbständigen Entwicklung gegeben werden«. Im Februar

1918 kündigte Wilson an, die Menschen im Nahen und Mittleren Osten dürften nicht länger »behandelt werden ..., als wären sie Möbelstücke«, und die territoriale Neugliederung nach dem Krieg müsse »im Interesse und zum Nutzen der betroffenen Völker« erfolgen.[6] Die Äußerungen des Präsidenten über eine gerechte Lösung für alle elektrisierten die politischen Klassen. Alle, von den Iranern bis hin zu den Kurden und den Armeniern, suchten das Ohr des Präsidenten, als der Ende 1918 nach Paris reiste, um den Vorsitz bei der Friedenskonferenz zu übernehmen, und bemühten sich, den Mann, der Autonomie für alle versprach, von der Gerechtigkeit ihrer Forderungen zu überzeugen.

Halide Edibs berühmte Rede im Mai 1919 richtete sich in Wirklichkeit an Wilson. Die Massenveranstaltung, bei der sie auftrat, war organisiert worden, um die Aufmerksamkeit auf den ersten Satz in Wilsons 12. Punkt zu lenken: »Den türkischen Teilen des Osmanischen Reiches sollte eine unbedingte Selbständigkeit gewährleistet werden.«[7] (Und dies, während britische Kampfflugzeuge ihre Bahnen über den Köpfen der Menschen zogen.) In Kairo traf die Briten der patriotische Zorn Huda Schaarawis und ihrer Mitstreiterinnen, weil sie nicht zuließen, dass Vertreter der Wafd-Partei nach Europa reisten und ihre Sache vortrugen. Stattdessen inhaftierte man deren Führung einschließlich Zaghlul auf Malta. Auch der Iran hatte das Gefühl, sein Leiden in diesem Krieg qualifizierte ihn zu einem Platz am Verhandlungstisch, und aus seinem zeitweiligen Wohnsitz in Deutschland schickte Hassan Taqizadeh ein detailliertes Memorandum mit den iranischen Wünschen, zu denen auch die Mitgliedschaft im Völkerbund (einer weiteren Lieblingsidee Wilsons), der Abzug ausländischer Truppen, die Abschaffung der Kapitulationen und ein großer Kredit für den Wiederaufbau des Landes gehörten.[8]

Wilsons Idealismus dämpfte indessen nicht den Hunger der übrigen Siegermächte nach Territorialgewinnen. Voll Futterneid machten sie sich über den Kadaver Kleinasiens her, während britische, französische, griechische und italienische Streitkräfte von allen Seiten angriffen, bis der Vertrag von Lausanne 1923 schließlich eine Einigung brachte. Eine amerikanische Kommission, die im Juni 1919 nach Syrien fuhr und dort auf viel Widerstand gegen die Aussicht auf eine europäische Herrschaft stieß, war ähnlich machtlos in ihrem Bemühen, die Annexion durch Frankreich im folgenden Jahr zu verhindern. Der Libanon wurde als eine gesonderte Einheit mit christlicher Bevölkerungsmehrheit abgespalten.

In Ägypten führten unterdessen die Bemühungen der Nationalisten, ihren Klagen Gehör zu verschaffen, nur zu einer Formalisierung des Status quo. Im Frühjahr 1919 wurde die Wafd-Partei endlich zu den Friedensverhandlungen zugelassen, musste dann aber enttäuscht feststellen, dass die Vereinigten Staaten das britische Protektorat billigten. Die iranische Delegation, die aus Teheran nach Paris reiste, wurde nicht einmal angehört.

Für den europäischen Kolonialismus neigte der Tag sich dem Ende entgegen, doch in der Abenddämmerung veranstaltete er im Nahen und Mittleren Osten noch einmal ein Saufgelage. Auf der Pariser Konferenz brachten die Briten Palästina, den Irak und Transjordanien (aus dem bald Jordanien wurde) an sich, während die Franzosen Syrien und den Libanon erhielten. In der Theorie waren die Imperialisten als Mandatsmächte wiedergeboren worden, die nun im Auftrag von Wilsons Völkerbund agierten. Die Mandate sollten eine Art Vormundschaft darstellen, in deren Rahmen die Mächte die Aufsicht über solche Völker ausübten, »die noch nicht imstande sind, sich unter den besonders schwierigen Bedingungen der heutigen Welt selbst zu leiten«, und deren Wohlergehen »eine heilige Aufgabe der Zivilisation« darstelle. Aber als man sich 1920 über die Mandate einigte, war Wilson selbst durch Krankheit geschwächt, der amerikanische Senat hatte eine Mitgliedschaft im Völkerbund abgelehnt, und das Land zog sich in die Isolation zurück. Ohne Amerika und Russland wurde aus Wilsons Vermächtnis an die Welt ein Bund von Kolonialreichen, und aus der Ständigen Mandatskommission, die eigentlich die Interessen der Mandatsgebiete hätte wahren sollen, ein Instrument zur Erweiterung der Pax Britannica zu einer Pax Mundi.[9]

Das Verhalten der Mächte in der Mandatszeit nahm viele Elemente ihres späteren Verhaltens in der postkolonialen Zeit vorweg. In den betroffenen Ländern installierten sie freundlich gesinnte Führungen in der Hoffnung, dadurch ihre Interessen zu befördern. Faisal, der dritte Sohn des Emirs von Mekka, Hussein, den die Briten für die arabische Revolte gegen die Osmanen hatten gewinnen können, wurde zum König von Syrien ernannt, bevor die Franzosen ihn verjagten. Er ließ sich indessen nicht entmutigen, sondern beanspruchte den Thron des benachbarten Irak, den er mit lobenswerter Unparteilichkeit regierte. Seine Bemühungen, die Briten loszuwerden, wurden 1932 von Erfolg gekrönt, als der Irak in den Völkerbund aufgenommen wurde, auch wenn diese Form von Unabhängigkeit wie bei den Ägyptern bedeutete, dass er eine langfristige militärische Partnerschaft mit den Briten eingehen musste. Faisals Bruder Abdullah erhielt Jordanien (das heute noch von einem Haschimiten, Abdullahs Enkel, regiert wird). Aber ihr Vater, der Patriarch Hussein, verlor die Unterstützung der Briten und seinen Thron, weil er die Nachkriegsordnung nicht akzeptierte. Sein Königreich wurde von einem anderen Verbündeten der Briten übernommen, von Ibn Saud, dem Gründer des modernen saudi-arabischen Staates.

Der Iran war unabhängig und nicht besetzt, befand sich aber dennoch unter dem Schirm des Empire. 1919 schlossen Großbritannien und ein Triumvirat iranischer Staatsmänner einen Geheimvertrag, der das Land faktisch zu einem Protektorat machte. Der Architekt des sogenannten Anglo-Iranischen Vertrags war der britische Außenminister Lord Curzon, der sich rühmte: »Noch nie hat eine westliche Macht einen derart uneigennützigen und zielstrebigen Versuch unternommen, die Existenz eines orientalischen Landes wiederherzustellen und dessen Wohlergehen zu sichern.«[10] Aber unter den persischen Patrioten herrschte Unruhe – vor allem, als bekannt wurde, dass Lord Curzon dem Triumvirat 130 000 Pfund Sterling gezahlt hatte. Und zusammen mit der Hungersnot, der Straßenräuberei und den bolschewistischen Aufständen, die damals grassierten, machte diese Unruhe das Land noch unregierbarer. 1921 übernahm Reza Khan, ein iranischer Offizier der inzwischen unter britischer Kontrolle stehenden Kosakenbrigade, die Zügel des Staates. Vier Jahre später schickte Reza den letzten Kadscharenschah Ahmad ins Exil und wurde selbst Schah.

Zum Symbol der Gier und Willkür der Briten und Franzosen wurde in späteren Jahren der Doppelname Sykes-Picot – nach einem Geheimvertrag, der 1916 von dem unheilvollen Amateur Sir Mark Sykes und dem französischen Kolonialbeamten François Georges-Picot unterzeichnet worden war. (Als der IS 2014 sein Kalifat im Irak und in Syrien proklamierte, brüstete er sich, er habe »Sykes-Picot zerschmettert«.) In Wirklichkeit war Sykes-Picot keineswegs der folgenreichste einer Vielzahl von Verträgen, Erklärungen, Gentlemen's Agreements und Krönungen, die der Region aufgezwungen wurden und, da sie schlecht durchdacht, eigennützig und gegenüber den Wünschen der dort Lebenden gleichgültig – kurz: so weit von Wilsons Idealen entfernt wie nur vorstellbar – waren, einen Gürtel der Instabilität schufen, der vom Sinai bis nach Anatolien reichte.

Einen Eindruck von der Sorglosigkeit gegenüber den Völkern, die ihnen in die Hände gefallen waren, vermittelt ein Blick auf den persönlichen Stil der Männer, die diese Grenzen festlegten. Sykes sah sich eine Karte an und machte den berühmten Vorschlag, die Region in eine britische und eine französische Zone entlang einer Linie zu teilen, die vom »e« in »Acre« (Akkon) bis zum »k« am Schluss von »Kirkuk« führte. Churchill prahlte, er habe Transjordanien »an einem Sonntagnachmittag mit einem Federstrich« geschaffen. Die Zickzacklinie, die heute noch der Grenze zwischen Jordanien und Saudi-Arabien eine gewisse Abwechslung verleiht, wird »Winston's Hiccup« genannt, weil sie angeblich auf einen Schluckauf zurückgeht, der den Kolonialminister nach einem reichlichen Essen befiel, als er mit seiner pummeligen Hand den Stift über die Karte führte. Churchill schuf auch den Irak, wobei er vor allem an die dortigen Ölfelder dachte. Die Schwierigkeiten, ein aus schiitischen und sunnitischen Muslimen sowie aus Kurden bestehendes Land zu einen, waren ihm gleichgültig.

Die schicksalhafteste unter diesen aus dem Ersten Weltkrieg hervorgegangenen Entscheidungen dürfte die Balfour-Deklaration gewesen sein, die den Juden eine nationale Heimstätte in Palästina versprach – ein Akt imperialer Überdehnung, die zur Gründung Israels unter Bedingungen führte, die von nahezu allen Arabern als kolonial empfunden werden.

Die Administratoren der neuen Mandatsgebiete scheuten nicht davor zurück, den neuen Ländern ihre Autorität aufzuzwingen. Als die Franzosen 1925 in Syrien auf Widerstand gegen ihre Herrschaft stießen, kamen sie ihrer »heiligen Aufgabe der Zivilisation« nach, indem sie Damaskus dem Erdboden gleich machten. Gleichfalls in den 1920er Jahren genehmigte Churchill eine Politik der Bombardierung (»Luftüberwachung«) rebellischer Kurden im Nordirak. Selbst solche Ereignisse veranlassten die für die Kolonialpolitik Verantwortlichen nicht zu reuevoller Selbstkritik. Vielmehr suchten sie nach jemandem, dem sie die Schuld daran in die Schuhe schieben konnten. Und natürlich verfielen sie dabei auf Wilson. Verantwortlich für die Aufstände, so schnaubte Lloyd Georges Kabinettssekretär Maurice Hankey, sei dessen »unmögliche Selbstbestimmungsdoktrin«.[11]

Spätere Urteile über die Briten und ihre französischen Komplizen beim Zuschnitt des Nahen und Mittleren Ostens fielen harscher aus. Trotz aller Verluste, die diese Region aufgrund der Kämpfe erlitt, waren die Auswirkungen der Strukturen und politischen Entwicklungen, zu denen ein unfähiger Imperialismus dort führte, doch noch verheerender.

Die Nachkriegsabkommen ließen Nationen entstehen, die zu rebellisch waren, um gute Klienten zu sein, und zu gespalten, um gute Staaten zu werden. Obwohl die Mächte nicht stark genug waren, um die Unabhängigkeit zu verhindern, sorgte ihr offenkundiges Bemühen, diese Unabhängigkeit hinauszuzögern und zu begrenzen, doch für böses Blut und Feindseligkeit in der einheimischen Bevölkerung. Den von den Kolonialherren favorisierten Herrschern fehlte es an Rückhalt im Volk, und weder die von Briten unterstützten Monarchien im Irak und in Ägypten noch das von den Franzosen in Syrien etablierte republikanische Regime überlebten die Dekolonisierung.

Auch eine weitere Folge des Krieges, wenngleich nicht direkt den Briten und Franzosen geschuldet, hatte zerstörerische Auswirkungen. Das Öl wurde durch den Ersten Weltkrieg zur entscheidenden Quelle für Freude oder Elend im Nahen und Mittleren Osten. Seine strategische Bedeutung begünstigte die Entwicklung von Rentenökonomien und sorgte für eine fortgesetzte Einmischung des Westens. Und schließlich ließ der Neuzuschnitt des Nahen und Mittleren Ostens einen neuen arabischen Staat entstehen, der einen engstirnigen und phantasielosen Diskurs in den Weltislam einführte – den Wahhabismus.

Angesichts der Unterjochung weiter Teile des Nahen und Mittleren Ostens nach dem Ersten Weltkrieg kann es nicht überraschen, dass dessen Bewohner nach politischen Möglichkeiten suchten, ihr Misstrauen gegenüber dem Westen zum Ausdruck zu bringen. Nun wäre es für einen Muhammad Abduh nicht länger möglich gewesen, ein optimistisches Bild der Beziehungen zwischen den beiden Welten zu zeichnen. Der Westen schien noch entschlossener zu sein, auf den islamischen Ländern herumzutrampeln und deren Bewohner zu demütigen. Dieser Abscheu fand seinen Ausdruck in Widerstandsideologien, die den Nahen und Mittleren Osten im 20. Jahrhundert prägen sollten, und die erste, die in größerem Maßstab erprobt wurde, war der militante Nationalismus.

Zwischen den Weltkriegen wurden die Türkei und der Iran zu den beispielgebenden Trägern dieser neuen Vorgehensweise, und dies aus leicht nachzuvollziehenden Gründen. Die beiden Nachbarn waren der Kolonisierung oder dem Status von Mandatsgebieten nur knapp entronnen. Atatürk betrachtete die Mächte, die er unter so hohen Kosten aus dem Land geworfen hatte, weiterhin mit Misstrauen, während Reza Schah, der mit Zutun der Briten an die Macht gelangt war, während seiner gesamten Regierungszeit Angst hatte, die Briten könnten versuchen, ihn zu stürzen. Beide Führer unterdrückten im Inland jegliche Opposition, um in den von ihnen neugegründeten Staaten für Ruhe zu sorgen.

Dabei stützten sie sich auf bereits vorhandene Traditionen – auf das martialische Gehabe Muhammad Alis und Abbas Mirzas, auf den Materialismus Besir Fuats und auf Gökalps nationalistischen Eifer –, wobei sie diese in ihr letztes, am wenigsten flexibles Extrem trieben. Der Ursprung dieser Ideen lag natürlich im Westen, und alledem lag die Überzeugung zugrunde, der Osten müsse ununterscheidbar vom Westen werden, wenn er nicht von ihm überrannt werden wollte. Jetzt war kein Raum mehr für den illusorischen Gedanken, man könne den Islam reformieren, um dem Osten inneren Zusammenhalt und

Stärke zu verleihen. Und auch naive Vorstellungen wie Toleranz gegenüber abweichenden Meinungen oder eine auf Konsens basierende Regierung erhielten nun keine offizielle Sendezeit mehr. Die militaristischen Nationalisten des Nahen und Mittleren Ostens waren der festen Überzeugung, Reformen müssten rasch, obligatorisch und bei Bedarf mit Waffengewalt durchgesetzt werden. Darin hatten sie große Ähnlichkeit mit den europäischen Faschisten.

Ein weiteres übereinstimmendes Merkmal dieser Männer war ihre Verachtung für das leichtgläubige Gesindel, das zu regieren ihr unglückseliges Los war. Ein gutes Beispiel dafür bot Reza Schahs Hofminister Abdolhossein Teimurtasch, der glaubte, seine Landsleute müssten »mit dem Steigbügelriemen geschlagen, geritten und gehalten werden«.[12] Teimurtasch war führendes Mitglied einer Mandarinkaste, die sich im Umfeld Atatürks und Reza Schahs herausbildete: Anhänger einer überhasteten Modernisierung, die gerade erst die Armeeuniform abgelegt hatten, viele davon mit westlicher Bildung und getrieben von einem Gefühl der Scham angesichts der »Rückständigkeit« ihres Landes.

Die Türkei machte schneller Fortschritte. Atatürks Politik der ethnischen und politischen Homogenisierung (die Vernichtung der Armenier hatte ihr einen Vorsprung verschafft) nahm ihren Fortgang 1923 mit dem erzwungenen Tausch von mehr als einer Million Griechen gegen 380 000 Muslime, in der Mehrzahl aus Makedonien und Kreta. Dann richtete er seine Aufmerksamkeit auf die rebellischen Kurden. Zwischen 1923 und 1938 beteiligten sich die türkischen Streitkräfte an nicht weniger als siebzehn Feldzügen und militärischen Auseinandersetzungen in Türkisch-Kurdistan. Viele in der neuen Republik freuten sich über die relative Stabilität, die schließlich hergestellt wurde, wobei sich strategische Bereiche der Wirtschaft in staatlicher Hand befanden und neue Branchen wie Stahl- und Textilindustrie staatlichen Schutz genossen. Atatürk starb 1938, aber sein Nachfolger, Ismet Inönü, setzte dessen Neutralitätspolitik fort und hielt das Land aus dem Zweiten Weltkrieg heraus.

Atatürk kümmerte sich nicht nur um äußere Aspekte des Lebens, sondern versuchte auch dafür zu sorgen, dass die Türken so dachten, wie moderne Menschen seines Erachtens denken sollten. Modern sein hieß weltlich sein, und im Rahmen der Kampagne, mit der er den Islam auf den Status eines privaten moralischen Kompasses zu verweisen hoffte, schloss er Derwischlogen und die religiösen Bruderschaften, zwang die Moscheen in das Korsett einer erdrückenden neuen Bürokratie und sorgte dafür, dass immer mehr unverschleierte Frauen Tätigkeiten im Bereich der Medizin, des Staatsdienstes und des Rechtswesens übernahmen. Er vollendete die von den Tanzimat-Reformern begonnenen und vom Komitee für Einheit und Fortschritt fortgesetzten Säkularisierungsreformen im Bereich des Rechts und führte das Prinzip der Gleichberechtigung von Mann und Frau in das Scheidungs- und Erbrecht ein. Die Abschaffung des arabischen zugunsten eines modifizierten lateinischen Alphabets war mehr als ein Bruch mit der Schrift des Koran. Es war eine kulturelle Augenbinde, die es den Türken unmöglich machte, die Literatur ihrer Vorväter oder auch nur die Schrift auf ihren Grabsteinen zu lesen. Atatürk war ein Freizeitintellektueller, der den Türken einreden wollte, sie wären die Urheber aller Sprachen gewesen und bei den antiken Bewohnern Anatoliens hätte es sich nicht um Urartäer, Griechen oder Armenier gehandelt, sondern um reinrassige Türken. Zum Glück wurden solche Theorien nicht ernst genommen.

Die Auswirkungen der von oben diktierten Veränderungen waren selbst in Dörfern und Provinzstädten zu spüren, wo Mädchen in Trägerröcken nun nagelneue Schulen besuchten, Männer ihre Feze gegen Hüte im westlichen Stil tauschten und Frauen ihr neues Wahlrecht ausübten, auch wenn nur eine Partei – die Atatürks – gewinnen durfte. »Die Zivilisation ist ein fürchterliches Feuer, das alle verzehrt, die sie ignorieren«, wetterte der Präsident vor einer ländlichen Menge, der er befohlen hatte, ihre altmodische Tracht abzulegen. Die geistlichen Freiberufler, die ihren Lebensunterhalt verdient hatten, indem sie Unterricht gaben, Trauungen vollzogen, Landverkäufe beglaubigten und allerlei quacksalberische Mittelchen vertrieben, verloren ihre Bedeutung. Und an die Stelle der für alles Mögliche zuständigen Provinzscheichs traten Spezialisten in Anzug und Krawatte: Anwälte, Lehrer, Notare und Ärzte.

Atatürks einschneidende Veränderungen waren möglich geworden durch den Ersten Weltkrieg und den deutlichen Bruch mit der osmanischen Vergangenheit, den er darstellte. Die Türkei war nun eine Republik mit Institutionen westlichen Zuschnitts, frei von der Bürde ihres alten Wunsches, die islamische Welt zu führen. In Ankara sah man kaum eine Moschee. Die neue Hauptstadt war ein Schaufenster für das neue Recht, die neue Kleidung und die neue Sprache. Neue Technologien und Fertigkeiten erlaubten es der unabhängigen türkischen Republik, innerhalb weniger Jahrzehnte größere industrielle Kapazitäten aufzubauen, als das Osmanische Reich dies im gesamten 19. Jahrhundert geschafft hatte. Aber für diesen Sprung nach vorn musste ein hoher Preis gezahlt werden. Inneres Exil, Zensur und politische Morde waren die weniger reizvollen Aspekte des Atatürk-Regimes, und erst 1950 wurden die ersten freien Wahlen in der Republik abgehalten.

Atatürks autokratischer Regierungsstil trieb am Ende Liberale wie Halide Edib von seiner Seite. Nachdem sie sich 1920 »unserem George Washington« begeistert angeschlossen und das Amt seiner Pressesprecherin übernommen hatte, machte sie später deutlich, dass ihre Folgebereitschaft davon abhing, dass er auch weiterhin der Sache diente, an die sie glaubte – worauf er mit einer Drohung antwortete: »Sie sollen gehorchen und tun, was ich wünsche.« Als Atatürk 1925 die von ihr mitbegründete Oppositionspartei verbot, ging Edib ins Exil und kehrte erst nach seinem Tod in die Türkei zurück.[13]

Anderthalbtausend Kilometer weiter östlich verfolgte Reza Schahs Iran einen ähnlichen Weg. Zu Beginn des Jahrhunderts waren die Iraner den Türken mit der Schaffung eines Verfassungsstaates vorausgegangen. In den 1920er und 1930er Jahren verkehrte sich diese Reihenfolge, kopierte Reza Schah doch nun viele von Atatürks Maßnahmen auf den Gebieten des Rechts, der Bildung und des Sozialen.[14]

In seiner Zeit als Premierminister unter Ahmad Schah hatte Reza die Öleinnahmen seines Landes für den Aufbau einer neuen Armee genutzt, die dann eingesetzt wurde, um die widerspenstigen Stämme zu zerschlagen – und damit die saisonalen Wanderungen von Mensch und Tier zu beenden, die das Leben im Iran seit Jahrtausenden geprägt hatten. Die Menschen, die einst Tiere gehütet hatten, sahen sich nun in Dörfer eingepfercht und erhielten den Befehl, Bohnen anzubauen. Reza verbot es, Kamele zu fotografieren, weil er befürchtete, Ausländer könnten daraus schließen, der Iran wäre rückständig. Seine Krönung 1926, freundlich verrissen von Vita Sackville-West (ihr Mann arbeitete in der britischen Gesandtschaft), war eine schlechte Imitation der Krönung Georgs V., die Zeremonie eine Mischung aus persischen und europäischen, muslimischen und weltlichen Elementen. Hinter Reza Schahs furiosen Reformen steckte ein ebenso furioser Minderwertigkeitskomplex.

Rezas Erfolge bei der Befriedung des Landes erlaubten es ihm, in seiner sechzehnjährigen Regierungszeit zahlreiche Veränderungen durchzusetzen. Er ersetzte die Scharia durch weltliche Gesetzbücher, schaffte die alten arabischen und türkischen Monate ab und veränderte den internationalen Namen des Landes von Persien (einer europäischen Bezeichnung aus der Antike) in Iran (wie die Menschen selbst es nannten). Er baute Schulen und Fabriken und schuf eine riesige Staatsbürokratie. Auf die historische Einmischung der Mächte fixiert, die dem Iran ein modernes Verkehrswesen verwehrt hatten, erhob er Steuern auf Tee und Zucker, um eine Eisenbahnstrecke vom Kaspischen Meer im Norden zum Persischen Golf im Süden zu bauen, deren letzte Schiene er 1938 persönlich legte. Wie sich zeigte, war sie für die alliierten Armeen, die das Land drei Jahre später besetzten, von größerem Nutzen als für die iranischen Kaufleute und Reisenden, die eher auf Ost-West- als auf Nord-Süd-Verbindungen angewiesen waren und für ihre Zwecke Straßen benutzten.

In Kleidungsfragen ging Reza noch weiter als Atatürk und verbot den Tschador. Das hatte verheerende Auswirkungen auf das soziale Leben, und viele iranische Frauen gingen nicht mehr aus dem Haus, bis das Verbot nach dem Sturz des Schahs 1941 aufgehoben wurde. Er war ein zerstörerischer Liebhaber des Altertums; er ließ mittelalterliche Innenstädte niederlegen und an deren Stelle Stadthallen und marmorne Bankgebäude im Stile von Persepolis errichten. Anders als Atatürk, dem es vor allem um Ruhm ging, war Reza korrupt. Er brachte das fruchtbarste Zehntel der landwirtschaftlichen Anbauflächen des Landes und jeden Palast, der ihm gefiel, in seinen Besitz. Er schlief wenig (und zwar auf dem Boden, da sein Luxusbett ihm zu weich war) und arbeitete hart. Aber er wurde nicht mit der Liebe seines Volkes belohnt, sondern nur mit dessen Furcht.

Parallel zu Atatürks Türkentum stellte Reza Schah das nationale Erbe des Iran ganz bewusst über seine islamischen Traditionen. Er gründete ein Ministerium für Altertümer, um den Strom vorislamischer Schätze einzudämmen, die das Land verließen Er betraute einen Franzosen mit dem Bau eines Museums in Teheran, das die archäologischen Funde aufnehmen sollte, und er ließ ein Denkmal für den Schöpfer des *Schahnameh* errichten. Die Mullahs blieben ein Ärgernis, blickten voller Groll auf ihn aus ihrer heiligen Stadt Qom, wo ihre Seminare sich zunehmend konzentrierten, aber sie spielten nun im Staat eine geringere Rolle denn je seit dem Aufstieg der Sassaniden vierhundert Jahre zuvor. Rezas Abneigung gegen den Islam war zutiefst emotional und allen bekannt. Auch Splitterbewegungen wie das Bahaitum förderte er nicht. »Ich werde in meiner Regierungszeit keine Propheten zulassen«, gelobte er.

Reza war kein so strategischer Reformer wie Atatürk, dessen Präferenzen eindeutig bei einem geordneten Übergang zur Demokratie lagen. Reza dagegen wurde mit der Zeit immer härter. Er ließe Tausende Gegner verhaften und Hunderte töten. Gleichfalls im Unterschied zu Atatürk, der auf dem Höhepunkt seines weltweiten Ansehens starb, nachdem er eine neue, stabile Republik geschaffen hatte, wo es zuvor nur gleitende Interessenzonen gegeben hatte, blieb der von Reza hinterlassene Iran auch weiterhin höchst anfällig für ausländische Einmischung.

Das war nicht ausschließlich Rezas Schuld. Die aussichtsreichste neue Branche des Landes war die Ölindustrie. Sie befand sich fest unter der Kontrolle der Anglo-Iranian Oil Company, die dem Iran eine lächerliche Gebühr dafür zahlte. Zu Beginn des Zweiten Weltkriegs war Reza so dumm, mit Hitlers Deutschland zu flirten, was zu ersten Warnungen seitens der Alliierten führte und dann, 1941, zu einer ausgewachsenen Invasion. Da er um das Überleben seiner Dynastie fürchtete, ging er ins Exil. Sein Sohn Muhammad Reza – ein unerfahrener Einundzwanzigjähriger, der in Angst vor seinem Vater aufgewachsen war und von dem Wunsch getrieben sein sollte, ihn zu übertreffen – übernahm dessen Amt.

Nach den erratischen Maßstäben des Nahen und Mittleren Ostens waren Atatürks und Reza Schahs Diktaturen erstaunlich produktiv. Die von ihnen hinterlassenen Nationalstaaten waren in vielerlei Hinsicht kaum wiederzuerkennen, wenn man sie mit den halb in Ruinen liegenden Ländern verglich, die beide vorgefunden hatten. Dass hier zwei Nationalstaaten entstanden waren und innerhalb von zwei Jahrzehnten einen Sprung von einem ganzen Jahrhundert gemacht zu haben schienen, brachte ihren Führern viel Lob im Ausland ein. Aber es bestand eine schrille Dissonanz zwischen der von Atatürk und Reza Schah angestrebten Identität und jener, an der das Volk weiterhin festhielt. Mit ihren phantasievollen Appellen an die antike Vergangenheit und ihrer Betonung einer nationalen statt einer religiösen Bestimmung wandten die beiden Diktatoren sich gegen den Islam, diese anspruchsvollste und umfassendste aller Religionen. Im Volk herrschte Unbehagen, während Atatürk Walzer tanzte und Frauen nachstellte und Reza auf die Mullahs einschlug, sie zu Bettlern machte und zu Witzfiguren degradierte. Atatürks gedachte man in einem weltlichen Mausoleum mit Säulenreihen nach faschistischem Vorbild. Reza ließ Persiflagen auf Persepolis errichten. Aber die Menschen liebten niemals diese Tempel menschlicher Eitelkeit. Sie blieben hartnäckig spirituell. An den Wochenenden besuchten sie die alten Schreine, sprachen die alten Gebete, und langsam – kaum wahrnehmbar für jene, die den Kampf längst für gewonnen hielten – entstanden die Bedingungen für die Reaktion.

Aus der Sicht von Beobachtern, die das von vielen als »Führungsnation« der arabischen Welt verstandene Ägypten in der ersten Hälfte des 20. Jahrhunderts betrachteten, lagen die Chancen für eine islamische Reaktion, die dem Fortschritt des Landes hin zu einer zunehmend verwestlichten Identität hätte Einhalt gebieten können, bei nahezu null. Das Vertrauen in die weitere Säkularisierung des Nahen und Mittleren Ostens war Teil eines Weltbilds, das sich um Max Webers Gedanken herum entwickelt hatte, wonach die Menschheit sich weg vom »großen Zaubergarten« traditionellen Glaubens und traditioneller Kultur bewegte. Noch in den 1960er Jahren, als der Nahe und Mittlere Osten in einem Kalten Krieg zwischen zwei nicht von dort stammenden Ideologien, Kommunismus und Kapitalismus, gefangen war, behauptete der Historiker Arnold Toynbee, die Religionen der Welt erlebten »dieselbe Krise des Glaubens und der Glaubenstreue, die das westliche Christentum vor dem Ende des 17. Jahrhunderts zu erleben begonnen« hätte, womit er andeutete, dass diese Religionen sich auf demselben Weg befanden wie das Christentum, wenn auch ein wenig verspätet.[15] Es schien sogar möglich, dass die Krise im Nahen und Mittleren Osten sich noch schneller verschärfte, wurde die Region doch von zwei Ideologien hofiert, die beide die Religion für einen veralteten Faktor im öffentlichen Leben hielten. Man brauchte nur durch die modernen Viertel irgendeiner Hauptstadt des Nahen und Mittleren Ostens zu spazieren, wo Frauen zur Arbeit oder zum Studium aus dem Haus gingen, Alkohol ausgeschenkt wurde und die Leute Anzug samt Krawatte trugen, um zu dem Schluss zu gelangen, dass dieser Prozess irreversibel war. Im Blick auf den langen Kampf zwischen der traditionellen islamischen Praxis und dem Säkularismus schrieb ein Wissenschaftler 1963: »Dieser Krieg ist in den allermeisten Staaten des Nahen und Mittleren Ostens vorüber.«[16]

Islamismus ist bekanntlich die Nutzung des Islam für politische Zwecke und die Manipulation religiöser Dogmen mit dem Ziel, Ideologien zu entwickeln, die sich für moderne Politik oder revolutionäre Aktivitäten außerhalb der bestehenden politischen Ordnung und über nationale Grenzen hinweg eignen. Sayyid Jamal al-Din Afghani war möglicherweise der Erste, der die Fähigkeit des Islam zu solcher Militanz spürte, aber er war ein Ego, kein Organisator, und sein Vermächtnis eher Hitze als Licht. Den vielleicht stärksten Anspruch auf die Vaterschaft an der islamistischen Bewegung, wie wir sie heute kennen, könnte wohl der spätere, strategischer denkende Hasan al-Banna erheben, ein kräftiger, kraushaariger Uhrmacher aus dem im Nildelta gelegenen Dorf Mahmudiya.

Banna wurde 1906 geboren. Sein Vater reparierte Uhren – ein Beruf, den er an seinen Sohn weitergab – und hatte an der al-Azhar studiert. Die religiöse Erziehung des jungen Hasan in Mahmudiya war eine Mischung aus traditionellem Koranstudium (er begann seine Ausbildung an einer *kuttab*-Religionsschule) und der emotionalen Disziplin, wie der Sufismus sie nach den Schriften Abu Hamid al-Ghazalis verlangte, dessen Abkehr von der Philosophie und Suche nach spiritueller »Auslöschung« im 11. Jahrhundert sich als vernichtend für die spekulative Tradition im islamischen Denken erweisen sollte.

Die bedeutsamste Triebkraft, die auf den jungen Banna einwirkte, war indessen eine Politik des Widerstands, die auf Oberst Urabi zurückging und durch die beängstigende Geschwindigkeit und den scheinbar unkontrollierbaren Charakter des im ersten Viertel des 20. Jahrhunderts in Ägypten zu beobachtenden Wandels gestählt war. Im Alter von dreizehn Jahren (zu dieser Zeit kannte er den Koran bereits auswendig) wurde Banna Sekretär einer örtlichen, vom Sufismus inspirierten Organisation, des Hasafiyya-Wohltätigkeitsvereins, zu dessen Zielen auch die Eindämmung des Vorrückens amerikanischer Missionare im Nildelta gehörte, über die er misstrauisch schrieb: »Sie predigen das Christentum unter dem Deckmantel, Stickunterricht zu geben und Waisenkindern eine Heimstätte zu schenken.« Ein weiteres Ziel des Vereins war die Förderung der islamischen Moral. Schon im Alter von zehn Jahren soll Banna sich erfolgreich für die Entfernung und Vernichtung der »obszönen« Statue einer halbnackten Frau eingesetzt haben, die auf einem der Nilschiffe zur Schau gestellt wurde.

Bannas politische Entwicklung wurde auch von dem Volksaufstand geprägt, der auf die Verhaftung Zaghluls und seiner Gefährten von der Wafd-Partei 1919 folgte – bei dem in Kairo auch Huda Schaarawi eine Rolle spielte. »Ich erinnere mich noch an die Demonstrationen, Streiks und Umzüge«, schrieb Banna Jahre später, und er hatte auch die Parolen der Demonstranten nicht vergessen, die damals von den Briten verfolgt und geschlagen worden waren: »Die Liebe zum Vaterland ist eine Pflicht unseres Glaubens ... Wenn wir uns nicht in der Unabhängigkeit wiedersehen, werden wir uns sicher im Paradies begegnen.«[17]

Es ist ein wichtiges Indiz für die schwindende Bedeutung der Geistlichen im modernen Islam, dass Banna nicht wie sein Vater an die al-

Azhar ging, sondern an einer der modernen Lehrerausbildungsstätten in Kairo studierte.[18] Ein Schock erwartete ihn, als er 1923 an seinen neuen Wohnort zog, denn wenn das Delta eine Erosion durch westliche Interessen und Sitten erlebte, so war der Grad der Durchdringung in der Hauptstadt doch von einer ganz anderen Größenordnung. In Bannas angewiderter Reaktion auf seine neue Umgebung spürt man dasselbe mit Faszination gemischte Entsetzen, das auch Millionen anderer neuer Stadtbewohner in dieser Zeit massenhafter weltweiter Urbanisierung erlebten.

Kairo war in den 1920er Jahren von Ungleichheit geprägt, ganz auf Konsum ausgerichtet, respektlos und kosmopolitisch – all das, was Banna nicht war. Kinos, Theater, unverschleierte Frauen und Kaufhäuser bildeten den grellbunten Hintergrund für einen unzähmbaren Basar der Ideen, auf dem die Wafdisten ihren politischen Rivalen, den liberalen Konstitutionalisten, entgegentraten und aus Atatürks Türkei nihilistische Winde herüberwehten. Es war genau die Art von Ort, an dem Progressive wie Ali Abdel Razeq sich ermutigt fühlten, Argumente gegen die Legitimität eines islamischen Staates vorzubringen – und Banna beteiligte sich denn auch gehörig an Protesten, die 1925 die Publikation von *Das Kalifat und die Souveränität der Nation* begleiteten.

Der kulturelle und wirtschaftliche Angriff des Westens schien jedoch unaufhaltsam zu sein. In Kairo wurde die Hochzeit des obersten Rabbis von Muslimen und zahllosen Christen unterschiedlichster Konfessionen besucht, die sämtlich Französisch sprachen. Die Magnaten – gleichfalls in der überwältigenden Mehrzahl Ausländer oder Angehörige religiöser Minderheiten – speisten Hummer in Clubs, deren Ausstattung es mit denen an der Pall Mall aufnehmen konnten. An den Rändern dieses Karnevals des Überflusses lebte die Mehrheit unterdessen ohne fließendes Wasser oder elektrischen Strom, und die Hälfte der Kinder starb an Durchfall und Unterernährung, bevor sie das sechste Lebensjahr erreichten.

Hier fand sich in zugespitzter Form das, was Banna später einmal den »wütenden Angriff westlichen Denkens und westlicher Kultur« nannte, »bewaffnet mit Reichtum und den äußerlichen Versuchungen des Lebens«.[19] Seine Ausbildung versetzte Banna nicht in die Lage, die Waffen der Moderne gegen sie selbst zu wenden. Ihm war der Zugang verschlossen zu jenem rachsüchtigen Avantgardismus, mit dem der türkische Romancier Halid Ziya Usakligil seine Verdammung des neuen Lebens in *Blau und Schwarz* vorgebracht hatte. Banna ging zur al-Azhar, um sich für ein wirkungsvolles Vorgehen gegen den Sumpf einzusetzen. Aber die alte Schule war hin- und hergerissen zwischen dem Versuch, sich die Gunst des Souveräns zu erhalten, und dem Bemühen, ihren traditionellen Lehraufgaben nachzukommen, und die Scheichs hatten offenbar vor den »missionarischen und atheistischen Strömungen« kapituliert, die die Gesellschaft zerrütteten.[20]

Banna beobachtete gebannt die aus den Fugen geratene Gesellschaft um ihn her und teilte seine Gefühle mit einer Gruppe gleichgesinnter Freunde. »Nur Gott weiß«, schrieb er, »wie viele Nächte wir damit verbrachten, den Zustand des Landes ..., die Krankheit zu analysieren und ein Heilmittel dagegen zu suchen. Wir waren derart beunruhigt, dass wir den Tränen nahe waren.«[21]

Banna fand tatsächlich eine Lösung – eine der bedeutsamsten in der jüngeren Geschichte der islamischen Welt. Sie nahm ihren Ausgang in der am Suezkanal gelegenen Siedlung Ismailia, wo Banna 1927 eine Stelle als Lehrer an einer Grundschule antrat. Von den nahe gelegenen britischen Kasernen und der englischen statt arabischen Beschilderung bis hin zu den luxuriösen Häusern der Ausländer und den Hütten der einfachen ägyptischen Arbeiter verkörperte Ismailia das kulturelle und materielle Ungleichgewicht Ägyptens. Banna ging in die Kaffeehäuser, wie Afghani, dessen Aktivismus er sehr bewunderte, dies im Kairo der 1870er Jahre getan hatte, sprach seine Zuhörer mit allgemeinen Äußerungen über den Islam an und bat solche, die ein besonderes Interesse zeigten, in einen Nebenraum, um mit ihnen detailliertere Gespräche über das Wesen Gottes, die rechte Art des Gottesdienstes und die Pflicht aller Gläubigen zu führen, sich für die Tugend einzusetzen und das Laster zu bekämpfen.

Banna erwarb sich einen Ruf in den ärmeren Vierteln Ismailias, und 1928 traten sechs Arbeiter an ihn heran, die in der britischen Garnison arbeiteten und ihn um Rat baten. Wie Banna später schrieb, sagten sie ihm, sie seien »dieses Lebens voller Demütigungen überdrüssig«, das ihnen keinen »Status« gebe und keine »Würde« lasse, und sie wollten sich in den Dienst »des Vaterlandes, der Religion und der Nation« stellen. Auch bekannten sie sich zum »Weg des Handelns«, wie Banna ihn verstehe. Banna war gerührt von ihrer Aufrichtigkeit, und gemeinsam schworen sie, »Soldaten für die Botschaft des Islam« zu werden. Banna dachte sich auch einen Namen für die Gruppe aus. »Wir sind Brüder im Dienste des Islam«, sagte er. »Darum sind wir die ›Muslimbrüder‹.«[22]

Das war der Anfang einer Gruppe, die zur einflussreichsten muslimischen Organisation des 20. Jahrhunderts werden sollte, eine Kombination aus Dienstleister und Berater in den großen Lebensfragen – all das mit dem Ziel, das Vertrauen in eine Gemeinschaft wiederherzustellen, die sich durch den von Atatürk und Reza Schah ins Extrem getriebenen europäischen Anspruch auf kulturelle Überlegenheit zutiefst bedroht fühlte. In Wirklichkeit, so erklärte Banna, könne es gar kein besseres System für die Lebensführung geben als den Islam, und er bekannte sich auch zum Salafismus, der damals noch nicht das Markenzeichen islamischer Militanz war, zu dem er einmal werden sollte, sondern für den erneuerten Anspruch des Islam stand, ein immer noch vollauf anwendbarer und vollständiger Ansatz zu sein, der keiner Verbesserung durch westliche Lebensart bedürfe.

In den folgenden Jahren verbrachte Banna – neben seiner Arbeit als Lehrer – viel Zeit auf Reisen durch das ganze Land. Er predigte und sammelte Geld für Moscheen, Schulen und Krankenhäuser, die das Leben der Menschen nachhaltig veränderten – ein Ansatz, den auch seine Anhänger übernahmen. (In der Gründungsgeschichte der Bruderschaft lässt sich kaum die Ähnlichkeit mit jenen christlichen Missionsgruppen übersehen, denen Bannas Hass in Mahmudiya gegolten hatte.) Ob sie nun in Abendkursen rechte islamische Praxis und Sitten lehrte, durch Hilfe an Mitglieder, die ihre Arbeit verloren hatten oder auf andere Weise in Not geraten waren, zur Selbsthilfe anhielt oder Geld für gute Werke sammelte, die Bruderschaft stellte in der muslimischen Welt eine Neuerung dar: eine nichtstaatliche soziale Organisation, größtenteils von Laien geführt und entschlossen, wie ihr allgegenwärtiger, hart arbeitender, stets gutgelaunter Führer es ausdrückte, jede Verquickung mit dem Machtapparat zu vermeiden, der das Land überhaupt erst in solche Schwierigkeiten gebracht hatte.

Nach Bannas Aussage war die Bruderschaft »eine politische Organisation, eine Sportgruppe, eine kulturelle Bildungseinrichtung, ein Wirtschaftsunternehmen und eine soziale Idee« – ein breites Spektrum an Aktivitäten, deren offenkundiger Wunsch, alle Aspekte des Lebens abzudecken, an kommunistische, faschistische und andere totalitäre Systeme gesellschaftlicher Organisation erinnert. Trotz des Salafismus und trotz der konservativen Botschaft stand die Bruderschaft doch nicht für eine Rückkehr in die Vergangenheit, sondern war eher ein Spiegelbild ihrer modernen Rivalen, mit Eigenheiten, die es ihr erlauben sollten, solche Ideologien aufzugreifen und sie zu besiegen.

1936 besaß die Bruderschaft einhundert Ortsgruppen im ganzen Land, eine Zeitung voller guter Nachrichten über Ägypter, die sich selbst halfen, und eine Jugendorganisation, die »Vagabunden« – Pfadfinder mit Muskeln und einem Gebetsteppich. (In einer weiteren direkten Nachahmung des christlichen Gegners hatten Banna und andere 1927 in Kairo einen Muslimischen Verein Junger Männer gegründet.) Der Motor dieses außergewöhnlichen Wachstums war der Gründer der Bewegung selbst. Stets in Bewegung, ein Mann der Tat statt der Theorie (er hat kaum etwas geschrieben), begrüßte dieser geniale Verbreiter des Glaubens seine Bewunderer, wie einer von ihnen schrieb, stets mit einem »großen offenen Lächeln und einem Koranvers, dann einer oder zwei Zeilen aus einem Gedicht und schließlich einem Lachen voller Leben und Energie«. Wenn Banna zu seinen Anhängern sprach, so berichtete ein anderer, verstanden alle ihn, »die Alten und die Jungen, die Hochgebildeten und die Analphabeten und Unwissenden«. »In seiner Stimme liegt eine tiefe Resonanz, und seine Zunge verbreitet einen magischen Zauber.«[23]

Trotz seiner Missbilligung der Politik wandte Banna sich 1936 in einem mit Ratschlägen gespickten offenen Brief an den neuen König, Fuads Sohn Faruq. Der verstorbene Monarch war habgierig und autoritär gewesen und hatte seine Untertanen verachtet. Nun bestand die Hoffnung, dass sein gutaussehender, frommer sechzehnjähriger

Sohn, der Erste aus Muhammad Alis Dynastie, der ein gutes Arabisch sprechen konnte, Ägypten zu einer blühenden und wirklich unabhängigen Nation machen werde. In seinem Brief, der an alle arabischen Staatschefs geschickt wurde, verlangte Banna, das Land müsse seine Freiheit gewinnen und mit anderen Nationen konkurrieren, um »soziale Fortschritte« zu machen, dürfe dabei aber nicht dem Westen folgen, denn dessen politische Fundamente seien »durch Diktaturen zerstört, die ökonomischen Fundamente durch Krisen erschüttert«. Im Gegensatz zu früheren Reformern, die die protestantische Arbeitsethik gepriesen hatten, griff Banna die kapitalistische Ordnung an, in der er die Wurzeln des Materialismus, der Aggression und der Habgier der europäischen Länder erblickte. »Die Menschheit bedarf dringend der reinigenden Wasser des wahren Islam«, schrieb er und riet dem neuen König, die »Medizin des Koran« zu nehmen, um »diese kranke und gepeinigte Welt zu retten«.[24]

Bannas Brief, der auch bei vielen einfachen Leuten zirkulierte, war einer der Eröffnungszüge in der islamischen Gegenaufklärung. Wahrscheinlich zum ersten Mal seit der Transformation des Nahen und Mittleren Ostens um die Wende zum 19. Jahrhundert verhöhnte hier der Führer einer modernen islamischen Bewegung den Westen und seinen Überlegenheitsanspruch – ja verwarf öffentlich ebenjene materialistischen Prinzipien, die Reformer wie Rifaa und die Tanzimatisten so mühsam mit islamischen Idealen zu versöhnen versucht hatten. Hier nun erklärte Banna, Führer einer wiedererstandenen ägyptisch-sunnitischen Bewegung, dass die Bemühungen um solch eine Synthese ein Ende hätten und dass man mit der modernen Welt am besten zurechtkäme, wenn man auf einfache islamische Werte zurückgreife, auf Sparsamkeit, Gleichheit, konservative soziale Einstellungen und traditionelle islamische Wirtschaftsformen, die eine verführerisch ausgeglichene Mischung aus Anreizen und sozialem Gewissen boten.

Hasan al-Bannas Islamismus enthielt sowohl Elemente moderner Politik als auch Sehnsucht nach der Vergangenheit. Banna war kein reflexhafter Reaktionär, sondern erkannte sehr genau, dass die muslimische Welt sich unwiderruflich verändert hatte, und mit seiner Betonung der Bildung, der Notwendigkeit, in Wissenschaft und Technologie zu investieren, und der aktiven Rolle, die ein islamischer Staat den Frauen ermöglichen sollte, knüpfte er in beträchtlichem Maße an die Leistungen früherer Reformer an. Auch versuchte der Laie Banna nicht, den Niedergang des Klerus rückgängig zu machen und die Scheichs der al-Azhar wieder in ihre frühere Stellung als Schiedsrichter der Gesellschaft zu heben. Außerdem hielt er sich von jenen Landsleuten fern, die einen zum Scheitern verurteilten Versuch unternahmen, das Kalifat wiederherzustellen, und zwar in Kairo mit Faruq als dem Kalifen. Da Banna diese modernen Ideale übernommen – und als authentisch islamisches Kapital verbucht – hatte, rief er nach einer neu belebten Zivilisation, die bereit war, den Westen herauszufordern – nicht unter westlichen Bedingungen, wie Atatürk und Reza Schah dies getan hatten, sondern in der Honigwabe der islamischen Kultur.

Der Bruderschaft ging es indessen nicht allein um gute Werke und eine Hebung der Moral. In späteren Jahren gewann die Botschaft der Islamisten durch das Leid ihrer Anhänger an Schärfe. Aber das Ziel derer, die da litten, war es, im Namen des Islam an die Macht zu gelangen, falls nötig mit Waffengewalt. Diese Denkweise entdeckte die Bruderschaft in den 1930er Jahren, als sie einen paramilitärischen Apparat aufbaute, dessen Ziel es war, wie Banna auf einer Konferenz der Bruderschaft 1939 erklärte, von der aktuellen Phase der »Vorbereitung« zu einer neuen Phase der »Verwirklichung« überzugehen. Und er schloss seine Rede mit einer Verdammung der politischen Parteien – verbunden mit einer von den Feinden des Islam leicht auszubeutenden Zersplitterung und Kolonialismus. »Der Tod ist besser als dieses Leben«, sagte er, »ein Leben in Knechtschaft und Unterdrückung.«[25]

Der Eintritt der Muslimbruderschaft in die Politik führte zu immer erbitterteren Streitigkeiten mit dem politischen Establishment des Landes, vor allem mit der inzwischen aufgedunsenen und korrupten Wafd-Partei, zumal deutlich wurde, dass die beiden Seiten nicht dieselben Interessen vertraten. König Faruq selbst war weniger fromm, als es zunächst den Anschein gehabt hatte, und wurde ähnlich aufgedunsen und korrupt. Seine Herrschaft degenerierte zu Pokerspiel, Ausschweifungen und Dummejungenstreichen, während die obersten Amtsträger des Landes ihre Töchter einschlossen, um sie vor seinen

Nachstellungen zu schützen, und seine Flotte aus roten Autos – darunter ein Mercedes, den Hitler ihm geschenkt hatte – die Bevölkerung mit ihren Hupkonzerten erschreckte.[26]

Der Zweite Weltkrieg brachte erhebliche Belastungen für die schwächliche Halbdemokratie Ägyptens. Die Briten benutzten das Land erneut als Basis für ihre Operationen, führten das Kriegsrecht ein und stürzten 1942 mit Hilfe des Königs eine den Achsenmächten zuneigende Regierung. Als unbeugsamer Gegner des Kolonialismus, dessen Ablehnung der Briten noch durch deren Förderung des Zionismus im benachbarten Palästina (damals noch ein koloniales Mandatsgebiet) verschärft wurde, befand Banna sich schon bald im Fadenkreuz der Briten und wurde 1941 für kurze Zeit inhaftiert. Er versuchte auch, sich ins Parlament wählen zu lassen, aber die Wahlen wurden zu seinen Ungunsten manipuliert. Das wechselseitige Misstrauen zwischen Islamismus und Demokratie kristallisierte sich langsam heraus.

In den turbulenten Jahren nach dem Zweiten Weltkrieg nahmen auch jene Ideale Gestalt an, die den modernen Islamismus prägen sollten, nämlich ein an der Scharia orientierter Staat, der antikolonialistische Kampf, wie er im Kampf gegen den Zionismus zum Ausdruck kam, und Widerstand gegen die Tyrannei im eigenen Land. Die Gleichgültigkeit, die eine dem Palast zuneigende Regierung in den 1930er Jahren gegenüber den Palästinensern bewiesen hatte – beispielhaft dafür die Tatsache, dass die jüdischen Siedler einen ägyptischen Hafen für ihre Ausschiffung benutzen durften –, brachte Banna zu der Überzeugung, dass die Monarchie und die Magnaten allenfalls Krokodilstränen über ihre arabischen Brüder vergossen. Nach dem Krieg gewannen von Indien und Indonesien bis nach Kenia und Zypern Dekolonisierungsbewegungen an Schwung, aber in Ägypten weigerten sich die Briten, sich aus der Kanalzone zurückzuziehen, während gleich nebenan der Kampf der jüdischen Kolonisten für eine Heimstätte mit dem Teilungsplan der Vereinten Nationen vom September 1947 Früchte trug.

Angesichts einer nahezu unerträglichen innenpolitischen und internationalen Spannung begannen militante Aktivisten der Bruderschaft, ihre militärischen Pläne zu aktivieren – wieweit Banna selbst daran beteiligt war, ist nicht ganz klar. Sie brachten Granaten und Bomben in britischen Einrichtungen zur Explosion und ermordeten Politiker, die in ihren Augen nicht patriotisch genug waren. 1948 beteiligten sich Muslimbrüder an einem gescheiterten Feldzug arabischer Länder gegen den neuen israelischen Staat – in der schändlichsten Weise tat dies auch König Faruq selbst, der sich, nachdem er die Truppen auf einem weißen Streitross inspiziert hatte, wieder an den Spieltisch zurückzog. Obwohl die Freiwilligen der Muslimbruderschaft sich durch ihre Tapferkeit hervortaten, endeten die Bemühungen, das junge Israel zu ersticken, in einer totalen Katastrophe, und der neue Staat ging mit mehr Prestige und Land aus diesem Krieg hervor, als er zuvor besessen hatte.

In den Trümmern der Niederlage verbot Premierminister Mahmud Nuqraschi die Bruderschaft. Das Establishment konnte nicht länger eine paramilitärische Oppositionsbewegung mit revolutionären Tendenzen tolerieren, deren Anhänger auf gut eine Millionen Seelen geschätzt wurden.

Einige Wochen später und wahrscheinlich ohne Bannas Wissen ermordete ein junger Muslimbruder Premierminister Nuqraschi. Banna räumte ein, dass die Bruderschaft Fehler gemacht hatte, und erklärte sich sogar mit ihrer Auflösung einverstanden. Er wurde jedoch nicht verhaftet – ein Versehen der Obrigkeit, das er prophetisch mit einem Todesurteil gleichsetzte. Am 12. Februar 1949 wurde er auf den Stufen des Muslimischen Vereins Junger Männer in Kairo erschossen.

Es war der Beginn der staatlichen Unterdrückung der Muslimbruderschaft. Der Trauerzug bei seiner Beerdigung wurde von Panzern und gepanzerten Fahrzeugen begleitet, und im Juli 1949 saßen gut viertausend Muslimbrüder im Gefängnis. Auch das Vermögen der Organisation wurde beschlagnahmt. Aber der Zorn und die Sehnsucht nach Gerechtigkeit, die Banna und seine Anhänger beseelt hatten, starben nicht. Im Gegenteil, sie blühten auf, und in den folgenden Jahren gründete die Bruderschaft Ableger in Syrien, Jerusalem, Transjordanien, dem Irak und in Nordafrika und legte die Saat für weitere Bewegungen, die sich dem nationalen Aufbau und der Wiederbelebung des Islam verschrieben.

Dass der Islamismus in den turbulenten Jahren zwischen den beiden Weltkriegen aufkam, ist keineswegs verwunderlich. Die Entstehung einer dynamischen politischen Bewegung, die sich für die Gegenaufklärung einsetzte, war eine Reaktion – eine Antwort auf willkürliche Abkommen, die von den Siegermächten des Zweiten Weltkriegs aufgezwungen wurden und ihren Gipfel in der Gründung des Staates Israel fanden, wie auch auf die fortlaufende Frustrierung von Projekten nationaler Selbstverwirklichung, die seit Oberst Urabi nicht mehr vorangekommen waren.

Die paradoxe Situation, dass Imperialisten sich für Demokratie einsetzten, war immer schon ein Makel für die Modernisierung des islamischen Nahen und Mittleren Ostens gewesen. Anderthalb Jahrhunderte voller Bemühungen, beides miteinander zu versöhnen, entweder indem man dem Westen seine Gier wegen der Stärke seiner Ideologie verzieh oder indem man die Ideologie als aufgewärmten Islam präsentierte, hatten nur allzu deutlich erwiesen, dass sich die Botschaft nicht vom Boten trennen ließ. Mit seiner ablehnenden Haltung gegenüber politischen Parteien demonstrierte Banna seine Skepsis gegenüber einer Staatsform, die immer wieder vom Westen gekauft wurde und, wenn sie so unvollkommen funktionierte wie in Kairo, nur zu Spaltungen führte, die der Westen ausnutzen konnte. Die Demokratie nach westlichem Vorbild, für die islamische Reformer jahrzehntelang gekämpft hatten, war unauflösbar mit internationaler Ausbeutung assoziiert.

Mit welchem Zynismus man im Nahen und Mittleren Osten nun die Absichten des Westens betrachtete, lässt sich an den Reaktionen auf die Gründung der Vereinten Nationen nach dem Zweiten Weltkrieg ablesen. Hasan al-Banna teilte nicht mehr die unrealistischen Hoffnungen, die frühere muslimische Nationalisten einst in den Völkerbund und Woodrow Wilsons übertrieben optimistische Vision einer von gegenseitigem Respekt geprägten Zukunft gesetzt hatten. Als Gründungsmitglied des Sicherheitsrats vermochte Großbritannien eine ernsthafte Diskussion über die Unabhängigkeit Ägyptens zu verhindern, und im November 1947 verabschiedete die Generalversammlung ihre umstrittene Resolution zur Teilung Palästinas. Nie mehr würden muslimische Staaten internationalen Körperschaften vertrauen, die von westlichen Ländern geschaffen worden waren. Wenn die islamische Zivilisation wiederaufleben und wiedererstarken wollte, musste sie dies aus eigener Kraft und im Glanz ihrer eigenen Reinheit tun.

Das war der Islam, den Hasan al-Banna versprach. »Wenn man euch fragt, worum es euch geht«, sagte er seinen Anhängern, »dann antwortet, um den Islam, um die Botschaft Muhammads, die Religion, die die Staatslenkung einschließt und unter anderem der Freiheit verpflichtet ist. Wenn man euch sagt, ihr seid politisch, dann antwortet, der Islam erlaubt eine solche Bezeichnung nicht. Wenn man euch beschuldigt, Revolutionäre zu sein, dann sagt …: ›Gott [hat] uns erlaubt, uns gegen eure Ungerechtigkeit zu verteidigen.‹« Von Anfang an entwickelte der Islam Institutionen, die auf der Annahme basierten, dass die Religion alles vor sich hertreiben und die Macht erlangen würde. Er war, wie ein moderner Wissenschaftler schrieb, »auf Sieg programmiert«.[27] Seit dem Eintreffen westlicher Ideen war diese Annahme zu Boden geschlagen und mit Füßen getreten worden. Nun war sie wieder auf den Beinen.

Eine unwahrscheinliche Figur – ein avantgardistischer Dichter und Staatsbeamter, der von Bannas Ermordung hörte, als er in Washington DC gerade sein Englisch auffrischte – sollte die Ideologie der Muslimbruderschaft zu einem revolutionären Glaubensbekenntnis stählen, das verblüffend militante Aktionen ermögliche.

Sein Name war Sayyid Qutb, und seine lange Reise, die ihn über erratische Gedichte und einige der einflussreichsten islamistischen Traktate des 20. Jahrhunderts hin zum muslimischen Martyrium führte, begann in dem Dorf Muscha in den Flussniederungen des oberen Nils. In diesem Lehmziegeldorf, mehr als dreihundert Kilometer von Kairo entfernt, die Sicht auf beiden Seiten des kultivierbaren Streifens von Kalkstein und Wüste begrenzt, wurde Qutb 1906 geboren. Seine Familie bestand aus Landbesitzern, die um ihre Existenz kämpfen mussten, und aus niederen Absolventen der al-Azhar.

Qutb beschrieb seine Kindheit später in Lebenserinnerungen, die zeigen, wie wichtig Nostalgie als Katalysator für Zorn sein kann. Das Muscha, das er in *Kindheit auf dem Lande* beschrieb, war einer jener bodenständigen, noch ohne Geld auskommenden Orte, in denen jedes Haus seinen eigenen Backofen hatte und der Verkauf von Brot einen krassen Verstoß gegen die guten Sitten darstellte – eines jener Dörfer, die durch die alljährliche Nilflut zu Inseln wurden und »untereinander nur durch kleine Schiffe und Nachen Verbindung hatten«.[28] In dieser geselligen, zudringlichen, verwunschenen Gesellschaft bestand der größte Schrecken für einen kleinen Jungen in der Begegnung mit dem Derwisch Naqib, denn der »zerriß regelmäßig seine Kleider, wälzte sich dann im Schlamm oder streute sich Erde auf den Kopf und den nackten Körper«. In einem Angriff von Kobolden (der Tod eines Bruders von Qutb noch im Säuglingsalter wurde solch einem »Zwilling« zugeschrieben). Oder einfach in der Dunkelheit der Nacht, wenn es auf den Straßen des Dorfes finster wurde und an jeder Häuserecke eine unbekannte Gefahr lauerte. Die einander die Waage haltenden Kräfte des Guten und des Bösen, die fatalistische Hinnahme von Tragödien, die das Schicksal den Menschen zuwies – das war die kosmische Architektur des Dorfes Muscha.

Und dennoch wurde auch dieses Muscha, das so unzugänglich für die rationalen Werte erschien, die Leben und Glauben in den Städten durchdrangen, gleichfalls von einer plötzlich hereinbrechenden Moderne verändert. Der junge Qutb besuchte eine saubere, gutausgestattete, vom Staat (bis hin zum Löschpapier) finanzierte Schule, und er war froh darüber, denn den rivalisierenden *kuttab* hatte er als eine primitive Einrichtung erlebt, deren Lehrer schmuddelige Klatschmäuler waren. Qutb lernte den Koran auswendig, noch bevor er das zehnte Lebensjahr vollendete, und das zusätzlich zu seinen sonstigen Hausaufgaben, wobei er eine Bibliothek zusammentrug, die eklektisch genug war, um ein mittelalterliches Andachtsgedicht, die gewagten Verse der *Erzählungen aus tausendundeiner Nacht* und arabische Übersetzungen von Conan Doyle zu enthalten. So heulte denn der Hund von Baskerville auch in Muscha – glückliches Resultat der Bemühungen Muhammad Alis ein Jahrhundert zuvor, den Buchdruck nach Ägypten zu bringen.

Muscha wird aus der bequemen Dunkelheit herausgerissen und in die staatlichen Rechnungsbücher aufgenommen, aber das ist, soweit es Qutb betraf, nicht unbedingt eine gute Sache. Bei den Kindern herrscht Entsetzen, als sie Besuch von einem staatlichen Arzt erhalten. Der sticht sie mit einer Nadel in den Arm und verlangt Urin- sowie Kotproben – zu welchem Zweck, bleibt ihnen ein Rätsel. Und es herrscht Schrecken, als Soldaten im Rahmen einer Operation zur Beschlagnahme illegaler Waffen eine Razzia im Dorf durchführen. Angesichts eines Ultimatums zur Herausgabe von Waffen, die sie gar nicht besitzen, verkaufen die ärmeren Dörfler Vieh, Nahrungsmittel und Schmuck, um solche Waffen zu kaufen.

Qutb klagte über die »Unterdrückung durch die Herrschenden«. Die Dorfbewohner »mußten Steuern auf ihre wenigen Felder zahlen, der Dorfbürgermeister zwang sie, Karten für den Wohltätigkeitsverein zu kaufen …; dazu kamen noch Karten für den Roten Halbmond und den Sanitätsdienst. Außerdem mußten sie Frondienst leisten: beim Brückenbau, beim Unkrautrupfen auf den Gütern und Bewässerungsbezirken außerhalb des Dorfes sowie bei der Heuschreckenbekämpfung. Diese und unzählige andere Hand- und Spanndienste gaben den Dörflern das Gefühl, als ohne Pause arbeitende Lastesel behandelt zu werden.« Und schließlich, schreibt Qutb, »bedrückten die Traditionen« die Menschen, »besonders zu Lasten der Frauen, die in den Augen der Männer nicht mehr Wert als Waren besaßen«.[29]

Mit einem starken Gefühl der Ungerechtigkeit – das allerdings noch nicht seine spätere islamistische Militanz und seinen sozialen Puritanismus erahnen ließ – ging der junge Qutb 1921 nach Kairo, wo er nach dem Besuch der Sekundarschule in das Lehrerbildungskolleg eintrat, ein paar Jahre nachdem dieselbe Institution Hasan al-Banna verabschiedet hatte. Nach dem Abschluss seines Studiums begann er 1933 seine Laufbahn als Grundschullehrer in dem für seine gute Luft bekannten Vorort Hulwan – ein schlanker junger Mann mit einem schmalen Schnurrbart, Anzug und Krawatte, der sich mit der bürokratischen Katzbuckelei genügend auskannte, um bald schon in das angesehene Amt für allgemeine Kultur des Erziehungsministeriums befördert zu werden. Der ägyptische Romancier Nagib Mahfuz, damals ein Freund von Qutb, beschrieb ihn später in seinem halbbiographischen Buch *Spiegel*. Es war kein schmeichelhaftes Porträt. Die Qutb-Figur wird dort als ein »höflicher Gesprächspartner« bezeichnet, der »niemals über Religion sprach, sich in seinem Denken modern gab und europäische Sitten nachahmte«. Etwas an ihm beunruhigte indessen Mahfuz' Erzähler, denn »obwohl er mir stets mit großzügiger Brüderlichkeit begegnete, fühlte ich mich doch stets etwas unwohl, wenn ich sein Gesicht und seine vorstehenden, ernsten Augen sah ... Mich störte seine opportunistische Seite, und ich zweifelte an seiner Integrität. Trotz unserer Freundschaft schlich sich doch eine permanente Abneigung in mein Herz.«[30]

Mahfuz gehörte zu einem Kreis weltlicher Literaten, mit denen Qutb in den 1930er Jahren häufig zusammentraf – Dichter und Kritiker, deren Werke eine Gesellschaft spiegelten, die uneins mit sich selbst war. Besondere Verehrung empfand Qutb für den Neuromantiker Abbas Mahmud Taha Hussein, und er bewunderte Abduhs Schüler, den umstrittenen Pädagogen Taha Hussein. In dem Versuch, mit der Entfremdung zurechtzukommen, unter der das neue Ägypten litt, und zur Dynamik der Muslimbruderschaft hingezogen, nicht aber zu deren theokratischen Ideen, skizzierte Qutb die Umrisse einer Zivilisation, die ihre Versprechen nicht einzulösen vermochte. »Warum zeichnen unsere Künste kein Bild der Stärke und Energie?«, fragte er. »Haben wir eine Schlacht gegen unsere Feinde geschlagen und gewonnen? Haben wir ein neues Zeitalter für die Welt eröffnet? Haben wir unsere Unabhängigkeit erlangt? Können wir frei atmen? Haben wir irgendeinen industriellen Durchbruch erzielt, auf den wir stolz sein könnten?«[31]

Seine Gedichte waren entweder schwärmerisch oder trocken oder auch sehr politisch – Kommentare zum »dunklen Zeitalter« der kolonialen Unterjochung.[32] »Wir sind Exilanten«, schrieb er nach dem Tod seiner Mutter 1940. »Wir sind kleine Zweige, deren Wurzeln nach der Entfremdung von ihrem heimatlichen Boden vertrocknet sind. Und wie weit sind die Zweige davon entfernt, in fremdem Boden selbst Wurzeln zu schlagen!«[33]

Qutbs Frustration wurde höchstwahrscheinlich auch durch einen Mangel an romantischer Erfüllung verstärkt. Er neigte dazu, das andere Geschlecht zu idealisieren, und hielt doch zugleich die unverschleierten Frauen, denen er begegnete, für seiner Aufmerksamkeit nicht wert. Seine sexuellen Erfahrungen gingen möglicherweise nicht über die des Helden in seinem zweiten Roman, *Dornen*, hinaus. Der sah das Objekt seines Begehrens in ihrem Unterkleid, und »viele Dinge weckten in ihm den Wunsch, sich ihr zu nähern, aber viele andere Dinge hinderten ihn, das zu tun«.[34]

Trotz seines Gespürs für die ungenutzten Potentiale des Landes glaubte Qutb, dass Ägypten eine moralische wie auch politische Integrität und seine Bewohner, Christen und Muslime gleichermaßen, eine angeborene Spiritualität besaßen, die sie vom materialistischen und individualistischen Westen abhob. Er distanzierte sich 1938 von Taha Hussein, als der (wie vor ihm schon Hassan Taqizadeh im Iran) erklärte, die ägyptische Modernisierung solle sich am europäischen Vorbild orientieren. Er behauptete dagegen, Ägypten sei Teil einer östlichen Tradition, deren Sinn fürs Transzendente im Islam praktische Gestalt angenommen habe. Er näherte sich schrittweise dem in seinem einflussreichsten Buch, *Zeichen auf dem Weg*, vorgetragenen Argument, da die Länder des Islam hinsichtlich der materiellen Erfindungsgabe nicht mit Europa konkurrieren könnten, »müssen wir einige andere Qualitäten aufweisen; solche, die moderne Zivilisationen nicht besitzen«.[35]

Worin bestand diese Qualität? Womit konnte Ägypten seine Genialität beweisen? In den 1940er Jahren schloss er voll Abscheu über den Zionismus und Faruqs Bacchanale den Kreis und landete wieder bei der Heiligen Schrift, die er als Kind in Muscha auswendig gelernt hatte. Nun lobte Qutb den Koran wegen seiner unvergleichlichen literarischen Qualitäten. In seinen Schriften aus dieser Zeit beschrieb er einen Islam, der gottgegeben und zugleich ästhetisch ein Genuss war. Qutbs Sicht einer auf dem Islam basierenden politischen Ordnung bewegte sich allerdings immer noch im Rahmen der reformistischen Tradition Namik Kemals – und übernahm das Aufklärungskonzept des Fortschritts, mit dem Koran im Mittelpunkt.

Qutb war hin- und hergerissen zwischen einer islamischen und einer universellen Lösung der Fragen menschlicher Selbstverwirklichung, als die ägyptische Regierung ihn 1948 in die Vereinigten Staaten schickte, damit er dort die amerikanischen Unterrichtsmethoden studierte. Für die einflussreichen Denker des Nahen und Mittleren Ostens, die den Westen besucht hatten, waren solche längeren Auslandsaufenthalte von wegweisender Bedeutung gewesen. Man denke an Mirza Saleh, der mit einer der ersten dort jemals eingesetzten Druckerpressen in seine Heimat zurückkehrte, an Namik Kemal, der in der Bibliothek des Britischen Museums die Werte dieser Aufklärungsinstitution in sich aufnahm, und an Taha Hussein, dessen Schilderung seines Studiums in Frankreich von seinem offenkundigen Wunsch geprägt war, sich den strengen Standards französischer Gelehrsamkeit anzunähern. Amerika bewirkte bei Sayyid Qutb genau das Gegenteil. Wie war es möglich, dass dieser Reisende einen derart tiefen Abscheu vor dem Westen entwickelte, während seine Vorgänger einen so positiven Eindruck gewonnen hatten?

Dass Qutb bereits in manichäischen Kategorien eines zerstörerischen Gegensatzes dachte, zeigt sich an seiner Reaktion auf die Predigten eines christlichen Missionars während der Überfahrt über den Atlantik – er sah sich veranlasst, gleichsam zur Vergeltung Andachten für muslimische Passagiere und Mitglieder der Schiffsmannschaft abzuhalten. Die Avancen einer »schönen, großen, halbnackten« Frau, die er aus seiner Kabine warf und die in ihrem volltrunkenen Zustand prompt hinfiel, warnten ihn vor der gespaltenen Zunge westlicher Sinnlichkeit, während New York, das wie ein Schmetterling aus der Verpuppung der Kriegszeit schlüpfte, glitzernd vor Shows, Shopping und Sex, für ihn symbolisiert wurde durch die »dröhnenden Autos und den donnernden Verkehr, der vorwärtsströmte, als wäre das Jüngste Gericht angebrochen«, wie auch durch die »hastig dahineilenden Menschenmengen, fieberhaft auf der Suche nach ihrer Beute«, deren Blicke »scharf und voll Habgier, Verlangen und Lust« seien.[36]

Ein unangenehmer Hauch von Geilheit durchweht diese Schilderungen, verstärkt noch durch das unerfüllte Begehren des jungfräulichen Mannes aus Muscha, und in Washington DC, wo er einen Sprachkurs belegte und sich im George Washington University Hospital behandeln ließ (er litt an Atembeschwerden), wurde er offenbar zum Objekt einer weiteren Avance, diesmal seitens einer Krankenschwester, die ihn durch die detaillierte Beschreibung der idealen Qualitäten ihres Liebhabers zu erregen versuchte. Inmitten schwüler Beobachtungen zu den »durstigen Lippen ..., vorstehenden Brüsten« und »glatten Beinen« der typischen Amerikanerin flüchtete Qutb sich in zivilisatorische Überlegenheit. Er bekannte, er sei nicht beeindruckt von der »mangelhaften Pädagogik«, wie man sie an seinem College anwende, und schrieb an einen Freund, er sehne sich »nach jemandem, mit dem er über andere Themen als Geld, Filmstars und Automodelle sprechen« könne.[37]

Für die meisten Eindrücke und Vorfälle dieser Art sind Qutbs Schriften unsere einzige Quelle, und seine Darstellung wirkt parteiisch und lückenhaft. Seine Behauptung, am George Washington University Hospital hätten manche Angestellte sich über Hasan al-Bannas Ermordung gefreut, ist besonders zweifelhaft, unterstellt sie doch ein weitaus größeres Wissen um die Politik im Nahen und Mittleren Osten, als in den Vereinigten Staaten der 1940er Jahre möglich erscheint.

Von allen mustergültigen, beispielhaften amerikanischen Orten, die aus Qutbs anschwellenden Vorurteilen die Luft hätten herauslassen können, war das landwirtschaftlich geprägte Greeley in Colorado, wohin er im Frühjahr 1949 zum Studium der Didaktik kam, durchaus vielversprechend. Die fromme, sittenfeste, alkoholfreie Stadt war ein Ort, an dem, wie das State College of Education es ausdrückte, »der Handschlag fest« und die Begrüßung »aufrichtig und herzlich« war. Das weitläufige, von Bäumen bestandene, kaum 10 000 Seelen zählende Städtchen rühmte sich zahlreicher Kirchen und zog zugleich genügend Ausländer an, um einen internationalen Club zu rechtfertigen, dessen Jahresdinner so etwas wie »arabische Küche« präsentierte.

In Greeley verriet Qutb offenbar nichts von den militanten Gefühlen, für die er später bekannt werden sollte. Ein anderes Mitglied des internationalen Clubs erinnerte sich, sein Freund habe klassische westliche Musik geliebt, und nie habe er Qutb beten sehen. Qutb trat sogar einem kirchlichen Verein bei, um das Gemeinschaftsleben kennenzulernen. Man kann nur vermuten, dass er auch Empfänger zahlreicher Gesten der Wertschätzung und der Freundlichkeit war.

Aber Greeley muss ihm als unendlich fern von dem geselligen Getriebe Ägyptens erschienen sein, und in Qutbs Augen stand es schließlich für den atomisierten, oberflächlichen Charakter des amerikanischen Lebens – besonders betrübt war er über die unangemessen lange Zeit, die dessen Bewohner auf die Pflege ihres Rasens verwendeten. Der Ball des kirchlichen Vereins, den er besuchte, brachte erneut die speicheltreibende Prüderie in ihm zum Vorschein, denn der Saal »zuckte nach den Klängen des Grammophons ..., Arme legten sich um Hüften, Lippen trafen auf Lippen, Brust legte sich an Brust ..., die Atmosphäre war voller Leidenschaft«.[38]

Qutbs Beschreibung Amerikas erzählt die bemerkenswerte Geschichte der Enttäuschung eines islamischen Intellektuellen über das westliche Paradies und zeugt natürlich mindestens ebenso von Qutbs Gefühlslage wie von den Mängeln des Westens. Seine genüsslichen Anklagen machen deutlich, dass ihn die ganze zur Schau gestellte Sexualität drangsalierte. Anders als bei früheren muslimischen Reisenden, die zwar wenig Affinität zu den westlichen Sitten zeigten, sie aber auch nicht als Bedrohung für ihr persönliches Seelenheil empfanden, spürt man bei Qutb eine tiefe Angst vor moralischer Ansteckung. Mirza Saleh konnte die Tugend der Mädchen preisen, denen er im frühen 19. Jahrhundert in Devonshire begegnete. Für Qutb scheint solche Tugend ausgeschlossen im diabolischen Amerika von 1949, und dem heutigen Leser können seine Worte als Hinweis darauf dienen, dass die Moral sich von ihren religiösen Grundlagen löste und wahrhaft weltlich wurde. Die sexuelle Freizügigkeit, die in den späten 1960er Jahren die westlichen Gesellschaften zu verändern begann, sollte viele zum Mainstream gehörende Muslime abstoßen, da sie den Familienwerten widersprach, die das Fundament der islamischen Gesellschaft bilden.

Während frühere muslimische Reformer eingeräumt hatten, dass die Erfindungen des Westens auf einen durch die Aufklärung freigesetzten menschlichen Erfindungsgeist zurückgingen, gelangte Qutb zum gegenteiligen Schluss. Er behauptete, es gebe »keinen Zusammenhang« zwischen der fortgeschrittenen materiellen Zivilisation Amerikas und den Menschen, die sie hervorgebracht hatten.

»Ich fürchte«, so lautete sein abschließendes Urteil, »wenn das Rad des Lebens seinen Lauf vollendet hat und das Buch der Geschichte geschlossen wird, dann wird Amerika nichts zum Welterbe der Werte beigetragen haben.«[39]

Auf festerem Boden bewegte er sich, wenn er die Rassenvorurteile in den Vereinigten Staaten verdammte, hatte er doch zweifellos vom Schicksal des Ute-Volkes in Westcolorado gehört (dem der Kongress 1880 das Land ihrer Vorfahren weggenommen hatte). Während seines Aufenthalts in Greeley wurde Qutb einmal der Zutritt zu einem Kino verwehrt, weil er ein Schwarzer sei. Als der Manager erfuhr, dass sein Kunde kein Afroamerikaner, sondern ein Ägypter war, entschuldigte er sich, aber Qutb verzichtete nun aus prinzipiellen Gründen auf den Besuch. »In Amerika«, schrieb er nach seiner Heimkehr im August 1950, »reden sie über den Weißen, als ob er ein Halbgott wäre …, und über Farbige wie die Ägypter und generell die Araber, als wären sie nur halbmenschlich. Wir müssen bei unseren Schulkindern Gefühle wecken, die ihnen die Augen für die Tyrannei der Weißen öffnen.«[40] Er war indessen selbst nicht frei von Vorurteilen und bezeichnete den Jazz verächtlich als eine »von Schwarzen erfundene Musik, die ihren primitiven Neigungen und ihrem Wunsch nach Lärm gefallen soll«.[41]

Das Ägypten, in das Qutb zurückkehrte, war in eine Phase politischer Gärung eingetreten, die zur Revolution führen sollte – und die er nach dem Erfolg seiner widerborstigen neuen Streitschrift *Der Kampf zwischen Islam und Kapitalismus* mit wachsender Begeisterung beobachtete. 1951 kündigte die Regierung den Anglo-Ägyptischen Vertrag, und von Muslimbrüdern geführte bewaffnete Gruppen verstärkten ihre Angriffe auf britische Streitkräfte in der Kanalzone. Im folgenden Januar kam es in Kairo zu massenhaften Ausschreitungen gegen ausländische Einrichtungen; Brandstiftung und Plünderungen suchten den von Ismail konzipierten Stadtteil heim; Kinos, Restaurants, Spirituosenläden und andere westliche Etablissements wurden in Brand gesteckt und zerstört. »Es war, als schrien alle Atome der Erde gleichzeitig«, schrieb Nagib Mahfuz. »Unterdrückter Zorn, lähmende Verzweiflung, zurückgehaltene Spannung, alles, was sich im

Volk aufgestaut hatte, brach hervor und entlud sich wie ein Wirbelwind aus Dämonen.«[42]

Da sich keine politische Lösung für die Krise mit Britannien abzeichnete, verzehrte der Zorn weitere Säulen der alten Ordnung. Ein von Oberst Gamal Abdel Nasser geführter Militärputsch, als dessen Gallionsfigur ein von der Bruderschaft gebilligter Islamist, General Muhammad Nagib, fungierte, setzte im Juli 1952 König Faruq ab. Ein Jahr später war Ägypten eine Republik. Qutb war eng an der Vorbereitung des Putschs beteiligt gewesen. Er war auch formell der Muslimbruderschaft beigetreten und hatte seine früheren weltlich ausgerichteten Schriften widerrufen. Als Verbindungsmann zwischen den Offizieren und der Bruderschaft sah er jetzt zuversichtlich der Schaffung eines islamischen Regimes entgegen. Aber im Februar 1954 wurde Nagib kaltgestellt, und Nasser, der die Führung des Landes übernahm, hatte mehr von Muhammad Ali Pascha als vom Propheten Mohammed. Ein weiterer auf Säkularisierung drängender Modernisierer war gekommen, um Ägypten zu retten.

»Ich wurde 1951 geboren«, sollte Qutb später gern sagen und verwies damit auf den Zeitpunkt, da er der Muslimbruderschaft beitrat, aber man könnte auch behaupten, seine wahre Wiedergeburt erlebte er in dem Konflikt, der sich nun zwischen den Islamisten und der Armee entwickelte. Die Bodenreform interessierte Nasser, nicht islamische Herrschaft, und seine bevorzugte Form internationaler Zusammenarbeit gegen Israel und Großbritannien war die arabische Einheit unter Führung Ägyptens und nicht die islamische Einheit unter der Ägide der Bruderschaft. Am 26. Oktober 1954 schoss ein Mitglied des Geheimdienstes der Bruderschaft auf Nasser, der gerade eine Rede vor einer Volksmenge hielt – ein Attentatsversuch, der ihm einen nützlichen Vorwand zur Zerschlagung der Organisation lieferte. Sechs hohe Mitglieder der Bruderschaft wurden hingerichtet und viele weitere inhaftiert. Als Qutb im Gerichtssaal erschien, hob er sein Hemd und zeigte die Folterspuren an seinem Körper. »Abdel Nasser hat an uns im Gefängnis die Prinzipien der Revolution exerziert«, sagte er. Er wurde zu fünfundzwanzig Jahren Zwangsarbeit verurteilt.

In Wirklichkeit schmachtete Qutb neun Jahre lang im berüchtigten

Tura-Gefängnis und vermochte dort zum bedeutendsten Theoretiker des militanten Islams aufzusteigen. Zum Teil basierte dies auf der Nachlässigkeit der Regierung, die zuließ, dass er aus dem Gefängnis heraus weiterhin neue Werke veröffentlichte, zum Teil auf der einsamen, unbändigen Feindseligkeit, die er nun gegenüber dem gottlosen republikanischen Treiben draußen entwickelte. Aber in Nasser hatte er einen starken und erfolgreichen Gegner. Der neue Rais oder Anführer des Landes war beliebt – weil er die Feinde des Landes bekämpfte und Schlachten gegen sie gewann; weil er ein Mann des Volkes war und ein neues Zeitalter für die Welt eröffnete. 1956 gelang ihm, was das alte Regime nicht geschafft hatte. Er brachte den Briten eine sensationelle Niederlage bei, indem er den Suezkanal verstaatlichte und eine ungeschickte militärische Intervention durch Großbritannien, Frankreich und Israel abwehrte. Zwei Jahre später gründeten Ägypten und Syrien die Vereinigte Arabische Republik, die eine Partnerschaft unter Gleichen sein sollte, aber von Nasser dominiert wurde (Syrien sagte sich schließlich davon los). Und 1961 war Ägypten zusammen mit Jugoslawien, Indien, Indonesien und Ghana Mitbegründer der Blockfreien Bewegung, eines antiimperialistischen Blocks, der jedoch nicht Teil des sowjetischen Imperiums werden wollte.

Im Inland ging es dem Nasserismus vor allem um Planung, Umverteilung und Dammbau. In Hulwan, Qutbs duftender früherer Heimat, war die Luft nun bald geschwängert vom Staub und Rauch neuer Stahlwerke, Automobilfabriken und Zementfabriken.[43] Die kakophone Halbdemokratie Ägyptens wurde abgeschafft, und inmitten jener Aura der Unbesiegbarkeit, die den Rais umgab, brachte man abweichende Stimmen zum Schweigen. In den folgenden Jahren erwies sich das Nasser'sche Modell als attraktiv genug, um in Teilen oder vollständig auch von anderen Regimen zwischen Algier und Bagdad übernommen zu werden – ein halbes Dutzend Präsidenten setzten auf sozialistische Entwicklung und arabische Einheit, während sie Radiosender und Folterkammern bauten. Und am ärgerlichsten noch für Qutb: Die Masse der Ägypter, die verzweifelt an den Erfolg der großen Nasser'schen Bewegung glaubten, fügte sich seiner »Tyrannei«.[44]

In alledem gab es nicht viel Raum für den Islam oder einen Liberalismus westlichen Stils. Der Liberalismus war diskreditiert durch seine Verbindung mit einer kolonialen Ordnung, die gerade erst hinweggefegt worden war, und der Islam schwieg angesichts der Nasser'schen Manie für industriellen Fortschritt, Frauenbildung und eine internationale Kleiderordnung (der kurzärmlige Safarianzug war der letzte Schrei in den Vorstandsetagen der verstaatlichten Unternehmen). Aber der politische Islam, der Islamismus, entwickelte sich zu einer Widerstandsideologie, zu deren Feinden nun auch die Tyrannen im eigenen Land gehörten. Die Grundlagen für den Wiederaufstieg des Islam in seiner virulentesten und am stärksten politisierten Form wurden zu einem beträchtlichen Teil im Tura-Gefängnis gelegt.

Leiden und Tugend sind für den Islamismus zwei lebenswichtige Elemente, die seine Theoretiker mit der schweren Frühzeit des Islam in Verbindung bringen, als die Mission des Propheten in Gefahr stand, von heidnischen und jüdischen Kräften ausgelöscht zu werden. In den frühen 1950er Jahren wurden diese bewunderten Eigenschaften von der unterdrückten Muslimbruderschaft und ihrem außergewöhnlich stoischen Mitglied Sayyid Qutb verkörpert. Auf dem Hof des Gefängnisses gab er seine Ideen weiter, und in den schmutzigen Zellen deutete er kleine vergängliche Freuden – wie einen Sonnenstrahl, »nicht größer als ein Penny«, in den er und seine Zellengenossen sich abwechselnd stellten – als Zeichen Gottes. 1957 arbeitete er auf der Krankenstation, als die Behörden einundzwanzig aufsässige Muslimbrüder in ihren Zellen abschlachten ließen, aber Qutbs Glaube an den Sieg geriet niemals ins Wanken. »Ich habe meine Waffen nicht gestreckt«, schrieb er kurz nach dem Massaker. »Falls die Heere der Finsternis mich umzingeln ..., werde ich meinen Gott und meine Religion rächen.«[45]

Gott, so glaubte er, stelle die Menschen vor die Wahl, ob sie versuchen wollten, eine erhabene Ordnung auf Erden zu errichten, und man könne ein Programm, das nur in seiner Ganzheit sinnvoll war, nicht nur teilweise verwirklichen. Er attackierte die Rationalisten, an deren Seite er einst gestanden hatte. Muhammad Abduh, so schrieb er, habe »den Islam in die fremde Gussform der Philosophie gegossen« und dadurch die Vernunft auf dieselbe Ebene erhoben wie die Offenbarung.[46]

Hier wiederholt Qutb – während Finger auf den Atomknöpfen liegen und der Mensch sich anschickt, in den Weltraum vorzustoßen – Hasan al-Ascharis Stereotyp *bila kayf,* »ohne nach dem Wie zu fragen«, und wendet sich gegen Sayyid Jamal al-Dins Glauben an die zeitlose Geltung der Philosophie und die Grenzen der Propheten. Damit versucht er anderthalb Jahrhunderte eines langsamen Fortschritts der Vernunft rückgängig zu machen. »Wer weiß es besser«, wettert er, »du oder Gott?«[47]

Von allen Büchern, die Qutb in dieser letzten, produktiven Phase seines Lebens – zunächst im Gefängnis und dann nach seiner Freilassung 1964 (auf Ersuchen des irakischen Präsidenten, eines Bewunderers) schrieb –, war keines erfolgreicher bei der Hinführung der Muslime zu radikaler Militanz als seine *Zeichen auf dem Weg.* Der Traktat beginnt mit einer Diagnose, der ein Therapievorschlag folgt. »Die Menschheit ist heute am Rande eines Abgrundes, nicht aufgrund der Gefahr ihrer völligen Vernichtung, die über ihrem Haupt schwebt. Dies ist nur ein Symptom und nicht die wahre Krankheit. Der wahre Grund, warum die Menschheit in diese Situation gelangt ist, ist die Abwesenheit der lebenswichtigen Werte, die notwendig sind, um ein gesundes Lebenssystem zu gründen und es weiterzuentwickeln.«[48] Es sei von entscheidender Bedeutung für die Menschheit, dass ihr eine neue Führung erwachse.

Diese Führung musste natürlich aus dem Islam kommen, aber nicht dem gegenwärtigen, degenerierten Islam, den man in der Welt fand, durchsetzt von *jahiliyya,* einem Zustand der Unwissenheit und Umnachtung, der noch nie seit der Morgendämmerung der Mission Mohammeds so durchgängig geherrscht habe. *Jahiliyya* sei »unsere ganze Umwelt – der Glaube, die Überzeugungen der Menschen und ihre Gedanken, ihre Gewohnheiten und ihre Kunst, ihre Regeln und ihre Gesetze«, und die nachfolgende Erörterung geißelt alle heutigen, angeblich »muslimischen« Gesellschaften als Fälschungen. Unter dem Einfluss des Westens sei ihre Lebensweise zu einer Mischung aus muslimischen und fremden Werten entartet, und sie hätten den Titel des Gesetzgebers, der Gott gehöre, an Menschen in Räten und Parlamenten übergeben.[49]

Eine Avantgarde müsse geschaffen werden (hier knüpfte Qutb an Lenins revolutionäre Ideen an), die der Sache des Islam diene, bis er die Welt übernehme und ein echter islamischer Staat geschaffen werden könne, der die Scharia verwirkliche. Zunächst einmal sei es notwendig, dass die heutigen Muslime den Koran in einem ebenso wörtlichen Sinne läsen wie ihre Vorfahren im frühen Islam, »nicht mit der Absicht, sich Kultur und Informationen anzueignen, auch nicht mit der Absicht des Probierens oder des Vergnügens«, sondern »um zu erfahren, was der Allmächtige Schöpfer vorgeschrieben hatte ..., wie ein Soldat, der auf dem Schlachtfeld den ›Tagesbefehl‹ liest, um zu wissen, was zu tun ist.«[50]

Natürlich sah Qutb auch Blutvergießen voraus. Er spottete über die unentschiedenen Denker seiner Zeit, Produkte »der traurigen Lage der gegenwärtigen muslimischen Generation«, die »ihre geistigen und rationalen Waffen geschlagen niedergelegt« hat und sagt: »Der Islam hat nur einen defensiven Krieg vorgeschrieben.« Das ist die pazifistische Deutung, zu der Abduh ebenso neigte wie sein indischer Mitarbeiter Sir Sayyid Ahmed Khan und die Qutb nun zurückwies: »Es wäre naiv, davon auszugehen, dass ein Ruf sich erhebt, die Menschheit auf der ganzen Welt zu befreien, und dieser dann begrenzt ist auf das Predigen und das Erklären«. Im Gegenteil, wo immer Muslime unter der politischen Tyrannei eines absolutistischen Staates lebten, »dem sozioökonomischen System, das auf Rassen und Klassen gegründet« sei, und von der militärischen Macht tyrannischer Regierungen gestützt werde (also überall), da bleibe dem Islam nur, diese Regierungen durch Gewalt zu stürzen.[51]

In *Zeichen auf dem Weg* ist viel von Freiheit die Rede, derselben *hurriya*, unter der Scheich al-Gabarti einst Freiheit von Knechtschaft verstanden hatte – ihrerseits eine falsche Interpretation des französischen »*libération*«, das politische Autonomie bedeutet. Wie versteht der Vater des Islamismus das Wort? Qutb betont nicht die Freiheit des Einzelnen, das zu tun, was er möchte. Er meint eine Freiheit von politischer Bevormundung, die es möglich machen soll, in blindem Gehorsam die göttlichen Gesetze zu befolgen. Hörigkeit gegenüber Gott statt gegenüber Menschen also, auch wenn der Autor der *Zeichen auf dem Weg* nirgendwo darlegt, wie das in der Praxis aussehen sollte oder welche menschlichen Strukturen geschaffen werden mussten, um dem Willen und den Gesetzen Gottes Geltung zu verschaffen. Qutb hält nichts von Parlamenten. Auch wenn die Menschen bereit wären, ihre Geschicke aus freiem Willen in die Hände einer gewählten gesetzgeberischen Körperschaft zu legen, wäre das nach dem Qutbismus verboten. In einer bemerkenswerten Demonstration, dass es sich hier um einen postreformatorischen Islamismus handelt, verwirft er die Idee einer Priesterherrschaft, die er mit der Kirche gleichsetzt, oder auch den Gedanken, »dass einige Sprecher von Allah Herrscher werden, wie es der Fall in einer ›Theokratie‹ ist«.[52]

Zu Qutbs Zielscheiben gehörten auch die höheren Geistlichen der al-Azhar, deren Schule Nasser 1961 unter staatliche Kontrolle gestellt hatte und die nun das Regime pflichtschuldigst vor ihren Kritikern in Schutz nahm. Durch seine allzu enge Umarmung diskreditierte Nasser jeden möglichen Anspruch der Schule auf Unabhängigkeit von der weltlichen Macht.

Zeichen auf dem Weg erschien im November 1964, als Qutb sich nicht nur auf freiem Fuß befand, sondern sich auch als Mentor einer Gruppe von Islamisten betätigte, die sich auf einen bewaffneten Konflikt mit dem Staat vorbereiteten. Die von Nasser versprochene egalitäre Utopie hatte sich inzwischen als Schwindel erwiesen; die vom Staat errichteten Häuser waren schlecht gebaut, die Minderheiten mussten sich mit feindseligen muslimischen Richtern herumschlagen, und die Bildungsstandards sanken, auch wenn die Zahl der Abschlüsse stieg. (1950 hatte das Zahlenverhältnis zwischen Lehrern und Studenten an der Universität Kairo 1:6 betragen; ein Jahrzehnt später lag es bei 1:60.)[53] Nassers Einstellung zu diesem lästigen Islamisten schwankte zwischen martialischer Stärke, seinem Wunsch, Gegner seines Regimes zu vereinnahmen, und der Notwendigkeit, den Bitten anderer Führer aus dem Lager der blockfreien Staaten nachzukommen und Milde walten zu lassen. Im Fall von *Zeichen auf dem Weg* hatte Nasser persönlich dafür gesorgt, dass diese unverfroren revolutionäre Tirade durch die Zensur kam. Die ägyptische Öffentlichkeit bedankte sich dafür, indem sie das Buch massenweise kaufte – was zweifellos zum Schicksal seines Autors beitrug. »Wer wissen möchte, warum Sayyid Qutb zum Tode verurteilt wurde, der lese *Zeichen auf dem Weg*«, schrieb Zeynab al-Ghazali, ein Anhänger Qutbs.[54]

Im August 1965, nicht einmal ein Jahr nach seiner Freilassung, wurde Qutb erneut verhaftet. Tausende weitere Muslimbrüder und Sympathisanten folgten ihm ins Gefängnis, und viele von ihnen wurden gefoltert. Qutb gab zu, dass er sich einen Regimewechsel gewünscht hatte, allerdings aus Überzeugung. »Der Nationalismus ist eine Fahne, deren geschichtliche Zeit vorüber ist«, erklärte er dem Chef des ägyptischen Geheimdienstes.[55]

Als Qutb die Nachricht erhielt, dass er wegen des Versuchs, das legitime Regime des Landes zu stürzen, zum Tode verurteilt worden sei, sagte er: »Gott sei gepriesen, ich habe diesen Dschihad fünfzehn Jahre geführt, bis ich mir dieses Martyrium verdiente.«[56] Offizielle Begnadigungsangebote unter der Bedingung, dass er Reue zeigte, lehnte er ab, und so wurde er zusammen mit zwei weiteren militanten Islamisten in den frühen Morgenstunden des 29. August 1966 gehängt.

Mit ihrem Mut setzten Qutb und seine Mitmärtyrer ein Beispiel für trotzigen Widerstand gegen politische Tyrannei, das in den Herzen der Islamisten bis heute tief verankert ist. Der Sieg gehört nicht dem letzten Überlebenden, sondern dem, der am besten stirbt. Und als Nassers Armee einige Monate nach Qutbs Hinrichtung im Sechstagekrieg von Israel gedemütigt wurde, schrieb Zeynab al-Ghazali verbittert: »Weil du vom Koran und der Sunna abgewichen bist, musst du nun Niederlage, Elend und Untergang ertragen …, denn Ungehorsam gegen Gott kann nur zu Demütigung, Elend, Niederlage, Schwäche, Feuer und ewiger Verdammnis führen.«[57]

Qutb starb, nicht jedoch der Qutbismus. Dabei half die anfängliche Versöhnlichkeit des Nasser-Nachfolgers im Amt des Präsidenten, Anwar al-Sadat, der nach dem Tod des Rais 1970 an die Macht kam, und gestählt wurde er durch die iranische Revolution 1979 wie auch durch die sowjetische Besetzung Afghanistans. Aus Qutbs *jahiliyya*, einer unspezifischen Anprangerung der Tyrannen der Zeit, wurde die Doktrin des *takfir* abgeleitet – ein Prozess, durch den ein Staat oder ein Individuum für abtrünnig und daher todeswürdig erklärt wird. Für die große Mehrzahl der Muslime einschließlich der heutigen Muslimbruderschaft ist *takfir* unislamisch und inakzeptabel, aber ohne dieses Konzept gäbe es keinen islamistischen Terror, wie wir ihn heute kennen – *takfir* gehört zu den unverzichtbaren Waffen in der Rüstkammer der modernen islamischen Radikalen. Und das galt auch für al-Dschihad in Ägypten, eine 1979 gegründete und von dem Rechtsgelehrten und Antirationalisten des 13. Jahrhunderts Ibn Taymiyya inspirierte Gruppe, deren Anführer Abd al-Salam Faraj schrieb: »Muslime haben die Pflicht, ihre Schwerter angesichts von Führern zu erheben, die die Wahrheit verbergen und Unwahrheiten verbreiten.«[58]

Präsident Sadat selbst sei ein Beispiel für den »nahen Feind« des Islam, erklärte Faraj (wobei der »ferne Feind« der Westen war). Obwohl Sadats Streitkräfte im Jom-Kippur-Krieg von 1973 ein gutes Bild abgegeben hatten, erzürnte er sechs Jahre später viele Muslime, als er Frieden mit Israel schloss, um eine engere Bindung an den Westen zu erreichen – während er zugleich hart gegen die Opposition im Inneren vorging. Im Oktober 1981 fiel Sadat dem *takfir* zum Opfer und wurde von Soldaten seiner eigenen Armee während einer Militärparade erschossen. Als der zu al-Dschihad gehörende Khalid al-Islambuli mit seiner Maschinenpistole auf die Tribüne feuerte, auf der Sadat stand und die Parade abnahm, rief er: »Ich habe den Pharao getötet.«

Sadats Ermordung war ein Fanfarenstoß, der die Ankunft des militanten Islamismus als eines wichtigen neuen Faktors in der Politik des Nahen und Mittleren Ostens ankündigte, und es galt nun, die Sache entweder auszufechten oder einen Kompromiss mit dem Drang zur Modernisierung und zur Nachahmung des Westens zu finden, der das politische Gemeinwesen Ägyptens seit den Zeiten Muhammad Alis schrittweise vereinnahmt hatte. Am anderen Ende der Region, auf dem Persischen Hochland, strebte der Iran des Schahs Muhammad Reza Pahlavi einer noch dramatischeren Katastrophe entgegen – einer Bewegung von Iranern aller religiösen oder ideologischen Ausrichtungen, die ebendiesen Drang auszurotten gedachten. Als diese Katastrophe dann 1979 mit der Revolution eintraf, die den Schah von der Macht verdrängte und Ayatollah Khomeini willkommen hieß, damit er die einzige Theokratie der modernen Welt schuf, entstand eine Islamische Republik, die den Anspruch erhob, in universellen Werten zu gründen. Aber die iranische Revolution ließ sich nicht exportieren, wie ihre Architekten eigentlich gehofft hatten. Sie vermochte ihre iranischen Ursprünge niemals hinter sich zu lassen.

Dennoch sollten der Islamismus Qutbs und der Islamismus Khomeinis die beiden einflussreichsten muslimischen Bewegungen der Welt werden. Sie brachten ein Element der Wut und eine Doktrin des Märtyrertums in den Krieg zur Befreiung Afghanistans nach der sowjetischen Invasion von 1980 ein und hinterließen bis auf den heutigen Tag ihre Spuren im militanten Islamismus. Dass diese beiden Stränge islamischer Militanz sich jedoch niemals verbanden, widerlegte ihren Universalitätsanspruch, zeigte dies doch, wie sehr ihre Anhänger einer durch konfessionelle Unterschiede verschärften nationalen Identität verhaftet blieben.

Es gab noch eine weitere Kluft zwischen Rhetorik und Realität. Weder Khomeinis Revolutionäre noch die Muslimbruderschaft kamen ohne demokratische Elemente aus – ein sicheres Zeichen dafür, dass diese eingeschworenen Rückkehrer zu vormodernen Werten in Wirklichkeit jüngeren demokratischen Vorstellungen westlichen Ursprungs anhingen. Trotz des frommen Geredes über einen alle Grenzen überschreitenden Islam und die Verdienste archaischer Formen der »Beratung« erwiesen Nation und Demokratie sich als unverzichtbar. Der Islam selbst war irritierend stark von Aufklärungswerten durchsetzt.

Wie die Iraner zu ihrer Revolution von 1979 kamen, ist eine Geschichte, in der solche modernen Werte sich mit Massenmobilisierung und religiösem Eifer vermischten – eine Geschichte von Verrenkungen und Verrat und einer Reaktion des Volkes, deren Folgen nur wenige vorausgesehen hatten. Um die Mitte des 20. Jahrhunderts versuchte im Iran der junge Muhammad Reza Schah ganz ähnlich wie Faruk, sich in einer unzuverlässigen Landschaft aus nationalistischen, linksgerichteten und auf eine Wiederbelebung des Islam zielenden Gefühlen zu behaupten. (Im Interesse königlicher Solidarität wurden die beiden Männer 1939 tatsächlich Schwager, auch wenn die Ehe zwischen Muhammad Reza und Faruqs Schwester Fausia nicht lange währte.)

Nach seiner Thronbesteigung 1941 hatte Muhammad Reza die stärker religionsfeindliche Politik seines Vaters in Teilen abgemildert, und 1946 fiel der entschiedene Säkularisierer Ahmad Kasravi, während eines wegen »Beleidigung des Islam« angestrengten Prozesses einem Mordanschlag zum Opfer. Er war schon einmal Ziel eines Mordversuchs gewesen – durch Mojtaba Navvab-Safavi, einen militanten Iraner mit guten Beziehungen zur ägyptischen Muslimbruderschaft –, und ein im Aufstieg begriffener Geistlicher namens Ruholla (später Ayatollah) Khomeini hatte ein entschlossenes Vorgehen gegen den »ungebildeten Täbriser« gefordert. (Kasravi mochte vieles sein, aber ganz gewiss alles andere als ungebildet, und er erzürnte die Ulema, indem er seine schärfsten Vorwürfe gegen den Islam in arabischer Sprache vortrug.) Während seiner letzten Befragung drangen Schläger, die mit Navvab-Safavis Organisation, den Anhängern des Islam, in Verbindung standen, mit Pistolen und Messern in den Gerichtssaal ein und töteten Kasravi wie auch dessen ergebenen Sekretär Muhammad-Taqi Haddadpur. Die Täter wurden ergriffen, aber der nachfolgende Prozess war eine Farce, denn Zeugen verweigerten die Aussage, und die Regierung beugte sich schließlich dem Druck des Klerus und ließ die Angeklagten frei.[59] Die Begeisterung, mit der die Freilassung der Mörder begrüßt wurde, war ein sicheres Zeichen dafür, dass die gottlosen Zeiten Reza Schahs vorüber waren, und im folgenden Jahrzehnt nutzten die Anhänger des Islam ihre Unterstützung durch die radikale Ulema für eine Reihe spektakulärer Mordanschläge, deren bekanntester die Ermordung des amtierenden Premierministers Hadsch Ali Razmara im Jahr 1951 war – eine Spur der Gewalt und des Fanatismus, die schließlich mit Navvab-Safavis Hinrichtung 1956 ihr Ende fand.

In den 1940er und 1950er Jahren wurde die islamische Welt noch nicht von der mörderischen Feindschaft zwischen Sunniten und Schiiten zerrissen, die wir heute erleben, und die neuen iranischen Radikalen waren größtenteils willkommen in einem weltweiten islamischen Netzwerk, das von Indonesien bis nach Nordafrika reichte, seine jährlichen Hauptversammlungen am Rande des Hadsch abhielt und sich um den Widerstand gegen Israel und ganz allgemein gegen den Kolonialismus kristallisierte. Eine konfessionsübergreifende Freundschaft demonstrierte man auch gegenüber iranischen Säkularisten wie Muhammad Mossadegh, einem europäisch gebildeten Juristen, der als junger Mann die Verfassungsrevolution von 1905 unterstützte, während der Diktatur Reza Schahs beinahe sein Leben verlor und nun bitter beklagte, wie wenig Fortschritt man im Kampf gegen den Kolonialismus und die Tyrannei im eigenen Land gemacht hatte. Im Mai 1951, er war gerade Premierminister geworden, verstaatlichte er in einer spektakulären Aktion die Ölindustrie – britisches Vermögen wurde hier in einem Wirbelsturm der Selbstbehauptung von Einheimischen beschlagnahmt. Im Winter desselben Jahres folgte Mossadegh einer Einladung nach Kairo, das gleichfalls von antibritischen Gefühlen entflammt war. Dort wurde er von großen Volksmengen gefeiert und riet der Regierung, ihr »Eigentum« zurückzufordern – ein eindeutiger Hinweis auf den immer noch unter ausländischer Kontrolle stehenden Suezkanal.[60] Sein patriotisches Abenteuer endete indessen weniger glücklich als das Nasser'sche. Zwei Jahre später taten die Briten sich mit den Amerikanern zusammen, die sie davon überzeugt hatten, dass Mossadegh ein Handlanger der Kommunisten sei (was er in Wirklichkeit nicht war), und stürzten ihn durch einen Staatsstreich, der die Ölindustrie wieder unter westliche Kontrolle brachte.

Für beide Seiten ging es in dem Erdölstreit um mehr als wirtschaftliche Fragen, und mit der Absetzung Mossadeghs zerstörten die Verschwörer des MI6 und der CIA zugleich auch die größte Chance des Landes seit 1905, ein von den Großmächten unabhängiges konstitutionelles Regime zu schaffen. Nach seinen Erfahrungen mit dem widerspenstigen Mossadegh, den er für einen Republikaner hielt (er war es nicht), begann der Schah nun, die Macht in seinen Händen zu konzentrieren. In Zukunft sollte kein gewählter Premierminister mehr auf Kosten des Monarchen die politische Führung beanspruchen können.

In den 1950er und 1960er Jahren übernahm Muhammad Reza Schah jene Politik der Reformen von oben und der Wirtschaftsplanung, die in der gesamten in Entwicklung begriffenen Welt zur herrschenden Lehre geworden war. Staudammbau, Bodenreform, staatlich gelenkte Industrialisierung – obwohl der Schah einen Horror vor der republikanischen

Revolution in Ägypten empfand und Nasser nicht mochte, hatte sein Programm doch viel mit dem des republikanischen Ägypten gemeinsam. Aber anders als sein ungeliebtes Pendant am Nil glaubte der Schah nicht an die Blockfreiheit, und da die Briten sich als Weltmacht auf dem Rückzug befanden, steuerte er sein Land in das Fahrwasser Washingtons. Amerika wurde nun zum Hauptlieferanten für Ausrüstung und Expertise, stattete den Schah mit Ölplattformen, Wirtschaftsplänen und den neuesten Methoden zur Folterung von Dissidenten aus – die von der mit amerikanischer Unterstützung geschaffenen Geheimpolizei Savak eingesetzt und sogar noch erweitert wurden.

Aufgrund wachsender Öleinnahmen und zunehmender Verschwendungssucht wurde das Ungleichgewicht in den 1960er Jahren zu einem Hauptmerkmal des Iran unter Reza Schah. Die Industrialisierung kam rasch voran, und das Prokopfeinkommen stieg beträchtlich, aber die Landwirtschaft litt unter zu geringen Investitionen, und die iranischen Dörfer, die traditionelle Einheit des nationalen Lebens, begannen sich zu leeren, da immer mehr Menschen in den Städten Anstellung und Annehmlichkeiten suchten. Eine derart gewaltige Wanderungsbewegung konnte die noch schwache Infrastruktur des Landes nicht bewältigen, und die Matrix aus Wohlstand, Erwartungen und Verteilung geriet aus dem Gleichgewicht. Der Schah duldete indessen keine Opposition gegen seinen großen zivilisatorischen Sprung nach vorn. 1963 schlug er blutig einen kurzlebigen, von Khomeini und anderen Mullahs inspirierten Aufstand nieder, und danach verhielt sich die »schwarze Reaktion«, wie er den Klerus gerne nannte, größtenteils ruhig. Ein Teil wurde gekauft, wie Nasser es mit den Azhariten getan hatte, ein Teil auf andere Weise zum Schweigen gebracht – so etwa Khomeini, der ins Exil getrieben wurde.

Außerdem gab es auch ein psychologisches Unbehagen, vor dem die Ökonomen und Planer die Augen verschlossen. Binnenwanderung, steigendes Bildungsniveau und eine neue Konsumkultur führten zu einem Gefühl der Entwurzelung, einem Gefühl, nur Zuschauer des eigenen Schicksals zu sein. Für jene, die sich darin gefangen sahen, war der Sprint des Landes hin zur Moderne ein Rennen ohne Ziellinie – ein Rennen gegen den Iran selbst.

Der Iran der 1960er Jahre war ein Land, das einen an ausländischen Vorbildern orientierten sozialen Wandel erlebte. Das hätte der Sieg der islamischen Aufklärung sein können. Dass es dies nicht war und der hochmütige neue Iran des Schahs in Wirklichkeit durch eine Revolution beseitigt wurde, beweist, dass es der Herrschaft des Schahs an jener politischen Flexibilität im Umgang mit Dissens fehlte, die einen unverzichtbaren Bestandteil jeder modernen Staatsform darstellt. Einfach gesagt, der Iran war brüchig. Das Scheitern des Schahs signalisierte aber auch, dass es kein einheitliches Muster für die Modernisierung gibt, sondern lediglich einen Drang oder eine Tendenz, die zu einem Ausgleich mit der bestehenden Kultur gebracht werden müssen. Der hastige Vorstoß des Schahs in Richtung einer vollkommen neuen Lebensweise wurde als Zeichen gedeutet, dass er sich des islamischen Erbes seines Landes und der althergebrachten Lebensweise der Iraner schämte. Und der Monarch verstand nicht den Abscheu des Volkes für die ausländischen Unternehmen, die ins Land strömten, um sich ein Stück der Volkswirtschaft zu sichern. Der Tabakprotest von 1891 war erfolgreich gewesen, weil man sich vor dem Umgang von Nichtmuslimen mit einem Stimulans fürchtete, das Iraner zwischen die Lippen nahmen. Nun, ein Dreivierteljahrhundert später, war es noch viel schlimmer. Ausländer berührten, dirigierten, organisierten und kommentierten nahezu jeden Lebensbereich im Lande und lösten dadurch ein Gefühl der Machtlosigkeit und der Selbstverachtung bei den Menschen aus, die dem zusahen.

Das zweite Problem lag darin, dass – wie Sayyid Qutb bemerkt hatte – die materielle westliche Kultur banal war. Sie gab dem Transzendenten keinen Raum und löschte ganz beiläufig Jahrhunderte der Tradition aus. War das wirklich der Höhepunkt von anderthalb Jahrhunderten sozialer und politischer Kämpfe – jener Revolutionen des Denkens, die einst den ersten modernen Drill von Soldaten auf einem Platz am Rande von Täbris, die Verdammung des Harems und eine Verfassungsrevolution erlebt hatten? Ließ sich all das in eine Pepsiflasche füllen? Was so viele Gebildete empörte, war die Tatsache, dass der Fortschritt – eine große Idee, die es den Menschen eigentlich ermöglichen sollte, ihr eigenes Potential zu verwirklichen – offenbar pervertiert worden war. Er entleerte die Menschen von Kultur und Gefühl und erfüllte sie stattdessen mit einer idiotischen Sucht nach Glitter. Genau diesen Scheinfortschritt schien der Schah dem Iran bringen zu wollen, ein Schah, der seine Verachtung für sein Volk demonstrierte, indem er Dinge tat, die nach Sitte und Brauch falsch waren. Er hielt Hunde als Haustiere, behielt die Schuhe an, wenn er die Hütte eines Bauern betrat, und trank mit ausländischen Würdenträgern und deren vollbusigen Frauen Champagner.

Vor diesem Hintergrund materiellen Fortschritts und spiritueller Verarmung entstand im Iran eine neue Art von Unruhe, die – ähnlich wie beim frühen Qutb – nach einer einfacheren, menschlicheren Lebensweise strebte, aber – im Unterschied zur Unnachgiebigkeit des späten Qutb – die islamische Identität des Landes mit einer sehr menschlichen Flexibilität interpretierte.

Diese Art Unruhe war die *raison d'être* Dschalal Al-e Ahmads, eines der bedeutsamsten und (für den Schah) lästigsten iranischen Denkers des 20. Jahrhunderts. Er wurde 1923 in Teheran geboren und verbrachte seine Kindheit unter Reza Schahs unbeugsamer Herrschaft. Er war (wie Ahmad Kasravi) der Sohn eines Mullahs und lernte ein gutes Arabisch wie auch hinreichend Französisch, um Camus und Sartre zu übersetzen. Wie Hasan al-Banna von der Muslimbruderschaft wurde er Schullehrer, aber er war stets der Erste, der die Mängel seiner eigenen Argumentation erkannte, und das machte ihn zu einem wenig überzeugenden Missionar – er wusste, dass er der intellektuellen Elite des Landes angehörte, und litt auf noble Weise darunter. »Ich weiß nicht, was ich bin«, sagte er einmal spät in seinem Leben vor einem aus Studenten bestehenden Publikum in Täbris, und da man »nichts mit Sicherheit beginnen kann, ist es besser, mit Zweifel zu beginnen«.

Im Verlaufe der 1940er und 1950er Jahre war er zunächst Kommunist und später dann Anhänger Mossadeghs, aber er schrieb auch sehr liebevoll über den schiitischen Islam. Er war die Art von Traditionalist, der es wagte, in einem Fernbus eine Frau anzusprechen und sie später zu heiraten. (Diese Frau war die Schriftstellerin Simin Daneschwar, der er seinen Essay »Simin« widmete – eine ungewöhnliche öffentliche Intimität.) Und er war die Art von stolzem Muslim, der es dennoch wagte, eine Einladung nach Israel anzunehmen. Aber man sollte solche Widersprüche nicht gegen ihn wenden. Einer der Gründe für seinen Erfolg als in der Öffentlichkeit stehender Intellektueller war sein offenes Eingeständnis eigener Fehlbarkeit.

Es schadete auch nichts, dass er eine anziehende, zugängliche Persönlichkeit war und – wenn er nicht unterrichtete oder auf der Suche nach Anregungen durchs Land reiste – gerne im Café Firuz, einen Steinwurf von der britischen Botschaft entfernt (wo die Verschwörung zur Absetzung Mossadeghs ausgeheckt wurde), Hof hielt, eine hagere Gestalt, die Oberlippe von einem buschigen Schnurrbart überwuchert, das schwarze Haar von einem Streifen Grau geteilt.

Das Werk, durch das er bekannt wurde, ein autobiographischer Roman mit dem Titel *Der Schuldirektor*, der 1958 erschien, behandelt eine moderne Einrichtung, die Schule, die eigentlich etwas Bestimmtes tun soll, aber an der Realität scheitere und etwas ganz anderes tue. Nach Al-e Ahmads Darstellung wird das iranische Bildungssystem vollkommen unterspült durch etwas so Zufälliges wie einen Regenschauer, der die Welt in Schlamm verwandelt und die Zahl der abwesenden Schüler auf das Zehnfache hochschnellen lässt. »Früher«, so bekennt der Erzähler, »hatte ich viel Unsinn über die Grundlagen der Erziehung gelesen: Lehrer, Tafeln, saubere Toiletten oder tausend andere Dinge. Aber hier waren die Grundlagen der Erziehung schlicht und in allererster Linie Schuhe.«[61] In einer anderen Passage beklagt er die Einführung eines modischen Bastelunterrichts, der, wie er weiß, keinerlei Auswirkungen auf die chronische Abhängigkeit des Landes von industriell gefertigten ausländischen Gütern und den zugehörigen Niedergang der einheimischen Produktion haben werde. »Wir importieren unzählige Eselladungen Laubsägen«, schreibt er und benutzt dabei bewusst eine archaische Maßeinheit, »dazu Sicherheitsnadeln, Toilettenschüsseln, Wasserrohre, Klistierpumpen«, aber nur einer von tausend Iranern denke daran, etwas Produktives zu tun und zum Beispiel eine Werkstatt für Brillen oder Zahnfüllungen zu eröffnen.

Das Verhältnis zwischen Individuum und Gesellschaft wurde noch weiter kompliziert durch die Einführung einer dritten Partei: Gott. In einer anderen Erzählung kommt ein willensschwacher Basarhändler namens Amir-Reza seinen Pflichten während des Ramadan nicht hinreichend nach. Er hat solchen Durst und solche Angst, von seinen frommen Händlerkollegen entdeckt zu werden, dass er mit dem Bus bis in die Nachbarstadt Karadsch fährt, wo er seinen Durst unerkannt löschen kann. Aber Amir-Rezas Frau entdeckt seinen Betrug, weil er angesichts des abendlichen Frühstücks nicht genügend Begeisterung zeigt, und sie geißelt seinen Mangel an Männlichkeit, Frömmigkeit und Verstand. »Schämst du dich nicht, dass du vier Toman ausgegeben hast, um nach Karadsch zu fahren, nur um ein Glas Tee zu trinken und das Fasten zu brechen? Und dann noch am Nachmittag, wo du nur noch zwei oder drei Stunden hättest warten müssen. Wie willst du jetzt noch auf Gottes Gnade hoffen? Du bist nicht einmal Manns genug, sein Fastengebot einzuhalten. Wer hat überhaupt gesagt, du müsstest fasten?« Die Geschichte endet mit einem Blick auf den nächtlichen Himmel, an dem die Sterne funkeln. »Vielleicht«, schreibt Al-e Ahmad, »lachten sie angesichts all dieser Jämmerlichkeit und Dummheit und winkten einander voll Spott über uns zu.«[62]

1962 schrieb Al-e Ahmad ein Buch, das die Unzufriedenen im schiitischen Iran aufrüttelte – wie der aus Martinique stammende Intellektuelle Frantz Fanon die sich loslösenden Kolonien Frankreichs mit seinem einflussreichen Werk *Die Verdammten dieser Erde* 1961 begeistert hatte und Sayyid Qutb seine Anhänger 1964 mit seinen *Zeichen auf dem Weg* elektrisieren sollte. Der Titel von Al-e Ahmads Beitrag zu dieser Troika antiwestlicher Schmähschriften lautete *Gharbzadegi* – eine Wortschöpfung, die in vielfältiger Weise mit »Vergiftung durch den Westen«, »vom Westen besessen« oder »vom Westen geplagt«, »Euromanie« und »Okzidentose« übersetzt worden ist und eine mysteriöse Erkrankung bezeichnet, die der Autor mit – der zum Teil immer noch bäuerlichen Gesellschaft des Iran verständlichen – Begriffen aus der Landwirtschaft beschreibt. »Sie ist mindestens so schlimm wie die Kornkäfer«, schrieb er. »Haben Sie jemals gesehen, wie sie das Getreide befallen? Von innen. Äußerlich wirkt die Hülle gesund, aber es ist nur noch eine Hülle.«[63]

Was ist die Ursache dieses erschreckenden Substanzverlusts? Die Maschine – sowohl in ihrer physischen Erscheinung als auch in der

Entmenschlichung und politischen Dienstbarmachung, die sie bedeute. Das Industrialisierungsprogramm des Schahs zerstöre die Menschlichkeit und die Traditionen des Iran. »Wenn die Maschine in Städten und Dörfern Fuß fasst«, fährt Al-e Ahmad fort, »ob nun in Gestalt einer mechanisierten Mühle oder einer Textilfabrik, nimmt sie dem Arbeiter im örtlichen Handwerk die Arbeit weg. Sie schließt die Dorfmühle. Sie macht das Spinnrad nutzlos. Die Produktion von Teppichen mit hohem Flor, mit flachem Flor und von Filzteppichen gelangt zum Stillstand.«[64] Al-e Ahmad unterteilt die Welt in entwickelte westliche Länder, die über Maschinen und Kapital zur Produktion von Fertiggütern verfügen, und unterentwickelte Länder der Dritten Welt, die dazu verdammt sind, Rohöl oder Erze zu exportieren und für den Erlös zu kaufen, was immer der Westen produziert. Falls Ihnen das wie der bekannte einseitige Wettkampf zwischen den Erzeugern von Rohstoffen und den Herstellern verfeinerter Produkte vorkommt – eine »Abhängigkeit«, wie sie Baumwollproduzenten in der Türkei und Ägypten und die Textilstädte Nordenglands im 19. Jahrhundert erlebten –, dann denken Sie noch einmal nach. Es ist noch schlimmer: Dieses neue Ungleichgewicht verändert auch die Kreativität und die Metaphysik. Auch die Epen, die Grundlagen des Glaubens, die Musik und selbst die luftigsten Bereiche religiösen Denkens sind nicht immun gegen *gharbzadegi*. Die »Gesamtheit der Ereignisse des Lebens, der Kultur, der Zivilisation und des Denkens« werde der sie tragenden Tradition beraubt, und was immer den Iran zum Iran mache, breche zusammen und implodiere. Diese Degeneration habe ihre Ursache in einer düsteren Geschichte der Kontakte mit der Außenwelt – insbesondere im Hunger des Westens nach iranischem Erdöl. In Al-e Ahmads manichäischem Geschichtsbild befindet der Iran sich am falschen Ende eines Spektrums, dessen gegensätzliche Enden »Reichtum und Armut, Macht und Ohnmacht, Wissen und Unwissenheit, Entwicklung und Verödung, Zivilisation und Unzivilisiertheit« lauten.[65]

Al-e Ahmads Sicht des iranischen Niedergangs weist auch der Anziehungskraft der Städte und dem langsamen Tod des dörflichen Lebens eine wichtige Rolle zu. Industrie und Bautätigkeit zögen Arbeitskräfte vom Lande ab, und im Blick auf die Abwanderung der Bauern aus dem Dorf seiner Vorfahren spricht er davon, dass sie »vom Boden abgeschnitten« würden, eine Wendung, die an die Trennung des Glaubenden von Gott erinnert, über die der mittelalterliche Dichter Dschalal al-Din Rumi in seinem Meisterwerk *Mathnawi* (»Couplets«) gesprochen hatte: »Als man mich abschnitt am beschilften See ...« Die Menschen, die zu seiner Zeit die Dörfer verließen, so klagte Al-e Ahmad, seien gleichfalls Opfer der Verknüpfung zwischen Rohstoffen und Fertigerzeugnissen, denn die Dörfer erhielten Traktoren, die rücksichtslos über die Gräben zwischen den Bodenparzellen hinwegführen, was zu gewalttätigen Streitigkeiten führe. Von diesen »blutigen Auseinandersetzungen«, schrieb dieser Gelegenheitschronist des ländlichen Lebens, »habe ich ein ganzes Archiv«.

Die Entwurzelung der Bauern finde ihre Vollendung in der Stadt selbst, wo Mobiliar und fremde Speisen und Zerstreuungen (Sandwiches, Kino und Transistorradios) die Menschen verweichlichten. Die iranischen Söhne des Bodens würden dazu gebracht, nur noch nach Fahrrädern von Raleigh, Autos von Fiat und Konserven von den Antipoden zu gieren. In »Kleidung, Wohnungen, Speisen und Benehmen« seien die Iraner »sich selbst entfremdet«.[66]

Die Figurine auf dieser Tortenkultur – das Vorbild aller Neuankömmlinge – sei der »vom Westen Besessene«, der nichtige und kritiklose Funktionär des Schahs. Al-e Ahmad stellt eine fast schon direkte Verbindung zum Schah her, als er die Zielscheibe seines Spotts als Mitglied des »herrschenden Establishments« des Landes vorstellt.[67] (Für diese Majestätsbeleidigung wird er mit der Aufmerksamkeit der Savak belohnt, bei der er sich nun in regelmäßigen Abständen melden muss.) Der moderne iranische Mandarin ist jene villenbewohnende, autoanbetende, schallplattenabspielende und *Time*-lesende Nichtentität, die ihre Zeit in staatlichen Kommissionen absitzt, eine Stauballergie vorschiebt, um nicht aufs Land fahren zu müssen, und für die Neonlichter und die internationalistische Architektur schwärmt, die Teheran zu einer Allerweltstadt machen. »Moschee und *mehrab*« – die Nische, die die Richtung nach Mekka anzeigt – sind natürlich vergessen. Unser hohler Iraner glaubt weder an Gott noch an den Menschen. Was für den einen (den Schah) Fortschritt ist, das ist für den anderen (Al-e Ahmad) ein fürchterlicher, dystopischer Albtraum. Al-e Ahmad reagierte ähnlich entsetzt auf das Maschinenzeitalter wie einst der türkische Schriftsteller Halid Ziya Usakligil, dessen Beschreibung der Steindruckpresse 1890 in seinem Roman *Blau und Schwarz* – und des Oberschriftsetzers, der seinen Körper »mit dem Verbinden und Auflösen der Ideen an seinen Fingerspitzen gebrochen und erschöpft hatte« – das entmenschlichende Potential der Maschine vor Augen führte.

Die Befürchtungen, die Al-e Ahmad in seinem *Gharbzadegi* zum Ausdruck brachte, sind weitgehend deckungsgleich mit denen anderer entschiedener Gegner des Westens. Spuren von Sayyid Qutb und seinem Abscheu vor dem von Gier getriebenen westlichen Leben scheinen auch in seiner Verachtung für die Freizeitaktivitäten der neuen Teheraner Bourgeoisie durch, die zu diesem Zweck Friseure, Schneider, Schuhputzer und Huren ins Haus bestellten.[68] Obwohl Frantz Fanons naiver Glaube an den Nasser'schen Panarabismus, der in Wirklichkeit nach wenigen Jahren ausgebrannt war, und sein gestochenes Bildungsfranzösisch sich deutlich von Al-e Ahmads rhetorischen Kopfsprüngen unterscheiden, versuchen beide doch instinktiv, Kultur und Widerstand miteinander zu verschmelzen und einen »vor Leidenschaft glühenden Herd« zu schaffen. Der einheimische Intellektuelle »macht sich nicht nur zum Verteidiger, sondern ist bereit, sich mit den anderen in einen Topf werfen zu lassen«.[69] Fast könnte man meinen, der Mann aus Martinique spräche über den Iraner.

Trotz ähnlicher Ideen und Themen, wie sie auch in anderen polemischen und analytischen Werken angesprochen werden, bleibt *Gharbzadegi* doch ein eigenständig iranischer Aufschrei gegen die unpersönlichen Kräfte der Globalisierung, die innerhalb weniger Jahre einen gewaltigen Bestand an Sitten, Ausdrucksformen und Glaubensüberzeugungen – die Kultur einer Nation – vernichtet hatten.

Der ewig unzufriedene Charakter des Al-e Ahmad'schen Denkens zeigte sich auch in seinen ungewöhnlich vielseitigen Reisen der Jahre 1963–1965, die ihn unter anderem nach Israel, Harvard und Mekka führten. Seine und Simins Israelreise war vielleicht der erstaunlichste unter diesen Streifzügen, denn auch wenn der Schah den jüdischen

Staat implizit anerkannt hatte – der gemeinsame Feind war der Nasserismus –, blieb das Land doch für die meisten Muslime ein inakzeptables koloniales Implantat. Aber Al-e Ahmads Bewunderung für diesen kommunitären, nach der Verwirklichung sozialistischer Ideale strebenden und durch Märtyrertum geheiligten Staat war doch größer als andere, spezifisch muslimische Bedenken. Sie wohnten in einem Kibbutz, wo sie Bier tranken und mit den übrigen dort Arbeitenden über Castro und Mao diskutierten. Als Al-e Ahmad Yad Vashem, die Holocaustgedenkstätte in Jerusalem, verließ, hatte er Tränen in den Augen und meinte, Israel sei eine angemessene Antwort auf die tragische Geschichte der Juden. Hier sah er auch ein Beispiel dafür, was man aus dem Westen übernehmen konnte, ohne seine Identität zu verlieren. »Israel«, so schrieb er, »mit all seinen Mängeln und all seinen Widersprüchen, ist eine Kraftbasis, ein erster Schritt, Vorbote einer nicht allzu fernen Zukunft.«

Sayyid Qutb und andere Protodschihadisten wären empört gewesen über Al-e Ahmads Lob für Israel und ebenso über seine weitgehend positive Darstellung der Harvard University, wo er im Sommer 1965 das von Henry Kissinger (wie sich später herausstellte, mit Unterstützung der CIA) organisierte International Seminar besuchte. Zwischen Vorlesungen und anderen Lehrveranstaltungen, in denen man *Huckleberry Finn* wie auch *Die Nackten und die Toten* durchnahm (er hörte Norman Mailer sprechen und beschrieb ihn als einen Mann »mittlerer Größe, rundlich, das Haar zerzaust wie Weizen«), genoss Al-e Ahmad offensichtlich die durch die amerikanische Soft Power ermöglichte kosmopolitische Atmosphäre. In diesem Seminar begegnete er auch einer eigensinnigen Pakistani, die ihn mit ihrer unerschöpflichen Kollektion an Saris verblüffte (das war, bevor pakistanische Muslime den Sari als Kennzeichen des Hinduismus verwarfen), und einem jungen Japaner, dessen Vater und Großvater beide Harakiri begangen hatten und der diese Tat als einen Akt trotzigen Widerstands darstellte. Ob er nun die Schönheit einer deutschen Frau pries, »ernsthafte« Gespräche mit den Stammgästen einer Arbeiterkneipe führte oder aus dem unbeholfenen Englisch ins besser beherrschte Französische wechselte, wenn ihm *le mot juste* nicht einfiel, genoss er ganz offensichtlich die Möglichkeit, gänzlich andere Ansichten kennenzulernen. Al-e Ahmads Harvard war so anregend und leicht, wie Qutbs Greeley feucht und widerwärtig gewesen war.

Dass die beiden Männer aus dem Nahen und Mittleren Osten so unterschiedliche Eindrücke von den Vereinigten Staaten gewannen, hing zum Teil mit ihren unterschiedlichen Persönlichkeiten zusammen, aber auch die Amerikaner hatten sich seit 1949 verändert, waren nun weniger konformistisch, und Al-e Ahmad schätzte die breiten Wege für Opposition und Widerstand, die aus der amerikanischen Kultur selbst hervorgegangen waren. Als Al-e Ahmad sich in Harvard aufhielt, beteiligten sich mehr als 15 000 US-Soldaten am Krieg in Vietnam, und er erlebte hitzige Debatten über dieses Thema – wenn auch offenbar nicht mit Henry Kissinger persönlich, der ein Forum, in dem er den Vorsitz hatte, so manipulierte, »dass es keine Angriffe auf die amerikanische Politik gab«.[70] Die Rasse war ein weiteres heißes Thema (der Civil Rights Act wurde verabschiedet, als Al-e Ahmad in Amerika war), und er gewann die Aufmerksamkeit des schwarzen Schriftstellers und Aktivisten Ralph Ellison – Autor des gefeierten Romans *Unsichtbar* –, indem er den schützenden Kokon beklagte, den die amerikanischen Schwarzen um sich herum gesponnen hätten. »Christentum und Jazz«, erklärte er, »wenn es diese beiden Zufluchtsstätten nicht gäbe, wäre das Problem vielleicht schon gelöst worden.«[71] Ellison scheint ihm diese offenkundige Provokation nicht übelgenommen zu haben (er war ein hervorragender Jazztrompeter). »Er ist robust«, schrieb Al-e Ahmad bewundernd, »und er lächelt.«

Al-e Ahmads weitgehend positive Darstellung Harvards bedeutete indessen keine Abkehr von seiner früheren Verdammung des amerikanischen Einflusses in *Gharbzadegi*. Was für Amerikaner natürlich sei, könne nur Potemkin'sche Amerikaner hervorbringen, wenn man es auf andere transplantiere – wie auf den Mann ohne Eigenschaften in *Gharbzadegi*. Die Kultur brauche möglichst starke und tiefe Wurzeln, wenn sie den Angriff des Westens überleben solle, und diese Wurzeln mussten, wie er nach und nach erkannte, bis ins Metaphysische hineinreichen.

Für einen Mann, der das Christentum für die Verzögerung der

Bürgerrechte in den Vereinigten Staaten verantwortlich machte, war Al-e Ahmads Hinwendung zum schiitischen Islam gegen Ende seines Lebens eine Überraschung. Gewiss hatte sein Islam wenig mit Sayyid Qutbs militanten Forderungen nach einer buchstäblichen Anwendung des Korans und dem Sturz von Herrschern wegen mangelnder Frömmigkeit gemeinsam. Al-e Ahmad ging nicht über die Grenzen des Nationalstaats hinaus, wie Qutb es getan hatte. Für ihn war der schiitische Islam ein wesentliches Element der iranischen Identität und der wirkungsvollste »Impfstoff« gegen *gharbzadegi*. Verglichen mit der Aura des Widerstands, die das Schiitentum umgab, seit der Iran im 16. Jahrhundert ein schiitischer Staat geworden war, und den hitzigen Emotionen, die Erwartungen hinsichtlich der Wiederkunft des verborgenen Zwölften Imams auslösten, erinnerte das von vielen schwarzen Kirchen in den Vereinigten Staaten praktizierte fatalistische Christentum möglicherweise an jenes »Opium des Volks«, von dem Marx gesprochen hatte.

Seine Wertschätzung für den Islam wurde noch gestärkt von einer wachsenden Überzeugung, dass die Iraner von übermäßig verwestlichten Intellektuellen – zum Teil Produkte des von Reza Schah geförderten Säkularismus – im Stich gelassen worden waren. Wiederum erstaunlich für jemanden, der als junger Mann Ahmad Kasravi bewundert hatte, empfand er nun eine warme Zuneigung zur Ulema. Vom Nutzen des Klerus überzeugt hatten ihn Überlegungen zu Jamal al-Dins Mobilisierung hoher Geistlicher für den Kampf gegen die Tabakkonzession 1891, zum Leiden der Mullahs unter Reza Schah und in jüngerer Zeit zu Khomeinis heroischem Widerstand gegen das Regime. In *Gharbzadegi* war er so weit gegangen, Scheich Fazlullah Nuri zu rehabilitieren, den einstigen Konstitutionalisten, der sich gegen die Gottlosigkeit von Radikalen wie Taqizadeh gewandt hatte und 1909 hingerichtet worden war. In Al-e Ahmads Augen waren die eigentlichen Übeltäter die Säkularisten, die ihn verhöhnt und seinen Tod bejubelt hatten.

1962 begab er sich auf den Hadsch, und es findet sich noch viel von dem distanzierten Außenseiter in seiner Kritik an den mit Neonleuchten verzierten »bunten Miniwolkenkratzern«, mit denen die saudiarabische Regierung die heilige Stadt in ihrer Mulde zwischen den Granitbergen Westarabiens geschmückt hatte. (Wie schockiert wäre er erst, wenn er die Hochhausreihen sähe, die heute die Geburtsstätte des Islam überragen?) Zwischen solchen ironischen Nebenbemerkungen und den Magenschmerzen, die ihm das Wetter und die Speisen einbrachten, erlebte Al-e Ahmad doch auch jenes Aufgehen in der Menge, das so viele Mekka-Pilger empfinden, wenn sie die Grenzen der Nation und der Klasse hinter sich lassen, die weiße, schmucklose Einheitstracht des Hadsch anlegen und dieselben Rituale für ein und denselben Gott ausführen. »Ich begann mit meinen Prostrationen«, schrieb Al-e Ahmad über das rituelle Gebet in der Großen Moschee in Mekka, und »als ich meinen Kopf wieder hob, stand dort das ganze Volk aufgereiht ..., von einem Ende der Säulengänge und Dächer bis zum anderen. Die größte Versammlung menschlicher Wesen unter diesem Himmel, die an einem Ort auf ein Gebot hin zusammengekommen war. Und diese Versammlung muss doch eine Bedeutung haben.«[72]

Und so war es. Die pakistanische Frau, mit der er sich in den Vereinigten Staaten angefreundet hatte, erzählte ihm, dass in ihrem Land Intellektuelle dem Säkularismus, der sie von den einfachen Leuten abschnitt, den Rücken kehrten und sich wieder der islamischen Identität zuwandten. Genau diesen Schritt vollzog Al-e Ahmad gegen Ende seines Lebens. Er war auch weiterhin kein perfekter Gläubiger, sosehr er auch den Klerus lobte (was ihm umgekehrt das Lob Khomeinis einbrachte) und trotz der Zufriedenheit, die er aus der Pilgerfahrt nach Mekka bezog. Als er 1967 nach seiner Meinung über Evolution und Kreationismus gefragt wurde, antwortete er, als hätte man ihn gefragt, ob er lieber Datteln oder Honig mochte. »Von den beiden – also der Annahme oder Spekulation [der Evolutionstheorie] und der Geschichte [der Schöpfung] – gefällt mir die Geschichte besser. Warum? Weil sie poetisch ist ... Akzeptieren Sie die Version, die Ihnen gefällt.« »Nicht akzeptabel«, warfen daraufhin einige der Anwesenden ein, die sich eine kategorischere – stärker an Qutb erinnernde – Antwort wünschten, die etwas Licht auf Al-e Ahmads religiöse Überzeugungen geworfen hätte.[73]

1969, er war erst sechsundvierzig Jahre alt und sein Haar fast weiß, erlag er einem Herzinfarkt. Er hatte gerade den Tod eines politischen Verbündeten beklagen müssen, war verbittert über seine und Simins Unfähigkeit, Kinder zu haben, und trauerte, wie der Ideengeschichtler Roy Mattahedeh anmerkt, »einem kulturellen Erbe nach, das unabwendbar zum Verschwinden verdammt war ...; er hatte die Hoffnung verloren.«[74]

Trotz der scheinbaren Stabilität des von Amerika unterstützten Schah-Regimes sollten Al-e Ahmads Hoffnungen auf eine Achse des Widerstands zwischen der Ulema und einer Intellektuellenschicht, die sich im Spiegel der iranischen Kultur erkannte, schon bald Wirklichkeit werden. Dafür sorgten die Hybris des Schahs, eine überhitzte Wirtschaft und der ungezügelte Zuzug von Menschen aus dem Westen, die ihre eigenen Werte mitbrachten (Mitte der 1970er Jahre lebten 25 000 Amerikaner im Iran). Dank des Anstiegs der Ölpreise von 1972 und 1973 verachtfachten sich die Öleinnahmen, und aus aller Welt strömten Geschäftsleute nach Teheran. Wie sein früherer Schwager König Faruq von Ägypten und wie der Khedive Ismail einst in den 1860er Jahren erlag der iranische Monarch des späten 20. Jahrhunderts dem Missverständnis, seine Macht berechtige ihn zu jeglichem Exzess. Er hegte Träume, wie nur Diktatoren sie träumen dürfen: die Zeitrechnung ändern, einen Einparteienstaat schaffen und in den Ruinen von Persepolis eine unendlich dumme Party für die Führer der Welt geben. Und – ein untrügliches Zeichen für einen unverbesserlichen jugendlichen Raser – er bestellte nicht eine Concorde, sondern gleich zwei.

Der Schah verlor die Kontrolle über den Boom. Mitte der 1970er Jahre stieg die Inflation an, man Ergriff Maßnahmen zur Eindämmung der Schulden, und die Wachstumsraten zeigten wilde Schwankungen. Die Investitionen gingen zurück, und viele junge Leute, die eine teure Ausbildung erhalten hatten, waren arbeitslos oder mussten sich mit niederen Beschäftigungen begnügen. Viele ärmere Iraner – die in den von Al-e Ahmad so geliebten Dörfern geblieben waren oder die Elendsviertel an den Rändern der Großstädte bevölkerten – mussten ohne grundlegende Annehmlichkeiten wie fließendes Wasser auskommen.

Al-e Ahmad war allzu sehr von Zweifeln erfüllt – allzu sehr das Produkt der Aufklärung –, als dass er Lösungen für die in *Gharbzadegi* aufgezeigten Probleme hätte anbieten können. Unter diesen Umständen fiel einem anderen in der Öffentlichkeit stehenden Intellektuellen, dem Soziologen und Laienprediger Ali Schariati, die Aufgabe zu, den im Paris der 1960er Jahre erlernten Antikolonialismus – er war ein Schüler des französischen Orientalisten Louis Massignon gewesen und hatte Fanon ins Persische übersetzt – mit dem schiitischen Konzept des Widerstands gegen Ungerechtigkeit zu vereinen, daraus eine revolutionäre Ideologie zur Politisierung der Mittelschichten zu schmieden und das Land in Richtung Revolution zu drängen.

Der 1933 – ein Jahrzehnt nach Al-e Ahmad – geborene Schariati war ein glattrasierter, zur Glatzenbildung neigender Krawattenträger, dessen Frau und Töchter zum Objekt frommer Anwürfe wurden, weil sie ihr Haar nicht bedeckten. Vor großem Publikum, das Anfang der 1970er Jahre im wohlhabenden Norden Teherans zusammenkam, um (in einem vom iranischen Repräsentanten der Dodge Motor Company finanzierten) Vortragssaal seine Vorträge zu hören, entfaltete er einen Islam, der das Martyrium der Imame als Anstoß zur Revolte nutzte. Der Islam sei »eine Ideologie und eine soziale Revolution, die eine klassenlose und freie Gesellschaft schaffen« wolle.[75] Diktaturen könne man nur durch Gewalt beseitigen. Schariatis Islam sollte eindeutig kein Opium, sondern ein Steroid sein, und seine nostalgischen Gefühle hinsichtlich Al-e Ahmads »authentischem« Iran wurden noch von seiner Militanz verstärkt. Zur Sehnsucht des Schahs nach den antiken Reichen des Iran – wie sie die Feiern in Persepolis zum Ausdruck brachten – schrieb Schariati: »Unser Volk erinnert sich an nichts aus dieser fernen Vergangenheit … Für uns bedeutet die Rückwendung zu unseren Wurzeln keine Wiederentdeckung des vorislamischen Iran, sondern eine Rückkehr zu unseren islamischen und vor allem schiitischen Wurzeln.«

Von der Regierung gefürchtet und beargwöhnt, die ihn ständig schikanierte und immer wieder verhaften ließ, stritt er auch mit dem schiitischen Klerus, der jetzt gespalten war in der Frage, ob man sich gegen den Schah wenden sollte oder mit ihm leben musste. Obwohl selbst Sohn eines Mullahs, war Schariati zu seinen religiösen Überzeugungen nicht durch die Analyse religiöser Schriften gelangt, sondern auf den Pfaden »nichtreligiöser oder sogar religionsfeindlicher Wissenschaftler«. »Ich gehe diesen Weg und spreche in derselben Sprache ..., die sich vom Glauben abwendet oder dessen metaphysische Wurzeln bestreitet.«[76]

Die Bedeutung der religiösen Schriften herabzumindern hieß auch die Bedeutung der Männer herabzumindern, die über sie wachten, und im Unterschied zu Al-e Ahmads meist positiver Einstellung zu den Geistlichen brandmarkte Schariati sie als ein »geschlossenes Monopol, despotisch, erstarrt und versteinert«.[77] Dieses ohne Priester auskommende Gottesverständnis stützte sich auf eine lange Tradition skeptischer Ablehnung des Autoritätsanspruchs der Scheichs. Schon in den 1870er Jahren hatte Jamal al-Din Afghani sich als potentieller muslimischer Luther gesehen, aber der Erfolg des Tabakprotests hing von den Entscheidungen der obersten Geistlichen ab, und Jamal al-Din selbst – ein freischaffender Aktivist ohne Stellung in der al-Azhar oder den schiitischen Seminaren – starb unbekannt und vergessen. Von Ahmad Kasravis Tiraden gegen den Betrug, der das »Kennzeichen« der Geistlichen sei, bis hin zu Sayyid Qutbs Bereitschaft, ohne die al-Azhar auszukommen bei seinen Bemühungen, den Islam auf Aktion zu programmieren, wurde der moderne Glaube von Kräften geformt, die sich der Kontrolle der Scheichs entzogen. Der jüngste darunter war (der von Qutb inspirierte) Schariati, doch trotz seines Erfolgs bei der Vermählung des schiitischen Islam mit dem Gedanken des Widerstands vermochte er doch den Antiklerikalismus nicht zu einer tragenden Säule der aufkommenden Bewegung gegen den Schah zu machen.

Der iranische Luther des Raumfahrtzeitalters starb im Juni 1977 im Exil an einem Herzinfarkt. Im folgenden Januar löste der königliche Hof durch einen skurrilen, in einer Zeitung vorgetragenen Angriff auf Ayatollah Khomeini unwillentlich eine Protestbewegung aus, die in den folgenden zwölf Monaten an Umfang und Intensität gewann und schließlich am 16. Januar 1979 zur Flucht des Schahs aus dem Iran führte. Schariatis Tod erlaubte es Khomeini und anderen in der revolutionären Avantgarde, sich dessen Vorstellungen zum revolutionären Potential des Schiitentums anzueignen und mit einer bindenden klerikalen Autorität zu verknüpfen. Die Masse der einfachen Iraner war noch nicht bereit für einen Islam ohne Klerus, wie sich am 1. Februar 1979 zeigte, als eine riesige Volksmenge Khomeini bei dessen Rückkehr aus seinem sechzehnjährigen Exil begrüßte. Die Landung der gecharterten Boeing 747 der Air France mit dem Ayatollah an Bord wurde natürlich mit der Wiederkehr des verborgenen Zwölften Imam verglichen.

Der geflohene Schah fand Zuflucht bei seinem Freund, dem ägyptischen Präsidenten al-Sadat, wo er im Juli 1980 an Krebs starb – fünfzehn Monate bevor sein Gastgeber selbst erschossen wurde. Unterdessen baute Khomeini seine Islamische Republik auf. Angesichts ihrer Verachtung für den westlichen Materialismus und ihres Eifers für den Heiligen Krieg, der nun in einem fürchterlichen, von 1980 bis 1988 währenden Konflikt gegen den gottlosen Baathismus in Saddam Husseins Irak geführt werden sollte, wurde die erste islamische Theokratie der Welt weithin als ein Signal empfunden, dass der Iran ins Mittelalter zurückkehrte.

Das war falsch. Die Vertreibung des Schahs markierte den Höhepunkt des iranischen Kampfes um die Begrenzung der königlichen Macht, der in den 1850er Jahren mit dem Aufstieg Amir Kabirs, des Sohns eines Kochs, in das Amt des Ersten Ministers begonnen und schließlich zur Verfassungsrevolution und deren turbulentem Nachspiel geführt hatte. Allein schon der Regimewechsel war eine große Neuerung. Er verstieß gegen eine anderthalb Jahrtausende alte islamische Orthodoxie, wonach solche Aufstände Gott missfallen. Außerdem besaß die Islamische Republik viele moderne Elemente. Sie war stark geprägt vom Nationalismus – die antiarabischen Gefühle erhielten gewaltigen Auftrieb während des Kriegs zwischen dem Iran und dem Irak, in dem Saddam von seinen arabischen Bruderstaaten unterstützt wurde. Und hinter der Planwirtschaft schienen sozialistische Ideen durch. Trotz all des Redens über eine gottgewollte Regierung waren die Institutionen des neuen Staates mit seinem gewählten Präsidenten und Parlament, seinen Ministerien und Behörden doch Variationen eines universellen modernen Themas – eines Themas, das bis zu Napoleons auf Konsens basierendem und aus Würdenträgern bestehenden Diwan zurückreichte, der 1798 Kairo regieren sollte. Und auch wenn viele der bei Gelegenheit gewonnenen Errungenschaften der islamischen Aufklärung wie die Frauenrechte entweder blieben oder zurückgenommen wurden (der Hidschab etwa wurde nun zur Pflicht), sollte der Druck hin zu weiteren Veränderungen doch unwiderstehlich bleiben. Es war die Islamische Republik, die einer beispiellosen Zahl junger Iranerinnen Bildung ermöglichte – Mitte der 2000er Jahre entfiel mehr als die Hälfte der Universitätsabschlüsse des Landes auf Frauen – und die das Land ins Atomzeitalter führte.

Dennoch lässt sich nicht leugnen, dass die Islamische Revolution einen Rückschlag für zahlreiche mit der Aufklärung verbundene Werte bedeutete. Der Iran ersetzte einen repressiven Staat durch einen anderen, und zum ersten Mal in der Geschichte lenkten schiitische Mullahs ein Land. Viele Anhänger Khomeinis waren Nostalgiker wie Al-e Ahmad, Militante wie Ali Schariati und Fanatiker wie Sayyid Qutb. Gemeinsam war ihnen allen ein Aufschrei gegen moderne Formen eines kulturellen und politischen Imperialismus, und dieser Aufschrei wurde von Menschen aufgenommen, die es satt waren, wie Objekte bloßen Besitzes behandelt zu werden, und sich stattdessen nach spiritueller Verzauberung und kultureller Authentizität sehnten.

In der Türkei, der traditionellen Brücke zwischen den Kulturen des Ostens und des Westens, brachte die Frage nach dem Verhältnis zwischen Islam und Moderne eine Politik hervor, die nicht revolutionär war, sondern eine friedliche Übernahme des Staates ermöglichte. Der revolutionäre Islamismus fand keinen massenhaften Anklang in einem jungen Land, das aus einem Trauma hervorgegangen war und sich immer obsessiver an die beruhigenden Strukturen des Staates klammerte. Dagegen schätzte das »kemalistische« Establishment (so genannt wegen seines Festhaltens an den Ideen Mustafa Kemal Atatürks) ein gewisses Maß an islamischer Frömmigkeit, weil sie einen ideologischen Schutzwall gegen den Kommunismus darstellte.

In den 1960er und 1970er Jahren waren türkische Revolutionäre meist Marxisten oder Trotzkisten, und die fromme Mehrheit war insgesamt zutiefst konservativ. Wenn die Türkei in dieser Zeit keinen Denker hervorbrachte, der so einflussreich wie Sayyid Qutb oder so originell wie Dschalal Al-e Ahmad gewesen wäre, so weil die Islamisten des Landes sich weniger mit der Ausarbeitung von Theorien des islamischen Staates oder einheimischen Widerstands beschäftigten, sondern eher herauszufinden versuchten, wie sie ihre beträchtliche Unterstützung im Volk in tatsächliche Macht umsetzen konnten.

Die schrittweise Abkehr von Atatürks Vermächtnis nahm nach dem Zweiten Weltkrieg Gestalt an, aus dem die Türkei sich unter Ismet Inönü geschickt herauszuhalten vermochte. Im Kalten Krieg sollte das nicht mehr möglich sein, und der von Atatürk ererbte Staat schloss sich eindeutig dem Westen an. Er stellte ein beträchtliches Kontingent an Soldaten für die antikommunistische Seite im Koreakrieg der frühen 1950er Jahre – aus dem etwa 2500 türkische Soldaten niemals heimkehrten – und trat 1952 der NATO bei. Während die gewählten Politiker höflich, aber bestimmt das Vermächtnis des Kemalismus untergruben, kam das wirre Knäuel aus Säkularismus, Demokratie und Frömmigkeit zum Vorschein.

Die Einführung eines Mehrparteiensystems in den späten 1940er Jahren bot eine Gelegenheit, dieses Knäuel zu entwirren, und als die Wähler 1950 die Chance erhielten, eine fromme Oppositionspartei, die Demokratische Partei, an die Macht zu wählen, taten sie das denn auch prompt, und die Folge war eine langsame, vorsichtige Rückkehr religiöser Werte. Atatürk hatte 1933 verfügt, dass die Muezzine statt in arabischer nur noch in türkischer Sprache zum Gebet rufen durften. Dieser Erlass wurde nun aufgehoben (und fast über Nacht war der Gebetsruf überall im Lande wieder auf Arabisch zu hören). Auch der Religionsunterricht und der Bau von Moscheen erlebten einen Aufschwung.

Die Gegner der neuen türkischen Islamisten waren die Mitglieder des kemalistischen Establishments, die Atatürks säkularem Einheitsstaat anhingen und eine herrschende Elite mit ihrem Zentrum im Militär und dem Staatsapparat bildeten. Wie in Ägypten und weit mehr als im Iran behielt das türkische Militär einen gewaltigen Einfluss auf die zivile Politik, und zwischen 1960 und 1980 stürzten die Generäle gleich drei Mal gewählte Regierungen, weil sie ihnen allzu islamistisch waren oder das Land in ihren Augen ins Chaos führten. Die islamisch gesinnten Politiker des Landes, die sich politisch betätigen durften, sofern sie Lippenbekenntnisse zum Kemalismus ablegten, und stets in Gefahr standen, von den Militärs verhaftet und ins Gefängnis gesteckt zu werden, entwickelten eine Vorgehensweise, die nicht auf Revolution, sondern Infiltration setzte. Sie bestachen den Staat, statt ihn zu stürzen.

Der letzte und folgenreichste der drei türkischen Militärputschs half den Islamisten unwillentlich, ihr Ziel zu erreichen. Im Mai 1980 setzte das Militär die instabile Mitte-Rechts-Regierung Süleyman Demirels ab. Etwa 650 000 Menschen wurden inhaftiert und mehr als 1,5 Millionen aus dem Staatsdienst entlassen. Man machte ausgiebigen Gebrauch von der Folter, und weite Teile des Landes lebten in Angst und Schrecken. Zwar waren auch Islamisten betroffen, aber die Hauptlast der Unterdrückung trugen die türkischen Linken, und das zerstörte zusammen mit dem Ende des Kalten Kriegs 1989 den türkischen Sozialismus als bedeutsame politische Kraft. Während die türkischen Islamisten sich vor 1980 brutale Kämpfe mit der Linken geliefert hatten, konnten sie sich nun darauf konzentrieren, kemalistische Institutionen wie das Militär, die Polizei und den Staatsapparat zu infiltrieren. Innerhalb eines Vierteljahrhunderts sollten diese schrittweise aufgebauten und verzweigten Verbindungen aus Menschen und Ideen nicht zu einer Revolution wie im Iran oder zu Ausbrüchen von Unruhe und Repression wie in Ägypten führen, sondern zu einer legalen Übernahme der Macht im Staate.

Schluss

Mit dem Scheitern der Demokratie in Ägypten, der Revolution im Iran und dem Machtantritt einer islamistischen Strömung in der Türkei, die später eine autoritäre Wende nahm, schien die Geschichte der islamischen Aufklärung einschließlich ihres misstönenden Schlusssatzes um 1980 an ein Ende gelangt zu sein. Heute lässt sich im Nahen und Mittleren Osten kaum noch eine allgemeine Entwicklung in Richtung liberaler, humanistischer Prinzipien ausmachen, wohl aber ein Abgleiten in Gewalt und sektiererischen Hass. Mit dem Fehlschlag der anglo-amerikanischen Besetzung des Irak, dem Scheitern des Arabischen Frühlings von 2011 und der unter Recep Tayyip Erdogan zu beobachtenden Entwicklung der Türkei von einer progressiven neuen zu einer korrupten, autoritären Gesellschaft, drängt sich der Schluss auf, die islamische Aufklärung sei eine interessante Idee gewesen, die aber mit einem Fehlschlag endete. Die in diesem Buch beschriebenen großen Veränderungen in Denken, Lebensweise und politischer Organisation hätten letztlich nur das Gewicht der Tradition und des Konservatismus bestätigt, die sie eigentlich hätten überwinden wollen.

Der Gedanke, dass im Kampf zwischen Glaube und Vernunft der Glaube gesiegt habe, führt jedoch in die Irre – und das nicht nur wegen der Ausnahmestellung des Iran, der politisch weiterhin von einer starken Reformfraktion beherrscht wird. In Wirklichkeit sind nur die Bedingungen der Auseinandersetzung zwischen Tradition und Moderne neu definiert worden. Wie die qualvollen Dispute über den »wirklichen« Islam beispielhaft verdeutlichen, ist die moderne islamische Identität durchdrungen vom Wechselspiel der Thesen und Gegenthesen. Nur selten in der islamischen Geschichte haben sunnitische Fanatiker so entschieden behauptet, die Schiiten seien Häretiker, die den Tod verdienten. Andere Muslime behaupten nicht minder unverblümt, ebendiese Fanatiker stünden nicht für den Islam, sondern für Barbarei. Unterdessen erlauben Technologie, Bildung und der moderne Kult des Individuums den Menschen, den Islam nach ihrem eigenen Gusto zu praktizieren.

Weite Teile der islamischen Geschichte sind vom Gegensatz zwischen Homogenisierung und Vielfalt geprägt. In den städtischen Zentren des Osmanischen Reichs lebten verschiedene Gemeinschaften nebeneinander, und die Nähe führte nicht notwendig zu Sympathie oder gar Nachahmung.[1] Religiöse und weltliche Autoritäten versuchten gleichermaßen, die Glaubensausübung auf eine begrenzte Zahl von Schulen und Verhaltensweisen zu beschränken. Scheich Abdulrahman al-Gabarti wandte sich entschieden gegen die von vielen seiner Landsleute praktizierte Heiligenverehrung, und Nasreddin Schahs gewaltsame Reaktion auf Babi- und Bahaitum zeugte eindeutig von einer Überempfindlichkeit gegenüber der Bedrohung, die das moderne Prophetentum darstellte. In jüngerer Zeit wurde die Homogenität durch die Technik und eine Ethik der persönlichen Emanzipation in Frage gestellt, die aus der weltlichen in die religiöse Sphäre hinüberdrang. Die Entstehung individualistischer Glaubensformen ist zum Teil eine Folge der Schwächung des traditionellen sunnitischen Klerus im 19. und 20. Jahrhundert, und zum Teil resultiert sie aus den Veränderungen des modernen Lebens.

Ein britischer Muslim pakistanischer Herkunft sieht sich vielleicht lieber radikale Tiraden im Internet an, statt sich mit seinen Eltern eine traditionelle, unpolitische Predigt in der örtlichen Moschee anzuhören. Für entfremdete französische Muslime ist der Islam vielleicht weniger ein Glaube als eine Reaktion auf Rassismus und Islamfeindlichkeit, und sie wissen möglicherweise kaum etwas über den Glauben, den sie da übernehmen. Was (wenn denn überhaupt etwas) verbindet diese zornigen, oft wenig informierten Muslime mit den unternehmerischen iranischen Amerikanern, die in den Suburbs von Los Angeles Sufi-Treffen veranstalten und sich für mildtätige Zwecke engagieren, oder mit den Anhängern Fethullah Gülens, eines türkischen Predigers, dessen Netzwerk Hunderte von Schulen in aller Welt kontrolliert, der sich für ein freundschaftliches Verhältnis zwischen den Religionen einsetzt und dem vorgeworfen wird, in der Türkei einen Staatsstreich versucht zu haben? Es ist keineswegs klar, ob diese Leute derselben Gemeinschaft oder verschiedenen, gegensätzlichen Gruppen angehören. Was da »Islam« genannt wird, ist in Wirklichkeit eine sehr offene Kirche.

Und dann gibt es da natürlich die nicht genauer quantifizierbare Zahl jener Menschen, deren Weltbild von islamischen Glaubensüberzeugungen und Praktiken geprägt worden ist und die zwar die von den Vorfahren übernommenen moralischen Vorschriften beachten, aber ansonsten einen laschen Umgang mit den Regeln ihres Glaubens pflegen. Auch sie verstehen sich möglicherweise als Muslime. Mit ihrem säkularen Weltbild und ihren relativ liberalen Werten stehen sie für den erfolgreichen Teil der islamischen Aufklärung.

Diese Beispiele zeigen, dass der Zusammenbruch der geographischen Grenzen zwischen der islamischen und der nichtislamischen Welt beträchtliche Auswirkungen auf den heute zu beobachtenden, überaus vielfältigen Islam hat. Der Islam ist keine fixe Entität. Er hat sich aufgeladen mit allerlei Unmut und Wünschen, die sich leicht als Folgen einer schmerzhaften Auseinandersetzung mit der Moderne erkennen lassen. Viele der Selbstmordattentäter, die ihr Werk auf europäischem Boden verrichteten, hatten jämmerlich wenig Ahnung vom Islam. Ihre abscheulichen Taten waren eher das Produkt psychischer Labilität und eines breiteren Unvermögens, die islamischen Werte mit denen moderner Gesellschaften jener libertären und materialistischen Form in Einklang zu bringen, die seit den 1960er Jahren entstanden ist. Das Phänomen der Selbstmordattentate ist untrennbar mit den Medien verbunden, die darüber berichten. Diese mit dem Smartphone oder einer Bodycam aufgezeichneten und über die sozialen Medien verbreiteten Taten können als extreme Selfies verstanden werden und sind in gewissem Maße ein authentisches Produkt unseres narzisstischen Zeitalters. Einige der schlimmsten »islamistischen« Anschläge im Westen wurden von Männern begangen, deren Leben man als chaotisch, kriminell und hedonistisch bezeichnen darf. Es fällt schwer, Leute als »Muslime« zu bezeichnen, die sich nur derart oberflächlich mit dem Islam beschäftigt haben. Diese wundersamen muslimischen Schösslinge stammen aus dem Gewächshaus der Moderne.

Aber trotz des scheinbaren Stillstands der islamischen Aufklärung wirken die damit verbundenen historischen Veränderungen weiter. Im Sommer 2009 mobilisierte die grüne Bewegung des Iran Millionen Menschen für Massenproteste gegen ein von den Hardlinern in der iranischen Führung gefälschtes Wahlergebnis. In Teheran sagten mir damals Demonstranten (viele davon Frauen), die Ziele der Verfassungsrevolution seien endlich erreicht. Zwei Jahre später versprach der Arabische Frühling eine ähnlich verzögerte Genugtuung für Menschen, denen der europäische Kolonialismus am Ende des Ersten Weltkriegs die Selbstbestimmung verwehrt hatte und die seither von Tyrannen aus dem eigenen Militär beherrscht worden waren. In Kairo sagten mir Revolutionäre, der Sturz der politischen Despotie Hosni Mubaraks habe sie ermutigt, auch andere alte, dem persönlichen Leben näherstehende Hierarchien in Frage zu stellen. Keine bestehende Struktur, ob nun in der Familie, am Arbeitsplatz oder an der Universität, schien vor dem Wunsch der Ägypter gefeit, ihre ehrerbietige Einstellung zur Autorität zu überprüfen. 2013 kam es dann in der Türkei zu Protesten ähnlicher Größe und Intensität gegen Erdogans intoleranten Regierungsstil.

Dass keine dieser Äußerungen des Volkswillens ihr Ziel erreichte, bedeutet natürlich nicht, dass die dahinterstehenden Motive verschwunden wären. Die Grünen im Iran wurden zunächst zurückgedrängt und fünf Jahre später durch die Wahl des gemäßigten Reformers Hassan Rohani zum Präsidenten des Landes bestätigt. Die unfähige, von Misstrauen gegenüber der Demokratie erfüllte Regierung, die 2012 die Muslimbruderschaft in Ägypten bildete, wurde ihrerseits im folgenden Jahr durch eine vom Militär geführte Gegenrevolution abgesetzt. Und die Proteste in der Türkei lieferten Erdogan den nötigen Vorwand, um gegen seine innenpolitischen Gegner vorzugehen. Unterdessen trieben die Bürgerkriege in Syrien, Libyen und anderswo gemeinsam mit Armut und Klimawandel Millionen von Muslimen nach Europa. Außer einer verschwindend kleinen Minderheit kam niemand von ihnen in den Westen, um ein islamisches Kalifat zu errichten. Sie kamen, um von den Früchten einer Aufklärung zu kosten, die in ihren eigenen Ländern schiefgelaufen war.

In diesem Buch war viel die Rede vom Verhältnis zwischen der islamischen Welt und jenen Ideen, die erstmals in Europa entwickelt wurden. Dieses Verhältnis war 1798 stürmisch und veränderlich und ist dies auch heute noch, aber ich hoffe, ich habe zeigen können, dass viele dieser Ideen wie der Wert des Individuums und die Vorzüge des Rechts, der Wissenschaft und einer repräsentativen Staatsform rasch übernommen wurden – ja sogar so bruchlos, dass sie heute authentische Elemente islamischen Denkens und islamischer Gesellschaft darstellen.

Natürlich hat auch der Westen während dieses Integrations- und Assimilationsprozesses nicht stillgestanden, sondern die Grenzen und Möglichkeiten des Menschen in einer Weise erweitert, die keine der in diesem Buch beschriebenen Gestalten jemals hätte voraussehen können. Einige Ausdrucksformen des Lebens nach der Aufklärung, ob nun soziologische wie die Abkehr von der traditionellen Familie oder kosmische wie das verführerische Unsterblichkeitsversprechen der Wissenschaft, erscheinen vielen Muslimen als abstoßende Hybris. Für die postreligiöse christliche Gesellschaft bleibt der Islam ein jüngerer Bruder, der zwar viele moderne Ideen verinnerlicht hat, aber weiterhin auf einer spirituellen Dimension besteht, die im Westen weitgehend verlorengegangen ist. Dies ist der Islam nach der Aufklärung, wie Jamal al-Din Afghani und Muhammad Abduh ihn skizzierten, Daschalal Al-e Ahmad ihn humanisierte und Sayyid Qutb ihn aufblies – niemals in Ruhe und stets voller Widersprüche. Er wird uns mit Sicherheit weiterhin piesacken und verblüffen.

Danksagung

Ich habe drei Jahre in Bibliotheken mit den Recherchen zu diesem Buch und seiner Niederschrift verbracht, und das zumeist schweigend. Man könnte erwarten, dass diese Arbeitsweise eine leichtere Dankesschuld mit sich brächte als ein journalistisches Buch, das vom guten Willen so vieler lebender Mitmenschen abhängt – ihren Geschichten, ihrer Toleranz und dem Bett für die Nacht, das sie zur Verfügung stellen. Erstaunlicherweise bewegt sich meine Dankesschuld bei diesem Buch jedoch tief im roten Bereich, denn auch wenn die Ideen und die Worte die meinigen sind, wäre es ohne die Klugheit, Ermutigung und Kritik vieler anderer niemals entstanden. Dieses Buch beruht in solch einem Maße auf Zusammenarbeit, wie man es sich nur vorstellen kann, wenn ein einzelner Autor es größtenteils in einem einzigen Raum in der British Library geschrieben hat.

Keine Bibliographie noch auch eine Fülle von Fußnoten könnten der Inspiration und Information gerecht werden, die ich von zahlreichen Autoren erhalten habe. Nun ist es an der Zeit, mich für den weitschweifenden Geist Juan Coles, die innovative Sozialgeschichte Janet Afarys und die besonnenen Analysen Max Rodenbecks zu bedanken. Wenn Peter Gran nicht all die harte Arbeit geleistet hätte, wäre es mir unmöglich gewesen, den Abschnitt über Hasan al-Attar zu schreiben. Ähnlich bedeutsam war Daniel Newmans Einleitung zu seiner schönen Übersetzung von Rifaa al-Tahtawis Reisetagebuch für meine Darstellung des Vaters des modernen Ägypten. Ehud Toledanos Bücher waren unverzichtbar für meine Darstellung des Niedergangs der Sklaverei. Und ohne Nikki Keddie wären die Passagen über Jamal al-Din Afghani nur Gerippe geblieben. Mein Verständnis des Irans im 19. Jahrhundert hat erheblich profitiert von der Gelehrsamkeit Abbas Amanats, während Niyazi Berkes mein ständiger Begleiter in den Abschnitten über die Türkei war. Philip Mansels Studien über Istanbul und Alexandria bereicherten mein Verständnis dieser Städte, während Malise Ruthven, Richard Mitchell und John Calvert mich in den modernen Islamismus einführten. Wenn ältere Erkenntnisse in meinem Text durchscheinen, haben sie ihren Ursprung bei solchen Stars wie Marshall Hodgson, Albert Hourani, Patricia Crone, Homa Katouzian, Roy Mattahdeh und Bernard Lewis. Es herrscht kein Mangel an brillanten Arbeiten über den Nahen und Mittleren Osten.

Nicht weniger bedeutsam war die persönliche Hilfe, die ich von Wissenschaftlern, Studenten, Freunden und Kollegen erhielt, zuweilen in Gestalt von Hinweisen auf ein Buch, das ich bislang übersehen hatte, und zuweilen indem sie mich in einen Gedankengang einführten oder in ein Gespräch verwickelten, die sich als erhellend und anregend erwiesen. In keiner speziellen Reihenfolge und mit einer Entschuldigung bei allen, die ich vergessen habe, seien hier genannt: John Gurney, Negar Azimi, Eugene Rogan, Hussein Omar, Norman Stone, Murat Siviloglu, Christina de Bellaigue, Eric de Bellaigue, Nader Hashemi, Danny Postel, Mohsen Milani, Paul Luft, Ali Dehbashi, Hugh Eakin, Abbas Milani, Roger Cohen, Jeremy Harding, Nicholas Burns, Tessa Boteler, Sheila de Bellaigue, Behrouz Afagh und Muhammad-Hossein Zeynali. Meine journalistische Arbeit für die BBC in Ägypten und Tunesien während des Arabischen Frühlings und für den *Guardian* sowie die *New York Review of Books* in der Türkei und dem Iran in den folgenden Jahren hat es mir ermöglicht, die Gegenwart nicht aus den Augen zu verlieren, während ich über die Vergangenheit schrieb. So danke ich denn den Herausgebern und Redaktionsleitern dieser Institutionen, Robert Silvers, Innes Bowen und Jonathan Shainin – der letztgenannte erlaubte mir mutig, meine Ideen 2015 in einem Longread-Beitrag des *Guardian* mit dem Titel »Stop Calling for an Islamic Enlightenment« auszuprobieren.

Dieses Buch ist lang und deckt ein großes Gebiet ab. Als ich meine erste Fassung ablieferte, war es noch ziemlich unordentlich. Bob Weil von Liveright, ein Lektor der guten alten Schule, knetete und streichelte es in die rechte Form. Die Kritzeleien und Schnörkel, mit denen er mein ahnungsloses Manuskript versah, sind wahre Kunstwerke. Auf ihn folgten Jörg Hensgen und Anna-Sophia Watts von Bodley Head, die den Text unter der sanften Anleitung Stuart Williams mit forensischer Hingabe durchsahen, überprüften und verbesserten, um ihn so transparent und kohärent wie möglich zu machen, bevor sie ihn an die Korrektorin Katherine Frey weitergaben. In New York entwarf Steve Attardo einen prächtigen Umschlag, Phil Marino, Peter Miller und Marie Pantojan besorgten die Herstellung, und in Großbritannien habe ich Julia Connolly für ihren faszinierenden Umschlagentwurf zu danken wie auch Aidan O'Neill für die Umschlag- und Klappentexte.

Die wichtigste Aufgabe eines Literaturagenten ist es, den besten Verlag für ein Buch zu finden, und in dieser Hinsicht kann ich Peter Straus und Melanie Jackson keinerlei Vorwürfe machen. Aber sie sind weit mehr als bloße Vermittler. Je mehr ich ihre Liebe zum Buch kennenlerne, desto mehr fühle ich mich geehrt, von ihnen vertreten zu werden.

Als Liebste und Teuerste von allen hat meine Frau Bita dieses Buch in seiner ganzen Entwicklung erlebt. Was ich ihr verdanke, lässt sich unmöglich vergelten.

Anmerkungen

Einleitung

1 Cole, Juan, *Modernity and the Millennium*, S. 9.
2 Le Goff, Jacques, *Das Hochmittelalter*, S. 159.
3 Rodenbeck, *Cairo*, S. 151.

ERSTES KAPITEL Kairo

1 Herold, *Bonaparte in Egypt*, S. 97.
2 al-Gabarti, *Bonaparte in Ägypten*, S. 94.
3 al-Jabarti, *Chronicle of the French Occupation*, S. 31.
4 al-Gabarti, *Bonaparte in Ägypten*, S. 165, 168 f.
5 Ebd., S. 219.
6 al-Jabarti, *Merveilles biographiques*, Bd. VI, S. 74 f.
7 al-Jabarti, *Chronicle of the French Occupation*, S. 43.
8 Raymond, *Artisans et commerçants au Caire du XVIIIe siècle*, S. 346.
9 al-Jabarti, *Chronicle of the French Occupation*, S. 29.
10 Ebd., S. 33.
11 Ebd.
12 Cole, *Die Schlacht bei den Pyramiden*, S. 187.
13 Fourier, *Description de l'Égypte*, Bd. I, S. 516.
14 Ebd., S. xvi.
15 Ebd., S. iii.
16 al-Gabarti, *Bonaparte in Ägypten*, S. 327.
17 al-Jabarti, *Chronicle of the French Occupation*, S. 76.
18 Gran, *Islamic Roots of Capitalism*, S. 79.
19 Ebd., S. 189 f.
20 Marsot, *Egypt in the Reign of Muhammad Ali*, S. 273.
21 Lane, *An Account of the Manners and Customs of the Modern Egyptians*, Bd. 1, S. 129.
22 Marsot, *Egypt in the Reign of Muhammad Ali*, S. 127.
23 Paton, *A History of the Egyptian Revolution*, Bd. 2, S. 97.
24 Hamont, *L'Égypte sous Méhémet-Ali*, S. 437.

25 Tucker, *Women in Nineteenth-Century Egypt*, S. 27.
26 Ebd., S. 88.
27 Paton, *A History of the Egyptian Revolution*, Bd. 2, S. 243.
28 Mansel, *Levant*, S. 61–63.
29 Ebd., S. 68.
30 Hamont, *L'Égypte sous Méhémet-Ali*, II, S. 336.
31 Paton, *A History of the Egyptian Revolution*, Bd. 2, S. 286.
32 Lane schrieb seinen klassischen *Account of the Manners and Customs of the Modern Egypt* nicht, um das neue Ägypten zu beschreiben – das, wie er voller Bedauern einräumte, unvermeidlich entstehen werde –, sondern um jenes Ägypten festzuhalten, das gerade hinweggefegt wurde. So wäre denn auch *An Account of the Manners and Customs of the Medieval Egypt* der bessere Titel gewesen. Der schottische Künstler David Roberts trug mit seinen Panoramaansichten der mittelalterlichen Stadt, die er in den 1840er Jahren malte, gleichfalls zu dem Flaubert'schen Bild Ägyptens bei. Für viele Ausländer war das reizvollste Ägypten das unveränderliche Ägypten der Phantasie.
33 Gran, *Islamic Roots of Capitalism*, S. 103.
34 Delanoue, *Moralistes et politiques musulmans*, Bd. 2, S. 353.
35 Gran, *Islamic Roots of Capitalism*, S. 106.
36 Ebd., S. 105.
37 Galland, *Tableau de l'Égypte*, Bd. II, S. 2.
38 Delanoue, *Moralistes et politiques musulmans*, Bd. 2, S. 347.
39 Livingston, »Shaykhs Jabarti and Attar«, S. 97.
40 Clot, *Aperçu général sur l'Égypte*, Bd. 2, S. 410.
41 Hamont, *L'Égypte sous Méhémet-Ali*, II, S. 91.
42 Paton, *A History of the Egyptian Revolution*, Bd. 2, S. 287.
43 Gran, *Islamic Roots of Capitalism*, S. 128.
44 Ebd., S. 130.
45 Delanoue, *Moralistes et politiques musulmans*, Bd. 2, S. 355.
46 Silvera, »The First Egyptian Student Mission«, S. 14.
47 Ebd., S. 9.
48 Tahtawi, *Ein Muslim entdeckt Europa*, S. 155.
49 Ebd., S. 111, 114f.
50 Ebd., S. 138.
51 Ebd., S. 125.
52 Ebd., 143.
53 Lane-Poole, *Life of Edward William Lane*, S. 70.
54 Tahtawi, *Ein Muslim entdeckt Europa*, S. 147.
55 Burlamaqui, *Principles of Natural Law*, S. 3.
56 Tahtawi, Ein Muslim entdeckt Europa, S. 223.
57 Ebd., S. 224.
58 Tahtawi, *An Imam in Paris*, S. 49.
59 Delanoue, *Moralistes et politiques musulmans*, Bd. 2, S. 450.
60 Tahtawi, *Ein Muslim entdeckt Europa*, S. 83.
61 Delanoue, *Moralistes et politiques musulmans*, Bd. 2, S. 362.
62 Gabarti hatte »hurriya« als Gegensatz zur Sklaverei verwendet. Für Rifaa bedeutete es »Gerechtigkeit und Billigkeit«. Erst später klang darin das französische »liberté« im Sinne politischer und sozialer Freiheit an. Mit dem

Aufstieg des europäischen Imperialismus erhielt »*hurriya*« die Bedeutung der Freiheit von kolonialer Unterjochung, bevor es – rechtzeitig für den Arabischen Frühling – zu seiner ursprünglichen, stärker eingegrenzten Bedeutung zurückkehrte.
63 Tahtawi, *An Imam in Paris*, S. 92.
64 Weniger erfolgreich war er bei einem eigentümlichen europäischen Begriff, dem »Wetter«. Im Französischen wird es mit demselben Wort bezeichnet wie die Zeit, »*temps*«. Rifaa benutzte daher getreulich das arabische Wort für »Zeit«, »*al-zaman*«, auch für das Wetter. Das setzte sich nie durch.
65 Tahtawi, *An Imam in Paris*, S. 46.
66 Hourani, Arabic Thought in the Liberal Age, S. 71.
67 Tahtawi, *An Imam in Paris*, S. 359.
68 Delanoue, *Moralistes et politiques musulmans*, Bd. 2, S. 482.
69 Ebd., S. 449.
70 Ebd., S. 429.
71 Ebd., S. 426.
72 Ebd., S. 433.
73 Kyle, *Suez*, S. 14.
74 De Leon, *Egypt under its Khedives*, S. 160.
75 Douin, *Histoire du règne du Khedive Ismail*, Bd. 2, S. 41.
76 Ebd., S. 461.
77 Mansel, *Levant*, S. 114.
78 Zweifellos wegen Gabartis Kritk am Gründer der Khediven-Dynastie erlaubten die Behörden erst 1879, dass die *Bemerkenswerten Überlieferungen: Biographien und Ereignisse* in der Heimat ihres Autors veröffentlicht wurden.

ZWEITES KAPITEL *Istanbul*

1 Lewis, *The Emergence of Modern Turkey*, S. 66.
2 Temperley, *England and the Near East*, S. 272.
3 Langles, *Diatribe de l'ingénieur Séid Moustapha*, S. 52.
4 Ebd., S. 36.
5 Finkel, Osman's Dream, S. 435.
6 Jouannin und van Gaver, *Turquie*.
7 Temperley, *England and the Near East*, S. 19.
8 Jouannin und van Gaver, *Turquie*, S. 428.
9 Ebd., S. 429.
10 Heyd, *Foundations of Turkish Nationalism*, S. 75.
11 Adnan, *La Science chez les turcs ottomans*, S. 160.
12 Bianchi, *Notice sur le premier ouvrage d'anatomie*, S. 12.
13 White, *Three Years in Constantinople*, Bd. 1, S. 127.
14 Ebd.
15 De Kay, *Sketches of Turkey*, S. 153 f.
16 Ebd., S. 117.
17 Panzac, *La Peste dans l'Empire ottoman*, S. 292.
18 Besonders weit verbreitet waren solche Ersatzhandlungen offenbar bei Dhimmis wie den Griechisch-Orthodoxen, die in der Katastrophe eine

göttliche Strafe erblickten, der man durch Flucht, Gebet oder im Extremfall durch ein Pogrom an den Juden entgehen konnte.
19 Panzac, *La Peste dans l'Empire ottoman*.
20 al-Jabarti, *Merveilles biographiques et historiques*, Bd. 9, S. 19.
21 Panzac, *La Peste dans l'Empire ottoman*, S. 468–474.
22 Ebd., S. 475.
23 Temperley, *England and the Near East*, S. 27.
24 Zit. nach Berkes, *The Development of Secularism in Turkey*, S. 105.
25 Gibb, *A History of Ottoman Poetry*, Bd. 6, S. 19.
26 Mansel, *Constantinople*, S. 252.
27 Ebd., S. 260.
28 Davison, *Reform in the Ottoman Empire*, S. 97.
29 MacFarlane, *Constantinople in 1828*, Bd. 2, S. 267.
30 Mason, S. 234.
31 Repressionen anderer Art waren das Schicksal vieler heterodoxer Muslime des Reiches, einschließlich protoschiitischer Gruppen wie der Aleviten. Ohne den Millet-Status oder eine ausländische Schutzmacht waren sie Amtsträgern, die ihnen nicht wohlgesinnt waren, auf Gnade oder Ungnade ausgeliefert.
32 Berkes, *The Development of Secularism in Turkey*, S. 149.
33 MacFarlane, *Turkey and its Destiny*, Bd. II, S. 268.
34 Ebd., S. 295.
35 Gibb, *A History of Ottoman Poetry*, Bd. 5, S. 3.
36 *Genesis of* Mardin, *The Young Ottoman Thought*, S. 266.
37 White, *Three Years in Constantinople*, Bd. 2, S. 157–159.
38 Walsh, *A Residence at Constantinople*, Bd. 2, S. 283.
39 Gibb, *A History of Ottoman Poetry*, Bd. 5, S. 22.
40 Tanpinar, *19. Asir Türk*, S. 169.
41 Mardin, *The Genesis of Young Ottoman Thought*, S. 265.
42 Lewis, *The Emergence of Modern Turkey*, S. 144.
43 Sinasi, *Makaleler*, S. 6–10.
44 Ebd., S. 23.
45 Ebd., S. 103.
46 Ganz ähnlich äußerte sich Macaulay über die ersten Straßenlaternen in London, die ein genialer »Projektemacher« namens Edward Heming sich hatte patentieren lassen. Er schrieb, trotz der offenkundigen Verbesserungen für das Leben der Einwohner sei »die Sache der Dunkelheit nicht ohne Verteidiger geblieben. Damals gab es Verrückte, die sich der Einführung des sogenannten neuen Lichts ebenso vehement widersetzten, wie sich Verrückte in unserer Zeit der Einführung der Schutzimpfung und der Eisenbahn widersetzen … Viele Jahre nach der Erteilung des Patents an Heming gab es immer noch viele Viertel, in denen keine Laternen zu sehen waren.« Macaulay, *History of England*, Bd. 1, S. 565.
47 Ebuzziya, *Sinasi*, S. 150.
48 Ebd., S. 253.
49 Ebd., S. 233.
50 Es ist verlorengegangen; es gibt Gerüchte, wonach es verbrannt wurde, aber möglicherweise liegt es auch unerkannt irgendwo in einer französischen Bibliothek.

51 Tanpinar, *19. Asir Türk*, S. 165.
52 Siviloglu, »The Emergence of Public Opinion in the Ottoman Empire«, S. 171–173.
53 Budak, *Munif Pasa*, S. 547.
54 Lewis, *The Emergence of Modern Turkey*, S. 147.
55 Davison, *Reform in the Ottoman Empire*, S. 34.
56 Ebd., S. 85.
57 Ebd., S. 75.
58 Findley, *Turkey*, S. 117.
59 Anders als die frühen Vorkämpfer des Protestantismus, die in Gutenbergs Druck mit beweglichen Lettern sogleich ein ausgezeichnetes Instrument zur Verbreitung ihrer Vorstellungen erkannt hatten, brandmarkten die Frommen unter den Muslimen den Buchdruck als einen Aggressor, vor dem man die heiligste aller Wortverknüpfungen schützen musste. Erst 1874 erschien der erste arabische Koran im Druck, gut zweihundert Jahre nachdem dasselbe Buch in englischer bzw. französischer Übersetzung die Druckerpressen in Oxford und Paris verlassen hatte.
60 Siviloglu, »The Emergence of Public Opinion in the Ottoman Empire«, S. 160.
61 Davison, *Reform in the Ottoman Empire*, S. 69.
62 Kuntay, *Namik Kemal*, Bd. 2, S. 164.
63 Kaplan, *Namik Kemal*, S. 113.
64 Ersetzte man »Italien« durch »Türkei«, hätte auch Kemal den Werten zugestimmt, die Verdis Krieger Rolando beim Abschied seiner Frau für die Erziehung ihres Sohnes ans Herz legt. »Sag ihm, dass er von italienischem Blut ist«, instruiert Rolando die Mutter des Jungen, »und lehre ihn, dass er nach Gott das Vaterland achten soll.«
65 Tanpinar, *19. Asir Türk*, S. 324.
66 Berkes, *The Development of Secularism in Turkey*, S. 209.
67 Davison, *Reform in the Ottoman Empire*, S. 204.
68 Die meist nicht zufriedenstellende Verbindung der beiden Ideen Islam und Demokratie lässt sich im zunehmend religiösen Charakter der pakistanischen Verfassungen von 1956, 1962 und 1973 ebenso beobachten wie im Grundgesetz der Islamischen Republik Iran, das nach der Revolution von 1979 in Kraft trat, und in Mohammed Mursis Verfassung von 2012, die nur sieben Monate Bestand hatte, bevor das erste der Muslimbruderschaft angehörende Staatsoberhaupt Ägyptens durch einen Militärputsch gestürzt wurde.
69 Kuntay, *Namik Kemal*, Bd. 2, S. 535.
70 Lewis, *The Emergence of Modern Turkey*, S. 142.
71 Kaplan, *Namik Kemal*, S. 106.
72 Ebd., S. 129.
73 Berkes, *The Development of Secularism in Turkey*, S. 212 f.
74 Davison, *Reform in the Ottoman Empire*, S. 224.
75 Kaplan, *Namik Kemal*, S. 80.
76 Ebd., S. 90.
77 Kuntay, *Namik Kemal*, Bd. 2, S. 527.
78 Davison, *Reform in the Ottoman Empire*, S. 152.
79 Siviloglu, »The Emergence of Public Opinion in the Ottoman Empire«, S. 218.
80 Hawgood, *Modern Constitutions since 1787*, S. 140.

81 Finkel, *Osman's Dream*, S. 488.
82 Midhat, *The Life of Midhat Pasha*, S. 213.
83 Davison, *Reform in the Ottoman Empire*, S. 403.
84 Lewis, *The Emergence of Modern Turkey*, S. 170.

DRITTES KAPITEL *Teheran*

1 Greaves, »Relations with European Companies«, S. 353.
2 Algar, *Religion and State in Iran*, S. 38.
3 Tabatabai, *Dibachei dar Nazariyeh-ye Enhetat-e Iran*, S. 221.
4 Morier, *A Second Journey*, S. 199.
5 Drouville, *Voyage en Perse*, S. 251.
6 Morier, *A Second Journey*, S. 217; Kotzebue, *Reise nach Persien*, S. 58.
7 Green, *The Love of Strangers*, S. 8.
8 Atkin, *Russia and Iran, 1780–1828*, S. 110.
9 Ebd., S. 135; Wright, *The English Among the Persians*, S. 50.
10 Wright, *The English Among the Persians*, S. 51.
11 Morier, *A Second Journey*, S. 213.
12 Drouville, *Voyage en Perse*, S. 255.
13 Morier, *A Second Journey*, S. 209 f.
14 Ouseley, *Travels in Various Countries of the East*, Bd. 3, S. 16.
15 Atkin, *Russia and Iran, 1780–1828*, S. 137.
16 Wright, *The English Among the Persians*, S. 73.
17 Ouseley, *Travels in Various Countries of the East*, Bd. 3, S. 16.
18 Green, *The Love of Strangers*, S. 3.
19 Saleh, *Majmueyi Safarnamehha*, S. 92 f.
20 Einer dieser frühen Chronisten war der Kaufmann und Geistliche Abdul Latif Schuschtari, der um die Jahrhundertwende viele Informationen zusammentrug, die er von Briten in Kalkutta und Bombay erhalten hatte, auch wenn seine Physik wenig verlässlich war – er sagte voraus, der Suezkanal werde zu einer Überflutung der Welt und zu ihrem Untergang führen.
21 Saleh, *Majmueyi Safarnamehha*, S. 113.
22 Green, *The Love of Strangers*, S. 9.
23 Saleh, *Majmueyi Safarnamehha*, S. 245.
24 Green, *The Love of Strangers*, S. 72.
25 Saleh, *Majmueyi Safarnamehha*, S. 277.
26 Ebd., S. 283.
27 Ebd., S. 285.
28 Ebd., S. 293.
29 Zu seinen Quellen dürfte auch David Humes maßgebliche *History of England* gehört haben.
30 Tabatabai, *Dibachei dar Nazariyeh-ye Enhetat-e Iran*, S. 271.
31 Saleh, *Majmueyi Safarnamehha*, S. 435.
32 Man vergleiche damit einmal, wie leicht der Khedive Ismail den Muhammad-Ali-Boulevard noch rechtzeitig vor der Eröffnung des Suezkanals durch das Zentrum von Kairo bauen lassen konnte.
33 Saleh, *Majmueyi Safarnamehha*, S. 295.

34 Green, *The Love of Strangers*, S. 302.
35 Farman Farmayan, »The Forces of Modernisation in Nineteenth-century Iran«, S. 123.
36 Ebd., S. 122.
37 Green, *The Love of Strangers*, S. 310.
38 Amanat, *Pivot of the Universe*, S. 75.
39 Wright, *Persians*, S. 82.
40 Kelly, *Diplomacy and Murder in Tehran*, S. 193.
41 Adamiyat, *Amir Kabir va Iran*, S. 54.
42 Amanat, *Pivot of the Universe*, S. 77.
43 Ebd., S. 112.
44 Ebd., S. 123.
45 Ebd., S. 162.
46 Algar, *Religion and State in Iran*, S. 134.
47 Adamiyat, *Amir Kabir va Iran*, S. 188.
48 Sheil, *Glimpses of Life and Manners in Persia*, S. 249.
49 Ebd., S. 251.
50 Ebd.
51 Ebd.; Amanat, *Pivot of the Universe*, S. 162.
52 Adamiyat, *Amir Kabir va Iran*, S. 495 f.
53 Als ein im Dienste des Schahs stehender österreichischer Arzt sieben Jahre später den Palast von Fin besuchte, fand er die Wand im Badehaus immer noch bespritzt vom Blut des Amir.
54 Der internationale und ökumenische Charakter des Bahaitums findet einen guten Ausdruck in dessen größtem Sakralbau. Der Lotustempel in Neu-Delhi, so genannt, weil er aus großen Blütenblättern zu bestehen scheint, wurde von einem Iraner entworfen, von Indern finanziert und von einer britischen Baugesellschaft aus griechischem Marmor errichtet. 2001 besuchten mehr als 70 Millionen Menschen, in der Mehrzahl Hindus, den Tempel und machten ihn zu einer der beliebtesten Sehenswürdigkeiten der Welt.
55 Amanat, *Resurrection and Renewal*, S. 133.
56 Ebd., S. 148.
57 Amanat, *Pivot of the Universe*, S. 217.
58 Browne, *Materials for the Study of the Babi Religion*, S. 270.
59 Ebd., S. 139.
60 Das Bahaitum passte durchaus zu dem Eintopf heterodoxer Glaubenssysteme, darunter Okkultismus, Mystizismus und Reinkarnationslehre, den das viktorianische Zeitalter angerührt hatte. Es gab Verbindungen zwischen den verschiedenen Gruppen. 1911 wandte sich Bahaullas Sohn und Nachfolger Abdul-Baha an die Theosophische Gesellschaft in London und bekräftigte den Glauben an die Einheit der Religionen und der Menschheit, für die sich auch die Theosophen einsetzten.
61 Cole, *Modernity and the Millenium*, S. 73.
62 Ebd., S. 36.
63 Ebd., S. 60.
64 Ebd., S. 41.
65 Amanat, *Resurrection and Renewal*, S. 297.
66 Ebd., S. 299.

67 Nabil, *The Dawn-Breakers*, S. 270.
68 Mottahedeh, »Ruptured Spaces and Effective Histories«, S. 64 f.
69 Ebd.
70 Schocktaktiken dieser Art beschränken sich nicht auf die islamische Überlieferung. Als Schiwas Frau Kali sich auf einem mörderischen Amoklauf befand, sah Schiwa keine andere Möglichkeit, als sich ihr in den Weg zu legen – und tatsächlich kam sie wieder zur Besinnung, als sie ihn ungehörig mit ihren Fußsohlen berührte.
71 Hatcher und Hemmat, *The Poetry of Tahirih*, S. 13 f.
72 Jahrzehnte später gab Sarah Bernhardt den französischen Dramatikern Catulle Mendès und Henri Antoine Jules-Bois den Auftrag, ein Stück über Qurrat al-Ain zu schreiben – das allerdings nie zur Aufführung gelangte.

VIERTES KAPITEL *Strudel*

1 Pamuk, *The Ottoman Empire and European Capitalism*, S. 17.
2 Issawi, *An Economic History of the Middle East and North Africa*, S. 152.
3 Ebd., S. 95 f.
4 Cole, *Colonialisms and Revolution in the Middle East*, S. 198–200.
5 Mansel, Constantinople, S. 328.
6 Findley, *Turkey, Islam, Nationalism, and Modernity*, S. 181 f.
7 Cole, *Colonialisms and Revolution in the Middle East*, S. 198.
8 Berkes, *The Development of Secularism in Turkey*, S. 292.
9 Elshakry, *Reading Darwin in Arabic*, S. 110.
10 Ebd., S. 76.
11 Ebd., S. 87.
12 Berkes, *The Development of Secularism in Turkey*, S. 292.
13 Okay, *Besir Fuad*, S. 80–83.
14 Ebd., S. 77.
15 Ebd., S. 100.
16 Meine Informationen über Ahmad Faris al-Schidyaq stammen aus Robyn Creswells exzellentem Aufsatz »The First Great Arabic Novel«, *New York Review of Books*, 8. Oktober 2015.
17 Cresswell, »The First Great Arabic Novel«.
18 Finn, *The Early Turkish Novel*, S. 13.
19 Ebd., S. 19.
20 Lewis, *Der Untergang des Morgenlandes*, S. 176.
21 Baron, »Unveiling in Early Twentieth Century Egypt«, S. 373.
22 Amin, *New Woman*, S. 153.
23 Cooper, *The Women of Egypt*, S. 183 f.
24 Ettehadieh, *Zanani ke zir-e maghnaeh kolahdari nemudeand*, S. 20.
25 os-Saltaneh, *Memoiren*, S. 85 f.
26 Shaarawi, *Harem Years: The Memoirs of an Egyptian Feminist*, S. 57.
27 Fahmy, »Women, Medicine, and Power in Nineteenth Century Egypt«, S. 40.
28 Baron, »Unveiling in Early Twentieth Century Egypt«, S. 81.
29 Tucker, *Women in Nineteenth-Century Egypt*, S. 127.
30 Cole, »Feminism, Class and Islam in Turn-of-the-Century Egypt«, S. 401.

31 Butcher, *Things Seen in Egypt*, zit. nach Baron, »Unveiling in Early Twentieth Century Egypt«, S. 381.
32 Cakir, *Osmanli Kadin Hareketi*, S. 60.
33 Ebd., S. 65.
34 Cooper, *The Women of Egypt*, S. 29.
35 Baron, »Unveiling in Early Twentieth Century Egypt«, S. 377.
36 Cooper, *The Women of Egypt*, S. 129.
37 Badran und Cooke, *Opening the Gates*, S. 232 (in die dt. Übers. nicht aufgenommen).
38 Amin, *The Liberation of Women*, S. 22.
39 Harcourt, *L'Égypte et les Égyptiens*, S. 100.
40 Amin, *The Liberation of Women*, S. 86.
41 Ebd., S. 31.
42 Ebd., S. 53.
43 Toledano, *The Ottoman Slave Trade and its Suppression*, S. 279.
44 Ebd., S. 79 f.
45 Ebd., S. 18.
46 Sheil, *Glimpses of Life and Manners in Persia*, S. 243 f.
47 Toledano, *Slavery and Abolition in the Ottoman Middle East*, S. 116 f.
48 Toledano, *The Ottoman Slave Trade and its Suppression*, S. 112.
49 Ebd., S. 42.
50 White, *Three Years in Constantinople*, Bd. 3, S. 280–283.
51 Toledano, *The Ottoman Slave Trade and its Suppression*, S. 277.
52 Tucker, *Women in Nineteenth-Century Egypt*, S. 174.
53 Ebd., S. 166.
54 Afary, *Sexual Politics in Modern Iran*, S. 115; Akhundzadeh, *Maktubat-e Kamal-ul Dowleh*, S. 73.
55 Toledano, *The Ottoman Slave Trade and its Suppression*, S. 186–191.
56 Cresswell, »The First Great Arabic Novel«.
57 Amanat, *Taj al-Saltana, Crowning Anguish*, S. 41.
58 Zit. nach Afary, *Sexual Politics in Modern Iran*, S. 65.
59 El-Rouayheb, *Before Homosexuality in the Arab-Islamic World*, S. 94.
60 Zit. nach ebd., S. 1 f.
61 Zit. nach Afary, *Sexual Politics in Modern Iran*, S. 104.
62 Zit. nach Andrews und Kalpakli, *The Age of Beloveds*, S. 173.
63 Afary, *Sexual Politics in Modern Iran*, S. 112.
64 Ebd., S. 95.
65 El-Rouayheb, *Before Homosexuality in the Arab-Islamic World*, S. 2.
66 Zit. nach Afary, *Sexual Politics in Modern Iran*, S. 120.
67 Ebd., S. 123.

FÜNFTES KAPITEL Nation

1 Mishra, *Aus den Ruinen des Empire*, S. 9.
2 Browne, *The Persian Revolution*, S. 1.
3 Keddie, *Sayyid Jamal al-Din »Al-Afghani«*, S. 80.
4 Ebd., S. 34.

5 Ebd., S. 41, 45.
6 Ebd., S. 54.
7 Berkes, *The Development of Secularism in Turkey*, S. 187.
8 Kedourie, *Afghani and Abduh*, S. 15.
9 Ebd., S. 14.
10 Ebd., S. 12.
11 Ebd., S. 14 f.
12 Keddie, *Sayyid Jamal al-Din »Al-Afghani«*, S. 95.
13 Kedourie, *Afghani and Abduh*, S. 25.
14 Keddie, *Sayyid Jamal al-Din »Al-Afghani«*, S. 116.
15 Wright, *A Tidy Little War*, S. 16.
16 Ebd., S. 27.
17 Blunt, *Secret History of the English Occupation of Egypt*, S. 368.
18 Zit. nach Wright, *A Tidy Little War*, S. 19.
19 Schölch, *Ägypten den Ägyptern!*, S. 146.
20 Blunt, *Secret History of the English Occupation of Egypt*, S. 114.
21 Ebd., S. 117.
22 Schölch, *Ägypten den Ägyptern!*, S. 181.
23 Rogan, *Die Araber*, S. 180 f.
24 Wright, *A Tidy Little War*, S. 42.
25 Die Enthaltung Frankreichs sollte sich später zu einer klaren Opposition gegen die britische Herrschaft über Ägypten verhärten.
26 Wright, *A Tidy Little War*, S. 109.
27 Ebd., S. 262.
28 Ebd., S. 103.
29 Blunt, *Gordon at Khartoum*, S. 209.
30 Ebd., S. 500 f.
31 Keddie, *Sayyid Jamal al-Din »Al-Afghani«*, S. 304.
32 Ebd., S. 298.
33 Adamiyat, *Ideoloji-ye Mashrutiyat-e Iran*, S. 12.
34 Browne, *The Persian Revolution*, S. 27.
35 os-Saltaneh, *Memoiren*, S. 79.
36 Algar, *Mirza Malkum Khan*, S. 177.
37 Feuvrier, *Trois ans à la cour de Perse*, S. 310.
38 Keddie, *Sayyid Jamal al-Din »Al-Afghani«*, S. 331.
39 Feuvrier, *Trois ans à la cour de Perse*, S. 311 f.
40 Keddie, *Sayyid Jamal al-Din »Al-Afghani«*, S. 343 f.
41 Keddie, *Religion and Rebellion in Iran*, S. 96 f.
42 Browne, *The Persian Constitutional Revolution*, S. 58.
43 Keddie, *Sayyid Jamal al-Din »Al-Afghani«*, S. 408.
44 Nazem al-Islam Kermani, *Tarikh-e Bidari-ye Iranian*, S. 85.
45 Keddie, *Sayyid Jamal al-Din »Al-Afghani«*, S. 411 f.
46 Ebd., S. 420.
47 Sohrabi, *Revolution and Constitutionalism in the Ottoman Empire and Iran*, S. 80.
48 Nazem al-Islam Kermani, *Tarikh-e Bidari-ye Iranian*, S. 295.
49 Obwohl er ein meisterhafter Schütze war, traute er es sich offenbar nicht zu, zwei Attentäter niederzuschießen, die direkt vor ihm standen.

50 McCullagh, *The Fall of Abd-Ul-Hamid*, S. 255–260.
51 Mansel, *Constantinople*, S. 317.
52 Deringil, *The Well-Protected Domains*, S. 98.
53 Nazem al-Islam Kermani, *Tarikh-e Bidari-ye Iranian*, S. 276.
54 Kasravi, *History of the Iranian Constitutional Revolution*, Bd. 1, S. 104.
55 Keddie, *Sayyid Jamal al-Din »Al-Afghani«*, S. 392.
56 Nazem al-Islam Kermani, *Tarikh-e Bidari-ye Iranian*, S. 435.
57 Browne, *The Persian Revolution*, S. 127.
58 Ebd., S. 119.
59 Ebd., S. 133.
60 Afary, *Sexual Politics in Modern Iran*, S. 179.
61 Afary, *Iranian Constitutional Revolution*, S. 63.
62 Shuster, *The Strangling of Persia*, S. 21 f.
63 Kasravi, *History of the Iranian Constitutional Revolution*, Bd. 1, S. 269 f.
64 Afary, *Iranian Constitutional Revolution*, S. 189.
65 Taqizadeh, *Zendegi Tufani*, S. 24.
66 Ebd., S. 26.
67 Ebd., S. 43.
68 Browne, *The Persian Constitutional Revolution*, S. 144.
69 Taqizadeh, *Zendegi Tufani*, S. 63.
70 Katouzian, »Sayyed Hassan Taqizadeh«, S. 2.
71 Afary, *Iranian Constitutional Revolution*, S. 100.
72 Ebd., S. 110.
73 Ebd., S. 135.
74 Browne, *The Persian Revolution*, S. 167.
75 Ebd., S. 194.
76 Ebd., S. 201.
77 Ebd.
78 Kasravi, *Tarikh-e Mashrouteh-e Iran*, S. 636.
79 Browne, *The Persian Revolution*, S. 247.
80 Browne, *The Press and Poetry of Modern Persia*, S. 215.
81 Afary, *Iranian Constitutional Revolution*, S. 259.
82 Shuster, *The Strangling of Persia*, S. 182.
83 Ebd., S. 191.
84 Es wäre ungerecht, auch den Schah zu diesen Menschen zu zählen. Nasreddins Interesse an den von Europäern unternommenen Ausgrabungen war hauptsächlich kommerziellen Charakters.
85 Ansari, *The Politics of Nationalism in Modern Iran*, S. 57 f.
86 McMeekin, *The Ottoman Endgame*, S. 35.
87 Berkes, *The Development of Secularism in Turkey*, S. 357.
88 McMeekin, *The Ottoman Endgame*, S. 45.
89 Edib, *Mein Weg durchs Feuer*, S. 140 f.
90 Ebd., S. 142.
91 Edib, *Memoirs*, S. 260 (in der dt. Übers. nicht enthalten).
92 Sohrabi, *Revolution and Constitutionalism in the Ottoman Empire and Iran*, S. 175, 186.
93 Browne, *The Persian Revolution*, S. 250.
94 McCullagh, *The Fall of Abd-Ul-Hamid*, S. 13.

95 Ebd., S. 65.
96 Sohrabi, *Revolution and Constitutionalism in the Ottoman Empire and Iran*, S. 190, 197.
97 Ebd., S. 233.
98 Berkes, *The Development of Secularism in Turkey*, S. 341.
99 McMeekin, *The Ottoman Endgame*, S. 54.
100 McCullagh, *The Fall of Abd-Ul-Hamid*, S. 271.
101 Edib, *Mein Weg durchs Feuer*, S. 172.
102 Heyd, *Foundations of Turkish Nationalism*, S. 22.
103 Berkes, *The Development of Secularism in Turkey*, S. 395.
104 Gokalp, *Turkish Nationalism*, S. 38.
105 Ebd., S. 40.
106 Mazower, *Salonica, City of Ghosts*, S. 283.
107 Gokalp, *Turkish Nationalism*, S. 73.
108 Ebd., S. 83–85.
109 Berkes, *The Development of Secularism in Turkey*, S. 375.
110 Gokalp, *Turkish Nationalism*, S. 76.
111 McMeekin, *The Ottoman Endgame*, S. 72.
112 Berkes, *The Development of Secularism in Turkey*, S. 358.
113 Mango, *Atatürk*, S. 218 f.
114 Thompson, *Justice Interrupted*, S. 101.
115 In einem im Vorjahr geschriebenen Artikel hatte Ziya auf Émile Durkheim zurückgegriffen, als er den Prozess beschrieb, durch den Institutionen mit emotionaler oder spiritueller Bedeutung erfüllt werden. »Wir halten ein Objekt für ›heilig‹«, schrieb Ziya, »wenn wir eine religiöse Bindung an dieses Objekt empfinden; wir nennen etwas ›gut‹, für das wir moralische Gefühle empfinden; wir nennen etwas ›schön‹, was ästhetische Emotionen auslöst.«
116 Edib, *Mein Weg durchs Feuer*, S. 181.
117 Gesink, *Islamic Reform and Conservatism*, S. 97.
118 Abduh, *The Theology of Unity*, S. 35–37.
119 Ebd., S. 38.
120 Ebd., S. 126 f.
121 Blunt, *My Diaries*, Bd. 1, S. 418.
122 Gesink, *Islamic Reform and Conservatism*, S. 16.
123 Sedgwick, *Muhammad Abduh*, S. 74.
124 Blunt, *My Diaries*, Bd. 2, S. 69.
125 Sedgwick, *Muhammad Abduh*, S. 72.
126 Mahmoudi, *Taha Husain's Education*, S. 29.
127 Ebd., S. 28 f.
128 Gesink, *Islamic Reform and Conservatism*, S. 182.
129 Fahmy, *Ordinary Egyptians*, S. 85.
130 Gesink, *Islamic Reform and Conservatism*, S. 186.
131 Blunt, *My Diaries*, Bd. 2, S. 455.
132 Sedgwick, *Muhammad Abduh*, S. 113.

SECHSTES KAPITEL *Gegenaufklärung*

1. Shaarawi, *Harem Years*, S. 7.
2. Edib, *Mein Weg durchs Feuer*, S. 272 f.
3. Hourani, *Arabic Thought in the Liberal Age*, S. 185.
4. Rogan, *The Fall of the Ottomans*, S. 291.
5. McMeekin, *The Ottoman Endgame*, S. 481.
6. Fromkin, *A Peace to End All Peace*, S. 258 f.
7. Edib, *Mein Weg durchs Feuer*, S. 271.
8. Ansari, *The Politics of Nationalism in Modern Iran*, S. 69.
9. Pedersen, *The Guardians*, S. 17.
10. de Bellaigue, *Patriot of Persia*, S. 51.
11. Fromkin, *A Peace to End All Peace*, S. 399.
12. de Bellaigue, *Patriot of Persia*, S. 82.
13. Thompson, *Justice Interrupted*, S. 109–111.
14. Noch weiter östlich tat König Amanullah von Afghanistan fast dasselbe; hier entstand eine Standardschablone für die Modernisierung eines muslimischen Landes.
15. Mitchell, *The Society of Muslim Brothers*, S. viii.
16. Halpern, *The Politics of Social Change in the Middle East and North Africa*, S. 154.
17. Thompson, *Justice Interrupted*, S. 154.
18. Ein Zeitgenosse Bannas, der gleichfalls großen Einfluss auf den Aufstieg des Islamismus hatte, der Pakistani Sayyid Abul-Ala Maududi, erhielt seine Ausbildung dagegen in einer Religionsschule, aber er brillierte in Naturwissenschaften und Mathematik ebenso wie in der Religionswissenschaft. Die Akzeptanz der angewandten Wissenschaften in modernen islamistischen Zirkeln ist eine ferne Folge der erfolgreichen Bemühungen von Denkern wie Hassan al-Attar und Sanizadeh Ataullah, ihre Glaubensbrüder davon zu überzeugen, dass es keinen Widerspruch zwischen Islam und wissenschaftlicher Erkenntnis gab.
19. Thompson, *Justice Interrupted*, S. 156.
20. Mitchell, *The Society of Muslim Brothers*, S. 71.
21. Ebd., S. 5.
22. Ebd., S. 8.
23. Thompson, *Justice Interrupted*, S. 161.
24. Ebd., S. 163.
25. Ebd., S. 168.
26. Rodenbeck, *Cairo*, S. 194.
27. Ruthven, *Islam in the World*, S. 92; Banna dt. zit. nach Hourani, *Die Geschichte der arabischen Völker*, Frankfurt am Main 2014, S. 433 f.
28. Qutb, *Kindheit auf dem Lande*, S. 135.
29. Ebd., S. 158.
30. Calvert, *Sayyid Qutb and the Origins of Radical Islam*, S. 115.
31. Ebd., S. 78.
32. Ebd., S. 68.
33. Ebd., S. 66.
34. Ebd., S. 110.

35 Qutb, *Zeichen auf dem Weg*, S. 16.
36 Calvert, *Sayyid Qutb and the Origins of Radical Islam*, S. 143.
37 Ebd., S. 145.
38 Ebd., S. 150.
39 Ebd., S. 153.
40 Ebd., S. 149.
41 Ruthven, *Islam in the World*, S. 81.
42 Rodenbeck, *Cairo*, S. 199.
43 Ebd., S. 219.
44 Calvert, *Sayyid Qutb and the Origins of Radical Islamism*, S. 195.
45 Ebd., S. 203.
46 Ebd., S. 208.
47 Ebd.
48 Qutb, *Zeichen auf dem Weg*, S. 12.
49 Ebd., S. 27.
50 Ebd., S. 23.
51 Ebd., S. 69, 78.
52 Ebd., S. 72.
53 Rodenbeck, *Cairo*, S. 221.
54 Ruthven, *Islam in the World*, S. 96.
55 Calvert, *Sayyid Qutb and the Origins of Radical Islam*, S. 258.
56 Ebd., S. 261.
57 Ebd., S. 268.
58 Ebd., S. 283.
59 Manafzadeh, *Ahamd Kasravi*, S. 194.
60 de Bellaigue, *Patriot of Persia*, S. 185.
61 Mottahedeh, *The Mantle of the Prophet*, S. 297.
62 Al-e Ahmad, *Iranian Society*, S. 57.
63 Mottahedeh, *The Mantle of the Prophet*, S. 296.
64 Boroujerdi, *Iranian Intellectuals and the West*, S. 70.
65 Al-e Ahmad, *Gharbzadegi*, S. 7.
66 Ebd., S. 36.
67 Ebd., S. 71.
68 Ebd., S. 47.
69 Fanon, *Die Verdammten dieser Erde*, S. 184 f.
70 Al-e Ahmad, *Karnameh*, S. 111.
71 Ebd., S. 102.
72 Al-e Ahmad, *Iranian Society*, S. 305.
73 Mottahedeh, *The Mantle of the Prophet*, S. 301.
74 Ebd., S. 323.
75 Rahnama, *An Islamic Utopian*, S. 236.
76 Boroujerdi, *Iranian Intellectuals and the West*, S. 107.
77 Buchan, *Days of God*, S. 133.

Schluss

1 Wo es zu einer ungeregelten Vermischung kam wie in den ländlichen Gebieten des Balkans, brachten Islam, Christentum und Judentum synkretistische Traditionen hervor, die von späteren Puristen missbilligt und ausgemerzt wurden.

Bibliographie

Abduh, Muhammad, *Rissalat al-Towhid: Exposé de la Religion Musulmane*, übers. und eingel. von B. Michel und Moustafa Abdel Razik, Paris 1925.
Abduh, Muhammad, *The Theology of Unity*, übers. von Ishaq Musaad und Kenneth Cragg, mit einer Einleitung von Kenneth Cragg, London 1966.
Abul Hassan Khan, *A Persian at the Court of King George, 1809–10*, übers. von Margaret Morris Cloake, London 1988.
Abu-Taleb, Mirza, *Westward Bound: Travels of Mirza Abu Taleb*, Delhi 2005; dt.: *Reise des Mirza Abu Taleb Khan durch Asien, Afrika und Europa in den Jahren 1799, 1800, 1801, 1802 und 1803*, Wien 1813.
Adamiyat, Fereydun, *Amir Kabir va Iran*, Teheran 1955–1956.
Adamiyat, Fereydun, *Ideoloji-ye Mashrutiyat-e Iran*, Teheran o. J.
Adnan, Abdulhak, *La Science chez les turcs ottomans*, Paris 1939.
Afary, Janet, *Sexual Politics in Modern Iran*, Cambridge 2009.
Afary, Janet, *The Iranian Constitutional Revolution, 1906–1911: Grassroots Democracy, Social Democracy, and the Origins of Feminism*, New York 1996.
Ahmed, Leila, *A Quiet Revolution: The Veil's Resurgence, from the Middle East to America*, New Haven, Conn., 2011.
Akhundzadeh (Akhundof), Mirza Fath-Ali, *Maktubat-e Kamal-ul Dowleh*, Teheran 1985.
Aksit, Elif Ekin, »Fatma Aliye's Stories: Ottoman Marriages beyond the Harem«, *Journal of Family History*, 35/3 (Juli 2010).
Al-e Ahmad, Jalal, *Gharbzadegi*, Naghl va Tarjomeh-e Azad, 1962.
Al-e Ahmad, Jalal, *Iranian Society: An Anthology of Writings*, hg. von Michael C. Hillman, Lexington, KY, 1982.
Al-e Ahmad, Jalal, *Karnameh-e Seh Saleh*, Teheran o. J. [ca. 1968].
al-Gabarti, Abdarrahman, *Bonaparte in Ägypten. Aus der Chronik des Abdarrahman Al-Gabarti (1754–1829)*, übers. von Arnold Hottinger, Zürich und München 1983.
Algar, Hamid, *Mirza Malkum Khan: A Study in the History of Iranian Modernism*, Berkeley 1973.
Algar, Hamid, *Religion and State in Iran, 1785–1906*, Berkeley 1969.
Aliye, Fatma, *Yasami-Sanati-Yapitlari ve Nisvan-i Islam*, Istanbul 1993.
al-Jabarti, Abd-al Rahman, *Chronicle of the French Occupation*, übers. von Shmuel Moreh, Princeton, NJ, 2004 (dt. siehe al-Gabarti, *Bonaparte in Ägypten*).

al-Jabarti, Abd-al Rahman, *Merveilles biographiques et historiques ou chroniques*, übers. von Chefik Mansour Bey, Abdulaziz Kalil Bey, Gabriel Nicolas Kalil Bey, Iskender Ammoun Effendi, Paris 1890 [dt. Teilübers.: *Bonaparte in Ägypten. Aus der Chronik des Abdarrahman Al-Gabarti (1754–1829)*, Zürich und München 1983].
al-Tahtawi, Rifaa Rafi, *Ein Muslim entdeckt Europa. Die Reise eines Ägypters im 19. Jahrhundert nach Paris*, Leipzig 1988.
Amanat, Abbas (Übers. und Hg.), *Taj al-Saltana, Crowning Anguish: Memoirs of a Persian Princess, from the Harem to Modernity*, Washington, D. C., 1993.
Amanat, Abbas, *Pivot of the Universe: Nasir al-Din Shah Qajar and the Iranian Monarchy*, London und New York 2008.
Amanat, Abbas, *Resurrection and Renewal: The Making of the Babi Movement in Iran, 1844–1850*, Ithaca, NY, 1989.
Amicis, Edmondo de, *Konstantinopel*, Rostock 1884.
Amin, Qasim, *The Liberation of Women and The New Women: Two Documents of the History of Egyptian Feminism*, übers. von Samiha Sidhom Peterson, Kairo 2000.
Andrews, Walter G., und Kalpakli, Mehmet, *The Age of Beloveds: Love and the Beloved in Early-Modern Ottoman and European Culture and Society*, Durham, NC, 2005.
Ansari, Ali M., *The Politics of Nationalism in Modern Iran*, Cambridge 2012.
Atkin, Muriel, *Russia and Iran, 1780–1828*, Minneapolis 1980.
Avery, Peter, Hambly, Gavin, und Melville, Charles, *Cambridge History of Iran. Bd. 7: From Nadir Shah to the Islamic Republic*, Cambridge 1991.
Ayalon, David, »The Historian Al-Jabarti and His Background«, *School of Oriental Studies Bulletin*, 23 (1960), S. 217–249.
Badran, Margot, und Cooke, Miriam, *Opening the Gates: An Anthology of Arab Feminist Writing*, Bloomington, IN, 2004.
Baron, Beth, »Unveiling in Early Twentieth Century Egypt: Practical and Symbolic Considerations«, *Middle Eastern Studies*, 25/3 (Juli 1989).
Barr, James, *A Line in the Sand: Britain, France and the Struggle for Mastery of the Middle East*, New York 2011.
Barrett, Alan H., »A Memoir of Lieutenant-Colonel Joseph D'Arcy, R. A. 1780–1848«, *Iran*, 43 (2005), S. 241–274.
Bell, Charles, *Khedives and Pashas: Sketches of Contemporary Egyptian Rulers and Statesmen*, London 1884.
Bell, Gertrude, *Safar Nameh*, London 1894.
Bergesen, Albert J. (Hg.), *The Sayyid Qutb Reader: Selected Writings on Politics, Religion and Society*, London 2008.
Berkes, Niyazi, *The Development of Secularism in Turkey*, Montreal 1964.
Bianchi, Thomas-Xavier, *Notice sur le premier ouvrage d'anatomie et de médecine, imprimé en Turc, à Constantinople*, Paris 1821.
Blunt, Wilfred Scawen, *Gordon at Khartoum*, London 1911.
Blunt, Wilfred Scawen, *My Diaries; being a Personal Narrative of Events, 1888–1914*, London 1919.
Blunt, Wilfred Scawen, *Secret History of the English Occupation of Egypt*, New York 1922.
Booth, Marilyn (Hg.), *Harem Histories: Envisioning Places and Living Spaces*, Durham, NC, 2010.

Boroujerdi, Mehrzad, *Iranian Intellectuals and the West: The Tormented Triumph of Nativism*, Syracuse, NY, 1996.
Broadley, A. M., *How We Defended Arabi and His Friends*, London 1884.
Browne, E. G. (Hg.), *A Traveller's Narrative Written to Illustrate the Episode of the Bab*, Cambridge 1891.
Browne, E. G., *A Year amongst the Persians*, London 1970.
Browne, E. G., *Materials for the Study of the Babi Religion*, Cambridge 1918.
Browne, E. G., *The Press and Poetry of Modern Persia*, Cambridge 1914.
Browne, Edward G., *The Persian Revolution, 1905–1909*, London 1966.
Buchan, James, *Days of God: The Revolution in Iran and its Consequences*, London 2012.
Budak, Ali, *Munif Pasa: Batililasma Surecinde Cok Yonlu Bir Osmanli Aydini*, Istanbul 2004.
Burlamaqui, J. J., *Principles of Natural Law*, Dublin 1776.
Bury, J. B., *The Idea of Progress*, London 1920.
Butcher, Edith, *Things Seen in Egypt*, London 1910.
Cakir, Serpil, *Osmanli Kadin Hareketi*, Istanbul 2013.
Calvert, John, *Sayyid Qutb and the Origins of Radical Islamism*, New York 2010.
Chambers, Richard L., »The Education of a Nineteenth-Century Ottoman Alim, Ahmed Cevdet Pasa«, *International Journal of Middle East Studies*, 4 (1973).
Chardin, Sir J., *Voyages en Perse, et autres Lieux de l'Orient*, Paris 1811.
Clot Bey, A.-B., *Aperçu général sur l'Égypte*, Brüssel 1840.
Cole, Juan, »Feminism, Class and Islam in Turn-of-the-Century Egypt«, *International Journal of Middle East Studies*, 13 (1981), Bibliographie, S. 373.
Cole, Juan, *Colonialism and Revolution in the Middle East: Social and Cultural Origins of Egypt's »Urabi Movement«*, Princeton, NJ, 1993.
Cole, Juan, *Modernity and the Millennium: The Genesis of the Bahai Faith in the Nineteenth-century Middle East*, New York 1998.
Cole, Juan, *Napoleon's Egypt: Invading the Middle East*, Basingstoke 2007; dt.: *Die Schlacht bei den Pyramiden. Napoleon erobert den Orient*, Stuttgart 2010.
Cook, Michael, *A Brief History of the Human Race*, London 2003.
Cooper, Elizabeth, *The Women of Egypt*, London 1914.
Corbin, Henri, *Histoire de la Philosophie islamique*, Paris 1964.
Cragg, Kenneth, *The Call of the Minaret*, Oxford 1964.
Cresswell, »The First Great Arabic Novel«, *New York Review of Books*, 8. Oktober 2015.
Cromer, Earl of, *Modern Egypt*, London 1908.
Davison, Roderic H., *Reform in the Ottoman Empire, 1856–1876*, Princeton, NJ, 1963.
de Bellaigue, Christopher, *Patriot of Persia: Muhammad Mossadegh and a Very British Coup*, London 2012.
De Leon, Edwin, *Egypt under its Khedives*, London 1882.
Delanoue, Gilbert, *Moralistes et Politiques Musulmans dans l'Égypte du XIXième Siècle (1798–1882)*, Kairo 1982.
Deringil, Selim, *The Well-protected Domains: Ideology and Legitimation of Power in the Ottoman Empire, 1876–1909*, London und New York 1998.
Dodwell, Henry, *The Founder of Modern Egypt: A Study of Muhammad Ali*, Cambridge 1931.

Douin, G., *Histoire du Regne de Khedive Ismail*, Kairo 1933.
Drouville, Gaspard, *Voyage en Perse*, Paris 1825.
Duff-Gordon, Lucie (Lady), *Letters from Egypt, 1863–65*, London 1865.
Durant, Will, *Outlines of Philosophy: Plato to Russell*, London 1962.
Ebuzziya, Ziyad, *Sinasi*, hg. von Huseyin Celik, Istanbul 1997.
Edib, Halide, *Memoirs*, New York 1926; dt. in dies., *Mein Weg durchs Feuer. Erinnerungen*, Zürich 2010.
Edib, Halide, *The Turkish Ordeal*, New York 1928; dt. *Die Feuerprobe der Türken*, in dies., *Mein Weg durchs Feuer. Erinnerungen*, Zürich 2010.
El-Rouayheb, Khaled, *Before Homosexuality in the Arab-Islamic World, 1500–1800*, Chicago 2005.
Elshakry, Marwa, *Reading Darwin in Arabic*, Chicago 2013.
Ettehadieh, Mansoureh, *Zanani ke zir-e maghnaeh kolahdari nemudeand*, Teheran 2009–2010.
Fahmy, Khaled, »Women, Medicine and Power in Nineteenth-Century Egypt«, in Lila Abu-Lughod (Hg.), *Remaking Women: Feminism and Modernity in the Middle East*, Princeton, NJ, 1998.
Fahmy, Ziad, *Ordinary Egyptians: Creating the Modern Nation through Popular Culture*, Stanford, CA, 2011.
Fakhry, Majid, *Islamic Philosophy*, London 2009.
Fanon, Frantz, *Die Verdammten dieser Erde*, Frankfurt am Main 1981.
Farman Farmayan, Hafez, »The Forces of Modernisation in Nineteenth-Century Iran«, in William R. Polk und Richard L. Chambers, *Beginnings of Modernisation in the Middle East*, Chicago 1968.
Feuvrier, Jean-Baptiste, *Trois Ans à la Cour de Perse*, Paris 1900.
Findley, Carter Vaughn, »Fatma Aliye: First Ottoman Woman Novelist«, in *Histoire économique et sociale de l'empire ottoman et de la Turquie (1326–1960)*, Collection Turcica, Bd. VIII, Löwen 1995.
Findley, Carter Vaughn, *Turkey, Islam, Nationalism, and Modernity: A History, 1789–2007*, New Haven, Conn., 2010.
Finkel, Caroline, *Osman's Dream: The Story of the Ottoman Empire, 1300–1923*, New York 2005.
Finn, Robert P., *The Early Turkish Novel, 1872–1900*, Istanbul 1984.
Flaubert, Gustave, *Briefe aus dem Orient*, in: *Gustave Flauberts gesammelte Werke*, Bd. VIII, hg. von E.W. Fischer, Minden o.J.
Fourier u.a., *Description de L'Égypte, ou Recueil des Observations et des Recherches qui ont été faites en Égypte pendant l'Expédition de l'Armée française*, Paris 1809–28.
Fromkin, David, *A Peace to End All Peace: Creating the Modern Middle East, 1914–1922*, London 1989.
Galland, Antoine, *Tableau de Égypte pendant le séjour de l'armée française*, Paris 1802/1803.
Gesink, Indira Falk, *Islamic Reform and Conservatism: Al-Azhar and the Evolution of Modern Sunni Islam*, London und New York 2010.
Gibb, E.J.W., *History of Ottoman Poetry*, London 1907.
Gokalp, Ziya, *Turkish Nationalism and Western Civilisation*, übers. und hg. von Niyazi Berkes, London 1959.
Gran, Peter, *Islamic Roots of Capitalism: Egypt, 1760–1840*, Austin 1979.

Greaves, R., »Relations with European Companies«, in Avery, Hambly und Melville (Hg.), *Cambridge History of Iran. Bd. 7: From Nader Shah to the Islamic Republic*, Cambridge 1991.

Green, Nile, *The Love of Strangers: What Six Muslim Students Learned in Jane Austen's London*, Princeton, NJ, 2016.

Guizot, *Lectures on European Civilisation*, übers. von Priscilla Maria Beckwith, London 1837.

Gutas, Dimitri, *Greek Thought, Arabic Culture*, London 1998.

Halpern, Manfred, *The Politics of Social Change in the Middle East and North Africa*, Princeton, NJ, 1963.

Hamont, P. N., *L'Égypte sous Mehemet-Ali*, Paris 1845.

Hanioglu, M. Sukru, »Blueprints for a Future Society: Late Ottoman Materialists on Science, Religion and Art«, in Ozdalga, Elisabeth (Hg.), *Late Ottoman Society*, London 2005.

Hanioglu, M. Sukru, »Notes on the Young Turks and the Freemasons«, *Middle Eastern Studies*, 25/2 (1989).

Hanioglu, M. Sukru, *Bir Siyasal Dusunur olarak Doktor Abdullah Cevdet*, Istanbul 1966.

Harcourt, Duc d', *L'Égypte et les Égyptiens*, Paris 1893.

Hatcher, John S., und Hemmat, Amrollah (Hg.), *The Poetry of Tahirih*, Oxford 2002.

Hawgood, John A., *Modern Constitutions since 1787*, London 1939.

Herold, J. Christopher, *Bonaparte in Egypt*, London 1962.

Heyd, Uriel, *Foundations of Turkish Nationalism: The Life and Teachings of Ziya Gokalp*, London 1950.

Heyworth-Dunne, J., *An Introduction to the History of Education in Modern Egypt*, London 1968.

Hillenbrand, Robert, *Islamic Art and Architecture*, London 1999.

Hourani, Albert, *Arabic Thought in the Liberal Age*, Oxford 1970.

Hussein, Taha, *The Days*, übers. von E. H. Paxton, Hilary Wayment und Kenneth Cragg, Kairo 1997.

Irwin, Robert, *For Lust of Knowing: The Orientalists and their Enemies*, London 2006.

Issawi, Charles, *An Economic History of the Middle East and North Africa*, London 1982.

Jouannin, J. M., und Jules van Gaver, *Turquie*, Paris 1840.

Juchereau de Saint-Denys, A. de, *Révolutions de Constantinople en 1807 et 1808*, Paris 1819.

Kadri, Sadakat, *Heaven on Earth: A Journey through Sharia Law*, London 2011.

Kaplan, Mehmet, *Namik Kemal*, Istanbul 1948.

Kasravi, Ahmad, *History of the Iranian Constitutional Revolution*, Bd. 1, übers. von Evan Siegel, Lexington, KY, 2006.

Kasravi, Ahmad, *Tarikh-e Mashrouteh-e Iran*, Teheran o. J.

Katouzian, Homa, »Sayyed Hasan Taqizadeh: Three Lives in a Lifetime«, *Comparative Studies of South Asia, Africa and the Middle East*, 32/1 (2012).

Keddie, Nikki R., *Religion and Rebellion in Iran: The Tobacco Protest of 1891–1892*, London 1966.

Keddie, Nikki R., *Sayyid Jamal ad-Din »al-Afghani«: A Political Biography*, Berkeley 1972.

Kedourie, Elie, *Afghani and Abduh: An Essay on Religious Unbelief and Political Activism in Modern Islam*, London 1966.
Kelly, Laurence, *Diplomacy and Murder in Tehran: Alexander Griboyedov and Imperial Russia's Mission to the Shah of Persia*, London 2002.
Ker Porter, Sir Robert, *Travels in Georgia, Persia, Armenia, Ancient Babylonia, &c*, London 1821.
Kotzebue, Moritz von, *Moritz von Kotzebue's Reise nach Persien mit der russisch-kaiserlichen Gesandtschaft im Jahre 1817*, Wien 1825.
Kuntay, Mithat Cemal, *Namik Kemal*, Istanbul 1944.
Kyle, Keith, *Suez: Britain's End of Empire in the Middle East*, London 1972.
Lane, Edward William, *An Account of the Manners and Customs of the Modern Egyptians*, London 1836.
Lane-Poole, Stanley, *Life of Edward William Lane*, London 1877.
Langles, L. (Hg.), *Diatribe de L'Ingénieur Seid Moustapha sur l'État Actuel de l'Art Militaire, de Génie et des Sciences à Constantinople*, Paris 1810.
Laurens, Henry, *L'Expédition d'Égypte*, Paris 1989.
Le Goff, Jacques, *Das Hochmittelalter*, Fischer Weltgeschichte, Band 11, Frankfurt am Main 1994.
Lewis, Bernard (Hg.), *Islam from the Prophet Muhammad to the Capture of Constantinople*, Oxford 1987.
Lewis, Bernard, *The Emergence of Modern Turkey*, Oxford 1961.
Lewis, Bernard, *The Muslim Discovery of Europe*, London 1982.
Lewis, Bernard, *What Went Wrong? The Clash between Islam and Modernity in the Middle East*, London 2002; dt.: *Der Untergang des Morgenlandes*, Bergisch Gladbach 2002.
Livingston, J. W., »Shaykhs Jabarti and Attar: Islamic Reaction and Response to Western Science in Egypt«, *Der Islam*, 74 (1997), S. 92–106.
Lyons, Jonathan, *The House of Wisdom: How the Arabs Transformed Western Civilization*, London 2009.
Macaulay, Thomas, *History of England*, London 1861.
MacFarlane, Charles, *Constantinople in 1828; a Residence of Sixteen Months in the Turkish Capital and Provinces*, London 1829.
MacFarlane, Charles, *Turkey and its Destiny*, London 1850.
Mahmoudi, Abdelrashid, *Taha Husain's Education: From the Azhar to the Sorbonne*, London 1998.
Manafzadeh, Alireza, *Ahmad Kasravi: L'homme qui voulait sortir l'Iran de l'obscurantisme*, Paris 2004.
Mango, Andrew, *Atatürk*, New York 1999.
Mansel, Philip, *Constantinople: City of the World's Desire, 1453–1924*, New York 1995.
Mansel, Philip, *Levant: Splendour and Catastrophe on the Mediterranean*, New York 2010.
Mardin, Serif, *The Genesis of Young Ottoman Thought*, Princeton, NJ, 1962.
Marozzi, Justin, *Baghdad: City of Peace, City of Blood*, London 2014.
Marsot, Afaf Lutfi al-Sayyid Marsot, »A Comparative Study of ›Abd al-Rahman al-Jabarti and Niqula al-Turk‹«, in Daniel Crecelius (Hg.), *Eighteenth Century Egypt: The Arabic Manuscript Sources*, Philadelphia 1990.
Marsot, Afaf Lutfi al-Sayyid, »Modernization among the Rectors of al-Azhar,

1798–1879«, in William R. Polk und Richard L. Chambers (Hg.), *Beginnings of Modernization in the Middle East*, Chicago 1968.
Marsot, Afaf Lutfi al-Sayyid, *Egypt in the Reign of Muhammad Ali*, Cambridge 1984.
Massie, Robert K., *Peter the Great*, London 1981.
Mazower, Mark, *Salonica, City of Ghosts: Christians, Muslims and Jews, 1430–1950*, New York 2004.
McCullough, Francis, *The Fall of Abd-ul-Hamid*, London 1910.
McMeekin, Sean, *The Ottoman Endgame: War, Revolution and the Making of the Modern Middle East, 1908–1923*, London 2015.
Midhat, Ali Haydar, *Life of Midhat Pasha*, New York 1903.
Mishra, Pankaj, *From the Ruins of Empire: The Revolt against the West and the Remaking of Asia*, London 2012: dt.: *Aus den Ruinen des Empire. Die Revolte gegen den Westen und der Wiederaufstieg Asiens*, Frankfurt am Main 2013.
Mitchell, Richard P., *The Society of Muslim Brothers*, Oxford 1969.
Montana, Ismael M., *The Abolition of Slavery in Ottoman Tunisia*, Gainesville, FL, 2013.
Montgomery Watt, W., *Islamic Philosophy and Theology*, Edinburgh 1985.
Morier, James, *A Second Journey through Persia, Armenia and Asia Minor, to Constantinople*, London 1818.
Mottahedeh, Negar, »Ruptured Spaces and Effective Histories: The Unveiling of the Babi Poet Qurrat-al-Ain-Tahirih in the Gardens of Badasht«, *UCLA Historical Journal*, 17 (1997).
Mottahedeh, Roy, *The Mantle of the Prophet*, Oxford 2000.
Mowafi, Reda, *Slavery, Slave Trade and Abolition Attempts in Egypt and the Sudan, 1820–1882*, Kopenhagen 1981.
Nabil Zarandi, Sheikh Muhammad, *The Dawn-Breakers: Nabil's Narrative of the Early Days of the Baha'i Revelation*, übers. und hg. von Shoghi Effendi, Wilmette, IL, 1953.
Nazem al-Islam Kermani, Mirza K., *Tarikh-e Bidari-ye Iranian*, Teheran 1945–1946.
Nisbet, Robert, *History of the Idea of Progress*, London 1980.
Okay, M. Orhan, *Besir Fuad: Ilk Turk Pozitivist ve Naturalisti*, Istanbul 1969.
Otte, T. G., »›A Course of Unceasing Remonstrance‹: British Diplomacy and the Suppression of the Slave Trade in the East, 1852–1898«, in Keith Hamilton und Patrick Salmon, *Slavery, Diplomacy and Empire: Britain and the Suppression of the Slave Trade, 1807–1975*, Brighton 2009.
Ouseley, William, *Travels in Various Countries of the East, more particularly, Persia*, London 1823.
Pamuk, Sevket, *The Ottoman Empire and European Capitalism, 1820–1913*, Cambridge 1987.
Panzac, Daniel, *La Peste dans L'Empire ottoman, 1700–1850*, Löwen 1985.
Parker, John W., »Kaghaz-e Akhbar«, *Journal of the Royal Asiatic Society*, V (1839).
Paton, A. A., *History of the Egyptian Revolution, from the Period of the Mamelukes to the Death of Mohammed Ali*, London 1870.
Pedersen, Susan, *The Guardians: The League of Nations and the Crisis of Empire*, Oxford 2015.
Perkins, Kenneth J., *History of Modern Tunisia*, Cambridge 2014.

Qutb, Sayyid, *A Child from the Village*, Syracuse, NY, 2004.
Rahnama, Ali, *An Islamic Utopian: A Political Biography of Ali Shariati*, London und New York 2014.
Rapport, Mike, *1848: Year of Revolution*, Boston 2008.
Raymond, Andre, *Artisans et commerçants au Caire au XVIIIe siècle*, Kairo 1999.
Richard, Yann, *L'Iran: Naissance d'une République islamique*, Paris 2006.
Roberts, Andrew, *Napoleon the Great*, London 2014.
Rodenbeck, Max, »Islam Confronts its Demons«, *New York Review of Books*, 29. April 2004.
Rodenbeck, Max, »The Father of Violent Islamism«, *New York Review of Books*, 9. Mai 2013.
Rodenbeck, Max, *Cairo: The City Victorious*, London 1998.
Rogan, Eugene, *The Arabs: A history*, New York 2009.
Rogan, Eugene, *The Fall of the Ottomans; The Great War in the Middle East, 1914–1920*, London 2015.
Ruthven, Malise, *Islam in the World*, London 1984; dt.: *Seid Wächter der Erde. Die Gedankenwelt des Islam*, Frankfurt am Main 1987.
Saleh Shirazi, Muhammad Mirza, *Majmueyi Safarnamehha*, Teheran 2008–2009.
Saltaneh, Tadsch os-, *Memoiren. Im Harem des persischen Sonnenthrons*, Berlin 2010.
Schölch, Alexander, *Ägypten den Ägyptern! Die politische und gesellschaftliche Krise der Jahre 1878–1882 in Ägypten*, Zürich und Freiburg 1972.
Sedgwick, Mark, *Muhammad Abduh*, London 2010.
Shaarawi, Huda, *Harem Years: The Memoirs of an Egyptian Feminist*, übers. von Margo Badran, London 1986.
Sheil, Mary (Lady), *Glimpses of Life and Manners in Persia*, New York 1856.
Shlaim, Avi, *War and Peace in the Middle East*, London 1995.
Shushtari, Abdullatif, »Tuhfat al-alam va Zayl al-Tuhfah«, *Teheran* 1363 (1984–1985).
Shuster, Morgan, *The Strangling of Persia*, London 1912.
Silvera, Alain, »The First Egyptian Student mission to France under Muhammad Ali«, *Middle East Studies*, XVI / 2 (1980), S 1–22.
Sinasi, Ibrahim, *Makaleler*, hg. von Fevziye Abdullah Tansel, Istanbul 1960.
Siviloglu, Murat Remzi, »The Emergence of Public Opinion in the Ottoman Empire, 1826–1876«, Diss. Cambridge University, 2014.
Sohrabi, Nader, *Revolution and Constitutionalism in the Ottoman Empire and Iran*, Cambridge 2011.
Stone, Norman, *Turkey: A Short History*, London 2010.
Sykes, Ella C., *Persia and its People*, London 1910.
Sykes, Ella C., *Through Persia on a Side-Saddle*, London 1901.
Sykes, Percy, *A History of Persia*, London 1958.
Tabatabai, Seyed Javad, *Dibachei dar Nazariyeh-ye Enhetat-e Iran*, Teheran 2010–2011.
Tanpinar, Ahmet Hamdi, *19. Asır Türk Edebiyati Tarihi*, Istanbul 1967.
Taqizadeh, Hassan, *Zendegi Tufani*, hg. von Iraj Afshar, Teheran 1979–1980.
Temperley, Harold, *England and the Near East: The Crimea*, London 1936.
Thompson, Elizabeth F., *Justice Interrupted: The Struggle for Constitutional Government in the Middle East*, Cambridge 2013.

Toledano, Ehud R., *Slavery and Abolition in the Ottoman Middle East*, Seattle 1998.
Toledano, Ehud R., *The Ottoman Slave Trade and its Suppression, 1840–1890*, Princeton, NJ, 1982.
Tucker, Judith E., *Women in Nineteenth-Century Egypt*, Cambridge 1985.
Vatikiotis, P.J., *History of Modern Egypt: From Muhammad Ali to Mubarak*, London 1991.
Walsh, R., *Residence at Constantinople*, London 1836.
White, Charles, *Three Years in Constantinople*, London 1846.
Wright, Denis, *The English among the Persians: Imperial Lives in Nineteenth-Century Iran*, London und New York 2001.
Wright, Denis, *The Persians among the English: Episodes in Anglo-Persian History*, London und New York 1986.
Wright, William, *A Tidy Little War*, Staplehurst 2009.

Verzeichnis der Abbildungen

»Mehemet Ali (1769–1849)«, von Louis Charles Auguste Couder, 1840 (Öl auf Leinwand). Château de Versailles / Bridgeman Images.
Die Schlacht bei den Pyramiden am 21. Juli 1789, von Louis Lejeune, 1806 (Öl auf Leinwand). Château de Versailles / Bridgeman Images.
»*Personnages égyptiens*«, Kupferstich von André Dutertre, *Costumes et portraits*. 1. *Le poëte*; 2. *L'astronome*, in: Fourier u. a. (Hg.), *Descriptions de l'Égypte, Bd. II, Tafel B; The New York Public Library Digital Collections*, 1809–1829; https://digitalcollections.nypl.org/items/510d47e0-21d1-a3d9-e040-e00a18064a99.
Der Schiffszug zur Eröffnung des Suezkanals 1865 in El-Guisr, Farblithographie von Jules Didier nach Édouard Riou, in: Marius Fontane, *Voyage Pittoresque à travers l'Isthme de Suez, 1869–1870*. Bibliothèque des Arts décoratifs, Paris, FranceArchives Charmet / Bridgeman Images.
Kronprinz Abass Mirza, Mehr Ali zugeschrieben, frühes 19. Jahrhundert. Golestan-Palast, Teheran. Fotografie: Abbas Kowsari.
Iranische Militärkapelle, spätes 19. Jahrhundert; Künstler unbekannt (auf Kacheln). Golestan-Palast, Teheran. Fotografie: Abbas Kowsari.
Amir Kabir, von Abul-Qassem Taki Nuri, um 1851. Golestan-Palast, Teheran. Fotografie: Abbas Kowsari.
Hinrichtung Mirza Reza Kermanis, mit Schatten der Kamera und des Fotografen; Fotografie von Antoin Sevrugin, 1896. Sammlung Azita Bina und Elmar W. Seibel.
Studenten der 6. Klasse der medizinischen Fakultät an der Kaiserlichen Militärakademie; Gruppenbild, Fotografie: Abdullah Frères; Library of the Congress, Prints and Photographs Division, Abdulhamid II Collection, LC-USZ62-77 267; http://www.loc.gov/pictures/collection/ahii/item/2002716937.
Konstantinopel (Istanbul), um 1900: Boote auf dem Bosporus. Photo © PVDE / Bridgeman Images.
Blick über die Galata-Brücke in Konstantinopel, Farbfotografie, französische Schule (20. Jahrhundert). Privatsammlung / © Look and Leran / Elgar Collection / Bridgeman Images.
Persische Dame im Hauskleid, in: Ella C. Sykes, *Through Persia on a Side-saddle*, London 1901, S. 17. © The British Library Board.
»*Dame turque voilée*«, 1880. Pierre de Gigord Collection of photographs of the Ottoman Empire and the Republic of Turkey. Series I. Large format albums,

1852–1920. Digitalbild durch Getty's Open Content Program; Getty Research Institute 96.R.14(A25); http://hdl.handle.net/10020/96r14d1058.
Porträtfotografie von Sayyid Jamal al-Din Afghani, in: E.G. Browne, *The Persian Revolution of 1905–1909*, London 1966.
Eisenbahn zum Schrein in Schah Abdulazim, 12 km von Teheran entfernt; Fotografie von Antoin Sevrugin, spätes 19. Jahrhundert. Sammlung Azita Bina und Elmar W. Seibel.
»Jetzt legen sie Bruderschaftsgelöbisse ab«, Karikatur in der Zeitschrift *Molla Nasreddin*, 2. Mai 1910.
Porträtfotografie von Muhammad Abduh. Alchetron; http://alchetron.com/Muhammad-Abduh-1183849-W.
Paramilitärisches Übungsgelände in Täbris, Fotografie von Antoin Sevrugin, spätes 19. Jahrhundert. Sammlung Azita Bina und Elmar W. Seibel.
Porträtfotografie von Hassan Taqizadeh, in: E.G. Browne, *The Persian Revolution of 1905–1909*, London 1966.
Abdülhamid II. wird nach der Wiedereinsetzung der Verfassung bejubelt, in: *The Graphic: An Illustrated Weekly Magazine*, London, 8. August 1908.
Bastonade; unbekannter Fotograf, spätes 19. Jahrhundert. Sammlung Azita Bina und Elmar W. Seibel.
Halide Edib vor einem Flugzeug, in: Halide Edib, *The Turkish Ordeal*, London 1928. © The British Library Board.
Dschamal Al-e Ahmad und seine Frau Simin Daneschwar, um 1956. Sammlung Ali Dehbashi. © Abdullah Amin.
Ägyptische Soldaten feuern am 6. Oktober 1981 in Kairo auf den ägyptischen Staatspräsidenten Anwar al-Sadat während einer Militärparade zum Andenken an den Oktober-Krieg von 1973 (Jom-Kippur-Krieg). Das Attentat wird der extremistischen Muslimbruderschaft angelastet. MAKARAM GAD ALKAREEM / AFP / Getty Images.

*Mit besonderem Dank
an die Sammlung Azita Bina und Elmar W. Seibel.*

Register

Abbas I., Schah von Persien 90, 177
Abbas I., Wali von Ägypten (Abbas Hilmi Pascha I.) 387, 389
Abbas II., Khedive von Ägypten (Abbas Hilmi Pascha II.) 387, 389
Abbas Mirza 179–187, 192 f., 197 ff., 201, 203–206, 215, 229, 289, 340, 354, 410
Abbasiden 31 f., 34, 38, 68, 93
Abdel Razeq, Ali 400 f., 419
Abdin-Palast, Kairo 303, 338
Abduh, Mohammad 25, 295, 297, 299, 302, 304, 310, 385–396, 400 f., 410, 431, 439, 441, 471
– Anhänger 389 f., 400 f., 431
– Pressekampagne gegen 394 f.
– Tod (1905) 394, 396
– und Abbas II. 387, 393
– und Afghani 471
– und ägyptische Universität 388 ff.
– und al-Azhar 297, 388, 395
– und Cromer 385, 395
– und Islam 310 f., 386 f.
– und Moderne 297, 391
– und Nationalismus 295

– und Schuldenkrise (1878–1879) 298 f.
Abdülaziz 128, 140, 146 ff., 153, 156, 161 f., 164, 169
Abdul-Baha 220 f.
Abdülhamid I., osmanischer Sultan 108
Abdülhamid II., osmanischer Sultan 14, 165, 167–170, 213, 234, 239, 241, 251, 297, 317, 322, 329 ff., 343, 359–361, 363 f., 368 f., 375
– als Roter Sultan 330
– Finanzen 234, 329
– Mordversuche 330 f.
– Thronbesteigung 165
– Tod (1918) 369
– und Afghani 317
– und Iran 317, 364
– und Jungtürken-Revolution (1908–1909) 368
– und Midhat Pascha 168 f.
– und Minderheiten 330
– und Verfassung 165, 167 f., 297, 363
– und Zensur 239, 331, 363
Abdullah I., König von Jordanien 407

Abdülmecid I., osmanischer Sultan 128, 147, 170
Abenteuer des Hadschi Baba aus Isfahan, Die (Morier) 189
Abenteuer des Telemach (Fénelon) 93, 238
Abessinien 64
Abgeordnetenkammer (ägyptische) 101
Abraham, Robert 193 f.
Abraham, Sarah 194 f.
Achämeniden-Reich 296, 357 f.
acta diurna 138
Adana (Anatolien) 254
Adelard von Bath 33, 41
Afghani, Jamal al-Din 284 f., 291–300, 302, 307–324, 327, 333, 336, 354, 359, 385, 398, 417, 440, 458, 462, 471
– *Das stärkste Band* 310 f.
– Panislamismus 290 f., 300, 309 f., 360
– Tod 321, 324, 359
– und Afghanistan 324
– und Ägypten 295, 298 f., 307
– und Britannien 293, 299, 309 f.
– und der Iran 293, 312, 315–320, 323 f.
– und Frankreich 307 ff.
– und Freimaurerei 292, 298
– und Indien 293
– und Islamismus 417
– und Osmanisches Reich 294, 322
– und Reformation 296, 378
– und Russland 294, 311 f.
Afghanistan 29 f., 62, 203 f., 290, 293, 298, 443, 445
– und das Große Spiel 204
– und russische Invasion (1979–1989) 29, 443, 445
– und amerikanisch geführte Invasion (2001–2014) 30
Africa (Fregatte) 66
Agah, Capanzade 135
Agha Muhammad Khan, Schah von Persien 178, 181
Ägypten 12, 19, 22 f., 25, 28 ff., 38, 42, 44 f., 50, 54–57, 60–85, 90 f., 93, 95, 98–106, 110, 112, 122, 143, 145 ff., 152, 155, 161, 173, 175, 177–180, 183, 190, 196, 199, 204 f., 208 f., 213, 232–243, 256 f., 260, 262 f., 265, 269 f., 273, 277 f., 289, 295, 298–307, 309, 311, 313 f., 321, 326, 333, 338, 346 f., 359 f., 370, 385, 387 f., 390, 393, 395, 397 f., 400–403, 406, 409, 416, 418, 420, 423, 425, 427, 429, 431 f., 435–438, 444, 448, 453, 460, 465 ff., 470
– **1517** Annexion durch Osmanen 42
– **1798** Invasion durch Napoleon 22, 25, 42, 45, 50, 53, 105, 182, 190, 273, 388
– **1800** Ermordung General Klébers 55
– **1801** Schlacht bei Abukir, Rückzug der Franzosen 61 f., 64
– **1802** Vertrag von Amiens 61
– **1805** Muhammad Ali wird Vizekönig 63
– **1807** Ausrüstung der Fregatte *Africa* 66
– **1811** Massaker an Mamluken 64
– **1813** Muhammad Ali führt Quarantänestationen ein 121
– **1815** Muhammad Ali beginnt Militärreformen 65 f.

- 1824 Beteiligung am Griechenlandkrieg beginnt 112
- 1826 Erste Bildungsmission nach Frankreich 82
- 1828 Champollions Expedition 102
- 1831 Kampagne gegen die Pest 122; al-Attar wird Rektor der al-Azhar 79
- 1839 Ausbruch des zweiten Ägyptisch-Osmanischen Kriegs 128
- 1854 Said I. befiehlt Durchstoß des Isthmus von Suez 99
- 1858 Bau der Eisenbahn zwischen Kairo und Alexandria 100
- 1859 Bau des Suezkanals beginnt 101
- 1865 italienische Seeleute und Araber geraten in Alexandria aneinander 236
- 1866 Ismail I. beruft Abgeordnetenkammer ein 101; Mustafa Fazil von Khediven-Nachfolge ausgeschlossen 152
- 1869 Eröffnung des Suezkanals 101 f.; Annexion der Region am Oberen Nil 278
- 1871 Afghani trifft in Kairo ein 295; ethnisch-religiöse Gewalt in Tanta 236
- 1875 Britannien erwirbt Anteil am Suezkanal 307
- 1879 Ismail I. dankt ab 103, Taufiq wird Khedive 237; Afghani und Abduh werden ausgewiesen 299; Riyad Pascha wird Premierminister 299
- 1881 Ausbruch der Urabi-Rebellion 300
- 1882 Britisch-Ägyptischer Krieg 306
- 1890 Abduh wird Richter am Berufungsgericht 387
- 1896 Cholera-Unruhen in Kairo 389
- 1897 Abduhs *Theologie der Einheit* erscheint 386
- 1898 Schlacht von Omdurman 241, 269
- 1899 Abduh wird zum Großmufti ernannt 387; Amins *Die Befreiung der Frau* erscheint 270
- 1901 weibliche Bildungsmission nach Britannien 265; Amins *Die neue Frau* erscheint 270
- 1902 *Humayat monyati* veröffentlich Skandalfoto von Abduh 394
- 1903 Transvaal-Fatwa 392 f., 395
- 1905 Abduh stirbt 394, 396
- 1908 Eröffnung der Ägyptischen Universität 400
- 1909 Bahithat al-Badiyas Vortrag über Verschleierung 267
- 1914 Hussein Kamil wird Sultan 402
- 1917 Hussein Kamil stirbt 402; Fuad wird Sultan 402
- 1919 Revolution 399; Wafd besucht Pariser Friedenskonferenz 405
- 1922 einseitige Unabhängigkeitserklärung 398, 402
- 1925 Abdel Razeqs *Kalifat* erscheint 419
- 1928 Gründung der Muslimbruderschaft 98

- 1936 Anglo-Ägyptischer Vertrag 402; al-Banna schreibt an Faruk 422
- 1938 Hussein fordert europäische Modernisierung 432
- 1939 Konferenz der Muslimbruderschaft 424
- 1941 al-Banna wird verhaftet 425
- 1942 Vorfall am Abdin-Palast 425
- 1948 Arabisch-Israelischer Krieg 426; Muslimbruderschaft wird verboten 426; Qutb beginnt Studium in den USA 433
- 1949 al-Banna wird ermordet 426
- 1951 Kündigung des Anglo-Ägyptischen Vertrags 436
- 1952 Juli-Revolution 437
- 1954 Nagib tritt zurück 437; Muslimbrüder versuchen, Nasser zu ermorden 437
- 1956 Suezkrise 438
- 1957 Massaker an Muslimbrüdern im Tura-Gefängnis 439
- 1958 Gründung der Vereinigten Arabischen Republik 438
- 1961 die al-Azhar wird unter staatliche Kontrolle gestellt 442; Auflösung der Vereinigten Arabischen Republik 438
- 1964 Qutbs *Zeichen auf dem Weg* erscheint 442
- 1966 Qutb wird hingerichtet 443
- 1967 Sechstagekrieg 443
- 1973 Jom-Kippur-Krieg 444
- 1979 Gründung von al-Dschihad 444

- 1981 Ermordung Sadats 29, 444
- 2011 Revolution 30, 370, 467
- 2013 Staatsstreich 470

Ägyptisches Museum Kairo 94
Ahmad Bey 276 f.
Ahmad, Schah von Persien 413
Aida (Verdi) 103
Akhundzadeh, Mirza Fath-Ali 279
Akkon 65, 111, 408
AKP (Partei) 29
Akthar 239
Alafranga 251
al-Aschari, Abu l-Hasan 35, 40, 386, 440
al-Attar, Hasan 57–61, 72–82, 89 ff., 98, 104, 107 ff., 289, 386, 388, 394
alaturka 251
al-Azhar-Schule, Kairo 43, 57, 60, 73, 76, 78–82, 90, 92, 101, 107, 175 f., 296 f., 300, 311, 386–389, 391, 395, 401, 417–420, 424, 428, 462
– und Abdel Razeq 400
– und Abduh 297, 391
– und Ablehnung der Wissenschaft 43, 73, 386
– und Afghani 296 f., 311, 462
– und al-Attar 57, 60, 79–82, 90
– und al-Banna 417–420, 424
– und al-Tahtawi 81
– und anatomische Sektion 78
– und arabische Sprache 92
– und *ijtihad* 175
– und Qutb 428
– und Urabi 300
Albanien, Albanier 371, 379, 381
al-Banna, Hasan 417–428, 430, 434, 450
Alchemie 39

al-Dschihad 444
Al-e Ahmad, Dschalal 450–462, 464f., 471
Aleppo (Syrien) 234, 246
Aleviten 480
Alexander der Große 32, 45
Alexander I., Zar 179f.
Alexander II., Zar 161, 311
Alexandretta (Iskenderun) 75
al-Gabarti, Abdarrahman 25, 42, 44, 46–57, 61, 81, 89f., 94, 98, 104, 106f., 121, 173, 391, 397, 441, 468
– Tod 90
– und al-Attar 81, 98
– und Heiligenverehrung 468
– und *hurriya* 52
– und Islam 54
– und Mord an Kléber 55, 84, 89
– und Pest 56
– und westliche Einflüsse 47f.
Algebra 32
Algerien 30, 85, 127, 190, 289, 306
al-Ghazali, Abu Hamid 282, 418
al-Ghazali, Zeynab 443
al-Halabi, Sulayman 84
Alhazen (Ibn al-Haitham) 32
Ali Pascha, Muhammad 23, 63–72, 75f., 78–84, 88, 90, 94f., 100f., 103f., 106, 108, 110, 112–115, 118, 121f., 128, 145, 176, 180, 182f., 201, 206, 208, 212, 214, 234, 262, 271, 276, 289, 300, 306, 410, 423, 429, 437, 444
Ali, Muhammad (Handwerker) 192, 199f.
Aliens Act 191
al-Islambuli, Khalid 444
Aliye, Fatma 13–16, 256, 266, 342
Al-Kaschab, Ismail 58

al-Khwarizmi 32
Alkohol 128, 160, 210, 417
al-Mansur, Absidenkalif 32
al-Muali, Durrat 341
al-Muqtataf 239–242, 326
al-Nil 268
Alpen 77, 179
al-Qahira (Kairo) 44
al-Qalamawi, Suhayr 264
al-Razi (Rhazes) 32
al-Sadat, Anwar 29, 443f., 463
al-Scharqawi, Abdullah 53, 61, 64
al-Schidyaq, Ahmad Faris 246f., 271, 281
al-Schifa (Ibn Sina) 58
al-Sultan, Amin 312, 315ff., 320, 323, 327, 345f.
al-Tahtawi, Rifaa 77, 80–98, 100, 104, 127, 136, 140, 150, 158f., 186f., 190, 220f., 237, 246, 263, 271, 285, 289, 386, 389, 423
– französische Bildungsmission 82, 89, 190, 265
– *kasb* 96
– *nahda* 246, 271
– Tod 90, 98
– und al-Attar 77, 80ff., 89f., 104, 386
– und arabische Sprache 91ff., 150, 159
– und Frauenbildung 221, 263
– und Sexualität 285
– *watan* 94, 98
Altertümer, antike Schätze 94, 190, 415
Amanullah, Emir von Afghanistan 62
American University of Beirut 239
Amerikanischer Bürgerkrieg 101f., 272f., 277, 302f.

507

Amin, Ahmad 287
Amin, Qasim 241, 269, 344
Amir Kabir (Mirza Taki Khan Farahani) 206-214, 216 f., 219, 227, 229, 312, 316, 321, 463
Amsterdam 12
Analphabetismus, Lesefähigkeit 12, 117, 134, 141, 143, 248, 264, 364
Anatolien 37, 66 f., 145, 235, 239, 279 f., 330, 372, 375, 379–382, 399, 404, 408, 412
Anatomie 49, 74 f., 78 f., 117, 244
Andalusien 33, 40
Anglo-Ägyptischer Vertrag 402
Anglo-Iranian Oil Company 415
Anglo-Persian Oil Company 355
Anglo-Russisches Abkommen 327, 346 f., 354 f., 362, 366
Anhänger des Islam 446
Anthropomorphismus 34
Antiklerikalismus 462
Apostasie, Abfall vom Glauben 14, 128, 225
Arabien, Araber 32, 35 f., 47, 56, 66 f., 70, 105, 112, 118, 162 f., 177, 236, 238, 250 f., 257, 268, 272, 282, 357 ff., 301, 307, 357 ff., 365, 370 ff., 384, 403 f., 407 f., 436, 459, 463
– und Iran 29 f., 358, 463
– und Islam 31, 384
– und muslimische Eroberung 31
– und Nationalismus 98, 384
– und Osmanisches Reich 56, 66 f., 112, 118, 407
– und Salafismus 238
– und Wissenschaft 33, 60, 118, 357
– und sunnitischer Islam 36

– und Wahhabismus 66, 105, 238, 410
arabische Sprache 23, 52, 58, 60, 91 ff., 132, 135, 150, 159, 177, 216, 227, 238, 240, 242, 245 ff., 250, 257 f., 281 ff., 285, 287, 300, 342, 358, 377, 384, 391, 401, 412, 423, 429, 446, 465
– Dichtung, Poesie 245 ff., 282, 285, 401
– *hurriya* 52
– Journalismus 248
– Literatur 60, 83, 246 f., 300
– Reform 23, 79
– Studium, Erforschung 92, 246 f.
– *tamadun* 91
– Übersetzungen 93, 159, 238, 246, 391, 429
– und al-Attar 79 f.
– und al-Schidya 246 f., 271, 281, 484
– und al-Tahtawi 91 ff., 150, 159
– und Französisch 92 f., 285
– und Frauenrechte 227, 257, 342
– und Persisch 177, 358
– und Sexualität 281 f., 285, 287
– und Türkisch 132, 150, 159, 250, 377, 384, 465
– und Wissenschaft 246
– *watan* 94, 98
arabischer Aufstand 1916–198
Arabischer Frühling 30, 370, 467, 470
Arabisch-Israelischer Krieg von 1948 426
Aramäisch 32
Aras (Fluss) 185
Archäologie 156
Ardebil (Iran) 174
Aristoteles 155

Arktis 373
Armenien 179, 360, 371, 382
Armenier 68, 70, 83, 124, 128 ff.,
    163, 180, 202, 208, 330, 361, 365,
    371 f., 382 f., 403, 411 f.
– und Ägypten 70
– und der Iran 179 f., 202
– und Osmanisches Reich 124,
    129 f., 163, 330, 365, 371 f.,
    382 f.
Armenier, Völkermord an 371 f.,
    382 f., 403, 411
Arsenal, Istanbul 70, 131, 135, 139
Aserbaidschan, Aserbaidschaner 179, 362
Ashburton, Devon 194
Ashoka, Kaiser 296
Aslanduz 185
Assuan 66
Astrologie 38, 124
Astronomie 22, 40, 73, 75, 77,
    123 f., 242
Atatürk, Mustafa Kemal 62, 379 f.,
    383 f., 400, 402, 404, 410–416,
    419, 421, 424, 464 f.
Atheismus 88, 295, 362, 387
Auqaf siehe Waqf
Avicenna 73 f., 88, 117; siehe auch
    Ibn Sina
Aydin (Anatolien) 233
Azbakia (Kairo) 45, 58

Baathismus 463
Bab siehe Schirazi, Sayyid Ali
    Muhammad
Baba, Hadschi 189, 200, 208
Babitum 225
Badascht (Iran) 225 f.
Bagdad 31 f., 40, 162 f., 241, 280,
    311

Bahaitum 214, 218 f., 221 f., 228,
    231, 246, 333, 415, 468
Bahaullah 218–222, 225 f., 246
Bahithat al-Badiya (Malak Hifni
    Nasif) 267
Bahrain 215
Baku 326, 351
Balfour-Deklaration 408
Balkan 37, 70, 106, 127, 148,
    159–163, 167, 235, 360, 371,
    379 ff.
– Balkankrieg 379
– Dezentralisierung 167
– Panslawismus 159, 161
– Separatismus 148
– und Russland 106, 159, 161
– Vertrag von Berlin (1878)
    170, 235
Balzac, Honoré de 84
Barbarossa, Hayreddin 41
Baring, Sir Evelyn Baring (Lord
    Cromer) 264, 359, 385, 387 f.,
    393, 395, 398
Bärte 184, 191, 284
Basra 32, 35, 319
basti 333 f., 336
battaglia di Legnano, La (Verdi)
    151
Baumwolle 39, 42, 65, 70, 100,
    233, 313
baya 158
Beauvoir, Simone de 222
Becket, Thomas 316
Bedford, Francis 19
Beduinen 102
Befreiung der Frau, Die
    (Amin) 270 f.
Behbehani, Abdullah 333
Beigesellung (*schirk*) 49
Bein über Bein (al-Schidyaq) 246 f.

509

Beirut 311, 361, 385 f.
Bekehrung, Konversion 126, 188, 195, 383, 391
Bektaschi 111
Belgien 327, 335, 338
Bell, Gertrude 20
Bellini, Gentile 247
Belutschistan 203
Bengalen 347
Beobachtungen (Midhat) 250
Berlin, Vertrag von (1878) 170, 235
Bernard, Karl Ambroso 129
Beschneidung 53, 351
Betrachtungen über die Ursachen der Größe der Römer und deren Verfall (Montesquieu) 93
Beyazit-Moschee (Istanbul) 133, 151
Beyoglu (Istanbul) 247, 250–253
Bibel 19, 246, 281, 317
Bigamie 221
bila kayf 35, 40, 96, 440
Bildung, Erziehung, Ausbildung
– Analphabetentum 148, 176
– Frauen 221, 223, 246, 263 f., 266, 439
– Koran 31, 38 ff.
– medizinische 74, 78, 117 f., 123, 129, 131
– Missionen ins Ausland 201
– nichtreligiöse 462
Bildungsrat, Osmanisches Reich 139, 141
Birma 39
Birmingham 199
Birmingham Weekly Post 99
Bismarck, Otto von 151, 304
Blau und Schwarz (Usakligil) 252–254, 256, 420, 455

Blinder Ali 367
Blockfreie Bewegung 438
Blunt, Wilfred 304, 309 f., 338, 388
Bodleian Library, Oxford 391
Boghos Bey 68
Bolschewiken 404, 407
Borneo 209
Bosnien 30, 161, 169, 366
Bosnienkrieg (1992–1995) 366
Bourbonen 86, 89
Brighton 391
Britannien, Großbritannien, britisches Empire 45, 67, 103 f., 107, 143, 145, 156, 159, 165, 183, 190–193, 221, 237, 240, 265, 274, 283, 287, 307 f., 321, 327, 337, 346, 352 f., 398, 401 f., 407, 427, 437 f.
– 1793 Aliens Act 191
– 1801 Schlacht bei Abukir; französischer Rückzug aus Ägypten 61 f., 64
– 1802 Vertrag von Amiens 61
– 1806 Angriff auf Istanbul 111
– 1807 Ausrüstung der Fregatte *Africa* 66; Beginn der Militärmission im Iran 182
– 1811 Ankunft der ersten iranischen Studenten 186
– 1813 Rückzug der Militärmission aus dem Iran 186
– 1815 Schlacht bei Waterloo 68, 180, 189; erste iranische Bildungsmission 188
– 1817 Mirza Saleh besucht Devonshire 193 f., 435
– 1824 Lord Byron stirbt in Griechenland 83
– 1833 Slavery Abolition Act 274

- 1837 iranische Invasion Herats 204, 208
- 1840 Druck auf Osmanen zur Abschaffung der Sklaverei 232, 276 f., 284
- 1851 Volkszählung 209
- 1853 Ausbruch des Krimkriegs 107
- 1856 Ball zur Feier des Sieges im Krimkriegs in Istanbul 147
- 1857 Königin Viktoria proklamiert religiöse Toleranz 221
- 1858 Bau der Eisenbahn zwischen Kairo und Alexandria 100
- 1863 Bahaullah schreibt an Königin Viktoria 219, 246
- 1869 Eröffnung des Suezkanals 101 f.
- 1872 Reuter-Konzession 235
- 1875 Erwerb von Anteilen des Suezkanals 307
- 1876 Gladstone verurteilt türkische Gräueltaten 167
- 1878 der Begriff »Jingoismus« wird geprägt 150
- 1879 Ismail wird als Khedive von Ägypten durch Taufiq ersetzt 237
- 1882 British-Ägyptischer Krieg 306
- 1885 Tod General Gordons bei der Belagerung von Khartum 290
- 1890 Talbot erhält iranische Tabakkonzession 315
- 1892 Talbot-Konzession annulliert 321
- 1895 Wilde wird inhaftiert 281 f.
- 1898 Schlacht von Omdurman 241, 269
- 1902 Besuch Muzaffar al-Dins 327
- 1905 Teilung Bengalens 347
- 1906 Demonstranten suchen Zuflucht in der Teheraner Gesandtschaft 335
- 1907 Iran lehnt Kredit ab; Smart trifft Taqizadeh 343; Anglo-Russisches Abkommen 346
- 1908 Unterstützung der russischen Invasion im Iran 362
- 1914 Anglo-Persian Oil Company unter staatlichem Schutz 355
- 1915 Invasion von Gallipoli 403; Annexion der »neutralen Zone« im Iran 355
- 1916 Sykes-Picot-Abkommen 408
- 1917 Balfour-Deklaration 408
- 1919 Besetzung Anatoliens 380; Revolution in Ägypten 399; Anglo-Iranischer Vertrag 407
- 1920 Palästina wird Mandatsgebiet 408
- 1921 der Irak und Transjordanien werden Mandatsgebiete 406; Unterstützung für Reza Pahlavis Staatsstreich im Iran 407
- 1922 einseitige Unabhängigkeitserklärung Ägyptens 398, 402
- 1923 Vertrag von Lausanne 380, 405
- 1936 Anglo-Ägyptischer Vertrag 402
- 1941 al-Banna wird verhaftet 425

- 1942 Vorfall am Abdin-Palast 425
- 1951 Ägypten kündigt den Anglo-Ägyptischen Vertrag 436
- 1953 Staatsstreich im Iran 447
- 1956 Suezkrise 438
- 2003 Beteiligung an der Invasion des Irak 467

Britisches Empire *siehe unter* Britannien, Großbritannien, britisches Empire

Britisches Museum 61, 156, 196, 433

Britisch-Indien
- Aufstand (1857) 289, 293
- Bengalen, Teilung (1905) 347
- Bildungswesen 28
- East India Company 190 f.
- Tipu Sultan 65
- Unabhängigkeit (1947) 425
- und Afghani 307, 309, 311
- und Bahaitum 219, 221
- und der Iran 203
- und Missionare 125
- und Napoleon 179
- und Russland 179, 203, 290
- und South Persia Rifles 355
- und Swadeshi-Bewegung 341

British and Foreign Anti-Slavery Society 274

Brontë, Charlotte 11 f., 14

Browne, E. G. 290 f., 337 f., 347, 349

Büchner, Ludwig 239

Buddhismus 221

Bulaq (Kairo) 69, 118

Bulgarien, Bulgaren 167, 169 f., 338, 366, 379

Bund der Damen des Heimatlandes 341

Burenkrieg 332

Bürgerrecht 339, 344, 458

Burlamaqui, Jean-Jacques 88 f.

Buschehr (Iran) 187, 215

Butcher, Edith 265

Byron, George Gordon 83, 298

Byzantinisches Reich 31 f., 37

Cahun, Léon 374

Calvinismus 390

Cambridge 265, 290, 349

Camus, Albert 450

Candide (Voltaire) 131, 242, 246

Canning (Stratford) 125 f., 129, 145 f., 166

Castro, Fidel 456

Cevdet, Abdullah 362, 373 f.

Ceylon 307

Champollion, Jean-François 84, 102

Chaostheorie 239

Chappars 178

Chardin, John 199

Châteauneuf, Comte Charles de 135

Chemie 39, 187

Chicago 15

Chiliasmus *siehe* Millenarismus

China 31, 138

Cholera 160, 363, 380, 388 f.

Christentum 31, 40, 128, 195, 295, 316, 391, 417 f., 457 f.
- Ägypten 417 f.
- Bekehrung, Konversion 128
- Bibel 19, 246, 281, 317
- Calvinismus 390
- christenfeindliche Gefühle 305
- Dreifaltigkeit 41
- Eucharistie 87
- gregorianische Armenier 124

- griechisch-orthodoxes 113, 124 f.
- Iran 195
- Kathedralen 193 f.
- Katholizismus 195
- koptisches 60, 94, 176
- Libanon 406
- Maroniten 125, 246, 330
- Missionare 22, 125, 146, 238, 274, 276
- Osmanisches Reich 37, 125, 128 f., 139, 375
- Protestantismus 125, 146, 189 f., 195, 264
- Quäker 274
- russisch-orthodoxes 25, 106
- Sklaven 273 f.
- Transsubstantiation 41
- USA 457
- Verschleierung 256

Chronik *Bemerkenswerte Überlieferungen:Biographien und Ereignisse* (al-Gabarti) 51
Churchill, Winston 403, 408 f.
CIA (Central Intelligence Agency) 447, 456
Cicero (Marcus Tullius) 166
Civil Rights Act (1964) 457
Clide (Fluss) 256
Clot, Antoine Barthélemy (Clot Bey) 78 f., 119, 262 f.
Code Napoléon 94
Cole, Juan 22
Colorado 434, 436
Commission des sciences et des arts 84
Concorde 460
Condillac, Étienne Bonnot de 88
Conté, Nicolas-Jacques 45
Cooper, Elizabeth 257 f., 266 f.
Cossery, Albert 247

Cromer, Lord (Evelyn Baring) 264, 359, 385, 387 f., 393, 395, 398
Curzon, George Nathaniel 281, 347, 407

Da Vinci, Leonardo 75
Damaskus 31, 73, 75, 409
Dampfmaschine 197, 205
Dampfschiffe 15, 22, 158, 233
Daneschwar, Simin 450
D'Arcy, Joseph 186 f., 189–192, 195
Darwin, Charles 25, 130, 143, 239 ff., 373
Das stärkste Band (Qutb) 310
Daya 262 f.
de Amicis, Edmondo 20 f., 23
Dehkhuda, Ali Akbar 341
De Kay, James 119 f.
Delbrück, Hans 31
Demirel, Süleyman 466
Demokratie 27, 97 f., 136, 166, 197, 220, 338, 370, 393, 415, 425, 427, 438, 445, 465, 467, 470
- Bahaitum 220 f.
- Ägypten 393, 425, 438, 467
- Iran 445, 470
- Türkische Republik 415
Demokratische Partei (Türkei) 465
Derwische 115, 121, 175, 200, 429
Descartes, René 27
Description de l'Égypte 51, 53 f., 61, 84
Deutschland, Deutsches Reich 26, 130, 143, 151, 250, 337, 346, 404 f., 415
- Einigung, Reichgründung 151
- Erster Weltkrieg 26, 116, 404
- Journalismus 143
- Militär 116

- nationale Identität 163
- Pangermanismus 291
- Philosophie 130
- Versailler Vertrag 26
- Zweiter Weltkrieg 26

Devon, Devonshire 435
Dhimmi 124, 126
Dichtung, Poesie 132 f., 137, 143, 247 f., 280, 282–285, 357, 370, 401
- al-Attar 59
- al-Gabarti 47
- al-Tahtawi 285
- arabische 401
- französische 285
- homoerotische 283, 285, 287
- Midhat 247 f., 250 f.
- Namik Kemal 149 ff., 342, 373
- persische 282, 284, 357
- russische 208
- Sinasi 137
- türkische 282

Diebstahl 125
Disraeli, Benjamin 99
Disziplinierung der Frauen 286
Diwan 44, 53, 56, 61, 64
Diyarbakir (Anatolien) 372 f., 375 f., 384
Dodge Motor Company 461
Dolmabahce-Palast (Istanbul) 147, 164, 169
Donau 162, 253
Donizetti, Giuseppe 116
Dornen (Qutb) 432
Doyle, Arthur Conan 429
Dreadnought, HMS 337
Dreifaltigkeitslehre 41
Druck, Druckerpresse 11, 40, 69, 199, 255, 333
Drummond Wolff, Henry 314, 316

Drusen 106, 125, 330
Dschihad 29, 202, 217, 308, 322, 443
Dschinne 47, 120
Duff-Gordon, Lucie 256
Duma (russische) 325, 337, 347

East India Company 190 f.
Edib, Halide 363 f., 367, 372, 380–382, 399 f., 405, 413
Eduard VII., König von England 18, 327
Efendi, Hasip 372 ff.
Ehe 138, 190, 221, 236, 248, 252, 257, 260 f., 270, 281, 286
- Alter 236
- arrangierte 138, 248, 270 f., 286 f.
- gleichgeschlechtliche 286
- Monogamie 221, 270
- Polygamie 236, 270, 286
- Scheidung 270, 393, 412
- und Konversion 53
- zeitweilige (zeitlich begrenzte) 281
- Zeremonien 256, 286

Ehebruch 125, 248
Ein Muslim entdeckt Europa (al-Tahtawi) 87
Einberufung 71
Eisenbahnen 100, 234, 360
Elburs-Gebirge 341
Elisabeth I., Königin von England 196, 269
Ellison, Ralph 457
Emanzipationsproklamation (1863) 276
England *siehe* Britannien
englische Sprache 177, 187
Enzeli (Bandar Anzali – Iran) 341

Erdogan, Recep Tayyip 467, 470
Erdöl 326, 404, 447, 453
Eriwan 189
Erster Weltkrieg 25 f., 29, 116, 235, 257, 265 f., 379 f., 382, 384, 396 ff., 400–404, 408 ff., 413, 470
Erzählungen aus tausendundeiner Nacht 32, 281, 287, 429
Erziehungsministerium, ägyptisches 264, 430
Erzurum (Türkei) 206 f.
Eskimos 239
Eucharistie 87
Eugénie, Kaiserin von Frankreich 100 f.
Eunuchen 90, 212, 261, 279, 281, 369
Euphrat 162, 233
Evian 391
Evolution 238–241, 390, 459
Exeter 193 f.

Faisal I., König von Syrien und des Irak 407
Fanon, Frantz 452, 455, 461
Faraj, Abd al-Salam 444
Faruq, König von Ägypten 422, 424, 426, 437, 445, 460
Faschismus 411, 416, 422
Fatalismus 34, 54, 62, 121 f., 157, 310
Fath Ali, Schah von Persien 178 f., 182, 185, 187, 190, 197, 203 ff.
Fathullah, Sayyid Hamza 302
Fatimiden 36, 38, 42
Fatwas 122, 392 f., 395
Faust (Gounod) 258
Fawwaz, Zainab 268
Faylasuf 34 f.
Fazil, Mustafa 152–156, 161

Feigen 233
Fellachen 71, 102, 273, 298–301
Feminismus, Frauenbewegung 222, 246, 268 f., 339, 341, 399
Fénelon, François 93, 238
Ferdinand, Zar von Bulgarien 366
Fernrohr 199, 203
Feuvrier, Jean-Baptiste 315, 318, 320
Fez 116, 156, 234, 248, 412
Fin (Kaschan) 211
Flammarion, Camille 342
Flaubert, Gustave 19 f., 281
Fortnightly Review 306
Fortschritt muslimischer Frauen (Zeitschrift) 14
Fourès, Pauline 46
Fourier, Jean-Baptiste Joseph 54, 73
Frankreich 15, 27, 42 f., 45, 47, 52, 55, 60 f., 82–87, 89, 92, 100, 102 ff., 104, 107, 136, 141, 159 f., 166, 179, 182, 186, 190, 237, 262, 305 ff., 403, 406, 433, 438, 452
– 1789 Revolution 52
– 1798 Invasion Ägyptens 25, 42, 45, 50, 53, 105, 182, 190, 273, 388
– 1799 Belagerung von Akkon 111; Niederlage in Italien 179
– 1800 Ermordung General Klébers in Ägypten 55, 84, 89
– 1801 Schlacht bei Abukir, Rückzug aus Ägypten 61 f.
– 1802 Vertrag von Amiens 61
– 1806 Hilfe gegen britischen Angriff auf Istanbul 111
– 1807 Französisch-Iranischer

Bündnisvertrag 179; Friede von
Tilsit 179 f., 182
- 1812 Invasion Russlands
182, 189
- 1815 Schlacht bei Waterloo
68, 180, 189
- 1826 Ankunft der ägyptischen
Bildungsmission 82
- 1828 Champollions Expedition
nach Ägypten 102
- 1830 Invasion Algeriens 127;
Julirevolution 89
- 1848 Revolution 130
- 1853 Ausbruch des Krimkriegs
107
- 1863 Bahaullah schreibt an
Napoleon III. 219, 246
- 1865 Sinasi trifft im Exil ein
141
- 1867 Ankunft exilierter Jungtürken 361
- 1869 Eröffnung des Suezkanals 101
- 1870 Ausbruch des Deutsch-
Französischen Kriegs 160;
Zusammenbruch des Zweiten
Kaiserreichs 160
- 1875 Verfassungsgesetze 166
- 1879 Ismail wird als Khedive
von Ägypten durch Taufiq
ersetzt 237
- 1881 Kolonisierung Tunesiens 289, 302, 305; Einrichtung
der Staatsschuldenkommission
im Osmanischen Reich 360
- 1882 Invasion Ägyptens 161;
Afghani besucht Paris 309
- 1902 Besuch Muzaffar al-Dins
327
- 1915 Angriff auf Gallipoli 403
- 1916 Sykes-Picot-Abkommen
408
- 1919 Versailler Vertrag 26;
Invasion Anatoliens 380
- 1923 Vertrag von Lausanne
380, 405; Syrien und der Libanon
werden Mandatsgebiete 406
- 1925 Bombardierung von
Damaskus 409
- 1956 Suezkrise 438
Franz Joseph I., Kaiser 102, 161,
361
französische Sprache 90, 92 f., 97,
117 f., 135, 138, 142, 145, 177,
197, 242, 285, 342, 373, 377, 391,
419, 441, 450, 455 f.
- Studium 197, 342
- Übersetzung 97, 142, 391, 441
- und Englisch 177, 456
- und Sexualität 285
- und Türkisch 138, 142, 145, 377
- und Wissenschaft 342
Frauen, Frauenrechte 15, 22,
33, 83, 87, 108, 175, 222, 227,
246, 248, 262 f., 268–271, 278,
281–285, 339, 341, 398 f., 399,
414, 419, 439, 464
- Abschottung 257, 260, 271, 278
- Ägypten 83, 87, 175, 257, 260,
262 ff., 266 f., 269 ff., 398, 439
- Arbeit 69, 257, 268
- Bildung, Schulbildung
263–266.
- Ehe *siehe* Ehe
- Feminismus, Frauenbewegung
222, 246, 268 f., 339, 341, 399
- Harem 22
- Hebammen 262 f.
- Iran 175, 222 f., 226, 256, 259,
265, 339, 341, 414

- Osmanisches Reich 15, 87, 175, 248 f.
- Prostitution 227, 248, 281
- Sexualität 282 ff.
- Sklaverei 77, 83, 248, 257, 263, 272 ff., 276 ff., 280, 301
- Verschleierung 69, 227, 256, 266 f., 271, 412, 419
- Wahlrecht 268, 271, 337, 398, 412

Frauenbibliothek der Weltausstellung in Chicago 15
freier Wille 9, 34
Freiheit 96, 442
Freimaurerei 143, 196, 238, 292, 298
Friedenskonferenz in Paris 405
Friedrich II., Kaiser 391
Fuad I., König von Ägypten 402, 422
Fuat, Besir 243 ff., 255, 410
Fundamentalismus 36, 56

Galata-Brücke 20, 253, 363 f.
Galatasaray (Istanbul) 38, 129 ff.
Galen 117
Gallipoli-Feldzug 403
Galois, Évariste 84
Gambetta, Léon 305 f., 347
Garmrudi, Mirza Fatah Khan 283, 285
Gebetsruf 465
Gedik-Pascha-Theater (Istanbul) 148, 150, 159
Genf 142, 390
Genua 235
Geographie 39, 76, 89, 93, 144, 332, 358, 389
Geometrie 66, 93, 332
Georg III., König von England 194
Georg V., König von England 414
George Washington University Hospital 433 f.
Georgien 179, 278
Gerechtigkeit 97, 141, 158, 277, 318, 332, 426
Gesellschaft Mohammeds 366 f.
Ghana 438
Gharbzadegi (Al-e Ahmad) 452 f., 455, 457 f., 461
Gibb. E. J. W. 126, 132
Gibbon, Edward 31
Giraffen 84
Gladstone, William Ewart 167, 307, 309
Gleichheit vor dem Gesetz 55
Globalisierung 11, 208, 455
Goethe, Johann Wolfgang von 391
Gökalp, Ziya 372, 376, 381–384, 387 f., 410
Goldenes Horn 20, 114, 198, 200
Gordon, Charles George 290
Gounod, Charles-François 258
Gowharschenas, Mahrukh 341
Grant, Ulysses 102
Gratet de Dolomieu, Tancrède 45
Greely, Colorado 434
Grey, Edward 347
Gribojedow, Alexander Sergejewitsch 202, 206
Griechenland, Griechen 11, 15, 22, 34, 41, 66, 112 ff., 127, 139, 152, 163, 360, 366, 379
- antikes 11, 32, 34
- Griechisch-Türkischer Krieg (1897) 15, 360
- Griechisch-Türkischer Krieg (1919–1922) 399, 405
- König Otto 139
- Kreta 361, 366, 411

- Lesbos 41
- Nationalismus 66, 83
- Orthodoxe Kirche 113, 124 f.
- Sklaven 83, 115
- Sprache 34, 190
- Unabhängigkeitskrieg (1821–1829) 127
- und Ägypten 83, 236
- und Osmanisches Reich 15, 66, 83, 115, 124 f., 152, 360, 399

Grosny 326
Großbritannien siehe Britannien
Große Spiel, Das 204
Grüne Bewegung 470
Guernsey 160
Guizot, François de 296
Gülen, Fethullah 469
Gulistan, Friede von (1813) 185, 201 f.
Gutenberg, Johannes 11

Haariger Scheich 115 f., 200
Habeas-corpus-Rechte 191
Habl al-Matin 347
Habsburger 43, 45, 102, 209
Haddadpur, Muhammad-Taqi 446
Hadith 33, 36 ff., 94, 121, 223, 227
Hadsch 231, 279, 446, 458 f.
Haeckel, Ernst 239
Hagia Sophia (Istanbul) 37
Hahnenkampf 149
Haiderabat 190
Halal 393
Halley, Edmund 242, 340
Hamburg 233
Hamit, Abdulhak 249
Hamont, P. M. 68, 71, 78
Hankey, Maurice 409
Harakiri 456

Harcourt, Charles-François-Marie 270
Harem 12, 22, 85, 107, 113 f., 257–260, 266, 270, 273, 277–283, 286, 321, 339, 399, 449
Harun al-Raschid, Abasidenkalif 109
Harvard University 455 ff.
Harvey, William 74
Hasafiyya-Wohltätigkeitsverein 418
Haschimiten 407
Haschisch 53
Hassan-Moschee (Kairo) 299
Haussmann, Georges-Eugène »Baron« 101
Hatice Sultan 108
Haus der Gerechtigkeit 221, 335 f.
Hebammen 262 f.
Hebammenschule, Kairo 262
Hedschas 67, 169, 360, 403
Heiligenverehrung; *siehe auch* Schreine 38, 47, 87, 387, 393
Heilung durch Bestimmung der Rechte des Auserwählten (Avicenna) 58
Heinrich II., König von England 316 f.
Heinrich VIII., König von England 189
Henna 74, 191
Herat (Afghanistan) 204, 208
Herodot 178
Herschel, William 195
Herzegowina 161
Hieroglyphen 84, 102
Hinduismus 456
Hindukusch 203
History of Ottoman Poetry (Gibb) 132

History of the World (Raleigh) 47
Hitler, Adolf 415, 425
Hochzeit eines Dichters 137 f.
Hohe Pforte 64, 67, 125, 128, 140
Holocaust 456
Homerton Training College, Cambridge 265
Homosexualität 77, 282, 284 f., 287
Homs (Syrien) 67
Hosenbandorden 327
House of Parliament 156
Huckleberry Finn (Twain) 456
Hugo, Victor 139, 159
Hulwan (Kairo) 430, 438
Humarat monyati 394
Hungersnot 148, 161, 174, 243, 349, 403, 407
hurriya 52, 93, 274, 441
Hurriyet 156
Hussein (Emir von Mekka) 407
Hussein Kamil, Sultan von Ägypten 402
Hussein, Saddam 463
Hussein, Taha 391 f., 401, 431, 433
Hyde Park (London) 156, 191

Ibn al-Nafis 74
Ibn Arabi 374
Ibn Chaldun 73, 77, 89
Ibn Hanbal, Ahmad 36
Ibn Sabin 391
Ibn Saud 407
Ibn Sina 34 f. *siehe auch* Avicenna
Ibn Taymiyya, Ahmad 37, 56, 444
ibret 149 f., 157
ijtihad 38, 175, 291, 390
Illisch, Scheich Muhammad 386, 391
Imbaba 43

Imperial Bank of Persia 321
Imperial Tobacco Coorporation of Persia 318
Impfungen 71 f., 117, 208
Indien 28, 42, 45, 61, 107, 173, 177, 179, 182, 190, 203, 215, 219, 281, 289 f., 293, 298, 307, 309, 311, 325, 328, 341, 346, 425, 438
– Ashoka 296
– Aufstand (1857)
– Bahaitum 219, 221
– Bengalen, Teilung (1905) 347
– Blockfreie Bewegung 438
– Handelsstraßen 32, 42, 203
– Mathematik 32
– South Persia Rifles 355
– Swadeshi-Bewegung 341
– Tipu Sultan 65
– und Afghani 293
– und Frankreich 179
– und Russland 107
– Wissenschaft 28
Individualismus 136, 229
Indonesien 425, 438, 446
Industrielle Revolution 18
Inönü, Ismet 411, 465
Institut de France 43
Institut d'Égypte 45, 47, 52, 57, 75, 77
Internationaler Währungsfonds (IWF) 295
Introduction à l'histoire de l'Asie (Cahun) 374
Irak 30, 176, 215, 223, 317, 319, 328, 352, 359, 403, 406–409, 426, 463, 467
– Erster Weltkrieg 25
– Irakkrieg, US-geführter (3. Golfkrieg 2003–2011) 467

- Iranisch-Irakischer Krieg
  (1980–1988) 463
- Mandatsgebiet 406
- schiitischer Islam 319
Iran, Persien 12, 20, 25, 28 f., 36,
  40 f., 58, 62, 173–229, 232, 235 f.,
  239, 242, 256, 265, 272–279,
  283, 285 f., 289, 293, 296, 307 f.,
  311–388, 397 f., 403 f., 410,
  413–415, 432, 443–466, 467 f.,
  474, 481
- 1722 Invasion durch Afghanen 174; russische Invasion 174
- 1796 Agha Muhammad Khan wird Schah 178
- 1804 Ausbruch des Russisch-Persischen Kriegs 179
- 1807 Französisch-Persischer Bündnisvertrag 179; Beginn der britischen Militärmission 182
- 1811 Erste Studenten werden nach London geschickt 186; Ankunft Martyns 188
- 1812 Schlacht in Karabach 185; Schlacht von Aslanduz 185
- 1813 Rückzug der britischen Militärmission 186; Friede von Gulistan 185, 201 f.
- 1815 erste Bildungsmission nach England 188
- 1817 Mirza Saleh besucht Devonshire 193 f., 435
- 1819 Bildungsmission wird zurückgerufen 197; Einfuhr einer Druckerpresse 199
- 1826 Ausbruch des Russisch-Persischen Kriegs 202
- 1828 Friede von Turkmantschai 202
- 1829 Gribojedow wird in Teheran gelyncht 202; Kauf der ersten Steindruckpresse 200
- 1833 Abbas Mirza stirbt 203
- 1834 Fath-Ali stirbt 203; Muhammad folgt ihm auf dem Thron 204
- 1837 erste Tageszeitung, *Kaghaz-e Akhbar*, erscheint 200; Invasion von Herat 204, 208
- 1847 Ermordung Muhammad Takis 225
- 1848 Verbot des Imports von Sklaven über Persischen Golf 278; Bab-Prozess in Täbris 207; Babi-Treffen in Badascht 225 f.; Muhammad stirbt 207; Nasreddin wird Schah 207
- 1849 millenaristische Unruhen in Täbris 216 f.
- 1850 Bab wird wegen Apostasie hingerichtet 225
- 1851 Entlassung Amir Kabirs 212
- 1852 Hinrichtung Amir Kabirs 212; Babis unternehmen Attentatsversuch auf Nasreddin 217; Qurrat al-Ain wird hingerichtet 229
- 1853 Bahaullah wird ins Exil ins Osmanische Reich geschickt 219
- 1863 Bahaullah erklärt sich zur »Manifestation Gottes« 219
- 1872 Reuter-Konzession 235
- 1889 Afghani kehrt zurück 315
- 1890 Talbot erhält Tabakkonzession 315; Afghanis Reden über Despotie 316
- 1891 öffentliche Demütigung

Afghanis 322; Proteste gegen Talbot 318; Afghani appelliert an irakische Schiiten 320
- **1892** Talbots Konzession wird annulliert 321
- **1896** Nasreddin wird ermordet 323
- **1897** Afghani stirbt 324
- **1898** Belgien übernimmt Zollverwaltung 327
- **1900** Kreditaufnahme bei Russland 327
- **1902** Muzaffar al-Dins Europareise 327
- **1905** Verfassungsrevolution beginnt 332
- **1906** Muzaffar al-Din verspricht Reformen 334; Demonstranten suchen Zuflucht in britischer Gesandtschaft 335; Übereinkunft über beratenden Nationalversammlung 336; Wahlen werden abgehalten 337
- **1907** Muzaffar al-Din unterzeichnet Verfassung 337; englisch-russischer Kredit abgelehnt 338; Muzaffar al-Din stirbt, Nachfolger wird Muhammad Ali 339; Taqizadeh trifft Smart 343; Nuri provoziert Unruhen in Teheran 345; Ermordung Amin al-Sultans 345 f.; Anglo-Russisches Abkommen 346; Attentatsversuchs auf Muhammad Ali 345
- **1908** russische Intervention gegen Konstitutionalisten 346
- **1909** Russland nimmt Täbris ein 349; Revolutionäre nehmen Teheran ein 351; Muhammad Ali dankt ab 353; Prozess gegen Nuri und Hinrichtung 351 f.
- **1911** Shuster wird zum Generalschatzmeister ernannt 353; Muhammad Ali versucht, den Thron zurückzuerobern 353; Shuster wird entlassen 354
- **1914** Anglo-Persian Oil Company unter staatlichem Schutz 355
- **1915** Briten annektieren »neutrale Zone« 355
- **1919** Pariser Friedenskonferenz 405; Anglo-Iranischer Vertrag 407
- **1920** Taqizadeh erklärt, der Iran müsse europäisiert werden 432
- **1921** Staatsstreich, Reza Pahlavi kommt an die Macht 407
- **1925** Reza wird zum Schah gekrönt 407
- **1941** Invasion der Alliierten 415; Schah Reza dankt ab 415
- **1944** Afghanis sterbliche Überreste werden nach Kabul überführt 324
- **1946** Kasravi wird ermordet 446
- **1951** Mossadegh wird zum Premierminister gewählt 447
- **1953** Staatsstreich; Mossadegh wird abgesetzt 447
- **1956** Navvab-Safavi wird hingerichtet 446
- **1963** Khomeinis Bewegung wird unterdrückt 448
- **1972** Ölpreise steigen 460
- **1979** Islamische Revolution 462
- **1980** Ausbruch des Iranisch-Irakischen Kriegs 463
- **2009** Grüne Bewegung 470

Irland 332
Irredentismus 145
IS (ISIS) 408
Isfahan 174, 176 f., 218, 346
Iskenderun (früher Alexandretta, Anatolien) 75
Islamismus 26, 29, 159, 417, 423, 425, 427, 439, 441 f., 444 f., 464
Ismail I., Kedive von Ägypten 91, 95, 98–104, 146 f., 152, 155, 158, 161, 237, 278, 295, 298 f., 302 ff., 359 f., 393, 460
- Abdankung 103
- Abgeordnetenkammer 101, 155, 302
- autokratische Herrschaft 155
- Finanzen 99, 101, 103 f., 359
- Modernisierung 95, 100, 103, 295
- Sklaverei 278
- Suezkanal 100–103
Ismail I., Schah von Persien 177
Israel 408, 426 f., 437 f., 443 f., 446, 451, 455 f.
Istanbul, Konstantinopel 14 f., 20 f., 23, 27, 29 f., 37 f., 73, 75, 85, 105–171, 180, 198 f., 205, 205, 231 ff., 235 f., 241, 245, 247, , 245, 247–256, 267, 272 f., 275 f., 290, 294 f., 321 f., 324, 329 ff., 342, 357, 363, 365, 368 f., 379 f., 399
- Arsenal 135
- Beyazit-Moschee 133, 151
- Beyoglu 247, 250–253
- Dolmabahce-Palast 147, 164, 169
- Galata-Brücke 20, 253, 363 f.
- Galatasaray 38, 129 ff.
- Galata-Sternwarte 38

- Gedik-Pascha-Theater 148, 150, 159
- Goldenes Horn 20, 114, 198, 200
- Hagia Sophia 37
- Pera 114
- Sklavenmarkt 275 f.
- Straßenbeleuchtung 140
- Strom der Ideen 241
- Sultan-Ahmad-Platz 382
- Topkapi-Palast 147
- Universität Istanbul 294, 329
- Wasserläufe 120
- Yildiz-Palast 311, 330, 361, 363, 365, 367 ff.
Italien 22, 43, 45, 139, 152 f., 179, 208, 236, 239, 331, 405
- Risorgimento 151, 153
Izmir 75, 120, 150, 233, 254

Jabotinsky, Wladimir 375
Jafar Husseini, Mirza 187
Jafar, Mirza 187
Jahan, Malek 210
jahiliyya 440, 443
Jakob I., König von England 165
Jane Eyre (Brontë) 9–13, 15 f.
Janitscharenkorps 110, 273
Japan 143, 147, 290, 325 f., 331, 346, 456
Jardin des plantes (Paris) 84
Jazz 436, 457
Jeanne d'Arc 222
Jemen 381
Jenner, Edward 74
Jermolow, Alexei Petrowitsch 201
Jerusalem 18, 426, 456
Jesiden 106
Jingoismus 150
Johnson, Samuel 90, 191
Jomard, Edmé-François 84

Jom-Kippur-Krieg (1973) 444
Jones, William 190
Jordanien 406–408, 426
Journalismus 21, 248, 341
– Ägypten 248
– Iran 341
– Osmanisches Reich 21
Judentum 124 f., 129, 162 f., 295, 375, 391, 408, 425, 432
– Balfour-Deklaration 408
– Ägypten 106
– Iran 32
– Osmanisches Reich 124 f., 129, 162 f.
– Zionismus 375, 425, 432
Jugoslawien 438
Julirevolution von 1830 89
Julius Cäsar 196
jumhuriyya 92
Junge Osmanen 153
Junges Italien 153
Jungtürken 361 f., 366 ff.

Kaaba 394
Kabul 293, 324
Kadscharen 178 f., 205, 213, 216, 312 f., 326, 353, 357, 359, 407
– Ahmad (Reg.: 1909–1925) 407
– Fath-Ali (Reg.: 1797–1834) 178 f., 182, 185, 187, 190, 197, 203 ff.
– Muhammad (Reg.: 1834–1848) 204 f.
– Muhammad Ali (Reg.: 1907–1909) 342, 344 ff., 350 f., 353, 356 f.
– Muzaffar al-Din (Reg.: 1896–1907) 327, 334, 337, 339
– Nasreddin (Reg.: 1848–1896) 205–219, 228 f., 234 f., 258, 283 f., 312 ff., 321, 323, 326 f., 331, 333
Kaffee, Kaffeehäuser 38, 52, 57, 86, 135, 142, 192, 276, 297, 313, 315, 420
Kaghaz-e Akhbar 200
Kairo 19, 29 f., 36, 41–108, 117, 121, 147, 152, 160, 231 f., 238, 245 f., 257, 263, 265 ff., 270, 272, 283, 290, 295 f., 299, 302, 304 f., 307, 324, 329, 386 f., 400, 405, 418–422, 424, 426 ff., 430, 436, 442, 464, 470
– Abdin-Palast 303, 338
– Ägyptisches Museum 94
– al-Azhar siehe al-Azhar-Schule
– Azbakia 45, 58
– Bulaq 69, 118
– Cholera-Unruhen (1896) 389
– Hassan-Moschee 299
– Hebammenschule 262
– Hulwan 430, 438
– Institut de l'Égypte 73
– Ismails Erneuerung 95, 100, 103
– Kosmopolitismus 419
– Muslimischer Verein junger Männer 422
– Shepheard's Hotel 103
– Sprachenschule 91, 94
– Strom der Ideen 241
– Tahrir-Platz 94
– Universität Kairo 400, 442, 470
– Zitadelle 64
kalam 36
Kalifat 128, 154, 177, 310, 384, 400, 408, 424, 471
Kalifat und die Souveränität der Nation, Das (Abdel Razeq) 400, 419
Kalkutta 190, 241, 290, 293

Kalter Krieg 26, 417, 465 f.
Kamele 181, 403, 414
Kameras 146
Kamil, Mustafa 393, 398
Kampf zwischen Islam und Kapitalismus, Der (Qutb) 436
Kanon der Medizin (Avicenna) 35, 74
Kap der guten Hoffnung 42, 100
Kapitalgesellschaften 22
Kapitalismus 417
Kapitulationen 125 f., 402, 405
Karabach (Iran) 185 f.
Karawansereien 174
Karl Albert, König von Piemont 153
Karl der Große 109
Karl X., König von Frankreich 89
Karmel, Berg 18
Karun (Fluss) 314, 358
Kasb 96
Kaschan (Iran) 211
Kaspisches Meer 185, 202, 208, 341, 414
Kasravi, Ahmad 242 f., 340 f., 348 f., 351, 383, 446, 450, 458, 462
Katharina II. (die Große), Zarin 105, 179
Katholizismus 15, 86 f., , 195
Kaukasus 37, 188, 201 f., 289, 313, 340, 342, 346, 403
– und der Iran 188, 202, 313, 340, 342, 346
– und Osmanisches Reich 342, 403
– und Russland 201, 289, 313
Kaveh 358 f.
Kawrani, Hana 268
Kazim, Muhammad 186 f.
Keilschrift 356

Kemal, Namik 143, 149 ff., 151 f., 154–161, 164 ff., 169 ff., 196, 220, 243, 329, 342, 373, 432 f.
Kenia 425
Kerbela (Irak) 176, 223
Kerman (Iran) 174
Kermani, Aga Khan 357 f.
Kermani, Nazem al-Islam 328
Kermani, Mirza Reza 317, 322 f.
Khan, Hadschi Ali 211 f.
Khan, Malkum 314, 316, 318, 321, 342, 361
Khan, Sayyid Ahmad 309
Khan, Schapschal 339
Khartum 90, 93, 290
Khayyam, Omar 32
Khomeini, Ruholla 444 ff., 448, 458 f., 462 ff.
Kibbutz 456
Kindheit auf dem Lande (Qutb) 429
Kissinger, Henry 456 f.
Kléber, Jean-Baptiste 55, 84, 89
Kleopatra II., Pharaonin von Ägypten 269
Kokain 244 f.
Kolonialismus 45, 60 f., 85, 99, 104, 127, 264, 289, 302, 305, 307, 385, 406–409, 424 f., 446 f., 470
– Britannien 45, 104, 264, 289, 307, 353, 385, 406 f., 409, 425, 447
– Frankreich 60 f., 85, 127, 302, 305, 406
– Russland 289, 353, 406
Kometen 242, 340
Komitee für Einheit und Fortschritt 362 f., 365 f., 367, 380, 398, 412
Kommunismus 417, 464

Konstantinopel (de Amicis) 20 f., 23
Konstantinopel *siehe* Istanbul
Kopernikus, Nikolaus 58
koptisches Christentum 60, 94, 176
Koran 31, 33, 34 f., 37–40, 47–51, 57, 69, 89, 92, 96 ff., 121, 127, 154, 156, 158, 162, 182, 215, 221, 223, 227, 239, 263, 273, 319, 341, 362, 377, 384, 390 f., 401, 412, 418, 423, 429, 432, 441, 443, 458
– Auswendiglernen 38 f., 57, 69, 162, 341, 418, 429, 432
– Dschinne 120 f.
– *ijtihad* 390
– in der Not ist Verbotenes erlaubt 127
– Liberalismus 393
– Schöpfung 239
– Übersetzungen des 48, 50, 156, 377
– und Demokratie 97 f.
– und Druckerpresse 69
– und Ehe 221, 390
– und Gerechtigkeit 97
– und Kalifat 154
– und Mutaziliten 96
– und Neuerungen 432
– und Polygamie 221, 390
– und Satan 47
– und Sklaverei 273
– und Taha Hussein 401
– und Verfassungen 154
Koreakrieg (1950–1953) 465
Kosaken 323, 345, 348, 350, 355, 407
Krafft-Ebing, Richard von 282
Kredite *siehe* Schulden, Staatsschulden

Kreta 361, 366, 411
Kreuzigung 175
Kreuzzüge 22, 36
Krim 105, 107, 127, 136, 145–148, 339
Kristallpalast (London) 156
Kroaten 163
Kronstadt (Russland) 190
Ktesiphon, Schlacht von 359
Kuba 337
Kurdistan, Kurden 63, 106, 225, 371 f., 375, 405, 408 f., 411

Lamartine, Alphonse de 136
Lampenlöschspiel 259
Lane, Edward 65, 71, 87 f.
lange Depression (1873–1879) 234
Lappen 239
Latein 74, 117, 143, 190, 192, 197, 199
Lausanne, Vertrag von (1923) 380, 405
le Bon, Gustave 376
Le Comte de Monte-Cristo (Dumas) 391
L'Égypte et les Égyptiens (Harcourt) 270
Leibniz, Gottfried Wilhelm 27
Lenin, Wladimir 441
Lesbos 41
Lesseps, Ferdinand de 100
Liakhoff, Polkownik Wladimir Platonowitsch 348 ff., 366
Libanon 177, 219, 239, 246, 330, 406
Libanon-Gebirge 125, 330
Liberalismus 25, 166, 168, 292, 393, 438 f.
Libyen 470
Lincoln, Abraham 276

Literatur 58 ff., 69, 132, 135, 137,
   139, 142 f., 177, 246, 252, 401
Lithographie, Steindruck 151, 197
Lloyd George, David 409
Lochkamera 32
Logik 73, 76 f.
Lokalpatriotismus 376
London 123, 140, 142, 150, 156,
   186, 190, 192 f., 195 f., 199 f., 228,
   241, 257, 265, 306, 310, 314, 316,
   318, 321, 342, 347
Louis Napoléon *siehe* Napoleon III.
Louis-Philippe I., König von Frankreich 89, 136
Louvre 84, 190
Ludwig XVI., König von Frankreich 108
Luther, Martin 189, 216, 296, 336, 462

MacFarlane, Charles 129–132
Madame Bovary (Flaubert) 19 f.
Magna Charta 196
Mahdi 225, 290, 292, 310, 313
Mahfuz, Nagib 247, 430 f., 436
Mahmud Nedim Pascha 161, 163
Mahmudiya (Ägypten) 417 f., 421
Mailer, Norman 456
Makedonien 64, 361 f., 368, 375, 411
Malayische Ulema 388
Malekzadeh 207, 211 f.
Malta 246, 405
Malus, Étienne-Louis 45
Mamluken 42 ff., 60 f., 64 f., 67, 70, 72 f., 107, 173, 181, 271, 273, 281
Manchester 233
Mao Zedong 456
Marmarameer 114

Marokko 234
Maroniten 125, 246, 330
Marrasch, Marjana 246
Marseillaise 94, 159
Marseille 87, 233, 235
Martyn, Henry 188
Marxismus 156, 465
Masandaran (Iran) 344
Maschhad 174, 176, 226, 281, 334
Masern 32
Massignon, Louis 461
Mathematik 32, 66, 93, 332, 389
– Algebra 32, 389
– Geometrie 66, 93, 332
Mathnawi (Rumi) 454
Maududi, Sayyid Abul-Ala 489
Mauser-Repetiergewehre 360
Mazzini, Giuseppe 153, 209
McCullagh, Francis 369
McKinley, William 331
Medina 37 f., 67, 106, 331
Medizin 17, 22, 35, 74 ff., 78, 107 f., 117–120, 123,, 197, 200, 342, 412
Mehmed Emin Ali Pascha 146
Mehmed II., osmanischer Sultan 37
Meiji-Restauration (1868) 325
Meinungsfreiheit 139, 339
Mekka 29, 37 f., 67, 106, 186, 279, 290, 296, 309, 311, 360, 407, 454 f., 459
– Hadsch 186, 290, 309, 459
Melville, Herman 18
Menou, Jacques 53
Menschenrechte 136, 254, 274, 370
Mesopotamien 177, 361, 404
Mesvret 361
Metcalfe, Thomas 191

Metternich, Klemens Wenzel Fürst von 129
Mexiko 101, 332
MI6 (Geheimdienst) 447
Midhat Pascha, Ahmet 161–170, 297, 329, 360
Midhat, Ahmed 247–251
militärischer Drill 113, 116, 340, 449
Militärreformen 65, 107, 179
- Ägypten 65
- Iran 179
- Osmanisches Reich 107
Millenarismus 26
Millet-System 124–127, 139, 150, 221
Minderheit 24, 60, 106, 124–129, 145, 170, 173, 177, 180, 208, 239, 301, 330, 336, 371, 376 f., 419, 442
- Ägypten 173, 239, 301, 330, 419, 442
- Iran 175, 177, 180, 199, 208, 214, 336
- Osmanisches Reich 60, 106, 124 f., 126, 128 f., 170, 376 f.
Misérables, Les (Hugo) 160
Mittelmeer, Mittelmeerraum 11, 33, 37, 41, 43, 46, 64, 70, 72, 75, 82, 99, 102, 110, 120, 122, 173, 175, 198, 233, 235, 254, 265, 275, 295, 391, 399
Mittelschichten 93, 286, 461
Mohammed Schah 204 f., 207 f., 215
Mohammed, Prophet 17, 30 f., 33, 48 ff., 53, 75, 77, 94 ff., 108, 115 f., 119, 121, 126, 138, 154, 158, 176, 215, 222, 227, 238, 272 f., 279, 290, 292, 437

- als frei von Sünde 38
- *baya* 158
- Bilder von 49 f.
- Biographien 48, 96
- Ehefrauen 94
- über Ansteckung 121
- über China 138
- über Dhimmis 126
- und anatomische Sektionen 75, 119
- und Bahaitum 217, 222
- und Kalifat 154
- und militärischer Drill 116
- und Neurungen 158
- und Sklaverei 272 f., 279
- und Verschleierung 227

Mohammedan Anglo-Oriental College 28
Moldawien 128
Molière 142, 342
Moltke, Helmuth von 116, 120
Monastir 375
Mongolenreich (1206–1368) 380
Monogamie 221, 270
Montenegro 170, 379
Montesquieu 89, 93, 151, 238
Morier, James 178, 183, 189
Moskau 189, 311 f., 325
Moskofs 106
Mossadegh, Muhammad 447, 450 f.
Mottahedeh, Roy 460
Mozart, Wolfgang Amadeus 27, 34
Mubarak, Hosni 470
Mudschtahids 175
Muhammad Ali, Schah von Persien 342, 344 ff., 350 f., 353, 356 f.
Muhammad Ali, Wali von Ägyp-

ten 23, 63–72, 75 f., 78–84, 88, 90, 94 f., 100 f., 103 f., 106, 108, 110, 112–115, 118, 121 f., 128, 145, 176, 180, 182 f., 201, 206, 208, 212, 214, 234 , 262, 271, 276, 289, 300, 306, 410, 423, 429, 437, 444
- absolute Macht 122, 128
- Alexandria, Weiterentwicklung 100
- Militärreformen 65 ff., 76
- Standbild 306, 357
- und Altertümer 94
- und Bildungswesen 69, 94
- und Buchdruck 69
- und Frauengesundheit 262
- und Griechischer Unabhängigkeitskrieg 112
- und Industrialisierung 234
- und Landenteignung 68, 81
- und Landwirtschaft 65, 76, 208
- und Mamluken 64
- und Medizin 68, 78
- und Pest 121 f.
- und Ulema 68 f., 76

Muhammad Reza Pahlavi, Schah von Persien 415, 445–450, 458
Muhammad, Schah von Persien 407, 410 f., 413–416, 421, 424, 444
Münif Pascha, Mehmed Tahir 143
Murad V., osmanischer Sultan 164
Mursi, Mohammed 481
Muscha (Ägypten) 428 ff., 432 f.
Museum für Naturgeschichte, Paris 84
Musik 38, 53, 434, 436, 453
Muslimbruderschaft 98, 424 ff., 428, 431, 437, 439, 444 ff., 450, 470

Muslimischer Verein Junger Männer 422
Mustafa III., osmanischer Sultan 105, 107
Mustafa Resid Pascha 129, 135, 141
Mutaziliten 96
Mystik 37 f., 40, 73, 200, 204, 200, 204, 236, 292, 297

Nackten und die Toten, Die (Mailer) 456
Nadir, Schah von Persien 174
Nadschaf 176, 293, 390
Nagib, Muhammad 437
Nahda-Bewegung 245 f., 271
Nähmaschinen 146, 256
Naim, Ahmed 378
Napoleon I., Kaiser von Frankreich 22, 25, 30, 41–56, 60, 65 f., 68, 70, 84 f., 89, 105 f., 111, 179 f., 182, 185, 189 f., 196, 271, 300, 363, 388, 393, 464
- Ägypten, Besetzung 25, 42, 45, 50, 53, 105, 182, 190, 273, 388
- Code Napoléon 94
- Exil auf St. Helena (1815–1821) 180
- Friede von Tilsit (1807) 179 f., 182
- Invasion Russlands (1812) 182, 189
- Napoleonische Kriege (1803–1815) 105, 178
- Niederlage in Italien (1799) 179
Napoleon III., Kaiser von Frankreich 100 f., 141, 219, 246
Nasreddin, Schah von Persien 205–219, 228 f., 234 f., 258,

283 f., 312 ff., 321, 323, 326 f.,
331, 333
- Ermordung 323, 326, 333
- Finanzen 314, 321
- Harem 320 f.
- Reuter-Konzession 235
- Talbot-Konzession 315, 321
- Thronbesteigung 205
- und Afghani 312, 319 f., 322, 333
- und Amir Kabir 206–214
- und Babi-Bewegung 214, 26–219
- und Homosexualität 283
Nasser, Gamal Abdel 98 f., 307, 437 ff., 442 f., 447 f., 455 f.
Nationale Partei Ägyptens 393, 398
Nationalismus, nationale Identität 176, 214, 220, 232, 308, 332, 356, 360, 373, 375, 378 ff., 384, 394, 410, 443, 463
- Ägypten 443
- Iran 214, 356, 463
- Osmanisches Reich 373, 375, 378 f.
- Türkische Republik 385, 400
Naturrecht 88 f., 95
Navvab-Safavi, Mojtaba 446
Nazif, Süleyman 228
Neapel 104, 200
neue Frau, Die (Amin) 270 f.
Neue Ordnung 111
neue Turan, Das (Edib) 380
New York 120, 257, 433
Newport (Schiff) 102
Newton, Isaac 27
Nicolay, Nicolas de 283
Nietzsche, Friedrich 24
Nightingale, Florence 136

Nikolaus I., Zar 107
Nikolaus II., Zar 325, 347, 361, 369
Nil 27, 39, 43, 52, 64–71, 81, 91, 112, 119, 236, 278, 299 f., 304, 310, 390, 417 f., 428 f., 448
Nimr, Faris 239 f.
Nomaden 163, 174
Notre-Dame de Paris 15
Nouruz 358
Nuqraschi, Mahmud 426
Nuri, Fazlullah 344, 351 f., 367, 458

Odessa 351
Offenbach, Jacques 103
Öffentlichkeit, öffentliche Meinung 23, 27, 77 ff., 83, 108, 113, 116, 133, 140, 148, 156, 161, 248 f., 320, 402, 442, 451, 461
Ölberg 19
On Education (Spencer) 391
Oper 101, 103, 116, 151, 190, 192, 258, 311, 331
Opium 233, 461
Orientalismus (Said) 53
Orientalisten 21, 136, 359, 461
osmanische Schuldenverwaltung 237
Osmanisches Reich
- **1483** Verbot der Druckerpresse 40
- **1492** Ankunft der aus Spanien geflohenen Juden 124
- **1517** Annexion Ägyptens 41
- **1580** Schließung der Sternwarte in Galata 38
(Südafghanistan) 174
- **1727** Einrichtung der ersten von Muslimen betriebenen Druckerei 116

- 1768 Ausbruch des Russisch-Türkischen Kriegs 105
- 1783 russische Annexion der Krim 105
- 1789 Thronbesteigung Selims III. 107
- 1792 Friede von Jassy; Abtretung der Krim an Russland 127
- 1797 Versuch zur Rückeroberung der Krim 105
- 1798 Napoleon besetzt Ägypten 41; Ausbruch der Wahhabi-Revolte 56
- 1799 Belagerung von Akkon 111; Aufbau der »Neuen Ordnung« durch Selim III. 111
- 1800 Ermordung General Klébers in Ägypten 55
- 1801 Schlacht bei Abukir; französischer Rückzug aus Ägypten 61 f.
- 1802 Vertrag von Amiens 61
- 1805 Muhammad Ali wird Vizekönig von Ägypten 63
- 1806 britischer Angriff auf Istanbul 111
- 1807 Ausrüstung der Fregatte *Africa* 66; Selim III. abgesetzt; Thronbesteigung Mustafas IV. 111
- 1808 Selim III. stirbt; Thronbesteigung Mahmuds II. 112
- 1811 Massaker an den Mamluken in Ägypten 64
- 1812 Ausbruch der Pest 120
- 1813 Muhammad Ali führt in Ägypten Quarantänestationen ein 121
- 1815 Muhammad Ali beginnt in Ägypten mit Militärreformen 65 f.
- 1824 Muhammad Ali leistet Hilfe im Krieg gegen Griechenland 112
- 1826 erste ägyptische Bildungsmission nach Frankreich 82; Massaker an den Janitscharen 113 ff.
- 1828 Champollions Expedition nach Ägypten 102
- 1831 Kampagne gegen die Pest in Ägypten 122
- 1836 Ausbruch der Pest 122
- 1837 Mahmud II. wird vom Haarigen Scheich beleidigt 115
- 1838 Mahmud II. eröffnet medizinische Scheich ul-Islam gibt Fatwa zur Pest heraus 122
- 1839 Ausbruch des Zweiten Ägyptisch-Osmanischen Kriegs 128; Mahmud II. stirbt 128; erste Welle der Tanzimat-Reformen beginnt 128 f., 145
- 1840 britischer Druck zur Abschaffung der Sklaverei 232, 276 f., 284
- 1847 Ausweisung Qurrat al-Ains 225
- 1853 Beginn des Krimkriegs 107; Bahaullah trifft im Exil ein 219
- 1854 Said I. befiehlt Durchstoß des Isthmus von Suez 99; Belagerung von Silistria 149
- 1856 zweite Welle der Tanzimat-Reformen beginnt 145
- 1858 Bau der Eisenbahn zwischen Kairo und Alexandria 100

- 1859 Bau des Suezkanals beginnt 101
- 1860 die erste Nummer von *Tercuman-i Ahval* erscheint 134
- 1863 Bahaullah erklärt sich zur »Manifestation Gottes« 219
- 1864 Midhat Pascha wird zum Gouverneur der Donaubeckenregion ernannt 253
- 1865 Pressegesetz erlassen 128; Sinasi muss ins Exil nach Frankreich 141
- 1866 Ismail beruft in Ägypten die Abgeordnetenkammer ein 101; Mustafa Fazil wird von der Khediven-Nachfolge ausgeschlossen 152;
- 1867 Jungtürken gehen ins Exil nach Paris 361
- 1869 Aliye setzt sich für die Gleichheit von Mann und Frau ein 14 ff.
Pascha wird zum Gouverneur von Bagdad ernannt 162; Eröffnung des Suezkanals 101
- 1870 Eröffnung der Universität Istanbul 329
- 1871 Amnestie 157; Rückkehr der Jungtürken 157
- 1873 Premiere von *Vaterland oder Silistria* 148; Namik Kemal wird nach Zypern verbannt 159
- 1875 Zahlungsrückstand bei Staatsschulden 161; Britannien erwirbt Anteile am Suezkanal 307; Mustafa Fazil stirbt 161
- 1876 Abdülaziz wird abgesetzt 164; Murad V. besteigt den Thron 164; Abdülhamid II. besteigt den Thron 165; ethnisch-religiöse Massaker in Bulgarien 167; Verfassung wird eingeführt 165
- 1877 Beginn des Russisch-Türkischen Kriegs 170; Namik Kamil wird auf die Insel Chios verbannt 169
- 1878 Vertrag von Berlin 170, 235
- 1879 Ismail wird als Khedive von Ägypten durch Taufiq ersetzt 237
- 1881 Midhat Pascha wird wegen Mordes an Abdülaziz angeklagt 169; Ausbruch der Urabi-Rebellion in Ägypten 300; Einrichtung der Staatsschuldenkommission 360
- 1882 Krieg zwischen Britannien und Ägypten beginnt 306
- 1883 Hinrichtung Midhat Paschas 360
- 1887 Besir Fuat begeht Selbstmord 244 f.
- 1888 Namik Kemal stirbt 170
- 1897 Krieg mit Griechenland 360; Ziya Gökalb wird verhaftet 375
- 1903 Aufstand in Makedonien 361
- 1904 Attentatsversuch auf Abdülhamid II. 331; Taqizadeh besucht Istanbul 342
- 1907 Gründung des Komitees für Einheit und Fortschritt 362
- 1908 Jungtürken-Revolution 362 f.; Bulgarien erklärt Unabhängigkeit 366; Österreich annektiert Bosnien-Herzego-

wina 366; Kreta schließt sich Griechenland an 366
- **1909** Kongress des Komitees für Einheit und Fortschritt in Saloniki 375 f.; Mahmud Schevket stürmt Istanbul 368; Abdülhamid II. geht ins Exil 369
- **1912** Beginn des Balkankriegs 379
- **1914** Eintritt in den Ersten Weltkrieg 379; Abbas II. in Ägypten abgesetzt 402
- **1915** alliierte Invasion Gallipolis 403; Deportation der Armenier beginnt 382
- **1916** Beginn des arabischen Aufstands 403
- **1918** Abdülhamid II. stirbt 369
- **1919** Britannien und Frankreich besetzen Anatolien 380; griechische Invasion 399, 405; Rede auf dem Platz des ehemaligen Hippodroms 400, 405
- **1923** Vertrag von Lausanne 380, 405

Osmanisches Übersetzungsamt 91, 93, 151
os-Saltaneh, Tadsch 259
Österreich 43, 102, 161, 208
Österreich-Ungarn 160, 163, 332, 361, 366
Otto, König von Griechenland 139
Ouseley, Gore 183 ff.
Ouseley, William 189
Oxford University 246

P & O 233
Padua 74, 116

Pakistan 456, 459, 468
Palästina 67, 404, 406, 408, 425, 427
Palmerston, Lord, *siehe* Temple, Henry John
Pamir-Gebirge 346
Pandore, La 85
Pangermanismus, alldeutsche Bewegung 159, 291
Panislamismus 159, 290 f., 300, 309 f., 360
Panslawismus 159, 161, 291
Paris 51, 74, 84 ff., 88 f., 92, 100 f., 127, 131, 135 f., 142 f., 152 ff., 156, 160, 190, 247, 257, 259, 265, 309 f., 327, 342, 361 f., 385, 394, 405 f., 461
Paton, Andrew Archibald 67
Pazifismus 274, 441
Pera (Istanbul) 114
Persian Revolution, The (Browne) 337
Persien 20, 25, 173 f., 183, 199 f. 204, 227, 272 f., 276 f., 283, 326, 328, 335, 346, 351, 355, 403 f., 414
- Abbasiden (750–1258) 31 f., 34, 38, 68, 93
- Achämeniden (550–330 v. Chr.) 296, 356 ff.
- Kadscharen (1785–1925) 178 f., 205, 213, 216, 312 f., 326, 353, 357, 359, 407
- Safawiden (1501–1736) 36, 173, 177 f., 191, 199, 204, 208
- Sassaniden (224–651) 31, 357 ff., 415
persische Sprache 23, 39, 94, 132, 176 f., 189 f., 199 f., 238, 240 f., 282, 284, 316, 357 f., 377, 383

- Arabisch 132, 177
- Journalismus 200, 241, 347
- Keilschrift 356
- Literatur, Poesie 282, 284, 357 f.
- Übersetzung 199, 238, 316, 461
- und Isolation 176
- und nationale Identität 176
- und Türkisch 189, 377
- *watan* 94, 98

Pest 38, 45, 56, 107, 111, 120–123, 131, 262
Peter der Große, Zar 110, 189
Philanthropie 15, 194, 309
Philip II., König von Makedonien 47
Piranuh 149
Piräus 121
Pitts, Joseph 283
Platon 282
Plymouth 194
Pocken 32, 71, 73, 208, 262
Poincaré, Henri 239
Polen 152, 199, 374
Polignac, Charles de 90
politischer Islam *siehe* Islamismus
Polygamie, Vielehe 232, 266, 270, 286, 341, 390
Ponsonby, John 274
Popular Science Monthly 240
Port Said 102
Porträts 70, 110, 247
Portugal 33
Postdienst 12, 15, 208, 331
Potemkin, Fürst 190
Pouqueville, A. M. 121
Prätorianergarde 110, 198
Preußen (1525–1947) 166, 367
Principes du droit naturel (Burlamaqui) 88 f.
Prostitution 227, 248, 281

Protestantismus 125, 146, 189 f., 195, 264
Prudhomme, Sully 252
Ptolemäus, Claudius 22, 242
Pyramiden 44, 46, 48, 65, 67, 103

Qanun 241, 316 f., 342, 361
Qazvin (Iran) 223, 225, 228
Qom (Iran) 415
Quäker 274
Quarantänestationen 121
Quddus 226 f.
Quraisch 77
Qurrat al-Ain (Fatima Zarrin Tadsch Baraghani) 222–229, 399
Qutb, Sayyid 428–443, 445, 449 f., 452, 455–459, 462, 464, 465, 471

Raige, R. 58 f.
Raleigh, Sir Walter 47, 51
Ramadan 124, 151, 192, 329, 452
Ramses II., Pharao 46
Ras al-Tin (Alexandria) 306
Rationalismus 37, 296, 384
Rattengift 71
Rawandi 214
Razmara, Hadschi Ali 214
Realismus 48
Recht 22 f., 34, 73 f., 78, 82, 94, 97, 130, 138 f., 157 ff., 166 ff., 209, 219, 265, 268 f., 272, 277 f., 286, 318, 332, 344, 370 f., 386, 392, 397, 412 f.
- islamisches 22, 74, 78, 130, 219, 268, 277, 370 f., 386, 392
- westliches 94, 269
Reconquista 36
Reform Act (1867) 221
Reformation 17 f., 39, 189, 378, 385

Reis 69, 260, 313, 404
Reiterstandbilder 306, 357
Renaissance 17, 37, 39, 176
Reuter, Julius de 235
Reuters 321
Reza Schah (Reza Khan) 62, 407, 410f., 413–416, 421, 424, 445–448, 450, 458
Reza, Mirza 187
Rigoletto (Verdi) 103
Risorgimento 151, 153
Riyad Pascha, Mustafa 299
Riza, Ahmet 361f., 365
Rohani, Hassan 470
Rom, antikes 28, 32f., 40
Romane 10f., 13–16, 19, 23, 84, 189, 246–256, 281, 286, 380, 432, 451, 455, 457
Romantik 149, 377
Rosetta, Stein von 61, 84
Rot und Schwarz (Stendhal) 251f.
Roter Halbmond 430
Rotes Meer 46, 99
Rousseau, Jean-Jacques 77, 88f.
Royal Artillery 186
Royal Military Academy, Woolwich 197
Royal Society 123
Royalismus 351, 397
Rumänien 170
Russisches Reich, Zarenreich 179
– 1722 Ausbruch des Russisch-Persischen Kriegs 174
– 1768 Ausbruch des Russisch-Türkischen Kriegs 105
– 1783 Annexion der Krim 105
– 1792 Friede von Jassy 127
– 1797 osmanischer Versuch zur Rückeroberung der Krim 105
– 1799 Sieg über die Franzosen in Italien 179
– 1804 Ausbruch des Russisch-Persischen Kriegs 179
– 1807 Friede von Tilsit 179f., 182
– 1812 Invasion durch Napoleon 182, 189; Schlacht in Karabach 185; Schlacht von Aslanduz 185
– 1813 Friede von Gulistan 185, 201f.
– 1826 Ausbruch des Russisch-Persischen Kriegs 202
– 1828 Friede von Turkmantschai 202
– 1829 Gribojedow wird in Teheran gelyncht 202; Kauf einer Steindruckpresse für den Iran 200
– 1837 iranische Invasion von Herat 204, 208
– 1853 Ausbruch des Krimkriegs 107
– 1854 Belagerung von Silistria 149
– 1863 Bahaullah schreibt an Zar Alexander 219, 246
– 1877 Ausbruch des Russisch-Türkischen Kriegs 170
– 1887 Ankunft Afghanis 311
– 1900 erster Kredit an Iran 327
– 1903 Stationierung einer Polizeitruppe in Makedonien 361
– 1905 Seeschlacht in der Straße von Tsushima 290
– 1906 erste Duma tritt zusammen 325; Nikolaus II. unterdrückt Duma 325, 347
– 1907 Iran lehnt Kredit ab 338;

Anglo-Russisches Abkommen 346
- 1908 Intervention gegen iranische Konstitutionalisten 346
- 1909 Einnahme von Täbris 349; Rückzug aus Teheran 345
- 1911 Forderung nach Entlassung Shusters im Iran 354
- 1915 Invasion von Gallipoli 403
Russisch-Orthodoxe Kirche 25, 106

Saadi 284
Sabbatianer 375
Sackville-West, Vita 414
Sacy, Samuel Sylvestre de 136
Sacy, Sylvestre de 136
Safawiden 36, 173, 177 f., 191, 199, 204, 208
Sahara 101, 275
Said I., Wali von Ägypten 99
Said, Edward 53
Saint-Hilaire, Étienne Geoffroy 45
Saint-Simonisten 70
Säkularismus 17, 26, 28, 33, 87, 123, 126, 153, 157, 209, 214, 232, 254, 265, 344, 365, 371, 401, 412, 416 f., 437, 446 f., 458 f., 465
- Bahaitum 214
- Ägypten 153, 157, 265, 344, 437
- Iran 344, 447, 458 f.
- Osmanisches Reich 123, 126, 371
- Türkische Republik 365
Saladdin, Sultan von Ägypten und Syrien 36
Salafismus 238, 421 f.
Saleh, Mirza 186–206, 209, 214, 229, 433, 435
Salisbury 193

Saloniki 150, 254, 369, 375 f., 379, 382, 384
Samoware 208
Sanizadeh Ataullah 116 ff.
Sankt Petersburg 139, 189, 198, 200, 203, 206, 346, 357
Sanskrit 35, 190
Sarruf, Yaqub 239 f.
Sartre, Jean-Paul 450
Sassaniden 31, 357 ff., 415
Satan 47
Saudi-Arabien 29 f., 407 f.
Savak 448, 454
Sayyid Ali Muhammad siehe Schirazi, Sayyid Ali Muhammad
Sayyid Mustafa 108 f., 118
Schaarawi, Huda 260, 271, 398 f., 405, 418
Schah Abdulazim (Persien) 316, 322, 334, 345, 351
Schahname (Königsbuch) 177, 358, 377, 415
Schamil, Imam 313
Scharia 33 f., 38, 49, 57, 107, 125–128, 130, 157 f., 164, 175, 223 f., 270, 344, 365–368, 370, 388, 414, 425, 441
- Apostasie 14, 128, 225
- Fatwas 122, 392 f., 395
- *ijtihad* 175
- Schulen der 38, 107
- und Abtretung von Territorien 127
- und Babitum 223 f.
- und Demokratie 158, 344, 369 f.
- und Kapitalgesellschaften 22
- und Militärreformen 367 f.
- und Minderheiten 124 f.
- und Polygamie 270
- und Qutb 441

535

- und Säkularisierung 365
- und Sklaverei 277
- und Ulema 33 f., 344
- und Verschleierung 227, 271

Schariati, Ali 461–464
Scheidung 270, 393, 412
Schevket, Mahumd 368
Schiitentum, schiitischer Islam 36, 175 ff., 188, 201, 209, 215 f., 229, 242, 281, 292 f., 296, 308, 311, 316, 319 f., 332 f., 357, 383, 400, 408, 446, 450, 452, 458, 461–464, 468
- Gerechtigkeit und Opfer 332 f.
- im Irak 311, 319
- im Osmanischen Reich 177, 209
- Märtyrertum 215, 242
- philosophische Traditionen 294
- Schreine 209, 308, 316
- *taqiyya* 224
- Trauerzeremonien 209
- und Afghani 293 f., 296, 308, 319 f., 333
- und Al-e Ahmad 450, 452, 458, 461
- und Babitum 216, 225
- und Bahaitum 215, 333
- und iranische Identität 176 ff., 332, 383, 458
- und Kalifat 400
- und Konversion 188
- und Russland 201
- und Schariati 462 f.
- zeitweilige (zeitlich begrenzte) Ehe 281

Schiller, Friedrich 391
Schiraz (Persien) 186, 215
Schirazi, Hadschi Mirza Hasan 319
Schirazi, Mirza Abul Hassan 190 f.
Schirazi, Mirza Muhammad Saleh 186
Schirazi, Sayyid Ali Muhammad 214–219, 221–225, 227 f.
Schlacht bei den Pyramiden (1798) 44
Schlacht bei Waterloo (1815) 68, 180, 189
Schlacht von Ktesiphon (637) 359
Schlacht von Omdurman (1898) 241, 269
Schlacht von Tours und Poitiers (732)
Schleier, Verschleierung 14, 58, 69, 226–229, 249, 256 f., 261, 265 ff., 270, 285, 399, 412, 419, 432
Schopenhauer, Arthur 238, 391
Schreine 209 f., 215, 226, 308, 316, 323, 334, 345, 416
Schulden, Staatsschulden (Kredite) 99, 103, 145 ff., 161 f., 234 f., 298 f., 307, 312, 321, 327, 338, 350, 353, 360, 405, 460
- Ägypten 103, 298 f., 360
- Iran 312, 353, 460
- Osmanisches Reich 145 f., 237
Schumayyil, Schibli 239, 243
Schwarzes Meer 105, 351
Schweiz 88
Scott, Walter 247
Scutari (Üsküdar) 74, 131
Sechstagekrieg (1967) 443
Seide 174, 233, 254, 313, 341
Sektionen, Sezieren 23, 75, 78, 130, 244
Selbstgeißelung 209
Selbstmord, Suizid 164, 244 f., 258, 372, 374
Selbstmordanschläge 469
Selbstverstümmelung 209

Selim I., osmanischer Sultan 42
Selim III., osmanischer Sultan 65, 107, 127
Seneca, Lucius Annaeus 166
sephardische Juden 106
Sève 65 f.
Sexualität, Sex 17, 77, 86, 236, 260, 280–287, 297, 432, 433, 435
- Homosexualität 77, 282, 284 f., 287
- Prostitution 227, 248, 281
- Vergewaltigung 284
- Verhütung 236
Sezai, Samipasazade 286
Shakespeare, William 191
Sheil, Mary 210 f., 274, 276
Shepheard's Hotel, Kairo 103
Sherley, Robert 41, 191
Shuster, Morgan 353 ff., 404
Silistria 149, 162
Sinasi, Ibrahim 21, 135–143, 149–152, 154, 169, 377
Singer Company 256
Sinn Fein 332
Sklaverei, Sklaven 12, 22, 39, 42, 52, 61, 66, 77, 79, 83, 110, 114, 183, 191, 202, 207, 248, 257, 263, 272–281, 283 f., 301, 303, 319
- Abessinier 263
- Abschaffung 207, 276 f.
- Britisches Empire 191, 207, 272
- Christen 83, 114, 202, 273, 319
- englische 12, 283
- Freilassung 278
- georgische 181, 275
- Ghulams 183
- griechische 83, 114
- im Koran 273
- in den USA 272 ff.
- Janitscharen 110, 273
- Mamluken 42, 61, 273
- Sezieren von Sklaven 79
- Sklavinnen 77, 257, 273, 276 ff., 280, 301
- sudanesische 66, 273, 277
- Tscherkessen 275 f., 279
Slavery Abolition Act (1833) 274
Slawen 161, 376
Smart, Walter 335 ff., 343, 352
Société asiatique 136
Société Générale 101
Sonnenuhren 50
Sour-i Esrafil 241
South Persia Rifles 355
Sowjetunion 29, 438, 443, 445
Sozialismus 98, 144, 466
Soziologie 89, 118, 376
Spanien 33, 36, 124
Spencer, Herbert 239, 391
Spiegel (Mahfuz) 431
Spiegel des Körpers (Sanizadeh) 117
St. Helena 180
Staatsschuldenkommission, Osmanisches Reich 360
Stendhal 251 f.
Sterne, Lawrence 246
Sternwarten 38, 157
Steuern, Steuersystem 42, 63, 68 f., 101, 103, 125 f., 128 f., 161, 207, 210, 232, 234, 299, 340, 353 f., 364, 414, 430
- Ägypten 42, 63, 68 f., 101, 103, 299, 430
- Iran 207, 210, 232, 340, 353, 414
- Osmanisches Reich 125 f., 128 f., 161, 364
Stockwell Training College, London 265
Stone, Charles Pomeroy 303

Straßenbeleuchtung 140, 162
Strelizen 110
Suavi, Ali 153 f.
Südafrika 332, 392
Sudan 66 f., 90, 100, 290, 292
Suezkanal 99, 101 ff., 209, 233, 236, 307, 395, 402, 420, 438, 447
Suffragetten 268
Sufismus 47, 200, 215, 374, 390, 418
Sultan-Ahmad-Platz, Istanbul 382
Sultaniya-Schule, Beirut 386
Sunna 33, 37, 154, 443
Sunnitentum sunnitischer Islam 36, 38, 79, 175, 177, 293 f., 296, 308, 333, 383, 386, 396, 400, 408, 423, 446, 468
Swadeshi-Bewegung 341
Sykes, Ella 258 f.
Sykes-Picot-Abkommen 408
Syphilis 106, 117, 262, 285
Syrian Protestant College 239
Syrien 61, 66 f., 146, 371, 403 f., 406–409, 426, 438, 470
Système de la nature (Baron d'Holbach) 131

Tabak 38, 64, 135, 233, 315, 318–321, 327, 333, 449, 458, 462
Tabatabai, Muhammad 333 f.
Tablet 321
Täbris 174, 179, 182, 184, 188, 192, 195, 197, 200, 202 f., 207, 209, 216 f., 318, 337, 339–343, 349, 355, 364, 449 f.
– Bab, Prozess und Hinrichtung (1848–1850) 207
– Druckereien 200, 203
– millenaristische Unruhen 216 f.
– und Abbas Mirza 339 f.
– und Russland 179, 202 f., 349, 355
– und Talbot-Proteste 318
– Verfassungsrevolution (1905–1911) 332, 364, 449
Tadsch Mahal 177
Tahiri *siehe* Qurrat al-Ain
Tahrir-Platz, Kairo 94
Taif (Hedschas / Arabien) 169
takfir 443 f.
Taki, Muhammad 225
Talat Pascha, Mehmed 376, 382
Talbot, G. F. 315, 318 f., 321
tamadun 91, 97
Tanin 366 ff.
Tanpinar, Ahmet Hamdi 137, 142
Tanta (Ägypten) 236
Tanz 38, 52, 86, 184, 194, 254, 261
Tanzimat 128 ff., 135, 145 f., 158, 166, 205, 209, 220, 275, 289, 368, 371, 412, 423
taqiyya 224
Taqizadeh, Hassan 287, 341–345, 349 f., 355, 358 f., 362, 377, 383, 388, 405, 432, 458
– Konstitutionalismus 358
– und Abduh 388
– und Homosexualität 287
– und Jungtürken 362
– und Moderne 383
– und nationale Identität 377
– westliche Einflüsse 362
taqlid 38, 291, 386, 390, 392
Tarde, Gabriel 376
Tasvir-i Efkar 138, 140, 143, 152
Tatawwur 240
Taufiq Pascha, Muhammad, Khedive von Ägypten 237, 298 f., 301, 303, 305 f., 338, 359, 385, 387

Taufiq, Muhammad 394 f.
Taylor, Isaac 391
Teheran 20, 29 f., 178, 184,187, 200, 202, 205, 207 f., 210 f., 221, 225, 228, 231 f., 241, 272, 274, 290, 313 f., 316, 321, 323 f., 328 f., 333 ff., 337, 339, 342, 345–352, 354 f., 357, 406, 415, 450, 454 f., 460 f., 470
– Aberglaube 316
– Druckereien 200
– Grüne Bewegung 470
– Inschriften und Reliefs 357
– Kadscharen 407
– Kaffeehäuser 313, 315
– Königliche Gießerei 200
– Konservatismus 329
– Lynchmord an Gribojedow 202
– Modernisierung 454 f.
– Museen 415
– Qurrat al-Ain 225, 228
– russische Banken 328 f.
– Strom der Ideen 241
– Tabakkrise 321
– und Anglo-Russisches Abkommen 346 f.
– und Bahaitum 221 f., 225
– und Mary Sheil 210 f., 274
– und Schah Abdulazim 316
– und Verfassungsrevolution 333 ff., 447
Teimurtasch, Abdolhossein 411
Telegraphen 13, 68, 100, 319, 331, 341, 360, 367
Temple, Henry John (Lord Palmerston) 67, 274 f.
Terakki-i-Muhadderrat 14, 266
Tercuman-i Ahval 134 f., 137 f., 141
Tevfik, Riza 364
Théâtre français, Paris 142

Theologie der Einheit (Abduh) 386 f.
Theosophie 309
Tiflis 279
Tigris 32, 233
Tilsit, Friede von 179 f., 182
Times 228, 298, 349 f., 353, 454
Tipu Sultan von Mysore 65
Tischsitten 250
Tolstoi, Leo 25, 342, 396
Topkapi-Palast (Istanbul) 147
Thora 73
Toulon 70
Toynbee, Arnold 417
Transjordanien (1921–1946) 406–408, 426
Transsubstantiation 41
Transvaal-Fatwa 392 f., 395
Träume 47
Tristram Shandy (Sterne) 246
Trotzkismus 465
Truite, La (Schiff) 82
Tschador 414
Tschadsee 275
Tscherkessen 70, 202, 273, 275 f., 279, 299–304
Tschetschenien, Tschetschenen 202
Tsushima, Straße von (Seeschlacht in der) 290
Tura-Gefängnis, Ägypten 438 f.
Turan 377
Türkei 12, 16, 22, 25, 28 f., 61 f., 73, 106 f., 112, 120, 124–129, 137, 141, 143 f., 156 f., 166–170, 173 f., 179 f., 183, 198 f., 204, 209, 213, 233–237, 246, 251, 256, 265, 276 f., 283, 289, 294, 297, 313 f., 318, 321, 326, 333, 365, 379, 397–402, 410, 413, 419, 453, 464 f., 467–470, 474, 481

- 1923 Vertrag von Lausanne 380
- 1924 Atatürk schafft das Kalifat ab 400; Feldzug gegen Kurden beginnt 411
- 1925 Edib muss ins Exil 413
- 1933 Gebetsruf in arabischer Sprache wird verboten 465
- 1950 allgemeine Wahlen; Eintritt in den Koreakrieg 465
- 1980 Staatsstreich 469
- 2002 allgemeine Wahlen; AKP kommt an die Macht 29

türkische Sprache
- Dichtung, Poesie 132, 143, 282
- Journalismus 132, 135, 137, 139, 142 f.
- Millet-System 125, 221
- *seferberli* 403

Turkmantschai, Friede von (1828) 202
Tusi, Nasreddin 58, 73, 342
Tyndale, William 189

Ulema 34, 37, 46, 52, 68 f., 76, 78, 90, 94, 105, 116, 120, 122, 154, 175, 200, 209 f., 216, 314, 344, 388, 446, 458, 460
- Ägypten 68, 76, 90, 94
- Iran 175, 216, 446, 458, 460
- malayische 388
- Osmanisches Reich 78, 105, 116, 122, 209 f.

Umberto, König von Italien 331
Umma 31, 106, 309, 333, 378
Ummayyaden 31
Ungarn 130
Unsichtbar (Ellison) 457
Urabi, Ahmad 300–307, 309 f., 318 f., 338, 249, 385, 418, 427
Uranus 195

Ursprung der Arten, Der (Darwin) 130, 239
Usakligil, Halid Ziya 252–254, 256, 420, 455
Uskub 375
Ute-Volk 436

Vaqayi-i Ittifaqiya 209
Vaterland oder Silistria (Kemal) 148–152, 159, 164, 342
Vegetarismus 174
Verdammten dieser Erde, Die (Fanon) 452
Verdi, Giuseppe 103, 151
Verein der Dichter 144, 152
Vereinigte Arabische Republik (1958–1961) 438
Vereinigte Staaten von Amerika 30, 45, 101 f., 120, 155, 166, 219, 236, 238, 272 f., 277, 287, 302 f., 337, 397, 404, 406, 433–436, 457 f.
- Afghanistankrieg (2001–2014) 30, 445
- Besetzung Kubas 337
- Bürgerkrieg 101 f., 272 f., 277, 302 f.
- Irakkrieg (2003–2011) 467
- Syrienkommission (1919) 405
- Unabhängigkeitskrieg (1775–1783) 45
- und Iran 287, 458
- und Qutb 433–436
- Verfassung 155, 166
- Vierzehn Punkte 404
- Vietnamkrieg (1964–1973) 457
Vereinte Nationen 425, 427
Verfassungsrevolution, iranische 332 f., 343, 352 f., 356, 404, 447, 449, 463, 470

Vergewaltigung 284
Verhütungsmittel 236
Versailler Vertrag (1919) 26
Vierzehn Punkte (Wilson) 404
Vietnamkrieg 457
Viktoria, Königin von England 18, 99, 101, 219, 221, 246
Volkan 366
Völkerbund 405 ff., 427
Voltaire 27, 88, 93, 131, 243, 246

Wafd-Partei 398 f., 402, 405 f., 418 f., 424
Wahhabismus 66, 105, 238, 410
Walachen, Walachei 128, 365
Waldteufel, Émile 250
Wallace, Alfred Russel 143, 239 f.
Walsh, Robert 134 f.
Waqf, Plural: Auqaf 68
Washington, D. C. 428, 433, 448
Washington, George 413
watan 98
Weber, Max 416
Wellington, Duke of 114
Weltausstellung 15, 101
Weltbank 295
White, Charles 276
Wien 331
Wilberforce, William 272
Wilde, Oscar 281 f.
Wilhelm II., deutscher Kaiser 360
Wilson, Woodrow 404 ff., 408 f., 427
Wissenschaft
– Astronomie 40, 73, 75, 77, 123 f., 242
– Chemie 39, 187
– Evolutionstheorie 238–241, 390, 459
– Medizin 17, 22, 35, 74 ff., 78, 107 f., 117–120, 123,, 197, 200, 342, 412
– Zoologie 45
Wörterbücher 90, 142, 281

Yad Vashem 456
Yazdegerd III., Sassanidenkaiser 359
Yildiz-Palast, Istanbul 311, 330, 361, 363, 365, 367 ff.
Yunani-Medizin 117

Zaghlul, Saad 295, 297, 322, 398 f., 402, 405, 418
zaghruda 261
Zagros-Gebirge 56
Zahak 358
Zauberflöte (Mozart) 27
Zeichen auf dem Weg (Qutb) 432, 440–443, 452
Zeitalter d. Entdeckungen 41, 176
Zeitschriften, Zeitungen 14, 21, 85, 91, 116, 134 f., 138 f., 140–144, 149, 152, 156 f., 162, 200, 205, 209, 231, 240 f., 252, 265–268, 286, 302, 310 f., 317, 326, 341 f., 345, 347, 358 f., 361, 366 ff., 394 f., 462
– Ägypten 91, 240 f., 265–268, 302, 326, 331, 394 f.
– Iran 162, 200, 205, 209, 317, 341, 345, 347, 358 f., 366 ff., 462
– Osmanisches Reich 14, 21, 116, 134 f., 138 f., 141 ff., 149, 152, 156 f., 252, 331, 368
Zenobia, Königin v. Palmyra 269
Zensur 141 f., 159, 194, 239, 285, 331, 363, 413, 442
Zentralasien 177, 219, 294, 311, 313, 377

Zionismus 375, 425, 432
Zitouna-Universität (Tunesien) 388
Zivilisation 11, 16 f., 27, 30, 33, 35 ff., 40 f., 59, 63, 90 ff., 95, 97, 220, 229, 232, , 271, 274, 287, 290, 293, 302, 305, 325, 336, 342, 377 f., 388, 392, 394, 406, 409, 412, 424, 428, 431 f., 435, 453

Ziya, Abdülhamid 153 f., 156, 158 f., 161
Zoologie 45
Zoos 190
Zoroastrier 116, 293, 336, 358
Zuckerrohr 208
Zweiter Weltkrieg 26, 411, 415, 425, 427, 465
Zypern 159 ff., 425